U0940680

海南统计年鉴

Hainan Statistical Yearbook

2018

（总第32期 No. 32）

海 南 省 统 计 局
国家统计局海南调查总队 编

Compiled by

Statistical Bureau of Hainan Province
Survey Office of National Bureau of Statistics in Hainan

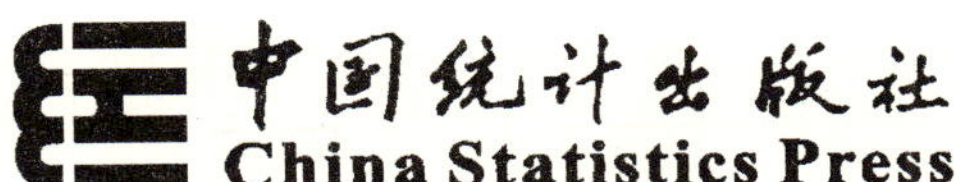

图书在版编目（CIP）数据

海南统计年鉴. 2018: 汉英对照 / 海南省统计局, 国家统计局海南调查总队编. -- 北京 : 中国统计出版社, 2018.7
ISBN 978-7-5037-8534-4

Ⅰ. ①海… Ⅱ. ①海… ②国… Ⅲ. ①统计资料—海南—2018—年鉴—汉、英 Ⅳ. ①C832.66-54

中国版本图书馆 CIP 数据核字(2018)第 155065 号

海南统计年鉴-2018

作　　者/ 海南省统计局　国家统计局海南调查总队
责任编辑/ 钟钰
责任校对/ 姚洁斯 谭家史
装帧设计/ 廖海平
出版发行/ 中国统计出版社
地　　址/ 北京市丰台区西三环南路甲 6 号
邮政编码/ 100073
电　　话/ 邮购（010）63376909　书店（010）68783171
网　　址/ http://www.zgtjcbs.com
印　　刷/ 海口景达鑫彩色印刷有限公司
经　　销/ 新华书店
开　　本/ 890mm×1240mm　1/16
字　　数/ 940 千字
印　　张/ 40.25 印张
版　　别/ 2018 年 8 月第 1 版
版　　次/ 2018 年 8 月第 1 次印刷
定　　价/ 380.00 元　Price:380.00(RMB)

本书附同版本 CD-ROM 一张，光盘内容以书面文字为准。
如有印装差错，由本社发行部调换。

《海南统计年鉴-2018》

编委会和编辑人员

Hainan Statistical Yearbook-2018

EDITORIAL BOARD AND EDITORIAL STAFF

《海南统计年鉴-2018》

编委会和编辑人员

Hainan Statistical Yearbook-2018

编 者 说 明

一、《海南统计年鉴-2018》系统收录了海南省辖区内 19 个市、县、自治县和洋浦经济开发区 2017 年经济社会发展方面统计数据以及主要历史年份统计数据，是一部反映海南经济和社会发展情况的资料性年刊。

二、本年鉴正文内容分为 25 个篇章，即：1.综合；2.人口；3.国民经济核算；4.就业和工资；5.价格；6.人民生活；7.财政；8.资源和环境；9.能源；10.固定资产投资；11.对外经济贸易；12.农业；13.工业；14.建筑业；15.房地产；16.批发零售贸易和住宿餐饮业；17.旅游；18.运输和邮电；19.金融；20.科学技术；21.教育；22.卫生和社会服务；23.文化和体育；24.公共管理、社会保障和社会组织；25.城市和农村。为方便读者使用，各篇章前设有《简要说明》，对本篇章的主要内容、资料来源、统计范围、统计方法以及历史变动情况予以简要概述，篇末附有《主要统计指标解释》。

三、本年鉴指标口径和范围，均以国家现行统计报表制度为准，数据大部分来源于政府统计机构年度统计报表和抽样调查数据，少部分来源于政府各部门或行业主管部门的年度统计报表。

四、本年鉴所使用的度量衡单位均采用国际统一标准计量单位，并统一使用最新颁布实施的产品目录。

五、本年鉴中部分数据合计数或相对数由于单位取舍不同而产生的计算误差，均未做机械调整。

六、符号使用说明:年鉴各表中的“空格”表示该项统计指标数据不足本表最小单位数、数据不详或无该项数据；“#”表示其中的主要项。

Editor's Notes

Ⅰ. *Hainan Statistical Yearbook 2018* is an annual statistical publication which covers statistical data for the economic and social development of 19 cities, counties and Yangpu Economic Development Zone in year 2017, as well as major statistical data in important historical years.

II. The *Yearbook* contains twenty-five chapters: l. General Survey; 2. Population; 3. National Accounts; 4.Employment and Wages; 5. Prices; 6. People's Living Conditions; 7. Government Finance; 8. Resources and Environment; 9. Energy; 10. Investment in Fixed Assets; 11. Foreign Trade and Economic Cooperation; 12.Agriculture; 13. Industry; 14. Construction; 15.Real Estate; 16. Wholesale and Retail Trades, Hotels and Catering Services; 17.Tourism; 18. Transport, Postal and Telecommunication Services; 19. Financial Intermediation; 20. Science and Technology; 21. Education; 22.Public Health and Social Services; 23. Culture and Sports; 24.Public Management, Social Security and Social Organizations; 25.Urban and,Rural . Each chapter begins with *Brief Introduce* to the main content, data sources, statistical method of this chapter, etc. *Explanatory Notes on Main Statistical Indicators* are provided at the end of each chapter to briefly describe the content of main statistical indicators, statistical scope and so on.

III. The statistical approach and scope in this yearbook base on the current national statistical report system basically. Data are mainly obtained from annual statistical reports and sample surveys of government statistical departments, some from annual statistical reports of government or administrative departments.

IV. The units of measurement used in this yearbook are internationally standard measurement units. Newly published and implemented *Product Categories* are uniformly used.

V. Statistical discrepancies on totals and relative figures due to rounding are not adjusted in the *Yearbook.*

VI. Notations used in the *Yearbook*: (blank space) indicates that the figure is not large enough to be measured with the smallest unit in the table, or data unknown or not available; "#" indicates a major breakdown of the total.

目　录

Contents

2017年海南省经济和社会发展综述 ………………………………………… 1-10
Statistical Summary of Economic and Social Development, Hainan 2017

第一篇　综 合
General　Survey

简要说明
Brief　Introduction
1-1　行政区划(2017) ………………………………………… 3
Divisions of　Administrative Areas (2017)
1-2　经济和社会发展主要指标 ………………………………………… 4
Aggregate Indicators on Economic and Social Development
1-3　国民经济和社会发展结构指标 ………………………………………… 8
Composition Indicators on Economic and Social Development
1-4　按行业分法人单位数和产业活动单位数(2017) ………………………………………… 11
Number of Legal Entities and Establishments by Sector(2017)
1-5　按注册类型和机构类型分法人单位数(2017) ………………………………………… 14
Number of Legal Entities by Status of Registration and Type of Institutions(2017)
1-6　各市县法人单位数和产业活动单位数(2017) ………………………………………… 15
Number of Legal Entities and Economic Active Establishments by Region(2017)
主要统计指标解释 ………………………………………… 16
Explanatory Notes on Main Statistical Indicators

第二篇　人口
Population

简要说明
Brief　Introduction
2-1　人口主要指标……23
Major Population Indicators
2-2　常住人口变动情况……24
Statistics on Population Changes
2-3　各市县常住人口(2017)……25
Population of Usual Resident by Region(2017)
2-4　历年全省人口数及构成……26
Population and Its Composition in Various Years
2-5　各市县户籍人口(2017)……27
Total Population of Household Registrations by Region(2017)
2-6　各市县民族人口(2017)……28
Population of Ethnicity by Region(2017)
2-7　海南省六次人口普查基本情况……29
Basic Statistics on Hainan Population Census in1953,1964,1990,2000 and 2010
主要统计指标解释……30
Explanatory Notes on Main Statistical Indicators

第三篇　国民经济核算
National　Accounts

简要说明
Brief　Introduction
3-1　历年地区生产总值……35
Gross Domestic Product in Various Years
3-2　历年地区生产总值构成……36
Composition of Gross Domestic Product in Various Years
3-3　历年地区生产总值指数……37
Indices of Gross Domestic Product in Various Years
3-4　历年地区生产总值指数(1978=100)……38
Indices of Gross Domestic Product in Various Years (1978=100)
3-5　全省第三产业增加值……39
Value-added of the Tertiary Industry
3-6　全省第三产业增加值构成……40
Composition of Value-added of the Tertiary
3-7　全省第三产业增加值指数……41
Indices of Value-added of the Tertiary Industry
3-8　分行业增加值……42
Value-added by Sector
3-9　行业增加值收入法构成项目(2017)……43
Income Approach Components of Value-added by Sectors(2017)

3-10 三次产业和主要行业贡献率……44
Contribution Share of Three Strata of Industry & Main Sector to the Growth of GDP in Various Years
3-11 三次产业和主要行业对地区生产总值增长的拉动……45
Contribution of Three Strata of Industry & Main Sector to the Growth of GDP in Various Years
3-12 十二个重点产业增加值(2014-2017 年)……46
Value-added of 12 Leading Industries(2014-2017)
3-13 各市县生产总值……48
Gross Domestic Product by Region
3-14 各市县生产总值指数……49
Indices of Gross Domestic Product by Region
3-15 按三次产业分各市县生产总值(2017)……50
Gross Domestic Product by Three Strata of Industry by Region(2017)
3-16 按三次产业分各市县生产总值指数(2017)……51
Indices of Gross Domestic Product by Three Strata of Industry by Region(2017)
3-17 按三次产业分各市县生产总值构成(2017)……52
Composition of Gross Domestic Product by Region(2017)
3-18 支出法地区生产总值……53
Gross Domestic Product by Expenditure Approach in Various Years
主要统计指标解释……55
Explanatory Notes on Main Statistical Indicators

第四篇 就业和工资
Employment and Wages

简要说明
Brief Introduction
4-1 历年按注册类型分组从业人员年末人数……61
Number of Employed Persons at Year-end by Status of Registration in Various Years
4-2 各市县按注册类型分组从业人员年末人数(2017)……62
Number of Employed Persons at Year-end by Status of Registration and Region(2017)
4-3 历年按三次产业分组从业人员及构成……63
Number and Composition of Employed Persons by Three Strata of Industry in Various Years
4-4 各市县按三次产业分组从业人员及构成(2017)……64
Number and Composition of Employed Persons by Three Strata of Industry and Region(2017)
4-5 各市县按行业分组从业人员年末人数(2017)……65
Number of Employed Persons at Year-end by Sector and Region(2017)
4-6 各市县按行业分组城镇非私营单位从业人员年末人数(2017)……68
Number of Employed Persons in Urban Non-private Units at Year-end by Region and Sector(2017)
4-7 各市县按机构类型分组城镇非私营单位从业人员(2017)……71
Number of Employed Persons in Urban Non-private Units by Type of Institutions and Region(2017)
4-8 历年按注册类型分组城镇非私营单位在岗职工年末人数……72
Number of Staff and Workers in Urban Non-private Units at Year-end by Status of Registration in Various Years
4-9 各市县按机构类型分组城镇非私营单位在岗职工年末人数(2017)……73
Number of Staff and Workers in Urban Non-private Units at Year-end by Type of Institutions and Region(2017)
4-10 各市县按注册类型分组城镇非私营单位在岗职工年末人数(2017)……74
Number of Staff and Workers in Urban Non-private Units at Year-end by Status of Registration and Region(2017)

4-11 各市县按行业分组城镇非私营单位在岗职工年末人数(2017) ······ 75
Number of Staff and Workers in Urban Non-private Units at Year-end by Sector and Region(2017)
4-12 按注册类型和行业分组城镇非私营单位从业人员工资总额(2017) ······ 78
Total Wage Bill of Employed Persons in Urban Non-private Units by Sector and Status of Registration(2017)
4-13 按注册类型和行业分组城镇非私营单位从业人员平均工资(2017) ······ 79
Average Wage of Employed Persons in Urban Non-private Units by Sector and Status of Registration(2017)
4-14 市县按注册类型分组城镇非私营单位从业人员工资总额和平均工资(2017) ······ 80
Total Wage Bill and Average Wage of Employed Persons in Urban Non-private Units by Status of Registration and Region(2017)
4-15 各市县按机构类型分组城镇非私营单位从业人员平均工资(2017) ······ 81
Average Wage of Employed Persons in Urban Non-private Units by Type of Institutions and Region(2017)
4-16 历年按注册类型分组城镇非私营单位在岗职工工资总额 ······ 82
Total Wage Bill of Staff and Workers in Urban Non-private Units by Status of Registration in Various Years
4-17 各市县按机构类型分组城镇非私营单位在岗职工工资总额(2017) ······ 83
Total Wage Bill of Staff and Workers in Urban Non-private Units by Type of Institutions and Region(2017)
4-18 历年按注册类型分城镇非私营单位在岗职工平均工资及指数 ······ 84
Average Wage and Related Indices of Staff and Workers in Urban Non-private Units by Status of Registration in Various Years
4-19 各市县按机构类型分组城镇非私营单位在岗职工平均工资(2017) ······ 85
Average Wage of Staff and Workers in Urban Non-private Units by Type of Institutions and Region(2017)
4-20 各市县按注册类型分组城镇非私营单位在岗职工工资总额和平均工资(2017) ······ 86
Total Wage Bill and Average Wage of Staff and Workers in Urban Non-private Units by Status of Registration and Region(2017)
4-21 各市县按行业分组城镇非私营单位在岗职工工资总额(2017) ······ 87
Total Wage Bill of Staff and Worker in Urban Non-private Units by Region and Sector(2017)
4-22 各市县按行业分城镇非私营单位在岗职工平均工资(2017) ······ 90
Average Wage of Staff and Workers in Urban Non-private Units by Sector and Region(2017)
4-23 按注册类型和行业分组城镇非私营单位在岗职工工资总额(2017) ······ 93
Total Wage Bill of Staff and Workers in Urban Non-private Units by Status of Registration and Sector(2017)
4-24 按注册类型和行业分组城镇非私营单位在岗职工平均工资(2017) ······ 94
Average Wage of Staff and Workers in Urban Non-private Units by Status of Registration and Sector(2017)
4-25 工业、建筑业在岗职工年末人数、工资总额和平均工资(2017) ······ 95
Number,Wage Bill and Average Wage of Staff and Workers in Industry and Construction Enterprises (2017)
主要统计指标解释 ······ 97
Explanatory Notes on Main Statistical Indicators

第五篇 价格
Prices

简要说明
Brief Introduction
5-1 历年全省各种物价指数 ······ 103
General Price Indices in Various Years
5-2 历年全省各种物价定基指数 ······ 105
Fixed Price Indices in Various Years
5-3 分城乡居民消费价格指数(2017) ······ 107

Consumer Price Indices by Areas(2017)
5-4 分市县居民消费价格指数(2017) …… 109
Consumer Price Indices by Region(2017)
5-5 分城乡商品零售价格指数(2017) …… 111
Retail Price Indices by Urban and Rural Areas(2017)
5-6 农业生产资料价格指数(2017) …… 113
Price Indices for Means of Agricultural Production(2017)
5-7 按工业部门分工业生产者出厂价格指数 …… 114
Producer Price Indices for Industrial Products by Industrial Department
5-8 按工业行业分工业生产者出厂价格指数 …… 115
Producer Price Indices for Industrial Products by Sector
5-9 工业生产者出厂价格分类指数 …… 116
Producer Price Indices for Industrial Products by Category
5-10 固定资产投资价格分类指数 …… 117
Price Indices for Investment in Fixed Assets by Category
5-11 建筑安装、装饰工程价格分类指数 …… 118
Price Indices for Construction and Installation by Category
主要统计指标解释 …… 119
Explanatory Notes on Main Statistical Indicators

第六篇 人民生活
People's Living Conditions

简要说明
Brief Introduction
6-1 全省城乡居民家庭人均收入情况 …… 125
Per Capita Income of Urban and Rural Households
6-2 各市县城乡居民可支配收入(2017) …… 126
Per Capita Disposable Income of Households by Region(2017)
6-3 城镇居民家庭基本情况 …… 127
Basic Conditions of Urban Households
6-4 城镇居民家庭年人均收入来源及构成(2017) …… 129
Per Capital Income and Composition of Urban Households by Source(2017)
6-5 城镇居民家庭人均年可支配收入和消费性支出 …… 131
Per Capita Disposable Income and Consumption Expenditures of Urban Households
6-6 城镇居民家庭人均消费性支出及构成 …… 132
Per Capita Consumption Expenditure of Urban Households and Composition
6-7 城镇居民家庭人均年购买主要消费品 …… 134
Per Capita Consumption of Major Goods of Urban Households
6-8 城镇居民家庭每百户主要耐用消费品年购买量和拥有量 …… 136
Major Durable Goods Purchased and Owned Per 100 Urban Households
6-9 按收入五等分的城镇居民家庭每百户耐用消费品拥有量(2017) …… 137
Durable Goods Owned Per 100 Urban Households by Income Quintile(2017)
6-10 农村居民家庭基本情况 …… 138
Basic Conditions of Rural Households
6-11 农村常住居民人均可支配收入及构成 …… 139

Per Capita Disposable Income and Composition of Rural Households
6-12 农村居民家庭人均总支出及构成…… 140
Per Capita Total Expenditure and Composition of Rural Households
6-13 农村居民家庭人均主要消费品生产、出售和消费量…… 141
Per Capita Output, Sales and Consumption of Major Goods of Rural Households
6-14 农村居民家庭住房情况…… 142
Housing Conditions of Rural Households
6-15 农村居民家庭每百户耐用消费品拥有量…… 143
Durable Goods Owned Per 100 Rural Households
6-16 按收入五等分农村居民家庭基本情况(2017)…… 144
Basic Conditions of Rural Households by Income Quintile(2017)
6-17 按收入五等分农村居民家庭平均每人消费支出(2017)…… 144
Per Capital Consumption Expenditure of Rural Households by Income Quintile(2017)
主要统计指标解释…… 145
Explanatory Notes on Main Statistical Indicators

第七篇　财政
Government　Finance

简要说明
Brief　Introduction
7-1 历年地方财政收入和支出…… 151
Revenue and Expenditure of Local Government in Various Years
7-2 国税税收收入…… 152
Revenue of National Tax Bureau
7-3 地税税收收入…… 152
Revenue of Local Tax Bureau
7-4 地方财政用于文教、卫生、科学的支出…… 153
Expenditure of Local Government For Education、Health Care and Sciences
7-5 地方财政用于社会保障和就业的支出…… 154
Expenditure of Local Government for Social Safety Net and Employment Effort
7-6 一般公共预算收支决算总表…… 155
Total Final Accounts Table of General Public Budget Revenue and Expenditure
7-7 政府性基金收支决算总表…… 157
Total Final Accounts Table of Revenue and Expenditure of Government Funds
7-8 各市县地方一般公共预算收入…… 158
General Public Budget Revenue of the Local Government by Region
7-9 各市县地方一般公共预算支出…… 160
General Public Budget Expenditure of the Local Government by Region
7-10 各市县地方财政收支…… 163
Revenue and Expenditure of the Local Government by Region
7-11 各市县一般公共预算收支平衡表(2017)…… 164
Balance Sheet of General Budget Revenue and Expenditure by Region(2017)
7-12 各市县政府性基金预算收支平衡表(2017)…… 166
Balance Sheet of Budget Revenue and Expenditure of Government Funds by Region(2017)

主要统计指标解释 …… 168
Explanatory Notes on Main Statistical Indicators

第八篇 资源和环境
Resources and Environment

简要说明
Brief Introduction
8-1 自然资源(2017) …… 171
Natural Resources(2017)
8-2 土地状况 …… 172
Land Characteristics
8-3 主要山脉情况 …… 172
Major Mountains
8-4 大型水库概况 …… 172
Large-scale Reservoirs
8-5 主要河流 …… 173
Major Rivers
8-6 主要矿产基础储量 …… 173
Ensured Reserves of Major Minerals
8-7 各市县空气质量指标(2017) …… 174
Ambient Air Quality by Region(2017)
8-8 森林资源情况 …… 176
Forest Resources
8-9 植树造林情况 …… 176
Basic Statistics on Afforestation
主要统计指标解释 …… 177
Explanatory Notes on Main Statistical Indicators

第九篇 能源
Energy

简要说明
Brief Introduction
9-1 综合能源平衡表 …… 181
Overall Energy Balance Sheet
9-2 历年能源消费总量及主要能源品种消费量 …… 182
Total Consumption of Energy and Major Energy in Various Years
9-3 历年主要能源品种消费量构成 …… 183
Composition of Major Energy Consumption in Various Years
9-4 历年能源生产量 …… 184
Total Production of Energy in Various Years
9-5 历年能源生产弹性系数 …… 185
Elasticity Ratio of Energy Production in Various Years
9-6 历年能源消费弹性系数 …… 186

Elasticity Ratio of Energy Consumption in Various Years
9-7 历年能源加工转换效率 …… 187
Efficiency of Energy Conversion in Various Years
9-8 历年人均生活能源消费量 …… 188
Annual per Capita Energy Consumption of Households in Various Years
9-9 主要单位产品能源消耗 …… 189
Unit Energy Consumption for Main Products
9-10 规模以上工业分行业综合能源消费量(2017) …… 190
Overall Energy Consumption in Industrial Enterprises above Designated Size by Sector(2017)
9-11 各市县单位 GDP 能耗 …… 192
Energy Consumption per Unit of GDP by Region
9-12 能源平衡表(实物量)(2017) …… 193
Energy Balance (Physical Quantity)(2017)
9-13 能源平衡表(标准量)(2017) …… 196
Energy Balance (Standard Quantity)(2017)
9-14 电力收支情况表(2017) …… 199
Electricity Generation and Consumption(2017)
9-15 全社会用电分类表(2017) …… 200
Classification Table of Electricity Consumption in the Whole Province(2017)
主要统计指标解释 …… 203
Explanatory Notes on Main Statistical Indicators

第十篇 固定资产投资
Investment in Fixed Assets

简要说明
Brief Introduction
10-1 固定资产投资主要指标 …… 207
Major Indicators on Investment in Fixed Assets
10-2 历年全社会固定资产投资 …… 208
Total Investment in Fixed Assets in Various Years
10-3 历年全社会新增固定资产 …… 209
Total Newly Increased Fixed Assets in Various Year
10-4 按各种分组分固定资产投资额(不含农户投资)(2017) …… 210
Investment in Fixed Assets by Different Categories (Except Rural Individual Investment)(2017)
10-5 各市县固定资产投资额(2017) …… 211
Investment in Fixed Assets by Region(2017)
10-6 各市县固定资产投资资金来源(2017) …… 212
Funds for Investment in Fixed Assets by Region(2017)
10-7 各市县新增固定资产(2017) …… 213
Newly Increased Fixed Assets by Region(2017)
10-8 按行业分固定资产投资额 …… 214
Investment in Fixed Assets by Sector
10-9 各市县按三次产业分固定资产投资额(2017) …… 217
Investment in Fixed Assets by Three Strata of Industry and Region(2017)

10-10　各市县按行业分固定资产投资额 ………………………………………………… 218
Investment in Fixed Assets by Sector and Region
10-11　各市县按构成分固定资产投资额(2017) …………………………………………… 221
Investment in Fixed Assets by Composition of Funds and Region(2017)
10-12　各市县固定资产投资施工及投产项目个数(不含房地产项目)(2017) ……………… 222
Number of Construction Projects under Construction and Projects Completedand Projects Put into Use by Region (Excluding Real Estate Development)(2017)
主要统计指标解释 …………………………………………………………………… 223
Explanatory Notes on Main Statistical Indicators

第十一篇　对外经济贸易
Foreign Trade and Economic Cooperation

简要说明
Brief　Introduction
11-1　对外经济主要指标 ……………………………………………………………… 229
Major Indicators of Foreign Trade and Economic Cooperation
11-2　对外贸易进出口总额 …………………………………………………………… 230
Total Value of Imports and Exports
11-3　按贸易方式、企业类型、货物性质分进出口金额 ……………………………… 231
Value of Imports and Exports by Customs Regime,Status of Registration and Category of Goods
11-4　对外贸易出口主要商品金额(2017) ……………………………………………… 232
Main Export Goods in Value(2017)
11-5　对外贸易进口主要商品金额(2017) ……………………………………………… 234
Main Import Goods in Value(2017)
11-6　我省同各国(地区)对外贸易出口总额(2017) …………………………………… 236
Total Value of Exports by Country(Region) (2017)
11-7　我省同各国(地区)对外贸易进口总额(2017) …………………………………… 237
Total Value of imports by Country(Region)(2017)
11-8　各市县外贸进出口总额(2017) ………………………………………………… 238
Value of Imports and Exports by Region(2017)
11-9　利用外资情况 …………………………………………………………………… 239
Utilization of Foreign Investment
11-10　分方式利用外资 (2017)………………………………………………………… 240
Foreign Investment by Form (2017)
11-11　分行业外商直接投资 (2017)…………………………………………………… 241
Foreign Direct Investment by Sector(2017)
11-12　分国别(地区)外商直接投资 …………………………………………………… 242
Foreign Direct Investment by Country (Region)
11-13　各市县外商直接投资(2017) …………………………………………………… 245
Foreign Direct Investment by Region(2017)
主要统计指标解释 …………………………………………………………………… 246
Explanatory Notes on Main Statistical Indicators

第十二篇　农业

Agriculture

简要说明
Brief Introduction
12-1 农业主要指标 …… 249
Major Indicators of Agriculture
12-2 农村基层组织情况 …… 250
Basic Statistics of Rural Grassroots Organizations
12-3 各市县农村基层组织情况(2017) …… 251
Basic Statistics on Rural Grassroots Organizations by Region(2017)
12-4 各市县乡镇劳动力(2017) …… 253
Rural Labor Force by Region(2017)
12-5 农村家庭从业人员 …… 254
Number of Employed Persons in Rural Households
12-6 各市县农村家庭从业人员 (2017) …… 255
Number of Employed Persons in Rural Households by Region(2017)
12-7 各市县耕地面积 …… 256
Cultivated Land by Region
12-8 主要农业机械拥有量 …… 257
Major Agricultural Machinery
12-9 农业现代化情况 …… 258
Basic Statistics on Agricultural Modernization
12-10 各市县农业机械总动力(2017) …… 259
Total Power of Agricultural Machinery by Region(2017)
12-11 各市县农业机械拥有量(2017) …… 260
Agricultural Machinery by Region(2017)
12-12 各市县农业现代化情况(2017) …… 262
Agricultural Modernization by Region(2017)
12-13 农林牧渔业总产值 …… 264
Gross Output Value of Agriculture, Forestry, Animal Husbandry and Fishery
12-14 农林牧渔业总产值指数 …… 265
Gross Output Value Indices of Agriculture, Forestry, Animal Husbandry and Fishery
12-15 农林牧渔业总产值及构成 …… 266
Gross Output Value of Agriculture, Forestry, Animal Husbandry and Fishery and Related Composition
12-16 各市县农林牧渔业总产值 (2017) …… 267
Gross Output Value of Agriculture, Forestry, Animal Husbandry and Fishery by Region(2017)
12-17 农林牧渔业增加值及指数 …… 268
Added-Value of Agriculture, Forestry, Animal Husbandry and Fishery and Related Indices
12-18 各市县农林牧渔业增加值(2017) …… 269
Added Value of Agriculture, Forestry, Animal Husbandry and Fishery by Region(2017)
12-19 各市县人均主要农产品产量 …… 270
Per Capita Output of Major Farm Products by Region
12-20 各市县农作物播种面积 (2017) …… 271
Sown Area of Farm Crops by Region(2017)
12-21 历年农作物播种面积、比重及复种指数 …… 272
Sown Area of Farm Crops, Proportion and Multiple Cropping Indices in Various Years

12-22　各市县主要农作物面积和产量 (2017)…… 273
Sown Area and Output of Major Farm Crops by Region(2017)
12-23　瓜菜生产情况 (2017)…… 277
Production of Melons and Vegetables(2017)
12-24　各市县园林水果、茶叶面积和产量…… 278
Area and Output of Garden Fruits and Tea by Region
12-25　各市县热带作物年末面积…… 282
Area of Tropical Crops at the Year-end by Region
12-26　各市县主要热带作物面积和产量…… 283
Area and Output of Main Tropical Crops by Region
12-27　各市县主要南药面积和产量…… 287
Area and Output of Major South-drugs by Region
12-28　各市县牲畜、家禽饲养头数…… 288
Number of livestock and Poultry by Region
12-29　各市县畜产品产量…… 290
Output of Livestock Products by Region
12-30　水产养殖面积…… 291
Aquaculture Area
12-31　水产品总产量…… 292
Output of Aquatic Products
主要统计指标解释…… 294
Explanatory Notes on Main Statistical Indicators

第十三篇　工业
Industry

简要说明
Brief　Introduction
13-1　工业主要指标…… 299
Major Indicators on Industry
13-2　历年规模以上工业企业单位数…… 300
Number of Industrial Enterprises above Designated Size in Various Years
13-3　各市县规模以上工业企业单位数(2017)…… 301
Number of Industrial Enterprises above Designated Size by Region(2017)
13-4　历年全部工业总产值…… 302
Gross Industrial Output Value in Various Years
13-5　历年全部工业总产值构成…… 303
Composition of Gross Industrial Output Value in Various Years
13-6　历年全部工业总产值指数…… 304
Indices of Gross Industrial Output Value in Various Years
13-7　各市县规模以上工业增加值…… 305
Value Added of Industrial Enterprises above Designated Size by Region
13-8　规模以上工业企业主要财务指标(2017)…… 306
Major Financial Indicators on Industrial Enterprises above Designated Size(2017)
13-9　分行业规模以上工业企业主要财务指标(2017)…… 315
Major Financial Indicators on Industrial Enterprises above Designated Size by Sector(2017)

13-10 分市县规模以上工业企业主要财务指标(2017) ······ 324
Major Financial Indicators of Industrial Enterprises above Designated Size by Region(2017)
13-11 主要工业产品产量 ······ 333
Output of Major Industrial Products
13-12 各市县主要工业产品产量(2017) ······ 337
Output of Major Industrial Products by Region(2017)
主要统计指标解释 ······ 340
Explanatory Notes on Main Statistical Indicators

第十四篇 建筑业
Construction

简要说明
Brief Introduction
14-1 建筑业企业主要经济指标 ······ 345
Major Economic Indicators on Construction Enterprises
14-2 各市县建筑业企业单位数及从业人员(2017) ······ 346
Number and Employed Persons of Construction Enterprises by Region(2017)
14-3 各市县建筑业企业总产值(2017) ······ 347
Output Value of Construction Enterprises by Region(2017)
14-4 各市县建筑业企业增加值(2017) ······ 348
Value-Added of Construction Enterprises by Region(2017)
14-5 建筑业企业财务状况(2017) ······ 349
Financial Statistics on Construction Enterprises(2017)
14-6 各市县建筑业企业主要财务指标(2017) ······ 350
Major Finance Indicators on Construction Enterprises by Region(2017)
14-7 各市县建筑业企业房屋建筑面积(2017) ······ 353
Floor Space of Buildings by Region(2017)
14-8 各市县建筑业企业技术装备情况(2017) ······ 357
Number and Power of Machinery and Equipment of Construction Enterprises by Region(2017)
主要统计指标解释 ······ 358
Explanatory Notes on Main Statistical Indicators

第十五篇 房地产
Real Estate

简要说明
Brief Introduction
15-1 房地产开发企业(单位)主要指标 ······ 361
Major Indicators on Enterprises for Real Estate Development
15-2 各市县房地产开发房屋建筑面积及造价 ······ 363
Floor Space and Cost of Buildings for Real Estate Development by Region

15-3　各市县按构成分房地产开发投资额(2017) …… 364
Investment in Real Estate Development by Composition of Funds and Region(2017)
15-4　各市县房地产开发投资资金来源(2017) …… 365
Funds for Investment in Real Estate Development by Region(2017)
15-5　各市县按用途分新开工房屋面积(2017) …… 366
Floor Space Started by Use and Region(2017)
15-6　各市县按用途分商品房销售面积和待售面积(2017) …… 367
Floor Space Sold and Floor Space for Sale by Use and Region(2017)
15-7　各市县按用途分商品房销售额(2017) …… 368
Total Sale of Commercialized Building Sold by Use and Region(2017)
15-8　主要年份房地产开发经济效益(2017) …… 369
Economic Benefits of Real Estate Development in Major Year(2017)
15-9　按隶属及登记注册类型分的房地产开发经济效益(2017) …… 370
Economic Returns of Real Estate Development by Jurisdictionof Management and Status of Registration (2017)
主要统计指标解释 …… 371
Explanatory Notes on Main Statistical Indicators

第十六篇　批发零售和住宿餐饮业
Wholesale and Retail Trades, Hotels and Catering Services

简要说明
Brief　Introduction
16-1　国内贸易主要指标 …… 375
Major Indicators on Domestic Trade
16-2　历年社会消费品零售总额 …… 376
Total Retail Sales of Consumer Goods
16-3　各市县社会消费品零售总额(2017) …… 377
Total Retail Sales of Consumer Goods by Region(2017)
16-4　各市县限额以上批发和零售业、住宿和餐饮业法人企业数(2017) …… 378
Number of Corporation Enterprises above Designated Size of Wholesale and Retail Trades, Hotels and Catering Services by Region(2017)
16-5　批发和零售业情况 …… 379
Basic Statistics on Wholesale and Retail Trades
16-6　限额以上批发零售贸易业企业基本情况(2017) …… 380
Basic Statistics on Enterprises above Designated Size in Wholesale and Retail Trades(2017)
16-7　限额以上批发和零售业商品销售类值(2017) …… 382
Sale Values of Enterprises above Designated Size in Wholesale and Retail Trades by Category of Commodities(2017)
16-8　限额以上批发零售贸易业商品购进、销售、库存总额(2017) …… 383
Total Purchases, Sales and Stock of Enterprises above Designated Size of Wholesale and Retail Trades(2017)
16-9　限额以上批发业企业财务状况(2017) …… 385
Financial Indicator on Enterprises above Designated Size in Wholesale Trades(2017)
16-10　限额以上零售业企业财务状况(2017) …… 391
Financial Indicator on Enterprises above Designated Size in Retail Trades(2017)

16-11 按登记注册类型分连锁零售企业基本情况(2017) ………… 397
Basic Statistics on Chain Retail Enterprises by Status of Registration(2017)
16-12 按行业和业态分连锁零售企业基本情况(2017) ………… 399
Basic Statistics of Chain Retail Enterprises by Sector and Business Categories(2017)
16-13 亿元以上商品交易市场基本情况(2017) ………… 401
Basic Statistics on Commodity Exchange Markets of Transaction Value over 100 Million Yuan(2017)
16-14 亿元以上商品交易市场摊位分类情况(2017) ………… 403
Classification of Commodity Exchange Markets of Transaction Value over 100 Million Yuan(2017)
16-15 住宿和餐饮业情况 ………… 404
Basic Statistics on Hotels and Catering Services
16-16 限额以上住宿业和限额以上餐饮业企业基本情况(2017) ………… 405
Basic Statistics on Enterprises above Designated Size of Hotels and Catering Services(2017)
16-17 限额以上住宿和餐饮业经营情况(2017) ………… 407
Operating Conditions of Enterprises above Designated Size of Hotels and Catering Services(2017)
16-18 限额以上餐饮企业财务状况(2017) ………… 409
Financial Indicator on Enterprises above Designated Size of Catering Services(2017)
16-19 限额以上住宿企业财务状况(2017) ………… 415
Financial Indicator on Enterprises above Designated Size of Hotels(2017)
主要统计指标解释 ………… 421
Explanatory Notes on Main Statistical Indicators

第十七篇 旅游
Tourism

简要说明
Brief Introduction
17-1 旅游主要指标 ………… 427
Major Indicators on Tourism
17-2 按主要国家分旅游饭店接待外国人情况(2017) ………… 428
Number of Oversea Visitor Arrivals Received by Tourist Hotels by Country(2017)
17-3 各市县旅游饭店设施(2017) ………… 429
Facilities of Tourist Hotels by Region(2017)
17-4 各市县按等级分星级饭店数(2017) ………… 430
Number of Star-rated Hotels by Region(2017)
17-5 各市县按规模分星级饭店数(2017) ………… 432
Number of Star-rated Hotels by Capacity and Region(2017)
17-6 各市县旅游饭店接待过夜游客人数(2017) ………… 433
Number of Overnight Tourists Received by Tourist Hotel by Region(2017)
17-7 各市县接待过夜游客人数(2017) ………… 434
Number of Overnight Tourists Received by Tourist Hotel by Region(2017)
17-8 各市县按等级分旅游景区(2017) ………… 435
Scenic by Grade and Region(2017)
主要统计指标解释 ………… 436
Explanatory Notes on Main Statistical Indicators

第十八篇 运输和邮电
Transport, Postal and Telecommunication Services

简要说明
Brief Introduction
18-1 交通运输业基本情况 …… 439
Basic Conditions on Transport
18-2 运输线路长度 …… 440
Length of Transportation Routes
18-3 运输线路质量 …… 441
Quality of Transport Routes
18-4 运输工具和线路拥有量 …… 441
Number of Means of Transport and Length of Transport Routes
18-5 历年货运量 …… 442
Freight Traffic in Various Years
18-6 历年货物周转量 …… 443
Freight Ton-kilometers in Various Years
18-7 历年客运量 …… 444
Passenger Traffic in Various Years
18-8 历年旅客周转量 …… 445
Passenger-kilometers in Various Years
18-9 历年旅客运输平均运距 …… 446
Average Transport Distance of Passengers in Various Years
18-10 历年货物运输平均运距 …… 447
Average Transport Distance of Freight in Various Years
18-11 民用汽车拥有量 (2017) …… 448
Possession of Civil Vehicles(2017)
18-12 私人汽车拥有量 …… 448
Possession of Private Vehicles
18-13 民用航空航线及飞机架数 …… 449
Number of Civil Aviation Routes and Civil Aircrafts
18-14 历年港口货物吞吐量 …… 450
Volume of Freight Handled in Coastal Ports in Various Years
18-15 主要港口(水港)货物、旅客吞吐量(2017) …… 451
Throughput of Freight & Passengers in Major Coastal Ports(2017)
18-16 邮电业务基本情况 …… 452
Basic Statistics of Postal and Telecommunication Services
18-17 邮电业务量 …… 453
Business Volume of Postal and Telecommunication Services
18-18 快递业务量 …… 457
Business Volume of Express Services
18-19 邮政业网点及邮递线路(年底数) …… 458
Postal Offices and Postal Delivery Routes at Year-end
18-20 电信主要通信能力和服务水平(年底数) …… 459
Main Communication Capacity and Services Available of Telecommunications at Year-end
18-21 邮政通信服务水平 (年底数) …… 460
Postal Services Available at Year-end

主要统计指标解释 …… 461
Explanatory Notes on Main Statistical Indicators

第十九篇　金融
Finance Intermediation

简要说明
Brief Introduction
19-1 历年全社会金融机构存贷款余额 …… 465
Deposit and Loan Balance of Financial Institutions in Various Years
19-2 金融机构存贷款项目构成 …… 466
Composition of Deposits and Loans of Financial Institutions
19-3 各市县金融机构存款余额 …… 467
Deposit Balances of Financial Institutions by Region
19-4 各市县金融机构贷款余额 …… 468
Loan Balances of Financial Institutions by Region
19-5 全省保险业务总量 …… 469
Economic and Technical Indicators on Insurance Companies
19-6 各市县原保险保费收入和赔付支出情况(2017) …… 470
Premium of Primary Insurance and Payment by Region (2017)
19-7 证券市场基本情况 …… 471
The Basic Situation of Securities Market
主要统计指标解释 …… 472
Explanatory Notes on Main Statistical Indicators

第二十篇　科学技术
Science and Technology

简要说明
Brief Introduction
20-1 科技活动基本情况 …… 475
Basic Statistics on Scientific and Technological Activities
20-2 事业单位专业技术人才分行业情况(2017) …… 476
Statistics on Professional and technical personnel in Public Institutions by Sector(2017)
20-3 公有经济企业专业技术人才分行业情况(2017) …… 477
Statistics on Professional and technical personnel in State-owned Economy and Collective-owned Economy by Sector(2017)
20-4 研究与试验发展(R&D)人员情况(2017) …… 478
Statistic on Personnel of R&D(2017)
20-5 研究与试验发展(R&D)经费情况(2017) …… 480
Statistic on funds of R&D(2017)
20-6 研究与试验发展(R&D)项目(课题)情况(2017) …… 482
Statistic on Projects of R&D(2017)
20-7 研究机构情况 (2017) …… 483
Statistic on Research Institutes(2017)
20-8 规模以上工业企业的科技活动基本情况 …… 484

Basic Statistics on Science and Technology Activities of Industrial Enterprises above Designated Size
20-9 按登记注册类型分规模以上工业企业研究与试验发展(R&D)活动及专利情况(2017)………… 485
Statistics on R&D Activities and Patents of Industrial Enterprises above Designated Size by Registration Status(2017)
20-10 按登记注册类型分规模以上工业企业新产品开发及生产情况(2017)………………………… 486
New Products Development and Production of Industrial Enterprises above Designated Size by Registration Status(2017)
主要统计指标解释…………………………………………………………………………… 487
Explanatory Notes on Main Statistical Indicators

第二十一篇 教育
Education

简要说明
Brief Introduction
21-1 各级各类学校、教职工和专任教师情况 (2017)………………………………………… 493
Basic Statistics on Schools, Educational Personnel and Full-time Teachers by Type and Level(2017)
21-2 各级各类学历教育学生情况 (2017)……………………………………………………… 494
Basic Statistics on Students of Formal Education by Type and Level(2017)
21-3 各级各类民办教育基本情况(2017)……………………………………………………… 495
Basic Statistics on Non-government Schools by Type and Level(2017)
21-4 普通高等学校情况 (2017)………………………………………………………………… 496
Statistics on Regular Higher Education Institutions(2017)
21-5 各市县中等职业教育情况(2017)………………………………………………………… 497
Conditions of Students in Secondary Vocational Schools by Region(2017)
21-6 各市县普通高中教育基本情况 (2017)…………………………………………………… 498
Basic Statistics on Regular Senior Secondary Schools by Region(2017)
21-7 各市县初中基本情况 (2017)……………………………………………………………… 499
Basic Statistics on Regular Junior Secondary Schools by Region(2017)
21-8 各市县普通小学基本情况 (2017)………………………………………………………… 500
Basic Statistics on Regular Primary Schools by Region(2017)
21-9 各市县学龄儿童教育基本情况表(2017)………………………………………………… 501
Basic Statistics on Pre-school Institutions(2017)
21-10 各市县特殊教育基本情况 (2017)………………………………………………………… 502
Basic Statistics on Special Education School by Region(2017)
21-11 历年各级普通学校生师比……………………………………………………………… 502
Student-Teacher Ratio by Level of Regular Schools in Various Years
21-12 各市县每万人口各级学校平均在校生数……………………………………………… 503
Number of Students Per 10000 Population by Level and Region
21-13 各市县学龄儿童净入学率和各级普通学校毕业生升学率……………………………… 504
Net Enrollment Ratio of School-age Children and Promotion Rate of Various Schools
主要统计指标解释…………………………………………………………………………… 505
Explanatory Notes on Main Statistical Indicators

第二十二篇　卫生和社会服务
Public Health and Social Services

简要说明
Brief　Introduction
22-1 卫生事业基本情况表 …… 509
Basic Statistics on Public Health
22-2 卫生机构、床位、人员数（2017） …… 510
Number of Health Care Institutions, Beds and Employed Persons(2017)
22-3 医疗卫生机构 …… 511
Number of Health Care Institutions
22-4 卫生人员 …… 513
Number of Employed Persons in Health Care Institutions
22-5 各类医疗卫生机构医疗服务及床位利用情况(2017) …… 514
Number of Visits and Inpatients in Medical Institutions and Utilizationof Beds(2017)
22-6 各市县医疗卫生机构门诊服务情况(2017) …… 516
Outpatient Services of Health Institutions by Region(2017)
22-7 各市县医疗卫生机构住院服务情况(2017) …… 517
Hospitalization Services in Health Institutions by Region(2017)
22-8 各市县医院床位利用情况(2017) …… 518
Utilization of Beds in Hospitals by Region(2017)
22-9 卫生总费用 …… 519
Total Health Expenditure
22-10 法定报告传染病发病及死亡情况(2017) …… 519
Incidence and Death from Infectious Diseases (2017)
22-11 防病工作情况 …… 520
Basic Statistics on Disease Prevention and Cure
22-12 妇女儿童卫生保健状况 …… 521
Basic Statistics on Health Care of Women and Children
22-13 社会服务机构基本情况(2017) …… 522
Statistics on Social Service Institutions(2017)
22-14 提供住宿的社会服务机构床位数(2017) …… 523
Beds of Social Welfare Institutions with Accommodations(2017)
22-15 孤儿和家庭儿童收养(2017) …… 524
Orphans and Children Adopted by Families(2017)
22-16 社会救助情况 …… 525
Statistics on Social Relief
22-17 医疗救助情况 …… 526
Statistics on Medical Aid
22-18 福利彩票销售情况 …… 527
Statistics on Welfare Lottery
22-19 优抚安置情况 …… 528
Statistics on Preferential Treatment and Resettlement
22-20 社区服务机构基本情况 …… 529
Statistics on Community Service Facilities
22-21 婚姻服务情况 …… 530
Statistics on Marriage and Divorces

22-22 社会组织情况 …… 531
Statistics on Social Organization
22-23 自治组织情况 …… 532
Statistics on Autonomy Organizations
主要统计指标解释 …… 533
Explanatory Notes on Main Statistical Indicators

第二十三篇 文化和体育
Culture and Sports

简要说明
Brief Introduction
23-1 文化和体育主要指标 …… 541
Major Indicators of Culture and Sport
23-2 各市县文化文物机构情况 …… 542
Number of Institutions in Cultural Industry by Region
23-3 各市县公共图书馆基本情况(2017) …… 543
Statistic on Public Libraries by Region(2017)
23-4 各市县博物馆基本情况 …… 545
Statistics on Museums by Region
23-5 各市县艺术表演团体、艺术表演场馆演出情况(2017) …… 546
Statistics on Performance of Art Performance Troupes and Art Performance Places by Region(2017)
23-6 图书、期刊和报纸出版情况 …… 548
Number of Books, Magazines and Newspapers Published
23-7 图书出版情况 (2017) …… 549
Statistics on Books Published in China by Categories(2017)
23-8 广播电视事业发展情况 …… 550
Basic Statistics on Radio and Television Industry
23-9 各市县广播电视节目综合人口覆盖情况(2017) …… 551
Radio and TV Coverage Rate of the Population by Region n(2017)
23-10 分地区文化及相关产业法人单位数(2016 年) …… 552
Number of Legal persons of culture and Relevant Industry by Region at Year-end(2016)
23-11 分地区规模以上文化制造业企业基本情况(2016 年) …… 553
Basic Conditions of Cultural Manufacturing Enterprises above Designated Size by Region(2016)
23-12 分地区限额以上文化批发和零售业企业基本情况(2016 年) …… 554
Basic Conditions of Enterprises of Wholesale and Retail of Culture above Designated Size by Region(2016)
23-13 分地区重点文化服务业企业基本情况(2016 年) …… 555
Basic Conditions of Major Enterprises of Services of Culture by Region(2016)
23-14 体育事业情况 …… 556
Statistics on Sports
主要统计指标解释 …… 557
Explanatory Notes on Main Statistical Indicators

第二十四篇　公共管理、社会保障和社会组织
Public Management, Social Security and Social Organizations

简要说明
Brief　Introduction
24-1　公安机关立案的刑事案件情况 …… 561
Criminal Case of Register by Public Security Organs
24-2　公安机关受理的违反《治安管理处罚法》案件情况(2017) …… 561
Cases of Offence against Public Order Handled by Public Security Organs(2017)
24-3　公安机关受理的行政案件分类情况(2017) …… 562
Administrative Cases Handled by Public Security Organs(2017)
24-4　人民检察院检察官基本情况 …… 562
Basic Statistics on Prosecutor
24-5　检察机关直接立案侦查案件情况(2017) …… 563
Cases under Direct Investigation by People's Procuratorate(2017)
24-6　人民检察院受理举报、控告和申诉案件情况(2017) …… 563
Cases of Reporting, Accusation and Petition Handled by People's Procuratorate (2017)
24-7　人民法院审理一审案件情况 …… 564
First Trial Cases by People's Courts
24-8　人民法院审理刑事案件罪犯情况 …… 564
Criminal Offenders Heard by People's Courts
24-9　人民法院审理民事一审案件收结案情况(2017) …… 565
Basic Statistics on First Trial Civil and Commercial Case Accpeted and Settled by People is Conts (2017)
24-10　法官及审理有关案件情况 …… 565
Statistics on Justices and Case at Trial
24-11　全省法院判处犯罪案件情况(2017) …… 566
Number of case Trial by People's Courts(2017)
24-12　人民法院刑事一审案件收结案情况(2017) …… 566
Basic Statistics on First Trial Criminal Case Accepted and Settled by People's Courts(2017)
24-13　人民法院行政一审案件收结案情况(2017) …… 567
Basic Statistics on First Trial Administrative Case Accepted and Settled by People's Courts(2017)
24-14　法律援助工作基本情况 …… 567
Basic Statistics on legal aid
24-15　律师、公证和调解工作基本情况 …… 568
Basic Statistics on Lawyers, Notarization and Mediation
24-16　调解民间纠纷分类 …… 569
Number of Civil Disputes Mediated by Types
24-17　劳动争议处理情况 …… 570
The Disposal of Labor Disputes
24-18　工会组织情况 …… 571
Basic Statistics on Trade Unions
24-19　交通事故情况 (2017) …… 571
Basic Statistics on Traffic Accidents (2017)
24-20　各市县交通事故情况 (2017) …… 572
Basic Statistics on Traffic Accidents by Region(2017)

24-21 火灾事故情况 (2017) …… 573
Basic Statistics on Fire Accidents(2017)
24-22 各市县火灾事故情况 (2017) …… 573
Basic Statistics on Fire Accidents by Region(2017)
24-23 社会保险基本情况 …… 574
Basic Statistics of Social Insurance
24-24 社会保险基金收支及累计结余 …… 575
Revenue, Expenses and Balance of Social Insurance Fund
24-25 参加城镇职工基本养老保险人数 …… 576
Statistics on Urban Employee Basic Pension Insurance
24-26 各市县城镇职工基本养老保险情况(2017) …… 577
Statistics on Urban Employee Basic Pension Insurance by Region(2017)
24-27 各市县失业保险情况(2017) …… 578
Statistics on Unemployment Insurance by Region(2017)
24-28 各市县城镇基本医疗保险参保人数(2017) …… 579
Statistics on Urban Basic Medical Care Insurance by Region(2017)
24-29 各市县城镇基本医疗保险基金收支情况 (2017) …… 580
Revenue and Expenses of Urban Basic Medical Care Insurance by Region(2017)
24-30 各市县生育保险情况 (2017) …… 581
Statistics of Maternity Insurance by Region(2017)
24-31 各市县工伤保险情况 (2017) …… 582
Statistics of Work Injury Insurance by Region(2017)
主要统计指标解释 …… 583
Explanatory Notes on Main Statistical Indicators

第二十五篇 城市和农村
Urban and Rural

简要说明
Brief Introduction
25-1 城市(县城)公用事业基本情况 …… 591
Basic Statistics on City and County Seat Public Utilities
25-2 各市县城市(县城)建设情况(2017) …… 592
Statistics on Construction in City and County Seat by Region(2017)
25-3 各市县城市(县城)供水情况(2017) …… 593
Statistics on Tap Water Supply in City and County Seat by Region (2017)
25-4 各市县城市(县城)燃气情况(2017) …… 594
Statistics on Supply of Gas in City and County Seat by Region(2017)
25-5 各市县城市(县城)市政设施(2017) …… 595
Statistics on Municipal Infrastructure in City and County Seat by Region(2017)
25-6 各市县城市(县城)绿地和园林(2017) …… 596
Statistics on Parks and Green Areas in City and County Seat by Region (2017)
25-7 各市县市容环境卫生情况(2017) …… 597
Statistics on Urban Sanitation in City and County Seat by Region(2017)
25-8 各市县城市(县城)设施水平(2017) …… 598
Level of Public Facilities in City and County Seat by Region (2017)

25-9　农村主要指标 ………………………………………………………………………… 599
Major Indicators of　Rural
主要统计指标解释 ………………………………………………………………………… 600
Explanatory Notes on Main Statistical Indicator

2017年海南省经济和社会发展综述

2017 年，全省各族人民在省委、省政府的坚强领导下，认真学习贯彻习近平新时代中国特色社会主义思想，坚持稳中求进工作总基调，践行新发展理念，充分发挥生态环境、经济特区、国际旅游岛“三大优势”，主动适应和引领经济发展新常态，坚定不移推动供给侧结构性改革各项工作，全力保持经济健康运行。

一、综合

（一）地区生产总值

初步核算，2017 年全省地区生产总值 4462.54 亿元，按可比价格计算，比上年增长 7.0%。其中，第一产业增加值 962.84 亿元，增长 3.6%；第二产业增加值 996.35 亿元，增长 2.7%；第三产业增加值 2503.35 亿元，增长 10.3%。三次产业增加值占地区生产总值的比重分别为 21.6:22.3:56.1。

（二）人均地区生产总值

按年平均常住人口计算，全省人均地区生产总值 48430 元，按现行平均汇率计算为 7173 美元，比上年增长 6.2%。

（三）财政

全省地方一般公共预算收入 674.11 亿元。在地方一般公共预算收入中，税收收入 543.56 亿元。

全省地方一般公共预算支出 1443.97 亿元。其中，教育支出 220.87 亿元，文化体育与传媒支出 29.86 亿元，社会保障和就业支出 183.08 亿元，医疗卫生与计划生育支出 127.37 亿元，节能环保支出 35.72 亿元，城乡社区事务支出 119.92 亿元，农林水支出 198.42 亿元，交通运输支出 136.90 亿元，住房保障支出 55.36 亿元。

（四）固定资产投资

全年全省固定资产投资（不含农户）完成 4125.40 亿元，比上年增长 10.1%。其中，房地产开发完成投资 2053.11 亿元，增长 14.9%。按产业分，第一产业投资 53.25 亿元，增长 30.7%；第二产业投资 283.21 亿元，下降 2.1%；第三产业投资 3788.94 亿元，增长 10.9%。按地区分，海澄文一体化综合经济圈投资增长 11.2%，大三亚旅游经济圈增长 10.2%，东部地区增长 10.6%，中部地区增长 5.6%，西部地区增长 9.3%。全部在建投资项目 3759 个，比上年增加 369 个，增长 10.9%；其中，新开工项目 1300 个，下降 1.9%。

全年省重点项目完成投资 2310.3 亿元，增长 8.1%，完成年度投资计划 101%。三亚亚特兰蒂斯、海口五源河文体中心、海口观澜湖度假区、海口长影海南“环球 100”、海南生态软件园、乐东县中医院、三亚凤凰机场三期改扩建、海口港马村港区三期散货码头、琼中至乐东高速公路、琼中抽水蓄能电站等 210 个项目超额完成年度投资计划。

（五）物价

全年全省居民消费价格（CPI）比上年上涨 2.8%。其中，医疗保健价格上涨 11.1%，涨幅居八大类之首；其次是居住价格上涨 6.0%。商品零售价格上涨 2.0%，农业生产资料价格下降 0.1%，农产品生产者价格上涨 1.9%，工业生产者出厂价格上涨 8.8%，工业生产者购进价格上涨 12.4%，固定资产投资价格增长 4.1%。

居民消费价格比上年涨跌幅度见表 1：

表 1： 2017 年居民消费价格比上年涨跌幅度（%）

居民消费价格	2.8
食品烟酒	0.1
衣着	-1.2
居住	6.0
生活用品及服务	0.3
交通和通信	2.0
教育文化和娱乐	4.4
医疗保健	11.1
其他用品及服务	3.1

二、人民生活和民生事业

（一）居民收入

全年全省常住居民人均可支配收入 22553 元，比上年增长 9.2%，扣除价格因素实际增长 6.2%。其中，城镇常住居民人均可支配收入 30817 元，名义增长 8.3%，实际增长 5.0%；农村常住居民人均可支配收入 12902 元，名义增长 8.9%，实际增长 6.9%。城镇非私营单位在岗职工平均工资 69062 元。住户存款 3815.80 亿元，增长 11.6%。城镇居民人均住房建筑总面积 30.84 平方米，增长 0.12%；农村居民人均住房建筑总面积 30.16 平方米，增长 3.0%。

（二）就业

全年全省城镇新增就业人数 12 万人，比上年增长 30.4%；年末城镇登记失业率 2.33%，降低 0.03 个百分点。农村劳动力转移 14.8 万人，下降 1.9%。劳动就业规模继续扩大。年末全省从业人员 583.88 万人。其中，城镇从业人员 256.82 万人。

（三）教育

全年普通高等学校 20 所，招生 6.12 万人，在校学生 20.73 万人。中等职业教育学校 87 所，招生 5.11 万人，在校学生 13.36 万人。普通高中 116 所、增长 6.4%，招生 5.66 万人、下降 1.1%，在校学生 17.1 万人、增长 0.7%，高中阶段毛入学率 90.6%、提高 1.24 个百分点。普通初中 397 所、增长 0.8%，招生 12.13 万人、增长 10.0%，在校学生 33.33 万人、增长 3.0%，初中毛入学率 101.74%、降低 0.5 个百分点。普通小学（不含教学点）1388 所、下降 8%，招生 14.27 万人、增长 2.2%，在校学生 80.95 万人、增长 2%，小学毛入学率 101.73%、提高 0.9 个百分点。

（四）医疗卫生

基本医疗保障水平大幅提升，参加新型农村合作医疗农民 468.67 万人，比上年增长 1.4%；新农合人均筹资达到每人每年 600 元。年末全省共有各类卫生机构 5177 个。其中疾病预防控制中心 25 个，妇幼保健机构 24 个，专科疾病防治机构 15 个。社区卫生服务机构 175 个，乡镇卫生院 299 个。全省卫生机构共有病床位 4.20 万张，各类卫生技术人员 6.06 万人。其中执业（助理）医师 2.09 万人，注册护士 2.85 万人，药师（士）2978 人，技师 3303 人。全年法定报告传染病发病总例数 3.51 万例，报告死亡 81 人，报告传染病发病率每十万人有 382.3 人，死亡率每十万人有 0.9 人。

（五）社会救助和社会福利

全年抚恤、补助各类优抚对象2.69万人。年末城镇居民最低生活保障人数6.31万人，农村居民最低生活保障人数18.14万人。农村五保户供养对象人数2.63万人。全年实施医疗救助40.34万人次。全年救助灾民65.39万人次、增长46.5%，投入救灾救济资金0.49亿元、增长59.2%。全省共销售福利彩票15.36亿元，比上年下降8.1%；筹集社会福利彩票公益金3.73亿元，下降7.7%。

（六）社会保险

年末，全省参加城镇职工基本养老保险人数240.89万人；其中，在职人员172.01万人，离退休人员68.88万人。城镇职工基本医疗保险参保人数209.56万人；其中，在职人员149.14万人，退休人员60.42万人。城乡居民养老保险参保人数285.89万人。城乡居民医疗保险参保人数209.89万人。参加工伤保险141.41万人。参加生育保险140.27万人。

（七）保障性住房

全年全省城镇保障性住房新开工2.59万套，占年度计划的103.01%；其中，棚改货币化安置2.27万套、新建安置房0.32万套。城镇保障性住房（含安置房）基本建成7.08万套。农村危房改造开工3.59万户、改造面积279.55万平方米；其中，竣工3.37万户、竣工面积263.8万平方米。

（八）扶贫攻坚

超额完成年度减贫任务，全年全省实际脱贫4.79万户20.80万人，净减少贫困人口4.59万户20.0万人，117个贫困村脱贫出列。全年安排财政专项扶贫资金28.47亿元。农业特色产业辐射带动贫困户6.8万户28.8万人，贫困户特色产业覆盖率达到95%以上，组织化程度达87%。实施238个旅游扶贫项目，直接带动贫困户6587户2.71万人受益。开展分布式光伏扶贫工作，建成村级光伏电站34座、户用屋顶光伏项目1052个，受益贫困人口3601户1.52万人。银行机构为3.93万户贫困户发放贷款9.41亿元，创立“保险+期货+精准扶贫”新模式，开展“两权”抵押贷款试点。建档立卡贫困学生特惠资助全覆盖，共发放教育补助金3.4亿元，资助在校生10.6万人。建档立卡贫困人口财政全额代缴新农合个人参合金，全部纳入民政医疗救助范围。完成贫困人口较多市县公路建设里程500公里；建档立卡贫困村和旅游扶贫重点村4G信号和光纤宽带网络整体上全覆盖。

（九）安全生产

全年无重特大安全生产事故发生。亿元地区生产总值生产安全事故死亡0.048人，按可比口径，比上年下降8.7%。工矿商贸从业人员十万人生产安全事故死亡人数1.72人，比上年增长3.6%。道路交通万车死亡人数3.11人，下降0.2%。全年发生各类生产安全事故497起，比上年下降4.8%，其中死亡215人，下降2.3%；直接经济损失5742.62万元，下降5.9%。生产经营性道路交通事故发生249起，下降7.4%；造成死亡115人，下降12.9%；直接经济损失310.96万元，增长9.3%。生产经营性火灾事故发生156起，下降8.8%；造成死亡2人，与上年持平；直接经济损失523.21万元，增长29.2%。

三、国民经济各行业

（一）农林牧渔业

全年全省农林牧渔业完成增加值1020.28亿元，比上年增长3.8%。分行业看，种植业完成增加值482.98亿元，比上年增长5.7%。蔬菜收获面积394.64万亩，下降1.8%；蔬菜产量579.37万吨，下降0.1%。水果产量410.97万吨。林业完成增加值72.74亿元，比上年增长2.5%。干胶产量36.21万吨。畜牧业完成增加值147.27亿元，比上年增长2.9%。肉类总产量

78.92 万吨。渔业完成增加值 284.19 亿元，比上年增长 0.4%。水产品总产量 201.19 万吨。农林牧渔服务业完成增加值 33.11 亿元，增长 10.0%。

农林牧渔业主要产品产量及其增长速度见表 2:

表 2：2017 年农林牧渔业主要产品产量

产品名称	单　位	绝对数
粮食	万吨	168.73
糖料	万吨	164.22
油料	万吨	10.52
茶叶	吨	1024
蔬菜	万吨	579.37
水果	万吨	410.97
其中:香蕉	万吨	127.17
菠萝	万吨	40.99
芒果	万吨	56.73
荔枝	万吨	15.80
龙眼	万吨	5.60
橡胶（干胶）	万吨	36.21
椰子	亿个	2.33
胡椒	万吨	4.16
槟榔	万吨	25.51
肉类总产量	万吨	78.92
其中:猪肉	万吨	44.40
禽肉	万吨	27.16
禽蛋产量	万吨	4.75
水产品总产量	万吨	201.19
其中：海水产品	万吨	155.89
淡水产品	万吨	45.30

年末农业机械总动力 556.86 万千瓦，比上年增长 7.8%；拖拉机 8.93 万台，下降 1.4%；农用运输车 3.68 万辆，增长 14.9%。全年化肥施用量（实物）132.87 万吨；农田有效灌溉面积 193.82 千公顷，增长 0.7%。

（二）工业和建筑业

全年全省工业完成增加值 528.28 亿元，按可比价格计算，比上年增长 0.6%。其中，规模以上工业增加值 487.08 亿元，增长 0.5%。按轻重工业分，轻工业增加值 161.15 亿元，增长 7.9%；重工业增加值 325.93 亿元，下降 2.3%。按经济类型分，国有企业增加值增长 4.3%，股份制企业增长 3.9%，外商及港澳台投资企业下降 5.4%，其他经济类型增长 14.2%。

在八大工业支柱行业增加值中，农副食品加工业比上年增长 6.1%，造纸及纸制品业增长 3.2%，石油加工业下降 9.8%，化学原料和化学制品制造业下降 7.4%，医药制造业增长 15.1%，非金属矿物制品业增长 4.6%，汽车制造业下降 20.7%，电力、热力的生产和供应业增长 7.8%。

主要工业产品产量及其增长速度见表 3:

表 3： 2017 年主要工业产品产量及其增长速度

产品名称	单 位	绝对数	比上年增长%
铁矿石（原矿）	万吨	434.71	6.5
饲料	万吨	253.54	11.9
成品糖	万吨	11.14	-15.2
罐 头	万吨	22.60	17.2
软饮料	万吨	60.60	-11.0
卷烟	亿支	120.00	0.4
人造板	万立方米	9.20	-17.1
纸浆	万吨	163.02	2.0
机制纸及纸板	万吨	175.16	4.9
精甲醇	万吨	134.30	-1.2
氮肥（折合 N100%）	万吨	60.52	17.2
合成纤维单体（PTA）	万吨	225.23	9.2
合成纤维聚合物（PET）	万吨	116.43	19.7
水泥	万吨	2213.31	-0.7
汽车	万辆	3.96	-41.1
太阳能电池	万千瓦	23.88	-38.2
发电量	亿千瓦时	283.86	5.2
原油加工	万吨	979.33	-12.3
天然原油	万吨	29.96	1.9
天然气	亿立方米	1.10	-19.6
液化石油气	万吨	91.86	6.4

全年规模以上工业企业实现主营业务收入 1799.52 亿元，实现利润总额 130.52 亿元。

全年全省建筑业完成增加值 470.01 亿元，比上年增长 5.2%。本省具有资质等级的建筑企业单位 169 个，下降 0.6%；从业人员 7.43 万人。本省资质内建筑企业全年房屋建筑施工面积 2060.47 万平方米，下降 1.2%；房屋建筑竣工面积 562.51 万平方米，下降 13.8%。本省资质内建筑企业实现利润总额 12.50 亿元。

（三）房地产业和旅游业

全年全省房地产业完成增加值 434.90 亿元，比上年增长 19.0%。全年房地产项目房屋施工面积 9567.39 万平方米，增长 7.1%；竣工面积 1267.16 万平方米，下降 24.3%；销售面积 2292.61 万平方米，增长 52.0%；销售额 2713.72 亿元，增长 82.1%。

全年全省旅游业完成增加值 347.74 亿元，比上年增长 10.0%。接待国内外游客总人数 6745.01 万人次，比上年增长 12.0%；其中接待旅游过夜人数 5591.43 万人次，增长 12.3%。旅游总收入 811.99 亿元，增长 20.8%。年末全省共有挂牌星级宾馆 133 家，其中五星级宾馆 26 家，四星级宾馆 41 家，三星级宾馆 58 家。

（四）批发零售业和住宿餐饮业

全年全省批发零售业完成增加值 496.72 亿元，比上年增长 5.1%；住宿餐饮业完成增加值 221.44 亿元，比上年增长 8.8%。

全年实现社会消费品零售总额 1618.76 亿元，比上年增长 11.4%。按经营地分，城镇零售额 1363.15 亿元，增长 10.9%；乡村零售额 255.61 亿元，增长 13.9%。按消费形态分，商品零售额 1342.69 亿元，增长 11.4%；餐饮收入 276.06 亿元，增长 11.3%。在限额以上企业商品零售中，粮油食品类下降 1.2%，服装鞋帽针纺织品类增长 5.6%，化妆品类增长 48.4%，金银珠宝类增长 18.0%，日用品类增长 12.3%，家用电器和音像器材类增长 6.5%，石油及制品类增长 11.2%，汽车类增长 13.1%。

（五）交通运输邮政仓储业

全年全省交通运输邮政仓储业实现增加值 248.94 亿元，比上年增长 13.4%。

各种运输方式完成货物和旅客周转量、吞吐量及其增长速度见表 4:

表 4: 2017 年货物和旅客周转量、吞吐量及其增长速度

指　标	单位	绝对数
一、货物周转量	亿吨公里	879
铁　路	亿吨公里	17.8
公　路	亿吨公里	78.6
水　运	亿吨公里	770
民　航	亿吨公里	12.7
二、旅客周转量	亿人公里	837.6
铁　路	亿人公里	52.3
公　路	亿人公里	77.5
水　运	亿人公里	3.8
民　航	亿人公里	704.0
三、重点港口货物吞吐量	万吨	18473

年末全省固定电话用户 160.5 万户；其中，城市电话用户 104.5 万户、农村电话用户 56.0 万户。年末移动电话用户 1007.5 万户。固定电话普及率每百人 17.5 部，移动电话普及率每百人 109.8 部。

（六）金融业、证券业和保险业

全年全省金融业完成增加值 308.94 亿元，增长 10.1%。年末全省金融机构本外币存款余额 10096.38 亿元，比上年末增长 10.7%。年末金融机构本外币贷款余额 8459.27 亿元，比上年末增长10.0%。其中，住户贷款1941.28亿元，增长51.7%；非金融企业及机关团体贷款6253.46亿元，增长 1.4%。银行业金融机构资产总额 14653.38 亿元，比上年增长 2.9%；利润总额 168.67 亿元，增长 13.0%；不良贷款余额 123.79 亿元，增长 19.2%；不良贷款率 1.46%，提高 0.11 个百分点。

全年通过发行、配售股票共筹集资金 47.17 亿元；年末境内上市公司 30 家，股票市价总值 3574.01 亿元，下降 7.9%；证券和期货交易总额 33465.65 亿元，下降 14.9%。

全年原保险保费收入 164.83 亿元，比上年增长 23.7%。其中，财产险业务收入 57.14 亿元，增长 20.0%；人身险业务收入 107.69 亿元，增长 25.8%。在人身险业务收入中，寿险收入 87.18 亿元，增长 27.9%；健康险收入 16.45 亿元，增长 17.6%；人身意外伤害险收入 4.06 亿元，增长 18.1%。全年各项赔款和给付金额 49.08 亿元，比上年下降 0.3%。其中，财产险业务赔付 27.11 亿元，增长 2.2%；人身险业务赔付 21.98 亿元，下降 3.2%。在人身险业务赔付中，寿险赔付 15.94 亿元，增长 7.5%；健康险赔付 5.23 亿元，下降 26.8%；人身意外伤害险赔付 0.80 亿元，增长 10.1%。

四、对外经济

全年全省对外贸易进出口总值 702.70 亿元，比上年下降 6.5%。其中，出口总值 295.65 亿元，增长 110.4%；进口总值 407.05 亿元，下降 33.4%。在出口总值中，对香港出口 29.66 亿元，增长 235.1%；对日本出口 14.16 亿元，下降 39.1%；对美国出口 17.36 亿元，增长 3.2%；对欧盟出口 21.86 亿元，增长 182.9%；对东盟出口 122.89 亿元，增长 361.1%。主要出口商品中，机电产品出口值 22.51 亿元，增长 5.6%；高新技术产品出口值 5.31 亿元，下降 59.5%；农产品出口值 35.72 亿元，增长 3.8%；成品油出口值 126.86 亿元，增长 1173.2%。

全年全省实际利用外资总额 23.06 亿美元，比上年增长 4.1%；其中，外商直接投资 23.06 亿美元，增长 8.2%。利用外资新设项目数 90 个，比上年增加 2 个。

五、科技、文化和体育

（一）科技

全省组织实施国家自然科学基金项目 189 项。共受理省科技奖项目 104 项，其中科技进步奖 87 项，科技成果转化奖 17 项。全年共申请专利 3989 项，获得专利授权 1793 项。新批准设立省级重点实验室 3 家和工程技术研究中心 1 家，筹建省级重点实验室 2 家和工程技术研究中心 2 家，省级重点实验室和工程技术研究中心总数达到 100 家。共引进和培养“千人计划” 8 人、“万人计划” 3 人，认定“百人专项” 3 人，国家创新人才推进计划人选 2 人、推荐海南省优秀创新创业人才奖人选 4 人、培育创业英才人选 31 人。新增培育与认定 132 家高新技术企业，全省高新技术企业总数达到 269 家，认定 62 个高新技术项目、产品。共有省级以上科技创新创业服务机构 17 家，入住的孵化平台 93 个。新建新型研发机构 2 家、中试与转化基地 1 家、转移转化中心 1 家。推进南繁种业发展，举办首届中国（三亚）水稻论坛。通过举办“医疗健康院士海南行活动”，引进中科院南海海洋研究所在我省设立研究机构，实施国家自然科学基金创新研究群体科学基金项目等方式，拓展科技成果转化渠道和资源。

（二）文化

年末全省共有各类艺术表演团体（含社会民营团体）74 个、文化馆（站）243 个、博物馆 19 个、档案馆 38 个、公共图书馆 23 个。全省有线电视用户达 238.98 万户，比上年增长 2.1%。广播综合人口覆盖率和电视综合人口覆盖率分别达 99.05%和 99.07%。全省共有报社 17 家，出版报纸 2.09 亿份；杂志社 44 家，出版杂志 749.79 万册。中国（海南）南海博物馆内部试运行，省博物馆二期对外开放，建设完成 400 个行政村文体活动室。创办“周末剧场”惠民演出品牌，已演出 16 期 41 场；送戏下乡 457 场，引进 15 台省外优秀剧目演出 37 场。组织完成 10 项非遗课题的申报评审，9 名非遗保护工作者获得“大国非遗工匠”荣誉。琼剧电影《喜团圆》被列入中国戏剧梅花奖数字电影工程；海南广播电视台《老孩子》获第 24 届中国国际广告节“中国公益广告黄河奖”金奖。

（三）体育

全年全省运动健儿在全国体育运动会比赛中获得金牌 1 枚、银牌 3 枚、铜牌 3 枚。琼中女足获“哥德杯”世界青少年足球赛三连冠。成功举办 2017 海南国际马拉松、环海南岛大帆船赛、环海南岛国际公路自行车赛、世界青年帆船锦标赛，举办国际泳联年度颁奖盛典，策划推出海南亲水运动季活动。环海南岛国际公路自行车赛获评“国家体育旅游精品赛事”和“国家体育产业示范项目”。海南体育职业技术学院、乐东体校被国家体育总局命名为“国家重点高水平体育后备人才基地”。推动观澜湖巴萨足球学校边建设边培训，推动观澜湖集团与美国 NBA 签约合作。

六、节能减排和生态环境

（一）节能减排

推进燃煤电厂超低排放改造，对东方电厂 1、3、4 号机组和海口电厂 8、9 号机组共 5 台机组 117 万千瓦装机容量进行超低排放和节能改造。完成全省每小时 10 蒸吨以下燃煤锅炉淘汰工作。全年淘汰黄标车 19198 辆，完成年度淘汰任务。实施 88 个农村环境综合整治项目建设。推进餐饮服务经营场所安装油烟净化设施，完成市县城区 5734 家餐饮服务单位油烟净化设施安装。2017 年全省单位 GDP 增加值能耗 0.493 吨标准煤/万元。全省城镇污水集中处理率达到 82%。年末垃圾处理设施 23 个，城市生活垃圾无害化处理率为 98%。

（二）生态环境

全年荒山荒地造林面积 4626 公顷，更新造林面积 8053 公顷。城市建成区绿化覆盖率 39.2%。年末全省有自然保护区 49 个，其中国家级 10 个，省级 22 个；自然保护区面积 270.23 万公顷，其中国家级 15.41 万公顷，省级 253.40 万公顷。列入国家一级重点保护野生动物有 18 种，列入国家二级重点保护野生动物有 105 种；列入国家一级重点保护野生植物有 7 种，列入国家二级重点保护野生植物有 41 种。

新建文明生态村 664 个，累计达到 17934 个。

全省空气质量总体优良。空气质量二级以上天数比例为 98.3%，无重度和严重污染天数。全省二氧化硫(SO_2)、二氧化氮(NO_2)、可吸入颗粒物(PM_{10})、细颗粒物($PM_{2.5}$)年平均浓度分别为 5、9、29、18 微克/立方米，臭氧(O_3)特定百分位数浓度为 107 微克/立方米，一氧化碳(CO)特定百分位数浓度为 1.0 毫克/立方米。全省各项污染物指标均达标，且远优于国家二级标准。

地表水环境质量总体优良，水质总体优良率（达到或好于Ⅲ类标准）为 94.4%。开展监测的 52 条主要河流 110 个断面、23 座主要湖库 32 个点位中，94.6%河流断面、93.8%湖库点位水质符合或优于可作为集中式生活饮用水源地的国家地表水Ⅲ类标准。南渡江、昌化江、万泉河三大河流干流、主要大中型湖库及大多数中小河流的水质保持优良状态，但个别湖库和中小河流局部河段水质受到一定污染。开展监测的 18 个市县 28 个在用城市（镇）集中式生活饮用水水源地水质达标率为100%,均符合国家集中式饮用水源地水质要求。深入开展城镇内河(湖)专项整治工作。全省 60 个城镇水体(64 个监测断面)中，已有 35 个监测断面水质达标，占断面总数 56.5%。

海南岛近岸海域水质总体为优，绝大部分近岸海域处于清洁状态，一、二类海水占 96.6%，95.9%的功能区测点符合水环境功能区管理目标的要求。洋浦经济开发区、东方工业园区和老城经济开发区三大重点工业区近岸海域水质总体优良，保持一、二类海水水质。20 个主要滨海旅游区近岸海域水质总体为优，海口东寨港红树林自然保护区近岸海域受活性磷酸盐影响水质为四类，其余监测点位均达到或优于《海水水质标准》(GB3097-1997)二类标准。

年末全省有环境监测站 20 个，其中国家一级站 1 个，国家二级站 3 个，国家三级站 16 个。环境监测人员 509 人。

七、人口

根据人口变动情况抽样调查推算，全省人口出生率 14.73‰，死亡率 6.01‰，自然增长率 8.72‰。全省年末常住人口 925.76 万人，城镇人口比重为 58.04%。

注释:

1. 地区生产总值和各产业增加值绝对数按现行价格计算，增长速度按可比价格计算。根据《国民经济行业分类》（GB/T4754-2011）对三次产业进行划分。

2. 海南省东部地区是指海口、三亚、文昌、琼海、万宁、陵水6市县，中部地区是指五指山、定安、屯昌、琼中、保亭、白沙6市县，西部地区是指儋州、东方、澄迈、临高、乐东、昌江、洋浦7市县地区，海澄文一体化综合经济圈是指海口、文昌、澄迈3市县，大三亚旅游经济圈是指三亚、乐东、陵水、保亭4市县。

3. 部分指标合计数与分项数有出入主要是由于四舍五入的原因，均未作机械调整。

4. 资料来源：财政数据来自省财政厅，金融机构存贷款数据来自人行海口中心支行，金融机构效益数据来自中国银监会海南监管局，上市公司数据来自中国证监会海南监管局，保险业数据来自中国保监会海南监管局，价格、居民收入数据来自海南调查总队，水产品数据来自省海洋与渔业厅，森林、野生动植物数据来自省林业厅，货物、旅客运输及周转量、港口吞吐量数据来自省交通厅、粤海铁公司、南航海南公司、海航公司，邮电通信数据来自省邮政管理局、省通信管理局，重点项目、对外借款数据来自省发改委，星级宾馆酒店等旅游数据来自省旅游委，对外经济数据来自省商务厅，进出口数据来自海口海关，保障性住房、城镇垃圾处理、建成区绿化覆盖率数据来自省住建厅，教育数据来自省教育厅，卫生数据来自省卫计委，社会救助数据来自省民政厅，就业数据来自省人社厅，农村扶贫数据来自省扶贫办，科技数据来自省科技厅，文化体育数据来自省文体厅，环境保护数据来自省生态环境保护厅，文明生态村数据来自省文明办，城镇污水处理数据来自省水务厅，安全生产数据来自省安监局，其他数据均来自省统计局。

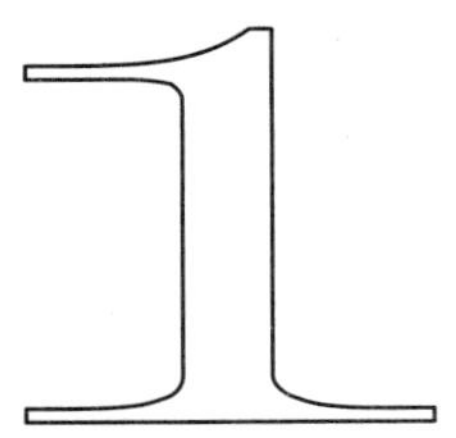

综　　合
General Survey

编辑人员：谭家史 姚洁斯 李乐 李现波

Compiled by Tan Jiashi Yao Jiesi Li le Li Xianbo

英文翻译：姚洁斯 李乐

Translated by Yao Jiesi Li Le

简 要 说 明

本章节主要内容和资料来源

一、综合资料主要包括行政区划、国民经济和社会发展综合资料和基本单位统计资料三部分。

二、国民经济综合资料是抽取全书的精华，通过对各篇章主要统计指标及其速度、结构、比例和效益等的加工计算，来反映国民经济和社会发展的总体情况。

三、基本单位统计资料根据基本单位统计年报汇总整理。

Brief Introduction

Main Contents and Sources of Data

I. This chapter consists of three parts: divisions of administrative areas, summary data on economy and social development, statistics on basic units.

II. The summary data on economy and social development reflects the overall situation of the economic and social development by presenting further processed statistics including growth, structure, ratio and efficiency data derived from other chapters.

III. Statistics on basic units are derived from annual report of basic units.

1-1 行政区划(2017)
Divisions of Administrative Areas (2017)

单位：个 (Unit)

地　区	Region	土地面积（平方公里）Area of Land (sq.km)	地级市 Cities at Prefecture Level	县级市 Cities at County Level	县 Counties	民族自治县 Ethnic Minority Autonomous Counties	市辖区数 Districts under the Jurisdiction of Cities	乡(镇) Townships (Towns)
全省总计	**Total**	**35354**	**4**	**5**	**4**	**6**	**8**	**195**
海口市	Haikou	2305	1				4	22
三亚市	Sanya	1915	1				4	
三沙市	Sansha	13	1					
五指山市	Wuzhishan	1129		1				7
文昌市	Wenchang	2485		1				17
琼海市	Qionghai	1692		1				12
万宁市	Wanning	1884		1				12
定安县	Ding'an	1187			1			10
屯昌县	Tunchang	1232			1			8
澄迈县	Chengmai	2045			1			11
临高县	Lingao	1317			1			10
儋州市	Danzhou	3265	1					16
东方市	Dongfang	2256		1				10
乐东黎族自治县	Ledong Li Autonomous County	2763				1		11
琼中黎族苗族自治县	Qiongzhong Li and Miao Autonomous County	2706				1		10
保亭黎族苗族自治县	Baoting Li and Miao Autonomous County	1161				1		9
陵水黎族自治县	Lingshui Li Autonomous County	1128				1		11
白沙黎族自治县	Baisha Li Autonomous County	2117				1		11
昌江黎族自治县	Changjiang Li Autonomous County	1610				1		8

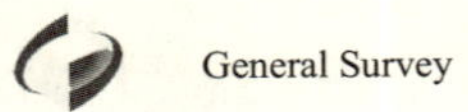

1-2 经济和社会发展主要指标
Aggregate Indicators on Economic and Social Development

指　标	Item	1978	1988	2000	2010	2016	2017
人口与就业	**Population and Employment**						
人口(万人)	**Population (10 000 persons)**						
年末常住人口	Population of Usual Residents at Year-end			788.05	868.55	917.13	925.76
城镇人口	Urban			320.50	432.62	520.75	537.31
乡村人口	Rural			467.55	435.93	396.38	388.45
就业(万人)	**Employment (10 000 persons)**						
就业人数	Employmed Persons	221.48	292.15	335.17	439.65	558.14	583.88
职工人数	Staff and Workers	79.84	102.64	77.79	79.21	97.30	96.88
#国有单位	State-owned Units	73.62	92.89	65.45	51.46	41.96	40.95
宏观经济	**Macroeconomy**						
国民核算(亿元)	**National Accounting (100 million yuan)**						
地区生产总值	Gross Domestic Products	16.40	77.00	526.82	2064.50	4053.20	4462.54
第一产业	Primary Industry	8.72	38.46	192.00	526.89	948.35	962.84
第二产业	Second Industry	3.65	14.19	103.97	546.05	905.95	996.35
第三产业	Tertiary Industry	4.03	24.35	230.85	991.56	2198.90	2503.35
支出法地区生产总值	Gross Domestic Product by Expenditure Approach	19.60	77.00	526.80	2064.50	4053.20	4462.54
#最终消费	Final Consumption Expenditures	16.70	50.20	290.70	953.19	2489.56	2781.82
居民消费	Household Consumption Expenditures	15.70	44.60	220.80	654.31	1684.52	1929.43
政府消费	Government Consumption Expenditures	1.00	5.60	69.90	298.88	805.04	852.39
资本形成总额	Gross Capital Formation	2.90	36.80	242.20	1185.40	2577.14	2812.96
固定资本形成	Gross Fixed Capital Formation	2.20	22.90	198.00	1179.36	2519.06	2805.82
存货增加	Changes in Inventories	0.70	13.90	44.26	6.04	58.08	7.14
固定资产投资(亿元)	**Investment in Fixed Assets(100 million yuan)**						
全社会固定资产投资总额	Total Investment in Fixed Assets	3.40	20.14	193.45	1331.46	3747.03	4125.40
#房地产开发	Real Estate Development			10.34	467.87	1787.60	2053.11
财政(亿元)	**Public Finance (100 million yuan)**						
地方一般预算收入	General Budget Revenue of the Local Government	1.36	4.82	39.20	270.99	637.51	674.11
地方一般预算支出	General Budget Expenditure of the Local Government	1.67	9.25	64.12	581.34	1376.48	1443.97
利用外资(万美元)	**Utilization of Foreign Investment (USD 10 000)**						
实际利用外资	Amount of Foreign Investment Actually Utilized		12771	61280	152276	221561	230598
#实际外商直接投资	Actual Foreign Direct Investment		11421	43080	151213	213134	230598

1-2 续表 1(continued 1)

指 标	Item	1978	1988	2000	2010	2016	2017
产 业	**Industry**						
农 业	**Agriculture**						
粮 食(万吨)	Grain(10 000 tons)	114.29	119.81	212.24	180.38	177.86	168.73
蔬 菜(万吨)	Vegetables(10 000 tons)		45.00	267.06	442.41	579.75	579.37
水 果(万吨)	Fruits(10 000 tons)		31.33	143.30	375.07	395.39	410.97
橡 胶(干胶)(万吨)	Rubber(Dry Rubber)(10 000 tons)	6.77	15.65	28.09	34.64	35.14	36.21
椰 子(万个)	Coconut(10 000 units)	2065	6127	19166	23125	22186	23282
肉 类(万吨)	Meat(10 000 tons)		13.96	39.73	68.49	76.35	78.92
生 猪(出栏)(万头)	Pigs(Slaughtered) (10 000 units)		123.39	278.93	505.66	529.60	547.82
鸡 (出栏)(万只)	Chicken(Slaughtered) (10 000 units)		1104.00	5592.17	8160.51	10722.46	10939.31
水 产 品(万吨)	Aquatic Products(10 000 tons)	6.71	12.83	83.06	149.48	214.64	201.19
工 业	**Industry**						
工业增加值(亿元)	Added-value of Industry (100 million yuan)	2.95	10.03	70.46	361.37	479.22	528.28
主要工业产品产量(万吨)	Output of Major Industrial Products (10000 tons)						
铁 矿 石(原矿)(万吨)	Crude Iron Ores (10 000 tons)	366.15	445.97	418.00	489.62	408.08	434.71
钢 材(万吨)	Rolled Steel(10 000 tons)			8.00	14.55	36.29	1.09
水 泥(万吨)	Cement(10 000 tons)	18.27	44.91	315.05	1264.05	2227.91	2213.31
人 造 板(万立方米)	Man-made Board(10 000 cu.m)			15.15	23.98	11.11	9.20
汽 车(万辆)	Automobiles(10 000 units)			0.31	13.60	6.72	3.96
化学肥料(折纯)(万吨)	Chemical Fertilizers(100%)(10 000 tons)			25.53	66.56	51.65	60.52
#氮肥(折含N100%)	#Nitrogen Fertilizers(Converted into 100% Nitrogen Content)			25.03	66.56	51.65	60.52
合成纤维聚合物(万吨)	Synthetic Fiber Polymers (10 000tons)			6.81	27.72	97.26	116.43
成 品 糖(万吨)	Refined Sugar(10 000 tons)	7.45	20.30	27.23	30.10	13.13	11.14
卷 烟(亿支)	Cigarettes(100 million Pieces)				87.50	119.50	120.00
罐 头(万吨)	Canned Food(10 000 tons)	0.96	1.40	15.67	20.34	19.28	22.60

1-2 续表 2(continued 2)

指 标	Item	1978	1988	2000	2010	2016	2017
建筑业	**Construction**						
建筑业企业从业人员(万人)	Employed Persons in Construction Enterprises(10 000 persons)			5.8	11.0	7.4	7.4
建筑业总产值(亿元)	Gross Output Value(100 million yuan)			30.2	199.5	307.8	322.8
施工房屋面积(万平方米)	Floor Space of Building Under Construction (10000 sq.m)			359.4	1429.7	2085.4	2060.5
竣工房屋面积(万平方米)	Floor Space of Building Completed (10000 sq.m)			167.5	508.7	652.4	562.5
交通运输业	**Transport**						
货运量(万吨)	Freight Traffic (10000 tons)	714	4224	11304	22481	21828	21397
#铁路	Railways	386	420	331	546	800	972
公路	Highways	222	3661	8962	13947	10879	11223
水运	Waterways	106	143	2002	7966	10114	9165
客运量(万人)	Passenger Traffic (10000 persons)	1504	13183	23013	45718	17092	18155
#铁路	Railways	119	91	14	104	2326	2706
公路	Highways	1296	12528	21930	42785	9920	10107
水运	Waterways	85	537	537	1340	1657	1879
港口货物吞吐量(万吨)	Volume of Freight Handled in Coastal Ports (10000 tons)	544	826	1976	9662	16390	18473
邮电通信业	**Postal and Telecommunication Services**						
邮电业务总量(亿元)	Business Volume (100 million yuan)	0.07	0.36	32.95	76.74	142.84	270.03
函件(亿件)	Number of Letters (100 million pieces)	2798	3345	2547	1225	489	418
年末移动电话用户(万户)	Number of Mobile Telephone Subscribers (10000 units)			57.60	594.33	942.30	1007.46
农村电话用户(万户)	Rural Fixed Telephone Subscribers (10000 units)	0.56	0.42	16.65	54.92	52.99	55.98
国内商业(亿元)	**Domestic Commerce(100 million yuan)**						
社会消费品零售总额	Total Retail Sales of Consumer Goods	8.83	34.32	172.48	663.85	1453.72	1618.76
对外经济贸易和旅游	**Foreign Trade and Tourism**						
进出口总额(亿美元)	Total Value of Imports and Exports (USD 100 million)		6.65	12.88	108.16	751.32	702.70
进口	Imports		3.70	4.85	84.25	610.81	407.06
出口	Exports		2.95	8.03	23.91	140.51	295.65
入境旅游人数(万人次)	Number of Oversea Visitor Arrivals (10000 persons)		20.46	48.68	66.33	74.89	111.94
金融保险(亿元)	**Finance and Intermediation (100 million yuan)**						
金融机构存款(本外币)	Deposits of Financial Institutions (RMB and Foreign Currency)				4217.1635	9080.13	10096.38
金融机构贷款(本外币)	Loans of Financial Institutions (RMB and Foreign Currency)				2514.0823	7672.98	8459.27
境内上市公司(家)	Number of Listed Companies in Mainland			22	23	28	30
国内保险保费收入	Premium of Domestic Insurance			6.06	47.95	133.21	164.83

注：从2015年起，进出口数据均以万元为单位，下同。
Note: The data on import and export are for ten thousand yuan as the unit instead of dollars since 2015,the same following.

1-2　续表3 (continued 3)

指　标	Item	1978	1988	2000	2010	2016	2017
教育、文化	**Education and Culture**						
教育	**Education**						
高等学校本专科在校学生(万人)	Students Enrollment in Institutions of Higher Eductioan (10 000persons)	0.30	0.91	1.85	15.08	18.49	18.55
中等专业学校在校学生(万人)	Students Enrollment in Specialized Secondary Schools(10 000persons)		0.83	3.57	10.92	13.03	13.36
普通中学在校学生(万人)	Students Enrollment in Regular Secondary Schools(10 000persons)	33.82	30.33	43.58	58.21	49.36	50.44
小学在校学生(万人)	Students Enrollment in Primary Schools (10 000persons)	88.79	90.35	103.58	78.05	79.36	80.95
文化	**Culture**						
图书出版量(万册)	Books Published(10 000 copies)			3288	7159	5717	6071
期刊出版量(万册)	Magazines Published (10 000 copies)			609	1103	718	750
报纸出版量(亿册)	Newspaper Published (100 million copies)			1.24	2.07	2.16	2.10
家庭、生活、卫生	**Family, People's Livelihood and Health Care**						
家庭	**Family**						
城镇居民平均每户家庭人口(人)	Average Household size of Urban Households (person)		4.3	3.8	3.3	3.6	3.6
农村居民平均每户家庭人口(人)	Average Household size of Rural Households (person)		6.3	5.2	4.8	4.4	4.4
居住	**Housing**						
城镇居民人均住房建筑面积(平方米)	Per Capita Floor Space of Residential Building in Urban Areas (sq.m)				28.88	30.80	30.80
农村居民人均生活住房面积(平方米)	Per Capita Living Floor Space of Residential Building in Rural Areas (sq.m)		17.10	19.22	24.74	29.25	30.16
生活	**People's Livelihood**						
城镇常住居民人均可支配收入(元)	Per Capita Disposbale Income of Urban Households(yuan)		1196	5358	15581	28453	30817
农村常住居民人均可支配收入(元)	Per Capita Disposbale Income of Rural Households(yuan)		609	2231	5275	11843	12902
储蓄存款(亿元)	Saving Depoists of Households (100 million yuan)		29.98	404.74	1658.42	3387.96	3790.10
城镇非私营单位工资	**Wages of Urban Non-private Units**						
在岗职工工资总额(亿元)	Total Wages Bill of Staff and Workers(100 million yuan)	4.54	14.04	57.50	245.97	602.56	660.51
在岗职工平均工资(元)	Average Wages of Staff and Workers(yuan)	582	1399	7408	31025	62565	69062
卫生	**Public Health**						
卫生机构数(个)	Number of Health Care Institutions (unit)	3308	3764	2689	4678	5135	5177
#医院	Hospitals	464	426	492	495	509	505
床位数(张)	Number of Hospital Beds(units)	18687	20643	20550	25981	40501	42002
#医院	Hospitals	18562	20265	15352	24336	37276	38654
卫生人员总数(人)	Number of Medical Technical Personels(persons)	24730	35208	38539	51985	74843	77652
#医生	Doctors	6333	10101	12706	14456	20148	20882

1-3 国民经济和社会发展结构指标
Composition Indicators on Economic and Social Development

单位：% (%)

指　标	Item	1978	1988	2000	2010	2016	2017
人口与就业	**Population and Employment**						
人口	**Population**						
性别结构	Sexual Composition						
男	Male	51.2	51.6	53.0	53.0	52.6	52.4
女	Female	48.8	48.4	47.0	47.0	47.4	47.6
城乡结构	Urban and Rural Composition						
城镇	Urban	8.2	17.3	40.7	49.8	56.8	58.0
乡村	Rural	91.8	82.7	59.3	50.2	43.2	42.0
就业	**Employment**						
产业结构	Industrial Composition						
第一产业	Primary Industry	78.6	70.9	60.8	50.4	41.1	40.3
第二产业	Secondary Industry	7.9	9.5	9.4	11.9	12.3	11.8
第三产业	Tertiary Industry	13.5	19.6	29.8	37.7	46.6	47.9
宏观经济	**Macroeconomy**						
国民经济核算	**National Accounting**						
地区生产总值产业结构	Industrial Composition						
第一产业	Primary Industry	53.1	50.0	36.4	25.5	23.3	21.6
第二产业	Secondary Industry	22.3	18.4	19.8	26.5	22.4	22.3
第三产业	Tertiary Industry	24.6	31.6	43.8	48.0	54.3	56.1
固定资产投资	**Investment in Fixed Assets**						
产业结构	Industrial Composition						
第一产业	Primary Industry			12.7	0.6	1.1	1.3
第二产业	Secondary Industry			20.6	14.9	7.7	6.9
第三产业	Tertiary Industry			66.7	84.5	91.2	91.8
利用外资	**Utilization of Foreign Investment**						
实际利用外资结构	Composition of Foreign Investment Actually Utilized						
对外借款	Foreign Loans		4.1	29.7	0.7	3.8	
外商直接投资	Foreign Direct Investment		89.4	70.3	99.3	96.2	100.0
外商其他投资	Other Foreign Investment		6.5				
财政	**Government Finance**						
地方一般预算收入结构	Local General Budgetary Revenue						
税收收入	Tax Revenue			80.4	87.5	79.2	80.6
非税收收入	Total Non-tax Revenue			19.6	12.5	20.8	19.4
地方一般预算支出结构	Local General Budgetary Expenditure						
# 用于文教、卫生、科学的支出	For Education、Health Care and Sciences			20.5	26.2	27.0	27.0
用于社会保障和就业的支出	For Social Security and Employment Effort			6.7	12.7	13.4	12.7

1-3 续表1 (continued 1)

单位：%　　(%)

指　　标	Item	1978	1988	2000	2010	2016	2017
能源	**Energy**						
一次能源生产总量结构	Composition of Primary Energy Production						
原油	Crude Oil				24.5	12.7	11.1
天然气	Natural Gas				19.2	5.0	3.5
一次电力	Primary Electricity				56.3	82.2	85.4
能源消费总量结构	Composition of Total Energy Consumption						
煤炭	Coal				33.4	35.2	33.9
石油	Petroleum				38.2	33.7	33.3
天然气	Natural Gas				21.1	16.2	16.9
一次电力	Primary Electricity				5.0	13.5	15.6
产　业	**Industry**						
农业	**Agriculture**						
农林牧渔业产值结构	Composition of Gross Output Value of Agriculture						
#农业	Farming	35.5	39.0	46.5	41.6	47.3	47.6
林业	Forestry	48.1	26.8	15.4	15.1	6.8	7.2
牧业	Animal Husbandry	8.9	19.6	16.1	19.3	18.2	16.0
渔业	Fishery	2.1	7.2	22.0	21.1	24.1	25.2
工业	**Industry**						
工业企业资产结构	Composition of Capital of Industrial Enterprises						
大型企业	Large-sized Enterprises					20.6	29.0
中型企业	Medium-sized Enterprises					53.1	43.7
小型企业	Small-sized Enterprises					26.0	26.4
微型企业	Micro-sized Enterprises					0.2	0.9
交通运输业	**Transportation**						
货运量结构	Composition of Freight Traffic						
铁　路	Railways	54.06	9.94	2.93	2.43	3.66	4.54
公　路	Highways	31.09	86.67	79.28	62.04	49.84	52.45
水　运	Waterways	14.85	3.39	17.71	35.43	46.33	42.83
民　航	Civil Aviation			0.08	0.10	0.16	0.18
旅游业	**Tourism**						
旅游人数结构	Composition of Tourists						
外国人	Foreigners		3.10	0.93	1.83	0.78	1.17
港澳同胞	Chinese Compatriots from Hong Kong and Macao		13.57	3.23	0.47	0.24	0.25
台湾同胞	Chinese from Taiwan Province		0.59	0.67	0.26	0.23	0.25
国内游客	Domestic Tourists		82.74	95.17	97.44	98.76	98.34

1-3 续表2 (continued 2)

单位：%　　　　(%)

指　标	Item	1978	1988	2000	2010	2016	2017
教育	**Education**						
普通学校专任教师结构	Composition of Full-time Teachers in Regular Schools						
大学	Colleges and Universities	1.3	2.5	2.0	8.3	9.1	9.2
中学	Secondary Schools	32.8	33.9	33.3	36.6	43.0	42.9
小学	Primary Schools	65.9	63.6	64.7	55.1	48.0	47.8
普通学校在校学生结构	Composition of Student Enrollment in Regular Schools						
大学生	College and University Students	0.3	0.7	1.2	10.0	12.6	12.4
中学生	Secondary School Students	27.7	25.8	31.3	38.4	33.5	33.6
小学生	Primary School Pupils	72.0	73.5	67.5	51.6	53.9	54.0
生活	**People's Living Conditions**						
城镇居民消费结构	Consumption Composition of Urban Households						
食品	Food		64.0	49.3	44.8	39.0	37.2
衣着	Clothing		5.3	4.6	5.8	4.5	4.4
居住	Residence		4.8	8.7	10.1	18.6	18.9
家庭设备用品及服务	Household Facilities, Articles and Services		8.6	4.9	5.6	5.0	5.4
医疗保健	Health Care		1.2	6.1	5.3	7.4	7.4
交通通信	Transportation and Communication		1.1	8.6	16.5	13.6	13.8
教育文化娱乐服务	Education, Cultural and Recreation Services		6.8	11.6	9.2	10.2	11.0
杂项商品与服务	Miscellaneous Goods and Services		5.1	6.2	2.6	1.8	1.9
农村居民消费结构	Consumption Composition of Rural Residents						
食品烟酒	Food, Tobacco and Liquor				34.0	43.2	41.9
衣　着	Clothing				2.3	3.4	3.4
居　住	Residence				12.0	18.5	19.2
医疗保健	Health Care				2.7	6.6	6.6
生活用品及服务	Household Articles and Services				2.7	4.7	3.9
教育文化娱乐	Education, Cultural and Recreation Services				6.3	12.4	12.5
交通通信	Transportation and Communication				6.2	9.4	10.9
其他商品及服务	Others				1.8	1.7	1.8
卫生	**Public Health**						
卫生技术人员结构	Composition of Medical Technical Personnel						
#执业(助理)医师	Licensed (Assistant) Doctors				36.6	34.9	34.5
注册护士	Registered Nurses				41.3	45.8	47.0
药师(士)	Pharmacist				5.1	5.1	4.9

1-4　按行业分法人单位数和产业活动单位数(2017)
Number of Legal Entities and Establishments by Sector (2017)

单位：个　(unit)

行业	Sectors	法人单位数 Number of Legal Enities	单产业法人单位 Single-Sector Legal Entities	多产业法人单位 Multi-Sector Legal Entities	产业活动单位数 Number of Economic Active Establishments	多产业法人所属的产业活动单位 Economic Active Estab--lishments of Multi--sector Legal Entity
合　计	Total	100398	96520	3878	118068	21548
农、林、牧、渔业	Agricalture,Forestry,Animal Husbandry and Fishery	12992	12834	158	13298	464
农业	Farming	5778	5734	44	5831	97
林业	Forestry	718	652	66	787	135
畜牧业	Animal Husbandry	4098	4075	23	4134	59
渔业	Fishery	1318	1309	9	1333	24
农、林、牧、渔服务业	Services in Support of Agriculture	1080	1064	16	1213	149
采矿业	Mining	414	399	15	426	27
煤炭开采和洗选业	Mining and Washing of Coal	3	3		3	
石油和天然气开采业	Extration of Petroleum and Natural Gas	5	4	1	5	1
黑色金属矿采选业	Mining and Processing of Ferrous Metals Ores	40	38	2	40	2
有色金属矿采选业	Mining and Processing of Non-ferrous Metals Ores	131	127	4	132	5
非金属矿采选业	Mining and Processing of Nonmetal Ores	204	196	8	213	17
开采辅助活动	Support Activities for Mining	7	7		7	
其他采矿业	Mining of Other Ores	24	24		26	2
制造业	Manufacturing	4279	4138	141	4516	378
农副食品加工业	Processing of Food from Agricultural Products	576	555	21	661	106
食品制造业	Manufacture of Foods	251	242	9	258	16
酒、饮料和精制茶制造业	Manufacture of Wine,Beverages and Tea	180	171	9	195	24
烟草制品业	Manufacture of Tobacco	1	1		1	
纺织业	Manufacture of Textile	57	54	3	59	5
纺织服装、服饰业	Manufacture of Textile, Wearing Apparel and Accessories	92	87	5	94	7
皮革、毛皮、羽毛及其制品和制鞋业	Manufacture of Leather, Fur, Feather and Related Products and Footwear	9	9		9	
木材加工及木、竹、藤、棕、草制品业	Processing of Timber, Manufacture of Wood, Bamboo, Rattan, Palm and Straw Products	256	249	7	272	23
家具制造业	Manufacture of Furniture	151	147	4	153	6
造纸及纸制品业	Manufacture of Paper and Paper Products	86	85	1	87	2
印刷和记录媒介复制业	Printing, Reproduction of Recording Media	261	248	13	275	27
文教、工美、体育和娱乐用品制造业	Manufacture of Articles for Culture, Education Arts and Crafts, Sport and Entertaiment Activities	132	129	3	134	5
石油加工、炼焦及核燃料加工业	Processing of Petroleum, Coking and Nuclear Fuel	20	18	2	21	3
化学原料及化学制品制造业	Manufacture of Raw Chemical Materials and Chemical Products	221	214	7	227	13
医药制造业	Manufacture of Medicines	181	171	10	185	14
化学纤维制造业	Manufacture of Chemical Fibers	7	6	1	7	1

注：本表按法人单位及其产业活动单位统计，含法人单位在外省的产业活动单位。
Note:The table is based on statistics of legal entities and their establishments, including the legal entities whose ecnomic active establishments are in other provinces.

1-4 续1(continued 1)

单位：个 (unit)

行业	Sectors	法人单位数 Number of Legal Enities	单产业法人单位 Single-Sector Legal Entities	多产业法人单位 Multi-Sector Legal Entities	产业活动单位数 Number of Economic Active Establishments	多产业法人所属的产业活动单位 Economic Active Establishments of Multi-sector Legal Entity
橡胶和塑料制品业	Manufacture of Rubber and Plastic Products	156	150	6	164	14
非金属矿物制品业	Manufacture of Non-metallic Mineral Products	718	702	16	743	41
黑色金属冶炼及压延加工业	Smelting and Pressing of Ferrous Metals	29	29		29	
有色金属冶炼及压延加工业	Smelting and Pressing of Non-ferrous Metals	38	36	2	38	2
金属制品业	Manufacture of Metal Products	213	207	6	215	8
通用设备制造业	Manufacture of General Purpose Machinery	61	60	1	63	3
专用设备制造业	Manufacture of Special Purposes Machinery	134	129	5	145	16
汽车制造业	Manufacture of Automobiles	56	55	1	56	1
铁路、船舶、航空航天和其他运输设备制造业	Manufacture of Railway, Ship, Aerospace and Other Transport Equipments	60	59	1	62	3
电气机械和器材制造业	Manufacture of Electrical Machinery and Apparatus	107	103	4	113	10
计算机、通信和其他电子设备制造业	Manufacture of Computer, Communication and Other Electronic Equipments	52	51	1	57	6
仪器仪表制造业	Manufacture of Measuring Instruments and Machinery	25	25		25	
其他制造业	Other Manufacture	31	31		32	1
废弃资源综合利用业	Utilization of Waste Resources	20	20		22	2
金属制品、机械和设备修理业	Repair Service of Metal Products, Machinery and Equipment	98	95	3	114	19
电力、热力、燃气及水生产和供应业	**Production and Supply of Electric Power,Gas and Water**	**514**	**464**	**50**	**765**	**301**
电力、热力生产和供应业	Production and Supply of Electric Power and Heat Power	316	280	36	505	225
燃气生产和供应业	Production and Supply of Gas	54	49	5	62	13
水的生产和供应业	Production and Supply of Water	144	135	9	198	63
建筑业	**Construction**	**7961**	**7807**	**154**	**8690**	**883**
房屋建筑业	Construction of Buildings	935	899	36	1221	322
土木工程建筑业	Civil Engineering	1026	1003	23	1162	159
建筑安装业	Construction Installation	928	902	26	1019	117
建筑装饰和其他建筑业	Building Decoration and Other Construction	5072	5003	69	5288	285
批发和零售业	**Wholesale & Retail Trades**	**21265**	**20472**	**793**	**25412**	**4940**
批发业	Wholesale Trade	11243	10947	296	11943	996
零售业	Retail Trade	10022	9525	497	13469	3944
交通运输、仓储和邮政业	**Transport, Storage and Post**	**2071**	**1913**	**158**	**3082**	**1169**
铁路运输业	Railway Transport	13	9	4	27	18
道路运输业	Road Transport	941	887	54	1321	434
水上运输业	Water Transport	229	203	26	236	33
航空运输业	Air Transport	47	43	4	64	21
管道运输业	Pipeline Transport	2	2		3	1
装卸搬运和其他运输服务业	Loading, Unloading and Other Transport Services	497	473	24	562	89
仓储业	Storage	162	153	9	176	23
邮政业	Posts	180	143	37	693	550
住宿和餐饮业	**Hotels and Catering Services**	**2536**	**2376**	**160**	**2999**	**623**
住宿业	Hotels	1304	1214	90	1488	274
餐饮业	Catering Services	1232	1162	70	1511	349

1-4 续2(continued 2)

单位：个 (unit)

行业	Sectors	法人单位数 Number of Legal Entities	单产业法人单位 Single-Sector Legal Entities	多产业法人单位 Multi-Sector Legal Entities	产业活动单位数 Number of Economic Active Establishments	多产业法人所属的产业活动单位 Economic Active Establishments of Multi-sector Legal Entity
信息传输、软件和信息技术服务业	**Information Transmission, Software and Information Technology**	**2957**	**2899**	**58**	**3249**	**350**
电信、广播电视和卫星传输服务	Telecommunications, Broadcasting and TV Transmission and Satellite Services	145	129	16	331	202
互联网和相关服务	The Internet and Related Services	666	658	8	703	45
软件和信息技术服务业	Software and Information Technology Services	2146	2112	34	2215	103
金融业	**Financial Intermediation**	**695**	**589**	**106**	**2284**	**1695**
货币金融服务	Monetary and Financial Services	337	274	63	1538	1264
资本市场服务	Capital Market Services	170	160	10	232	72
保险业	Insurance	109	77	32	401	324
其他金融业	Other Financial Sector	79	78	1	113	35
房地产业	**Real Estate**	**9511**	**9172**	**339**	**10216**	**1044**
房地产业	Real Estate	9511	9172	339	10216	1044
租赁和商务服务业	**Leasing and Business Services**	**12811**	**12500**	**311**	**13669**	**1169**
租赁业	Leasing	1361	1330	31	1416	86
商务服务业	Business Services	11450	11170	280	12253	1083
科学研究和技术服务业	**Scientific Research and Technical Services**	**3471**	**3358**	**113**	**4132**	**774**
研究与试验发展	R&D	357	350	7	384	34
专业技术服务业	Professional Technical Services	2146	2056	90	2649	593
科技推广和应用服务业	Services of Science and Technology Exchanges and Application	968	952	16	1099	147
水利、环境和公共设施管理业	**Management of Water Conservancy, Environmental and Public Facilities**	**855**	**826**	**29**	**1052**	**226**
水利管理业	Water Conservancy Management	141	131	10	202	71
生态保护和环境治理业	Ecological Orotection and Environmental Governance	111	106	5	139	33
公共设施管理业	Management of Public Facilities	603	589	14	711	122
居民服务、修理和其他服务业	**Services to Households and Other Services**	**1930**	**1883**	**47**	**2072**	**189**
居民服务业	Services to Households	672	650	22	752	102
机动车、电子产品和日用产品修理业	Repair of Motor Vehicle, Electronic Products and Daily Products	758	742	16	797	55
其他服务业	Other Services	500	491	9	523	32
教育	**Education**	**4158**	**3905**	**253**	**5965**	**2060**
教育	Education	4158	3905	253	5965	2060
卫生和社会工作	**Health Care and Social Welfare**	**1373**	**1270**	**103**	**2441**	**1171**
卫生	Health Care	1115	1013	102	2136	1123
社会工作	Social Welfare	258	257	1	305	48
文化、体育和娱乐业	**Culture, Sports and Entertainment**	**2426**	**2374**	**52**	**2580**	**206**
新闻出版业	Journalism and Publishing Activities	83	78	5	90	12
广播、电视、电影和影视录音制作业	Radio, Television, Film and Television Recording Studios	343	330	13	361	31
文化艺术业	Culture and Arts	587	581	6	659	78
体育	Sports	351	340	11	370	30
娱乐业	Entertainment	1062	1045	17	1100	55
公共管理、社会保障和社会组织	**Public Management, Social Security and Social Organization**	**8179**	**7341**	**838**	**11220**	**3879**
中国共产党	The Communist Party of China	175	148	27	219	71
国家机构	Government Agencies	2637	2028	609	5433	3405
人民政协和民主党派	People's Political Consultative Conference and Democratic Parties	73	70	3	83	13
社会保障	Social Security	52	51	1	82	31
群众团体、社会团体 和宗教组织	Non-governmental Organizations, Social Organizations and Religion Organizations	1773	1755	18	1911	156
基层群众自治组织	Grassroots Autonomous Organizations	3469	3289	180	3492	203

1-5 按注册类型和机构类型分法人单位数(2017)

Number of Legal Entities by Status of Registration and Type of Institutions (2017)

单位：个 (unit)

行 业	Sectors	法人单位数 Number of Legal Enities	单产业法人单位 Single-Sector Legal Entities	多产业法人单位 Multi-Sector Legal Entities
总 计	**Total**	**100398**	**96520**	**3878**
按注册类型分	**By Status of Registration**			
内资	Domestic Funded	99600	95805	3795
国有	State-owned Enterprises	7649	6389	1260
集体	Collective-owned Enterprises	1107	1004	103
股份合作	Cooperative Enterprises	603	571	32
联营	Joint Ownership Enterprises	206	200	6
有限责任公司	Limited Liability Corporations	32446	31296	1150
股份有限公司	Share-holding Corporations Limited	1739	1593	146
私营	Private Enterprises	37415	36569	846
其他	Others	18435	18183	252
港、澳、台商投资	Enterprises with Funds from Hongkong,Macao and Taiwan	453	404	49
合资经营(港或澳、台资)	Joint-venture Enterprises	117	100	17
合作经营(港或澳、台资)	Cooperative Enterprises	19	16	3
港、澳、台商独资经营	Enterprises with Sole Investment	273	246	27
港、澳、台商投资股份有限公司	Share-holding Corporations Ltd.	30	28	2
其他港、澳、台商投资	Others	14	14	
外商投资	Enterprises with Foreign Investment	345	311	34
中外合资经营	Joint-venture Enterprises	126	116	10
中外合作经营	Cooperation Enterprises	20	19	1
外资独资	Enterprises with Sole Funds	161	140	21
外商投资股份有限公司	Share-holding Corporations Ltd.	17	15	2
其他外商投资	Others	21	21	
按机构类型分	**By Type of Institutions**			
法人单位	Legal Entities	100398	96520	3878
企业	Enterprises	77662	75034	2628
事业单位	Institutions	4355	3878	477
机关	Government Agencies	1735	1181	554
社会团体	Social Organizations	1665	1648	17
民办非	Nonenterprise Units Run by NGO	2041	2034	7
其他组织机构	Others	12940	12745	195

1-6　各市县法人单位数和产业活动单位数(2017)
Number of Legal Entities and Economic Active Establishments by Region (2017)

单位：个 (unit)

市　县	Region	法人单位数 Number of Legal Enities	单产业法人单位 Single-sector Legal Entities	多产业法人单位 Multi-sector Legal Entities	产业活动单位数 Number of Economic Active Establishments	多产业法人所属的产业活动单位 Economic Active Establishments of Multi-sector Legal Entity
全省总计	**Total**	**100398**	**96520**	**3878**	**118068**	**21548**
海口市	Haikou	50694	49040	1654	55105	6065
三亚市	Sanya	14343	13883	460	16584	2701
三沙市	Sansha	23	23		30	7
五指山市	Wuzhishan	1382	1318	64	1741	423
文昌市	Wenchang	3395	3227	168	4577	1350
琼海市	Qionghai	4058	3802	256	5307	1505
万宁市	Wanning	3392	3272	120	4448	1176
定安县	Ding'an	2128	2053	75	2589	536
屯昌县	Tunchang	1666	1586	80	2120	534
澄迈县	Chengmai	3549	3424	125	4436	1012
临高县	Lingao	1308	1231	77	1888	657
儋州地区	Danzhou Area	3991	3740	251	5340	1600
儋州	Danzhou	2279	2077	202	3584	1507
洋浦	Yangpu	1712	1663	49	1756	93
东方市	Dongfang	2245	2160	85	2793	633
乐东县	Ledong	1269	1183	86	1937	754
琼中县	Qiongzhong	1223	1136	87	1734	598
保亭县	Baoting	1592	1503	89	2060	557
陵水县	Lingshui	1297	1243	54	1668	425
白沙县	Baisha	1210	1130	80	1665	535
昌江县	Changjiang	1633	1566	67	2046	480

主要统计指标解释

行政区划　指国家对行政区域的划分。根据有关法规规定，我国的行政区域划分如下：(1)全国分为省、自治区、直辖市；(2)省、自治区分为自治州、县、自治县、市；(3)自治州分为县、自治县、市；(4)县、自治县分为乡、民族乡、镇；(5)直辖市和较大的市分为区、县；(6)国家在必要时设立的特别行政区。

平均增长速度　平均增长速度表明社会经济现象在一个较长的时期内逐期平均增长变化的程度，它不能根据各个环比增长速度直接求得，但与平均发展速度之间存在着一定的数量关系：平均增长速度＝平均发展速度－1。

平均发展速度是一种根据环比发展速度计算的序时平均数,由于各时期对比的基础不同，所以计算平均发展速度不能采用一般的序时平均数的计算方法，计算方法分为水平法和累计法。水平法，又称几何平均法，即将环比发展速度按连乘法用几何平均数公式计算。累计法，也称方程法，根据一段时期内各年发展水平总和与基期水平的关系，列出方程式计算平均发展速度。水平法着重考虑最后一年所达到的发展水平；累计法着重考虑整个时期累计发展水平的总量。

本《年鉴》内所列的平均增长速度，除固定资产投资用“累计法”计算外，其余均用“水平法”计算。从某年到某年平均增长速度的年份，均不包括基期年在内。如建国四十三年以来的平均增长速度是以 1949 年为基期计算的，则写为 1950-1992 年平均增长速度，其余类推。

企业(单位)登记注册类型　是以在工商行政管理机关登记注册的各类企业为划分对象，以工商行政管理部门对企业登记注册的类型为依据，将企业登记注册类型分为内资企业、港澳台商投资企业和外商投资企业三大类。内资企业包括国有企业、集体企业、股份合作企业、联营企业、有限责任公司、股份有限公司、私营公司和其他企业；港澳台商投资企业和外商投资企业分别包括合资经营企业、合作经营企业、独资经营企业和股份有限公司。对不在工商行政管理部门进行登记注册的行政机关、事业单位和社会团体，主要按其经费来源和管理方式进行划分。

国有企业　指企业全部资产归国家所有，并按《中华人民共和国企业法人登记管理条例》规定登记注册的非公司制的经济组织。不包括有限责任公司中的国有独资公司。

集体企业　指企业资产归集体所有，并按《中华人民共和国企业法人登记管理条例》规定登记注册的经济组织。

股份合作企业　指以合作制为基础，由企业职工共同出资入股，吸收一定比例的社会资产投资组建，实行自主经营，自负盈亏，共同劳动，民主管理，按劳分配与按股分红相结合的一种集体经济组织。

联营企业　指两个及两个以上相同或不同所有制性质的企业法人或事业单位法人，按自愿、平等、互利的原则，共同投资组成的经济组织。联营企业包括国有联营企业、集体联营企业、国有与集体联营企业和其他联营企业。

有限责任公司　指根据《中华人民共和国公司登记管理条例》规定登记注册，由两个以上、五十个以下的股东共同出资，每个股东以其所认缴的出资额对公司承担有限责任，公司以其全部资产对其债务承担责任的经济组织。有限责任公司包括国有独资公司以及其他有限责任公司。

股份有限公司　指根据《中华人民共和国公司登记管理条例》规定登记注册，其全部注册资本由等额股份构成并通过发行股票筹集资本，股东以其认购的股份对公司承担有限责任，公司以其全部资产对其债务承担责任的经济组织。

私营企业　指由自然人投资设立或由自然人控股，以雇佣劳动为基础的营利性经济组织。包括按照《公司法》、《合伙企业法》、《私营企业暂行条例》规定登记注册的私营有限责任公司、私营股份有限公司、私营合伙企业和私营独资企业。

其他企业　指上述企业之外的其他内资经济组织。

与港澳台商合资经营企业　指港澳台地区投资者与内地企业依照《中华人民共和国中外合资经营企业法》及有关法律的规定，按合同规定的比例投资设立、分享利润和分担风险的企业。

与港澳台商合作经营企业　指港澳台地区投资者与内地企业依照《中华人民共和国中外合作经营企业法》及有关法律的规定，依照合作合同的约定进行投资或提供条件设立、分配利润和分担风险的企业。

港澳台商独资经营企业　指依照《中华人民共和国外资企业法》及有关法律的规定，在内地由港澳台地区投资者全额投资设立的企业。

港澳台商投资股份有限公司　指根据国家有关规定，经原外经贸部依法批准设立，其中港、澳、台商的股本占公司注册资本的比例达 25% 以上的股份有限公司。凡其中港、澳、台商的股本占公司注册资本的比例小于 25%的，属于内资企业中的股份有限公司。

中外合资经营企业　指外国企业或外国人与中国内地企业依照《中华人民共和国中外合资经营企业法》及有关法律的规定，按合同规定的比例投资设立、分享利润和分担风险的企业。

中外合作经营企业　指外国企业或外国人与中国内地企业依照《中华人民共和国中外合作经营企业法》及有关法律的规定，依照合作合同的约定进行投资或提供条件设立、分配利润和分担风险的企业。

外资企业　指依照《中华人民共和国外资企业法》及有关法律的规定，在中国内地由外国投资者全额投资设立的企业。

外商投资股份有限公司　指根据国家有关规定，经原外经贸部依法批准设立，其中外资的股本占公司注册资本的比例达 25% 以上的股份有限公司。凡其中外资股本占公司注册资本的比例小于 25%的，属于内资企业中的股份有限公司。

行政机关、事业单位和社会团体　参照企业登记注册类型，主要按其经费来源和管理方式划分。具体规定如下：

⑴行政机关：包括国家机关和政党机关，原则上均列为“国有”。但有特殊规定的，如供销社等，则列为“集体”。

⑵事业单位：包括经国家机构编制部门和有关业务主管部门批准成立的各类事业单位，不包括实行企业化管理的事业单位。事业单位的划分办法如下：①由国家财政预算拨款或列入财政预算外资金管理以及经费主要来源于国有主管部门或国有上级单位的事业单位，列为“国有”。②经费主要来源于集体单位的事业单位，列为“集体”。③公民个人(或个人合伙)开办的事业单位，列为“私营”。④上述以外的其他事业单位，如果其经费来源不明确，按管理方式进行归类。

⑶社会团体：包括经民政部门批准成立以及未纳入社会团体管理条例范围的工会、妇联等各类社会团体。社会团体的划分办法如下：①未纳入民政部社会团体管理条例范围的工会、妇联、共青团、青联、工商联、科协、侨联等社会团体，国家拨款设立的基金会或基金管理组织以及经费主要来源于国有业务主管部门或国有上级单位的社会团体，列为“国有”。②经费主要来源于集体单位的社会团体，列为“集体”。③公民个人(或个人合伙)开办的社会团体，划为“私营”。④上述以外的其他社会团体，如果其经费来源不明确，改按管理方式进行归类。

法人单位　是指有权拥有资产、承担负债，并独立从事社会经济活动（或与其他单位进行交易）的组织。法人单位应同时具备以下条件：

（一）依法成立，有自己的名称、组织机构和场所，能够独立承担民事责任；

（二）独立拥有（或授权使用）资产或者经费，承担负债，有权与其他单位签订合同；

（三）具有包括资产负债表在内的账户，或者能够根据需要编制账户。

法人单位包括五种类型：企业法人、事业单位法人、机关法人、社会团体和其他成员组织法人、其他法人。

产业活动单位　是指位于一个地点，从事一种或主要从事一种社会经济活动的组织或组织的一部分。产业活动单位应同时具备以下条件：

（一）在一个场所从事一种或主要从事一种社会经济活动；

（二）相对独立地组织生产活动或经营活动；

（三）能提供收入、支出等相关资料。

产业活动单位是法人单位的组成部分。仅包含一个产业活动单位的法人单位，称为单产业法人单位，该法人单位同时也是一个产业活动单位；由两个及以上产业活动单位组成的法人单位，称为多产业法人单位，这些产业活动单位接受法人单位的管理和控制。

Explanatory Notes on Main Statistical Indicators

Divisions of Administrative Areas refer to the division of administrative areas by the State. The relative laws stipulate that 1) the whole country is divided into provinces, autonomous regions and municipalities directly under the Central Government; 2) provinces and autonomous regions are further divided into autonomous prefectures, counties, autonomous counties and cities; 3) autonomous prefectures are further divided into counties, autonomous counties and cities; 4) counties and autonomous counties are further divided into townships, ethnic townships and towns; 5) municipalities directly under the Central Government and large cities are divided into districts and counties; 6) the State shall, when necessary, establish special administrative regions.

Average Annual Growth Rate shows the average growth rate of social and economic development during a longer period. It can not be directly calculated by chain based growth rate. The relation is:

Average Annual Growth Rate = Average Speed of Development – 1

Average speed of development is the time series average of speed which calculated by chain based. Because the reference bases during the different periods are not same, average speed of development can not be calculated by the general method. Level approach and accumulative approach for calculating average speed of development rate are applied. The "level approach", or the method of calculating the geometric average, is derived by the formula of geometric average of the chain-based speeds of development, or comparing the level of the last year of the interval with that of the beginning year; the other is called the "accumulative approach" or the "algebraic average", "equation" method, which is derived by the summation of the actual figure of each year in the interval divided by the figure in the base year. The level approach focuses on the level of the last year, while the accumulative approach emphasizes the aggregate development in the duration.

The average annual growth rates listed in the Yearbook are calculated by the level approach except for the growth rate of investment in fixed assets. The base year is not listed in the duration for which average annual growth rates are computed. For instance, the average annual growth rate of the 43 years since 1949 is shown as the average annual growth rate of 1950-1992 without showing the base year 1949.

Status of Registration Enterprises are classified into 3 categories, namely domestic-funded enterprises, enterprises with investment from Hong Kong, Macau and Taiwan, and enterprises with foreign investment, according to the registration status of an enterprise in industrial and commercial administration agencies. Domestic-funded enterprises include State-owned enterprises, collective-owned enterprises, cooperative enterprises, joint ownership enterprises, limited liability corporations, share-holding corporations Ltd., private enterprises and other enterprises. Included in the enterprises with investment from Hong Kong, Macau and Taiwan and enterprises with foreign investment are joint-venture enterprises, cooperative enterprises, sole investment enterprises and share-holding corporations Ltd. For government agencies, institutions and social organizations which are not registered in industrial and commercial administration agencies, they are classified mainly by their sources of funding and manner of management.

State-owned Enterprises refer to non-corporation economic units where the entire assets are owned by the State and which have been registered in accordance with the Regulation of the People's Republic of China on the Management of Registration of Corporate Enterprises. Not included from this category are solely State-funded corporations in the limited liability corporations.

Collective-owned Enterprises refer to economic units where the assets are owned collectively and which have been registered in accordance with the Regulation of the People's Republic of China on the Management of Registration of Corporate Enterprises.

Cooperative Enterprises refer to a form of collective economic units (enterprises) where capitals come mainly from employees as their shares, with certain proportion of capital from the outside, where production is organized on the basis of independent operation, independent accounting for profits and losses, joint work, democratic management, and a distribution system that integrates remuneration according to work with dividend according to capital share.

Joint Ownership Enterprises refer to economic units established by two or more corporate enterprises or corporate institutions of the same or different ownership, through joint investment on the basis of voluntary participation, equality, and mutual benefits. They include State joint ownership enterprises; collective joint ownership enterprises; joint State-collective enterprises; and other joint ownership enterprises.

Limited Liability Corporations refer to economic units established with investment from 2-50 investors and registered in accordance with the Regulation of the People's Republic of China on the Management of Registration of Corporations, each investor bearing limited liability to the corporation depending on its share of investment, and the corporation bearing liability to its debt to the maximum of its total assets. Limited liability corporations include solely State-funded limited liability corporations and other limited liability corporations.

Share-holding Corporations Ltd. refer to economic units registered in accordance with the Regulation of the People's Republic of China on the Management of Registration of Corporations, with total registered capital divided into equal shares and raised through issuing stocks. Each investor bears limited liability to the corporation depending on the holding of shares, and the corporation bears liability to its debt to the maximum of its total assets.

Private Enterprises refer to profit-making economic units invested and established by natural persons, or controlled by natural persons using employed labour. Included in this category are private limited liability corporations, private share-holding corporations Ltd., private partnership enterprises and private-funded enterprises registered in accordance with the Company Law, the Law on Partnership Business and Interim Regulations on Private Enterprises.

Other Domestic-funded Enterprises refer to domestic-funded economic units other than those mentioned above.

Joint Venture Enterprises with Funds from Hong Kong, Macau and Taiwan are enterprises established by investors from Hong Kong, Macau and Taiwan with enterprises in the mainland of China in accordance with the Law of the People's Republic of China on Sino-foreign Equity Joint Ventures and other relevant laws, where the establishment of the investment and the sharing of profits and risks are stipulated under joint venture contracts.

Cooperative Enterprises with Funds from Hong Kong, Macau and Taiwan established by investors from Hong Kong, Macau and Taiwan with enterprises in the mainland of China in accordance with the Law of the People's Republic of China on Sino-foreign Contractual Joint Venture and other relevant laws, where the investment or provision of facilities and the sharing of profits and risks are stipulated under cooperative contracts.

Enterprises with Sole (exclusive) Investment from Hong Kong, Macau and Taiwan refer to enterprises established in the mainland of China with exclusive investment from investors from Hong Kong, Macau and Taiwan in accordance with the Law of the People's Republic of China on Wholly Foreign-owned Enterprises and other relevant laws.

Share-holding Corporations Ltd. with Investment from Hong Kong, Macau and Taiwan refer to share-holding corporations Ltd. established with the approval from the former Ministry of Foreign Trade and Economic Relations in line with relevant State regulations, where the share of investment from Hong Kong, Macau or Taiwan businessmen exceeds 25% of the total registered capital of the corporation. In case the share of investment from Hong Kong, Macau or Taiwan is less than 25% of the total registered capital, the enterprise is to be classified as domestic-funded share-holding corporation Ltd.

Joint Venture Enterprises with Foreign Investment refer to enterprises jointly established by foreign enterprises or foreigners with enterprises in the mainland of China in accordance with the Law of the People's Republic of China on Sino-foreign Equity Joint Ventures and other relevant laws, where the sharing of investment, profits and risks is stipulated under contract.

Cooperative Enterprises with Foreign Investment refer to enterprises jointly established by foreign enterprises or foreigners with enterprises in the mainland of China in accordance with the Law of the People's Republic of China on Sino-foreign Contractual Joint Venture and other relevant laws, where the investment or provision of facilities and the sharing of profits and risks are stipulated under cooperative contracts.

Enterprises with Sole (exclusive) Foreign Investment refer to enterprises established in the mainland of China with exclusive investment from foreign investors in accordance with the Law of the People's Republic of China on Wholly Foreign-owned Enterprises and other relevant laws.

Share-holding Corporations Ltd. with Foreign Investment refer to share-holding corporations Ltd. established with the approval from the former Ministry of Foreign Trade and Economic Relations in line with relevant State regulations, where the share of investment from foreign investors exceeds

25% of the total registered capital of the corporation. In case the share of foreign investment is less than 25% of the total registered capital, the enterprise is to be classified as domestic-funded share-holding corporation Ltd.

Government Agencies, Institutions and Social Organizations are classified into the following categories by source of funds and manner of management taking reference of the registration status of enterprises:

(1) Government agencies: include State and party agencies, classified in principle as State-owned. There are exceptions, such as supply and marketing cooperatives which are classified as collective-owned.

(2) Institutions: include institutions of various types established with the approval by organization and staffing departments of the government, but exclude institutions where enterprise management system is introduced. Institutions are further classified as follows:

(a) Institutions for which their main budgets are from government budget appropriations or extra-budget funds, or allocated from the budget of their competent government agencies. Such institutions are classified as state-owned.

(b) Institutions for which their budget mainly come from collective units. Such institutions are classified as collective-owned.

(c) Social institutions established by individual or a group of citizens, which are classified as private.

(d) Institutions other than those mentioned above for which their sources of budget are not clear. Such institutions are classified by the manner of management.

(3) Social organizations: include social organizations established with the approval from the Ministry of Civil Affairs, and organizations that are not covered by social organization management regulations such as trade unions, women's federations etc.. Social organizations are further classified as follows:

(a) Social organizations that are not covered by social organization management regulations of the Ministry of Civil Affairs such as trade unions, women federations, communist youth leagues, youth associations, industrial and commerce associations, scientist associations, overseas Chinese associations, etc., foundations and fund management organizations established with funds from the state, and social organizations whose funds mainly come from the budget of their competent government agencies. Such institutions are classified as State-owned.

(b) Social organizations for which their budget mainly come from collective units. Such institutions are classified as collective-owned.

(c) Social organizations established by individual or a group of citizens, which are classified as private.

(d) Social organizations other than those mentioned above for which their sources of budget are not clear. Such organizations are classified by the manner of management.

Legal Entities refer to the organizations which have the right to own property, assume the liabilities and engage in social economic activities or trade with other institutions. Legal Entities should have the following conditions:

(a) Established in accordance with the law, have its own name, organization and location, bear civil liability independently.

(b) Owned (or licensed) assets or funds independently, bear the liabilities, entitled to sign contracts with other institutions.

(c) Control account included balance sheet or according to the needs.

Legal Entities include five types: corporate legal person, institutions legal person, authority legal person, social organizations and other members' organization legal person, other legal persons.

Economic Active Establishments refer to the organizations or a part of the organization which locate at a location, engaged in a kind of or a mainly social and economic activities. Establishments should have the following conditions:

(a) Locate at a location, engaged in a kind of or a mainly social and economic activities.

(b) Organize production or business activities relatively independently.

(c) Provide income, expenditure and other relevant information.

Legal entities are compositions of establishments. Legal entities with only one establishment are named as single-sector legal entities and the legal entities are the establishment meantime. Legal entities with two and more establishments are named as multi-sector legal entities; the establishments are managed and controlled by the legal entities.

人 口

Population

编辑人员：朱雨珊

Compiled by Zhu Yushan

英文翻译：马圆筠

Translated by Ma Yuanyun

简 要 说 明

一、本篇资料主要内容

本篇资料反映我省当年及历年人口的基本情况，包括历年人口数、城镇人口、乡村人口、出生率、死亡率、自然增长率、人口负担系数、家庭户规模、人口受教育程度等。

二、本篇资料来源

表 2-4、表 2-5、表 2-6 为公安户籍资料；表 2-2、2-3 为在年度人口抽样调查基础上的人口推算数据；表 2-7 为第六次人口普查主要数据。

三、本篇统计调查方法

在逢“0”的年份进行全国人口普查； 在逢“5”的年份进行全国 1%人口抽样调查；其余年份进行全国人口变动情况抽样调查，其样本量约占全国总人口的 1‰左右。人口抽样调查是以全国为总体，省级单位为次总体，采用分层、多阶段、整群概率比例抽样方法抽取样本。

Brief Introduction

I. Main Contents

Data in this chapter show the basic condition of the population from previous years for the whole province. They include the sizes of the provincial population, urban population and rural population over the year; as well as size, birth rates, death rates, natural growth rates, population dependency coefficient, average family household size and education attainments of the population by the end of 2014.

II. Sources of Data

In tables 2-4, 2-5, and 2-6, figures are from household registrations; In tables 2-2, 2-3 data are from the annual national sample survey on population changes which have been revised according to the census results; In tables 2-7 data are the basic statistics on Hainan Population Census in1953,1964,1990,2000 and 2010.

III. Sampling Methodology

The national population census is conducted in the year ending with 0; the national 1 percent population sample survey is conducted in the year ending with 5; sample surveys on population changes are conducted in the rest of the years which cover about 1 per thousand of the total population of the country. The sample survey on population change takes the whole nation as the population and each province, autonomous region or municipality as sub-populations, and the stratified multi-stage systematic PPS cluster sampling scheme is used.

2-1 人口主要指标
Major Indicators on Population

项　目	Item	2005	2010	2012	2013	2014	2015	2016	2017
年末常住人口(万人)	**Population of Usual Residents at Year-end (10000 persons)**	**828.00**	**868.55**	**886.55**	**895.28**	**903.48**	**910.82**	**917.13**	**925.76**
男性比例（%）	Proportion of Male (%)	52.49	52.96	52.98	52.83	52.72	52.72	52.59	52.41
女性比例（%）	Proportion of Female (%)	47.51	47.04	47.02	47.17	47.28	47.28	47.41	47.59
0-14岁人口比例(%)	Proportion of Aged 0-14(%)	23.69	19.78	19.50	19.49	19.48	19.49	19.50	19.51
15-64岁人口比例(%)	Proportion of Aged 15-64 (%)	67.77	72.15	72.43	72.42	72.41	72.38	72.36	72.35
65岁及以上人口比例(%)	Proportion of Aged 65 and Over (%)	8.54	8.07	8.07	8.09	8.11	8.13	8.14	8.14
城镇人口比例（%）	Proportion of Urban (%)	45.20	49.81	51.60	52.74	53.76	55.12	56.78	58.04
人口密度(人/平方公里)	Population Density (person/sq.km.)	234	246	251	253	255	258	260	262
户籍人口	**Population of Household Registrations**								
年末总户数（万户）	Total Households at Year-end (10000 households)	202.79	253.55	257.91	262.65	265.39	263.42	262.73	262.61
年末总人口（万人）	Total Population at Year-end (10000 persons)	819.03	896.09	901.93	908.91	916.34	907.67	902.18	910.41
#乡村人口	#Population of Rural by Registration	505.30	552.47	559.67	565.03	571.29	570.99	553.77	556.03
城镇人口比例(%)	Proportion of Urban Population by Registration (%)	38.31	38.35	37.95	37.83	37.66	37.09	38.62	38.93
性别比　(女=100)	Sex Ratio (female=100)	109.81	109.19	109.66	109.46	109.37	110.02	109.83	109.53
候鸟人口(万人)	Migratory Bird Population (10 000 persons)						115.00	121.42	130.98
常住型候鸟人口	Population of Usual Residents						48.32	49.58	51.41
流动型候鸟人口	Floating Population						66.68	71.84	79.57
人口变动情况(‰)	**Population Changes(‰)**								
出生率	Birth Rate	14.65	14.71	14.66	14.59	14.56	14.57	14.57	14.73
死亡率	Death Rate	5.72	5.73	5.81	5.90	5.95	6.00	6.00	6.01
自然增长率	Natural Growth Rate	8.93	8.98	8.85	8.69	8.61	8.57	8.57	8.72

2-2 常住人口变动情况
Statistics on Population Changes

指 标	Item	2005	2010	2012	2013	2014	2015	2016	2017
一、年末常住人口(万人)	**Population of Usual Residents at Year-end (10000 persons)**	**828.00**	**868.55**	**886.55**	**895.28**	**903.48**	**910.82**	**917.13**	**925.76**
二、自然增长情况	**Natural Growth**								
出生率(‰)	Birth Rate(‰)	14.65	14.71	14.66	14.59	14.56	14.57	14.57	14.73
死亡率(‰)	Death Rate(‰)	5.72	5.73	5.81	5.90	5.95	6.00	6.00	6.01
自然增长率(‰)	Natural Growth Rate(‰)	8.93	8.98	8.85	8.69	8.61	8.57	8.57	8.72
三、各年龄段占的比率(%)	**Proportion by Age (%)**								
0—14岁	Aged 0-14	23.69	19.78	19.50	19.49	19.48	19.49	19.50	19.51
15—64岁	Aged 15-64	67.77	72.15	72.43	72.42	72.41	72.38	72.36	72.35
65岁及以上	Aged 65 and Over	8.54	8.07	8.07	8.09	8.11	8.13	8.14	**8.14**
四、性别比(%)	**Sex Ratio(%)(Female=100)**	**110.46**	**112.58**	**112.68**	**112.01**	**111.52**	**111.52**	**110.93**	**110.12**
五、文盲率(15岁及以上)(%)	**Percentage of Illiterate Population to Total (Aged 15 and Over)(%)**	**9.76**	**5.07**	**4.99**	**4.75**	**4.64**	**4.64**	**4.64**	**3.95**
六、人均受教育年限(6岁及以上)(年)	**Mean Years of Educational Attainment to Total (Aged 6 and Over) (year)**	**8.90**	**8.90**	**9.10**	**9.10**	**9.20**	**9.20**	**9.20**	**9.30**
七、家庭户平均每户人数(人)	**Average Family Size (person/household)**	**3.83**	**3.46**	**3.67**	**3.65**	**3.64**	**3.68**	**3.65**	**3.55**
八、人口负担系数(%)	**Dependency Ratio of Population (%)**								
总负担系数	Gross Dependency Ratio	47.56	38.60	38.06	38.08	38.10	38.16	38.20	38.20
少儿负担系数	Children Dependency Ratio	34.96	27.42	26.92	26.91	26.90	26.93	26.90	26.97
老年负担系数	Old Dependency Ratio	12.60	11.18	11.14	11.17	11.20	11.23	11.30	11.23
九、孩次构成情况	**Composition of Birth Order**								
一孩率(%)	1st Birth Rate(%)	53.70	53.07	57.19	55.76	48.48	49.39	55.35	42.49
二孩率(%)	2nd Birth Rate(%)	36.84	35.14	34.63	35.39	40.90	38.82	35.41	46.75
三孩率(%)	3rd Birth Rate(%)	9.45	11.79	6.13	8.60	10.62	11.79	7.70	9.43
十、育龄妇女生育情况	**Fertility of Women on Childbearing Age**								
一般生育率(‰)	General Fertility Rate(‰)	46.80	44.68	46.66	46.62	46.61	47.61	47.61	46.37
总和生育率	Total Fertility Rate	1.61	1.51	1.58	1.57	1.57	1.59	1.59	1.56

注：1. 本表为年度人口变动情况抽样调查资料。
2. 孩次构成情况中三孩率为三孩及以上孩次率。

Note: a) Data in this table are obtained from the sample surveys on population changes.
b) 3rd birth rate refers to the 3rd birth and above.

2-3 各市县常住人口(2017)
Population of Usual Residents by Region (2017)

地 区	Region	总人口 (万人) Total	年龄构成(%) Proportion of Age			分城乡人口 By Residence	
			0-14岁(%) Aged 0-14	15-64岁(%) Aged 15-64	65岁及以上(%) Aged 65+	城镇(万人) Urban (10 000 persons)	乡村(万人) Rural (10 000 persons)
全省总计	**Total**	**925.76**	**19.51**	**72.35**	**8.14**	**537.31**	**388.45**
海口市	Haikou	227.21	16.78	76.04	7.18	177.70	49.51
三亚市	Sanya	76.42	17.45	77.50	5.05	57.25	19.17
三沙市	Sansha	0.05		100.00		0.05	
五指山市	Wuzhishan	10.65	20.47	73.48	6.05	6.10	4.55
文昌市	Wenchang	56.35	18.06	68.69	13.25	29.72	26.63
琼海市	Qionghai	51.08	18.53	70.72	10.75	25.55	25.53
万宁市	Wanning	57.36	18.49	72.57	8.94	28.65	28.71
定安县	Ding'an	29.48	21.10	68.68	10.22	13.35	16.13
屯昌县	Tunchang	26.67	22.20	68.88	8.92	12.31	14.36
澄迈县	Chengmai	49.08	21.68	68.63	9.69	27.14	21.94
临高县	Lingao	44.87	24.78	66.42	8.80	20.25	24.62
儋州市	Danzhou Area	99.33	22.98	69.47	7.55	53.60	45.73
东方市	Dongfang	42.62	20.09	72.94	6.97	20.05	22.57
乐东县	Ledong	47.91	20.27	72.17	7.56	18.20	29.71
琼中县	Qiongzhong	17.89	21.46	70.69	7.85	7.19	10.70
保亭县	Baoting	15.19	18.04	74.18	7.78	6.00	9.19
陵水县	Lingshui	33.15	20.07	72.41	7.52	15.18	17.97
白沙县	Baisha	17.25	21.61	71.16	7.23	6.35	10.90
昌江县	Changjiang	23.20	20.55	71.09	8.36	12.69	10.51

注：本表所列儋州市数据为含洋浦数据。
Note:The data of Yangpu is included in the data of Danzhou Area.

2-4 历年全省人口数及构成
Population and Its Composition in Various Years

单位：万人　　（户籍人口 Population of Household Registrations）　　(10 000 persons)

年份 Year	总户数(万户) Number of Households (10 000 households)	总人口 Total Population	按性别分 By Sex		按城乡分 By Registration	
			男 Male	女 Female	乡村人口 Rural Population	城镇人口 Urban Population
1952	66.06	259.40	126.84	132.56	239.28	20.12
1957	69.51	290.81	145.39	145.42	253.99	36.82
1962	76.20	335.18	184.21	150.97	287.91	47.27
1965	83.65	365.79	186.21	179.58	313.57	52.22
1970	98.81	428.89	218.11	210.78	374.84	54.05
1971	108.14	454.50	323.38	131.12	393.92	60.58
1973	100.96	479.49	245.30	234.19	414.69	64.80
1974	101.83	487.77	249.40	238.37	420.88	66.89
1975	103.34	496.82	253.73	243.09	427.36	69.46
1976	106.75	505.15	259.14	246.01	433.91	71.24
1977	110.33	516.36	264.32	252.04	442.38	73.98
1978	114.13	528.45	270.42	258.03	451.08	77.37
1979	115.76	540.30	276.53	263.77	458.86	81.44
1980	117.81	552.53	280.36	272.17	466.24	86.29
1981	117.68	560.77	287.09	273.68	469.76	91.01
1982	116.90	571.38	293.26	278.12	477.11	94.27
1983	120.09	580.66	298.83	281.83	482.79	97.87
1984	124.98	589.31	303.58	285.73	485.35	103.96
1985	127.26	597.51	313.08	284.43	485.50	112.01
1986	132.33	605.63	313.08	292.55	489.30	116.33
1987	136.87	615.08	318.23	296.85	493.49	121.59
1988	143.95	627.49	325.03	302.46	500.82	126.67
1989	147.73	638.79	331.63	307.16	506.20	132.59
1990	150.39	651.23	338.40	312.83	514.62	136.61
1991	155.39	661.50	344.38	317.12	520.68	140.82
1992	158.22	671.32	350.05	321.27	524.83	146.49
1993	161.01	681.78	355.70	326.08	530.36	151.42
1994	163.27	691.39	360.66	330.73	533.26	158.13
1995	166.62	702.42	367.78	334.64	537.36	165.06
1996	170.76	714.06	373.20	340.86	540.25	173.81
1997	174.84	724.53	379.36	345.17	543.07	181.46
1998	178.21	733.31	384.91	348.40	547.19	186.12
1999	181.39	743.21	390.07	353.14	554.09	189.12
2000	182.61	760.94	399.54	361.40	564.07	196.87
2001	185.67	769.50	403.71	365.79	567.19	202.31
2002	188.52	778.89	409.16	369.73	570.43	208.46
2003	191.29	790.26	415.21	375.05	574.90	215.36
2004	197.70	805.88	422.70	383.18	501.15	304.53
2005	202.79	819.03	428.67	390.37	505.30	313.73
2006	215.57	833.44	435.59	397.85	512.07	321.36
2007	222.77	849.26	443.20	406.05	521.39	327.87
2008	233.49	864.73	451.80	412.93	529.76	334.96
2009	241.38	879.56	458.44	421.12	539.31	340.01
2010	253.55	896.09	467.72	428.37	552.47	343.46
2011	259.85	907.82	474.22	433.60	561.61	346.13
2012	257.91	901.93	471.74	430.19	559.67	342.26
2013	262.65	908.91	474.98	433.93	565.03	343.82
2014	265.39	916.34	478.68	437.66	571.29	345.01
2015	263.42	907.67	475.48	432.19	570.99	336.68
2016	262.73	902.18	472.21	429.97	553.77	348.41
2017	262.61	910.41	475.91	434.50	556.03	354.38

2-5 各市县户籍人口(2017)
Total Population of Household Registrations by Region (2017)

单位：人 (年末户籍人口)(Population of Household Registrations at Year-end) (person)

地 区	Region	总户数(户) Number of Households (households)	总人口 Total Population	按性别分 By Sex 男 Male	女 Female	按城乡分 By Registration 乡村人口 Rural Population	城镇人口 Urban Population
全省总计	**Total**	**2626061**	**9104127**	**4759084**	**4345043**	**5560283**	**3543844**
海 口 市	Haikou	549260	1710495	876984	833511	711042	999453
三 亚 市	Sanya	137760	592206	301634	290572	322194	270012
三 沙 市	Sansha	437	600	311	289		600
五指山市	Wuzhishan	34989	105798	54520	51278	63386	42412
文 昌 市	Wenchang	179305	597913	304209	293704	396050	201863
琼 海 市	Qionghai	154203	515456	269756	245700	350987	164469
万 宁 市	Wanning	217557	624385	327894	296491	443133	181252
定 安 县	Ding'an	102956	344273	184125	160148	236518	107755
屯 昌 县	Tunchang	93177	307687	163244	144443	218487	89200
澄 迈 县	Chengmai	160456	561427	304126	257301	308004	253423
临 高 县	Lingao	136988	500325	262567	237758	327463	172862
儋州地区	Danzhou Area	225038	1041582	553706	487876	678937	362645
儋州市	Danzhou	206034	955086	508875	446211	646478	308608
洋 浦	Yangpu	19004	86496	44831	41665	32459	54037
东 方 市	Dongfang	135567	449752	236916	212836	261910	187842
乐 东 县	Ledong	158227	537403	281524	255879	402615	134788
琼 中 县	Qiongzhong	74950	216159	114895	101264	152221	63938
保 亭 县	Baoting	55402	167816	86946	80870	111774	56042
陵 水 县	Lingshui	88204	381279	199208	182071	273946	107333
白 沙 县	Baisha	53741	195046	102839	92207	149174	45872
昌 江 县	Changjiang	67844	254525	133680	120845	152442	102083

2-6 各市县民族人口(2017)
Population of Ethnicity by Region (2017)

单位：人 (年末户籍人口)(Population of Household Registrations at Year-end) (person)

地 区	Region	汉族 Han	少数民族 Ethnic Minorities	黎族 Li	苗族 Miao	壮族 Zhuang	回族 Hui	其他 Others	少数民族占总人口的比重(%) Proportion of Ethnic Minorities Population to Total Population
全省总计	**Total**	**7446704**	**1657423**	**1502415**	**79515**	**40218**	**13225**	22050	18.2
海口市	Haikou	1675493	35002	19356	1675	3706	1999	8266	2.0
三亚市	Sanya	339626	252580	233934	4074	2280	9710	2582	42.7
三沙市	Sansha	588	12	7	3	1	1		2.0
五指山市	Wuzhishan	28217	77581	70718	5975	351	109	428	73.3
文昌市	Wenchang	592241	5672	4558	181	562	34	337	0.9
琼海市	Qionghai	495218	20238	5878	11635	2132	42	551	3.9
万宁市	Wanning	514242	110143	98331	8149	3101	89	473	17.6
定安县	Ding'an	336610	7663	3276	2850	1069	12	456	2.2
屯昌县	Tunchang	270780	36907	21708	11027	3468	33	671	12.0
澄迈县	Chengmai	554410	7017	4865	636	1184	16	316	1.2
临高县	Lingao	499316	1009	570	40	191	12	196	0.2
儋州地区	Danzhou Area	947407	94175	84394	2864	4537	189	2191	9.0
儋州市	Danzhou	861551	93535	84063	2832	4469	161	2010	9.8
洋浦	Yangpu	85856	640	331	32	68	28	181	0.7
东方市	Dongfang	355521	94231	92041	1150	524	36	480	21.0
乐东县	Ledong	328794	208609	203067	3096	1903	36	507	38.8
琼中县	Qiongzhong	79472	136687	112969	15460	6680	79	1499	63.2
保亭县	Baoting	51104	116712	104461	7457	3856	61	877	69.5
陵水县	Lingshui	162633	218646	216549	866	727	30	474	57.3
白沙县	Baisha	66106	128940	122610	2078	3058	14	1180	66.1
昌江县	Changjiang	148926	105599	103123	299	888	723	566	41.5

2-7 海南省六次人口普查基本情况
Basic Statistics on Hainan Population Census in1953,1964,1990,2000 and 2010

指　　标	Item	1953	1964	1982	1990	2000	2010
总人口(万人)	**Total Population**	**265.69**	**347.04**	**566.77**	**655.81**	**755.90**	**867.15**
男	Male	131.86	175.67	290.67	341.89	400.24	459.23
女	Female	133.83	171.37	276.10	313.92	355.66	407.92
性别比(以女性为100)	Sex Ratio (female=100)	98.52	102.51	105.28	108.91	112.54	112.58
家庭户规模(人/户)	Average Family Size (person/household)			4.89	4.57	4.11	3.46
各年龄组人口(%)	**Population by Age**						
0-14岁	Aged 0-14			36.73	33.08	27.43	19.78
15-64岁	Aged 15-64			57.11	61.51	65.83	72.15
65岁及以上	Aged 65 and Over			6.16	5.41	6.74	8.07
民族人口	**Population By Ethnicity**						
汉族(万人)	Han (10 000 persons)		300.08	479.18	544.15	624.53	724.61
占总人口比重(%)	Proportion to Total Population(%)		86.50	84.50	83.00	82.60	83.56
少数民族(万人)	Ethnic Minorities (10 000 persons)		46.96	87.59	111.66	131.37	142.54
占总人口比重(%)	Proportion to Total Population(%)		13.50	15.50	17.00	17.40	16.44
每十万人拥有的各种受教育程度人口(人)	**Population by Educational Attainments Per 100 000 Persons (person)**						
大专及以上	College and Higher Level			382	1247	3180	7728
高中和中专	Senior Secondary School and Technical Secondary School			9415	10355	12512	14857
初中	Junior Secondary School			16624	22498	32485	42005
小学	Primary School			33331	34603	34378	22589
文盲人口及文盲率	**Illiterate Population and Its Percentage**						
文盲人口(万人)	Illiterate Population (10 000 persons)			108.87	92.87	53.30	35.26
文盲率(15岁及以上)(%)	Percentage of Illiterate Population to Total Aged 15 and Over(%)			30.36	21.16	9.72	5.07
城乡人口(万人)	**Population by Residence(10 000 persons)**						
城镇人口	Urban Population	21.48	44.83	73.31	157.04	307.46	430.85
乡村人口	Rural Population	244.21	302.21	493.46	498.77	448.44	436.30
平均预期寿命(岁)	**Life Expectancy (years old)**			**72.86**	**70.01**	**72.92**	**76.30**
男	Male			69.97	66.93	70.66	73.20
女	Female			75.29	73.28	75.26	80.01

主要统计指标解释

户籍人口　指公民在其经常居住地的公安户籍管理机关登记了常住户口的人，这类人口不管其是否外出，也不管外出时间长短，只要在某地注册有常住户口，则为该地区的户籍人口。

常住人口　一般指实际经常居住在某地区一定时间（半年以上）的人口。

城镇人口和乡村人口　（分为户籍和常住两个口径）户籍城镇人口是指从事非农业生产活动的劳动人口及其家庭被抚养人口；户籍乡村人口是指居住在农村或集镇，从事农业生产，以农业收入为主要生活来源的人口。

常住城镇人口是指居住在城镇范围内的全部常住人口；常住乡村人口是指居住在乡村范围内的全部常住人口。

出生率(又称粗出生率)　指在一定时期内(通常为一年)一定地区的出生人数与同期内平均人数(或期中人数)之比，用千分率表示。本资料中的出生率指年出生率，其计算公式为：

出生率＝年出生人数／年平均人数×1000‰

式中：出生人数指活产婴儿，即胎儿脱离母体时(不管怀孕月数)，有过呼吸或其他生命现象。年平均人数指年初、年底人口数的平均数，也可用年中人口数代替。

死亡率(又称粗死亡率)　指在一定时期内(通常为一年)一定地区的死亡人数与同期平均人数(或期中人数)之比，用千分率表示。本资料中的死亡率指年死亡率，其计算公式为：

死亡率＝年死亡人数／年平均人数×1000‰

人口自然增长率　指在一定时期内(通常为一年)人口自然增加数(出生人数减死亡人数)与该时期内平均人数(或期中人数)之比，用千分率表示。计算公式为：

人口自然增长率＝（本年出生人数－本年死亡人数）／年平均人数×1000‰＝人口出生率－人口死亡率

性别比　人口中男性人数与女性人数之比。通常用每100名女性人口相对应的男性人口数来表示。

一孩率　指当年出生人数中第一个孩子所占的比例。

二孩率　指当年出生人数中第二个孩子所占的比例。

三孩率　指当年出生人数中第三及以上孩子所占的比例。

一般生育率　指当年每千名15-49岁育龄妇女生育的活产婴儿总数。

总和生育率　指当年各年龄别妇女生育率的合计数，说明每名妇女按某年的年龄别生育率度过育龄期，平均每个妇女在育龄期生育的子女数。

人口负担系数　抚养系数，抚养比。是指人口总体中非劳动年龄人口数与劳动年龄人口数之比，通常用百分比表示。说明每100名劳动年龄人口大致要负担多少名非劳动年龄人口。用于从人口角度反映人口与经济发展的基本关系。负担系数可分为总负担系数、少儿负担系数和老年负担系数。

总负担系数　非劳动年龄人口数（0-14岁和65岁及以上人口）与劳动年龄人口数（15—64岁）之比。计算公式为：

总负担系数＝被抚养人口／15-64岁人口×100％

少年儿童负担系数　指少年儿童与劳动年龄人口数之比。计算公式为：

少儿负担系数＝0-14岁人口／15-64岁人口×100％

老年人口负担系数　指老年人口与与劳动年龄人口数之比。计算公式为：

老年负担系数＝65岁及65岁以上人口／15-64岁人口×100％

文盲率　15岁及以上不识字人口中所占的比重。文盲率反映一个国家人们受教育的程度。

人均受教育年限：是指某一人口群体（6岁以上）人均接受学历教育（包括成人学历教育，不包括各种非学历培训）的年数。

Explanatory Notes on Main Statistical Indicators

Population of Household Registrations refers to the citizens who have registered in public security organs of household register management, regardless of whether or not to go out and no matter the length of time.

Population of Usual Residents refers to the total number of people alive at a certain point of time (above half year) within a given area.

Urban Population and Rural Population The statistical scope of Urban Population and Rural Population is divided into population of household registrations and population of usual residents. Urban Population of Household Registrations refer to people who engage into non-agricultural activities and the dependent population of the family. Rural Population of Household Registrations refer to people who live in the rural area and engage into agricultural activities or agricultural income as the main source of living.

Urban population of usual residents refer to all people residing in cities and towns, while rural population usual residents refer to population residing in rural areas.

Birth Rate (or Crude Birth Rate) refers to the ratio of the number of births to the average population (or mid-period population) during a certain period of time (usually a year) ,expressed in per thousand. Birth rate in the yearbook refers to annual birth rate. The following formula is used:

Birth Rate = Number of Births in the Year/Annual Average Number of Population×1000‰

Where: Number of births refers to live births, i.e. when a baby has breathed or showed any vital phenomena regardless of the length of pregnancy.

Annual Average number of Population is the average of the number of population at the beginning of the year and that at the end of the year. Sometimes it is substituted by the mid-year population.

Death Rate (or Crude Death Rate) refers to the ratio of the number of deaths to the average population (or mid-period population) during a certain period of time (usually a year) ,expressed in per thousand. Death rate in the yearbook refers to annual death rate. The following formula is used:

Death Rate= Number of Deaths in the Year/Annual Average Number of Population×1000‰

Natural Growth Rate of Population refers to the ratio of natural increase in population (number of births minus number of deaths) in a certain period of time (usually a year) to the average population (or mid-period population) of the same period, expressed in per thousand. The following formulas are applied:

Natural Growth of Rate of Population = (Number of Births-Number of Deaths)/Annual Average Number of Population×1000‰

Natural Growth of Rate of Population = Birth Rate-Death Rate

Sex Ratio refers to the ratio of the number of men to each 100 female.

1st Birth Rate refers to the ratio of the number of 1st birth baby to baby birth this year.

2nd Birth Rate refers to the ratio of the number of 2nd birth baby to baby birth this year.

3rd Birth Rate refers to the ratio of the number of 3th or above birth baby to baby birth this year.

General Fertility Rate refers to the total number of live birth infants were delivered by per thousand women of childbearing age (aged 15-49) in that year.

Total Fertility Rate refers to the total number of birth rate above all age-specific women in that year.

Age Composition Ratio (dependency ratio) refers to the ratio of non-working-age population to the working-age population, express in %.Describing in general the number of non-working-age population that every 100 people at working ages will take care of. This indicator reflects the basic relation between population and economic development from the demographic perspective.

Gross Dependency Ratio also called gross dependency coefficient, refers to the ratio of non-working-age population the every 100 people at working ages take care of, this indicator reflects the basic relation between population and economic development from the demographic perspective. The total dependency ratio is calculated as follows:

Gross Dependency Coefficient = Number of non-working-age population Aged 0-14 and 65and over/The Working-age Population Aged 15-64×100%

Children Dependency Ratio refers to the ratio of the children population to the working-age population. The children dependency coefficient is calculated with the following formula:

CDC=the children population aged 0-14/the working-age population aged 15-64×100%

Old Dependency Ratio refers to the ratio of the elderly population to the working-age population. The old dependency coefficient is calculated with the following formula:

ODC=the elderly population aged 65 and over/the working-age population aged 15-64×100%

Illiterate Rate refers to the population over 15 years of age who can not read. It reflects the level of education in a country.

Mean Years of Educational Attainment refers to the total year's education for diploma of a group of people, including adult education and excluding non-diploma training.

国民经济核算
National Accounts

编辑人员：陈灿宇　廖颖姝　夏亮

Compiled by Chen Canyu　Liao Yingshu　Xia Liang

英文翻译：夏亮

Translated by Xia Liang

简 要 说 明

本章节主要内容和资料来源

地区生产总值数据是由海南省统计局国民经济核算处按照国家统计局国民经济核算的方法制度，通过收集不同产业部门、不同支出构成资料，采用生产法、收入法和支出法计算的。

本年鉴公布的地区生产总值以及与之有关的指标数据，在遇到普查或者重大核算方法改革，能够获得更详细的基础资料以及更多的财务和行政记录等资料的情况下，地区生产总值的历史数据还会发生变动。2016 年，国家统计局改革研发支出的核算方法，将能够为所有者带来经济利益的研发支出不再作为中间消耗，而是作为固定资本形成处理。根据新的核算方法，本年鉴中 2016、2017 年地区生产总值数据含研发支出。

本年鉴所列分市县的数据来自各市县的国民经济核算资料。由于采取分级核算，各市县数据相加不等于全省总计。

Brief Introduction

I. Data on GDP are computed by the Department of National Accounts of the Hainan Provincial Bureau of Statistics (NBS) based on different approaches in the light of the different features of various sectors, various expenditure structures and different data sources, calculated using the production method, income approach and the expenditure approach.

II. Historical data on GDP and related indicators published in the Yearbook are subject to change when more information from financial data and administrative records become available, where a census has been conducted, or method of siganificant accounting methods is reformed. In 2016, National Bureau of Statistics reforms the Methodology of Expenditure for Research and Development, which that will bring economic benefit for the owners is not treated as Intermediate Consumption, and is treated as fixed assets formation. According to the new Accounting Methodology, we revised historical data of GDP from 2016 to 2017 in this Yearbook.

III. Regional data in this Yearbook are prepared from the provincal accounts data provided by the statistical bureaus of the regions. The sum of the regional data is not equal to the provincal total due to the decentralized accounting approach.

3-1 历年地区生产总值
Gross Domestic Product in Various Years

单位：亿元 (100 million yuan)

年 份 Year	地区生产总值 Gross Domestic Product	第一产业 Primary Industry	第二产业 Secondary Industry	第三产业 Tertiary Industry	#农业 Agriculture	工 业 Industry	建筑业 Construction	人均地区生产总值(元) Per Capita GDP(yuan)
1978	16.40	8.72	3.65	4.03	8.72	2.95	0.70	314
1979	17.45	9.31	3.77	4.37	9.31	3.01	0.76	327
1980	19.33	10.8	3.61	4.92	10.8	2.87	0.74	354
1981	22.23	13.02	3.47	5.74	13.02	2.71	0.76	399
1982	28.86	17.25	4.04	7.57	17.25	3.07	0.97	510
1983	31.12	18.45	4.47	8.20	18.45	3.53	0.94	540
1984	37.18	20.48	6.68	10.02	20.48	4.70	1.98	636
1985	43.26	21.80	9.30	12.16	21.80	5.88	3.42	729
1986	48.03	24.05	9.92	14.06	24.05	6.67	3.25	798
1987	57.28	28.63	10.91	17.74	28.63	7.73	3.18	925
1988	77.00	38.46	14.19	24.35	38.46	10.03	4.16	1220
1989	91.32	42.64	18.29	30.39	42.64	11.70	6.59	1420
1990	102.42	45.71	20.19	36.52	45.71	13.16	7.03	1562
1991	120.52	49.80	24.71	46.01	49.80	15.23	9.48	1804
1992	184.92	53.59	38.27	93.06	53.59	20.98	17.29	2719
1993	260.41	76.82	66.08	117.50	76.82	35.58	30.50	3755
1994	331.98	106.12	83.32	142.54	106.12	44.56	38.76	4702
1995	363.25	128.90	78.48	155.87	128.90	44.04	34.44	5063
1996	389.68	141.15	81.52	167.01	141.15	49.20	32.32	5346
1997	411.16	148.52	83.13	179.51	148.52	52.05	31.08	5567
1998	442.13	156.05	91.41	194.66	156.05	59.09	32.32	5912
1999	476.67	172.62	96.02	208.04	172.62	63.37	32.65	6294
2000	526.82	192.00	103.97	230.85	192.00	70.46	33.51	6798
2001	579.17	196.78	133.84	248.56	196.78	97.86	35.98	7315
2002	642.73	222.89	148.88	270.96	222.89	111.42	37.46	8041
2003	713.96	244.29	175.82	293.85	244.29	132.26	43.56	8849
2004	819.66	274.99	205.60	339.07	278.76	151.56	54.04	10067
2005	918.75	295.86	240.83	382.06	300.75	176.92	63.91	11165
2006	1065.67	315.71	308.62	441.34	323.48	238.31	70.31	12810
2007	1254.17	352.17	364.26	537.74	361.07	278.37	85.89	14923
2008	1503.06	425.50	422.58	654.98	436.04	308.89	114.66	17691
2009	1654.21	451.28	433.31	769.62	462.19	291.41	142.80	19254
2010	2064.50	526.89	546.05	991.56	539.83	361.37	185.79	23831
2011	2522.66	643.87	670.08	1208.71	659.23	431.89	239.46	28898
2012	2855.54	693.54	737.81	1424.19	711.54	455.69	283.32	32377
2013	3177.56	736.03	797.39	1644.14	756.30	472.38	326.11	35666
2014	3500.72	809.52	875.97	1815.23	832.64	514.40	362.77	38924
2015	3702.76	854.72	875.82	1972.22	880.52	485.85	390.41	40818
2016	4053.20	948.35	905.95	2198.90	977.63	482.50	424.50	44347
2017	4462.54	962.84	996.35	2503.35	993.25	528.28	470.01	48430

注：1. 本表按当年价格计算。2. 自2016年起，本年鉴中GDP数据含研发支出，下同。

Note:1. Data in this table are calculated at current prices. 2.Since 2016,the data of GDP has included Expenditure for Research and Development in this Yearbook.

3-2 历年地区生产总值构成
Composition of Gross Domestic Product in Various Years

单位：% (%)

年 份 Year	地区生产总值 Gross Domestic Product	第一产业 Primary Industry	第二产业 Secondary Industry	第三产业 Tertiary Industry	#农业 Agriculture	工 业 Industry	建筑业 Construction
1978	100.0	53.1	22.3	24.6	53.1	18.0	4.3
1979	100.0	53.4	21.6	25.0	53.4	17.2	4.4
1980	100.0	55.9	18.6	25.5	55.9	14.8	3.8
1981	100.0	58.6	15.6	25.8	58.6	12.2	3.4
1982	100.0	59.8	14.0	26.2	59.8	10.6	3.4
1983	100.0	59.3	14.4	26.3	59.3	11.4	3.0
1984	100.0	55.1	18.0	26.9	55.1	12.7	5.3
1985	100.0	50.4	21.5	28.1	50.4	13.6	7.9
1986	100.0	50.0	20.7	29.3	50.0	13.9	6.8
1987	100.0	50.0	19.0	31.0	50.0	13.5	5.5
1988	100.0	50.0	18.4	31.6	50.0	13.0	5.4
1989	100.0	46.7	20.0	33.3	46.7	12.8	7.2
1990	100.0	44.6	19.7	35.7	44.6	12.8	6.9
1991	100.0	41.3	20.5	38.2	41.3	12.6	7.9
1992	100.0	29.0	20.7	50.3	29.0	11.3	9.4
1993	100.0	29.5	25.4	45.1	29.5	13.7	11.7
1994	100.0	32.0	25.1	42.9	32.0	13.4	11.7
1995	100.0	35.5	21.6	42.9	35.5	12.1	9.5
1996	100.0	36.2	20.9	42.9	36.2	12.6	8.3
1997	100.0	36.1	20.2	43.7	36.1	12.6	7.6
1998	100.0	35.3	20.7	44.0	35.3	13.4	7.3
1999	100.0	36.2	20.1	43.7	36.2	13.3	6.8
2000	100.0	36.4	19.8	43.8	36.4	13.4	6.4
2001	100.0	34.0	23.1	42.9	34.0	16.9	6.2
2002	100.0	34.7	23.1	42.2	34.7	17.3	5.8
2003	100.0	34.2	24.6	41.2	34.2	18.5	6.1
2004	100.0	33.5	25.1	41.4	34.0	18.5	6.6
2005	100.0	32.2	26.2	41.6	32.7	19.3	7.0
2006	100.0	29.6	29.0	41.4	30.4	22.4	6.6
2007	100.0	28.1	29.0	42.9	28.8	22.2	6.8
2008	100.0	28.3	28.1	43.6	29.0	20.6	7.6
2009	100.0	27.3	26.2	46.5	27.9	17.6	8.6
2010	100.0	25.5	26.5	48.0	26.1	17.5	9.0
2011	100.0	25.5	26.6	47.9	26.1	17.1	9.5
2012	100.0	24.3	25.8	49.9	24.9	16.0	9.9
2013	100.0	23.2	25.1	51.7	23.8	14.9	10.3
2014	100.0	23.1	25.0	51.9	23.8	14.7	10.4
2015	100.0	23.1	23.6	53.3	23.8	13.1	10.5
2016	100.0	23.3	22.4	54.3	24.1	11.9	10.5
2017	100.0	21.6	22.3	56.1	22.3	11.8	10.5

注：本表按当年价格计算。

Note:Data in this table are calculated at current prices.

3-3 历年地区生产总值指数
Indices of Gross Domestic Product in Various Years

（上年=100） (preceding year=100)

年 份 Year	地区生产总值 Gross Domestic Product	第一产业 Primary Industry	第二产业 Secondary Industry	第三产业 Tertiary Industry	#农业 Agriculture	工 业 Industry	建筑业 Construction	人均地区生产总值 Per Capita GDP
1978								
1979	103.1	106.3	91.8	106.5	106.3	88.8	104.3	100.6
1980	101.8	101.6	94.7	108.5	101.6	94.2	96.3	102.8
1981	113.0	118.1	95.8	113.6	118.1	94.9	101.8	120.6
1982	123.6	125.4	110.4	127.5	125.4	106.5	123.6	123.7
1983	105.8	104.8	108.4	106.7	104.8	112.6	94.5	109.3
1984	116.9	109.2	143.6	119.5	109.2	128.4	200.6	117.4
1985	112.0	102.4	133.8	117.0	102.4	123.9	157.8	112.9
1986	108.7	111.2	101.8	109.6	111.2	105.8	95.0	107.3
1987	111.5	109.2	109.8	116.7	109.2	115.4	98.4	109.5
1988	109.7	103.8	119.6	112.5	103.8	123.2	110.9	107.6
1989	105.7	103.1	113.1	104.4	103.1	105.2	134.4	103.8
1990	110.6	109.2	110.5	112.7	109.2	110.0	111.5	108.5
1991	114.9	108.7	120.1	119.7	108.7	120.0	120.2	112.7
1992	141.5	110.0	137.5	179.4	110.0	131.8	148.2	139.0
1993	120.6	110.5	150.1	115.1	110.5	138.5	169.3	118.2
1994	111.3	112.9	117.1	106.9	112.9	114.0	121.3	109.3
1995	103.8	111.5	94.3	104.0	111.5	94.1	94.6	102.1
1996	104.7	105.4	102.2	105.5	105.4	106.1	97.3	103.0
1997	106.8	107.6	105.6	106.9	107.6	109.2	100.7	105.4
1998	108.5	108.3	109.0	108.3	108.3	109.6	108.1	107.1
1999	108.5	110.8	108.0	107.0	110.8	109.5	105.6	107.1
2000	109.0	110.2	107.7	108.8	110.2	110.0	104.1	106.6
2001	109.1	109.7	108.8	108.7	109.7	110.3	105.8	106.8
2002	109.6	109.1	112.9	108.5	109.1	115.9	106.2	108.5
2003	110.6	109.0	119.5	107.8	109.0	123.2	110.6	109.6
2004	110.7	108.0	115.9	110.3	108.0	116.7	113.8	109.7
2005	110.5	105.8	116.9	110.9	106.0	117.0	116.4	109.4
2006	113.2	109.0	119.8	112.6	109.1	124.1	109.3	112.0
2007	115.8	108.0	124.4	116.3	108.0	129.4	110.6	114.7
2008	110.3	107.6	105.1	115.6	107.7	103.2	112.4	109.2
2009	111.7	107.3	112.6	114.0	107.2	107.4	128.1	110.4
2010	116.0	106.2	119.2	120.0	106.3	117.6	123.3	115.0
2011	112.0	106.1	115.3	113.3	106.2	113.3	119.1	111.1
2012	109.1	106.2	111.0	109.5	106.3	108.5	115.4	108.0
2013	109.9	106.3	109.1	112.1	106.3	106.0	114.3	108.7
2014	108.5	104.8	111.0	108.8	105.0	111.6	110.1	107.4
2015	107.8	105.4	106.5	109.6	105.5	105.2	108.5	106.9
2016	107.5	104.0	104.7	110.2	104.2	101.9	108.3	106.7
2017	107.0	103.6	102.7	110.3	103.8	100.6	105.2	106.2

注：本表按不变价格计算。

Note:Data in this table are calculated at constant prices.

3-4 历年地区生产总值指数(1978=100)
Indices of Gross Domestic Product in Various Years (1978=100)

(1978年=100) (year of 1978=100)

年份 Year	地区生产总值 Gross Domestic Product	第一产业 Primary Industry	第二产业 Secondary Industry	第三产业 Tertiary Industry	#农业 Agriculture	工业 Industry	建筑业 Construction	人均地区生产总值 Per Capita GDP
1978								
1979	103.1	106.3	91.8	106.5	106.3	88.8	104.3	100.6
1980	105.0	108.0	86.9	115.6	108.0	83.6	100.4	103.4
1981	118.6	127.5	83.3	131.3	127.5	79.4	102.2	124.7
1982	146.6	159.9	91.9	167.4	159.9	84.5	126.4	154.3
1983	155.1	167.6	99.7	178.6	167.6	95.2	119.4	168.6
1984	181.3	183.0	143.1	213.4	183.0	122.2	239.6	198.0
1985	203.1	187.4	191.5	249.7	187.4	151.4	378.0	223.5
1986	220.7	208.4	194.9	273.7	208.4	160.2	359.1	239.8
1987	246.1	227.6	214.1	319.3	227.6	184.9	353.4	262.6
1988	269.9	236.2	256.0	359.2	236.2	227.8	391.9	282.6
1989	285.4	243.5	289.7	375.0	243.5	239.6	526.7	293.3
1990	315.6	265.9	320.0	422.5	265.9	263.6	587.2	318.2
1991	362.6	289.1	384.2	506.0	289.1	316.3	705.9	358.6
1992	513.0	318.0	528.4	907.9	318.0	416.9	1046.1	498.5
1993	618.5	351.4	792.9	1044.7	351.4	577.3	1771.0	589.2
1994	688.1	396.7	928.4	1116.9	396.7	658.2	2148.3	644.0
1995	714.0	442.3	875.7	1162.0	442.3	619.3	2032.3	657.5
1996	747.5	466.2	895.2	1226.0	466.2	657.1	1977.4	677.2
1997	798.5	501.7	945.7	1310.2	501.7	717.6	1991.2	713.8
1998	866.0	543.3	1030.8	1418.7	543.3	786.5	2152.5	764.5
1999	939.4	602.0	1112.8	1517.8	602.0	861.2	2273.1	818.8
2000	1024.2	663.4	1198.7	1651.5	663.4	947.3	2366.2	872.8
2001	1117.2	727.7	1304.7	1794.6	727.7	1044.9	2503.5	932.2
2002	1224.2	793.9	1472.6	1946.8	793.9	1211.0	2658.7	1011.4
2003	1354.0	865.4	1759.5	2098.6	865.4	1491.9	2940.5	1108.5
2004	1498.7	934.6	2039.4	2314.1	934.6	1741.1	3346.3	1216.0
2005	1656.1	988.8	2384.1	2566.3	990.7	2037.1	3895.1	1330.3
2006	1874.7	1077.8	2856.2	2889.7	1080.9	2528.0	4257.3	1489.9
2007	2170.9	1164.0	3553.1	3360.7	1167.4	3271.2	4708.6	1708.9
2008	2394.5	1252.5	3734.3	3885.0	1257.3	3375.9	5292.5	1866.1
2009	2674.7	1343.9	4204.8	4428.9	1347.8	3625.7	6779.7	2060.2
2010	3102.7	1427.2	5012.1	5314.7	1432.7	4263.8	8359.4	2369.2
2011	3475.0	1514.3	5779.0	6021.6	1521.5	4830.9	9956.0	2632.2
2012	3791.2	1608.2	6414.7	6593.7	1617.4	5241.5	11489.2	2842.8
2013	4166.5	1709.5	6998.4	7391.5	1719.3	5556.0	13132.2	3090.1
2014	4520.7	1791.6	7768.2	8042.0	1805.3	6200.5	14458.6	3318.8
2015	4873.3	1888.3	8273.1	8814.0	1904.6	6522.9	15687.6	3547.8
2016	5238.8	1963.8	8661.9	9713.0	1984.6	6646.8	16989.7	3785.5
2017	5605.5	2034.5	8895.8	10713.4	2060.0	6686.7	17873.2	4020.2

注：本表按不变价格计算。

Note:Data in this table are calculated at constant prices.

3-5 全省第三产业增加值
Value-added of the Tertiary Industry

单位：亿元 (100 million yuan)

年 份 Year	第三产业 Tertiary Industry	交通运输、仓储和邮政业 Transport, Storage and Post	批发和零售业 Wholesale and Retail Trades	住宿和餐饮业 Hotels and Catering Services	金融保险业 Financial Intermediation	房地产业 Real Estate	其他服务业 Other Services
2004	339.07	57.63	82.52	24.39	11.56	30.64	132.33
2005	382.06	61.87	91.27	28.40	13.16	38.20	149.16
2006	441.34	70.38	103.19	35.10	16.37	44.45	171.85
2007	537.74	76.83	119.53	43.63	34.43	67.19	196.13
2008	654.98	82.60	144.68	55.02	47.33	95.60	229.75
2009	769.62	87.48	169.49	62.97	69.33	126.50	253.85
2010	991.56	98.93	219.56	75.94	86.60	204.01	306.52
2011	1208.71	114.83	258.52	102.78	121.62	229.76	381.20
2012	1424.19	128.00	297.24	118.74	155.32	267.77	457.12
2013	1644.14	148.35	361.10	139.03	187.14	301.69	506.83
2014	1815.23	185.15	418.09	154.66	210.63	295.56	551.14
2015	1972.22	187.80	440.75	174.14	242.82	299.69	627.02
2016	2198.90	199.89	467.80	191.96	281.90	349.95	707.40
2017	2503.35	248.94	496.72	221.44	308.94	434.90	792.41

注：1. 本表按当年价格计算。2. 其他服务业除了包括第三产业的其他门类外，还包括A门类“农、林、牧、渔业”中“05 农、林、牧、渔服务业”，B门类“采矿业”中“11 开采辅助活动”，C门类“制造业”中“43 金属制品、机械和设备修理业”三个大类。

Note:a) Data in this table calculated at current prices. b) Other services include not only other categories in the tertiary industry, also three classes,"05 Services in Support of Agricalture " in category A "Agricalture, Forestry, Animal Husbandry and Fishery", "11 Spport Activities for Mining" in category B "Mining" and "43 Repair Service of Metal Products, Machinery and Equipment" in Category C "Manufacturing".

3-6 全省第三产业增加值构成
Composition of Value-added of the Tertiary

单位：%　　(%)

年　份 Year	第三产业 Tertiary Industry	交通运输、仓储和邮政业 Transport, Storage and Post	批发和零售业 Wholesale and Retail Trades	住宿和餐饮业 Hotels and Catering Services	金融保险业 Financial Intermediation	房地产业 Real Estate	其他服务业 Other Services
2004	100.0	17.0	24.3	7.2	3.4	9.0	39.0
2005	100.0	16.2	23.9	7.4	3.4	10.0	39.0
2006	100.0	15.9	23.4	8.0	3.7	10.1	38.9
2007	100.0	14.3	22.2	8.1	6.4	12.5	36.5
2008	100.0	12.6	22.1	8.4	7.2	14.6	35.1
2009	100.0	11.4	22.0	8.2	9.0	16.4	33.0
2010	100.0	10.0	22.1	7.7	8.7	20.6	30.9
2011	100.0	9.5	21.4	8.5	10.1	19.0	31.5
2012	100.0	9.0	20.9	8.3	10.9	18.8	32.1
2013	100.0	9.0	22.0	8.5	11.4	18.3	30.8
2014	100.0	10.2	23.0	8.5	11.6	16.3	30.4
2015	100.0	9.5	22.3	8.8	12.3	15.2	31.8
2016	100.0	9.1	21.3	8.7	12.8	15.9	32.2
2017	100.0	9.9	19.8	8.8	12.3	17.4	31.8

注：本表按当年价格计算。

Note:Data in this table are calculated at current prices.

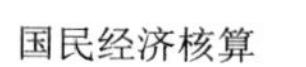

3-7 全省第三产业增加值指数
Indices of Value-added of the Tertiary Industry

（上年=100） (Preceding year=100)

年 份 Year	第三产业 Tertiary Industry	交通运输、仓储和邮政业 Transport, Storage and Post	批发和零售业 Wholesale and Retail Trades	住宿和餐饮业 Hotels and Catering Services	金融保险业 Financial Intermediation	房地产业 Real Estate	其他服务业 Other Services
2004	110.3				103.1	108.1	
2005	110.9	106.3	109.6	115.3	111.3	122.7	110.9
2006	112.6	107.3	111.4	117.7	123.2	115.0	113.0
2007	116.3	110.2	110.9	130.8	161.4	131.6	110.7
2008	115.6	105.3	113.5	125.9	125.3	119.6	115.9
2009	114.0	105.9	117.8	107.2	138.0	124.5	109.2
2010	120.0	113.9	123.6	110.5	113.9	127.1	120.7
2011	113.3	119.4	111.0	120.7	120.5	102.3	116.5
2012	109.5	108.7	107.5	103.2	120.8	104.7	112.2
2013	112.1	106.4	121.6	108.7	116.0	113.9	106.3
2014	108.8	116.4	112.6	107.1	116.2	97.2	108.0
2015	109.6	107.1	107.8	108.6	117.3	102.3	113.5
2016	110.2	106.1	106.5	108.3	115.7	115.0	110.2
2017	110.3	113.4	105.1	108.8	110.1	119.0	109.1

注：本表按不变价格计算。

Note:Data in this table are calculated at constant prices.

3-8 分行业增加值
Value-added by Sector

单位：亿元 (100 million yuan)

行 业	Sector	2013	2014	2015	2016	2017
地区生产总值	**Gross Domestic Product**	**3177.56**	**3500.72**	**3702.76**	**4053.20**	**4462.54**
农、林、牧、渔业	Agricalture, Forestry, Animal Husbandry and Fishery	756.30	832.64	880.52	977.63	993.25
工业	Industury	472.38	514.4	485.85	482.50	528.28
建筑业	Construction	326.11	362.77	390.41	424.50	470.01
批发和零售业	Wholesale and Retail Trades	361.10	418.09	440.75	467.80	496.72
交通运输、仓储和邮政业	Transport,Storage and Post	148.35	185.15	187.8	199.89	248.94
住宿和餐饮业	Hotels and Catering Services	139.03	154.66	174.14	191.96	221.44
信息传输、软件和信息技术服务业	Information Transmission,Software and Information Technology	60.92	65.24	79.28	96.28	129.62
金融业	Financial Intermediation	187.14	210.63	242.82	281.90	308.94
房地产业	Real Estate	301.69	295.56	299.69	349.95	434.9
租赁和商务服务业	Leasing and Business Servises	34.82	36.42	43.75	49.79	55.43
科学研究和技术服务业	Scientific Research and Technical Services	29.70	32.96	38.13	48.74	52.01
水利、环境和公共设施管理业	Management of Water ConservancyEnvironment and Public Facilities	26.57	29.91	35.41	41.50	47.89
居民服务、修理和其他服务业	Services to Households and Other Services	38.49	42.17	45.27	56.53	65.16
教育	Education	105.80	114.22	125.54	132.14	137.33
卫生和社会工作	Health Care and Social Welfare	47.44	53.16	61.14	72.50	85.7
文化、体育和娱乐业	Culture,Sports and Entertainment	23.80	25.39	29.17	34.57	38.29
公共管理、社会保障和社会组织	Public Management, Social Security and Social Organization	117.92	127.35	143.09	145.02	148.63
第一产业	**Primary Industry**	**736.03**	**809.52**	**854.72**	**948.35**	**962.84**
第二产业	**Secondary Industry**	**797.39**	**875.97**	**875.82**	**905.95**	**996.35**
第三产业	**Tertiary Industry**	**1644.14**	**1815.23**	**1972.22**	**2198.90**	**2503.35**

注：本表按当年价格计算。

Note: Total data this table are calculated at current prices.

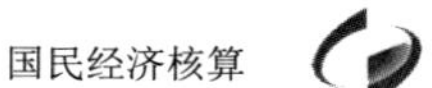

3-9 行业增加值收入法构成项目（2017）
Income Approach Components of Value-added by Sectors (2017)

单位：亿元 (100 million yuan)

行业	Sector	增加值 Value- -Added	劳动者报酬 Compensation of Employees	生产税净额 Net Taxes on Production	固定资产折旧 Depreciation of Fixed Assets	营业盈余 Operating Surplus
地区生产总值	**Gross Domestic Product**	**4462.54**	**2431.76**	**588.75**	**727.67**	**714.36**
农、林、牧、渔业	Agricalture, Forestry, Animal Husbandry and Fishery	993.25	866.36		126.89	
工业	Industry	528.28	118.14	185.59	115.40	109.15
建筑业	Construction	470.01	243.82	92.08	9.26	124.85
批发和零售业	Wholesale and Retail Trades	496.72	233.20	82.68	17.93	162.91
交通运输、仓储和邮政业	Transport,Storage and Post	248.94	143.02	18.79	121.54	-34.41
住宿和餐饮业	Hotels and Catering Services	221.44	154.75	12.94	28.75	25.00
信息传输、软件和信息技术服务业	Information Transmission,Software and Information Technology	129.62	49.93	7.69	41.15	30.85
金融业	Financial Intermediation	308.94	88.64	26.81	17.62	175.87
房地产业	Real Estate	434.90	73.01	129.60	167.84	64.45
租赁和商务服务业	Leasing and Business Servises	55.43	22.05	14.68	11.84	6.86
科学研究和技术服务业	Scientific Research and Technical Services	52.01	26.46	5.78	8.10	11.67
水利、环境和公共设施管理业	Management of Water ConservancyEnvironment and Public Facilities	47.89	20.98	1.92	13.07	11.92
居民服务、修理和其他服务业	Services to Households and Other Services	65.16	52.03	1.95	1.95	9.23
教育	Education	137.33	116.98	0.50	17.42	2.43
卫生和社会工作	Health Care and Social Welfare	85.70	74.53	1.55	8.44	1.18
文化、体育和娱乐业	Culture,Sports and Entertainment	38.29	13.08	5.61	8.12	11.48
公共管理、社会保障和社会 组织	Public Management, Social Security and Social Organization	148.63	134.78	0.58	12.35	0.92
第一产业	**Primary Industry**	**962.84**	**839.83**		**123.01**	
第二产业	**Secondary Industry**	**996.35**	**360.46**	**277.66**	**124.48**	**233.75**
第三产业	**Tertiary Industry**	**2503.35**	**1231.47**	**311.09**	**480.18**	**480.61**

注：本表按当年价格计算。
Note:Data in this table are calculated at current prices.

3-10 三次产业和主要行业贡献率
Contribution Share of Three Strata of Industry & Main Sector to the Growth of GDP in Various Years

单位：% (%)

年 份 Year	地区生产总值 Gross Domestic Product	第一产业 Primary Industry	第二产业 Secondary Industry	第三产业 Tertiary Industry	#工业 Industry
1988	100.0	19.3	41.2	39.6	34.5
1989	100.0	25.1	50.9	24.1	14.6
1990	100.0	39.3	23.5	37.1	15.2
1991	100.0	26.1	26.6	47.3	17.3
1992	100.0	10.2	18.6	71.2	10.3
1993	100.0	16.8	48.7	34.5	23.4
1994	100.0	34.5	37.9	27.6	17.9
1995	100.0	93.3	-39.6	46.3	-23.1
1996	100.0	37.8	11.3	50.9	17.4
1997	100.0	36.8	19.3	44.0	18.3
1998	100.0	32.7	24.5	42.8	15.7
1999	100.0	42.3	21.7	36.0	15.7
2000	100.0	38.3	19.7	42.0	15.6
2001	100.0	38.9	19.2	41.8	15.2
2002	100.0	34.9	26.5	38.7	22.5
2003	100.0	31.0	37.3	31.8	31.3
2004	100.0	26.9	32.6	40.5	24.9
2005	100.0	19.1	36.8	44.1	27.2
2006	100.0	27.4	23.3	49.3	17.3
2007	100.0	16.1	40.2	43.7	35.6
2008	100.0	21.8	13.8	64.4	6.5
2009	100.0	18.0	28.7	53.3	12.6
2010	100.0	10.7	32.3	57.0	21.1
2011	100.0	13.0	33.7	53.3	19.4
2012	100.0	16.4	32.8	50.8	16.6
2013	100.0	14.9	25.4	59.7	10.7
2014	100.0	12.8	35.8	51.3	23.3
2015	100.0	15.0	23.6	61.4	11.6
2016	100.0	12.3	15.0	72.7	3.4
2017	100.0	11.3	8.8	79.9	1.1

注：本表按不变价格计算。三次产业贡献率指三次产业或主要行业增加值增量与GDP增量之比。

Note:Data in this table are calculated at constant prices.Contribution share of three strata of industry or main sector refers to the proportion of the increment of each industrial value added to the increment of GDP.

3-11 三次产业和主要行业对地区生产总值增长的拉动
Contribution of Three Strata of Industry & Main Sector to the Growth of GDP in Various Years

单位：百分点 (Percentage points)

年 份 Year	地区生产总值 Gross Domestic Product	第一产业 Primary Industry	第二产业 Secondary Industry	第三产业 Tertiary Industry	#工业 Industry
1988	9.7	1.9	4.0	3.8	3.3
1989	5.7	1.4	2.9	1.4	0.8
1990	10.6	4.2	2.5	3.9	1.6
1991	14.9	3.9	4.0	7.0	2.6
1992	41.5	4.2	7.7	29.5	4.3
1993	20.6	3.5	10.0	7.1	4.8
1994	11.3	3.9	4.3	3.1	2.0
1995	3.8	3.5	-1.5	1.7	-0.9
1996	4.7	1.8	0.5	2.4	0.8
1997	6.8	2.5	1.3	3.0	1.3
1998	8.5	2.8	2.1	3.6	1.3
1999	8.5	3.6	1.8	3.1	1.3
2000	9.0	3.5	1.8	3.8	1.4
2001	9.1	3.5	1.8	3.8	1.4
2002	9.6	3.3	2.5	3.7	2.2
2003	10.6	3.3	4.0	3.4	3.3
2004	10.7	2.9	3.5	4.3	2.7
2005	10.5	2.0	3.9	4.6	2.9
2006	13.2	3.6	3.1	6.5	2.3
2007	15.8	2.5	6.4	6.9	5.6
2008	10.3	2.3	1.4	6.6	0.7
2009	11.7	2.1	3.4	6.2	1.5
2010	16.0	1.7	5.2	9.1	3.4
2011	12.0	1.6	4.0	6.4	2.3
2012	9.1	1.5	3.0	4.6	1.7
2013	9.9	1.5	2.5	5.9	1.2
2014	8.5	1.1	3.0	4.4	2.0
2015	7.8	1.2	1.8	4.8	0.9
2016	7.5	0.9	1.1	5.5	0.3
2017	7.0	0.8	0.6	5.6	0.1

注：本表按不变价格计算。拉动指GDP增长速度与三次产业或主要行业贡献率之乘积。

Note:Data in this table are calculated at constant prices.Contribution of three strata of industry or main sector refers to the growth rate of GDP multiplied by the contribution share of three strata of industry.

3-12 十二个重点产业增加值(2014-2017年)
Value-added of 12 Leading Industries(2014-2017)

产业	Industry	增加值（亿元） Value-added (100 million yuan)				指数(上年=100) Index (Preceding year=100)		
		2014	2015	2016	2017	2015	2016	2017
旅游产业	Tourism	258.07	280.88	309.75	347.74	109.2	110.9	110.0
热带特色高效农业	Tropical High-Efficiency Agriculture	597.89	629.47	703.83	725.19	105.1	104.6	103.7
互联网业	Internet	80.04	103.31	142.79	179.55	128.8	128.0	125.4
医疗健康产业	Health Care	90.00	100.00	101.61	121.10	111.1	111.9	107.2
现代金融服务业	Mordern Financial Services	210.63	242.82	281.90	308.94	117.3	115.7	110.1
会展业	Conference & Exhibition	58.51	59.89	67.90	80.23	101.7	110.3	115.4
现代物流业	Mordern Logistics Services	161.46	163.01	141.00	151.28	107.8	107.7	105.2
海洋产业（含油气）	Marine Industry(including Petroleum,Natural Gas & Related)	1154.01	1144.60	1277.50	1401.00	107.8	110.5	105.4
海洋产业	Marine Industry	943.00	1005.00	1140.00	1250.00	108.6	111.4	106.6
油气产业	Petroleum,Natural Gas & Related	211.01	139.60	137.50	151.00	104.3	103.8	95.2
医药产业	Manufacture of Medicines	32.58	35.58	52.10	64.00	120.0	107.9	117.8
低碳制造业	Low-Carbon Manufacturing	118.86	104.02	142.20	156.00	105.0	103.5	108.7
房地产业	Real Estate	295.56	299.69	349.95	434.90	102.3	115.0	119.0
教育、文化体育产业	Education,Culture & Sports	227.36	258.80	311.93	347.44	111.7	112.5	111.0
教育产业	Education	125.00	141.00	188.92	211.53	108.4	114.5	111.4
文化产业	Culture	95.86	110.29	114.74	123.33	116.1	110.9	110.1
体育产业	Sports	6.50	7.50	8.27	12.58	110.0	99.4	112.6

注：1. 本表总量按当年价格计算，指数按可比价格计算。

2. 贡献率指各产业增加值可比增量与地区生产总值可比增量之比。

Notes: a) In this table, absolute figures are calculated at current prices while indices are calculated at comparable prices.

b)The contribution rate is the increment of gross domestic product at comparable prices divided by the increment of every industrial value-added at comparable prices.

3-12 续(continued)

产业	Industry	占GDP比重(%) Proportion to GDP (%)				贡献率(%) Contribution Rate		
		2014	2015	2016	2017	2015	2016	2017
旅游产业	Tourism	7.4	7.6	7.6	7.8	8.7	11.0	10.9
热带特色高效农业	Tropical High-Efficiency Agriculture	17.1	17.0	17.4	16.3	11.2	10.4	9.2
互联网业	Internet	2.3	2.8	3.5	4.0	8.4	10.4	12.8
医疗健康产业	Health Care	2.6	2.7	2.5	2.7	3.7	4.3	2.6
现代金融服务业	Mordern Financial Services	6.0	6.6	7.0	6.9	13.3	13.7	10.0
会展业	Conference & Exhibition	1.7	1.6	1.7	1.8	0.4	2.2	3.7
现代物流业	Mordern Logistics Services	4.6	4.4	3.5	3.4	4.6	4.5	2.6
海洋产业（含油气）	Marine Industry(including Petroleum,Natural Gas & Related)	33.0	30.9	31.5	31.4	33.0	43.2	24.2
海洋产业	Marine Industry	26.9	27.1	28.1	28.0	29.7	41.3	26.5
油气产业	Petroleum,Natural Gas & Related	6.0	3.8	3.4	3.4	3.3	1.9	-2.3
医药产业	Manufacture of Medicines	0.9	1.0	1.3	1.4	2.4	1.0	3.3
低碳制造业	Low-Carbon Manufacturing	3.4	2.8	3.5	3.5	2.2	1.3	4.4
房地产业	Real Estate	8.4	8.1	8.6	9.7	2.5	16.2	23.4
教育、文化体育产业	Education,Culture & Sports	6.5	7.0	7.7	7.8	9.7	11.7	12.0
教育产业	Education	3.6	3.8	4.7	4.7	3.8	7.4	7.6
文化产业	Culture	2.7	3.0	2.8	2.8	5.7	4.3	4.1
体育产业	Sports	0.2	0.2	0.2	0.3	0.2	0.0	0.4

3-13 各市县生产总值
Gross Domestic Product by Region

单位：万元 (10 000 yuan)

地　区	Region	2005	2010	2012	2013	2014	2015	2016	2017
海口市	Haikou	3088614	6313099	8584869	9894896	10917022	11619648	12576651	13905779
三亚市	Sanya	719296	2387682	3248228	3658868	4022558	4358202	4755567	5298048
五指山市	Wuzhishan	60237	143948	177528	197212	210886	222781	244786	271946
文昌市	Wenchang	538354	1142381	1485373	1570535	1598021	1696270	1868791	2059831
琼海市	Qionghai	518912	1156594	1521039	1678510	1877030	2004970	2205791	2459689
万宁市	Wanning	412069	974537	1334143	1395865	1522945	1658230	1842661	2049799
定安县	Ding'an	173895	393839	563076	622433	694795	751000	834867	902753
屯昌县	Tunchang	160937	332286	456434	503163	538793	581502	643939	701859
澄迈县	Chengmai	410354	1111513	1646430	2046333	2268136	2404851	2567651	2887395
临高县	Lingao	390463	716937	1021983	1167569	1354472	1445211	1599827	1762334
儋州地区	Danzhou Area	1058107	2944842	4018769	4031010	4398556	4432522	4766293	5331887
儋州市	Danzhou	729633	1329470	1813733	2008862	2151624	2317313	2577835	2876269
洋　浦	Yangpu	328474	1615372	2205037	2022148	2246932	2115209	2188458	2455618
东方市	Dongfang	396636	737393	1096062	1195804	1345034	1445583	1483122	1571042
乐东县	Ledong	246664	550271	729687	809207	935884	1043654	1170950	1225796
琼中县	Qiongzhong	104689	244359	280359	320059	358448	390958	434172	473458
保亭县	Baoting	85629	202006	304354	337520	367186	385633	415671	450892
陵水县	Lingshui	184596	556960	855473	1026942	1099378	1172509	1343048	1510063
白沙县	Baisha	108532	238864	333977	357077	373911	399637	434502	471408
昌江县	Changjiang	269075	566121	857525	910604	947879	901881	1011721	1144444

注：本表按当年价格计算；全省及各市县数据均包含农垦系统数据，下同。
Note:1)Data in this table are calculated at current prices. 2)Data by region include the data of Nongken, the following as the same.

3-14 各市县生产总值指数
Indices of Gross Domestic Product by Region

(上年=100) (Preceding year=100)

地 区	Region	2005	2010	2012	2013	2014	2015	2016	2017
海 口 市	Haikou	111.5	119.1	108.4	110.4	109.2	107.5	107.7	107.5
三 亚 市	Sanya	113.2	118.3	108.8	109.9	105.5	108.1	107.8	107.6
五指山市	Wuzhishan	104.0	117.1	104.1	110.0	105.0	106.1	107.4	107.4
文 昌 市	Wenchang	112.7	113.9	109.2	108.2	101.3	108.0	107.7	107.3
琼 海 市	Qionghai	102.1	115.9	107.8	112.2	108.0	108.1	107.1	107.5
万 宁 市	Wanning	109.3	117.4	109.4	107.3	106.2	107.8	107.6	107.8
定 安 县	Ding'an	110.0	115.6	110.3	109.9	106.5	108.7	107.1	107.2
屯 昌 县	Tunchang	107.9	112.5	110.4	110.7	106.7	108.2	107.7	107.5
澄 迈 县	Chengmai	108.2	122.3	113.3	113.5	110.5	110.0	109.5	108.2
临 高 县	Lingao	107.5	116.1	109.0	111.5	108.6	106.0	106.7	103.1
儋州地区	Danzhou Area	120.3	112.6	109.1	105.9	108.5	106.5	106.5	104.8
儋州市	Danzhou	107.3	111.6	110.0	109.7	107.0	107.9	107.7	108.2
洋 浦	Yangpu	164.4	113.4	108.2	102.8	110.0	105.3	105.2	100.8
东 方 市	Dongfang	111.0	112.7	110.6	108.8	110.8	109.1	101.5	102.5
乐 东 县	Ledong	107.9	107.3	107.7	109.0	107.5	109.0	108.1	106.0
琼 中 县	Qiongzhong	99.9	108.8	111.1	112.8	108.6	109.7	107.7	106.3
保 亭 县	Baoting	108.8	113.3	110.8	109.7	107.3	106.3	106.6	106.0
陵 水 县	Lingshui	106.9	118.2	112.8	114.5	104.3	108.2	110.9	108.3
白 沙 县	Baisha	94.4	107.0	112.1	109.8	105.5	109.4	106.5	106.2
昌 江 县	Changjiang	112.2	115.5	113.9	111.7	107.9	107.5	110.5	108.3

注：本表按可比价格计算。
Note:Data in this table are calculated at constant prices.

3-15 按三次产业分各市县生产总值(2017)
Gross Domestic Product by Three Strata of Industry by Region (2017)

单位：亿元 (100 million yuan)

地 区	Region	生产总值 Gross Domestic Product	第一产业 Primary Industry	第二产业 Secondary Industry	第三产业 Tertiary Industry	人均生产总值(元) Per Capita GDP(yuan)
海口市	Haikou	1390.58	62.51	252.22	1075.85	61589
三亚市	Sanya	529.80	65.67	105.85	358.29	69780
五指山市	Wuzhishan	27.19	6.25	5.77	15.17	25595
文昌市	Wenchang	205.98	75.45	48.79	81.74	36707
琼海市	Qionghai	245.97	79.65	32.61	133.71	48376
万宁市	Wanning	204.98	61.82	41.94	101.22	35886
定安县	Ding'an	90.28	32.55	13.10	44.62	30722
屯昌县	Tunchang	70.19	27.11	9.02	34.06	26406
澄迈县	Chengmai	288.74	75.01	114.63	99.10	59053
临高县	Lingao	176.23	112.22	10.96	53.05	39413
儋州地区	Danzhou Area	533.19	121.61	178.30	233.28	53917
儋州市	Danzhou	287.63	119.02	36.10	132.51	31893
洋浦	Yangpu	245.56	2.59	142.20	100.77	282093
东方市	Dongfang	157.10	42.55	65.72	48.83	37014
乐东县	Ledong	122.58	69.30	17.06	36.22	25682
琼中县	Qiongzhong	47.35	19.18	7.02	21.15	26554
保亭县	Baoting	45.09	16.91	5.96	22.22	29791
陵水县	Lingshui	151.01	45.08	29.14	76.79	45704
白沙县	Baisha	47.14	20.65	5.17	21.32	27399
昌江县	Changjiang	114.44	29.34	50.55	34.55	49479

注：本表按当年价格计算。
Note:Data in this table are calculated at current prices.

3-16 按三次产业分各市县生产总值指数(2017)
Indices of Gross Domestic Product by Three Strata of Industry by Region (2017)

(上年=100) (preceding year=100)

地 区	Region	地区生产总值 Gross Domestic Product	第一产业 Primary Industry	第二产业 Secondary Industry	第三产业 Tertiary Industry	人均地区生产总值 Per Capita GDP
海口市	Haikou	107.5	103.8	105.0	108.4	106.3
三亚市	Sanya	107.6	104.3	106.1	108.8	106.5
五指山市	Wuzhishan	107.4	105.3	104.5	109.5	107.0
文昌市	Wenchang	107.3	104.3	106.8	110.9	106.5
琼海市	Qionghai	107.5	104.7	105.3	110.1	106.7
万宁市	Wanning	107.8	105.1	105.3	110.8	107.0
定安县	Ding'an	107.2	105.5	104.6	109.5	106.6
屯昌县	Tunchang	107.5	106.0	102.8	110.1	106.8
澄迈县	Chengmai	108.2	105.2	99.8	122.8	107.5
临高县	Lingao	103.1	99.4	103.5	112.3	102.4
儋州地区	Danzhou Area	104.8	103.1	96.7	112.3	104.0
儋州市	Danzhou	108.2	103.2	107.8	113.4	107.5
洋浦	Yangpu	100.8	99.0	93.9	110.9	98.6
东方市	Dongfang	102.5	104.6	100.6	103.2	101.8
乐东县	Ledong	106.0	105.7	105.6	107.0	105.3
琼中县	Qiongzhong	106.3	105.3	101.9	108.8	105.8
保亭县	Baoting	106.0	105.9	108.2	105.6	105.5
陵水县	Lingshui	108.3	103.2	106.6	112.5	107.7
白沙县	Baisha	106.2	105.2	103.9	107.9	105.7
昌江县	Changjiang	108.3	105.7	111.3	106.5	107.6

注：本表按可比价格计算。
Note:Data in this table are calculated at constant prices.

3-17 按三次产业分市县生产总值构成(2017)
Composition of Gross Domestic Product by Region (2017)

单位：% (%)

地 区	Region	生产总值 Gross Domestic Product	第一产业 Primary Industry	第二产业 Secondary Industry	第三产业 Tertiary Industry
海口市	Haikou	100	4.5	18.1	77.4
三亚市	Sanya	100	12.4	20.0	67.6
五指山市	Wuzhishan	100	23.0	21.2	55.8
文昌市	Wenchang	100	36.6	23.7	39.7
琼海市	Qionghai	100	32.4	13.3	54.3
万宁市	Wanning	100	30.2	20.5	49.3
定安县	Ding'an	100	36.1	14.5	49.4
屯昌县	Tunchang	100	38.6	12.9	48.5
澄迈县	Chengmai	100	26.0	39.7	34.3
临高县	Lingao	100	63.7	6.2	30.1
儋州地区	Danzhou Area	100	22.8	33.4	43.8
儋州市	Danzhou	100	41.4	12.6	46.0
洋浦	Yangpu	100	1.1	57.9	41.0
东方市	Dongfang	100	27.1	41.8	31.1
乐东县	Ledong	100	56.5	13.9	29.6
琼中县	Qiongzhong	100	40.5	14.8	44.7
保亭县	Baoting	100	37.5	13.2	49.3
陵水县	Lingshui	100	29.9	19.3	50.8
白沙县	Baisha	100	43.8	11.0	45.2
昌江县	Changjiang	100	25.6	44.2	30.2

注：本表按当年价格计算。
Note:Data in this table are calculated at current prices.

3-18 支出法地区生产总值
Gross Domestic Product by Expenditure Approach in Various Years

单位：亿元 (100 million yuan)

年份 Year	支出法地区生产总值 Gross Domestic Product by Expenditure Approach	最终消费支出 Final Consumption Expenditure	居民消费支出 Household Consumption Expenditure	城镇居民 Urban Households	农村居民 Rural Households	政府消费支出 Government Consumption Expenditure
1980	22.22	19.1	17.85	3.83	14.02	1.25
1981	25.94	20.64	19.16	4.35	14.81	1.48
1982	31.23	22.38	20.83	4.87	15.98	1.55
1983	33.94	24	22.09	5.16	16.93	1.91
1984	42.15	26.13	23.37	6.19	17.18	2.76
1985	54.19	31.58	28.05	7.46	20.59	3.53
1986	63.06	36.81	32.70	8.64	24.06	4.11
1987	57.30	39.80	35.60	10.10	25.50	4.20
1988	77.00	50.20	44.60	13.30	31.30	5.60
1989	91.30	57.70	49.30	15.80	33.50	8.40
1990	102.40	62.30	51.70	18.20	33.50	10.60
1991	120.50	70.10	55.60	23.70	31.90	14.50
1992	184.90	90.20	69.30	34.30	35.00	20.90
1993	260.40	125.20	94.50	45.10	49.40	30.70
1994	332.00	150.30	118.10	63.70	54.40	32.20
1995	363.30	178.90	143.00	76.20	66.80	35.90
1996	389.70	212.60	170.40	90.90	79.50	42.20
1997	411.20	228.40	179.60	97.40	82.20	48.80
1998	442.10	245.60	190.80	105.40	85.40	54.80
1999	476.70	258.70	197.10	110.50	86.60	61.60
2000	526.80	290.70	220.80	123.00	97.80	69.90
2001	558.40	310.50	235.20	135.40	99.80	75.30
2002	622.00	347.60	258.40	151.70	106.80	89.10
2003	693.20	378.60	281.10	172.60	108.50	97.50
2004	798.90	428.30	313.21	196.48	116.73	115.04
2005	897.99	470.46	342.81	221.67	121.14	127.65
2006	1044.91	554.22	400.91	268.20	132.71	153.31
2007	1254.17	660.23	473.19	328.69	144.5	187.04
2008	1503.06	737.49	521.18	374.93	146.25	216.31
2009	1654.21	808.72	575.22	421.24	153.98	233.50
2010	2064.5	953.19	654.31	485.39	168.92	298.88
2011	2522.66	1180.02	806.42	579.29	227.13	373.60
2012	2855.54	1386.25	937.93	677.78	260.15	448.32
2013	3177.56	1590.38	1043.43	745.42	298.01	546.95
2014	3500.72	1722.68	1161.51	813.39	348.12	561.17
2015	3702.76	2242.65	1543.89	1166.84	377.05	698.76
2016	4053.20	2489.56	1684.52	1261.32	423.20	805.04
2017	4462.54	2781.82	1929.43	1464.50	464.93	852.39

注：1. 本表按当年价格计算。2. 最终消费率指最终消费支出占支出法地区生产总值的比重；资本形成率指资本形成总额占支出法地区生产总值的比重。3. 2015年起按国家统计局新的《支出法国内生产总值年度核算方法》核算。

Note:1.Data in this table are calculated at current prices.2.Final consumption rate refers to the final consumption expenditure as percentage of GDP 3.Acoount according to the new"Annual Accounting Method of Gross Domestic Product by Expenditure Approuch"by National Bureau of Statistics since 2015.

3-18 续(continued)

单位：亿元 (100 million yuan)

年 份 Year	资本形成总额 Gross Capital Formation	固定资本形成总额 Gross Fixed Capital Formation	存货变动 Change in Inventories	最终消费率(消费率)(%) Final Consumption Rate (%)	资本形成率(投资率)(%) Capital Formation Rate (%)
1980	3.12	2.28	0.84	85.96	14.04
1981	5.30	3.43	1.87	79.57	20.43
1982	8.85	6.91	1.94	71.66	28.34
1983	9.94	6.41	3.53	70.71	29.29
1984	16.02	10.43	5.59	61.99	38.01
1985	22.61	16.37	6.24	58.28	41.72
1986	26.25	18.63	7.62	58.37	41.63
1987	26.50	20.90	5.57	69.46	46.25
1988	36.80	22.90	13.90	65.19	47.79
1989	44.70	29.10	15.60	63.20	48.96
1990	58.70	42.10	16.50	60.84	57.32
1991	67.20	50.90	16.26	58.17	55.77
1992	125.20	105.10	20.06	48.78	67.71
1993	172.20	145.40	26.83	48.08	66.13
1994	225.10	199.30	25.82	45.27	67.80
1995	220.20	193.60	26.57	49.24	60.61
1996	188.90	168.30	20.61	54.55	48.47
1997	188.90	163.40	25.56	55.54	45.94
1998	203.90	174.70	29.23	55.55	46.12
1999	225.20	189.30	35.92	54.27	47.24
2000	242.20	198.00	44.26	55.18	45.98
2001	255.60	208.20	47.37	55.61	45.77
2002	279.80	227.50	52.31	55.88	44.98
2003	317.60	265.60	52.10	54.62	45.82
2004	369.36	311.05	58.31	53.61	46.23
2005	434.22	375.58	58.64	52.39	48.35
2006	513.50	445.51	67.99	53.04	49.14
2007	608.38	552.37	56.01	52.64	48.51
2008	805.46	772.00	33.56	49.07	53.59
2009	914.20	871.91	42.29	48.89	55.27
2010	1185.40	1179.36	6.04	46.17	57.42
2011	1497.01	1460.47	36.54	46.78	59.34
2012	2009.88	1947.87	62.01	48.55	70.39
2013	2326.57	2233.46	93.11	50.05	73.22
2014	2599.10	2549.33	49.77	49.21	74.24
2015	2317.08	2325.12	-8.04	60.57	62.58
2016	2577.14	2519.06	58.08	61.42	63.58
2017	2815.67	2808.53	7.14	62.33	63.10

主要统计指标解释

国内生产总值(GDP) 指按市场价格计算的一个国家(或地区)所有常住单位在一定时期内生产活动的最终成果。国内生产总值有三种表现形态，即价值形态、收入形态和产品形态。从价值形态看，它是所有常住单位在一定时期内生产的全部货物和服务价值超过同期投入的全部非固定资产货物和服务价值的差额，即所有常住单位的增加值之和；从收入形态看，它是所有常住单位在一定时期内创造并分配给常住单位和非常住单位的初次收入之和；从产品形态看，它是所有常住单位在一定时期内最终使用的货物和服务价值减去货物和服务进口价值。在实际核算中，国内生产总值有三种计算方法，即生产法、收入法和支出法。三种方法分别从不同的方面反映国内生产总值及其构成。

对于一个地区来说，称之为地区生产总值或地区GDP。

三次产业 三产业的划分是世界上较为常用的产业结构分类，但各国的划分不尽一致。根据《国民经济行业分类》(GB/T 4754—2011)，我国的三次产业划分是：

第一产业是指农、林、牧、渔业(不含农、林、牧、渔服务业)。

第二产业是指采矿业(不含开采辅助活动)，制造业(不含金属制品、机械和设备修理业)，电力、热力、燃气及水生产和供应业，建筑业。

第三产业即服务业，是指除第一产业、第二产业以外的其他行业。

劳动者报酬 指劳动者从事生产活动应获得的全部报酬，既包括货币形式的报酬，也包括实物形式的报酬。主要包括工资、奖金、津贴和补贴，单位为其员工交纳的社会保险费、补充社会保险费和住房公积金、行政事业单位职工的离退休金、单位为其员工提供的其他各种形式的福利和报酬等。

生产税净额 指生产税减生产补贴后的差额。其中，生产税指政府对生产单位从事生产、销售和经营活动，以及因从事生产活动使用某些生产要素(如固定资产和土地等)所征收的各种税收、附加费和其他规费。生产税分为产品税和其他生产税，产品税主要有：增值税、消费税、进口关税、出口税等；其他生产税主要有：房产税、车船使用税、城镇土地使用税等。生产补贴则相反，它是政府为影响生产单位的生产、销售及定价等生产活动而对其提供的无偿支付，包括农业生产补贴、政策亏损补贴、进口补贴等。生产补贴作为负生产税处理。

固定资产折旧 指由于自然退化、正常淘汰或损耗而导致的固定资产价值下降，用以代表固定资产通过生产过程被转移到其产出中的价值。原则上，固定资产折旧应按照固定资产的重置价值计算。

营业盈余 指常住单位创造的增加值扣除劳动者报酬、生产税净额和固定资产折旧后的余额。

支出法国内生产总值 是从最终使用的角度反映一个国家(或地区)一定时期内生产活动最终成果的一种方法，包括最终消费支出、资本形成总额及货物和服务净出口三部分。计算公式为：

支出法国内生产总值=最终消费支出+资本形成总额+货物和服务净出口

最终消费支出 指常住单位为满足物质、文化和精神生活的需要，从本国经济领土和国外购买的货物和服务的支出。它不包括非常住单位在本国经济领土内的消费支出。最终消费支出分为居民消费支出和政府消费支出。

居民消费支出 指常住住户在一定时期内对于货物和服务的全部最终消费支出。居民消费支出除了直接以货币形式购买的货物和服务的消费支出外，还包括以其他方式获得的货物和服务的消费支出，即所谓的虚拟消费支出。居民虚拟消费支出包括如下几种类型：单位以实物报酬及实物转移的形式提供给劳动者的货物和服务；住户生产并由本住户消费了的货物和服务，其中的服务仅指住户的自有住房服务和付酬的家庭雇员提供的家庭和个人服务；金融机构提供的金融媒介服务。

政府消费支出 指政府部门为全社会提供的公共服务的消费支出和免费或以较低的价格向居民住户提供的货物和服务的净支出，前者等于政府服务的产出价值减去政府单位所获得的经营收入的价值，后者等于政府部门免费或以较低价格向居民住户提供的货物和服务的市场价值减去向住户收取的价值。

资本形成总额 指常住单位在一定时期内获得减去处置的固定资产和存货的净额，包括固定资本形成总额和存货变动两部分。

固定资本形成总额 指常住单位在一定时期内获得的固定资产减处置的固定资产的价值总额。固定资产是通过生产活动生产出来的，且其使用年限在一年以上、单位价值在规定标准以上的资产，不包括自然资产、耐用消费品、小型工器具。固定资本形成总额包括住宅、其他建筑和构筑物、机器和设备、培育性生物资源、知识产权产品

（研发支出、矿藏的勘探、计算机软件）的价值获得减处置。

存货变动 指常住单位在一定时期内存货实物量变动的市场价值，即期末价值减期初价值的差额，再扣除当期由于价格变动而产生的持有收益。存货变动可以是正值，也可以是负值，正值表示存货上升，负值表示存货下降。存货包括生产单位购进的原材料、燃料和储备物资等存货，以及生产单位生产的产成品、在制品和半成品等存货。

货物和服务净出口 指货物和服务出口减货物和服务进口的差额。出口包括常住单位向非常住单位出售或无偿转让的各种货物和服务的价值；进口包括常住单位从非常住单位购买或无偿得到的各种货物和服务的价值。由于服务活动的提供与使用同时发生，一般把常住单位从非常住单位得到的服务作为进口，非常住单位从常住单位得到的服务作为出口。货物的出口和进口都按离岸价格计算。

Explanatory Notes on Main Statistical Indicators

Gross Domestic Product (GDP) refers to the final products at market prices produced by all resident units in a country (or a region) during a certain period of time. Gross domestic product is expressed in three different perspectives, namely value, income, and products respectively. GDP in its value perspective refers to the total value of all goods and services produced by all resident units during a certain period of time, minus the total value of input of goods and services of the nature of non-fixed assets; in other words, it is the sum of the value-added of all resident units. GDP from the perspective of income includes the primary income created by all resident units and distributed to resident and non-resident units. GDP from the perspective of products refers to the value of all goods and services for final demand by all resident units minus the imports of goods and services during a given period of time. In the practice of national accounting, gross domestic product is calculated from three approaches, namely production approach, income approach and expenditure approach, which reflect gross domestic product and its composition from different angles.

For a region, it is called as Gross Regional Product(GRP) or regional GDP.

Three Strata of Industry Classification of economic activities into three strata of industry is a common practice in the world, although the grouping varies to some extent from country to country. In China, according to Industrial classification for National Economic Activities (GB/T 4754—2011), economic activities are categorized into the following three strata of industry:

Primary industry refers to agriculture, forestry, animal husbandry and fishery industries (not including services in support of agriculture, forestry, animal husbandry and fishery industries).

Secondary industry refers to mining and quarrying(not including support activities for mining), manufacturing(not including repair service of metal products, machinery and equipment), production and supply of electricity, heat, gas and water, and construction.

Tertiary industry refers to all other economic activities not included in the primary or secondary industries.

Compensation of Employees refers to the total payment of various forms to employees for the productive activities they are engaged in. It includes the employees earn in cash or in kind. It mainly include: wages, bonuses and allowances, subsidies, social insurance paid by company or unit for its staff, supplementary social insurance, housing fund, the pension for the employees of the administrative institution, other forms of welfare and remuneration provide by the units for its employees.

Net Taxes on Production refers to taxes on production less subsidies on production. The taxes on production refers to the various taxes, extra charges and fees levied on the production units on their production, sale and business activities as well as on the use of some factors of production, such as fixed assets, land etc. in the production activities they are engaged in. Taxes on production are divided into product tax and other kinds of taxes on production, product tax mainly includes: value-added tax, consumption tax, import duty, export duty; other taxes on production mainly include: House Property Tax, Tax on Vehicles and Boat Operation, Urban Land Use Tax, etc. In contrast to taxes on production, subsidies on production refer to the payment by the government for free to the production units to influence production activities of production units such as production, sales and pricing, which include agricultural production subsidies, subsidies for policy losses, import subsidies, etc. Subsidies on production are therefore regarded as negative taxes on production.

Depreciation of Fixed Assets Refers to the decline of the value of fixed assets due to natural deterioration, normal elimination or loss, it reflects the value of transfer of the fixed assets in the production of the current period. In principle, the depreciation of fixed assets should be calculated on the basis of the re-purchased value of the fixed assets.

Operating Surplus refers to the balance of the value added created by the resident units after deducting the labourers remuneration, net taxes on production and the depreciation of fixed assets.

GDP by Expenditure Approach refers to the method of measuring the final results of production activities of a country (region) during a given period from the perspective of final uses. It includes final consumption expenditure, gross capital formation and net export of goods and services. The formula for computation is.:

GDP by expenditure approach = final consumption expenditure + gross capital formation + net export of goods and services

Final Consumption Expenditure refers to the total

expenditure of resident units for purchases of goods and services from both the domestic economic territory and abroad to meet the needs of material, cultural and spiritual life. It does not include the expenditure of non-resident units on consumption in the economic territory of the country. The final consumption expenditure is broken down into household consumption expenditure and government consumption expenditure.

Household Consumption Expenditure refers to the total expenditure of resident households on the final consumption of goods and services. In addition to the consumption of goods and services bought by the households directly with money, the household consumption expenditure also includes expenditure on goods and services obtained by the households in other ways, i.e. the so-called imputed consumption expenditure, which includes the following: (a) the goods and services provided to households by employers in the form of payment in kind and transfer in kind; (b) goods and services produced and consumed by the households themselves, in which the services refer to the owner-occupied housing and services offered by paid family employees; (c) financial intermediate services provided by financial institution.

Government Consumption Expenditure refers to the consumption expenditure spent for the provision of public services provided by the government to the whole country and the net expenditure on the goods and services provided by the government to households free of charge or at reduced prices. The former equals to the output value of the government services minus the value of operating income obtained by the government departments. The latter equals to the market value of the goods and services provided by the government free of charge or at reduced prices to the households minus the value received by the government from the households.

Gross Capital Formation refers to the fixed assets acquired less disposals and the net value of inventory, thus including gross fixed capital formation and changes in inventories.

Gross Fixed Capital Formation refers to the value of acquisitions less those disposals of fixed assets during a given period. Fixed assets are the assets produced through production activities with unit value above a specified amount and which could be used for over one year. Natural assets, consumer durables, small instruments are not included. Gross Fixed Capital Formation includes the value of housing, other buildings and structure, equipment and machinery, breeding biological resources, intellectual property right product (expenditure for R&D, the prospecting of minerals and the acquisition of computer software) minus the disposal of them.

Changes in Inventories refers to the market value of the change in the physical volume of inventory of resident units during a given period, i.e. the difference between the values at the beginning and at the end of the period minus the gains due to the change in prices. The changes in inventories can have a positive or a negative value. A positive value indicates an increase in inventory while a negative value indicates a decrease in inventory. The inventory includes raw materials, fuels and reserve materials purchased by the production units as well as the inventory of finished products, semi-finished products and work-in-progress.

Net Export of Goods and Services refers to the exports of goods and services subtracting the imports of goods and services. Exports include the value of various goods and services sold or gratuitously transferred by resident units to non-resident units. Imports include the value of various goods and services purchased or gratuitously acquired resident units from non-resident units. Because the provision of services and the use of them happen simultaneously, the acquisition of services by resident units from abroad is usually treated as import while the acquisition of services by non-resident units in this country is usually treated as export. The exports and imports of goods are calculated at FOB.

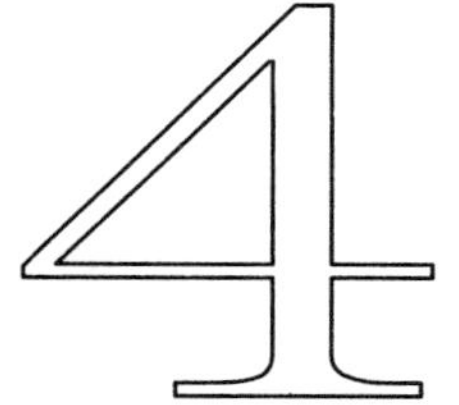

就业和工资

Employment and Wages

编辑人员：陈翠青

Compiled by Chen Cuiqing

英文翻译：马圆筠

Translated by Ma Yuanyun

简 要 说 明

一、本篇资料主要内容

本篇资料反映我省劳动经济方面的基本情况，包括各市县的主要劳动统计数据。如：就业人员数，就业人员工资总额，平均工资及指数变化情况等。

二、本篇资料来源

单位从业人员及在岗职工基本情况及分组资料，由海南省统计局根据《劳动统计报表制度》整理；私营企业及个体工商业从业人员，由统计局向工商行政管理部门收集；乡村从业人员根据《乡村社会经济调查方案》整理。

三、本篇统计调查方法

非私营单位统计资料采用全面调查方法；私营企业和个体工商户资料利用行政登记资料进行汇总。

Brief Introduction

I. Main Contents

Data in this chapter show the basic conditions of Province's labour economy, such as number of employed persons, staff and workers, total wage bills and average wages of staff and workers and the changes in index.

II. Sources of Data

Data on basic conditions of employment, data by groups, total wage bills of staff and workers are collected and compiled through *The Reporting Form System on Labour Statistics*; Data on the number of employed persons in private enterprises and self-employed individuals are provided by the County Bureau of Statistics collecting to the Administration for Industry and Commerce in count; Data on the number of Rural Workers are collected and compiled through *The System of Rural Social and Economic Surveys* by Statistics Bureau of Hainan Province.

III. Sampling Methodology

Statistics on non-private enterprises are collected and compiled on the comprehensive survey. Statistics on private enterprises and self-employed individuals are collected and compiled on basis of administrative registering records.

4-1 历年按注册类型分组从业人员年末人数
Number of Employed Persons at Year-end by Status of Registration in Various Years

单位：万人 (10 000 persons)

年份 Year	从业人员 Total	国有单位 State-owned Units	城镇集体单位 Urban Collective-owned Units	其他经济类型单位 Other Ownership Units	私营单位 Private Enterprises	城镇个体 Urban Self-employed Individual	乡村 Rural Employed Persons
1957	126.20	13.06	1.01				112.13
1962	147.13	26.42	1.52			0.66	118.53
1965	154.42	33.02	1.94				119.46
1970	182.47	52.24	2.92				127.31
1971	190.84	57.28	3.17				130.39
1972	194.60	58.40	3.44				132.76
1973	199.89	58.57	5.44				135.88
1974	202.48	59.10	5.08				138.30
1975	202.04	60.40	5.39			0.07	136.18
1976	204.03	62.59	5.29			0.10	136.05
1977	218.00	70.56	9.59			0.09	137.76
1978	221.48	75.08	6.27			0.40	139.73
1979	226.23	77.54	6.47			0.71	141.51
1980	231.49	78.56	6.69			1.32	144.92
1981	242.50	85.08	6.70			2.18	148.54
1982	247.08	87.74	6.94			1.56	150.84
1983	253.15	89.39	6.73			2.06	154.97
1984	259.45	87.59	9.56	0.08		2.92	159.30
1985	267.80	89.33	9.27	0.41		4.54	164.25
1986	274.85	91.10	9.33	0.49		4.76	169.17
1987	280.47	91.38	9.11	0.57		5.56	173.85
1988	292.15	93.67	9.08	0.73		7.73	180.94
1989	298.53	94.80	8.83	1.13		7.82	185.95
1990	304.32	96.06	8.94	1.54		7.68	190.10
1991	316.99	98.00	8.54	2.34	3.24	9.76	195.11
1992	322.50	100.26	8.96	3.39	4.19	9.51	196.19
1993	333.33	98.84	9.41	4.19	9.95	12.40	198.54
1994	335.56	96.86	8.53	5.55	11.24	11.98	201.40
1995	334.49	94.08	8.43	5.82	11.96	11.35	202.85
1996	333.30	88.91	8.49	6.81	10.52	12.50	206.07
1997	343.07	87.71	8.35	8.06	11.05	16.75	211.15
1998	326.70	71.65	4.97	7.87	12.08	18.36	211.77
1999	326.77	68.83	4.63	8.23	13.68	16.27	215.13
2000	335.17	66.86	4.38	8.24	11.39	19.70	224.60
2001	338.39	63.58	4.42	8.48	9.91	22.47	229.53
2002	349.89	60.23	4.18	10.46	18.48	23.01	233.53
2003	360.34	58.66	4.05	10.83	23.87	22.66	240.27
2004	367.74	58.11	3.87	12.61	23.31	19.80	250.04
2005	379.55	57.93	4.07	12.72	28.30	20.52	256.01
2006	389.03	56.89	3.84	14.81	31.17	19.67	262.65
2007	397.46	56.52	3.78	16.85	30.74	20.29	269.28
2008	408.36	54.88	3.13	18.78	32.39	24.58	274.60
2009	424.56	54.47	3.51	21.35	35.38	28.26	281.59
2010	439.65	53.07	3.94	24.30	41.59	32.17	284.58
2011	459.22	53.30	3.61	28.22	47.75	34.20	292.14
2012	483.90	54.43	3.55	32.10	54.89	38.24	300.69
2013	514.56	44.40	3.03	51.33	64.80	49.49	301.51
2014	543.10	42.91	2.21	56.41	83.93	49.80	307.85
2015	555.77	43.26	1.84	55.25	93.16	50.44	311.81
2016	558.14	43.65	1.72	55.81	83.37	55.89	317.69
2017	583.88	42.53	1.44	56.90	88.43	67.52	327.07

4-2 各市县按注册类型分组从业人员年末人数(2017)
Number of Employed Persons at Year-end by Status of Registration and Region (2017)

单位：万人 (10 000 persons)

地　区	Region	从业人员 Total	国有单位 State-owned Units	城镇集体单位 Urban Collective-owned Units	其他经济类型单位 Other Ownership Units	私营单位 Private Enterprises	城镇个体 Urban Self-employed Individual	乡　村 Rural Employed Persons
全省总计	**Total**	**583.88**	**42.53**	**1.44**	**56.90**	**88.43**	**67.52**	**327.07**
海 口 市	Haikou	175.16	15.86	0.59	35.71	58.24	26.74	38.02
三 亚 市	Sanya	52.75	4.46	0.07	9.36	14.13	7.75	16.99
三 沙 市	Sansha	0.28	0.24			0.02	0.02	
五指山市	Wuzhishan	6.05	0.90		0.18	0.68	0.87	3.42
文 昌 市	Wenchang	32.90	1.52	0.20	0.69	1.66	3.35	25.48
琼 海 市	Qionghai	28.61	1.61	0.18	1.24	1.57	3.28	20.72
万 宁 市	Wanning	31.20	1.84	0.05	1.01	1.43	2.80	24.07
定 安 县	Ding'an	18.49	0.80	0.05	0.84	0.48	2.71	13.60
屯 昌 县	Tunchang	13.73	0.97	0.02	0.29	0.49	1.87	10.09
澄 迈 县	Chengmai	34.74	1.44	0.03	1.84	1.77	2.97	26.69
临 高 县	Lingao	25.15	1.29	0.03	0.31	0.34	1.00	22.18
儋州地区	Danzhou Area	49.80	3.46	0.03	2.12	3.96	4.56	35.68
儋州市	Danzhou	43.41	3.05	0.03	0.55	1.67	4.10	34.02
洋　浦	Yangpu	6.39	0.41		1.57	2.29	0.46	1.66
东 方 市	Dongfang	24.81	1.58	0.03	0.77	0.81	2.11	19.52
乐 东 县	Ledong	31.75	1.70	0.07	0.20	0.49	2.58	26.71
琼 中 县	Qiongzhong	8.97	0.98	0.05	0.15	0.58	1.03	6.18
保 亭 县	Baoting	8.20	0.78	0.02	0.39	0.43	0.96	5.63
陵 水 县	Lingshui	19.53	1.21	0.02	0.64	0.68	1.28	15.70
白 沙 县	Baisha	9.31	0.89		0.10	0.22	0.62	7.47
昌 江 县	Changjiang	12.44	1.01		1.07	0.43	1.01	8.92

4-3 历年按三次产业分组从业人员及构成

Number and Composition of Employed Persons by Three Strata of Industry in Various Years

年 份 Year	从业人员 (万人) Total (10 000 persons)	第一产业 Primary Industry	第二产业 Secondary Industry	第三产业 Tertiary Industry	构 成(%) Composition in Percentage 第一产业 Primary Industry	第二产业 Secondary Industry	第三产业 Tertiary Industry
1978	221.48	174.16	17.43	29.89	78.63	7.87	13.50
1979	226.23	178.12	17.74	30.37	78.73	7.84	13.43
1980	231.49	183.60	17.20	30.69	79.31	7.43	13.26
1985	267.80	197.04	24.18	46.58	73.58	9.03	17.39
1986	274.85	200.06	25.77	49.02	72.79	9.38	17.83
1987	280.47	201.80	26.44	52.23	71.95	9.43	18.62
1988	292.15	207.01	27.80	57.34	70.86	9.51	19.63
1989	298.53	210.64	28.07	59.82	70.56	9.40	20.04
1990	304.32	212.81	28.77	62.74	69.93	9.45	20.62
1991	316.99	217.18	31.49	68.32	68.52	9.93	21.55
1992	322.50	214.83	34.13	73.54	66.61	10.58	22.81
1993	333.33	208.86	38.49	85.98	62.66	11.55	25.79
1994	335.56	204.52	40.09	90.95	60.95	11.95	27.10
1995	334.49	203.92	39.06	91.51	60.96	11.68	27.36
1996	333.30	201.49	39.44	92.37	60.45	11.83	27.72
1997	343.07	203.12	38.90	101.05	59.21	11.34	29.45
1998	326.70	198.47	32.57	95.66	60.75	9.97	29.28
1999	326.77	198.80	31.54	96.43	60.84	9.65	29.51
2000	335.17	203.93	31.41	99.83	60.84	9.37	29.79
2001	338.39	203.73	31.74	102.92	60.21	9.38	30.42
2002	349.89	205.59	33.24	111.06	58.76	9.50	31.74
2003	360.34	210.71	35.42	114.21	58.47	9.83	31.70
2004	367.74	212.47	37.11	118.16	57.78	10.09	32.13
2005	379.55	215.10	39.34	125.11	56.67	10.37	32.96
2006	389.03	218.76	41.04	129.23	56.23	10.55	33.22
2007	397.46	221.43	43.11	132.92	55.71	10.85	33.44
2008	408.36	221.24	45.82	141.30	54.18	11.22	34.60
2009	424.56	225.59	48.24	150.73	53.14	11.36	35.50
2010	439.65	221.45	52.33	165.87	50.37	11.90	37.73
2011	459.22	224.98	54.73	179.51	48.99	11.92	39.09
2012	483.90	230.79	59.20	193.91	47.69	12.24	40.07
2013	514.56	222.45	65.25	226.86	43.23	12.68	44.09
2014	543.10	231.14	68.68	243.28	42.56	12.65	44.79
2015	555.77	229.86	69.77	256.14	41.36	12.55	46.09
2016	558.14	229.46	68.47	260.21	41.11	12.27	46.62
2017	583.88	235.35	68.67	279.87	40.31	11.76	47.93

4-4 各市县按三次产业分组从业人员及构成(2017)

Number and Composition of Employed Persons by Three Strata of Industry and Region (2017)

地区	Region	从业人员(万人) Total (persons)	第一产业 Primary Industry	第二产业 Secondary Industry	第三产业 Tertiary Industry	构成(%) Composition(%) 第一产业 Primary Industry	第二产业 Secondary Industry	第三产业 Tertiary Industry
全省总计	**Total**	**583.88**	**235.35**	**68.67**	**279.87**	**40.31**	**11.76**	**47.93**
海口市	Haikou	175.16	28.56	27.53	119.07	16.30	15.72	67.98
三亚市	Sanya	52.75	13.34	4.31	35.09	25.30	8.18	66.53
三沙市	Sansha	0.28	0.03		0.25	11.21	0.75	88.04
五指山市	Wuzhishan	6.05	3.15	0.29	2.61	52.11	4.85	43.04
文昌市	Wenchang	32.90	17.86	3.48	11.57	54.27	10.58	35.16
琼海市	Qionghai	28.61	14.25	3.12	11.24	49.79	10.92	39.29
万宁市	Wanning	31.20	14.26	5.09	11.85	45.71	16.32	37.97
定安县	Ding'an	18.49	8.89	2.50	7.10	48.06	13.53	38.41
屯昌县	Tunchang	13.73	7.28	1.49	4.96	53.02	10.82	36.16
澄迈县	Chengmai	34.74	16.88	4.95	12.92	48.57	14.24	37.18
临高县	Lingao	25.15	14.94	2.60	7.61	59.40	10.33	30.27
儋州地区	Danzhou Area	49.80	23.81	5.87	20.12	47.82	11.79	40.39
儋州市	Danzhou	43.41	23.56	4.26	15.59	54.27	9.81	35.92
洋浦	Yangpu	6.39	0.25	1.61	4.52	3.98	25.25	70.77
东方市	Dongfang	24.81	15.91	1.58	7.32	64.13	6.35	29.52
乐东县	Ledong	31.75	18.44	2.02	11.29	58.07	6.35	35.58
琼中县	Qiongzhong	8.97	5.68	0.61	2.68	63.36	6.78	29.86
保亭县	Baoting	8.20	5.19	0.38	2.64	63.25	4.58	32.17
陵水县	Lingshui	19.53	12.65	1.00	5.89	64.76	5.12	30.13
白沙县	Baisha	9.31	6.46	0.47	2.38	69.41	5.04	25.54
昌江县	Changjiang	12.44	7.77	1.38	3.28	62.50	11.11	26.39

4-5 各市县按行业分组从业人员年末人数(2017)
Number of Employed Persons at Year-end by Sector and Region (2017)

单位：人 (person)

地区	Region	从业人员 Total	农、林、牧、渔业 Agricalture, Forestry, Animal Husbandry and Fishery	采矿业 Mining	制造业 Manufacturing	电力、热力、煤气及水的生产和供应业 Production and Supply of Electric Power, Gas and Water	建筑业 Construction	批发和零售业 Wholesale and Retail Trades	交通运输、仓储和邮政业 Transport, Storage and Post
全省总计	**Total**	5838847	2353492	8598	283849	25408	368833	685411	171107
海口市	Haikou	1751574	285562	1494	106715	12109	154956	342523	92518
三亚市	Sanya	527486	133437	117	7607	2392	33019	70954	11218
三沙市	Sansha	2800	314		13		8	3	8
五指山市	Wuzhishan	60534	31544	41	645	667	1582	4939	915
文昌市	Wenchang	329045	178557	657	13123	313	20718	25906	4220
琼海市	Qionghai	286122	142468	61	11152	808	19212	24070	4315
万宁市	Wanning	312007	142604	748	24519	400	25266	26051	5922
定安县	Ding'an	184932	88875	39	11613	274	13100	13793	12203
屯昌县	Tunchang	137280	72784	42	7233	166	7419	13705	2274
澄迈县	Chengmai	347410	168754	251	30334	603	18298	26620	4231
临高县	Lingao	251488	149384	7	10949	263	14769	10877	2845
儋州地区	Danzhou Area	498023	238139	247	27942	2145	28384	50755	16768
儋州市	Danzhou	434096	235597	121	19448	1429	21577	35481	7676
洋浦	Yangpu	63927	2542	126	8494	716	6807	15274	9092
东方市	Dongfang	248109	159116	454	7661	1198	6447	18991	3806
乐东县	Ledong	317485	184375	71	10511	807	8772	21619	5183
琼中县	Qiongzhong	89696	56831	80	2920	645	2436	5236	714
保亭县	Baoting	82043	51895	65	654	362	2676	4738	1203
陵水县	Lingshui	195342	126498	22	3060	351	6559	11976	1216
白沙县	Baisha	93100	64624	28	1859	182	2625	3969	468
昌江县	Changjiang	124371	77731	4174	5339	1723	2587	8686	1080

4-5 续1 (continued)

单位：人 (person)

地 区	Region	住宿和餐饮业 Hotel and Catering Services	信息传输、软件和信息技术服务业 Information Transmission, Software and Information Technology	金融业 Financial Intermediation	房地产业 Real Estate	租赁和商务服务业 Leasing and Business Services	科学研究和技术服务业 Scientific Research and Technical Service
全省总计	**Total**	404254	221579	50284	191674	191714	53146
海 口 市	Haikou	101872	70112	34120	107138	128274	38841
三 亚 市	Sanya	67792	18558	11983	35394	39756	6148
三 沙 市	Sansha				8	47	11
五指山市	Wuzhishan	2712	1080	116	2377	732	252
文 昌 市	Wenchang	22204	15765	515	5691	2756	399
琼 海 市	Qionghai	23064	11064	434	6726	3009	760
万 宁 市	Wanning	21938	13842	349	4620	1784	393
定 安 县	Ding'an	13483	7072	201	1504	511	386
屯 昌 县	Tunchang	7738	5299	188	1129	654	163
澄 迈 县	Chengmai	29673	21679	83	6742	1883	912
临 高 县	Lingao	11954	9234	217	1768	458	264
儋州地区	Danzhou Area	24293	16772	514	4820	7434	2561
儋州市	Danzhou	22026	13290	497	3149	3909	1801
洋 浦	Yangpu	2267	3482	17	1671	3525	760
东 方 市	Dongfang	14825	5682	191	2486	1157	365
乐 东 县	Ledong	27057	12817	477	1792	603	275
琼 中 县	Qiongzhong	4158	1322	227	856	530	201
保 亭 县	Baoting	4526	1646	127	2157	444	189
陵 水 县	Lingshui	17434	5667	244	4716	1191	359
白 沙 县	Baisha	3770	1658	159	816	163	158
昌 江 县	Changjiang	5761	2310	139	934	328	509

4-5 续2 (continued)

单位：人 (person)

地区	Region	水利、环境和公共设施管理业 Management of Water Conservancy, Environmental and Public Facilities	居民服务、修理和其他服务业 Services to Households and Other Services	教育业 Education	卫生和社会工作 Health Care and Social Welfare	文化、体育和娱乐业 Culture, Sports and Entertainment	公共管理、社会保障和社会组织 Public Management, Social Security and Social Organization	其他 Others
全省总计	**Total**	39169	122060	138018	73328	38295	149580	269048
海 口 市	Haikou	17965	56157	51864	33500	22235	46268	47351
三 亚 市	Sanya	8443	21185	12037	7347	6424	18789	14886
三 沙 市	Sansha	2	1			11	2374	
五指山市	Wuzhishan	363	1023	2396	1295	450	4947	2458
文 昌 市	Wenchang	175	4103	6229	2939	930	5978	17867
琼 海 市	Qionghai	722	4473	5835	2983	865	5402	18699
万 宁 市	Wanning	838	3931	6338	3226	993	6331	21914
定 安 县	Ding'an	551	2646	3181	1310	477	2436	11277
屯 昌 县	Tunchang	719	1998	3325	1090	348	3665	7341
澄 迈 县	Chengmai	520	5446	5749	2202	720	6274	16436
临 高 县	Lingao	994	1454	4967	2008	279	4379	24418
儋州地区	Danzhou Area	1925	6812	10823	5260	1428	9930	41071
儋州市	Danzhou	1630	5622	9943	5039	1113	7397	37351
洋 浦	Yangpu	295	1190	880	221	315	2533	3720
东 方 市	Dongfang	1548	2952	5183	2128	375	5202	8342
乐 东 县	Ledong	565	3265	5501	2293	616	5379	25507
琼 中 县	Qiongzhong	707	1446	2658	970	307	4484	2968
保 亭 县	Baoting	1208	1226	2229	820	546	3977	1355
陵 水 县	Lingshui	704	1586	3857	1792	700	5940	1470
白 沙 县	Baisha	761	830	2808	520	309	3422	3971
昌 江 县	Changjiang	459	1526	3038	1645	282	4403	1717

4-6 各市县按行业分组城镇非私营单位从业人员年末人数(2017)
Number of Employed Persons in Urban Non-private Units at Year-end by Region and Sector (2017)

单位：人 (person)

地 区	Region	从业人员年末人数 Total	农、林、牧、渔业 Agricalture, Forestry, Animal Husbandry and Fishery	采矿业 Mining	制造业 Manufac-turing	电力、热力、煤气及水的生产和供应业 Production & Supply of Electric Power, Gas and Water	建筑业 Construction	批发和零售业 Wholesale and Retail Trades
全省总计	**Total**	**1008637**	**55792**	**5008**	**77959**	**21496**	**62559**	**57344**
海 口 市	Haikou	521552	36824	12	45584	10301	42949	39730
三 亚 市	Sanya	138832	3878	36	3479	2218	5539	6140
三 沙 市	Sansha	2374						
五指山市	Wuzhishan	10863	113		87	426	19	27
文 昌 市	Wenchang	24089	1244	363	227	224	1342	287
琼 海 市	Qionghai	30370	489		1101	673	3377	1449
万 宁 市	Wanning	28993	2583	61	1953	291	1145	566
定 安 县	Ding'an	16928	26		2265	261	4767	236
屯 昌 县	Tunchang	12698	1152		413	137	796	370
澄 迈 县	Chengmai	33089	1347	117	7793	515	129	357
临 高 县	Lingao	16291	406		390	232	708	101
儋州地区	Danzhou Area	56055	2285		7015	1972	575	6984
儋州市	Danzhou	36214	2285		1760	1312	558	526
洋 浦	Yangpu	19841			5255	660	17	6458
东 方 市	Dongfang	23725	517	400	2486	1123	474	188
乐 东 县	Ledong	19666	1111		526	732	694	232
琼 中 县	Qiongzhong	11727	1439		424	107		81
保 亭 县	Baoting	11908	711		100	242	10	95
陵 水 县	Lingshui	18784	785		284	255	30	200
白 沙 县	Baisha	9930	799		540	107	5	26
昌 江 县	Changjiang	20763	83	4019	3292	1680		275

4-6 续1 (continued)

单位：人 (person)

地 区	Region	交通运输、仓储和邮政业 Transport, Storage and Post	住宿和餐饮业 Hotel and Catering Services	信息传输、软件和信息技术服务业 Information Transmission, Software and Information Technology	金 融业 Financial Intermediation	房 地 产 业 Real Estate	租赁和商务服务业 Leasing and Business Services	科学研究和技术服务业 Scientific Research and Technical Service
全省总计	**Total**	**70685**	**58930**	**19239**	**47517**	**91608**	**20033**	**20470**
海 口 市	Haikou	53131	16236	16254	31639	50263	14081	15068
三 亚 市	Sanya	5501	31589	1338	11926	15649	1556	1436
三 沙 市	Sansha							
五指山市	Wuzhishan	68	361	77	103	614	56	25
文 昌 市	Wenchang	541	1132		492	2301	883	214
琼 海 市	Qionghai	920	3324	85	409	2857	338	543
万 宁 市	Wanning	356	1952		345	2534	726	75
定 安 县	Ding'an	635	110		189	768	177	224
屯 昌 县	Tunchang	254	53		184	612	140	18
澄 迈 县	Chengmai	1484	747	1011	47	4434	320	453
临 高 县	Lingao	377	12	50	208	1160	118	181
儋州地区	Danzhou Area	3310	807	283	478	2344	1012	1282
儋州市	Danzhou	857	575	226	476	1719	896	1206
洋 浦	Yangpu	2453	232	57	2	625	116	76
东 方 市	Dongfang	2061	462	75	191	1422	155	189
乐 东 县	Ledong	626	113	66	464	807	209	190
琼 中 县	Qiongzhong	117	279		195	113	68	116
保 亭 县	Baoting	253	736		114	1048	100	146
陵 水 县	Lingshui	305	653		235	3571	12	28
白 沙 县	Baisha	293			159	468	37	43
昌 江 县	Changjiang	453	364		139	643	45	239

4-6 续2 (continued)

单位：人 (person)

地 区	Region	水利、环境和公共设施管理业 Management of Water Conservancy, Environmental and Public Facilities	居民服务、修理和其他服务业 Services to Households and Other Services	教育业 Education	卫生和社会工作 Health Care and Social Welfare	文化、体育和娱乐业 Culture, Sports and Entertainment	公共管理、社会保障和社会组织 Public Management, Social Security and Social Organization
全省总计	**Total**	**33548**	**5141**	**131934**	**66688**	**13106**	**149580**
海 口 市	Haikou	14545	1865	48191	30420	8191	46268
三 亚 市	Sanya	7511	2681	11172	6473	1921	18789
三 沙 市	Sansha						2374
五指山市	Wuzhishan	228	10	2352	1225	125	4947
文 昌 市	Wenchang			6147	2502	212	5978
琼 海 市	Qionghai	637	38	5675	2774	279	5402
万 宁 市	Wanning	672		6225	2801	377	6331
定 安 县	Ding'an	515		3141	1094	84	2436
屯 昌 县	Tunchang	703		3161	973	67	3665
澄 迈 县	Chengmai	339		5614	1950	158	6274
临 高 县	Lingao	967	33	4911	1962	96	4379
儋州地区	Danzhou Area	1710	150	10433	5070	415	9930
儋州市	Danzhou	1527	34	9637	4852	371	7397
洋 浦	Yangpu	183	116	796	218	44	2533
东 方 市	Dongfang	1496	78	5138	1947	121	5202
乐 东 县	Ledong	557	282	5461	2103	114	5379
琼 中 县	Qiongzhong	649		2635	887	133	4484
保 亭 县	Baoting	1208		2136	782	250	3977
陵 水 县	Lingshui	645		3780	1670	391	5940
白 沙 县	Baisha	732	4	2761	477	57	3422
昌 江 县	Changjiang	434		3001	1578	115	4403

4-7 各市县按机构类型分组城镇非私营单位从业人员年末人数(2017)
Number of Employed Persons in Urban Non-private Units by Type of Institutions and Region (2017)

单位：人 (person)

地 区	Region	从业人员年末人数 Total (Year-end)	企业 Enterprises	事业 Institutions	机关 Government Agencies	民间非营利组织 Nonenterprise Units Run by NGO	其他单位 Others
全省总计	**Total**	**1008637**	**624282**	**240083**	**116131**	**13470**	**14671**
海 口 市	Haikou	521552	384000	81921	38015	11533	6083
三 亚 市	Sanya	138832	99423	22197	14772	1550	890
三 沙 市	Sansha	2374			2374		
五指山市	Wuzhishan	10863	1863	5885	2817		298
文 昌 市	Wenchang	24089	8454	9961	4657		1017
琼 海 市	Qionghai	30370	15416	9648	4997	72	237
万 宁 市	Wanning	28993	11183	13547	3545	103	615
定 安 县	Ding'an	16928	9086	5736	2090		16
屯 昌 县	Tunchang	12698	3917	6169	2594		18
澄 迈 县	Chengmai	33089	18742	8927	4959	109	352
临 高 县	Lingao	16291	3368	9176	3577	51	119
儋州地区	Danzhou Area	56055	26440	20013	7883	24	1695
儋州市	Danzhou	36214	10329	18877	5926	22	1060
洋 浦	Yangpu	19841	16111	1136	1957	2	635
东 方 市	Dongfang	23725	9073	10051	4249		352
乐 东 县	Ledong	19666	5437	10052	3252		925
琼 中 县	Qiongzhong	11727	2814	5656	2973	12	272
保 亭 县	Baoting	11908	4686	4402	2662		158
陵 水 县	Lingshui	18784	7345	5793	5244		402
白 沙 县	Baisha	9930	2146	5057	2201	16	510
昌 江 县	Changjiang	20763	10889	5892	3270		712

4-8 历年按注册类型分组城镇非私营单位在岗职工年末人数

Number of Staff and Workers in Urban Non-private Units at Year-end by Status of Registration in Various Years

单位：万人 (10 000 persons)

年 份 Year	在岗职工年末人数 Total	国有单位 State-owned Units	城镇集体单位 Urban Collective-owned Units	其他经济类型单位 Other Ownership Units
1957	14.07	13.06	1.01	
1962	27.94	26.42	1.52	
1965	34.96	33.02	1.94	
1970	55.16	52.24	2.92	
1971	60.45	57.28	3.17	
1972	61.83	58.39	3.44	
1973	64.01	58.57	5.44	
1974	64.18	59.10	5.08	
1975	65.79	60.40	5.39	
1976	67.87	62.59	5.28	
1977	80.15	70.56	9.59	
1978	79.84	73.62	6.22	
1979	82.53	76.15	6.38	
1980	84.13	77.53	6.60	
1981	91.13	84.50	6.63	
1982	94.05	87.16	6.89	
1983	94.63	87.96	6.67	
1984	95.45	85.87	9.50	0.08
1985	97.99	88.35	9.23	0.41
1986	100.03	90.28	9.26	0.49
1987	100.20	90.57	9.06	0.57
1988	102.64	92.89	9.02	0.73
1989	103.99	94.07	8.79	1.13
1990	105.64	95.19	8.91	1.54
1991	108.06	97.22	8.50	2.34
1992	111.85	99.64	8.94	3.27
1993	111.06	97.74	9.14	4.18
1994	109.10	95.14	8.46	5.50
1995	106.92	92.78	8.36	5.78
1996	102.82	87.68	8.37	6.77
1997	102.65	86.48	8.25	7.92
1998	83.27	70.66	4.93	7.68
1999	80.39	67.83	4.55	8.01
2000	77.79	65.45	4.28	8.06
2001	74.69	62.01	4.32	8.36
2002	73.11	58.84	4.08	10.19
2003	71.64	57.26	3.89	10.49
2004	72.53	56.67	3.71	12.15
2005	72.63	56.61	3.80	12.22
2006	73.91	55.78	3.68	14.45
2007	74.79	54.83	3.53	16.43
2008	75.26	53.79	2.99	18.48
2009	77.76	53.28	3.38	21.10
2010	79.21	51.46	3.77	23.98
2011	82.83	51.67	3.36	27.80
2012	87.29	52.19	3.42	31.68
2013	95.22	42.11	2.83	50.28
2014	97.94	41.20	2.07	54.67
2015	97.00	41.77	1.76	53.47
2016	97.30	41.96	1.67	53.67
2017	96.88	40.95	1.37	54.55

注：从1999年起，职工资料为在岗职工的资料。在岗职工包含派遣工。（下同）
Note:the data of staff and workers are the on-post ones since 1999.On-post staff and workers include dispatched workers. (the following as the same)

4-9 各市县按机构类型分组城镇非私营单位在岗职工年末人数(2017)
Number of Staff and Workers in Urban Non-private Units at Year-end by Type of Institutions and Region (2017)

单位：人 (person)

地 区	Region	在岗职工年末人数 Total (Year-end)	企业 Enterprises	事业 Institutions	机关 Government Agencies	民间非营利组织 Nonenterprise Units Run by NGO	其他单位 Others
全省总计	**Total**	**968812**	**597399**	**232214**	**111426**	**13360**	**14413**
海口市	Haikou	499416	363394	80778	37733	11473	6038
三亚市	Sanya	134915	97187	20727	14609	1503	889
三沙市	Sansha	2348			2348		
五指山市	Wuzhishan	8732	1804	4725	1907		296
文昌市	Wenchang	23430	8227	9720	4514		969
琼海市	Qionghai	29889	15194	9536	4850	72	237
万宁市	Wanning	28111	10679	13308	3409	103	612
定安县	Ding'an	16164	8843	5235	2070		16
屯昌县	Tunchang	12532	3812	6128	2574		18
澄迈县	Chengmai	32609	18597	8781	4794	106	331
临高县	Lingao	15840	3266	8862	3542	51	119
儋州地区	Danzhou Area	53558	25655	19116	7094	24	1669
儋州市	Danzhou	34205	9709	18005	5435	22	1034
洋浦	Yangpu	19353	15946	1111	1659	2	635
东方市	Dongfang	23029	8783	9780	4114		352
乐东县	Ledong	18908	5268	9963	2752		925
琼中县	Qiongzhong	11279	2671	5569	2755	12	272
保亭县	Baoting	11280	4356	4293	2488		143
陵水县	Lingshui	17229	7076	5151	4641		361
白沙县	Baisha	9505	1991	4864	2173	16	461
昌江县	Changjiang	20038	10596	5678	3059		705

4-10 各市县按注册类型分组城镇非私营单位在岗职工年末人数(2017)
Number of Staff and Workers in Urban Non-private Units at Year-end by Status of Registration and Region (2017)

单位：人 (person)

地 区	Region	在岗职工年末人数 Total	国有单位 State-owned Units	城镇集体单位 Urban Collective-owned Units	其他经济类型单位 Other Ownership Units
全省总计	**Total**	**968812**	**409538**	**13748**	**545526**
海口市	Haikou	499416	155229	5749	338438
三亚市	Sanya	134915	42544	659	91712
三沙市	Sansha	2348	2348		
五指山市	Wuzhishan	8732	6965		1767
文昌市	Wenchang	23430	14820	1801	6809
琼海市	Qionghai	29889	15783	1827	12279
万宁市	Wanning	28111	18053	388	9670
定安县	Ding'an	16164	7538	487	8139
屯昌县	Tunchang	12532	9564	154	2814
澄迈县	Chengmai	32609	14106	313	18190
临高县	Lingao	15840	12559	308	2973
儋州地区	Danzhou Area	53558	32592	225	20741
儋州市	Danzhou	34205	28793	225	5187
洋浦	Yangpu	19353	3799		15554
东方市	Dongfang	23029	15338	194	7497
乐东县	Ledong	18908	16403	694	1811
琼中县	Qiongzhong	11279	9342	485	1452
保亭县	Baoting	11280	7356	151	3773
陵水县	Lingshui	17229	10863	235	6131
白沙县	Baisha	9505	8564	30	911
昌江县	Changjiang	20038	9571	48	10419

4-11 各市县按行业分组城镇非私营单位在岗职工年末人数(2017)
Number of Staff and Workers in Urban Non-private Units at Year-end by Sector and Region (2017)

单位：人 (person)

地 区	Region	在岗职工年末人数 Total	农、林、牧、渔业 Agricalture, Forestry, Animal Husbandry and Fishery	采矿业 Mining	制造业 Manufacturing	电力、热力、煤气及水的生产和供应业 Production and Supply of Electric Power, Gas and Water	建筑业 Construction	批发和零售业 Wholesale and Retail Trades
全省总计	**Total**	**968812**	**54735**	**4936**	**77155**	**20308**	**55352**	**56933**
海 口 市	Haikou	499416	36625	12	45369	9413	36828	39450
三 亚 市	Sanya	134915	3547	36	3453	2042	5189	6129
三 沙 市	Sansha	2348						
五指山市	Wuzhishan	8732	93		87	426	19	27
文 昌 市	Wenchang	23430	1244	363	221	224	1232	269
琼 海 市	Qionghai	29889	488		1101	650	3377	1444
万 宁 市	Wanning	28111	2583	61	1832	291	984	529
定 安 县	Ding'an	16164	26		2240	261	4577	219
屯 昌 县	Tunchang	12532	1152		413	137	794	361
澄 迈 县	Chengmai	32609	1347	117	7775	515	129	336
临 高 县	Lingao	15840	406		380	232	622	101
儋州地区	Danzhou Area	53558	2097		6699	1971	506	6975
儋州市	Danzhou	34205	2097		1488	1312	489	517
洋 浦	Yangpu	19353			5211	659	17	6458
东 方 市	Dongfang	23029	494	350	2484	1097	360	187
乐 东 县	Ledong	18908	1111		526	732	694	232
琼 中 县	Qiongzhong	11279	1296		424	107		81
保 亭 县	Baoting	11280	564		100	238	10	95
陵 水 县	Lingshui	17229	785		272	237	30	200
白 沙 县	Baisha	9505	794		498	107	1	26
昌 江 县	Changjiang	20038	83	3997	3281	1628		272

4-11 续1 (continued)

单位：人 (person)

地 区	Region	交通运输、仓储和邮政业 Transport, Storage and Post	住宿和餐饮业 Hotel and Catering Services	信息传输、软件和信息技术服务业 Information Transmission, Software and Information Technology	金融业 Financial Intermediation	房地产业 Real Estate	租赁和商务服务业 Leasing and Business Services	科学研究和技术服务业 Scientific Research and Technical Service
全省总计	**Total**	**68318**	**57875**	**19060**	**38624**	**89590**	**19834**	**19647**
海口市	Haikou	51538	15976	16201	22801	49213	13979	14585
三亚市	Sanya	5380	30917	1294	11923	15369	1511	1368
三沙市	Sansha							
五指山市	Wuzhishan	68	361	63	103	575	55	25
文昌市	Wenchang	536	1130		492	2216	883	214
琼海市	Qionghai	849	3298	64	409	2826	319	537
万宁市	Wanning	316	1873		340	2532	726	75
定安县	Ding'an	598	108		189	763	174	223
屯昌县	Tunchang	254	45		148	562	140	18
澄迈县	Chengmai	1475	744	985	47	4366	320	453
临高县	Lingao	377	12	50	208	1154	116	180
儋州地区	Danzhou Area	3203	805	262	478	2292	991	1026
儋州市	Danzhou	846	573	205	476	1680	875	955
洋浦	Yangpu	2357	232	57	2	612	116	71
东方市	Dongfang	2059	462	75	180	1360	154	187
乐东县	Ledong	617	113	66	464	657	205	190
琼中县	Qiongzhong	117	279		195	113	68	111
保亭县	Baoting	249	735		114	1002	100	145
陵水县	Lingshui	304	653		235	3545	12	28
白沙县	Baisha	121			159	402	36	43
昌江县	Changjiang	257	364		139	643	45	239

4-11 续2 (continued)

单位：人 (person)

地 区	Region	水利、环境和公共设施管理业 Management of Water Conservancy, Environmental and Public Facilities	居民服务、修理和其他服务业 Services to Households and Other Services	教育业 Education	卫生和社会工作 Health Care and Social Welfare	文化、体育和娱乐业 Culture, Sports and Entertainment	公共管理、社会保障和社会组织 Public Management, Social Security and Social Organization
全省总计	**Total**	**31854**	**4931**	**128961**	**64848**	**12551**	**143300**
海 口 市	Haikou	14275	1853	47580	29828	7994	45896
三 亚 市	Sanya	6989	2561	10594	6363	1880	18370
三 沙 市	Sansha						2348
五指山市	Wuzhishan	123	10	2142	1157	99	3299
文 昌 市	Wenchang			6008	2427	211	5760
琼 海 市	Qionghai	567	33	5661	2721	267	5278
万 宁 市	Wanning	555		6142	2708	377	6187
定 安 县	Ding'an	231		3029	1043	69	2414
屯 昌 县	Tunchang	703		3149	962	66	3628
澄 迈 县	Chengmai	339		5554	1860	156	6091
临 高 县	Lingao	879	33	4802	1860	96	4332
儋州地区	Danzhou Area	1697	144	10038	4974	356	9044
儋州市	Danzhou	1514	34	9251	4758	312	6823
洋 浦	Yangpu	183	110	787	216	44	2221
东 方 市	Dongfang	1496	12	5036	1865	105	5066
乐 东 县	Ledong	549	281	5380	2103	114	4874
琼 中 县	Qiongzhong	648		2606	855	132	4247
保 亭 县	Baoting	1088		2126	768	250	3696
陵 水 县	Lingshui	597		3462	1379	209	5281
白 沙 县	Baisha	691	4	2755	476	57	3335
昌 江 县	Changjiang	427		2897	1499	113	4154

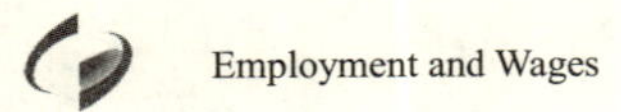

4-12 按注册类型和行业分组城镇非私营单位从业人员工资总额(2017)
Total Wage Bill of Employed Persons in Urban Non-private Units by Sector and Status of Registration (2017)

行业	Sector	合计 Total	国有单位 State-owned Units	城镇集体单位 Urban Collective-owned Units	其他各种经济单位 Other Ownership Units
工资总额(万元)	**Total Wage Bill(10 000 yuan)**	**6744027**	**3124074**	**78742**	**3541211**
农、林、牧、渔业	Agricalture,Forestry,Animal Husbandry and Fishery	206876	54945	648	151283
采矿业	Mining	30174	1427	33	28714
制造业	Manufacturing	455321	18628	279	436414
电力、热力、燃气及水生产和供应业	Production and Supply of Electric Power, Gas and Water	173985	99165	29	74792
建筑业	Construction	260272	20981	32326	206965
批发和零售业	Wholesale and Retail Trades	335955	37437	1041	297477
交通运输、仓储和 邮政业	Transport, Storage and Post	526348	91201	755	434392
住宿和餐饮业	Hotels and Catering Services	277320	7375	250	269695
信息传输、软件和信息技术服务业	Information Transmission,Software and Information Technology	227808	13392		214416
金融业	Financial Intermediation	545285	97881	7366	440038
房地产业	Real Estate	558398	20311	1603	536484
租赁和商务服务业	Leasing and Business Services	118973	19507	363	99103
科学研究和技术服务业	Scientific Research, Technical Services	159554	93528	3458	62568
水利、环境和公共设施管理业	Management of Water Conservancy, Environmental and Public Facilities	157218	68569	474	88175
居民服务、修理和其他服务业	Services to Households and Other Services	18122	1417	177	16529
教育	Education	1052895	948934	3805	100157
卫生和社会工作	Health Care and Social Welfare	517608	449729	25459	42420
文化、体育和娱乐业	Culture,Sports and Entertainment	86404	46421	366	39617
公共管理、社会保障和社会组织	Public Management, Social Security and Social Organizations	1035512	1033230	310	1973

4-13 按注册类型和行业分组城镇非私营单位从业人员平均工资(2017)
Average Wage of Employed Persons in Urban Non-private Units by Sector and Status of Registration (2017)

行业	Sector	合计 Total	国有单位 State-owned Units	城镇集体单位 Urban Collective-owned Units	其他各种经济单位 Units of Other Types of Ownership
平均工资(元)	**Average Wage (yuan)**	**67727**	**73759**	**55960**	**63446**
农、林、牧、渔业	Agricalture,Forestry,Animal Husbandry and Fishery	34665	30440	21376	36607
采矿业	Mining	58005	33579	30000	60248
制造业	Manufacturing	59599	56827	34925	59751
电力、热力、燃气及水生产和供应业	Production and Supply of Electric Power, Gas and Water	81116	78890	32222	84320
建筑业	Construction	44056	34772	49443	44504
批发和零售业	Wholesale and Retail Trades	58403	153240	24974	54419
交通运输、仓储和 邮政业	Transport, Storage and Post	81288	73425	41268	83301
住宿和餐饮业	Hotels and Catering Services	46769	38253	34260	47071
信息传输、软件和信息技术 服务业	Information Transmission,Software and Information Technology	124017	65581		131326
金融业	Financial Intermediation	117551	114093	97050	118772
房地产业	Real Estate	62248	51472	33825	62905
租赁和商务服务业	Leasing and Business Services	60784	52978	42186	62704
科学研究和技术服务业	Scientific Research and Technical Services	78517	88736	77353	67033
水利、环境和公共设施管理业	Management of Water Conservancy,Environmental and Public Facilities	46733	39699	47919	54191
居民服务、修理和其他服务业	Services to Households and Other Services	36522	41300	42167	36113
教育	Education	79753	84973	84170	50350
卫生和社会工作	Health Care and Social Welfare	79350	84558	64420	52415
文化、体育和娱乐业	Culture,Sports and Entertainment	67235	75728	35853	59854
公共管理、社会保障和社会组织	Public Management, Social Security and Social Organizations	69342	69341	70409	69710

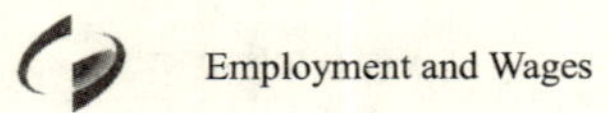

4-14 市县按注册类型分组城镇非私营单位从业人员工资总额和平均工资(2017)

Total Wage Bill and Average Wage of Employed Persons in Urban Non-private Units by Status of Registration and Region (2017)

地区	Region	工资总额(万元) Total Wage Bill (10 000 yuan)	国有单位 State-owned Units	城镇集体单位 Urban Collective-owned Units	其他各种经济单位 Other Ownership Units	平均工资(元) Average Wage (yuan)	国有单位 State-owned Units	城镇集体单位 Urban Collective-owned Units	其他各种经济单位 Other Ownership Units
全省总计	**Total**	**6744027**	**3124074**	**78742**	**3541211**	**67727**	**73759**	**55960**	**63446**
海口市	Haikou	3418561	1344600	31431	2042531	66857	85689	53227	58609
三亚市	Sanya	984204	318624	2327	663252	71728	71464	41930	72035
三沙市	Sansha	18506	18506			79155	79155		
五指山市	Wuzhishan	64322	54392		9930	58871	59654		54921
文昌市	Wenchang	165467	101959	9948	53560	68693	67491	50217	76514
琼海市	Qionghai	205383	119177	14631	71575	68064	74351	76761	58477
万宁市	Wanning	179430	114328	1858	63244	64220	63593	39283	66649
定安县	Ding'an	99214	58445	3023	37747	58926	72765	61071	45423
屯昌县	Tunchang	72611	62628	1020	8963	58369	65504	66221	32891
澄迈县	Chengmai	261907	97242	1604	163061	79517	67170	57071	89697
临高县	Lingao	101721	83642	1451	16627	62775	65051	42685	55313
儋州地区	Danzhou Area	411337	243355	1522	166460	72379	69719	70805	76671
儋州市	Danzhou	252608	222214	1522	28872	68941	71930	70805	52182
洋浦	Yangpu	158729	21141		137588	78618	52694		85046
东方市	Dongfang	161330	92078	1447	67804	66836	57206	52438	87309
乐东县	Ledong	132831	116620	2861	13350	68070	68548	56311	66986
琼中县	Qiongzhong	68874	59569	3123	6182	58958	61608	60883	41213
保亭县	Baoting	74097	47224	694	26179	62487	60443	44455	67317
陵水县	Lingshui	124208	76294	1560	46354	67336	63126	66383	75680
白沙县	Baisha	55667	50866	148	4653	55958	57237	49167	45131
昌江县	Changjiang	144358	64523	95	79740	68978	63998	22479	73847

4-15 各市县按机构类型分组城镇非私营单位从业人员平均工资(2017)
Average Wage of Employed Persons in Urban Non-private Units by Type of Institutions and Region (2017)

单位：元 (yuan)

地 区	Region	平均工资 Average Wage	企业 Enterprises	事业 Institutions	机关 Government Agencies	民间非营利组织 Nonenterprise Units Run by NGO	其他 Others
全省总计	**Total**	**67727**	**64069**	**76762**	**72838**	**44374**	**53780**
海 口 市	Haikou	66857	61541	87586	86502	40233	44715
三 亚 市	Sanya	71728	71260	76693	69236	73299	38720
三 沙 市	Sansha	79155			79155		
五指山市	Wuzhishan	58871	49903	64336	51242		75667
文 昌 市	Wenchang	68693	66284	73730	62023		70007
琼 海 市	Qionghai	68064	60859	80513	67516	46889	43541
万 宁 市	Wanning	64220	60887	63727	75623	48040	69860
定 安 县	Ding'an	58926	45711	75550	70303		61563
屯 昌 县	Tunchang	58369	36029	66465	72146		16778
澄 迈 县	Chengmai	79517	88104	71781	65850	39688	36714
临 高 县	Lingao	62775	50629	66588	63756	40463	86177
儋州地区	Danzhou Area	72379	71607	77240	67027	69833	50512
儋州市	Danzhou	68941	51748	77120	71858	72864	69138
洋 浦	Yangpu	78618	83889	79309	51651	36500	19479
东 方 市	Dongfang	66836	78190	61852	56297		48396
乐 东 县	Ledong	68070	57324	72697	67575		81217
琼 中 县	Qiongzhong	58958	35064	66991	66780	72167	62067
保 亭 县	Baoting	62487	58201	68354	60967		49689
陵 水 县	Lingshui	67336	69959	71772	58759		69572
白 沙 县	Baisha	55958	32571	60536	68897	76313	56460
昌 江 县	Changjiang	68978	68612	69772	68336		71112

4-16 历年按注册类型分组城镇非私营单位在岗职工工资总额
Total Wage Bill of Staff and Workers in Urban Non-private Units by Status of Registration in Various Years

年份 Year	工资总额（万元） Total (10 000yuan)	国有单位 State-owned Units	城镇集体单位 Urban Collective-owned Units	其他各种经济单位 Other Ownership Units
1957	7160	7160		
1962	14477	14477		
1965	17282	17282		
1970	22872	22872		
1971	25387	25387		
1972	28438	28438		
1973	30658	30658		
1974	37105	34316	2789	
1975	35569	32719	2850	
1976	37834	34871	2963	
1977	42661	37916	4745	
1978	45356	41740	3616	
1979	50023	46324	3699	
1980	56887	52804	4083	
1981	62308	58337	3971	
1982	72132	67670	4462	
1983	75423	71043	4380	
1984	86963	79240	7658	65
1985	97401	88621	8324	456
1986	114203	105001	8516	686
1987	122089	112713	8524	852
1988	140367	129129	10069	1169
1989	168152	153969	11341	2842
1990	205121	186893	13497	4731
1991	232123	209803	14682	7638
1992	301790	269183	19763	12844
1993	385512	329098	29387	27027
1994	485782	414329	33265	38188
1995	569860	485955	38116	45789
1996	561205	471766	34286	55153
1997	580859	474729	34165	71965
1998	522554	425762	24742	72050
1999	552774	448027	25545	79202
2000	574995	467433	25159	82403
2001	623576	505589	26764	91223
2002	699965	555859	27157	116949
2003	754498	596934	27650	129914
2004	913157	717529	29891	165737
2005	1041882	814634	32618	194630
2006	1168412	861472	34956	271984
2007	1440066	1040650	42039	357377
2008	1661370	1165113	45433	450824
2009	1937508	1302875	58075	576558
2010	2459671	1670654	73105	715912
2011	3017777	1969366	83377	965034
2012	3476524	2139978	107276	1229270
2013	4273373	2036709	103722	2132942
2014	4921265	2243568	85718	2591979
2015	5632186	2669758	81550	2880878
2016	6025639	2898480	82925	3044233
2017	6605092	3078484	76282	3450325

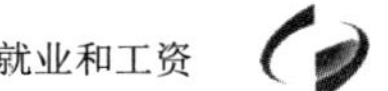

4-17 各市县按机构类型分组城镇非私营单位在岗职工工资总额(2017)
Total Wage Bill of Staff and Workers in Urban Non-private Units by Type of Institutions and Region (2017)

单位：万元 (10 000 yuan)

地 区	Region	合计 Total	企业 Enterprises	事业 Institutions	机关 Government Agencies	民间非营利组织 Nonenterprise Units Run by NGO	其他 Others
全省总计	**Total**	**6605092**	**3825900**	**1809911**	**833112**	**59103**	**77065**
海 口 市	Haikou	3338371	2235394	702887	328267	45761	26062
三 亚 市	Sanya	969641	689497	163467	101658	11559	3460
三 沙 市	Sansha	18362			18362		
五指山市	Wuzhishan	60132	8833	35604	13368		2328
文 昌 市	Wenchang	162888	55349	72314	28164		7063
琼 海 市	Qionghai	203346	91899	77109	32985	338	1015
万 宁 市	Wanning	175501	61382	83203	26212	476	4228
定 安 县	Ding'an	96877	40283	42138	14358		99
屯 昌 县	Tunchang	72035	13153	40438	18414		30
澄 迈 县	Chengmai	260157	161449	64746	32253	428	1281
临 高 县	Lingao	100458	16445	60225	22649	166	974
儋州地区	Danzhou Area	401634	186279	155772	50912	168	8504
儋州市	Danzhou	246469	50316	146938	41788	160	7267
洋 浦	Yangpu	155164	135963	8834	9123	7	1237
东 方 市	Dongfang	158923	70285	62860	24016		1762
乐 东 县	Ledong	131221	29773	72591	21336		7521
琼 中 县	Qiongzhong	67975	9886	37424	18921	87	1657
保 亭 县	Baoting	71601	25251	30034	15546		770
陵 水 县	Lingshui	119484	48390	39023	29385		2686
白 沙 县	Baisha	54161	6758	29622	14931	122	2729
昌 江 县	Changjiang	142326	75595	40456	21377		4898

4-18 历年按注册类型分城镇非私营单位在岗职工平均工资及指数
Average Wage and Related Indices of Staff and Workers in Urban Non-private Units by Status of Registration in Various Years

年份 Year	在岗职工平均工资(元) Average Wage (yuan)	国有单位 State-owned Units	城镇集体单位 Urban Collective-owned Units	其他各种经济单位 Other Ownership Units	在岗职工实际工资指数(%)(1978=100) Indices of Real Wage	国有单位 State-owned Units	城镇集体单位 Urban Collective-owned Units	其他各种经济单位 Other Ownership Units
1978	582	583	570		100.0	100.0	100.0	
1979	617	621	570		104.8	105.4	98.9	
1980	692	697	638		110.2	110.8	103.7	
1981	728	736	623		108.8	109.9	95.1	
1982	790	799	671		113.8	115.0	98.8	
1983	812	823	672		116.1	117.4	98.1	
1984	929	940	830	1158	129.3	130.7	118.0	100.0
1985	1020	1029	925	1331	125.6	126.4	116.2	99.0
1986	1168	1190	943	1401	138.1	140.3	113.9	100.1
1987	1233	1259	959	1417	132.9	135.4	105.5	92.2
1988	1399	1421	1141	1740	117.7	119.3	98.0	88.3
1989	1640	1658	1321	2655	107.4	107.9	88.4	105.3
1990	1981	2002	1549	3232	127.1	128.2	101.5	125.5
1991	2194	2198	1793	3530	135.5	135.5	113.0	131.6
1992	2720	2715	2282	4093	154.6	154.0	132.4	140.7
1993	3501	3387	3308	6658	161.3	155.8	155.6	185.6
1994	4485	4359	4086	7460	163.1	158.2	151.7	164.2
1995	5340	5230	4632	8214	171.1	167.3	151.5	159.1
1996	5476	5365	4222	8579	168.2	164.5	132.4	159.5
1997	5664	5468	4208	9462	172.6	166.3	130.9	174.5
1998	6248	5970	5020	9750	191.6	186.6	160.5	184.8
1999	6865	6586	5672	9913	218.7	209.4	184.5	191.2
2000	7408	7146	5919	10352	233.4	224.8	190.4	197.4
2001	8321	8102	6207	11091	266.2	258.7	202.7	214.7
2002	9480	9368	6615	11247	304.8	300.7	217.2	218.9
2003	10397	10305	7029	12130	334.0	330.5	230.5	235.8
2004	12652	12664	8121	14005	389.3	389.0	255.1	261.6
2005	14417	14427	8640	16185	437.0	436.6	267.4	297.8
2006	15890	15398	9580	19518	474.6	459.1	292.1	243.1
2007	19357	18937	12069	22393	550.6	537.7	350.5	386.7
2008	21864	21330	15300	24510	581.7	566.5	415.6	395.9
2009	24892	24369	17695	27338	666.9	651.8	484.1	444.7
2010	31025	32028	20733	30346	793.2	817.4	541.2	471.0
2011	36716	38219	25418	35242	884.7	919.3	625.3	515.6
2012	40051	41148	32091	39083	935.1	959.1	765.1	554.0
2013	45573	48632	36814	43466	1035.1	1102.7	853.7	599.3
2014	50589	54978	38435	47786	1122.1	1217.3	870.4	619.9
2015	58406	64485	46771	54064	1378.7	1519.6	1127.3	772.9
2016	62565	69407	50006	57557	1435.3	1589.5	1171.3	799.6
2017	69062	75572	56251	64433	1535.2	1677.0	1276.7	867.4

注:在岗职工实际工资指数包含物价指数变动的影响。
Note: the real wage indices included the impact of the price index changes.

4-19 各市县按机构类型分组城镇非私营单位在岗职工平均工资(2017) Average Wage of Staff and Workers in Urban Non-private Units by Type of Institutions and Region (2017)

单位：元 (yuan)

地 区	Region	在岗职工平均工资 Average Wages	企业 Enterprises	事业 Institutions	机关 Government Agencies	民间非营利组织 Nonenterprise Units Run by NGO	其他 Others
全省总计	**Total**	**69062**	**65243**	**78178**	**75084**	**44388**	**54222**
海 口 市	Haikou	68037	62823	87980	87062	40148	44536
三 亚 市	Sanya	72826	72192	79492	69477	74719	38744
三 沙 市	Sansha	79421			79421		
五指山市	Wuzhishan	68441	49903	74082	70246		75824
文 昌 市	Wenchang	69566	66605	74696	63232		72809
琼 海 市	Qionghai	68654	61299	80912	68834	46889	43541
万 宁 市	Wanning	66067	64060	64424	77897	48040	70111
定 安 县	Ding'an	60389	46101	80232	70518		61563
屯 昌 县	Tunchang	58751	36164	66686	72438		16778
澄 迈 县	Chengmai	80288	88514	72407	67488	40368	38128
临 高 县	Lingao	63767	50930	68012	64416	40463	86177
儋州地区	Danzhou Area	74114	71975	79492	72493	69833	51015
儋州市	Danzhou	71271	52576	79447	76494	72864	70420
洋 浦	Yangpu	79129	83357	80235	58482	36500	19479
东 方 市	Dongfang	67890	79625	62854	56950		48396
乐 东 县	Ledong	70029	58083	73132	77303		81217
琼 中 县	Qiongzhong	60288	35911	67564	69974	72167	62067
保 亭 县	Baoting	63872	58641	69862	63221		52747
陵 水 县	Lingshui	70554	71266	75846	63344		74410
白 沙 县	Baisha	56982	32964	61240	69509	76313	60112
昌 江 县	Changjiang	70556	69711	71364	71927		71294

4-20 各市县按注册类型分组城镇非私营单位在岗职工工资总额和平均工资(2017)
Total Wage Bill and Average Wage of Staff and Workers in Urban Non-private Units by Status of Registration and Region (2017)

地区	Region	工资总额(万元) Total Wage Bill (10 000 yuan)	国有单位 State-owned Units	城镇集体单位 Urban Collective-owned Units	其他各种经济单位 Other Ownership Units	平均工资(元) Average Wages (yuan)	国有单位 State-owned Units	城镇集体单位 Urban Collective-owned Units	其他各种经济单位 Other Ownership Units
全省总计	**Total**	**6605092**	**3078484**	**76282**	**3450325**	**69062**	**75572**	**56251**	**64433**
海口市	Haikou	3338371	1333678	31185	1973508	68037	86713	53666	59613
三亚市	Sanya	969641	311280	2274	656087	72826	73384	42898	72739
三沙市	Sansha	18362	18362			79421	79421		
五指山市	Wuzhishan	60132	50548		9584	68441	71740		55079
文昌市	Wenchang	162888	100963	8846	53080	69566	68551	48632	77285
琼海市	Qionghai	203346	118141	14551	70655	68654	75206	77314	58742
万宁市	Wanning	175501	112407	1601	61492	66067	65372	41260	68469
定安县	Ding'an	96877	57047	2985	36844	60389	75861	61805	45832
屯昌县	Tunchang	72035	62250	1020	8765	58751	65769	66221	33175
澄迈县	Chengmai	260157	96223	1598	162336	80288	68089	57265	90227
临高县	Lingao	100458	82763	1385	16310	63767	66104	44547	55800
儋州地区	Danzhou Area	401634	238185	1450	161998	74114	72419	74374	76755
儋州市	Danzhou	246469	217676	1450	27343	71271	74513	74374	52847
洋浦	Yangpu	155164	20509		134655	79129	55776		84519
东方市	Dongfang	158923	90817	916	67190	67890	58126	40893	88864
乐东县	Ledong	131221	115582	2861	12779	70029	70468	56311	69905
琼中县	Qiongzhong	67975	58670	3123	6182	60288	63344	60883	41213
保亭县	Baoting	71601	46133	685	24784	63872	62851	45338	66640
陵水县	Lingshui	119484	72543	1560	45381	70554	66829	66383	77641
白沙县	Baisha	54161	49696	148	4318	56982	58001	49167	47607
昌江县	Changjiang	142326	63198	95	79032	70556	66059	22479	74862

 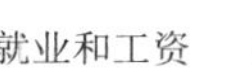 

4-21 各市县按行业分组城镇非私营单位在岗职工工资总额(2017)

Total Wage Bill of Staff and Worker in Urban Non-private Units by Region and Sector (2017)

单位：万元 (10 000 yuan)

地 区	Region	合计 Total	农、林、牧、渔业 Agricalture, Forestry, Animal Husbandry and Fishery	采矿业 Mining	制造业 Manufac-turing	电力、热力、煤气及水的生产和供应业 Production and Supply of Electric Power, Gas and Water	建筑业 Construction	批发和零售业 Wholesale and Retail Trades
全省总计	**Total**	**6605092**	**204042**	**29935**	**448757**	**172838**	**226028**	**334017**
海 口 市	Haikou	3338371	153023	35	243297	85568	141597	219305
三 亚 市	Sanya	969641	11221	165	18690	15805	23584	40347
三 沙 市	Sansha	18362						
五指山市	Wuzhishan	60132	384		706	1946	109	115
文 昌 市	Wenchang	162888	3754	1868	764	1755	5209	1116
琼 海 市	Qionghai	203346	1840		4137	3763	20425	8318
万 宁 市	Wanning	175501	4419	228	5946	1106	4526	2012
定 安 县	Ding'an	96877	140		10452	1032	19259	809
屯 昌 县	Tunchang	72035	3194		888	353	1833	867
澄 迈 县	Chengmai	260157	3279	852	42403	5251	405	2653
临 高 县	Lingao	100458	1723		1668	322	1745	537
儋州地区	Danzhou Area	401634	5769		61184	15384	2718	54128
儋州市	Danzhou	246469	5769		7000	10215	2650	5167
洋 浦	Yangpu	155164			54184	5169	68	48961
东 方 市	Dongfang	158923	1335	1249	30732	10954	1584	755
乐 东 县	Ledong	131221	3448		3726	4674	2861	775
琼 中 县	Qiongzhong	67975	4373		1578	367		255
保 亭 县	Baoting	71601	1659		353	1130	60	272
陵 水 县	Lingshui	119484	2596		1059	673	105	697
白 沙 县	Baisha	54161	1534		2209	360	9	172
昌 江 县	Changjiang	142326	353	25538	18966	22398		885

4-21 续1 (continued)

单位：万元 (10 000 yuan)

地　区	Region	交通运输、仓储和邮政业 Transport, Storage and Post	住宿和餐饮业 Hotel and Catering Services	信息传输、软件和信息技术服务业 Information Transmission, Software and Information Technology	金融业 Financial Intermediation	房地产业 Real Estate	租赁和商务服务业 Leasing and Business Services	科学研究和技术服务业 Scientific Research and Technical Service
全省总计	**Total**	**516045**	**273809**	**227199**	**524649**	**549369**	**117511**	**156382**
海口市	Haikou	402728	63871	156118	315379	236415	76123	114163
三亚市	Sanya	36468	158540	14107	174726	127185	8915	11965
三沙市	Sansha							
五指山市	Wuzhishan	584	1166	674	522	3608	119	193
文昌市	Wenchang	2513	5049		4432	16389	15683	1156
琼海市	Qionghai	6457	18049	554	4944	18778	1363	4668
万宁市	Wanning	1139	10075		2341	25674	4903	415
定安县	Ding'an	3377	387		1294	4693	909	1776
屯昌县	Tunchang	1233	116		2380	2729	299	131
澄迈县	Chengmai	10069	2968	52351	307	34097	2304	3802
临高县	Lingao	2072	29	268	2300	7500	386	903
儋州地区	Danzhou Area	24886	3152	2174	4223	12505	3734	11365
儋州市	Danzhou	5031	2137	1566	4212	9320	2679	10584
洋　浦	Yangpu	19855	1015	607	11	3185	1055	782
东方市	Dongfang	14532	1085	465	1692	7984	885	1088
乐东县	Ledong	4389	407	490	4173	5918	437	963
琼中县	Qiongzhong	455	803		1050	835	215	754
保亭县	Baoting	1355	3398		890	6293	599	974
陵水县	Lingshui	1544	2795		1560	33829	40	136
白沙县	Baisha	825			960	1457	272	192
昌江县	Changjiang	1418	1920		1476	3483	325	1737

4-21 续2 (continued)

单位：万元 (10 000 yuan)

地 区	Region	水利、环境和公共设施管理业 Management of Water Conservancy, Environmental and Public Facilities	居民服务、修理和其他服务业 Services to Households and Other Services	教育业 Education	卫生和社会工作 Health Care and Social Welfare	文化、体育和娱乐业 Culture, Sports and Entertainment	公共管理、社会保障和社会组织 Public Management, Social Security and Social Organization
全省总计	**Total**	**150872**	**17717**	**1041633**	**507776**	**85107**	**1021407**
海口市	Haikou	59874	6850	363631	252123	58545	389727
三亚市	Sanya	43983	8978	88859	52968	12276	120861
三沙市	Sansha						18362
五指山市	Wuzhishan	527	52	18385	9013	823	21209
文昌市	Wenchang			49061	17932	934	35275
琼海市	Qionghai	2743	130	50366	19752	1538	35525
万宁市	Wanning	2178		50296	17750	1542	40952
定安县	Ding'an	1320		26715	7703	505	16506
屯昌县	Tunchang	1233		26749	6759	496	22774
澄迈县	Chengmai	2053		43945	12438	782	40198
临高县	Lingao	2154	76	39387	11733	444	27212
儋州地区	Danzhou Area	9676	624	83366	42381	2338	62028
儋州市	Danzhou	9290	172	76955	40971	1665	51087
洋浦	Yangpu	386	452	6411	1411	673	10942
东方市	Dongfang	4881	35	39514	11000	603	28551
乐东县	Ledong	2034	947	47004	14053	590	34335
琼中县	Qiongzhong	2728		21383	5977	647	26554
保亭县	Baoting	9410		18712	4801	679	21016
陵水县	Lingshui	2337		30531	7706	1250	32625
白沙县	Baisha	2372	27	17393	4971	433	20973
昌江县	Changjiang	1369		26337	8716	683	26723

4-22 各市县按行业分城镇非私营单位在岗职工平均工资(2017)

Average Wage of Staff and Workers in Urban Non-private Units by Sector and Region (2017)

单位：元 (yuan)

地 区	Region	合计 Total	农、林、牧、渔业 Agricalture, Forestry, Animal Husbandry and Fishery	采矿业 Mining	制造业 Manufacturing	电力、热力、煤气及水的生产和供应业 Production and Supply of Electric Power, Gas and Water	建筑业 Construction	批发和零售业 Wholesale and Retail Trades
全省总计	**Total**	**69062**	**34869**	**58893**	**59525**	**84563**	**42712**	**58528**
海 口 市	Haikou	68037	37558	28750	54428	91360	40363	55767
三 亚 市	Sanya	72826	32115	45889	55035	74797	49495	67088
三 沙 市	Sansha	79421						
五指山市	Wuzhishan	68441	46229		80227	45244	57316	42593
文 昌 市	Wenchang	69566	29861	50226	33805	76956	41635	37703
琼 海 市	Qionghai	68654	37545		37814	58335	60374	59411
万 宁 市	Wanning	66067	19787	38678	48814	38544	46514	38251
定 安 县	Ding'an	60389	53923		49536	39529	41867	40864
屯 昌 县	Tunchang	58751	27414		25436	25774	26114	24159
澄 迈 县	Chengmai	80288	26656	75354	54700	103777	40889	83694
临 高 县	Lingao	63767	41932		42877	13866	28098	53149
儋州地区	Danzhou Area	74114	27045		91799	76083	57826	73553
儋州市	Danzhou	71271	27045		47493	74293	58499	99747
洋 浦	Yangpu	79129			104380	79886	39882	71569
东 方 市	Dongfang	67890	27294	37861	130552	99760	39015	31202
乐 东 县	Ledong	70029	30163		71931	64376	56311	33678
琼 中 县	Qiongzhong	60288	32754		37492	20165		31531
保 亭 县	Baoting	63872	29111		35270	46698	59700	28957
陵 水 县	Lingshui	70554	33070		34964	28397	35000	32723
白 沙 县	Baisha	56982	18113		43560	34971	93000	71667
昌 江 县	Changjiang	70556	42482	61374	59288	137916		33504

4-22 续1 (continued)

单位：元 (yuan)

地 区	Region	交通运输、仓储和邮政业 Transport, Storage and Post	住宿和餐饮业 Hotel and Catering Services	信息传输、软件和信息技术服务业 Information Transmission, Software and Information Technology	金融业 Financial Intermediation	房地产业 Real Estate	租赁和商务服务业 Leasing and Business Services	科学研究和技术服务业 Scientific Research and Technical Service
全省总计	**Total**	**82464**	**46965**	**124766**	**139031**	**62840**	**60736**	**80208**
海 口 市	Haikou	88107	39733	101811	141090	49223	55968	78679
三 亚 市	Sanya	66926	50811	114408	151461	85348	58305	88104
三 沙 市	Sansha							
五指山市	Wuzhishan	83371	32761	110443	50631	65474	21691	77120
文 昌 市	Wenchang	46976	43009		91948	74531	177003	54028
琼 海 市	Qionghai	76682	55027	86563	124838	68759	43254	88910
万 宁 市	Wanning	36745	53361		68862	103065	67909	57583
定 安 县	Ding'an	55998	29527		70326	61261	53181	78938
屯 昌 县	Tunchang	48361	25304		160838	52172	21659	87600
澄 迈 县	Chengmai	68546	41804	493411	65362	81144	70040	88412
临 高 县	Lingao	54955	24000	53600	116726	67871	33302	50469
儋州地区	Danzhou Area	78357	41196	82966	90422	53553	43575	115150
儋州市	Danzhou	61432	39788	79513	90578	53935	37318	115540
洋 浦	Yangpu	84238	44513	93431	54000	52468	75899	110113
东 方 市	Dongfang	68419	23040	58861	83355	58189	54294	57571
乐 东 县	Ledong	71138	35973	74182	91705	85519	21327	50695
琼 中 县	Qiongzhong	41400	29744		57709	73858	31662	68582
保 亭 县	Baoting	54846	43177		78053	65969	59860	63686
陵 水 县	Lingshui	50799	42355		66383	104735	33333	48393
白 沙 县	Baisha	68215			61166	36164	75556	45810
昌 江 县	Changjiang	54519	53188		107766	42161	72289	70906

4-22 续2 (continued)

单位：元 (yuan)

地 区	Region	水利、环境和公共设施管理业 Management of Water Conservancy, Environmental and Public Facilities	居民服务、修理和其他服务业 Services to Households and Other Services	教育业 Education	卫生和社会工作 Health Care and Social Welfare	文化、体育和娱乐业 Culture, Sports and Entertainment	公共管理、社会保障和社会组织 Public Management, Social Security and Social Organization
全省总计	**Total**	**47304**	**37321**	**80989**	**80087**	**68957**	**71480**
海 口 市	Haikou	42804	35180	76891	87421	74014	84993
三 亚 市	Sanya	65063	39273	83687	84817	67971	65674
三 沙 市	Sansha						79421
五指山市	Wuzhishan	42805	51800	85392	78037	83091	62786
文 昌 市	Wenchang			81809	74746	45765	61940
琼 海 市	Qionghai	48468	40500	88687	73320	56948	68147
万 宁 市	Wanning	39249		87379	66134	43439	67189
定 安 县	Ding'an	56393		87822	73499	73246	69530
屯 昌 县	Tunchang	19290		84783	70555	75121	63156
澄 迈 县	Chengmai	58651		78782	66372	50122	65046
临 高 县	Lingao	24507	22909	81852	63285	46260	63431
儋州地区	Danzhou Area	40114	43951	82778	89431	64058	69197
儋州市	Danzhou	41678	50529	82899	90483	51863	74535
洋 浦	Yangpu	21066	41880	81352	66853	153023	51857
东 方 市	Dongfang	32028	26692	76473	58322	54855	55021
乐 东 县	Ledong	40835	33804	86787	67145	51711	70446
琼 中 县	Qiongzhong	43585		81088	69739	51760	63861
保 亭 县	Baoting	89195		87765	63588	30738	57171
陵 水 县	Lingshui	40578		88239	56042	60101	61802
白 沙 县	Baisha	34383	67250	63202	108063	75965	63535
昌 江 县	Changjiang	32668		90913	58616	61505	65934

4-23 按注册类型和行业分组城镇非私营单位在岗职工工资总额(2017)

Total Wage Bill of Staff and Workers in Urban Non-private Units by Status of Registration and Sector (2017)

行业	Sector	合计 Total	国有单位 State-owned Units	城镇集体单位 Urban Collective-owned Units	其他经济类型单位 Other Ownership Units
工资总额(万元)	**Total Wage Bill (10 000 yuan)**	**6605092**	**3078484**	**76282**	**3450325**
农、林、牧、渔业	Agricalture,Forestry,Animal Husbandry and Fishery	204042	53254	648	150140
采矿业	Mining	29935	1249	33	28653
制造业	Manufacturing	448757	18619	272	429867
电力、热力、燃气及水生产和供应业	Production and Supply of Electric Power, Gas and Water	172838	98587	29	74222
建筑业	Construction	226028	20383	30595	175050
批发和零售业	Wholesale and Retail Trades	334017	37210	980	295828
交通运输、仓储和 邮政业	Transport, Storage and Post	516045	90278	751	425016
住宿和餐饮业	Hotels and Catering Services	273809	7363	250	266196
信息传输、软件和信息技术服务业	Information Transmission,Software and Information Technology	227199	13233		213966
金融业	Financial Intermediation	524649	96444	7366	420839
房地产业	Real Estate	549369	20170	1480	527719
租赁和商务服务业	Leasing and Business Services	117511	19144	360	98008
科学研究和技术服务业	Scientific Research, Technical Services	156382	91578	3394	61410
水利、环境和公共设施管理业	Management of Water Conservancy, Environmental and Public Facilities	150872	64492	474	85905
居民服务、修理和其他服务业	Services to Households and Other Services	17717	1165	177	16374
教育	Education	1041633	938937	3805	98891
卫生和社会工作	Health Care and Social Welfare	507776	441685	24998	41094
文化、体育和娱乐业	Culture,Sports and Entertainment	85107	45564	366	39177
公共管理、社会保障和社会组织	Public Management, Social Security and Social Organizations	1021407	1019131	305	1971

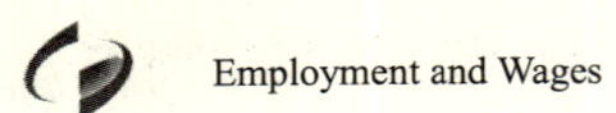

4-24 按注册类型和行业分组城镇非私营单位在岗职工平均工资(2017)
Average Wage of Staff and Workers in Urban Non-private Units by Status of Registration and Sector (2017)

行业	Sector	合计 Total	国有单位 State-owned Units	城镇集体单位 Urban Collective-owned Units	其他经济类型单位 Other Ownership Units
平均工资(元)	**Average Wage**	**69062**	**75572**	**56251**	**64433**
农、林、牧、渔业	Agricalture,Forestry,Animal Husbandry and Fishery	34869	31073	21376	36552
采矿业	Mining	58893	37861	30000	60423
制造业	Manufacturing	59525	56903	34859	59671
电力、热力、燃气及水生产和供应业	Production and Supply of Electric Power, Gas and Water	84563	84076	32222	85274
建筑业	Construction	42712	35113	48686	42873
批发和零售业	Wholesale and Retail Trades	58528	154398	25383	54506
交通运输、仓储和 邮政业	Transport, Storage and Post	82464	74181	41950	84616
住宿和餐饮业	Hotels and Catering Services	46965	38270	34260	47278
信息传输、软件和信息技术服务业	Information Transmission,Software and Information Technology	124766	66696		131866
金融业	Financial Intermediation	139031	119081	97050	145730
房地产业	Real Estate	62840	51731	34665	63506
租赁和商务服务业	Leasing and Business Services	60736	53058	43386	62597
科学研究和技术服务业	Scientific Research, Technical Services	80208	91359	82184	67782
水利、环境和公共设施管理业	Management of Water Conservancy, Environmental and Public Facilities	47304	40569	47919	54035
居民服务、修理和其他服务业	Services to Households and Other Services	37321	48357	42167	36680
教育	Education	80989	86451	84170	50576
卫生和社会工作	Health Care and Social Welfare	80087	85366	65473	52382
文化、体育和娱乐业	Culture,Sports and Entertainment	68957	77083	35853	61901
公共管理、社会保障和社会组织	Public Management, Social Security and Social Organizations	71480	71483	70977	69894

4-25 工业、建筑业在岗职工年末人数、工资总额和平均工资(2017)

Number,Wage Bill and Average Wage of Staff and Workers in Industry and Construction Enterprises (2017)

项　　目	Item	在岗职工期末人数(人) Number of Staff and Workers at Year-end (person)	工资总额(万元) Total Wages Bill (10000 yuan)	平均工资(元) Average Wages (yuan)
工　业	**Industry**	**102399**	**651531**	**64564**
1. 按经济类型分	**By Status of Registration**			
国有单位	State-owned Units	15332	118455	77280
城镇集体单位	Urban Collective-owned Units	101	334	34071
其他经济类型单位	Units of Others	86966	532742	62319
2. 按行业分	**By Sector**			
采矿业	**Mining**	4936	29935	58893
煤炭开采和洗选业	Mining and Washing of Coal			
石油和天然气开采业	Extraction of Petroleum and Natural Gas	59	549	99855
黑色金属矿采选业	Mining and Processing of Ferrous Metals Ores	3997	25538	61374
有色金属矿采选业	Mining and Processing of Non-ferrous Metals Ores	406	1967	47634
非金属矿采选业	Mining and Processing of Nonmetal Ores	474	1881	41425
开采辅助活动	Support Activities for Mining			
其他采矿业	Mining of Other Ores			
制造业	**Manufacturing**	77155	448757	59525
农副食品加工业	Processing of Food from Agricultural Products	12179	52052	44872
食品制造业	Manufacture of Foods	6234	31421	50736
酒、饮料和精制茶制造业	Manufacture of Wine,Beverages and Tea	3748	16653	44373
烟草制品业	Manufacture of Tobacco	591	10793	182314
纺织业	Manufacture of Textile	715	4295	57650
纺织服装、服饰业	Manufacture of Textile, Wearing and Apparel	119	349	29821
皮革、毛皮、羽毛及其制品和制造业	Manufacture of Leather, Fur, Feather & Related Products			
木材加工和木、竹、藤、棕、草制品业	Processing of Timbers, Manufacture of Wood,Bamboo,Rattan, Palm, and Straw Products	1714	6637	38167
家具制造业	Manufacture of Furniture	215	797	37047
造纸及纸制品业	Manufacture of Paper and Paper Products	4231	31821	74997
印刷业和记录媒介的复制	Printing, Reproduction of Recording Media	1436	8352	58648
文教、工美、体育和娱乐用品制造业	Manufacture of Articles for Culture, Education Arts and Crafts, Sport and Entertaiment Activities	223	539	24184

4-25 续 (continued)

项　　目	Item	在岗职工期末人数(人) Number of Staff and Workers at Year-end (person)	工资总额(万元) Total Wages Bill (10000 yuan)	平均工资(元) Average Wages Bill (10000 yuan)
石油加工、炼焦及核燃料加工业	Processing of Petroleum, Coking and Nuclear Fuel	2023	27081	133074
化学原料及化学制品制造业	Manufacture of Raw Chemical Materials and Chemical Products	3798	38707	100276
医药制造业	Manufacture of Medicines	16753	87603	57969
化学纤维制造业	Manufacture of Chemical Fiber	78	280	35456
橡胶和塑料制品业	Manufacture of Rubber and Plastics Products	1850	11168	59721
非金属矿物制品业	Manufacture of Non-metallic Mineral Products	7403	41635	57308
黑色金属冶炼和压延加工业	Smelting and Processing of Ferrous Metals	66	105	29943
有色金属冶炼及压延加工业	Smelting & Processing of Non-ferrous Metals	663	6771	127034
金属制品业	Manufacture of Metal Products	1345	8355	55329
通用设备制造业	Manufacture of General Purpose Machinery	257	1016	39537
专用设备制造业	Manufacture of Special Purposes Machinery	866	3955	48584
汽车制造业	Manufacture of Automobiles	4016	18118	40163
铁路、船舶、航空航天和其他运输设备制造业	Manufacture of Railway, Ship, Aerospace and Other Transport Equipmens	310	1191	38429
电气机械及器材制造业	Manufacture of Electrical Machinery and Apparatus	4460	26551	59331
计算机、通信和及其他电子设备制造业	Manufacture of Computer, Communication and Other Electronic Equipments	686	6153	87531
仪器仪表制造业	Manufacture of Measuring Instrument			
其他制造业	Other Manufacturing	32	129	40344
废弃资源综合利用业	Utilization of Waste Resources	203	1459	71882
金属制品、机械和设备修理业	Repair Service of Metal Products, Machine and Equipment	941	4774	50680
电力、热力、燃气及水生产和供应业	**Production and Supply of Electric Power, Heat Power, Gas and Water**	20308	172838	84563
电力、热力生产和供应业	Production and Supply of Electric Power and Heat Power	13140	134546	100603
燃气生产和供应业	Production and Supply of Gas	1612	11045	70531
水的生产和供应业	Production and Supply of Water	5556	27247	49549
建筑业	**Construction**	**55352**	**226028**	**42712**
1. 按经济类型分	**By Status of Registration**			
国有单位	State-owned Units	5791	20383	35113
城镇集体单位	Urban Collective-owned Units	6438	30595	48686
其他经济类型单位	Other Ownership Units	43123	175050	42873
2. 按行业分	**By Sector**			
房屋建筑业	Construction of Buildings	44109	175696	41129
土木工程建筑业	Civil Engineering	3156	18198	60400
建筑安装业	Construction Installation	3903	19008	50890
建筑装饰和其他建筑业	Building Decoration and Other Construction	4184	13126	38013

主要统计指标解释

从业人员 指从事一定社会劳动并取得劳动报酬或经营收入的人员，包括在岗职工、再就业的离退休人员、私营业主、个体户主、私营和个体就业人员、乡镇企业就业人员、农村就业人员、其他就业人员（包括民办教师、宗教职业者、现役军人等）。这一指标反映了一定时期内全部劳动力资源的实际利用情况，是研究我国基本国情国力的重要指标。

单位从业人员 指在各类法人单位工作，并由单位支付劳动报酬的人员，包括在岗职工和其他就业人员。

在岗职工 指在本单位工作且与本单位签订劳动合同，并由单位支付各项工资和社会保险、住房公积金的人员，以及上述人员中由于学习、病伤产假等原因暂未工作，仍由单位支付工资的人员。

在岗职工还包括：

(1)应订立劳动合同而未订立劳动合同人员(如使用的农村户籍人员)；

(2)处于试用期人员；

(3)编制外招用的人员；

(4)派往外单位工作，但工资仍由本单位发放的人员(如挂职锻炼、外派工作等情况)。

城镇私营和个体就业人员 城镇私营就业人员指在工商管理部门注册登记，其经营地址设在县城关镇（含城关镇）以上的私营企业就业人员； 包括私营企业投资者和雇工。城镇个体就业人员指在工商管理部门注册登记，并持有城镇户口或在城镇长期居住，经批准从事个体工商经营的就业人员； 包括个体经营者和在个体工商户劳动的家庭帮工和雇工。

工资总额 根据《关于工资总额组成的规定》，工资总额是指本单位在报告期内（季度或年度）直接支付给本单位人员的劳动报酬总额。包括计时工资、计件工资、奖金、津贴和补贴、加班加点工资、特殊情况下支付的工资。

工资总额是税前工资，包括单位从个人工资中直接为其代扣或代缴的房费、水费、电费、住房公积金和社会保险基金个人缴纳部分等。

工资总额不论是计入成本的还是不计入成本的，不论是以货币形式支付的还是以实物形式支付的，均应列入工资总额的计算范围。

平均工资 是指在报告期内单位发放工资的人均水平，它表明一定时期职工工资收入的高低程度，是反映就业人员工资水平的主要指标。计算公式为：

平均工资＝报告期工资总额 / 报告期平均人数

Explanatory Notes on Main Statistical Indicators

Staff and Workers refer to those who work in(and receive income there from) units with state ownership, urban collective ownership, joint ownership, share holding stock ownership, limited liability corporations, foreign and Hong Kong, Macao, and Taiwan Chinese fund or other ownership and their affiliated units.

On-post Staff and Workers refer to those who are practically working in a certain urban unit, including those who are temporarily absent because of study, disease, vocation or other reasons.

Employed persons refers to total number of persons engaged in social economic activities that generate income, including:

(1) Total formal employees

(2) Reemployed retirees

(3) Employers in urban private enterprises

(4) Urban individual laborers

(5) Employment in urban private enterprises and individual households

(6) Employment in township and village enterprises

(7) Rural laborers

(8) Other social laborers(Servicemen included)

Persons Employed in Private Enterprises and Self-Employed Individuals in Urban Areas Persons employed in private enterprises refer to the persons employed in the private enterprises which have been registered at the departments of industrial and commercial administration for which the business operation are situated at a county town (i.e. a town where the county government is located), or at urban areas with administrative hierarchy higher than a county town. The self-employed individuals in urban areas refer to persons who hold the certificates of residence in urban areas or have resided in the urban areas for a long time and have been registered at the departments of industrial and commercial administration and approved to be engaged in individual industrial or commercial business, including self-employed persons as well as helpers and hired laborers who work in individual households.

Total Wage Bill refers to the total remuneration payment to all employment in various units during a certain period of time. The calculation of total wage bill is based on the total remuneration payment to the staff and workers. Therefore, all the wages and salaries and other payments to staff and workers are included in the total wage bill regardless of sources, reckoning the cost of production or not, category, listing as items of premium taxation or not, and forms, paying in cash or in kind.

Average Wage refers to the average wage in money terms per person during a certain period of time for staff and workers in enterprises, institutions, and government agencies, which reflects the general level of wage income during a certain period of time and is calculated as follows:

Average Wage=Total Wage Bill of Staff and Workers at Reference Time/Average Number of Staff and Workers at Reference Time.

价 格

Prices

编辑人员：陈 侠　钱 娇　辜武陆

Compiled by Chen Xia　Qian Jiao　Gu Wulu

英文翻译：成 晓

Translated by Cheng Xiao

简 要 说 明

一、本篇资料的主要内容

本篇价格指数资料，反映生产、流通、消费与投资等环节的价格变动趋势和变动幅度。主要包括居民消费价格指数、商品零售价格指数、农业生产资料价格指数、工业生产者出产价格指数、工业生产者购进价格指数、固定资产投资价格指数和房地产价格指数等。

二、本篇的资料来源

价格指数编制由国家统计局海南调查总队组织实施。各市、县调查队依据国家统计局统一制定的价格统计调查制度向基层采集原始数据汇总后上报。

三、居民消费、商品零售价格指数

编制居民消费、商品零售价格指数的资料采用抽样调查和重点调查相结合的方法取得，即在全省选择不同经济区域和分布合理的地区，以及有代表性的商品作为样本，对其市场价格进行定期调查，以样本推断总体。编制过程按下列几个步骤进行：

1. 选择调查地区和调查点。调查地区按照经济区域和地区分布合理等原则，选出具有代表性的大、中、小城市和县作为国家的调查地区，在此基础上选定经营规模大、商品种类多的商场(包括集市和服务网点)作为调查点。

2. 选择代表商品和代表规格品。代表商品是选择那些消费量大、价格变动有代表性的商品；代表规格品的确定是根据商品零售资料和城乡居民的消费支出计账资料，按照有关规定筛选的。筛选原则：(1)与社会生产和人民生活关系密切；(2)消费(销售)数量(金额)大；(3)市场供应稳定；(4)价格变动趋势有代表性；(5)所选的代表规格品之间差异大。

目前，居民消费价格调查按用途划分为 8 大类，262 个基本分类，各地每月调查 600 种以上规格产品价格；商品零售价格按用途划分为 16 个大类，197 个基本分类，各地每月调查 500 种以上的规格产品价格。

3. 价格调查方式。采用派员直接到调查点登记调查，同时聘请辅助调查员协助登记调查。

4. 权数的确定。商品零售价格指数的计算权数主要根据社会商品零售额资料确定;居民消费价格指数的计算权数根据城乡居民家庭消费支出构成确定。

四、工业生产者出厂价格指数

工业生产者出厂价格是工业品第一次出售时的出厂价格。该项调查采用重点调查与典型调查相结合的调查方法。重点调查对象为年主营业务收入 2000 万元及以上的工业法人企业;典型调查对象为年主营业务收入2000万元以下的工业法人企业。

1. 选择代表企业的原则：(1)按工业行业选择调查企业，各中类行业原则上都要有调查企业；(2)大型企业应尽量都选上(或占相当大比重)；(3)选择生产正常、稳定的企业作为调查对象。

2. 选择代表产品的原则：(1)按工业行业选择代表产品；(2)选择对国计民生影响大的产品；(3)选择生产较为稳定的产品；(4)选择有发展前景的产品；(5)选择具有地方特色的产品。

目前《工业生产者出厂价格调查目录》包括 11000 多种产品，并将其划分为 1702 个基本分类；《工业生产者购进价格调查目录》包括 6000 多种产品，并划分为 900 多个基本分类。

3. 价格调查方式。采用企业报表形式。

4. 权数的确定。工业生产者出厂价格统计中，工业小类及小类以上的权数资料来源于工业统计中分行业工业销售产值数据资料；基本分类的权数资料来源于独立的工业企业产品权数调查。权数一般五年更换一次。

五、固定资产投资价格指数

固定资产投资价格调查采用重点调查与典型调查相结合的方法。固定资产投资价格调查所涉及的价格是构成固定资产投资额实体的实际购进价格或结算价格。调查的内容包括构成当年建筑工程实体的钢材、木材、水泥、地方材料(如砖、瓦、灰、沙、石等)、化工材料(如油漆等)等主要建筑材料价格；作为活劳动投入的劳动力价格（单位工资）和建筑机械使用费用；设备工器具购置和其他费用投资价格。

固定资产投资价格调查样本的选择遵循以下原则：

1. 选择建筑安装工程调查点的原则：(1)样本单位应具有一定覆盖面；(2)投资经济活动代表性强；(3)兼顾不同经济类型；(4)选择重点工程；(5)兼顾国民经济各门类及不同工程类别。

2. 选择其他费用调查点的原则：在选择其他费用调查点时，所遵循的原则与建筑安装工程调查点的原则基本相同，特别是要注意选择那些投资额大的工程。但由于其他费用不易取得，所以在实际操作过程中，应同时在建设单位、施工单位开展重点调查，并辅以典型调查(从管理部门取得资料)。

3. 价格调查方式。采用企业报表和调查员走访相结合的方式。

4. 权数的确定。固定资产投资价格指数的计算权数是建筑安装工程、设备工器具购置和其他费用三者前三年的平均比重。

Brief Introduction

I. Main Contents

Data on price indices in this chapter show the changing trends and the change rates in the prices of production, trade, consumption and investment, including mainly consumer price indices, retail price indices, price indices for means of agricultural production, producer price indices for industrial products, purchasing price indices for industrial producers, price indices for investment in fixed assets.

II. Sources of Data

Compilation of statistics on price indices is organized by Survey Office of the National Bureau of Statistics in Hainan. The selected cities and counties collect data from the grassroots units in accordance with the scheme of price survey system stipulated by the NBS, tabulate them and report them to the higher agencies.

III. Consumer Price Indices and Retail Price Indices

Data for compilation of the consumer price indices and the retail price indices in Hainan province are collected through a combination of sample surveys and surveys of key units. Areas distributed in different economic regions are selected as the sample areas and representative commodities are selected as the sample commodities. Regular surveys are conducted to collect data on their market prices. Population parameters are inferred on the basis of the sample data. Following are major steps in the process of calculation of the price indices:

(1) The selection of areas and survey points: Based on such principles as regional economic features and reasonable geographic distribution, representative sample areas for the national survey are selected which include large, medium and small cities and counties. When the sample areas have been selected, large-scale shops and markets (including fairs and service outlets) with wide variety of commodities are selected as survey points.

(2) The selection of representative commodities and their specifications or varieties: The representative commodities selected are those consumed in large quantity and representative in price changes. The representative specifications or varieties are determined according to the data on the retail sales of commodities and the consumption expenditure account data of urban and rural residents; and selection follows the related instructions. The principles for selection are: (a) The commodities are closely related to social production and people's living conditions; (b) They are consumes (or sold) in large quantities (or large values); (c) The market supply is stable; (d) The changes of their prices are representative in trend; (e) There is great heterogeneity among the specifications or varieties selected.

At present, data are collected on over 600 specifications each month under 262 basic headings in 8 categories in the consumer price surveys. For the retail price surveys, data are collected on more than 500 specifications each month under 197 basic headings in 16 categories.

(3) Method of data collection: Enumerators are sent to the survey points to take the records of the prices. Assistant enumerators are recruited to assist the survey work.

(4) Determination of the weights: The weights of the retail price indices are determined mainly according to the total retail sales of commodities. The weights of the consumer price indices are determined according to the composition of the consumption expenditures of urban and rural households.

IV. Producer Price Indices for Industrial Products

Producer prices for industrial products refer to the ex-factory price of manufactured goods when they are first sold. The survey program is a combined use of the key units' survey and typical units' survey methods. Key units refer to those industrial enterprises with annual revenue from the primary activities at and above 20 million yuan. Typical units refer to the industrial enterprises with annual revenue from the primary activities below 20 million yuan.

(1) Principles for selecting the representative enterprises :(a) Enterprises to be covered in the survey are selected by industrial sectors. In principle, every branch should have enterprises selected; (b) All (or a majority of) large-scaled enterprises should be selected; (c) Enterprises selected should be those with normal and stable production.

(2) Principle for the selection of representative goods:(a) The goods are selected by industrial sectors; (b) The selected goods should have great impact on the national economy and people's living conditions; (c) The production of the goods selected are relatively more stable; (d) The prospects of the goods selected are promising; (e) The goods selected are representative to the localities.

The *survey catalog of Producer Price for Industrial Products* includes over 11,000 goods, and they are divided into 1702 basic classification; *Survey catalog of Producer Price for Industrial Products* includes over 6,000 goods, and they are divided into over 900 basic classification.

(3) Method of data collection: The method of reporting forms by enterprises is adopted.

(4) Determination of the weights: In statistics of producer

price for industrial, the weights of industrial small classification and above comes from the output value of industrial sales by sector in industrial statistics; the weight of basic headings of categories comes from weight survey of independent industrial enterprise products. The weights are replaced every five years.

V. Price Indices for Investment in Fixed Assets

Data on prices of investment in fixed assets are collected by a program involving the combined use of surveys on key units and surveys on typical units. The prices collected in the surveys of investment in fixed assets are the actual purchasing prices or settlement prices of entities of investment in fixed assets. The survey content includes the prices of main construction materials that constitute the architectural engineering entity in the year, such as steel, timber, cement, local construction materials (such as brick, tile, calcareous ashes, sand, stone, etc.), chemical materials (such as oil paint, etc.), the price of labour force as input (wages), prices for renting of building machinery and equipment, the purchasing price of equipment, tools and instruments and the prices of others investments.

The following principles should be followed in selecting the sample for the price survey of investment in fixed assets:

(1) Principles for selecting the survey points of construction and installation: (a) Sample units should have a good coverage; (b) The economic activity of investment should have strong representativeness; (c) Different types of registration should be considered; (d) Key projects should be selected; (e) Attention should be given to various sectors of the national economy and types of projects.

(2) Principles for selecting price survey points of other fees: The principles for selecting survey points of others fees is in general the same as that of construction and installation, with special attention being paid to selecting projects with huge investment value. Since it is not easy to obtain the other fees, during the actual data gathering operations, survey on key construction owner units and building units is to conducted concurrently with survey on typical units (with information from administration units) .

(3) Method of price survey: A combination of enterprises reporting system and enumerator visits method.

(4) Determination of the weights: The weights for calculation of the price indices for investment in fixed assets are determined according to the average proportion of construction and installation, purchase of equipment, tools and instruments and other investments in the 3 preceding years.

5-1 历年全省各种物价指数
General Price Indices in Various Years

（上年=100） (preceding year=100)

年份 Year	居民消费价格指数 Consumer Price Index	城市 Urban Household	农村 Rural Household	消费品指数 Index of Consumer Goods	服务项目指数 Index of Services	农业生产资料价格总指数 General Price Indices for Means of Agricultural Production
1979	101.0	100.3	101.7	100.8	102.8	103.6
1980	106.8	107.5	106.1	106.6	108.7	108.9
1985	113.1	116.1	106.2	112.9	115.2	105.4
1990	102.1	99.6	108.1	100.0	122.2	109.1
1991	103.9	104.0	103.6	103.3	108.2	100.6
1992	108.7	109.0	103.4	108.8	107.9	100.7
1993	123.3	123.7	116.5	123.8	119.7	130.4
1994	126.7	125.6	128.2	125.6	137.4	138.2
1995	113.5	110.6	118.4	111.9	120.4	115.7
1996	104.3	104.8	103.7	103.6	107.6	106.8
1997	100.8	101.5	100.3	99.8	112.1	100.3
1998	97.3	97.6	96.6	96.8	102.1	98.4
1999	98.3	99.1	97.3	97.2	108.4	97.1
2000	101.1	101.5	100.2	93.6	113.4	98.0
2001	98.5	98.8	98.3	98.1	99.8	99.5
2002	99.5	99.0	100.2	98.1	104.5	101.7
2003	100.1	99.4	100.9	100.9	97.2	104.8
2004	104.4	103.2	106.4	105.5	100.4	111.3
2005	101.5	101.3	101.7	101.1	103.0	108.9
2006	101.5	101.2	102.3	101.8	100.8	100.7
2007	105.1	104.6	106.3	106.3	100.9	107.1
2008	106.9	106.1	108.8	108.6	101.0	114.8
2009	99.3	99.5	99.0	98.9	100.8	94.0
2010	104.8	104.5	105.8	106.0	100.9	107.3
2011	106.1	105.5	107.8	107.5	102.0	115.6
2012	103.2	103.2	103.2	103.4	102.6	104.3
2013	102.8	102.8	102.7	102.4	103.9	101.0
2014	102.4	102.2	102.8	102.2	102.8	105.3
2015	101.0	101.2	100.5	100.8	101.9	101.6
2016	102.8	102.9	102.5	102.5	103.4	100.1
2017	102.8	103.2	101.9	101.4	105.6	99.9

5-1 续 (continued)

(上年=100) (preceding year=100)

年 份 Year	商品零售价格指数 Retail Price Index	城市 Urban	农村 Rural	工业生产者出厂价格指数 Producer Price Index for Industrial Products	工业生产者购进价格指数 Purchasing Price Index for Industrial Producers	固定资产投资价格指数 Price Index for Investment in Fixed Assets
1979	102.0	100.9	103.0			
1980	107.2	108.3	103.1			
1985	112.8	113.9	111.6			
1990	100.6	97.7	106.4			
1991	103.1	103.6	102.9			
1992	108.7	109.1	102.5			
1993	123.9	124.2	119.1			
1994	121.6	121.2	122.9			
1995	111.3	108.7	115.5			
1996	102.3	102.7	101.4			
1997	99.3	99.6	99.1			
1998	96.5	96.3	96.8			
1999	96.6	98.0	95.2			
2000	99.9	101.0	99.0			
2001	97.7	97.6	97.8			
2002	98.4	99.0	97.7			
2003	100.4	100.2	100.8	99.5	102.2	103.2
2004	103.4	103.0	103.8	100.0	105.9	105.6
2005	100.9	100.4	101.5	99.5	104.2	101.2
2006	101.3	100.6	102.3	100.8	101.5	101.0
2007	104.2	103.4	105.3	102.7	105.0	106.1
2008	106.7	105.7	108.3	104.5	111.6	113.3
2009	98.5	99.0	97.2	90.6	85.3	97.7
2010	104.6	104.0	106.0	107.7	110.3	105.2
2011	105.4	105.2	106.7	108.8	115.3	106.4
2012	102.7	102.7	102.8	100.8	99.6	102.0
2013	101.5	101.5	101.6	99.5	97.0	99.3
2014	101.2	101.2	101.8	97.6	99.0	100.6
2015	99.8	99.9	98.6	89.8	88.5	99.4
2016	101.0	100.8	102.3	96.0	94.8	100.1
2017	102.0	101.8	103.1	108.8	112.4	104.1

5-2 历年全省各种物价定基指数
Fixed Price Indices in Various Years

年 份 Year	居民消费价格指数 Consumer Price Index (1978=100)	城 市 Urban Household	农 村 Rural Household	消费品指数 Index of Consumer Goods (1978=100)	服务项目指数 Index of Services (1978=100)	农业生产资料价格总指数 Price Indices for Means of Agricultural Production (1978=100)
1978	100.0	100.0	100.0	100.0	100.0	100.0
1979	101.1	100.3	101.7	100.8	102.8	103.6
1980	107.9	107.8	107.9	107.5	111.7	112.8
1985	139.6	141.3	132.9	140.4	158.1	137.8
1990	267.8	261.7	267.4	261.5	392.5	246.5
1991	278.3	272.2	277.0	270.1	424.7	248.0
1992	302.4	296.7	286.5	293.8	458.3	249.8
1993	372.9	367.0	333.7	363.8	548.5	325.7
1994	472.5	460.9	427.8	456.9	753.7	450.1
1995	536.3	507.0	506.6	507.2	907.5	520.8
1996	559.4	531.4	525.3	525.4	976.4	556.2
1997	563.9	539.4	526.9	524.3	1094.5	557.9
1998	548.7	526.5	509.0	507.5	1117.5	549.0
1999	539.4	521.8	495.3	493.3	1211.4	533.1
2000	545.3	529.6	496.3	461.7	1373.7	522.4
2001	537.1	523.2	487.9	452.9	1371.0	519.8
2002	534.4	518.0	488.9	444.3	1432.7	528.6
2003	534.9	514.9	493.3	448.3	1392.6	554.0
2004	558.4	531.4	524.9	473.0	1398.2	616.6
2005	566.8	538.3	533.8	478.2	1440.1	671.5
2006	575.3	544.8	546.1	486.8	1451.6	676.2
2007	604.6	569.9	580.5	517.5	1464.7	724.2
2008	646.3	604.7	631.6	562.0	1479.3	831.4
2009	641.8	601.7	625.3	555.8	1491.1	781.5
2010	672.6	628.8	661.6	589.1	1504.5	838.5
2011	713.6	663.4	713.2	633.3	1534.6	969.3
2012	736.4	684.6	736.0	654.8	1574.5	1011.0
2013	757.0	703.8	755.9	670.5	1635.9	1021.1
2014	775.2	719.3	777.1	685.3	1681.7	1075.2
2015	783.0	727.9	781.0	690.8	1713.7	1092.4
2016	804.9	749.0	800.5	708.1	1772.0	1093.5
2017	827.4	773.0	815.7	718.0	1871.2	1092.4

5-2 续 (continued)

年 份 Year	商品零售价格指数 Retail Price Index (1978=100)	城市 Urban	农村 Rural	工业生产者出厂价格指数 Producer Price Index for Industrial Products (2002=100)	工业生产者购进价格指数 Purchasing Price Index for Industrial Producers (2002=100)	固定资产投资价格指数 Price Index for Investment in Fixed Assets (2002=100)
1978	100.0	100.0	100.0			
1979	102.0	100.9	103.0			
1980	109.3	109.3	109.3			
1985	138.9	137.2	140.0			
1990	257.3	249.5	266.1			
1991	265.3	258.5	273.8			
1992	288.4	282.0	280.7			
1993	357.3	350.2	334.3			
1994	434.5	424.4	410.9			
1995	483.6	461.4	474.5			
1996	494.7	473.8	481.2			
1997	491.2	471.9	476.9			
1998	474.0	454.4	461.6			
1999	457.9	445.3	439.4			
2000	457.4	449.8	435.0			
2001	446.9	439.0	425.4			
2002	439.7	434.6	415.6	100.0	100.0	100.0
2003	441.5	435.5	418.9	99.5	102.2	103.2
2004	456.5	448.6	434.8	99.5	108.2	109.0
2005	460.6	450.4	441.3	99.0	112.7	110.3
2006	466.6	453.1	451.5	99.8	114.4	111.4
2007	486.2	468.5	475.4	102.5	120.1	118.2
2008	518.8	495.2	514.9	107.1	134.0	133.9
2009	511.0	490.2	500.5	97.0	114.3	130.8
2010	534.5	509.8	530.5	104.5	126.1	137.6
2011	563.4	536.3	566.0	113.7	145.4	146.4
2012	578.6	550.8	581.8	114.6	144.8	149.3
2013	587.3	559.1	591.1	114.0	140.5	148.3
2014	594.3	565.8	601.7	111.3	139.1	149.2
2015	593.1	565.2	593.3	99.9	123.1	148.3
2016	599.0	569.7	606.9	95.9	116.7	148.4
2017	611.0	580.0	625.7	104.3	131.2	154.5

5-3 分城乡居民消费价格指数(2017)
Consumer Price Indices by Areas (2017)

(上年=100) (preceding year=100)

项 目	Item	全 省 Total	城 市 Urban Household	农 村 Rural Household
居民消费价格指数	**Consumer Price Index**	**102.8**	**103.2**	**101.9**
食品烟酒	**Food,Tobacco and Alcohol**	**100.1**	**100.6**	**98.9**
食品	Food	99.3	99.9	97.9
粮食	Grain	101.8	102.0	101.2
薯类	Tubers	95.8	96.5	94.3
豆类	Beans	102.6	103.0	101.7
食用油	Edible Oil	98.5	100.6	93.4
菜	Vegetables	94.5	94.9	93.6
鲜菜	Fresh Vegetables	94.1	94.3	93.2
畜肉类	Livestock Meat	97.2	98.4	94.6
禽肉类	Poultry	101.3	102.8	97.3
水产品	Aquatic Products	101.8	102.2	100.5
蛋类	Eggs	95.9	96.5	94.1
奶类	Dairy	99.1	99.6	97.6
干鲜瓜果类	Dried and Fresh Melons and Fruits	104.1	102.7	108.6
鲜瓜果	Fresh Melons and Fruits	104.9	103.2	110.5
糖果糕点类	Confectionery	103.1	102.5	104.6
调味品	Flavoring	104.4	105.8	101.8
其他食品类	Other Food	98.4	96.9	101.8
茶及饮料	Tea and Beverages	100.2	101.0	98.3
烟酒	Cigarettes and Alcohol	99.9	100.1	99.5
烟草	Tobacco	100.1	99.9	100.3
酒类	Liquor	99.3	100.3	97.3
在外餐饮	Eating Outside	103.1	102.8	104.1
衣着	**Clothing**	**98.8**	**97.1**	**103.6**
服装	Garments	98.0	96.4	102.5
服装材料	Clothing Materials	102.9	104.2	99.2
其他衣着及配件	Other Clothing and Accessories	100.8	101.2	99.8
衣着加工服务费	Service Charges of Clothing Processing	101.6	102.2	99.1
鞋类	Footwear	100.6	97.6	108.9
居住	**Residence**	**106.0**	**107.2**	**102.5**
租赁房房租	Rent	110.3	111.1	103.6
住房保养维修及管理	Housing Maintenance,Repair and Management	105.9	108.7	100.4
水电燃料	Water,Electricity and Fuels	104.6	103.7	107.5
自有住房	Private Housing	106.2	107.8	100.7
生活用品及服务	**Daily Necessities and Services**	**100.3**	**99.9**	**101.5**
家具及室内装饰品	Furniture and Interior Decorations	102.2	101.1	104.5
家具	Furniture	102.2	101.1	104.7
室内装饰品	Interior Decorations	101.8	101.3	103.0
家用器具	Home Appliances	99.2	98.3	101.2
家用纺织品	Home Textiles	90.0	86.7	99.3
家庭日用杂品	Daily Use Household Articles	101.2	101.4	100.5
个人护理用品	Personal Care Supplies	101.1	101.0	101.8
家庭服务	Home Services	103.8	104.3	100.7

5-3 续 (continued)

(上年=100) (preceding year=100)

项　　目	Item	全　省 Total	城　市 Urban Household	农　村 Rural Household
交通和通信	**Transportation and Communication**	**102.0**	**101.9**	**102.4**
交通	Transportation	103.9	104.1	103.5
交通工具	Transportation Facility	102.1	102.5	100.8
交通工具用燃料	Fuel for Vehicles	107.6	107.6	107.7
交通工具使用和维修	Use and Maintenance for Vehicle	102.9	104.1	99.8
交通费	Car Fare	102.8	102.1	105.5
通信	Communication	99.2	98.8	100.8
通信工具	Communication Facility	94.8	93.5	98.1
通信服务	Communication Service	100.4	100.0	101.8
邮递服务	Postal Service	99.7	99.9	98.3
教育文化和娱乐	**Education, Culture and Entertainment**	**104.4**	**104.2**	**105.0**
教育	Education	105.5	105.3	106.1
教育用品	Education Products	102.3	101.8	103.3
教育服务	Education Services	105.9	105.7	106.5
文化娱乐	Cultural and Recreational Articles	102.8	102.8	102.7
文娱耐用消费品	Durable Consumer Goods for Recreational Use	100.1	99.7	101.3
其他文娱用品	Other Goods for Recreational Use	101.7	101.9	101.3
文化娱乐服务	Cultural and Recreational Services	103.6	103.2	105.4
旅游	Touring and Outing	104.8	104.8	104.4
医疗保健	**Health Care**	**111.1**	**112.2**	**108.5**
药品及医疗器具	Drugs and Medical Devices	114.9	112.6	120.4
中药	Traditional Chinese Medicine	120.5	114.3	132.8
西药	Western Medicine	116.1	114.3	120.2
滋补保健品	Tonics	111.7	112.2	110.3
医疗卫生器具	Medical Appliance	104.1	103.4	106.1
保健器具	Health Care Appliance	101.7	103.9	95.2
医疗服务	Medical Services	108.3	111.9	99.7
综合医疗类	General Medical Practice	117.3	124.9	98.5
诊断类	Diagnoses	102.8	104.0	100.0
治疗类	Therapy	109.6	113.6	100.0
康复类	Rehabilitation	103.6	105.1	100.0
中医医疗服务类	Traditional Chinese Medical Services	109.9	114.0	100.0
其他医疗服务	Other Medical Services	103.7	105.2	100.0
其他用品和服务	**Other Supplies and Services**	**103.1**	**103.2**	**102.8**
其他用品类	Other Supplies	99.3	98.5	101.6
其他服务类	Other Services	106.4	107.2	103.9
旅馆住宿	Hotel Expense	102.2	102.3	101.9

5-4 分市县居民消费价格指数(2017)
Consumer Price Indices by Region (2017)

(上年=100) (preceding year=100)

项　目	Item	全省 Total	海口市 Haikou	三亚市 Sanya	文昌市 Wen chang	琼中县 Qiong zhong
居民消费价格指数	**Consumer Price Index**	**102.8**	**103.3**	**102.9**	**102.1**	**101.4**
食品烟酒	**Food,Tobacco and Alcohol**	**100.1**	**100.2**	**101.7**	**99.1**	**98.4**
食品	Food	99.3	99.5	101.2	98.0	97.5
粮食	Grain	101.8	101.1	104.8	101.0	101.8
薯类	Tubers	95.8	96.6	96.1	94.1	94.8
豆类	Beans	102.6	104.3	99.7	103.4	98.7
食用油	Edible Oil	98.5	100.7	100.1	96.1	87.7
菜	Vegetables	94.5	94.6	95.7	92.8	96.1
鲜菜	Fresh Vegetables	94.1	94.1	95.1	92.2	96.6
畜肉类	Livestock Meat	97.2	98.4	98.2	95.0	93.5
禽肉类	Poultry	101.3	102.8	102.9	96.0	101.0
水产品	Aquatic Products	101.8	100.3	107.8	100.8	99.2
蛋类	Eggs	95.9	97.1	94.6	92.8	98.7
奶类	Dairy	99.1	100.4	96.9	97.7	97.4
干鲜瓜果类	Dried and Fresh Melons and Fruits	104.1	102.4	103.7	111.2	102.0
鲜瓜果	Fresh Melons and Fruits	104.9	103.0	103.8	113.2	103.5
糖果糕点类	Confectionery	103.1	101.9	105.0	104.2	105.6
调味品	Flavoring	104.4	107.0	101.6	100.4	106.2
其他食品类	Other Food	98.4	96.7	97.7	103.5	98.0
茶及饮料	Tea and Beverages	100.2	102.0	98.3	97.6	99.7
烟酒	Cigarettes and Alcohol	99.9	100.5	99.0	98.9	100.6
烟草	Tobacco	100.1	100.0	99.7	100.0	101.1
酒类	Liquor	99.3	101.5	97.8	94.8	99.8
在外餐饮	Eating Outside	103.1	102.3	104.5	104.7	101.5
衣着	**Clothing**	**98.8**	**97.0**	**97.2**	**103.2**	**104.7**
服装	Garments	98.0	96.0	97.8	101.4	105.3
服装材料	Clothing Materials	102.9	105.7	100.0	100.0	97.6
其他衣着及配件	Other Clothing and Accessories	100.8	102.0	98.8	98.7	102.0
衣着加工服务费	Service Charges of Clothing Processing	101.6	102.9	99.7	97.2	105.1
鞋类	Footwear	100.6	98.5	94.4	110.6	103.7
居住	**Residence**	**106.0**	**107.8**	**105.2**	**102.4**	**102.6**
租赁房房租	Rent	110.3	111.9	108.4	104.5	100.0
住房保养维修及管理	Housing Maintenance,Repair and Management	105.9	109.8	105.1	100.4	100.1
水电燃料	Water,Electricity and Fuels	104.6	103.7	103.7	107.0	108.7
自有住房	Private Housing	106.2	108.7	105.4	100.9	100.0
生活用品及服务	**Daily Necessities and Services**	**100.3**	**99.4**	**101.5**	**101.5**	**101.5**
家具及室内装饰品	Furniture and Interior Decorations	102.2	100.5	102.9	106.0	100.2
家具	Furniture	102.2	100.7	102.3	106.3	99.9
室内装饰品	Interior Decorations	101.8	99.6	106.2	103.2	102.5
家用器具	Home Appliances	99.2	98.1	99.2	101.5	100.3
家用纺织品	Home Textiles	90.0	85.6	90.5	99.1	100.1
家庭日用杂品	Daily Use Household Articles	101.2	100.5	104.9	99.4	103.6
个人护理用品	Personal Care Supplies	101.1	101.0	101.0	102.0	101.1
家庭服务	Home Services	103.8	104.4	103.8	100.5	101.7

5-4 续 (continued)

(上年=100) (preceding year=100)

项　目	Item	全省 Total	海口市 Haikou	三亚市 Sanya	文昌市 Wen chang	琼中县 Qiong zhong
交通和通信	**Transportation and Communication**	**102.0**	**101.9**	**102.1**	**103.0**	**100.8**
交通	Transportation	103.9	104.1	104.0	104.2	101.6
交通工具	Transportation Facility	102.1	102.5	102.8	101.7	98.1
交通工具用燃料	Fuel for Vehicles	107.6	107.6	107.6	107.7	107.8
交通工具使用和维修	Use and Maintenance for Vehicle	102.9	104.4	102.8	100.4	98.3
交通费	Car Fare	102.8	102.1	102.3	107.2	101.6
通信	Communication	99.2	98.5	99.6	101.2	99.2
通信工具	Communication Facility	94.8	92.3	97.6	98.1	98.1
通信服务	Communication Service	100.4	100.0	100.0	102.3	100.0
邮递服务	Postal Service	99.7	99.9	100.0	100.0	92.4
教育文化和娱乐	**Education, Culture and Entertainment**	**104.4**	**103.9**	**105.2**	**104.6**	**106.1**
教育	Education	105.5	105.0	106.3	105.3	108.2
教育用品	Education Products	102.3	102.1	100.8	104.3	101.6
教育服务	Education Services	105.9	105.3	106.9	105.4	109.4
文化娱乐	Cultural and Recreational Articles	102.8	102.5	103.8	103.2	100.8
文娱耐用消费品	Durable Consumer Goods for Recreational	100.1	101.0	95.5	101.6	100.6
其他文娱用品	Other Goods for Recreational Use	101.7	101.5	103.1	101.5	100.6
文化娱乐服务	Cultural and Recreational Services	103.6	104.0	100.7	106.4	100.5
旅游	Touring and Outing	104.8	102.6	110.7	104.7	102.6
医疗保健	**Health Care**	**111.1**	**114.8**	**104.9**	**110.3**	**103.9**
药品及医疗器具	Drugs and Medical Devices	114.9	112.9	111.5	124.1	110.7
中药	Traditional Chinese Medicine	120.5	117.1	105.9	139.7	116.3
西药	Western Medicine	116.1	113.7	115.8	125.3	108.2
滋补保健品	Tonics	111.7	113.1	109.8	111.5	106.1
医疗卫生器具	Medical Appliance	104.1	103.7	102.7	102.7	118.6
保健器具	Health Care Appliance	101.7	100.0	114.8	93.9	100.0
医疗服务	Medical Services	108.3	116.1	100.2	100.0	99.0
综合医疗类	General Medical Practice	117.3	134.9	100.0	100.0	95.0
诊断类	Diagnoses	102.8	105.5	99.5	100.0	100.1
治疗类	Therapy	109.6	118.2	100.7	100.0	100.0
康复类	Rehabilitation	103.6	105.8	103.0	100.0	100.0
中医医疗服务类	Traditional Chinese Medical Services	109.9	119.3	100.5	100.0	100.0
其他医疗服务	Other Medical Services	103.7	106.9	100.0	100.0	100.0
其他用品和服务	**Other Supplies and Services**	**103.1**	**104.4**	**99.1**	**102.3**	**104.1**
其他用品类	Other Supplies	99.3	99.4	95.3	101.8	100.8
其他服务类	Other Services	106.4	108.5	102.3	102.8	106.4
旅馆住宿	Hotel Expense	102.2	101.4	105.2	102.3	100.9

5-5 分城乡商品零售价格指数(2017)
Retail Price Indices by Urban and Rural Areas (2017)

(上年=100)

项 目	Item	全 省 Total	城 市 Urban Household	农 村 Rural Household
商品零售价格指数	**Retail Price Index**	**102.0**	**101.8**	**103.1**
食品	**Food**	**100.3**	**100.5**	**98.8**
粮食	Grain	101.7	101.8	101.0
食用油	Edible Oil	99.6	100.5	94.4
菜	Vegetables	94.6	94.9	93.3
鲜菜	Fresh Vegetables	94.1	94.3	92.9
畜肉类	Livestock Meat	97.7	98.3	94.6
禽肉类	Poultry	102.0	102.8	96.9
水产品	Aquatic Products	101.9	102.1	100.5
蛋类	Eggs	96.1	96.6	93.7
奶类	Dairy	99.4	99.6	97.7
干鲜瓜果类	Dried and Fresh Melons and Fruits	103.5	102.7	109.2
鲜瓜果	Fresh Melons and Fruits	104.2	103.1	111.2
糖果糕点类	Confectionery	102.8	102.5	104.4
食糖	Sugar	112.7	109.7	124.3
调味品	Flavoring	105.0	105.8	101.4
其他食品	Other Food	97.8	96.9	102.3
在外餐饮	Eating Outside	103.0	102.8	104.2
饮料、烟酒	**Beverages,Tobacco and Liquor**	**100.2**	**100.4**	**98.4**
茶及饮料	Tea and Beverages	100.7	101.1	97.9
烟草	Tobacco	100.0	99.9	100.2
酒类	Liquor	100.0	100.6	95.8
服装、鞋帽	**Garments,Shoes and Hats**	**98.0**	**97.0**	**103.6**
服装	Garments	97.2	96.4	102.1
鞋帽袜	Footgear and Hats	99.7	98.0	108.7
鞋	Shoes	99.6	97.7	109.8
纺织品	**Textiles**	**89.6**	**87.8**	**99.1**
服装材料	Clothing Materials	103.6	104.5	99.5
床上用品	Bedding	85.3	82.8	99.0
家用电器及音像器材	**Household Appliances,Music and Video Equipment**	**99.3**	**99.0**	**101.7**
文化办公用品	**Culture and Office Appliances**	**99.5**	**99.2**	**101.4**
日用品	**Articles for Daily Use**	**100.4**	**100.6**	**99.6**
日用百货	General Merchandise for Daily Use	101.7	102.2	99.0
清洗用品	Clothing Materials	97.5	97.5	97.3
体育娱乐用品	**Sports and Recreation Articles**	**99.5**	**99.6**	**98.9**
交通、通信用品	**Transportation and Communication Appliances**	**99.5**	**99.5**	**100.0**
家具	**Furniture**	**101.6**	**101.1**	**105.4**
化妆品	**Cosmetics**	**101.9**	**102.0**	**101.0**
金银饰品	**Gold and Silver Accessories**	**101.3**	**101.4**	**100.1**
中西药品及医疗保健用品	**Traditional Chinese and Western Medicines and Medical and Health Care Articles**	**114.1**	**112.7**	**123.3**
医疗卫生器具	Medical Appliance	103.6	103.4	105.1
中药	Traditional Chinese Medicine	117.7	114.5	135.2
西药	Western Medicine	115.2	114.2	122.0
保健器具及用品	Health Care Appliance and Supplies	110.8	111.1	108.5
书报杂志及电子出版物	**Book,Newspapers,Magazines andElectronic Publications**	**103.6**	**103.4**	**105.0**
燃料	**Fuels**	**108.5**	**108.0**	**111.8**
建筑材料及五金电料	**Building Materials and Hardware**	**105.6**	**106.2**	**102.5**
建筑装璜材料	Building Decoration Materials	106.7	107.9	100.6
五金水暖	Hardware and Plumbing	102.2	101.0	109.5

5-5 续 (continued)

(上年=100) (preceding year=100)

项 目	Item	海口市 Haikou	三亚市 Sanya	文昌市 Wen chang	琼中县 Qiong zhong
商品零售价格指数	**Retail Price Index**	**101.7**	**102.1**	**103.4**	**101.9**
食品	**Food**	**100.2**	**101.8**	**99.0**	**97.9**
粮食	Grain	101.0	104.5	100.9	101.6
食用油	Edible Oil	100.7	100.1	96.1	87.7
菜	Vegetables	94.6	95.7	92.8	96.1
鲜菜	Fresh Vegetables	94.1	95.1	92.2	96.6
畜肉类	Livestock Meat	98.3	98.2	94.9	93.6
禽肉类	Poultry	102.8	102.9	96.0	101.0
水产品	Aquatic Products	100.3	107.8	100.8	99.2
蛋类	Eggs	97.1	94.6	92.8	98.7
奶类	Dairy	100.4	96.9	97.7	97.5
干鲜瓜果类	Dried and Fresh Melons and Fruits	102.4	103.7	111.2	102.0
鲜瓜果	Fresh Melons and Fruits	103.0	103.8	113.2	103.5
糖果糕点类	Confectionery	101.9	105.0	104.2	105.6
食糖	Sugar	105.6	125.5	126.1	111.5
调味品	Flavoring	106.8	101.6	100.5	106.0
其他食品	Other Food	96.7	97.7	103.5	98.0
在外餐饮	Eating Outside	102.3	104.5	104.7	101.5
饮料、烟酒	**Beverages,Tobacco and Liquor**	**101.0**	**98.7**	**97.9**	**100.4**
茶及饮料	Tea and Beverages	102.0	98.3	97.5	99.7
烟草	Tobacco	100.0	99.7	100.0	101.1
酒类	Liquor	101.5	97.8	94.8	99.8
服装、鞋帽	**Garments,Shoes and Hats**	**97.0**	**97.2**	**103.4**	**104.7**
服装	Garments	96.0	97.8	101.4	105.3
鞋帽袜	Footgear and Hats	99.0	94.1	109.9	103.6
鞋	Shoes	98.8	93.8	111.0	103.7
纺织品	**Textiles**	**87.2**	**90.4**	**99.1**	**99.3**
服装材料	Clothing Materials	105.7	100.0	100.0	97.6
床上用品	Bedding	81.9	87.1	98.8	99.8
家用电器及音像器材	**Household Appliances,Music and Video Equipment**	**99.5**	**97.4**	**101.9**	**100.6**
文化办公用品	**Culture and Office Appliances**	**99.2**	**99.4**	**101.6**	**100.0**
日用品	**Articles for Daily Use**	**100.0**	**102.5**	**99.2**	**101.3**
日用百货	General Merchandise for Daily Use	101.8	103.2	98.4	101.7
清洗用品	Clothing Materials	96.4	101.1	96.5	101.3
体育娱乐用品	**Sports and Recreation Articles**	**99.5**	**99.9**	**98.8**	**99.5**
交通、通信用品	**Transportation and Communication Appliances**	**99.2**	**100.5**	**100.2**	**98.7**
家具	**Furniture**	**100.7**	**102.3**	**106.2**	**100.0**
化妆品	**Cosmetics**	**102.4**	**99.9**	**101.0**	**101.6**
金银饰品	**Gold and Silver Accessories**	**101.5**	**101.2**	**99.7**	**102.1**
中西药品及医疗保健用品	**Traditional Chinese and Western Medicines and Medical and Health Care Articles**	**113.2**	**111.2**	**126.0**	**111.2**
医疗卫生器具	Medical Appliance	103.7	102.7	102.7	118.6
中药	Traditional Chinese Medicine	117.1	105.9	139.7	116.3
西药	Western Medicine	113.7	115.8	125.3	108.2
保健器具及用品	Health Care Appliance and Supplies	111.2	110.6	109.1	105.4
书报杂志及电子出版物	**Book,Newspapers,Magazines andElectronic Publications**	**103.0**	**105.0**	**105.4**	**102.7**
燃料	**Fuels**	**107.6**	**109.4**	**111.5**	**113.5**
建筑材料及五金电料	**Building Materials and Hardware**	**107.1**	**103.5**	**103.0**	**100.3**
建筑装璜材料	Building Decoration Materials	109.3	104.0	100.8	99.8
五金水暖	Hardware and Plumbing	100.7	101.8	110.9	102.1

5-6 农业生产资料价格指数(2017)
Price Indices for Means of Agricultural Production (2017)

(上年=100) (preceding year=100)

项 目	Item	全 省 Total	文昌市 Wenchang	琼中县 Qiongzhong
农业生产资料价格指数	**Price Indices for Means of Agricultural Production**	**99.9**	**100.3**	**98.6**
农用手工工具	Farm Handtools	111.9	117.2	100.1
饲料	Forage	97.6	99.9	90.9
仔畜幼禽及产品畜	Cubs and Livestock Products	87.2	87.4	86.8
半机械化农具	Semi-mechanized Farm Tools	100.3	100.0	100.8
机械化农具	Mechanized Farm Machinery	101.9	102.2	100.1
化学肥料	Chemical Fertilizer	101.6	101.7	101.4
农药及农药器械	Pesticide and Its Appliances	103.4	102.7	106.0
化学农药	Chemical Pesticide	103.5	102.8	105.7
农药器械	Chemical Pesticide Appliances	102.8	100.0	110.2
农用机油	Oil for Farm Machinery	108.7	108.5	109.3
其他农业生产资料	Others Means of Agricultural Production	99.8	100.0	99.3
农用种子	Agricultural seed	100.0	100.0	100.0
农业生产服务	Service for Agricultural Production	102.1	100.1	110.5

5-7 按工业部门分工业生产者出厂价格指数
Producer Price Indices for Industrial Products by Industrial Department

(上年=100) (preceding year=100)

年 份 Year	总 指 数 General Index	冶金工业 Metallurgica lIndustry	电力工业 Power Industry	煤炭及炼焦工业 Coal and Coking Industry	石油工业 Petroleum Industry	化学工业 Chemical Industry	机械工业 Machine Manufacture Industry	建筑材料工业 Building Materials Industry
2003	99.5	110.5	100.9	112.9	103.4	102.0	94.1	99.8
2004	100.0	131.7	100.8	91.1	103.0	99.1	88.3	109.9
2005	99.5	118.3	100.2	100.0	109.8	101.8	87.9	99.2
2006	100.8	97.4	100.0	100.0	119.7	98.1	99.1	87.6
2007	102.7	110.8	100.2	100.8	100.5	100.7	98.8	117.1
2008	104.5	112.6	102.2	118.2	109.7	102.5	97.8	120.1
2009	90.6	74.1	104.0	113.0	87.4	91.7	98.5	93.7
2010	107.7	116.5	101.0	110.7	111.9	108.4	103.4	102.0
2011	108.8	117.2	102.6	109.7	114.9	105.0	101.0	115.4
2012	100.8	91.5	101.3	100.0	104.5	100.3	99.1	90.0
2013	99.5	100.2	100.5	100.0	98.6	100.8	98.7	92.9
2014	97.6	84.0	100.3	100.0	95.4	98.4	99.6	117.6
2015	89.8	73.5	107.9	100.0	73.1	96.0	99.6	83.6
2016	96.0	97.3	102.2		88.2	97.5	98.5	102.0
2017	108.8	106.5	99.9		115.5	113.4	94.0	114.8

5-7 续(continued)

(上年=100) (preceding year=100)

年 份 Year	森林工业 Timber Industry	食品工业 Food Industry	纺织工业 Textile Industry	缝纫工业 Tailoring Industry	皮革工业 Leather Industry	造纸工业 Paper Industry	文教艺术用品工业 Cultural, Educational & Handicrafts Articles	其它工业 Other Industry
2003	97.3	97.9	99.3	92.8	88.2	99.3	99.9	101.9
2004	102.1	101.6	99.5	101.8	99.2	100.0	99.7	114.6
2005	104.5	101.0	95.9	100.0	105.5	101.1	104.8	108.6
2006	103.0	103.6	95.7	99.0	132.5	107.0	98.6	106.9
2007	105.0	101.7	95.7	101.7	112.7	106.7	100.9	110.2
2008	101.5	106.1	96.1	102.9	122.4	99.2	104.7	107.5
2009	97.7	99.7	84.2	102.2	79.4	79.4	105.2	100.2
2010	105.4	105.1	105.6	95.2	122.6	108.0	99.8	105.2
2011	109.4	109.8	106.3	95.6	200.4	96.6	117.8	115.1
2012	108.3	101.3	89.9	93.1	79.5	98.9	105.6	116.3
2013	104.6	101.3	93.9	92.3	135.2	101.8	99.9	97.4
2014	101.7	99.2	96.1	99.5	97.3	89.8	97.9	95.1
2015	110.4	99.4	99.9	100.0	100.0	102.8	99.2	116.0
2016	99.2	99.7	101.1			95.1	96.4	109.5
2017	102.6	101.8	104.7			110.3	100.7	103.6

5-8 按工业行业分工业生产者出厂价格指数
Producer Price Indices for Industrial Products by Sector

(上年=100) (preceding year=100)

行 业	Sector	217
工业品出厂价格指数	**Producer Price Indices for Industrial Products**	**108.8**
石油和天然气开采业	Extraction of Petroleum and Natural Gas	135.5
黑色金属矿采选业	Mining and Processing of Ferrous Metal Ores	92.5
有色金属矿采选业	Mining and Processing of Non-Ferrous Metal Ores	119.9
非金属矿采选业	Mining and Processing of Nonmetal Ores	99.3
农副食品加工业	Processing of Food from Agricultural Products	102.4
食品制造业	Manufacture of Foods	101.0
酒、饮料和精制茶制造业	Manufacture of Alcohol,Beverage and Refined Tea	102.0
烟草制品业	Manufacture of Tobacco	100.0
纺织业	Manufacture of Textile	104.7
木材加工及木、竹、藤、棕、 草制品业	Processing of Timber, Manufacture of Wood, Bamboo, Rattan, Palm and Straw Products	103.1
家具制造业	Manufacture of Furniture	100.0
造纸及纸制品业	Manufacture of Paper and Paper Products	110.3
印刷业和记录媒介的复制	Printing, Reproduction of Recording Media	100.1
文教、工美、体育和娱乐用品制造业	Culture and Education，Arts and Crafts，Sports and Recreation Manufcturing	106.8
石油加工、炼焦及核燃料加工业	Processing of Petroleum, Coking and Nuclear Fuel	115.1
化学原料及化学制品制造业	Manufacture of Raw Chemical Materials and Chemical Products	117.9
医药制造业	Manufacture of Medicines	103.7
橡胶和塑料制品业	Manufacture of Rubber and Plastics	116.6
非金属矿物制品业	Manufacture of Non-metallic Mineral Products	114.9
黑色金属冶炼及压延加工业	Smelting and Pressing of Ferrous Metals	116.5
有色金属冶炼及压延加工业	Smelting and Pressing of Non-ferrous Metals	104.9
金属制品业	Manufacture of Metal Products	112.4
通用设备制造业	Manufacture of General Purpose Machinery	100.0
专用设备制造业	Manufacture of Special Purposes Machinery	100.2
汽车制造业	Automotive Industry	90.2
铁路、船舶、航空航天和其他运输设备制造业	Manufacture of Railways,Ships,Aerospace and Other transport Equipment	90.5
电气机械及器材制造业	Manufacture of Electrical Machinery and Apparatus	99.0
计算机、通信和其他电子设备制造业	Manufacture of Computer, Communications and Other Electronic Equipment	100.2
废弃资源综合利用业	Comprehensive Utilization of Waste Resources	100.0
金属制品、机械和设备修理业	Metal Products,Machinery and Equipment Repair Sercices	100.0
电力、热力的生产和供应业	Production and Supply of Electric Power and Heat Power	99.9
燃气生产和供应业	Production and Supply of Gas	103.4
水的生产和供应业	Production and Supply of Water	102.9

5-9 工业生产者出厂价格分类指数
Producer Price Indices for Industrial Products by Category

(上年=100) (preceding year=100)

类别	Item	2005	2010	2015	2016	2017
全部工业品	**Total Producer Price Indices**	**99.5**	**107.7**	**89.8**	**96.0**	**108.8**
生产资料	**Means of Production**	**106.4**	**108.6**	**86.2**	**94.8**	**111.0**
采掘工业	Mining & Quarrying Industry	115.4	126.1	70.7	95.5	109.3
原材料工业	Raw Materials Industry	103.0	109.7	84.4	93.8	112.0
加工工业	Processing Industry	107.3	103.0	93.3	97.0	108.7
生活资料	**Consumer Goods**	**93.2**	**104.6**	**100.2**	**100.9**	**100.2**
食品类	Food	98.1	105.5	101.1	101.5	102.4
衣着类	Clothing	101.3	95.2	100.0		
一般日用品	Articles for Daily Use	105.4	101.5	97.0	100.1	103.4
耐用消费品	Durable Consumer Goods	85.9	103.3	101.5	100.4	89.4

5-10 固定资产投资价格分类指数
Price Indices for Investment in Fixed Assets by Category

(上年=100) (preceding year=100)

年 份 Year	固定资产投资价格指数 Price Indices for Investment in Fixed Assets	建筑安装、装饰工程 Construction and Installation	设备、工器具购置 Purchase of Equipment and Instruments	其他费用 Others
2003	103.2	105.7	99.2	100.5
2004	105.6	109.7	100.0	101.7
2005	101.2	101.4	99.8	103.9
2006	101.0	100.7	100.7	102.5
2007	106.1	109.9	100.2	102.2
2008	113.3	118.7	100.6	107.2
2009	97.7	97.2	97.6	100.0
2010	105.2	105.5	100.3	109.7
2011	106.4	108.2	101.1	103.3
2012	102.0	102.5	98.9	102.9
2013	99.3	98.9	99.0	101.1
2014	100.6	100.6	99.7	101.1
2015	99.4	99.2	99.3	100.3
2016	100.1	100.4	98.9	99.6
2017	104.1	105.2	100.6	101.8

(2002=100)

年 份 Year	固定资产投资价格指数 Price Indices for Investment in Fixed Assets	建筑安装、装饰工程 Construction and Installation	设备、工器具购置 Purchase of Equipment and Instruments	其他费用 Others
2002	100. 0	100. 0	100. 0	100. 0
2003	103. 2	105. 7	99. 2	100. 5
2004	109. 0	116. 0	99. 2	102. 2
2005	110. 3	117. 6	99. 0	106. 2
2006	111. 4	118. 4	99. 7	108. 9
2007	118. 2	130. 1	99. 9	111. 3
2008	133. 9	154. 4	100. 5	119. 3
2009	130. 8	150. 1	98. 1	119. 3
2010	137. 6	158. 4	98. 4	130. 9
2011	146. 4	171. 4	99. 5	135. 2
2012	149. 3	175. 7	98. 4	139. 1
2013	148. 3	173. 8	97. 4	140. 6
2014	149. 2	174. 8	97. 1	142. 1
2015	148. 3	173. 4	96. 4	142. 5
2016	148. 4	174. 1	95. 3	141. 9
2017	154. 5	183. 2	95. 9	144. 5

5-11 建筑安装、装饰工程价格分类指数
Price Indices of Construction and Installation by Category

(上年=100) (preceding year=100)

项　目	Item	2005	2010	2015	2016	2017
建筑安装、装饰工程	**Price Indices of Construction and Installation**	**101.4**	**105.5**	**99.2**	**100.4**	**105.2**
人工费	**Labor costs**	**105.5**	**114.4**	**102.3**	**101.2**	**102.6**
工程管理人员	Supervisor of Construction	101.7	110.4	103.1	101.0	104.1
工程技术人员	Engineering Technical Personnel	102.0	112.6	103.2	100.7	103.1
普通工人	Ordinary Workers	106.9	115.4	102.0	101.5	102.3
材料费	**Materials costs**	**99.5**	**103.0**	**98.0**	**100.1**	**106.1**
钢材	Roll Steel	99.4	101.8	95.2	97.1	111.9
木材	Timber	103.9	102.1	103.5	99.7	101.7
水泥	Cement	99.4	104.3	97.7	99.1	104.6
地方建筑材料	Indigenous Construction Material	98.7	103.1	100.5	103.3	105.8
化工材料	Chemical Materials	101.4	107.2	96.5	99.5	103.8
电料	Electrical Materials and Appliances	103.0	104.7	101.3	99.8	103.3
其他材料	Other Materials	101.3	107.8	101.6	100.1	103.7
机械费	**Machinery Fees**	**104.1**	**101.7**	**102.1**	**100.6**	**103.4**
土石方及筑路机械	Earthwork and Road Construction Machinery	100.1	101.4	101.1	100.5	103.1
打桩机械	Piling Machinery	99.4	105.6	99.6	99.9	102.7
起重机械	Hoisting Machinery	102.0	102.4	102.4	101.5	107.3
运输机械	Transport Machinery	108.8	101.9	103.0	100.4	103.6
混凝土及砂浆机械	Concrete and Mortar Machinery	101.7	101.4	101.1	100.2	101.5
加工机械	Processing Machinery	103.2	103.2	102.9	102.3	102.2
泵类机械	Pump Machinery	100.7	100.4	102.3	101.0	100.3
船舶机械	Marine Machinery		107.9	100.0		111.5
其他机械	Other Machineries	102.4	101.1	100.9	100.4	102.8

主要统计指标解释

居民消费价格指数 是反映一定时期内城乡居民所购买的生活消费品和服务项目价格变动趋势和程度的相对数，是对城市居民消费价格指数和农村居民消费价格指数进行综合汇总计算的结果。通过该指数可以观察和分析消费品的零售价格和服务项目价格变动对城乡居民实际生活费支出的影响程度。

城市居民消费价格指数 是反映一定时期内城市居民家庭所购买的生活消费品价格和服务项目价格变动趋势和程度的相对数。通过该指数可以观察和分析消费品的零售价格和服务项目价格变动对城镇居民收入和消费支出的影响。

农村居民消费价格指数 是反映一定时期内农村居民家庭所购买的生活消费品价格和服务项目价格变动趋势和程度的相对数。该指数可以观察农村消费品的零售价格和服务项目价格变动对农村居民收入和生活消费支出的影响。

商品零售价格指数 是反映一定时期内城乡商品零售价格变动趋势和程度的相对数。商品零售价格的变动与国家的财政收入、市场供需的平衡、消费与积累的比例关系有关。因此，该指数可以从一个侧面对上述经济活动进行观察和分析。

农业生产资料价格指数 指反映一定时期内农业生产资料价格变动趋势和程度的相对数。其编制目的是了解农业生产中投入物质资料价格的变动状况，服务于国民经济核算。1994 年以前，农业生产资料价格指数仅仅是商品零售价格指数的一个类别，此后，从商品零售价格指数中分离出来，单独编制。

工业生产者出厂价格指数 是反映一定时期内全部工业产品出厂价格总水平的变动趋势和程度的相对数，包括工业企业售给本企业以外所有单位的各种产品和直接售给居民用于生活消费的产品。该指数可以观察出厂价格变动对工业总产值及增加值的影响。

工业生产者购进价格指数 是反映工业企业作为生产投入，而从物资交易市场和能源、原材料生产企业购买原材料、燃料和动力产品时，所支付的价格水平变动趋势和程度的统计指标，是扣除工业企业物质消耗成本中的价格变动影响的重要依据。

固定资产投资价格指数 是反映一定时期内固定资产投资品及取费项目的价格变动趋势和程度的相对数。固定资产投资额是由建筑安装工程投资完成额、设备工器具购置投资完成额和其他费用投资完成额三部分组成的。编制固定资产投资价格指数应首先分别编制上述三部分投资的价格指数，然后采用加权算术平均法求出固定资产投资价格总指数。

Explanatory Notes on Main Statistical Indicators

Consumer Price Index reflects the trend and degree of changes in prices of consumer goods and services purchased by urban and rural residents, and is a composite index derived from the urban consumer price index and the rural consumer price index. Consumer price index can be used to analyze the impact of consumer price change on actual expenditure for living cost of urban and rural residents.

Consumer Price Index of Urban Household reflects the trend and degree of changes in prices of consumer goods and services purchased by urban households during a given period. It can be used to observe and analyze the impact of price changes in consumer goods and services on urban household income and consumption expenditure.

Consumer Price Index of Rural Household reflects the trend and degree of changes in prices of consumer goods and services purchased by rural households during a given period. It can be used to observe the impact of change in retail prices of consumer goods and service prices on rural household income and consumption expenditure on living.

Retail Price Index reflect the trend and degree of change in retail prices of commodities during a given period. The change in retail prices of commodities is related to government revenue, the equilibrium of market supply and demand, and the ratio of consumption to accumulation. Therefore, the retail price indices are useful from an oblique perspective for observing and analyzing the changes of the above economic activities.

Price Index for Means of Agricultural Production reflects the trend and degree of changes in the prices of the means of agricultural production during a given period. Compilation of these indices helps to understand the price changes of material input in agricultural production and facilitate the compilation of national accounts. Before 1994, price indices for means of agricultural production were a sub-category in the retail price indices for commodities, and it has been compiled separately since 1994.

Producer Price Index for Industrial Products reflect the trend and degree of changes in general ex-factory prices of all manufactured goods during a given period, including sales of manufactured goods by an industrial enterprise to all units outside the enterprise, as well as sales of consumer goods to residents. It can be used to analyze the impact of ex-factory prices on gross output value and value-added of the industrial sector.

Purchasing Price Index for Industrial Producers reflect changes in the level and degree of prices paid by industrial enterprises when they purchase production input such as raw materials, fuels and power from the market or from other energy or raw materials producing enterprises. These indices provide an important basis for measuring the material consumption of industrial enterprises after removing the influence of price changes.

Price Index for Investment in Fixed Assets reflect the trend and degree of changes in prices of investment goods and projects in fixed assets during a given period. The investment in fixed assets consists of three components, namely the investment in construction and installation, the investment in purchases of equipment and instrument, and the investment in other items. Price indices for investment in fixed assets are calculated as the weighted arithmetic mean of the price indices for the three components of investment in fixed assets.

人民生活
People's Living Conditions

编辑人员： 云宇 叶薇

Compiled by Yun Yu Ye Wei

英文翻译：成晓

Translated by Cheng Xiao

简要说明

一、本篇资料的主要内容

本篇资料反映我省人民生活现状及变化情况，分为全体居民生活、城镇居民生活和农村居民生活三部分。

二、居民生活状况资料来源

本表资料来源于国家统计局海南调查总队组织实施的居民收支和生活状况调查。2012 年以前，居民生活状况调查分开组织为城镇住户调查和农村住户调查，二者的指标口径、抽样方法均有不同；2013 年起国家统计局实施了城乡住户调查一体化改革，统一了抽样方法、指标口径等。本篇所收录的 2013 年及之后年份的居民收支及生活状况数据资料来源于全省住户收支与生活状况调查（以下简称住户调查）；2012 年及以前年份的数据资料来源分别开展的城镇住户调查和农村住户调查，其中，2012 年及以前年份的分城乡居民收支数据是分别按照城乡住户调查方案采集和汇总，编辑过程中尽量与以往年鉴资料保持一致。

三、住户调查的对象

住户调查对象为海南住户，既包括城镇住户，也包括农村住户；既包括以家庭形式居住的户，也包括以集体形式居住的户。无论户口性质和户口登记地，均以住户为单位，在常住地参加本调查。

四、住户调查的内容

住户调查内容主要包括居民现金和实物收支情况、住户成员及劳动力从业情况、居民家庭食品和能源消费情况、住房和耐用消费品拥有情况、家庭经营和生产投资情况、社区基本情况以及其他民生状况等。具体内容由本方案的记账项目、问卷项目和汇总指标共同规定。

五、住户调查样本的抽选

样本抽选包括抽样方法设计、县级调查网点代表性评估、调查小区抽选以及摸底调查、调查住宅抽选、调查户落实等现场抽样工作。

住户调查的抽样方法由国家统计局制定。样本量按满足以下代表性需求的标准确定：在 95%的置信度下，分省居民及分省分城乡居民人均可支配收入、消费支出以及主要收入项和消费项的抽样误差控制在 3%以内（个别人口较少的省在 5%以内）。国家统计局使用统一的抽样框，以省为总体，在对县级调查网点代表性进行评估的基础上，采用分层、多阶段随机抽样方法抽选调查住宅，确定调查户。抽中调查小区五年内保持不变。样本住户的调查周期为 3 年或 2 年，第三年末在调查小区内一次性全部轮换。

Brief Introduction

I. Main Contents

Data in this chapter show the people's living conditions and its changes in Hainan province, which includes three parts about the life of all residents, urban and rural households respectively.

II. Sources of Data on the Living Conditions of Residents

Data on this chapter come from the survey of residents' income and expenditure and living conditions which carried out by Survey Office of the National Bureau of Statistics in Hainan. Before 2012, this survey project was divided into two separate survey: survey of living conditions of urban household and of rural household. The index specifications and sampling method of both were different. Since 2013, National Bureau of statistics has implemented the integrated reform of urban and rural household survey, unified sampling methods and index specifications etc. The data collected in this chapter for 2013 and later years were derived from the Survey of residents' income, expenditure and living conditions survey (hereinafter referred to as household survey); data for 2012 and previous years were derived from urban and rural household surveys which launched respectively, collected and summarized according to the urban and rural household survey scheme respectively, and was consistent with previous yearbooks in the editing process as far as possible.

III. Subjects of household survey

The subjects of the household survey were households in Hainan, including both urban and rural households, households living in the form of families and households living in groups.The household is used as a unit to participate in the survey in the place of permanent residence, regardless of the type of the household and the place of registration.

IV. The contents of household survey

The main contents of household survey include cash and in-kind income and expenditure, household membership and labor employment, food and energy consumption, housing and the possession of durable consumer goods, family management and production investment, the basic situation of community and other livelihood status etc.The specific contents are stipulated by the project, the item of the questionnaire and the aggregate index.

V. Selection of household survey sample

Sample selection includes design of sampling method, representative evaluation of county level survey sites, selection of survey area, pre-investigation, selection of residential sample, determination of survey samples and other on-site sampling work.

The sampling method of household survey was formulated by the National Bureau of statistics.

Sample size is determined according to the criteria that meet the following representational needs: under the confidence level of 95%, the sampling error of per capita disposable income and consumption expenditure of all, urban and rural residents as well as major income and consumption items should not exceed ±3%(the sampling error of province with less population controlled within 5%).National bureau of statistics used the unified sampling frame, which take the province as a whole, and used stratified multistage random sampling method which based on evaluation of the county level investigation site representative to select residential sample and determine survey samples .The survey area remained unchanged for five years. The survey cycle of the sample households was 3 years or 2 years, and all sample households will be completely replaced at one time within the investigation community at the end of third year.

6-1 全省城乡居民家庭人均收入情况
Per Capita Disposable Income of Urban and Rural Households

年 份 Year	城乡居民人均可支配收入(元) Per Capita Disposable Income of Households (yuan)	城镇常住居民人均可支配收入(元) Per Capita Disposable Income of Urban Households (yuan)	农村常住居民人均可支配收入(元) Per Capita Disposable Income of Rural Households (yuan)	城镇居民家庭恩格尔系数(%) Engle Coefficient of Urban Households (%)	农村居民家庭恩格尔系数(%) Engle Coefficient of Rural Households (%)
1987		986	502		61.0
1988		1196	609	64.0	57.8
1989		1367	696	62.9	57.6
1990		1650	778	60.7	63.5
1991		1799	916	62.1	60.6
1992		2318	1026	60.9	62.9
1993		3072	1320	61.8	52.6
1994		3920	1620	60.5	56.6
1995		4770	1872	59.3	59.7
1996		4926	2156	58.6	57.1
1997		4850	1820	57.0	53.8
1998		4853	1966	55.0	61.6
1999		5338	2119	51.2	54.1
2000		5358	2231	49.3	56.9
2001		5839	2285	46.3	59.0
2002		6823	2423	45.4	59.1
2003		7259	2588	44.8	57.6
2004		7736	2818	46.9	58.9
2005		8124	3004	47.6	57.6
2006		9395	3256	43.5	53.4
2007		10997	3791	42.8	56.0
2008		12608	4390	44.9	53.4
2009		13751	4744	44.7	53.1
2010		15581	5275	44.8	50.0
2011		18369	6446	44.9	51.8
2012		20918	7408	45.4	50.9
2013		22929	8343	44.8	49.5
2014	17476	24487	9913	38.0	43.2
2015	18979	26356	10858	38.2	42.7
2016	20653	28453	11843	39.0	43.2
2017	22553	30817	12902	37.2	41.9

注：1. 表中2014-2017年人均可支配收入来源于一体化住户收支与生活状况调查，1987-2013年来源于城镇、农村住户调查，其中农村居民收入为纯收入（下同）。2. 可支配收入和纯收入绝对数按当年价格计算。

Note: Since 2014, the National Bureau of Statistics (NBS) carries out the integration survey on the income,expenditure and living conditions of urban and rural households.Data in 2014 cannot directly compare to those in 2013 and the year before.(the same to the following tables)

6-2 各市县城乡居民可支配收入(2017)
Per Capita Disposable Income of Households by Region (2017)

单位：元 (yuan)

地 区	Region	城乡居民人均可支配收入(元) Per Capita Disposable Income of Households (yuan)	城镇常住居民人均可支配收入(元) Per Capita Disposable Income of Urban Households (yuan)	农村常住居民人均可支配收入(元) Per Capita Disposable Income of Rural Households (yuan)
全省总计	**Total**	**22553**	**30817**	**12902**
海口市	Haikou	28701	33320	13763
三亚市	Sanya	28014	33638	14570
五指山市	Wuzhishan	18584	25635	10476
文昌市	Wenchang	21879	30371	13650
琼海市	Qionghai	21373	30448	14213
万宁市	Wanning	20823	29862	13692
定安县	Ding'an	18793	28235	12408
屯昌县	Tunchang	18533	26963	12379
澄迈县	Chengmai	21055	30354	13862
临高县	Lingao	17541	26030	11789
儋州市	Danzhou	20831	28860	13374
东方市	Dongfang	20267	29983	13147
乐东县	Ledong	16526	25563	12175
琼中县	Qiongzhong	16175	27095	10840
保亭县	Baoting	16595	27382	10792
陵水县	Lingshui	18425	27310	12185
白沙县	Baisha	15496	26342	10739
昌江县	Changjiang	22031	31337	12650

6-3 城镇居民家庭基本情况
Basic Conditions of Urban Households

项　　目	Item	2005	2010	2012	2013	2014	2015	2016	2017
调查户数(户)	Number of Households Surveyed (household)	600	600	600	720	720	720	720	720
平均每户家庭人口数(人)	Average Household Size (person)	3.6	3.3	3.3	3.3	3.4	3.4	3.6	3.6
平均每户就业人口数(人)	Average Number of Employed Persons per Household (persons)	1.6	1.5	1.6	1.7	1.7	1.7	1.8	1.8
平均每户就业面(%)	Proportion of Employment per Household (%)	43.3	46.5	47.3	51.1	50.9	50.0	50.0	50.0
平均每一就业者负担人数(人)	Number of Dependents per Employed Person (person)	2.3	2.2	2.1	2.0	2.0	2.0	2.0	2.1
平均每人全年家庭总收入(元)	Per Capita Annual Total Income of Household(yuan)	8670	16930	22810	24920	26315	28542	31620	34576
#可支配收入	Disposable Income	8124	15581	20918	22929	24487	26356	28453	30817
平均每一就业者全年实际收入(元)	Per Capita Annual Real Income of Employed Person (yuan)	15648	27242	36120	37263	37027	40285	43614	47154
平均每人全年总支出(元)	Per Capita Annual Total Expenditures(yuan)	7932	14362	18290	20116	26043	26169	27500	30064
#消费性支出	Consumption Expenditure(yuan)	5928	10927	14457	15593	17514	18448	19015	20372
城镇人均现住房总建筑面积(平方米)	Per Capita Net Floor Space of Urban Households (sq.m)	27.03	28.88	29.34	30.33	31.09	31.24	30.8	30.8

6-3 续 (continued)

项　　目	Item	低收入户 (20%) Low Income Households	中等偏下户 (20%) Lower Middle Income Households	中等收入户 (20%) Middle Income Households	中等偏上户 (20%) Upper Middle Income Households	高收入户 (20%) 户 High Income Households
调查户数(户)	Number of Households Surveyed (household)	144	144	144	144	144
比重(%)	Proportion(%)	20.0	20.0	20.0	20.0	20.0
平均每户家庭人口数(人)	Average Household Size (person)	4.4	3.8	3.6	3.2	2.8
平均每户就业人口数(人)	Average Number of Employed Persons per Household(persons)	1.9	1.8	1.8	1.6	1.7
平均每户就业面(%)	Proportion of Employment per Household (%)	43.2	46.8	48.5	51.3	60.8
平均每一就业者负担人数(人)	Number of Dependents per Employed Person (person)	2.3	2.1	2.1	1.9	1.6
平均每人全年家庭总收入(元)	Per Capita Annual Total Income of Household (yuan)	13569	21972	29431	41649	83331
#可支配收入	Disposable Income	12128	20129	27728	38291	70262
平均每人每月可支配收入(元)	Per Capita Monthly Disposable Income (yuan)	1011	1677	2311	3191	5855
平均每人年家庭总支出(元)	Per Capita Annual Total Expenditures of Household(yuan)	16943	20859	24230	34806	65328
#消费性支出	Consumption Expenditure (yuan)	12802	16220	18622	23118	37061
平均每人每月消费性支出(元)	Per Capita Monthly Consumption Expenditures(yuan)	1067	1352	1552	1926	3088
平均每一就业者全年实际收入(元)	Per Capita Annual Real Income of Employed Person (yuan)	21345	32827	39154	55068	94349

6-4 城镇居民家庭年人均收入来源及构成（2017）
Per Capital Income and Composition of Urban Households by Source (2017)

项　　目	Item	2015	2016	2017
可支配收入（元）	**Disposable Income (yuan)**	**26356**	**28453**	**30817**
一、工资性收入	**Income of Wages and Salaries**	**17215**	**18892**	**20396**
#工　资	Income of Wages	16251	17806	19102
二、经营净收入	**Net Business Income**	**2927**	**2915**	**3181**
三、财产净收入	**Net Income from Property**	**2199**	**2170**	**2375**
#利息净收入	Net Income frome Interest	4	5	-30
红利收入	Income from Bonus	214	48	57
出租房屋财产性收入	Income from Lending Houses	585	730	871
四、转移净收入	**Net Income from Transfer**	**4015**	**4477**	**4866**
#养老金或离退休金	Pensions ,Retirement Pensions	4841	5247	5803
社会救济和补助	Income from Social Relief	39	38	56
报销医疗费	Reimbursement	328	399	440
赡养收入	Income from Maintenance	206	219	192
从政府和组织得到的实物产品和服务折价	Products and Services from the Government and Organizations	101	49	24
收入构成(%)	**Composition of Disposable Income (%)**	**100**	**100**	**100**
一、工资性收入	Income from Wages and Salaries	65.3	66.4	66.2
二、经营净收入	Net Business Income	11.1	10.2	10.3
三、财产净收入	Net Income from Property	8.3	7.6	7.7
四、转移净收入	Net Income from Transfer	15.2	15.7	15.8

6-4 续 (continued)

项　目	Item	低收入户 (20%) Low Income Households	中等偏下户 (20%) Lower Middle Income Households	中等收入户 (20%) Middle Income Households	中等偏上户 (20%) Upper Middle Income Households	高收入户 (20%) 户 High Income Households
可支配收入（元）	**Disposable Income**	**12128**	**20129**	**27728**	**38291**	**70262**
一、工资性收入	**Income of Wages and Salaries**	**7221**	**13459**	**16714**	**24857**	**50217**
#工　资	Income of Wages	7030	12931	15915	23270	45848
二、经营净收入	**Net Business Income**	**2100**	**2060**	**2485**	**3167**	**7301**
三、财产净收入	**Net Income from Property**	**906**	**1249**	**1981**	**2544**	**6525**
#利息净收入	Net Income frome Interest	-3	5	-57	-67	-47
红利收入	Income from Bonus	16	2	1	30	297
出租房屋财产性收入	Income from Lending Houses	106	136	746	643	3482
四、转移净收入	**Net Income from Transfer**	**1900**	**3361**	**6547**	**7722**	**6220**
#养老金或离退休金	Pensions ,Retirement Pensions	1923	3642	7333	9026	9266
社会救济和补助	Income from Social Relief	63	85	34	50	42
报销医疗费	Reimbursement	136	315	190	538	1297
赡养收入	Income from Maintenance	146	145	69	27	670
从政府和组织得到的实物产品和服务折价	Products and Services from the Government and Organizations	18	14	19	20	59
收入构成(%)	**Composition of Disposable Income**	**100**	**100**	**100**	**100**	**100**
一、工资性收入	Income from Wages and Salaries	59.6	66.9	60.3	64.9	71.5
二、经营净收入	Net Business Income	17.3	10.2	9.0	8.3	10.4
三、财产净收入	Net Income from Property	7.5	6.2	7.1	6.6	9.3
四、转移净收入	Net Income from Transfer	15.7	16.7	23.6	20.2	8.9

6-5 城镇居民家庭人均年可支配收入和消费性支出
Per Capita Disposable Income and Consumption Expenditures of Urban Households

单位:元 (yuan)

项　　目	Item	2005	2010	2012	2013	2014	2015	2016	2017
人均可支配收入	**Per Capita Disposable Income**	**8124**	**15581**	**20918**	**22929**	**24487**	**26356**	**28453**	**30817**
低收入户	Low Income Households	3120	6220	8450	9257	10038	10633	11190	12128
中等偏下户	Lower Middle Income Households	5355	10482	14468	14680	16145	17631	18810	20129
中等收入户	Middle Income Households	7875	14654	19886	20134	21178	23615	25289	27728
中等偏上户	Upper Middle Income Households	11012	19862	26622	28731	29491	32579	35594	38291
高收入户	High Income Households	19033	33134	46183	54507	57172	57821	64993	70262
人均消费性支出	**Per Capita Consumption Expenditures**	**5928**	**10927**	**14457**	**15593**	**17514**	**18448**	**19015**	**20372**
低收入户	Low Income Households	2757	5071	7537	8035	9340	10966	10275	12802
中等偏下户	Lower Middle Income Households	4055	8182	10637	10939	12905	13890	14157	16220
中等收入户	Middle Income Households	6183	11312	13938	13744	15467	16578	17715	18622
中等偏上户	Upper Middle Income Households	7631	13005	17947	20229	20863	21068	21889	23118
高收入户	High Income Households	12690	20710	28355	31900	35480	35093	37929	37061

6-6 城镇居民家庭人均消费性支出及构成
Per Capita Consumption Expenditure of Urban Households and Composition

项　　目	Item	2005	2010	2012	2013	2014	2015	2016	2017
消费性支出(元)	**Consumption Expenditures (yuan)**	**5928.0**	**10926.7**	**14456.55**	**15593.0**	**17513.8**	**18448.4**	**19015.5**	**20371.86**
食　品	Food	2819.6	4896.0	6556.1	6979.2	6655.3	7052.0	7419.7	7575.3
#粮　食	Grain	193.9	307.6	330.15	333.5	736.9	674.3	587.0	695.0
油　脂	Oil of Fat	88.5	117.7	151.43	158.4	166.2	189.0	154.0	185.8
肉禽及其制品	Meat, Poultry and Processed Products	810.0	1285.5	1840.3	1910.5	1795.2	1830.1	2070.0	2008.3
蛋　类	Eggs	35.1	51.2	60.81	74.3	77.8	78.6	76.0	77.5
水产品	Aquatic Products	399.0	669.8	963.24	964.9	917.1	908.0	931.3	953.2
菜　类	Vegetables	268.9	528.0	726.07	773.5	707.9	699.2	809.8	777.4
烟　草	Tobacco	94.0	155.4	156.74	205.9	233.5	266.8	275.7	264.8
酒和饮料	Liquor and Beverages	61.8	111.5	113.14	164.9	188.3	183.5	182.6	186.2
干鲜瓜果	Dried and Fresh Melons and Fruits	145.1	297.0	377.61	397.7	395.5	428.7	416.1	425.5
奶及奶制品	Milk and Processed Products	69.5	160.8	144.75	185.6	180.2	235.2	216.5	204.6
衣　着	Clothing	309.5	636.1	864.96	932.6	829.9	828.6	859.6	895.7
#服　装	Garments	242.4	504.8	675.77	681.4	675.6	661.1	708.5	745.1
衣着材料	Clothing Materials	0.5	0.6	0.75	3.6				
居　住	Residence	585.3	1103.8	1521.04	1578.6	3697.8	3679.8	3527.7	3855.9
家庭设备用品及服务	Household Facilities, Articles and Services	304.1	616.3	777.2	1030.8	957.7	964.3	954.0	1102.8
#日用耐用消费品	Durable Consumer Goods	118.5	211.9	269.74	398.7	313.0	313.1	325.8	450.5
医疗保健	Health Care	351.1	579.9	993.24	734.3	960.3	1307.1	1399.8	1505.1
交通与通讯	Transportation and Communication	728.1	1805.1	2004.34	2005.7	2156.2	2643.4	2582.3	2811.5
教育文化娱乐服务	Education,Cultural and Recreation Services	651.8	1004.6	1319.54	1923.5	1912.8	1617.8	1931.3	2236.1
文娱耐用消费品	Durable Consumer Goods for Culture and Recreational Use	162.7	226.2	322.41	290.6	214.1	112.9	102.7	112.9
文化娱乐	Cultural and Recreational Articles	142.2	296.8	424.84	424.2	363.7	355.2	386.6	420.7
教育	Education	346.9	481.7	572.28	1102.6	1335.0	1028.8	1308.4	1566.8
杂项商品与服务	Miscellaneous Commodities and Services	178.5	284.9	420.13	408.3	343.8	355.6	341.0	389.5
消费性支出构成(%)	**Composition of Consumption Expenditures(%)**	**100**	**100**	**100**	**100**	**100**	**100**	**100**	**100**
食品	Food	47.6	44.8	45.4	44.8	38.0	38.2	39.0	37.2
衣着	Clothing	5.2	5.8	6.0	6.0	4.7	4.5	4.5	4.4
家庭设备用品及服务	Household Facilities, Articles and Services	5.1	5.6	5.4	6.6	5.5	5.2	5.0	5.4
医疗保健	Health Care	5.9	5.3	6.9	4.7	5.5	7.1	7.4	7.4
交通与通讯	Transportation and Communication	12.3	16.5	13.9	12.9	12.3	14.3	13.6	13.8
教育文化娱乐服务	Education,Cultural and Recreation Services	11.0	9.2	9.1	12.3	10.9	8.8	10.2	11.0
居住	Residence	9.9	10.1	10.5	10.1	21.1	19.9	18.6	18.9
杂项商品与服务	Miscellaneous Commodities and Services	3.0	2.6	2.9	2.6	2.0	1.9	1.8	1.9

6-6 续(continued)

项 目	Item	低收入户(20%) Low Income Households	中等偏下户(20%) Lower Middle Income Households	中等收入户(20%) Middle Income Households	中等偏上户(20%) Upper Middle Income Households	高收入户(20%)户 High Income Households
消费性支出(元)	**Consumption Expenditures (yuan)**	**12802.0**	**16219.8**	**18621.9**	**23117.6**	**37060.6**
食 品	Food	4880.3	6718.3	7910.9	8915.6	11041.1
#粮 食	Grain	399.1	534.4	498.8	832.3	1475.8
油 脂	Oil of Fat	148.3	160.7	187.5	199.0	261.4
肉禽及其制品	Meat, Poultry and Processed Products	1606.8	1983.2	2186.1	2328.5	2087.7
蛋 类	Eggs	63.9	75.1	75.1	75.0	108.0
水产品	Aquatic Products	671.8	846.3	1128.1	1143.6	1102.8
菜 类	Vegetables	619.8	748.6	843.2	870.6	875.4
烟 草	Tobacco	203.3	309.8	227.1	213.8	405.3
酒 和 饮 料	Liquor and Beverages	117.8	132.4	198.9	179.8	357.1
干 鲜 瓜 果	Dried and Fresh Melons and Fruits	225.2	373.2	434.6	485.5	732.0
奶及奶制品	Milk and Processed Products	92.3	163.2	354.0	192.8	258.0
衣 着	Clothing	343.6	585.2	825.0	899.9	2268.5
# 服 装	Garments	286.7	475.2	654.2	745.5	1945.5
衣 着 材 料	Clothing Materials					
居 住	Residence	2499.0	2998.2	3706.7	4831.1	6253.0
家庭设备用品及服务	Household Facilities, Articles and Services	652.6	657.9	891.2	1190.3	2585.5
# 日用耐用消费品	Durable Consumer Goods	333.9	216.7	319.7	487.4	1077.2
医疗保健	Health Care	663.3	1542.8	965.2	1475.0	3500.9
交通与通讯	Transportation and Communication	2232.3	1788.6	1975.6	3541.0	5367.1
教育文化娱乐服务	Education,Cultural and Recreation Services	1373.1	1734.7	2031.5	1918.5	4884.7
文娱耐用消费品	Durable Consumer Goods for Culture and Recreational Use	29.7	59.8	110.0	66.9	370.5
文 化 娱 乐	Cultural and Recreational Articles	131.6	173.0	385.1	351.6	1331.8
教 育	Education	1132.3	1402.1	1409.3	1350.8	2913.3
杂项商品与服务	Miscellaneous Commodities and Services	157.8	194.2	315.8	346.3	1159.8
消费性支出构成(%)	**Composition of Consumption Expenditures(%)**	**100**	**100**	**100**	**100**	**100**
食 品	Food	38.1	41.4	42.5	38.6	29.8
衣 着	Clothing	2.7	3.6	4.4	3.9	6.1
家庭设备用品及服务	Household Facilities, Articles and Services	5.1	4.1	4.8	5.1	7.0
医 疗 保 健	Health Care	5.2	9.5	5.2	6.4	9.4
交通与通讯	Transportation and Communication	17.4	11.0	10.6	15.3	14.5
教育文化娱乐服务	Education,Cultural and Recreation Services	10.7	10.7	10.9	8.3	13.2
居 住	Residence	19.5	18.5	19.9	20.9	16.9
杂项商品与服务	Miscellaneous Commodities and Services	1.2	1.2	1.7	1.5	3.1

6-7 城镇居民家庭人均年购买主要消费品
Per Capita Consumption of Major Goods of Urban Households

项　　目	Item	2005	2010	2012	2013	2014	2015	2016	2017
粮食(公斤)	Grain (kg)	61.97	65.55	57.3	60.92	68.64	70.40	73.53	89.93
食用植物油(公斤)	Edible Vegetable Oil (kg)	8.13	8.57	8.58	8.64	8.90	7.91	7.25	8.97
鲜菜(公斤)	Fresh Vegetables (kg)	100.43	105.48	108.5	110.13	94.07	94.68	105.52	105.06
猪肉(公斤)	Pork (kg)	25.92	26.3	27.72	29.73	26.73	28.06	30.31	27.60
牛羊肉(公斤)	Beef and Mutton (kg)	2.87	3.24	3.46	3.73	3.00	2.87	3.69	3.69
家禽(公斤)	Poultry (kg)	16.49	17.86	21.17	21.41	20.57	19.94	23.20	22.90
鲜 蛋(公斤)	Fresh Eggs (kg)	3.89	3.82	4.15	5.12	4.77	4.79	5.19	5.17
鱼(公斤)	Fish (kg)	26.69	25.35	27.27	27.59	24.95	24.81	24.50	22.86
白酒(公斤)	Liquor (kg)	0.78	0.73	0.23	1.11	1.02	0.89	1.03	1.02
啤酒(公斤)	Beer (kg)	0.87	1.05	1.49	2.25	2.38	1.82	1.67	1.47
茶叶(公斤)	Tea(kg)	0.09	0.09	0.07	0.21	0.24	0.25	0.28	0.29
鲜瓜果(公斤)	Fresh Melons &Fruits (kg)	32.37	38.08	38.9	35.80	33.40	37.77	39.35	37.88
糕点(公斤)	Cake (kg)	2.7	3.25	3.12	3.96	3.41	3.80	3.63	3.58
鲜奶(公斤)	Milk (kg)	2.83	4	3.29	4.83	4.25	3.57	3.18	3.01
各种服装(件)	Clothing(piece)	4.83	6.25	10.19					
各种鞋类(双)	Shoes(pair)	1.59	1.86	2.37	1.77	1.80	1.77	1.79	1.73
液化石油气(公斤)	Liquefied Petroleum Gas(kg)	28.31	24.88	26.92	26.06	24.78	21.53	22.67	22.73

6-7 续(continued)

项　目	Item	低收入户 (20%) Low Income Households	中等偏下户 (20%) Lower Middle Income Households	中等收入户 (20%) Middle Income Households	中等偏上户 (20%) Upper Middle Income Households	高收入户 (20%) 户 High Income Households
粮食(公斤)	Grain (kg)	82.73	90.77	92.60	92.26	94.08
食用植物油(公斤)	Edible Vegetable Oil (kg)	7.32	8.19	9.94	9.64	10.65
鲜菜(公斤)	Fresh Vegetables (kg)	91.68	105.58	112.88	112.49	107.04
猪肉(公斤)	Pork (kg)	25.67	29.00	29.57	30.38	23.14
牛羊肉(公斤)	Beef and Mutton (kg)	2.15	3.46	3.86	5.33	4.39
家禽(公斤)	Poultry (kg)	20.17	24.88	24.92	23.48	21.23
鲜蛋(公斤)	Fresh Eggs (kg)	4.03	5.18	4.69	5.04	7.69
鱼(公斤)	Fish (kg)	18.57	22.21	27.24	25.12	22.35
白酒(公斤)	Liquor (kg)	0.70	1.26	1.90	0.56	0.56
啤酒(公斤)	Beer (kg)	0.94	0.86	3.33	1.20	1.04
茶叶(公斤)	Tea(kg)	0.19	0.15	0.44	0.22	0.53
鲜瓜果(公斤)	Fresh Melons &Fruits (kg)	21.96	38.70	39.30	42.07	55.25
糕点(公斤)	Cake (kg)	2.04	3.55	3.05	3.39	6.94
鲜奶(公斤)	Milk (kg)	0.96	2.81	3.06	2.97	6.45
各种鞋类(双)	Shoes(pair)	1.24	1.65	2.00	1.51	2.50
液化石油气(公斤)	Liquefied Petroleum Gas(kg)	20.94	20.56	26.89	26.55	16.66

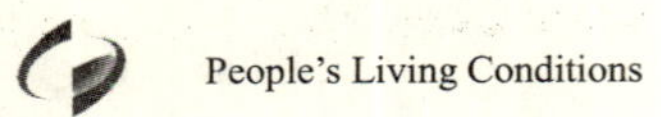

6-8 城镇居民家庭每百户主要耐用消费品年购买量和拥有量
Major Durable Goods Purchased and Owned Per 100 Urban Households

项　　目	Item	2005	2010	2012	2013	2014	2015	2016	2017
每百户年购买量	**Number of Goods Purchased Per 100 Households**								
摩托车(辆)	Motorcycle (unit)	1.6			0.5	0.6	0.5	0.3	0.7
家用汽车(辆)	Automobile (unit)	0.1	0.5	0.4	0.2	0.7	1.9	2.1	1.2
洗衣机(台)	Washing Machine (set)	1.8	3.7	5.1	2.7	3.6	4.0	3.8	5.3
电冰箱(台)	Refrigerator (set)	2.2	1.3	2.6	4.6	4.1	4.1	5.0	3.2
彩色电视机(台)	Color Television Set(set)	4.3	1.1	2.4	5.9	4.9	5.4	5.3	4.0
计算机(台)	Computer (set)	3.0	1.7	6.1		3.7	3.7	3.4	4.9
微波炉(台)	Microwave Oven(unit)	0.8	5.0	1.1	0.5	0.3	1.3	0.8	0.4
空调器(台)	Air Conditioner(unit)	3.2	6.1	1.8	5.7	4.5	9.8	3.7	5.1
电话机(部)	Telephone (set)	4.6	7.2	8.2	5.4	5.5	4.0	3.3	1.9
移动电话(部)	Mobile Telephone (set)	15.6	22.3	26.3	40.9	38.5	40.0	34.7	33.3
每百户年拥有量	**Number of Goods Owned Per 100 Households**								
摩托车(辆)	Motorcycle (unit)	55.4	45.3	34.0	28.1	39.5	37.6	34.7	34.0
家用汽车(辆)	Automobile(unit)	3.5	11.8	15.9	19.0	19.9	22.9	27.0	30.1
洗衣机(台)	Washing Machine (set)	56.3	69.7	71.9	74.3	75.3	80.0	85.4	87.6
电冰箱(台)	Refrigerator (set)	67.0	77.9	81.4	82.7	83.1	89.3	93.0	94.7
彩色电视机(台)	Color Television Set (set)	118.7	119.8	113.3	102.3	108.9	104.6	105.6	107.2
计算机(台)	Computer (set)	26.2	52.9	65.6	63.2	61.6	67.0	76.0	76.8
组合音响 (套)	Hi-Fi Stereo Component System(set)	23.9	26.3	19.6	15.6	13.2	11.4	9.5	
照相机(架)	Camera (set)	21.9	21.9	19.5	23.4	19.5	16.6	14.7	14.6
微波炉(台)	Microwave Oven(unit)	20.7	31.3	31.7	39.0	36.3	36.3	36.9	38.3
空调器(台)	Air Conditioner(unit)	45.8	72.3	84.3	86.3	82.8	97.6	120.4	126.5
淋浴热水器(台)	Water Heater for Shower (unit)	69.5	86.2	87.7	81.1	83.4	87.6	93.9	95.2
消毒碗柜(台)	Disinfection Cupboard (set)	52.2	58.2	52.6	50.6	51.7	49.1	51.8	
固定电话(部)	Telephone (set)	97.3	91.5	80.7	62.7	67.1	57.5	52.0	50.4
移动电话(部)	Mobile Telephone (set)	128.4	174.0	200.7	209.6	223.8	235.0	255.0	263.3

6-9 按收入五等分的城镇居民家庭每百户耐用消费品拥有量(2017)
Durable Goods Owned Per 100 Urban Households by Income Quintile (2017)

项 目	Item	低收入户 (20%) Low Income Households	中等偏下户 (20%) Lower Middle Income Households	中等收入户 (20%) Middle Income Households	中等偏上户 (20%) Upper Middle Income Households	高收入户 (20%) 户 High Income Households
摩托车(辆)	Motorcycle (unit)	62.3	31.8	33.9	24.1	17.9
家用汽车(辆)	Automobile(unit)	7.9	16.6	25.4	41.5	59.0
洗衣机(台)	Washing Machine (set)	80.8	83.3	88.2	90.8	94.7
电冰箱(台)	Refrigerator(set)	90.7	91.9	94.2	97.3	99.4
彩色电视机(台)	Color Television Set (set)	104.5	103.7	117.5	104.4	106.0
计算机(台)	Computer (set)	51.1	68.1	70.6	79.9	114.0
组合音响(套)	Hi-Fi Stereo Component System(set)					
照相机(架)	Camera (set)	5.2	8.6	8.6	20.5	30.2
微波炉(台)	Microwave Oven (unit)	29.8	30.0	30.1	41.0	60.3
空调器(台)	Air Conditioner(set)	83.0	105.3	105.5	140.0	198.3
淋浴热水器(台)	Water Heater for Shower (unit)	86.9	88.7	94.3	104.8	101.2
消毒碗柜(台)	Disinfection Cupboard (set)					
固定电话(部)	Telephone (set)	43.4	43.2	51.1	59.6	54.6
移动电话(部)	Mobile Telephone (set)	263.5	267.2	275.2	268.9	241.8

6-10 农村居民家庭基本情况
Basic Conditions of Rural Households

项　　目	Item	2015	2016	2017
调查户数（户）	Number of Households Surveyed (household)	1637	1659	1670
平均每户家庭人口数(人)	Average Household Size (person)	4.30	4.37	4.35
平均每户常住人口(人)	Average Number of Usual Residents Per Household (person)	3.90	3.96	3.87
平均每户整半劳动力(人)	Average Number of Full/Semi Labour Force Per Household (person)	2.52	2.59	2.52
平均每个劳动力负担人口（含本人）	Average Number of Dependents per Labour Force(including the laborer himself or herself)	1.55	1.53	1.54
农村常住居民人均可支配收入(元)	Per Capita Disposable Income of Rural Households (yuan)	10858	11843	12902
工资性收入	Income of Wages and Salaries	4251	4765	5168
经营净收入	Net Business Income	5013	5316	5576
财产净收入	Net Income from Property	195	139	186
转移净收入	Net Income from Transfer	1399	1623	1972
总支出(元)	Total Expenditure	14061	15887	16018
农村常住居民人均生活消费支出(元)	Per Capita Consumption Expenditure of Rural Households (yuan)	8210	8921	9599

6-11 农村常住居民人均可支配收入及构成
Per Capita Disposable Income and Composition of Rural Households

项 目	Item	2015	2016	2017
可支配收入(元)	**Disposable Income(yuan)**	**10858**	**11843**	**12902**
工资性收入	Income of Wages and Salaries	4251	4765	5168
经营净收入	Net Business Income	5013	5316	5576
财产净收入	Net Income from Property	195	139	186
转移净收入	Net Income from Transfer	1399	1623	1972
全年人均可支配收入构成(%)	**Composition of Per Capital Disposable Income(%)**	**100**	**100**	**100**
工资性收入	Income of Wages and Salaries	39.2	40.2	40.1
经营净收入	Net Business Income	46.2	44.9	43.2
财产净收入	Net Income from Property	1.8	1.2	1.4
转移净收入	Net Income from Transfer	12.9	13.7	15.3

6-12 农村居民家庭人均总支出及构成
Per Capita Total Expenditure and Composition of Rural Households

项　　目	Item	2015	2016	2017
全年人均总支出(元)	**Per Capital Total Expenditure(yuan)**	**14061**	**15887**	**16018**
生产经营费用	Production Business Expenditure	3302	3755	3489
生活消费支出	Consumption Expenditure	8210	8921	9599
食品烟酒	Food,Tobacco and Liquor	3506	3854	4021
衣　　着	Clothing	282	299	322
居　　住	Residence	1470	1652	1839
医疗保健	Health Care	635	593	629
生活用品及服务	Household Articles and Services	405	422	379
教育文化娱乐	Educational, Cultural and Recreation Services	904	1109	1197
交通通信	Transportation and Communication	836	836	1042
其他商品及服务	Others	173	156	170
全年人均总支出构成(%)	**Composition of Per Capital Total Expenditure(%)**	**100.0**	**100.0**	**100.0**
生产经营费用	Production Business Expenditure	23.5	23.6	21.8
生活消费支出	Consumption Expenditure	58.4	56.2	59.9
食品烟酒	Food,Tobacco and Liquor	24.9	24.3	25.1
衣　　着	Clothing	2.0	1.9	2.0
居　　住	Residence	10.5	10.4	11.5
医疗保健	Health Care	4.5	3.7	3.9
生活用品及服务	Household Articles and Services	2.9	2.7	2.4
教育文化娱乐	Educational, Cultural and Recreation Services	6.4	7.0	7.5
交通通信	Transportation and Communication	5.9	5.3	6.5
其他商品及服务	Others	1.2	1.0	1.1

6-13 农村居民家庭人均主要消费品生产、出售和消费量
Per Capita Output ,Sales and Consumption of Major Goods of Rural Households

项目	Item	2005	2010	2012	2013	2014	2015	2016	2017
人均生产量	**Per Capita Output**								
粮食(公斤)	Grain(kg)	302.54	302.76	157.86	130.32	145.18	127.45	119.01	116.51
油料(公斤)	Oilseed(kg)	13.13	13.18	12.39	3.73	4.24	3.79	4.76	4.86
水果(公斤)	Fruits(kg)	159.56	143.99	151.33					
瓜菜(公斤)	Melons and Vegetables(kg)	445.18	434.32	299.25					
猪肉(公斤)	Pork(kg)	35.04	32.44	31.96					
牛肉(公斤)	Beef(kg)	2.30	1.56	0.93					
羊肉(公斤)	Mutton(kg)	0.68	0.36	0.46					
家禽(公斤)	Poultry(kg)	9.31	12.72	19.42					
蛋类(公斤)	Eggs(kg)	0.33	0.62	0.46					
人均出售量	**Per Capita Sales**								
粮食(公斤)	Grain(kg)	60.05	59.79	52.72	42.80	57.62	50.34	36.09	35.09
油料(公斤)	Oilseed(kg)	7.61	7.64	9.14	2.31	3.72	2.50	1.25	1.57
水果(公斤)	Fruits(kg)	153.23	130.02	147.88	88.08	109.35	120.03	120.96	137.19
瓜菜(公斤)	Melons and Vegetables(kg)	405.03	377.28	276.78	377.08	400.57	502.83	426.30	467.52
猪肉(公斤)	Pork(kg)	33.05	31.92	33.38	29.45	31.50	53.88	53.35	81.10
牛肉(公斤)	Beef(kg)	2.26	1.47	1.25	1.62	2.08	2.06	2.34	2.51
羊肉(公斤)	Mutton(kg)	0.63	0.31	0.46	0.33	0.80	1.22	1.60	1.35
家禽(公斤)	Poultry(kg)	4.47	5.48	16.68	20.83	24.51	23.61	20.50	18.19
蛋类(公斤)	Eggs(kg)	0.03	0.21	0.26	1.29	3.02	1.42	2.49	2.54
水产品(公斤)	Aquatic Products(kg)	72.76	58.77	44.84	20.48	37.07	62.35	82.75	63.10
人均消费量	**Per Capita Consumption**								
粮食(公斤)	Grain (kg)	189.72	191.36	116.16	112.25	122.30	112.77	105.55	103.14
蔬菜(公斤)	Vegetables (kg)	71.19	80.69	60.65	62.05	75.05	74.74	76.60	75.06
动物油(公斤)	Animal Oil(kg)	2.94	2.30	2.21	1.86	2.09	1.96	1.93	2.24
植物油(公斤)	Edible Vegetable Oil (kg)	1.40	2.44	3.85	3.94	5.59	4.69	4.68	5.52
猪肉(公斤)	Pork (kg)	17.84	13.89	17.20	18.20	20.60	21.95	23.23	21.79
牛羊肉(公斤)	Beef and Mutton (kg)	0.65	1.86	1.13	1.29	0.94	1.11	1.37	1.31
家禽肉(公斤)	Poultry (kg)	10.02	14.11	14.02	12.97	15.49	16.33	18.18	17.50
蛋品(公斤)	Eggs and Processed Products(kg)	1.23	2.11	2.43	2.42	3.25	3.76	3.78	3.37
水产品(公斤)	Aquatic Products(kg)	15.07	15.74	20.92	17.47	20.41	21.45	22.00	21.22
食糖(公斤)	Sugar(kg)	1.10	0.86	0.88	0.58	0.92	0.98	0.97	0.83
香烟(盒)	Cigarettes (packs)	14.10	16.10	22.32					
酒类(公斤)	Liquor(kg)	4.82	4.79	7.37	6.43	7.30	6.77	5.54	4.47
水果(公斤)	Fruits(kg)	6.54	11.67	6.58	3.76	10.86	13.23	14.99	15.14
茶叶(公斤)	Tea(kg)	0.11	0.13	0.41	0.09	0.17	0.14	0.12	0.10

6-14 农村居民家庭住房情况
Housing Conditions of Rural Households

项　　目	Item	2005	2010	2012	2013	2014	2015	2016	2017
平均每人新建房屋面积（平方米）	**Per Capita Floor Space of Newly-Built Houses (sq.m)**	**0.76**	**0.41**	**1.04**	**1.78**	**1.31**	**0.92**	**0.93**	**1.09**
#砖木结构面积	#Brick and Wood Structure	0.34	0.36	0.33					
钢筋结构面积	Reinforced Concrete Structure	0.42	0.05	0.71					
平均每人新建房屋价值（元）	**Per CapitaValue of Newly-Built Houses (yuan)**	**350**	**915**	**1219**	**2468**	**1537**	**1213**	**1062**	**1226**
年末人均生活用房面积（平方米）	**Per Capita Living Floor Space at Year-end(sq.m)**	**21.82**	**24.74**	**26.12**	**27.32**	**27.60**	**28.47**	**29.25**	**30.16**
#砖木结构面积	Brick and Wood Structure	16.18	16.61	12.54	10.10				
钢筋结构面积	Reinforced Concrete Structure	5.48	7.81	13.58	17.08				
年末人均使用房屋价值（元）	**Per Capita Value of Houses at Year-end(yuan)**	**5884**	**10824**	**22790**	**40417**	**31355**	**37143**	**38047**	**40735**

6-15 农村居民家庭每百户耐用消费品拥有量
Durable Goods Owned Per 100 Rural Households

项 目	Item	2005	2010	2012	2013	2014	2015	2016	2017
年末耐用品拥有量	**Ownership of Durable Consumer Goods at Year-end**								
洗衣机(台)	Washing Machine (set)	3.9	8.5	17.6	19.6	21.6	23.6	31.8	34.9
电冰箱(台)	Refrigerator(set)	7.4	15.0	34.4	43.1	48.2	55.8	67.2	69.5
空调机(台)	Air Conditioner (unit)	0.4	3.1	12.8	13.8	18.8	23.7	34.6	37.0
抽油烟机(台)	Exhaust Fan(unit)	1.0	1.5	2.2	4.7	4.4	6.6	7.5	7.9
微波炉(台)	Microwave Oven (unit)	4.0	12.8	12.3	14.1	12.0	12.3	11.7	10.3
热水器(台)	Water Heater for Shower (unit)	13.3	24.4	25.3	33.2	37.3	41.4	53.3	56.2
自行车(辆)	Bicycle(unit)	48.1	37.8	36.2	-	-			
摩托车(辆)	Motorcycle(unit)	77.2	100.6	106.8	99.0	100.9	102.3	98.6	95.9
汽车(生活用)(辆)	Automobile(unit)	1.4	1.1	3.0	3.4	4.6	6.2	7.1	6.3
电话机(部)	Telephone Set(set)	43.8	45.1	24.5	24.8	27.2	23.1	18.3	17.7
移动电话(部)	Mobile Telephone (set)	49.3	125.1	210.0	216.2	229.9	235.7	254.0	261.2
彩色电视机(台)	Color Television Set(set)	77.4	102.1	98.7	103.6	106.7	104.9	106.7	107.2
摄像机(台)	Pickup Camera(set)	0.3	0.1	1.3	0.3	0.4	0.6	0.2	
照相机(架)	Camera(set)	1.5	0.8	1.8	2.3	1.9	2.1	1.1	1.1
家用计算机(台)	Computer(set)	1.5	1.9	8.4	7.5	9.4	11.6	11.8	12.3
中高档乐器(件)	Medium and High Grade Musical Instrument(unit)		0.7	0.7	0.3	0.8	0.7	0.7	1.9

6-16 按收入五等分农村居民家庭基本情况(2017)
Basic Conditions of Rural Households by Income Quintile (2017)

项 目	Item	低收入户 (20%) Low Income Households	中等偏下户 (20%) Lower Middle Income Households	中等收入户 (20%) Middle Income Households	中等偏上户 (20%) Upper Middle Income Households	高收入户 (20%) 户 High Income Households
平均每人总支出(元)	**Per Capita Total Expenditures (yuan)**	**10037**	**11072**	**12865**	**16475**	**34834**
平均每人可支配收入(元)	**Per Capita Disposable Income(yuan)**	**3971**	**7927**	**11572**	**15990**	**30365**
工资性收入	Income of Wages and Salaries	1862	3221	5666	7267	9305
经营净收入	Net Business Income	1123	3338	3928	6466	16046
财产净收入	Net Income from Property	58	58	87	225	623
转移净收入	Net Income from Transfer	927	1311	1892	2032	4390

6-17 按收入五等分农村居民家庭平均每人消费支出(2017)
Per Capital Consumption Expenditure of Rural Households by Income Quintile (2017)

项 目	Item	低收入户 (20%) Low Income Households	中等偏下户 (20%) Lower Middle Income Households	中等收入户 (20%) Middle Income Households	中等偏上户 (20%) Upper Middle Income Households	高收入户 (20%) 户 High Income Households
消费支出(元)	**Consumption Expenditure(yuan)**	**6047**	**7685**	**9122**	**10636**	**16626**
食品烟酒	Food,Tobacco and Liquor	2640	3159	3848	4724	6532
衣 着	Clothing	174	234	283	356	663
居 住	Residence	1228	1430	1789	1909	3245
医疗保健	Health Care	212	333	383	387	666
生活用品及服务	Household Articles and Services	601	711	743	1137	2394
教育文化娱乐	Educational, Cultural and Recreation Services	799	1078	1262	1433	1553
交通通信	Transportation and Communication	322	609	689	500	1176
其他商品及服务	Others	71	131	125	190	397

主要统计指标解释

一、2013 年及以后的住户收支与生活状况调查指标解释

从 2013 年度起，国家统计局对分别进行的城乡住户调查实施了一体化改革，规范了城乡划分范围，统一了城乡居民收入指标名称、分类和统计标准，建立了城乡统一的一体化住户调查。

（一）居民可支配收入：指调查户在调查期内获得的、可用于最终消费支出和储蓄的总和，即调查户可以用来自由支配的收入。可支配收入既包括现金，也包括实物收入。按照收入的来源，可支配收入包含四项，分别为：工资性收入、经营净收入、财产净收入和转移净收入。

工资性收入：指就业人员通过各种途径得到的全部劳动报酬和各种福利，包括受雇于单位或个人、从事各种自由职业、兼职和零星劳动得到的全部劳动报酬和福利。

经营净收入：指住户或住户成员从事生产经营活动所获得的净收入，是全部经营收入中扣除经营费用、生产性固定资产折旧和生产税之后得到的净收入。

财产净收入：指住户或住户成员将其所拥有的金融资产、住房等非金融资产和自然资源交由其他机构单位、住户或个人支配而获得的回报并扣除相关的费用之后得到的净收入。财产净收入包括利息净收入、红利收入、储蓄性保险净收益、转让承包土地经营权租金净收入、出租房屋净收入、出租其他资产净收入和自有住房折算净租金等。财产净收入不包括转让资产所有权的溢价所得，这应该计入“非收入所得”。

转移净收入：计算公式为：转移净收入 = 转移性收入 - 转移性支出

转移性收入：指国家、单位、社会团体对住户的各种经常性转移支付和住户之间的经常性收入转移。包括养老金或退休金、社会救济和补助、政策性生产补贴、政策性生活补贴、经常性捐赠和赔偿、报销医疗费、住户之间的赡养收入，以及本住户非常住成员寄回带回的收入等。转移性收入不包括住户之间的实物馈赠。

转移性支出：指调查户对国家、单位、住户或个人的经常性或义务性转移支付。包括缴纳的税款、各项社会保障支出、赡养支出、经常性捐赠和赔偿支出以及其他经常转移支出等。

（二）居民消费支出：指住户用于满足家庭日常生活消费需要的全部支出，包括用于消费品的支出和用于服务性消费的支出。根据用途不同，消费支出可划分为食品烟酒、衣着、居住、生活用品及服务、交通通信、教育文化娱乐、医疗保健、其他用品及服务八大类。

二、2012 年及以前的分城镇和农村住户调查指标解释

2012 年及以前年份，住户调查一直分城乡分别开展。由于分别调查，城镇与农村居民收入、支出等指标的统计口径有所不同，数据也不完全可比，城镇调查城镇居民可支配收入，农村调查农村居民纯收入。

（一）　城镇住户调查主要指标解释

1. 家庭总收入：指调查户中生活在一起的所有家庭成员在调查期得到的工资性收入、经营净收入、财产性收入、转移性收入的总和，不包括出售财物和借贷收入。收入的统计标准以实际发生的数额为准，无论收入是补发还是预发，只要是调查期得到的都应如实计算，原则上不作分摊。考虑到对样本量小的市县影响较大，大笔收入可以分摊记入，但要尽量减少分摊次数，并要在本年度内分摊完毕。

工资性收入：指就业人员通过各种途径得到的全部劳动报酬，包括所从事主要职业的工资以及从事第二职业、其他兼职和零星劳动得到的其他劳动收入。

经营净收入：指家庭成员从事生产经营活动所获得的净收入。是全部生产经营收入中扣除生产成本和税金后所得的收入。如当期收入小于生产费用的开支，其差额记入“其他借贷支出”中。

财产性收入：指家庭拥有的动产(如银行存款、有价证券)、不动产(如房屋、土地等)所获得的收入。包括出让财产使用权所获得的利息、租金、专利收入；财产营运所获得的红利收入、财产增值收益等。

转移性收入：指国家、单位、社会团体对居民家庭的各种转移支付和居民家庭间的收入转移。包括政府对个人收入转移的离退休金、失业救济金、赔偿等；单位对个人收入转移的辞退金、保险索赔、住房公积金、家庭间的赠送和赡养等。

2. 可支配收入：指调查户可用于最终消费支出和其他非义务性支出以及储蓄的总和，即居民家庭可以用来自由支配的收入。它是家庭总收入扣除交纳的个人所得税、个人交纳的社会保障费以及调查户的记账补贴后的收入。计算公式为：可支配收入= 家庭总收入-交纳个人所得税-个人交纳的社会保障支出-记账补贴

3. 消费性支出：指调查户用于满足家庭日常生活消费需要的全部支出，包括食品、衣着、居住、家庭设备用品及服务、医疗保健、交通和通信、娱乐教育文化服务、其他商品和服务等八大类。消费支出构成是按照商品或服务的用途

进行分类，如果消费支出的目的与用途不一致时，必须按照用途归入相应类内。

（二）农村住户调查主要指标解释

1. 农村居民总收入和总支出

总收入：指调查期内农村住户和住户成员从各种来源渠道得到的收入总和。按收入的性质划分为工资性收入、家庭经营收入、财产性收入和转移性收入。

工资性收入：指农村住户成员受雇于单位或个人，靠出卖劳动而获得的收入。

家庭经营收入：指农村住户以家庭为生产经营单位进行生产筹划和管理而获得的收入。农村住户家庭经营活动按行业划分为农业、林业、牧业、渔业、工业、建筑业、交通运输业、邮电业、批发和零售贸易餐饮业、社会服务业、文教卫生业和其他家庭经营。

财产性收入：指金融资产或有形非生产性资产的所有者向其他机构单位提供资金或将有形非生产性资产供其支配，作为回报而从中获得的收入。

转移性收入：指农村住户和住户成员无需付出任何对应物而获得的货物、服务、资金或资产所有权等，不包括无偿提供的用于固定资本形成的资金。一般情况下，是指农村住户二次分配中的所有收入。包括在外人口寄回和带回、农村外部亲友赠送、救济金、保险赔偿收入、退休金、土地征用补偿收入等。

总支出：是指农村住户全年用于生产、生活和再分配等方面的全部实际支出。包括家庭经营费用支出、购置生产性固定资产支出、税费支出、生活消费支出、转移性支出和财产性支出。

2. 农村居民现金收入与支出

现金收入：指农村住户和住户成员在调查期内得到以现金形态表现的收入。按来源分成工资性收入、家庭经营现金收入、财产性收入、转移性收入。

现金支出：指农村住户在调查期内用于生产、生活和再分配所支付的现金。包括家庭经营费用支出、缴纳的税费、购买生产性固定资产、生活消费、财产性和转移性支出。

3. 农村居民纯收入：指农村住户当年从各个来源得到的总收入相应地扣除所发生的费用后的收入总和。纯收入主要用于再生产投入和当年生活消费支出，也可以用于储蓄和各种非义务性支出。“农民人均纯收入”按人口平均的纯收入水平，反映的是一个地区或一个农户农村居民的平均收入水平。计算方法：纯收入=总收入-家庭经营费用支出-税费支出-生产性固定资产折旧-农村内部亲友赠送

Explanatory Notes on Main Statistical Indicators

I. Explanation of Survey of Household Income and Expenditure and Living Conditions in 2013 and later

Since 2013, the National Bureau of statistics has implemented an integrated reform of the urban and rural household survey conducted separately, standardized the division of urban and rural areas, unified the indicators, classifications and statistical standards of urban and rural residents' income, and established a unified urban and rural household survey.

1.1 The Disposable Income of Residents: Refers to the sum that the survey households get in the survey period and can be used for the final consumption expenditure and savings, that is, the disposable income available to survey households. Disposable income includes both cash and physical income. According to the source of income, the disposable income consists of four items: Income from wages and salaries, net business income, net income from properties and net income from transfers.

1.1.1 Income from Wages and Salaries: Refers to all the labor remuneration and various benefits that the employment personnel get through various ways, including all the labor remuneration and benefits that are obtained by employing various units or individuals, engaging in all kinds of freelancers, part-time jobs and sporadic labor.

1.1.2 Net Business Income: Refers to the net income that households or household members engage in production and operation activities which derived from total operating income excluding operating costs, productive fixed assets depreciation and production tax.

1.1.3 Net Income from Properties: Refers to net income derived from the returns obtained from financial assets, non-financial assets, such as housing, and natural resources, which owned by households and household members, placed at the disposal of other institutional units, households or individuals. Net income from properties includes net interest income, bonus income, net income from savings insurance, net rental income from the transfer of the right to manage contracted land, and net income from rental housing, Net income from rental other assets and net rent converted from owner-occupied housing, etc. Net income from properties does not include premium income from transfer of property ownership, which should be counted as "non-income income ".

1.1.4 Net Income from Transfers： The calculation formula is: net income from transfers = income from transfers - transfer expenditure

1.1.4.1 Income from Transfers: Refers to the various regular transfers paid by the state, units and social organizations to households and the regular transfer of income between households. It includes pensions, social relief and subsidies, policy-oriented production subsidies, policy-oriented living allowances, recurrent donations and compensation, reimbursement of medical expenses, maintenance income between households, and income returned by non-resident members of the household, etc. Income from transfer does not include in-kind gifts between households.

1.1.4.2 Transfer Expenditure： Refers to the regular or compulsory transfer payments made by the households to the state, units, households or individuals, including tax payment, various social security expenditure, maintenance expenditure, recurrent donations and compensation expenditure, and other recurrent transfer expenses, etc.

1.2 Consumption Expenditure： Refers to all expenditures of households to meet the family daily consumption needs, including expenditures for consumer goods and for service consumption. According to different purposes, consumption expenditure can be divided into eight categories: food, tobacco and alcohol, clothing, housing, daily necessities and services, transportation and communication, education, culture and recreation, health care, other products and services.

II. Indicators for Urban and Rural Household Surveys in and before 2012

In 2012 and before, household surveys had been carried out separately in urban and rural areas, therefore the statistical standard between urban and rural residents' income, expenditure and other indicators were difference, and the data were not entirely comparable. Urban households survey of the disposable income of urban residents, rural households survey of rural residents' net income.

2.1 Explanation of main indicators of Urban Household Survey

2.1.1.1 Total household income: the sum of the wage income, net business income, income from properties, and income from transfers received by all the family members living together in the survey period, excluding the sale of property and income from loans. The statistical criteria for income are based on the amount actually incurred. Whatever is obtained during the survey period should be calculated truthfully，and no sharing In principle, no matter the income is reissued or preissued. Considering its great influence on cities and counties with small sample size, a large amount of income can be apportioned, but to minimize the number of assessments, and it should be allocated in the current year.

2.1.1.2 Income from Wages and Salaries： Refers to all the labor remuneration and various benefits that the employment personnel get through various ways, including the wages of the main occupations and other labor income that is obtained from second occupations, other part-time jobs and sporadic labor.

2.1.1.3 Business Income： Refers to the net income obtained by the family members engaged in the production and operation activities. It is the income of all production and operation income deducting production costs and taxes. If the current income is less than production expenses, the difference is recorded in "other borrowing expenses."

2.1.1.4 Income from properties: Refers to the income derived from household property (such as bank deposits, negotiable securities, real estate (such as houses, land, etc.), including interest, rent, patent income from the transfer of the right to use property, and dividend income from property operations, property appreciation gains, etc.

2.1.1.5 Income from Transfers: Refers to the various transfer payments made by the state, units and social groups to the residents' families and the income transfer between the residents' families, including Government transfers of personal income，such as pension, unemployment benefits, compensation, and so on; Unit transfers of personal income, such as severance pay, insurance claims, housing fund, family gifts and maintenance, etc.

2.1.2 Disposable income: Refers to the sum of final consumer and other non-compulsory expenditures and savings available to survey households, that is, income that households can control freely. It is the total household income excluding the personal income tax, the social security payments paid by the individual, and accounting subsidies for survey households. The calculation formula is: disposable income =total household income-personal income tax-social security payments paid by individuals-accounting subsidies

2.1.3 Consumption Expenditure : Refers to the total expenditure of survey household to meet daily needs, including eight categories: food, clothing, housing, household equipment and services, health care, transportation and communication, entertainment, education and cultural services, other commodities and services. The composition of consumption expenditure is classified according to the purpose of goods or services. If the purpose and usage of consumption expenditure are inconsistent, it must be classified into the corresponding category according to the purpose.

2.2 Explanation of main indicators of Rural Household Survey

2.2.1 Total Income and Total Expenditure of Rural Residents

2.2.1.1 Total Income: Refers to the total income of rural residents and household members from various sources during the survey period. According to the nature of income, it is divided into income from wages and salaries, income from household business, income from properties and income from transfers.

2.2.1.2 Income from Wages and Salaries: Refers to the income of selling labor obtained by rural household members who are employed by units or individuals

2.2.1.3 Income from Household Business: Refers to the income obtained by rural households as a production and operating unit for production planning and management. The household business activities of rural households are divided into agriculture, forestry, livestock farming, fisheries, industry, construction, transportation, post and telecommunications, wholesale and retail trade, catering, social services, culture and education and health and other household businesses.

2.2.1.4 Income from properties: Refers to the income obtained as a reward by the owner of financial assets or tangible unproductive assets who provide funds to other institutional units or make tangible unproductive assets available to them in return.

2.2.1.5 Income from Transfers: Refers to the goods, services, funds or ownership of assets acquired by rural households and household members without having to pay any counterpart, excluding funds provided freely for fixed capital formation. IN general, it refers to all the income in the secondary distribution of rural households. It includes the return of the outside population, gifts from relatives and friends outside the countryside, relief funds, insurance compensation income, pension, land expropriation compensation income, etc.

2.2.1.6 Total Expenditure: Refers to the total actual expenditure of rural households on production, living and redistribution throughout the year, including expenditure for household business, expenditure for the acquisition of productive fixed assets, expenditure for taxes and fees, and expenditure for consumption, Transfer expenditure and property expenditure.

2.2.2 Cash Income and Expenditure of Rural Residents

2.2.2.1 Cash Income: Refers to the income of rural households and household members in the form of cash during the survey period. It is divided into labor services and wages income, cash income from household business, income from properties, and income from transfers by source.

2.2.2.2 Cash Expenditure: Refers to the cash paid by rural households for production, living and redistribution during the survey period, including expenditure for household business, taxes and fees, purchase of productive fixed assets expenditure for consumption, Transfer expenditure and property expenditure.

2.2.3 Net Income of Rural Residents: Refers to the total income of rural households that year after deducting the expenses incurred accordingly from all sources. Net income is mainly used for reproduction inputs and for consumption expenditure in the current year, and can also be used for savings and various non-compulsory expenditures. The "per capita net income of rural residents" which based on the average net income of the population, reflects the average income level of rural residents in a region or a peasant household. Calculation method: net income = total income-expenditure for household business-expenditure for taxes and fees-depreciation of productive fixed assets-gifts from relatives and friends within the countryside.

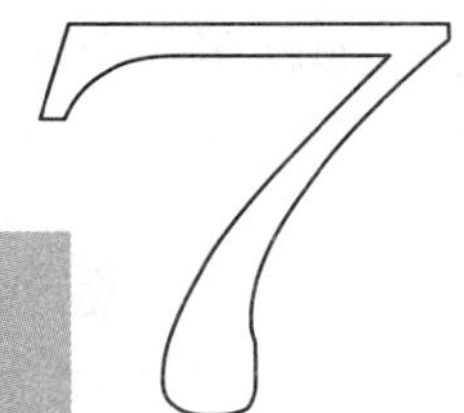

财　　政

Government　Finance

编辑人员：　黄淑娴

Compiled by Huang Shuxian

英文翻译：黄淑娴

Translated by Huang Shuxian

简 要 说 明

本章节主要内容和资料来源

一、本篇的主要内容和资料来源

本篇反映本省财政收支状况，资料来源于海南省财政厅和省地税局，资料基础为国家财政决算、预算外资金收支决算和有关财务报表。

二、统计口径的变化和数据调整

自 2012 年起，地方一般预算收入更名为地方公共财政预算收入，地方一般预算支出更名为地方公共财政预算支出。

从 2010 年起，预算支出科目和预算外财政专户资金支出科目有变动。

Brief Introduction

I. Main Contents and Sources of Data

The data in this chapter present the government revenue and expenditure situation. The data come from the Finance Department of Hainan Province and local taxation bureau. The data are based on final state financial accounts, final extra-budgetary revenue and expenditure accounts and related financial reports.

II. Change of Statistical Scope and Data Adjustment.

Since 2012, the local general budget revenue changed its name to the local public finance budget revenue, local general budget expenditure changed its name to the local public finance budget expenditure.

Since 2010, new Subjects of Budgetary Expenditure and Extra-budgetary Finance Expenditure have been executed.

7-1 历年地方财政收入和支出
Revenue and Expenditure of Local Government in Various Years

单位：万元 (10 000yuan)

年 份 Year	地方一般公共预算收入 General Public Budget Revenue of the Local Government	#税收收入 Taxes Revenue	地方政府性基金收入 Fund Revenue of the Local Government	地方一般公共预算支出 General Public Budget Expenditure of the Local Government	地方政府性基金支出 Fund Expenditure of the Local Government
1982	12770	13620		25874	
1983	16177	16479		31847	
1984	30548	30012		45283	
1985	31613	40817		58994	
1986	21894	31872		66305	
1987	29588	35068		67221	
1988	48236	51059		92475	
1989	62481	61479		138090	
1990	73894	64378		174247	
1991	93064	84409		193876	
1992	149728	136335		253642	
1993	291219	260568		385215	
1993*	230260	189609			
1994	275316	242430		400117	
1995	285339	248086		423860	
1996	307034	259198		451649	
1997	308698	250504	7787	478408	6401
1998	336719	272409	28151	549066	26066
1999	361441	291712	59225	567831	58162
2000	391995	315156	57089	641193	64194
2001	437656	350854	58268	784583	61180
2002	462385	363797	55939	922574	61946
2003	513205	405425	102766	1053984	97772
2004	570358	446747	122607	1272006	135408
2005	686802	545149	162128	1512421	163338
2006	818139	657533	205369	1745365	215765
2007	1082935	879935	441644	2451967	419067
2008	1448584	1205390	848975	3579708	807596
2009	1782420	1512437	1214239	4860624	1179919
2010	2709915	2370999	2806239	5813379	2373501
2011	3401157	2956863	2874181	7787952	3024795
2012	4094370	3508030	3048255	9116730	2928498
2013	4810140	4116331	4398854	10111713	4220046
2014	5553064	4805540	3676092	10997444	3611320
2015	6277002	5143123	3215460	12394322	3329420
2016	6375073	5049598	3800245	13764846	4319175
2017	6741050	5435633	3974595	14439723	4657216

注：从1993年起按税制改革新口径统计，1993年有*符号数为按新口径调整数。
Note:Since 1993,tax revenue by reference to tax reform is according to the new alibre.With"*"signs in 1993,it is based on the new caliber adjustment in 1993.

7-2 国税税收收入
Revenue of National Taxes Bureau

单位：万元 (10 000 yuan)

指　　标	Item	2005	2010	2013	2014	2015	2016	2017
收入合计	**Total**	**647871**	**2707547**	**3465095**	**3990170**	**4287498**	**5269753**	**7029560**
其中：中央收入	Central Government	523441	2321987	2890176	3019432	3252498	3639015	3169370
地方收入	Local Government	124430	385560	574919	970738	1035000	1630738	3860190
国内计划税收收入	Tax Revenue of Domestic Taxes Plan	544309	2073276	2671707	3132370	3677439	4785938	6380333
国内增值税	Domestic Value-added Tax	390821	823236	992621	1284891	1450079	2476954	3969842
国内消费税	Domestic Consumption Tax	59247	678719	707899	659700	1008227	1076443	824781
营业税	Business Tax	-8			3143	2757	879	
企业所得税	Corporate Income Tax	50419	456455	831467	1018482	1055905	1070026	1352079
利息个人所得税	Individual Income Tax	18052	1564	92	17	13	13	7
车辆购置税	Vehicle Purchase Tax	25778	113302	139628	166137	160458	161636	233631
海关代征	Customs Taxation	103562	634271	793388	857800	610058	483815	649227
其中：增值税	Value-added Tax	103497	633165	787258	844839	605695	479514	639860
消费税	Consumption Tax	65	1106	6130	12961	4363	4301	9367
出口退税	Tax of Export Rebate	-57900	-75996	-138001	-132997	-168433	-150927	-102753
其中：退增值税	Value-added Tax Back	-46127	-60987	-119938	-96982	-102733	-79000	-102753
退消费税	Consumption Tax Back	-73	-13	-63	-16			

7-3 地税税收收入
Revenue of Local Taxes Bureau

单位：万元 (10 000yuan)

指　　标	Item	2010	2013	2014	2015	2016	2017
收入合计	**Total**	**2255074**	**4000824**	**4469984**	**4692460**	**4225887**	**3823052**
中央收入	Central Government	261334	502168	596806	570309	680328	894608
地方收入	Local Government	1993740	3498656	3873178	4122151	3545559	2928444
增值税	Value-added Tax					8835	31227
营业税	Business Tax	1123506	1589216	1540132	1689771	1041787	26189
企业所得税	Corporate Income Tax	236197	544691	658996	525397	545772	718125
个人所得税	Individual Income Tax	199391	291811	335117	424917	536715	723732
资源税	Resource Tax	12415	26639	26303	26771	31592	34146
城市维护建设税	City Maintenance and Construction Tax	94548	207769	220415	259347	286165	317493
房产税	House Property Tax	53908	103429	125222	158741	156168	194501
印花税	Stamp Tax	28269	51148	68420	64539	71752	91285
城镇土地使用税	Urban Land Use Tax	79495	118129	207081	311752	215228	282041
土地增值税	Land Appreciation Tax	212288	560052	752194	755386	902873	986605
车船税	Tax on Vehicles and Boat Operation	10405	22419	25559	29677	33617	38785
烟叶税	Tobacco Leaf Tax		116			29	
耕地占用税	Farm Land Occupation Tax	42345	145928	136754	127369	122349	9461
契税	Deed Tax	162307	339476	373791	318792	273005	369462
其他税收	Other Taxes						

7-4 地方财政用于文教、卫生、科学的支出
Expenditure of Local Government for Education、Health Care and Sciences

单位：万元 (10 000yuan)

指 标	Item	2012	2013	2014	2015	2016	2017
合 计	**Total**	**2505610**	**2798830**	**3014506**	**3452340**	**3710022**	**3905777**
教育	**Education**	**1587881**	**1745722**	**1759548**	**2068383**	**2142445**	**2208685**
#教育管理事务	Education Management Sevices	29150	44035	52510	70162	52836	58333
普通教育	General Education	1166488	1309656	1332278	1554287	1672680	1748893
职业教育	Vocational Eucation	183267	176859	154603	214920	208671	182569
教师进修及干部继续教育	Teacher Education and Continuing Education of Cadres	16241	17040	18227	20651	31210	37120
医疗卫生与计划生育	**Medical and Health Care**	**598637**	**695860**	**884609**	**1005428**	**1141663**	**1273742**
#医疗保障	Medical Insurance	263870	343366	432541	481765	538264	671877
公立医院	Public Hospital	106042	122318	113323	146425	184784	167428
基层医疗卫生机构	Primary Health Care Institutions	79722	82761	76629	100440	99405	106632
公共卫生	Public Health	101127	105020	125112	141429	149672	159056
文化体育与传媒	**Culture,Sport and Media**	**198469**	**218998**	**235058**	**254779**	**268997**	**298629**
#文化	Culture	94767	90867	86491	101942	108979	95816
体育	Sport	23835	24598	26726	24189	37456	39982
新闻出版广播影视	Press,Publication,Broadcasting, Moives and Television	42357	48801	52116	61807	54970	51414
科学技术	**Science and Technology**	**120623**	**138250**	**135291**	**123750**	**156917**	**124721**
#应用研究	Applied Research	10394	9186	8486	9331	14461	10652
技术研究与开发	Technology Research and Development	72772	80753	77469	31413	55058	39070
科学技术普及	Popularization of Science and Technology	3520	3564	4795	10408	7776	13173
文教卫科支出占地方一般公共预算支出的比重(%)	**Proportion in General PublicBudget Expenditure of the Local Government (%)**	**27.5**	**27.7**	**27.4**	**27.9**	**27.0**	**27.0**

注：2017医疗保障包含行政事业单位医疗、财政对基本医疗保险基金的补助、医疗救助、优抚对象医疗。

Note:Medical insurance in 2017 includes administrative institutions medical units、financial sopport for basic medical insurance funds、medical assistance、special-care recipients medical treatment.

7-5 地方财政用于社会保障和就业的支出
Expenditure of Local Government for Social Safety Net and Employment Effort

单位：万元 (10 000yuan)

指　　标	Item	2012	2013	2014	2015	2016	2017
合　计	**Total**	**1061496**	**1158813**	**1425217**	**1747743**	**1840150**	**1830800**
人力资源和社会保障管理事务	Management of Human Resources and Social Safety Net	44474	42461	44481	88926	52968	72170
民政管理事务	Management of the Civil Affairs	43214	56245	66342	74614	88806	86205
财政对社会保险基金的补助	Financial Subsidy for Social Security Foundation	440513	416952	515731	660247	686035	679179
行政事业单位离退休	Retirement Pension for Retires Administrative and Institutional Units	246745	296306	373467	455830	509726	587517
企业改革补助	Subsidy for Enterprise Reform	14425	11310	8251	5331	3030	6056
就业补助	Employment Subsidies	37195	40714	48617	49458	44814	33558
抚恤	Pension	35809	43119	36721	44310	49732	70776
退役安置	Retired Resettlement	17395	23382	27101	32741	34254	33459
社会福利	Social Welfare	18993	29576	28354	41148	55382	30980
残疾人事业	Person with Disabilities	11919	17677	25521	38877	31799	46522
城镇居民最低生活保障	Minimum Living Guarantee of Urban Residents	55217	55808	65171			25187
其他城市生活救助	Other Urban Social Relief	6855	8625	9270			3129
自然灾害生活补助	Subsidy for Natural Disasters	12311	12414	43613	37715	29486	8158
红十字事业	Red Cross Undertakings	808	991	1018	1084	1216	1374
农村最低生活保障	Minimum Living Guarantee of Rural Residents	46615	47030	60073			40212
其他农村生活救助	Other Rural Social Relief	14885	15407	16959			1154
补充道路交通事故社会救助基金	Complement Social Assistance Fund for Road Traffic Accidents						
其他社会保障和就业支出	Other Expenditure for Social Safety Net and Employment Effort	14123	40796	54527	63390	117947	61824
社会保障和就业支出占地方一般公共预算支出的比重(%)	**Proportion in General Public Budget Expenditure of the Local Government (%)**	**11.6**	**11.5**	**13.0**	**14.1**	**13.4**	**12.7**

7-6 一般公共预算收支决算总表
Total Final Accounts Table of General Public Budget Revenue and Expenditure

单位：万元 (10 000 yuan)

指标	Item	2012	2013	2014	2015	2016	2017
全省一般公共预算总收入	**Total Public Budget Revenue**	**10037375**	**11083304**	**12548855**	**14004145**	**18013133**	**19663463**
地方一般公共预算收入	General Public Budget Revenue of the Local Government	4094370	4810140	5553064	6277002	6375073	6741050
税收收入	Tax Revenue	3508030	4116331	4805540	5143123	5049598	5435633
增值税	Value-added Tax	207485	316495	547223	615600	1215516	1999589
营业税	Business Tax	1324050	1589581	1543330	1693514	910819	13093
企业所得税	Corporate Income Tax	463937	554590	676821	640339	651542	834832
企业所得税退税	Corporate Income Tax Refund						
个人所得税	Individual Income Tax	75837	116786	134201	170022	214721	289517
资源税	Resource Tax	28536	26639	26303	26768	31593	34148
城市维护建设税	City Maintenance and Construction Tax	149085	171542	188242	232622	250365	292307
房产税	House Property Tax	89028	103430	125223	158730	156172	194499
印花税	Stamp Tax	42428	51148	68419	64548	71764	91296
城镇土地使用税	Urban Land Use Tax	129367	118129	207080	309675	215229	282041
土地增值税	Land Appreciation Tax	418416	560052	752193	755491	902876	986603
车船税	Tax on Vehicles and Boat Operation	19802	22422	25561	29676	33614	38786
耕地占用税	Farm Land Occupation Tax	145519	145925	136754	127367	122349	9460
契税	Deed Tax	414471	339476	374190	318771	273009	369462
其他税收收入	Other Tax Revevue	69	116			29	
非税收入	Total Non-tax Revenue	586340	693809	747524	1133879	1325475	1305417
专项收入	Special Program Receipts	88200	111699	121100	393498	432971	534094
行政事业性收费收入	Charge of Administrative and Institutional Units	148951	171079	213035	142991	196470	175561
罚没收入	Penalty Receipts	83064	100827	94998	112853	102440	108651
国有资本经营收入	Operating Income from Government Capital	109502	131076	107563	118630	71274	28706
国有资源(资产)有偿使用收入	Income from Use of State-owned Resources (Assets)	127193	146225	147471	310649	356728	369410
其他收入	Other Non-Tax Receipts	29430	32903	63357	55258	165592	88995
上级补助收入	Subsidy from Central Government	4420563	4647625	4925463	5378450	6458287	7015885
债务收入	Revenue from Local Government Bonds	400000	600000	600000	1647510	3376353	3366588
待偿债置换一般债券上年结余	Balance of National Debt for Lending of Last Year					5891	
国债转贷转补助	Subsidy From National Debt for Lending						
上年结余	Balance of Last Year	800704	488243	429334	232775	414285	608340
调入预算稳定调节基金	Transferred Budget Stability and Regulation Fund	195863	264291	317107	230000	692760	1211044
调入资金	Transferred Funds	125875	273005	723887	238408	690484	720556

7-6续 (continued)

单位：万元 (10 000 yuan)

指　标	Item	2012	2013	2014	2015	2016	2017
一般公共预算支出总计	**Total General Budget Expenditure**	**10037375**	**11083304**	**12861199**	**12966292**	**18013133**	**19663464**
地方一般公共预算支出	General Budget Expenditure of the Local Government	9116730	10111713	10997444	12394322	13764846	14439723
#一般公共服务	General Public Services	985275	1154017	1114020	1133199	1294763	1221279
外交	Foreign Affairs	6314	6721	8163	11021	9887	9587
公共安全	Public Security	571083	651041	677097	771436	850909	857207
教育	Education	1587881	1745722	1759548	2068383	2142445	2208685
科学技术	Science and Technology	120623	138250	135291	123750	156917	124721
文化体育与传媒	Culture,Sport and Media	198469	218998	235058	254779	268997	298629
社会保障和就业	Social Safety Net and Employment Effort	1061496	1158813	1425217	1747743	1840150	1830800
医疗卫生与计划生育	Medical and Health Care	598637	695860	884609	1005428	1141663	1273742
节能环保	Environment Protection	212315	231774	232786	315410	373068	357221
城乡社区	Urban and Rural Community Affairs	522201	615095	729726	830302	1163781	1199201
农林水	Agriculture,Forestry and Water Conservancy	1236240	1390310	1463014	1642376	1790441	1984157
交通运输	Transportation	675143	738162	863949	994638	1142425	1369011
资源勘探信息等	Affairs of Resource Exploration，Electric Power and Information etc.	228281	207065	318596	346144	247708	262045
商业服务业等	Affairs of Commerce and Finance	129346	109295	103951	100946	113710	123645
国土海洋气象等	Affairs of Land, Ocean and Weather etc.	108862	116855	142520	131195	102662	255566
住房保障	Affairs of Housing Security	447625	362980	393729	482642	562483	553616
粮油物资储备	Affairs of Management of Grain and Oils Reserves	28667	28499	32069	31705	32353	41815
债务付息支出	the Principal and Interest of National Debt		45796	60664		242265	302884
其他支出	Other Expenditure	398272	542256	374589	259658	163204	102729
上解上级支出	Expenditure for Cental Government	11639	14646	20151	28416	23041	26327
#体制上解支出	General Transfer Payments	5670	6275	3827	12100	12100	12100
专项上解支出	Special Transfer Payments	5969	8371	16324	16316	10941	14227
援助其他地区支出	Expenditure for Other Regional Assistance	180908	1100	500			
债务还本支出	Expenditure for the Principal of Bond		170000	140000		2390206	2837940
增设预算周转金	Additional Working Capital Budget						
拨付国债转贷资金数	Allocated National Debt for Lending						
国债转贷资金结余	Balance of National Debt for Lending						
安排预算稳定调节基金	Budget Stability and Regulation Fund Expenditure	239800	339717	520015	478799	1226700	1663910
调出资金	Capital Transferred	18879	16794	35474			
待偿债置换一般债券结余	Repaying debt to replace general bond surplus						112
年终结余	Balance at Year-end	469419	429334	835271	64761	608340	695452
净结余	Net Balance		95019	312344			

7-7 政府性基金收支决算总表
Total Final Accounts Table of Revenue and Expenditure of Government Funds

单位：万元 (10 000 yuan)

指 标	Item	2012	2013	2014	2015	2016	2017
本年收入总计	**Total Revenue**	**3839466**	**5407579**	**5016968**	**4670571**	**6800368**	**6616187**
本年收入合计	Revenue of Current Year	3048255	4398854	3676092	3215460	3800245	3974595
上级补助收入	Subsidy from Central Government	89907	128611	101071	192932	120388	107115
上年结余	Balance of Last Year	673921	844128	1131173	1117829	743386	539333
调入资金	Transferred Funds	27383	35986	108632	144350	201	
一般公共预算调入	General Budgetary Transferred	18879	16794	35474	4195		
调入专项收入	Extra-budgetary Transferred			221			
其他调入	Other Transferred	8504	19192	72937	140155	201	
本年支出总计	**Total Expenditure of Current Year**	**3839466**	**5407579**	**5016968**	**4670571**	**6800368**	**6616187**
本年支出合计	Expenditure of Current Year	2928498	4220046	3611320	3329420	4319175	4657216
一般公共服务	General Public Services	4					
教育	Education	41222	52701	53421			
文化体育与传媒	Culture,Sport and Media	5705	13423	8188	1088	2319	1449
社会保障和就业	Social Safety Net and Employment Effort	14079	18826	19480	69589	13677	10769
节能环保	Environment Protection		9052		1189		
城乡社区	Urban and Rural Community Affairs	2631540	3860691	3207028	2881272	3870445	3993520
农林水	Agriculture,Forestry and Water Conservancy	49411	36669	74961	4054	5305	2240
交通运输	Transportation	155825	189894	206856	294538	253378	458468
资源勘探信息等	Affairs of Resource Exploration, Electric Power and Information etc.	348	5027	2435	7452	641	748
商业服务业等	Affairs of Commercial Services	250	1688	1376	1999	2360	1803
其他支出	Other Expenditure	30114	32075	37575	62732	70876	73789
上解上级支出	Expenditure for Cental Government		19000	-2100			
调出资金	Capital Transferred	55240	34460	289919	549035	447680	588885
年终结余	Balance at Year-end	855728	1134073	1117829	743386	539333	547432
其中：本级	Provincial	368146	422060	403657	130709	153038	133039

7-8 各市县地方一般公共预算收入
General Public Budget Revenue of the Local Government by Region

单位：万元 (10 000 yuan)

地 区	Region	地方一般公共预算收入 General Public Budget Revenue of the Local Government	税收收入 Tax Revenue	#增值税 Value-added Tax	土地增值税 Increment Tax on land value	企业所得税 Corporate Income Tax	个人所得税 Individual Income Tax	资源税 Resource Tax	契 税 Deed Tax
全省总计	**Total**	**6741050**	**5435633**	**1999589**	**986603**	**834832**	**289517**	**34148**	**369462**
省本级	Provincial	2309988	1917968	785334	320192	312051	102798		126047
地市小计	Amount for All Regions	4431062	3517665	1214255	666411	522781	186719	34148	243415
海口市	Haikou	1253645	1058164	374136	130300	200364	68943	6046	62892
三亚市	Sanya	929619	700284	204776	168882	92385	29189	2619	68605
五指山市	Wuzhishan	36726	24977	9412	5177	2421	1164	214	2200
文昌市	Wenchang	141601	106924	43778	19678	10115	5365	1551	9105
琼海市	Qionghai	167416	126855	45841	28932	14046	5949	994	7470
万宁市	Wanning	162425	146058	46001	33393	17643	3892	1655	13415
定安县	Ding'an	42458	31385	13363	5033	3242	1105	174	1819
屯昌县	Tunchang	23411	16693	6459	1872	1554	667	194	922
澄迈县	Chengmai	238228	215547	78840	35652	27039	32298	6554	10398
临高县	Lingao	57364	38706	15560	8776	2521	1524	427	2988
儋州地区	Danzhou Area	491087	359676	164388	40531	53087	9730	1413	9592
儋州市	Danzhou	227750	148990	47686	39383	7452	4790	950	5898
洋浦	Yangpu	263337	210686	116702	1148	45635	4940	463	3694
东方市	Dongfang	138091	105256	51583	11194	19337	3204	930	3962
乐东县	Ledong	80555	51478	20138	6311	6490	2693	1510	4768
琼中县	Qiongzhong	28156	16319	7530	1230	1440	1030	346	823
保亭县	Baoting	49074	38226	11129	7057	4411	4854	129	2838
陵水县	Lingshui	457441	411710	92066	156994	59769	10964	872	38899
白沙县	Baisha	16215	10781	5090	1610	827	537	90	524
昌江县	Changjiang	116117	57681	23746	3789	6059	3326	8430	2195
三沙市	Sansha	1433	945	419		31	285		

7-8续 (continued)

单位：万元 (10 000 yuan)

地 区	Region	非税收入 Non-tax Revenue	专项收入 Special Program Receipts	行政事业性收费收入 Charge of Administrative and Institutional Units	罚没收入 Penalty Receipts	国有资本经营收入 Operating Income from Government Capital	国有资源(资产)有偿使用收入 Income from Use of State-owned Resources (Assets)
全省总计	**Total**	**1305417**	**534094**	**175561**	**108651**	**28706**	**369410**
省本级	Provincial	392020	180854	66621	26839	2532	70620
地市小计	Amount for All Regions	913397	353240	108940	81812	26174	298790
海口市	Haikou	195481	110618	26279	26070		18948
三亚市	Sanya	229335	77802	18141	10494	7016	111985
五指山市	Wuzhishan	11749	3164	2590	1929		1762
文昌市	Wenchang	34677	12847	6016	3513		11141
琼海市	Qionghai	40561	13489	6143	3007	418	15789
万宁市	Wanning	16367	9241	1514	3196	20	1152
定安县	Ding'an	11073	1871	1076	1224		6638
屯昌县	Tunchang	6718	1185	1183	811	1250	1668
澄迈县	Chengmai	22681	10899	3904	4710		1601
临高县	Lingao	18658	8154	5803	2082	688	1021
儋州地区	Danzhou Area	131411	47809	5925	11773	16618	47667
儋州市	Danzhou	78760	15719	5865	11551	557	43677
洋浦	Yangpu	52651	32090	60	222	16061	3990
东方市	Dongfang	32835	9679	19282	2061		1220
乐东县	Ledong	29077	2762	2268	3458		18293
琼中县	Qiongzhong	11837	1115	1712	1652		618
保亭县	Baoting	10848	1661	1338	2124	37	1029
陵水县	Lingshui	45731	36406	1028	922	81	7036
白沙县	Baisha	5434	768	857	419	46	2676
昌江县	Changjiang	58436	3651	3881	2257		48357
三沙市	Sansha	488	119		110		189

7-9 各市县地方一般公共预算支出
General Public Budget Expenditure of the Local Government by Region

单位：万元 (10 000 yuan)

地　区	Region	地方一般公共预算支出 General Public Budget Expenditure of the Local Government	一般公共服务 General Public Services	外交 Foreign Affairs	国防 National Defense	公共安全 Public Security	教育 Education	科学技术 Science and Technology	文化体育与传媒 Culture, Sport and Media
全省总计	**Total**	**14439723**	**1221279**	**9587**	**51350**	**857207**	**2208685**	**124721**	**298629**
省本级	Provincial	3583868	290776	9587	25842	383940	435146	52201	97646
地市小计	Amount for All Regions	10855855	930503		25508	473267	1773539	72520	200983
海口市	Haikou	1983183	175003		3436	112431	315243	10528	31283
三亚市	Sanya	1300212	161885		11244	82651	200353	27590	38325
五指山市	Wuzhishan	209717	15290		526	5597	30758	488	3467
文昌市	Wenchang	522428	39442		1621	22668	106024	1634	9776
琼海市	Qionghai	484234	43226		682	13935	70978	712	10251
万宁市	Wanning	502340	39947		838	22706	97495	5886	9651
定安县	Ding'an	294668	16821		391	11399	49417	1296	10551
屯昌县	Tunchang	234763	18306		187	8317	41521	565	2929
澄迈县	Chengmai	493350	45473		422	19702	107181	660	10807
临高县	Lingao	469946	39825		25	13654	102730	899	9623
儋州地区	Danzhou Area	1182885	49775		679	54186	159840	1640	7954
儋州市	Danzhou	753092	36731		677	31812	138928	1325	6222
洋浦	Yangpu	429793	13044		2	22374	20912	315	1732
东方市	Dongfang	454887	28803		1353	15472	97913	1243	7087
乐东县	Ledong	471715	50804		203	17783	106290	3952	3108
琼中县	Qiongzhong	354736	23589		1014	9708	57561	7792	5617
保亭县	Baoting	217949	21133		452	7567	35157	312	4214
陵水县	Lingshui	715782	96918		2134	24952	100528	3919	13042
白沙县	Baisha	314592	30465			11576	39198	1254	7365
昌江县	Changjiang	316736	28312		367	11663	56059	2150	9058
三沙市	Sansha	331732	5486		-66	7300	-707		6875

7-9续 1 (continued)

单位：万元 (10 000 yuan)

地　区	Region	社会保障和就业 Social Safety Net and Employment Effort	医疗卫生与计划生育 Medical and Health Care	节能环保 Environment Protection	城乡社区 Urban and Rural Community Affairs	农林水 Agriculture Forestry and Water Conservancy	交通运输 Trans- -portation	资源勘探信息等 Affairs of Resource Exploration Electric Power and Information etc.	商业服务业等 Affairs of Commercial Services
全省总计	**Total**	**1830800**	**1273742**	**357221**	**1199201**	**1984157**	**1369011**	**262045**	**123645**
省本级	Provincial	640590	245778	27332	-4733	280732	856148	49810	26391
地市小计	Amount for All Regions	1190210	1027964	329889	1203934	1703425	512863	212235	97254
海口市	Haikou	237916	183307	52917	210642	201815	42957	55620	37355
三亚市	Sanya	96392	92693	62636	152449	174076	36116	10672	6510
五指山市	Wuzhishan	14460	15994	28210	16605	48285	10508	842	657
文昌市	Wenchang	93799	60584	6632	36341	98465	8836	2953	2682
琼海市	Qionghai	80591	54459	42923	35550	52554	55484	1426	329
万宁市	Wanning	77297	64487	5395	32042	88160	21366	1135	2786
定安县	Ding'an	45192	30433	2441	33250	42127	15818	4122	8017
屯昌县	Tunchang	30179	24647	4732	13437	59691	8912	206	1398
澄迈县	Chengmai	93885	58538	11581	20924	72845	12772	3287	9251
临高县	Lingao	47064	57768	3657	39080	94597	32536	1755	753
儋州地区	Danzhou Area	95815	119307	25991	320600	121893	18644	105495	6517
儋州市	Danzhou	78673	108031	3391	134226	107954	11336	14923	64
洋浦	Yangpu	17142	11276	22600	186374	13939	7308	90572	6453
东方市	Dongfang	43419	48012	30362	14124	125370	10633	2236	567
乐东县	Ledong	51515	56845	13643	23188	82626	23379	209	621
琼中县	Qiongzhong	43719	33622	11418	15340	82596	5698	4614	11423
保亭县	Baoting	19007	20210	4525	10553	50650	3228	765	1557
陵水县	Lingshui	55999	52768	11744	149388	135597	5064	4127	3035
白沙县	Baisha	22617	21925	6071	22146	115127	11571	9788	2670
昌江县	Changjiang	35761	30986	5672	34968	53786	7666	222	1164
三沙市	Sansha	5583	1379	-661	23307	3165	181675	2761	-38

7-9续 2 (continued)

单位：万元 (10 000 yuan)

地　区	Region	金融 Affairs of Financial Regulatory etc.	国土海洋气象等 Affairs of Land, Ocean and Weather etc.	住房保障 Affairs of Housing Security	粮油物资储备 Affairs of Management of Grain and Oils Reserves	债务付息 the Principal and Interest of National Debt
全省总计	**Total**	**8762**	**255566**	**553616**	**41815**	**302884**
省本级	Provincial	1160	19402	69441	13204	38009
地市小计	Amount for All Regions	7602	236164	484175	28611	264875
海口市	Haikou	52	16497	120967	4602	141326
三亚市	Sanya	4360	10293	90899	3751	29314
五指山市	Wuzhishan		3916	11911	300	1303
文昌市	Wenchang	8	5207	14946	659	9537
琼海市	Qionghai	-4	1087	12278	222	6740
万宁市	Wanning		4979	15208	840	8827
定安县	Ding'an	-2	5776	11178	684	5476
屯昌县	Tunchang	35	2411	12031	627	4589
澄迈县	Chengmai	200	3067	12513	3293	6817
临高县	Lingao		2323	14666	578	5649
儋州地区	Danzhou Area	1330	37191	34697	703	17423
儋州市	Danzhou	1330	31989	31427	703	10306
洋浦	Yangpu		5202	3270		7117
东方市	Dongfang	3	2991	16793	1538	6723
乐东县	Ledong		17846	13858	825	4675
琼中县	Qiongzhong	529	3671	31073	377	4657
保亭县	Baoting	55	3357	23395	293	1066
陵水县	Lingshui	1063	26964	25317	1204	2019
白沙县	Baisha		1185	6295	494	3462
昌江县	Changjiang		10488	15668	1310	5272
三沙市	Sansha	-27	76915	482	6311	

7-10 各市县地方财政收支

Revenue and Expenditure of the Local Government by Region

单位：万元 (10 000yuan)

地 区	Region	2005	2010	2012	2013	2014	2015	2016	2017
收入合计	**Total Revenue**	**499336**	**4151741**	**5075554**	**6663146**	**6514658**	**6781099**	**7249760**	**7698829**
海口市	Haikou	216777	1015104	1302661	1761596	1739342	1749747	2241638	2756418
三亚市	Sanya	73120	1167606	1148856	1354455	1474429	1644631	1579384	1874360
五指山市	Wuzhishan	2953	41056	67792	73902	86868	59064	46277	52027
文昌市	Wenchang	17305	184813	212909	310498	267473	228699	232099	259379
琼海市	Qionghai	20332	185743	240588	338848	250241	193063	162905	196183
万宁市	Wanning	13470	286854	256591	313760	281642	357592	227250	193154
定安县	Ding'an	5704	100765	98893	90802	70839	58264	51944	71981
屯昌县	Tunchang	4134	68110	40285	79336	61377	32649	34200	32357
澄迈县	Chengmai	19308	214718	319263	367532	407662	363464	320650	303239
临高县	Lingao	4936	61292	101329	134382	110404	56963	52030	100460
儋州地区	Danzhou Area	67646	267467	409577	462399	437261	793885	915226	602061
儋州市	Danzhou	17558	154007	232901	275423	177776	506003	640158	336137
洋浦	Yangpu	50088	113460	176676	186976	259485	287882	275068	265924
东方市	Dongfang	17173	53909	166799	204622	216705	164768	168028	168845
乐东县	Ledong	4078	82421	90325	153213	124859	160389	181206	96874
琼中县	Qiongzhong	3273	20138	32249	39586	44937	110517	103606	44916
保亭县	Baoting	3050	68936	116326	127286	51109	61211	57983	58716
陵水县	Lingshui	4721	242048	341059	673495	651300	487461	709097	719821
白沙县	Baisha	3110	10833	33506	37300	39131	39272	23644	23955
昌江县	Changjiang	18246	79928	96546	139281	139015	116440	121314	142650
三沙市	Sansha				853	5338	103020	21279	1433
支出合计	**Total Expenditure**	**1055755**	**6209731**	**9178276**	**11056383**	**11171002**	**11992864**	**13896702**	**14879393**
海口市	Haikou	324721	1284966	1742878	2238091	2372384	2416455	3176652	3466592
三亚市	Sanya	96974	1188719	1433284	1609988	1852589	1974596	2039427	2428284
五指山市	Wuzhishan	19308	114319	169014	196956	207696	192776	182088	220081
文昌市	Wenchang	53746	343012	493287	527372	582226	561662	622457	681863
琼海市	Qionghai	48753	260977	454592	563976	468749	481617	577683	614858
万宁市	Wanning	45138	390235	477681	571101	538423	682531	572476	591396
定安县	Ding'an	30795	160176	276970	251313	224832	281404	268124	371548
屯昌县	Tunchang	25174	141419	218277	248695	218391	193036	242537	268524
澄迈县	Chengmai	50382	312161	560320	616613	649224	680281	676373	631180
临高县	Lingao	33272	170506	295954	394260	381953	341988	420091	531689
儋州地区	Danzhou Area	106876	574974	886360	1039113	1128358	1258132	1704195	1370556
儋州市	Danzhou	54087	385667	573828	627779	573981	732740	1239268	935647
洋浦	Yangpu	52789	189307	312532	411334	554377	525392	464927	434909
东方市	Dongfang	42324	203984	406401	468874	473324	476959	510848	530601
乐东县	Ledong	40616	229794	364443	402612	392657	496055	559708	575675
琼中县	Qiongzhong	25257	126797	202229	206620	252242	285320	397324	409994
保亭县	Baoting	20951	135109	226099	236070	201277	178420	189741	246544
陵水县	Lingshui	29133	283648	519459	861703	522216	696127	835862	887027
白沙县	Baisha	24451	115431	193313	207286	211402	223420	265532	344250
昌江县	Changjiang	37884	173504	257715	280926	331431	309391	342145	376997
三沙市	Sansha				134814	161628	262694	313439	331734

注：1）从2008年起，地方财政收支仅指地方一般预算收支，本表为便于历年数对比，地方财政收支中仍包括基金收支。

2）2014年和2015年数据有所调整，之前数据口径有误，取一般公共预算总收支，现更正为地方一般预算收支。

Note: 1）Since 2008,local revenue and expenditure include only the general budget revenue and expenditure of the local government. For better comparison with the data of previous years,the local revenue and expenditure in this table still include the fund balance.

2）The data in 2014 and 2015 have been adjusted,and the total general public budget revenue and expenditure have been faulty before .It is now corrected for the general budget revenue and expenditure of the local government.

7-11 各市县一般公共预算收支平衡表(2017)
Balance Sheet of General Budget Revenue and Expenditure by Region (2017)

单位：万元 (10 000 yuan)

地 区	Region	收入总计 Total Revenue	本年收入 Revenue of Current Year	返还性收入 Subsidy of Tax Returned	一般性转移支付收入 Revenue from General Transfer Payments	专项转移支付 Revenue from Special Transfer Payments	上年结余 Balance of Last Year	其 他 Others
全省总计	**Total**	**19663463**	**6741050**	**950598**	**4284902**	**1780385**	**608340**	**5298188**
省本级	Provincial	14126461	2309988	950598	4284902	1780385	116661	4683927
地市小计	Amount for All Regions	15375048	4431062	506679	4138505	1875953	491679	3931170
海口市	Haikou	3825461	1253645	133116	349828	283478	123987	1681407
三亚市	Sanya	1850728	929619	108507	227256	229469	12	355865
五指山市	Wuzhishan	263271	36726	7039	118342	52182	2743	46239
文昌市	Wenchang	702826	141601	23427	247580	81737	25095	183386
琼海市	Qionghai	609216	167416	29112	232128	85747	9434	85379
万宁市	Wanning	595127	162425	22080	250822	77456	2107	80237
定安县	Ding'an	346262	42458	5674	164180	55929	83	77938
屯昌县	Tunchang	370266	23411	4588	162721	65648	52929	60969
澄迈县	Chengmai	671190	238228	24458	228028	76752	11818	91906
临高县	Lingao	574694	57364	10195	239917	118910	21878	126430
儋州地区	Danzhou Area	1541962	491087	48359	499925	140137	50376	312078
儋州市	Danzhou	918256	227750	21751	367233	109376	48748	143398
洋 浦	Yangpu	623706	263337	26608	132692	30761	1628	168680
东方市	Dongfang	558970	138091	10738	193977	83356	1089	131719
乐东县	Ledong	661575	80555	13302	270894	124002	80360	92462
琼中县	Qiongzhong	428203	28156	3758	203520	69482	9712	113575
保亭县	Baoting	344265	49074	8187	145559	41138	45567	54740
陵水县	Lingshui	939007	457441	43648	108011	75441	30	254436
白沙县	Baisha	363209	16215	3962	199783	66913	27027	49309
昌江县	Changjiang	370592	116117	5717	127352	54232	22272	44902
三沙市	Sansha	358224	1433	812	168682	93944	5160	88193

注：省本级加地市小计不等于全省总计的原因是，在合并时抵销相互间的收入和支出。
Note:The revenue of amount for all regions and provincial is not equal to total revenue.

7-11续(continued)

单位：万元 (10 000 yuan)

地 区	Region	支出总计 Total Expenditure	本年支出 Expenditure of Current Year	一般性转移支付支出 Expenditure for General Transfer Payments	专项上解支出 Expenditure for Special Transfer Payments	其 他 Others	年终结余 Balance at Year-end	净结余 Net Balance
全省总计	**Total**	**18967899**	**14439723**		**14227**	**4513949**	**695564**	
省本级	Provincial	13995683	3583868	4138505	14227	6259083	130778	
地市小计	Amount for All Regions	14810262	10855855		437489	3516918	564786	
海口市	Haikou	3787897	1983183		112545	1692169	37564	
三亚市	Sanya	1850728	1300212		75525	474991		
五指山市	Wuzhishan	250142	209717		8778	31647	13129	
文昌市	Wenchang	671464	522428		14211	134825	31362	
琼海市	Qionghai	596203	484234		42845	69124	13013	
万宁市	Wanning	591036	502340		14357	74339	4091	
定安县	Ding'an	344692	294668		10662	39362	1570	
屯昌县	Tunchang	303433	234763		8330	60340	66833	
澄迈县	Chengmai	608261	493350		18514	96397	62929	
临高县	Lingao	526453	469946		8503	48004	48241	
儋州地区	Danzhou Area	1519654	1182885		25742	311027	22308	
儋州市	Danzhou	896060	753092		18926	124042	22196	
洋浦	Yangpu	623706	429793		6816	187097		
东方市	Dongfang	558631	454887		17690	86054	339	
乐东县	Ledong	529116	471715		17607	39794	132459	
琼中县	Qiongzhong	402160	354736		11695	35729	26043	
保亭县	Baoting	301305	217949		8418	74938	42960	
陵水县	Lingshui	938846	715782		17420	205644	161	
白沙县	Baisha	334228	314592		8996	10640	28981	
昌江县	Changjiang	342349	316736		14863	10750	28243	
三沙市	Sansha	353664	331732		788	21144	4560	

注：省本级加地市小计不等于全省总计的原因是，在合并时抵销相互间的收入和支出。
Note:The expenditure of amount for all regions and provincial is not equal to total expenditure.

7-12 各市县政府性基金预算收支平衡表(2017)

Balance Sheet of Budget Revenue and Expenditure of Government Funds by Region (2017)

单位：万元 (10 000 yuan)

地区	Region	收入合计 Total Revenue	本年收入 Revenue of Current Year	国有土地使用权出让收入 Transfer of Use Rights for State Land	海南省高等级公路车辆通行附加费收入 Surcharge on vehicle traffic for high-grade highway in Hainan	城市基础设施配套费收入 Urban Infrastructure Support Fee	其他 Others
全省总计	**Total**	**6616187**	**3974595**	**2941779**	**222496**	**629374**	**180946**
省本级	Provincial	2962125	706828	419565	222496		64767
地市小计	Amount for All Regions	5605603	3267767	2522214		629374	116179
海口市	Haikou	2106629	1502773	1180878		276037	45858
三亚市	Sanya	1432790	944741	711930		199820	32991
五指山市	Wuzhishan	19924	15301	13293		1739	269
文昌市	Wenchang	221970	117778	89537		22950	5291
琼海市	Qionghai	188340	28767	24751		103	3913
万宁市	Wanning	95794	30729	14501		13315	2913
定安县	Ding'an	94592	29523	21830		6753	940
屯昌县	Tunchang	44824	8946	7120		1213	613
澄迈县	Chengmai	202859	65011	45201		18204	1606
临高县	Lingao	103432	43096	29981		11939	1176
儋州地区	Danzhou Area	268540	110974	70076		33699	7199
儋州市	Danzhou	253074	108387	70076		33699	4612
洋浦	Yangpu	15466	2587				2587
东方市	Dongfang	115081	30754	25180		2657	2917
乐东县	Ledong	131554	16319	11987		4021	311
琼中县	Qiongzhong	79127	16760	14690		1455	615
保亭县	Baoting	52831	9642	7954		1228	460
陵水县	Lingshui	348402	262380	222783		31654	7943
白沙县	Baisha	35951	7740	5056		2587	97
昌江县	Changjiang	62766	26533	25466			1067
三沙市	Sansha	197					

注：省本级加地市小计不等于全省总计的原因是，在合并时抵销相互间的收入和支出。
Note:The revenue of amount for all regions and provincial is not equal to total revenue.

7-12续(continued)

单位：万元 (10 000 yuan)

地 区	Region	支出合计 Total Expenditure	本年支出 Expenditure of Current Year	国有土地使用权出让相关支出 Transfer of Use Rights for State Land	海南省高等级公路车辆通行附加费支出 Surcharge for vehicle traffic of high-grade highway in Hainan	城市基础设施配套费相关支出 Urban Infrastructure Support Fee	其 他 Others
全省总计	**Total**	**6068755**	**4657216**	**3611015**	**391524**	**400113**	**254564**
省 本 级	Provincial	2829086	633678	210213	343804		79661
地市小计	Amount for All Regions	5191210	4023538	3400802	47720	400113	174903
海 口 市	Haikou	1938706	1483409	1274477	23713	122058	63161
三 亚 市	Sanya	1429688	1128072	888906	59	199397	39710
五指山市	Wuzhishan	17603	10364	6517	8	2160	1679
文 昌 市	Wenchang	198608	159435	132716	12544	8832	5343
琼 海 市	Qionghai	132829	130624	110486	10457	79	9602
万 宁 市	Wanning	93952	89056	69363	189	13467	6037
定 安 县	Ding'an	77138	76880	73206		820	2854
屯 昌 县	Tunchang	35168	33761	28406	36	1213	4106
澄 迈 县	Chengmai	182661	137830	112960		23689	1181
临 高 县	Lingao	95295	61743	53439		4127	4177
儋州地区	Danzhou Area	243348	187671	167752	468	4843	14608
儋州市	Danzhou	228513	182555	167221	468	4843	10023
洋 浦	Yangpu	14835	5116	531			4585
东 方 市	Dongfang	113641	75714	67694	30	2641	5349
乐 东 县	Ledong	103987	103960	97061		3319	3580
琼 中 县	Qiongzhong	73272	55258	52768		884	1606
保 亭 县	Baoting	47229	28595	23145		1891	3559
陵 水 县	Lingshui	315784	171245	159914	203	9493	1635
白 沙 县	Baisha	31181	29658	25721	1	1166	2770
昌 江 县	Changjiang	60925	60261	56271	12	34	3944
三 沙 市	Sansha	195	2				

注：省本级加地市小计不等于全省总计的原因是，在合并时抵销相互间的收入和支出。
Note:The expenditure of amount for all regions and provincial is not equal to total expenditure.

主要统计指标解释

公共财政 指在市场经济条件下，主要为满足社会公共需求而进行的政府收支活动模式或财政运行机制模式；是国家以社会和经济管理者的身份从市场上取得收入，并将这些收入用于政府的公共活动支出，为社会提供公共产品和公共服务，以充分保证国家机器正常运转，保障国家安全，维护社会秩序，实现经济社会的协调发展。

财政一般预算总收入 是计算当年可供安排支出的财政收入总量。全省一般预算财政总收入主要包括：地方一般预算财政收入，中央一般预算补助收入，一般预算调入资金，调入预算稳定调节基金，一般预算上年结余结转。

地方一般预算收入 指当年依据财政体制和税收、非税收入征收法规征收缴入地方国库的各项税收收入，行政性收费收入、罚没收入，专项收入，国有资源有偿使用收入，其他收入等。

税收收入 税收是政府实现其职能的重要形式，是财政收入的主要来源，具有组织财政收入，调节经济和调节收入分配的基本职能。

一般预算支出 一般指用一般预算安排的支出。

一般公共服务 反映政府提供一般公共服务的支出，包括人大，政协，政府办公厅（室）及相关机构的行政运行，一般行政管理事务、专项业务活动等支出。

Explanatory Notes on Main Statistical Indicators

Public government finance is fiscal revenue and expenditure activity mode or financial operation mechanism model under the conditions of market economy, mainly to meet the social public demand. The country receipt from the market as social and economic management, for the government's public expenditure and providing public products and public service, to guarantee the normal operation of state machine, national security, to safeguard the social order, and realize the coordinated development of the economic society.

Total general public budget revenue is the total fiscal revenue for expenditure arrangement. Total general budgetary revenue mainly include: the local general budget revenues, the central general budget subsidiary revenue, and general budgetary funds transferred, transferred budget stability and regulation fund, the general budget balance of last year.

General public budget revenue of the local government refers to the income tax being taken in treasury according to the financial system and laws of tax revenue and non-tax revenue, the state treasury of tax revenue, charge of administrative and institutional units, penalty receipts, special program receipts, state-owned resources paid income and other receipts.

Tax revenue is the important form that the government realizes its function; is the main source of finance revenue; has the basic functions of organizing finance revenue, adjusting the economic and distribution of income.

General public budget expenditures generally refer to the expenditure arranged by general budget.

General public services reflect the expenditure of the general public services provided by government, including the administrative operation of the National People's Congress, Chinese People's Political Consultative Conference, the government office and related institutions, general administrative affairs, business activities, etc.

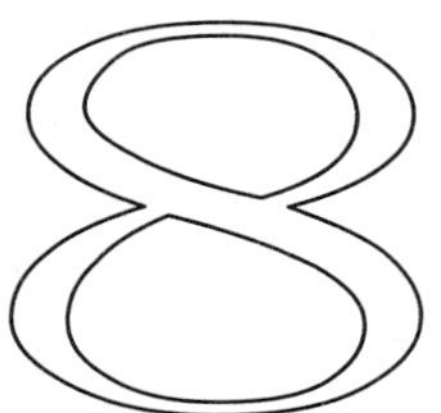

资源和环境

Resources and Environment

编辑人员：吴清菲

Compiled by Wu Qingfei

英文翻译：方一骎

Translated by Fang Yiqin

简 要 说 明

一、本篇资料的主要内容

本篇主要反映我省自然资源状况和环境保护事业发展情况。自然资源包括土地利用、森林资源、矿产资源等资料。环境保护事业发展情况主要包括废水和废气中主要污染物排放情况；固体废物处理利用情况；城市空气质量情况；以及环境污染治理投资情况等。

二、本篇的资料来源

土地利用、河流、矿产资源、森林资源等情况分别由省国土资源厅、省林业厅提供。环境污染与治理、工业污染投资治理情况由省生态环境保护厅提供。

Brief Introduction

I. Main Contents

This chapter contains information that reflects natural resource conditions and the development of environment protection in Hainan. Data on natural resources cover use of land, forest resources and mineral resources.The development of environment protection mainly include discharge of waste water and key pollutants in waste gas; treatment and utilization of solid wastes; urban air quality; investment in environment pollution treatment, etc.

II. Sources of Data

Data on use of land, rivers, meteorological phenomena, mineral and water resources, forest resources, etc. are provided respectively by Provincial Department of Land and Resources, and Provincial Department of Forestry. Data on environmental pollution and treatment, acoustic environment and investment in the treatment of industrial pollution are provided by the Provincial Department of Ecological Environment Protection.

8-1 自然资源(2017)
Natural Resources (2017)

项　　目	Item	数量 Amount
地理位置	**Geographic Position**	
东经(度)	Longitude	108.37-111.03
北纬(度)	Latitude	18.8-20.10
土地和海洋	**Land and Ocean**	
国土面积(万平方公里)	Area of Province (10 000 sq.km)	203.54
陆地面积(万平方公里)	Area of Land (10 000 sq.km)	3.54
#海南岛	# Hainan Island	3.39
海洋面积(万平方公里)	Area of Ocean (10 000 sq.km)	200
岛屿个数(个)	Number of Islands (unit)	280
岛屿面积(平方公里)	Area of Islands (sq.km)	930
水利资源	**Water Resources**	
独流入海河流(条)	Out-flowing Rivers (unit)	154
水力资源理论蕴藏量(万千瓦)	Theoretical Potential Hydropower Resources (10 000 kwh)	103.88
#可开发量	# Developable Resources	89.77
地下水资源储量(亿立方米)	Groundwater Resources(100 million cu.m)	75
淡水总面积(万公顷)	Freshwater Area(10 000 hectares)	13.7
水库面积(万公顷)	Area of Reservoir(10 000 hectares)	5.6
森林资源	**Forest Resources**	
森林覆盖率(%)(2017年底数)	Forest Coverage Rate(%) (end of 2016)	63.0
红树林(万公顷)	Mangroves (10 000 hectares)	0.39
野生植物(种)	Wild Plants (kind)	4600
野生动物(种)	Wild Animals (kind)	574
旅游资源	**Tourism Resources**	
海岸线(包括海南岛周边岛屿)(公里)	Length of Coastline(including the surrounding islands of Hainan Island)(km)	1944
#海南岛	# Hainan Island	1528
自然保护区(个)	**Number of Nature Reserves (unit)**	**49**
#国家级	# Nation Level	10
自然保护区面积(万公顷)	Area of Nature Reserves(10 000 hectare)	270.23

8-2 土地状况
Land Characteristics

项　　目	Item	面积(万公顷) Area(10 000 hectares)	占总面积(%) Percentage to Total (%)
土地面积	**Total Land Area**	**353.54**	**100.0**
#耕地总资源	Cultivated Land Resources	83.72	23.7
按地形分类	**By Topographic Feature**		
山地	Mountains	86.1	25.4
丘陵	Hills	45.1	13.3
台地	Terraces	110.5	32.6
阶地平原	Plains	95.3	28.1
其他	Others	2.1	0.6

8-3 主要山脉情况
Major Mountains

名　　称	Mountain	山峰高程(米) Height of Mountain Peak(m)
五指山	Wuzhi Mountain	1867
霸王岭	Bawang Mountain	1560
莺歌岭	Yingge Mountain	1811
尖峰岭	Jianfeng Mountain	1412
吊罗山	Diaoluo Mountain	1519
黎母山	Limu Mountain	1411

8-4 大型水库概况
Large-scale Reservoirs

库　　名	Reservoir	集水面积(平方公里) Drainage Area (sq.km)	库容 Storage Capacity		设计灌溉面积(万公顷) Designed Irrigated Area (10 000 hectares)
			总库容（亿立方米） Total Storage Capacity (100 million cu.m)	正常库容（亿立方米） Normal Storage Capacity (100 million cu.m)	
大广坝	Daguangba	3498	17.10	15.00	6.73
松　涛	Songtao	1440	33.40	26.00	14.5
万　宁	Wanning	429	1.52	0.72	0.8
长　茅	Changmao	256	1.44	1.11	1.2
石　碌	Shilu	354	1.41	0.99	1
牛路岭	Niululing	1236	7.79	5.30	-
大　隆	Dalong	15	4.68	3.93	0.66

8-5 主要河流
Major Rivers

名　称	River	发源地点	Source	长度(公里) Length(km)	集水面积(平方公里) Drainage Area(sq.km)
南渡江	Nandu River	白沙县南峰山	Nanfeng Mountain in Baisha County	331	7176
昌化江	Changhua River	琼中县五指山	Wuzhi Mountain in Qiongzhong County	230	5070
万泉河	Wanquan River	琼中县五指山	Wuzhi Mountain in Qiongzhong County	163	3683
陵水河	Lingshui River	保亭县峨隆岭	E'long Mountain in Baoting County	76	1121
珠碧江	Zhubi River	白沙县南高岭	Nangao Mountain in Baisha County	86	1101
宁远河	Ningyuan River	保亭县甘蔗山	Ganzhe Mountain in Baoting County	90	986
望楼河	Wanglou River	乐东县尖峰岭	Jianfeng Mountain in Ledong County	83	827
文澜河	Wenlan River	儋州市马鞍岭	Ma'an Mountain in Danzhou City	71	795
藤桥河	Tengqiao River	保亭县峨月岭	E'yue Mountain in Baoting County	58	705
北门江	Beimen River	儋州市马岭排	Malingpai Mountain in Danzhou City	62	653
太阳河	Taiyang River	琼中县长沙岭	Changsha Mountain in Qiongzhong County	83	576
春　江	Chun River	儋州市高石岭	Gaoshi Mountain in Danzhou City	54	550
文教河	Wenjiao River	海口市大坡乡文德头村	Wendetou Village Dapo Town Haikou City	56	522

8-6 主要矿产基础储量
Ensured Reserves of Major Minerals

项　目	Item	2017
煤炭　(万吨)	Coal　(10 000 tons)	11872.70
铁矿(矿石，万吨)	Iron(Ore, (10 000 tons)	8000.51
钛铁矿砂矿(万吨)	Titanium Ore, Placer(10 000 tons)	319.04
铜矿　(铜，万吨)	Copper(Metal, 10 000 tons)	3.52
铅矿　(铅，万吨)	Lead　(Metal, 10 000 tons)	6.68
锌矿　(锌，万吨)	Zinc　(Metal, 10 000 tons)	16.99
镍矿　(镍，万吨)	Nickel　(Metal, 10 000 tons)	0.01
钨矿(WO_3，万吨)	Tungsten　(WO_3, 10 000 tons)	0.03
钼矿　(钼，万吨)	Molybdenum　(Metal, 10 000 tons)	4.21
金矿　(金，吨)	Gold　(Metal, tons)	23.99
银矿　(银，吨)	Silver　(Metal, tons)	212.00
普通萤石　(矿物，万吨)	Fluorspar Mineral　(Mineral, 10 000 tons)	19.80
玻璃硅质原料(矿石，万吨)	Silicon Materials For Glass Ore　(Ore, 10 000 tons)	87261.75
石墨(矿物，万吨)	Graphite Mineral (Crystal)　(Mineral, 10 000 tons)	8.00
高岭土(矿石，万吨)	Kaolin Ore　(Ore, 10 000 tons)	2771.24

8-7 各市县空气质量指标(2017)
Ambient Air Quality by Region (2017)

市　县	Region	颗粒物(粒径小于等于10um)(微克/立方米) PM10 (ug/m^3)	细颗粒物(粒径小于等于2.5um)(微克/立方米) PM2.5 (ug/m^3)	二氧化硫(微克/立方米) SO_2 (ug/m^3)	二氧化氮(微克/立方米) NO_2 (ug/m^3)
全省总计	**Total**	**29**	**18**	**5**	**9**
海口市	Haikou	37	20	6	12
三亚市	Sanya	28	15	2	12
五指山市	Wuzhishan	26	13	3	3
文昌市	Wenchang	28	18	2	9
琼海市	Qionghai	34	19	5	15
万宁市	Wanning	31	15	7	7
定安县	Ding'an	31	20	6	7
屯昌县	Tunchang	30	15	6	13
澄迈县	Chengmai	34	19	11	6
临高县	Lingao	31	24	4	9
儋州市	Danzhou	28	20	7	11
东方市	Dongfang	33	19	8	20
乐东县	Ledong	23	16	4	2
琼中县	Qiongzhong	28	16	5	12
保亭县	Baoting	26	16	3	6
陵水县	Lingshui	26	19	4	6
白沙县	Baisha	26	18	3	9
昌江县	Changjiang	30	20	8	8

8-7续(Continued)

市 县	Region	一氧化碳 (毫克/立方米) CO mg/m^3	臭氧 (微克/立方米) O_3 ug/m^3	空气质量达到及好于二级的天数(天) Days of Air Quality Equal to or above Grade II (day)	空气质量达到二级以上天数占全年有效监测天数比重(%) Proportion of Days of Air Quality Equal to or above Grade II in the Annal Effective monitoring days (%)
全省总计	**Total**	**1.0**	**107**	**6328**	**98.3**
海口市	Haikou	0.8	127	352	96.4
三亚市	Sanya	0.8	110	360	98.6
五指山市	Wuzhishan	0.9	96	364	99.7
文昌市	Wenchang	1.3	122	352	97.2
琼海市	Qionghai	1.1	96	362	99.2
万宁市	Wanning	1.3	116	358	99.4
定安县	Ding'an	1.4	90	361	99.7
屯昌县	Tunchang	0.7	108	326	97.3
澄迈县	Chengmai	1.1	116	350	96.2
临高县	Lingao	1.1	108	338	98.0
儋州市	Danzhou	0.8	112	357	98.3
东方市	Dongfang	0.8	142	346	95.1
乐东县	Ledong	1.2	107	346	98.9
琼中县	Qiongzhong	1.1	108	348	98.0
保亭县	Baoting	0.9	100	343	98.3
陵水县	Lingshui	1.0	86	357	99.7
白沙县	Baisha	1.0	80	354	100.0
昌江县	Changjiang	1.1	106	354	99.2

8-8 森林资源情况
Forest Resources

项　　目	Item	指标值 Value
林地面积(万亩)	Area of Afforested Land (10000 mu)	3165
森林面积(万亩)	Forest Area (10000 mu)	3204
森林覆盖率(%)	Forest Coverage Rate(%)	62.1
活立木总蓄积量(亿立方米)	Total Standing Forest Stock(100 million cu.m)	1.53

8-9 植树造林情况
Basic Statistics On Afforestation

单位：公顷 (hectare)

地　区	Region	荒山荒(沙)地造林面积 Total Afforested Area in Barren Mountain						有林地造林面积 Forest Land Afforestation Area	更新造林面积 Updating Afforestation Area	零星(四旁)植树(万株) Olldy (all around) Tree Planting (10 000 root)
			用材林 Timber Forests	经济林 By-product Forests	防护林 Protection Forests	薪炭林 Fuel Forests	特种用途林 Forests for Special Purpose			
2012		17734	2519	11052	3113		1049		13807	2138.0
2013		12829	1888	8192	2103		646	328	13271	1260.8
2014		8292	892	2578	3996		826	152	10602	1314.6
2015		10241	507	2867	6866		1		9961	335.8
2016		8325	629	2233	5463			133	6063	150.8
2017		4626	563	2333	1727		3		8053	87.9
海口市	Haikou	972	1	89	879		3		369	11.0
三亚市	Sanya	59		26	33				30	2.1
五指山市	Wuzhishan	31		31					33	0.1
文昌市	Wenchang	918	268	173	477				177	30.0
琼海市	Qionghai	96	36	47	13				323	5.7
万宁市	Wanning	229	8	221					497	1.6
定安县	Ding'an	133	12	121					345	4.9
屯昌县	Tunchang	9	5	2	2				1038	1.6
澄迈县	Chengmai	193		48	145				798	0.1
临高县	Lingao	190	44	126	20				261	1.8
儋州市	Danzhou	16		16					1051	3.8
东方市	Dongfang	849	49	781	19				221	17.4
乐东县	Ledong	302	67	204	31				605	5.3
琼中县	Qiongzhong								1018	0.1
保亭县	Baoting	4		4					274	1.1
陵水县	Lingshui	113		76	37				95	
白沙县	Baisha	99	1	27	71				641	0.1
昌江县	Changjiang	413	72	341					277	1.2

主要统计指标解释

耕地面积 指经过开垦用以种植农作物并经常进行耕耘的土地面积。包括种有作物的土地面积、休闲地、新开荒地和抛荒未满三年的土地面积。

矿产基础储量 基础储量是查明矿产资源的一部分。它能满足现行采矿和生产所需的指标要求，是控制的、探明的并通过可行性或预可行性研究认为属于经济的、边界经济的部分，用未扣除设计、采矿损失的数量表示。

森林面积 包括郁闭度 0.2 以上的乔木林地面积和竹林面积，国家特别规定的灌木林地面积，农田林网以及村旁、路旁、水旁、宅旁林木的覆盖面积。

人工林面积 指由人工播种、植苗或扦插造林形成的生长稳定，(一般造林 3-5 年后或飞机播种 5-7 年后)每公顷保存株数大于或等于造林设计植树株数 80%或郁闭度 0.20 以上(含 0.20)的林分面积。

森林覆盖率 以行政区域为单位的森林面积占区域土地总面积的百分比。计算公式为：

$$森林覆盖率=\frac{森林面积}{土地总面积}\times100\%$$

活立木总蓄积量 指一定范围内土地上全部树木蓄积的总量，包括森林蓄积、疏林蓄积、散生木蓄积和四旁树蓄积。

森林蓄积量 指一定森林面积上存在着的林木树干部分的总材积。

造林面积 指在宜林荒山荒地、宜林沙荒地、无立木林地、疏林地和退耕地等其他宜林地上通过人工措施形成或恢复森林、林木、灌木林的过程。

用材林 指以生产木材为主要目的的森林和林木，包括以生产竹材为主要目的的竹林。

经济林 指以生产果品，食用油料、饮料、调料，工业原料和药材为主要目的的林木。经济林是人们为了取得林木的果实、叶片、皮层、胶液等产品作为工业原料或者供食用所营造的林木，如油茶、油桐、核桃、樟树、花椒、茶、桑、果等。

防护林 指以防护为主要目的的森林、林木和灌木丛。包括水源涵养林，水土保持林，防风固沙林，农田、牧场防护林，护岸林，护路林等。

薪炭林 指以生产燃料为主要目的的林木。

特种用途林 指以国防、环境保护、科学实验等为主要目的的森林和林木。包括国防林、实验林、母树林、环境保护林、风景林，名胜古迹和革命纪念地的林木，自然保护区的森林。

Explanatory Notes on Main Statistical Indicators

Area of Cultivated Land refers to area of land reclaimed for the regular cultivation of various farm crops, including crop-cover land, fallow, newly reclaimed land and land laid idle for less than 3 years.

Ensured Mineral Reserves refer to the actual mineral reserves, which equal to the proven mineral reserves (including industrial reserves and prospective reserves) minus extracted parts and underground losses.

Forest Area refers to the area of trees and bamboo grow with a canopy density above 0.2 degree, the area of shrubby tree according to regulations of the government, the area of forest land inside farm land and the area of trees planted by the side of villages, farm houses and along roads and rivers.

Area of Man-made Forests refer to the area of stable growing forests, planted manually or by airplanes, with a survival rate of 80% or higher of the designed number of trees per hectare, or with a canopy density of 0.20 degree or above after 3-5 years of manual planting or 5-7 years of airplane planting.

Forest Coverage Rate Taking the administrative jurisdiction as the unit, the percentage of area of afforested land to the area of total land. The formula for calculating forest coverage rate is as follows:

$$\text{Forestry coverage rate} = \frac{\text{Area of Afforested Land}}{\text{Area of Total Land}} \times 100\%$$

Total Standing Forest Stock Volume refers to the total stock volume of trees growing in land, including trees in forest, trees in sparse forest, scattered trees and trees planted by the side of villages, farm houses and along roads and rivers.

Stock Volume of Forest refers to total stock volume of wood growing in forest area, which shows the total size and level of forest resources of a country or a region.

Area of Afforestation refers to the total area of land suitable for afforestation, including barren hills, idle land, sand dunes, non-timber forest land, woodland and "grain for green" land, on which acres of forests, trees and shrubs are planted through manual planting.

Timber Forests refer to forests which are mainly for the production of timber, including bamboo groves planted to harvest bamboos.

By-product Forests refer to forests that mainly produce fruits, nuts, edible oil, beverages, indigents, raw materials and medicine materials. By-product forests are planted to harvest the fruits, leaves, bark or liquid of trees, and consume them as food or raw materials for the manufacturing industry, such as tea-oil trees, tung oil trees, walnut trees, camphor trees, tea bushes, mulberry trees, fruit trees, etc.

Protection Forests refer to forests, trees and bushes planted mainly for protection or preservation purpose, including water resource conservation forests, water and soil conservation forests, windbreak and dune-fixing forests, farmland and pasture protection forests, riverside protection forests, roadside protection forests, etc.

Fuel Forests refer to forests planted mainly for fuels.

Forests for Special Purpose refer to forests planted mainly for national defence, environment protection or scientific experiments, including national defence forests, experimental forests, mother-tree forests, environment protection forests, scenery forests, trees in historical or scenic spots, forests in natural reserves.

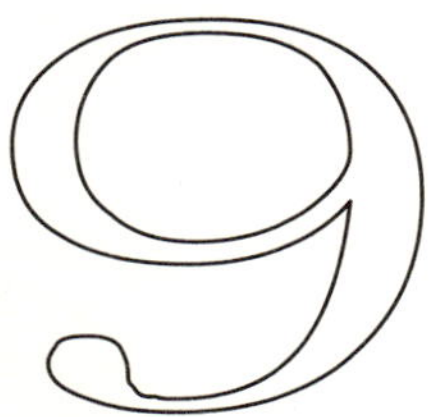

能　源

Energy

编辑人员：　方一骎　吴清菲

Compiled by Fang Yiqin　Wu Qingfei

英文翻译：　方一骎

Translated by Fang Yiqin

简要说明

一、本篇资料的主要内容

本篇包括的主要内容有能源生产、消费及品种构成，能源生产和消费弹性系数，综合能源平衡表，分行业、分主要能源品种的消费量，能源加工转换效率及生活用能源消费量等。从 2006 年开始，增加单位国内生产总值能耗等指标。

二、本篇资料的统计范围

能源资料的统计范围为全社会。

三、本篇的资料来源

能源消费数据来自历年能源平衡表及相关能源统计年报，用电量情况表数据来自海南电网公司。

四、关于数据口径与计算方法的说明

1.能源生产与消费弹性系数分别以能源生产、消费增长速度与国内生产总值增长速度相比求得。

2.能源平衡表中，进口量和出口量采用海关统计数据。进口量中包括我国轮船、飞机在国外加油量，出口量中包括外国轮船、飞机在我国加油量。电力折算标准煤系数按平均发电煤耗计算。

3.能源加工转换效率表中，电力折算标准煤系数采用当量值计算，每千瓦小时折 0.1229 千克标准煤。

Brief Introduction

I. Main Contents

Data in this chapter cover mainly energy production, consumption, and composition; elasticity ratio of energy production and consumption; overall balance sheet of energy; consumption of energy by sector and by types of energy; efficiency of energy processing and conversion; and the consumption of energy for non-production uses. Since 2006, indicators like energy consumption per unit of GDP are also included.

II. The Scope of Data

The scope of energy data in this chapter is the whole country.

III. Sources of Data

Data on energy consumption are from the energy balance sheets over the year and relevant energy statistics annals. Data on Electricity were derived from Hainan Grid.

IV. Notes on Coverage and Compilation of Data

(1) The elasticity ratio of energy production is calculated as the quotient of the growth rate of energy production divided by the growth rate of GDP; and the elasticity ratio of energy consumption is calculated as the quotient of the growth rate of energy consumption divided by the growth rate of GDP.

(2) In the energy balance sheet, data on imports and exports are from Customs statistics. The refuelling by Chinese ships and airplanes abroad is included in imports. The refuelling by foreign ships and airplanes in China is included in exports. The coefficient for conversion of electric power into the standard coal equivalent is calculated according to the average consumption of coal for generating electricity.

(3) In the table on the efficiency of energy conversion, the coefficient for the conversion of electric power into the standard coal equivalent is calculated on the basis of the heat value equivalent. One kilowatt is equal to 0.1229 kg SCE.

9-1 综合能源平衡表
Overall Energy Balance Sheet

单位：万吨标准煤 (10 000 tce)

项 目	Item	2011	2012	2013	2014	2015	2016	2017
可供消费的能源总量	**Total Energy Available for Consumption**	**1549.17**	**1634.13**	**1720.33**	**1819.93**	**1937.77**	**2006.12**	**2103.18**
一次能源生产量	Primary Energy Output	144.44	133.99	150.68	153.42	148.85	330.33	384.07
外省调入量	Transferred from Other Provinces	860.68	860.82	780.00	701.78	525.07	845.91	887.07
进口量	Imports	1518.65	1627.27	1507.30	1812.31	2419.62	2154.99	1785.52
本省调出量(一)	Sending out to Other Provinces(-)	-769.73	-745.14	-454.67	-512.15	-712.41	-615.49	-415.01
出口量(一)	Exports (-)	-188.99	-253.15	-259.56	-332.17	-469.25	-698.20	-565.23
年初年末库存差额	Stock Changes in the Year	-15.88	10.34	-3.42	-3.26	25.89	-11.42	26.75
能源消费总量	**Total Energy Consumption**	**1549.29**	**1633.74**	**1720.33**	**1819.93**	**1937.77**	**2006.12**	**2103.13**
第一产业	Primary Industry	115.97	115.19	109.29	101.74	110.48	114.74	119.48
第二产业	Secondary Industry	854.21	883.09	927.30	995.41	1033.78	1059.57	1085.54
工业	Industry	826.98	851.81	890.94	951.63	985.66	1011.77	1032.74
轻工业	Light Industry	120.08	116.37	129.48	119.26	133.23	129	112.14
重工业	Heavy Industry	706.90	735.44	761.46	832.37	852.43	882.77	920.60
建筑业	Construction	27.23	31.28	36.36	43.78	48.12	47.8	52.80
第三产业	Tertiary Industry	444.66	479.21	515.17	529.52	579.08	599.6	652.44
交通运输仓储邮政业	Transport, Storage and Post	263.77	272.28	288.47	280.98	293.23	288.83	307.95
批发零售住宿餐饮业	Wholesale, Retail Trade,Hotels and Catering Services	56.29	65.05	69.72	76.13	85.02	90.19	99.16
其他	Others	124.6	141.88	156.98	172.41	200.83	220.58	245.33
生活消费	Household Consumption	134.45	156.25	168.57	193.26	214.44	232.21	245.67
平衡差	**Balance**	**-0.12**	**0.39**					**0.05**

注：1. 电力、热力按等价热值折算，因此加工转换损失量中不包括发电、供热损失量。村办工业包括在工业中(下表同)。
2. 进口量包括我国飞机、轮船在国外加油量;出口量包括外国飞机、轮船在我国加油量。
3. 根据第三次经济普查结果，对2010-2013年数据进行调整。

Note:a)Electric power and heat are converted on the basis of equal caloric value. Therefore, losses during the process of energy conversion do not include losses in power generation and heating. Energy consumption of industry include that of village industry. The same applies to the tables following. b).The refueling by Chinese ships and airplanes abroad is included in imports.The refueling by foreign ships and airplanes in China is included in exports.
c).The data from 2010-2013 have been adjusted according to the 3rd China economic census.

9-2 历年能源消费总量及主要能源品种消费量
Total Consumption of Energy and Major Energy in Various Years

单位：万吨标准煤 (10 000 tce)

年 份 Year	能源消费总量 Total Energy Consumption	煤 炭 Coal	石 油 Crude Oil	天然气 Natural Gas	一次电力 Primary Electricity
1991	178.87	64.75	52.59		28.26
1992	214.58	83.90	58.58		30.90
1993	241.75	95.25	85.10		26.11
1994	278.71	99.78	106.47		40.97
1995	309.33	120.02	125.59		46.71
1996	352.08	106.68	167.24	28.87	49.29
1997	390.26	99.13	172.49	62.05	56.59
1998	409.26	121.96	181.71	67.94	37.65
1999	430.60	127.46	198.51	62.01	42.63
2000	479.95	136.79	224.62	64.31	54.23
2001	520.44	142.08	237.32	79.63	61.41
2003	683.74	197.60	322.04	124.44	39.66
2004	742.48	216.80	339.31	144.78	41.58
2005	822.20	251.43	241.84	278.90	37.07
2006	920.45	254.97	356.28	263.67	29.87
2007	1057.00	324.75	414.56	270.69	41.12
2008	1135.33	340.80	461.84	251.59	65.71
2009	1232.52	395.90	513.75	233.42	69.34
2010	1314.66	439.04	502.11	277.49	65.48
2011	1549.29	542.27	516.77	388.75	92.62
2012	1633.74	630.27	529.37	383.92	85.00
2013	1720.33	685.22	552.66	370.20	92.31
2014	1819.93	708.03	617.61	365.14	93.44
2015	1937.77	769.11	667.47	368.45	83.14
2016	2006.12	705.92	676.52	325.36	271.65
2017	2103.13	712.66	679.11	355.65	327.89

注：1. 电力折算标准煤的系数用当年平均发电煤耗计算。下表同。
2. 根据第三次经济普查结果，对2010-2013年数据进行调整。

Note:a).The coefficient for conversion of electric power into SCE (standard coal equivalent) is calculated on the basic of the data on the average coal consumption in generating electric power in the same year. The same applies to the tables following.
b).The data from 2010-2013 have been adjusted according to the 3rd China economic census.

9-3 历年主要能源品种消费量构成
Composition of Major Energy Consumption in Various Years

年 份 Year	能源消费总量构成(%) Composition	煤 炭 Coal	石 油 Crude Oil	天然气 Natural Gas	一次电力 Primary Electricity
1991	100	36.20	29.40		15.80
1992	100	39.10	27.30		14.40
1993	100	39.40	35.20		10.80
1994	100	35.80	38.20		14.70
1995	100	38.80	40.60		15.10
1996	100	30.30	47.50	8.20	14.00
1997	100	25.40	44.20	15.90	14.50
1998	100	29.80	44.40	16.60	9.20
1999	100	29.60	46.10	14.40	9.90
2000	100	28.50	46.80	13.40	11.30
2001	100	27.30	45.60	15.30	11.80
2003	100	28.90	47.10	18.20	5.80
2004	100	29.20	45.70	19.50	5.60
2005	100	30.58	29.41	33.92	4.51
2006	100	27.70	38.71	28.65	3.25
2007	100	30.72	39.22	25.61	3.89
2008	100	30.02	40.68	22.16	5.79
2009	100	32.12	41.68	18.94	5.63
2010	100	33.40	38.19	21.11	4.98
2011	100	35.00	33.36	25.09	5.98
2012	100	38.58	32.40	23.50	5.20
2013	100	39.83	32.13	21.52	5.37
2014	100	38.90	33.94	20.06	5.13
2015	100	39.69	34.45	19.01	4.29
2016	100	35.19	33.72	16.22	13.54
2017	100	33.89	32.29	16.91	15.59

注：根据第三次经济普查结果，对2010-2013年数据进行调整。
Note: The data from 2010-2013 have been adjusted according to the 3rd China economic census.

9-4 历年能源生产量
Total Production of Energy in Various Years

项 目	Item	2005	2010	2012	2013	2014	2015	2016	2017
一次能源（万吨标准煤）	**Primary Energy(10^4 tce)**	**59.19**	**116.39**	**133.99**	**150.68**	**153.42**	**148.85**	**330.66**	**384.07**
原油（万吨）	Crude Oil (10^4 tn)	0.03	19.96	18.96	26.46	28.53	29.98	29.41	29.96
天然气（亿立方米）	Natural Gas (10^8 cu.m)	1.66	1.84	1.80	1.69	1.58	1.88	1.37	1.10
一次电力（亿千瓦时）	Primary Electricity(10^8 kW•h)	10.50	21.65	28.33	30.80	31.46	27.90	91.19	110.06
二次能源（万吨标准煤）	**Secondary Energy(10^4 tce)**	**265.46**	**1699.90**	**1943.93**	**1731.98**	**2338.84**	**2997.80**	**2601.23**	**2365.58**
汽 油（万吨）	Gasoline(10^4 tn)		263.23	302.75	233.78	218.06	248.19	233.44	224.41
煤 油（万吨）	Kerosene(10^4 tn)		44.58	78.03	90.57	138.64	150.21	151.19	133.09
柴 油（万吨）	Diesel Oil(10^4 tn)		345.98	294.02	229.70	280.88	331.16	268.26	229.27
燃料油（万吨）	Fuel Oil (10^4 tn)	4.36	27.04	33.69	16.48	24.86	24.23	80.45	50.51
液化石油气（万吨）	Liquefied Petroleum Gas (10^4 tn)		55.04	58.91	41.07	66.03	103.34	105.61	91.86
炼厂干气（万吨）	Refinery Gas(10^4 tn)		33.28	29.50	28.55	42.88	39.39	44.60	43.62
石脑油（万吨）	Naphtha (10^4 tn)		18.75	25.13	13.84	38.52	75.76	65.90	65.86
其他石油制品（万吨）	Other Petroleum Products(10^4 tn)	6.96	68.92	119.66	105.05	334.00	536.71	558.95	491.53
热 力（万百万千焦）	Heat (10^{10} kJ)		330.83	278.28	284.32	757.61	966.14	1024.46	1020.39
电 力（亿千瓦时）	Electricity(10^8 kW•h)	71.54	139.42	181.67	201.42	214.61	234.58	196.58	195.42

注：1. 根据第三次经济普查结果，对2010-2013年数据进行调整。

Note：1.The data from 2010-2013 have been adjusted according to the 3rd China economic census.

9-5 历年能源生产弹性系数
Elasticity Ratio of Energy Production in Various Years

年 份 Year	能源生产比上年增长(%) Growth Rate of Energy Production over Preceding Year (%)	电力生产比上年增长(%) Growth Rate of Electricity Production over Preceding Year(%)	国内生产总值比上年增长(%) Growth Rate of Gross Domestic Product(GDP) over Preceding Year(%)	能源生产弹性系数 Elasticity Ratio of Energy Production	电力生产弹性系数 Elasticity Ratio of Electricity Production
1991	-9.50	17.90	14.90		1.20
1992	8.80	20.20	41.50	0.21	0.49
1993	-18.00	24.80	20.60		1.20
1994	62.10	17.40	11.30	5.50	1.54
1995	9.40	8.80	3.80	2.47	2.32
1996	6.60	4.10	4.70	1.40	0.87
1997	16.00	5.50	6.80	2.35	0.81
1998	-33.10	6.00	8.50		0.71
1999	-6.40	5.30	8.50		0.62
2000	49.99	38.67	9.00	5.55	4.30
2001	13.64	6.20	9.10	1.50	0.68
2004	-18.40	14.90	10.70		1.39
2005	43.63	19.49	10.50	4.16	1.86
2006	37.95	16.94	13.20	2.88	1.28
2007	-3.64	16.00	15.80		1.01
2008	37.84	9.39	10.30	3.67	0.91
2009	7.70	9.80	11.70	0.66	0.84
2010	0.31	18.40	16.00	0.02	1.15
2011	24.09	15.66	12.00	2.01	1.31
2012	-7.23	12.74	9.10		1.40
2013	12.46	10.30	9.90	1.26	1.04
2014	1.82	5.96	8.50	0.21	0.70
2015	-2.98	4.96	7.80		0.64
2016	122.14	9.64	7.50	16.29	1.29
2017	16.15	6.15	7.00	2.31	0.88

注：1. 国内生产总值增长速度按不变价格计算(下表同)。
2. 根据第三次经济普查结果，对2010-2013年数据进行调整。
Note: a).The growth rates of GDP are calculated at constant prices. The same applies to the following tables.
b).The data from 2010-2013 have been adjusted according to the 3rd China economic census.

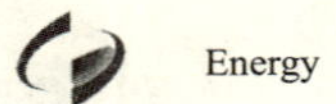

9-6 历年能源消费弹性系数
Elasticity Ratio of Energy Consumption in Various Years

年份 Year	能源消费比上年增长(%) Growth Rate of Energy Consumption over Preceding Year (%)	电力消费比上年增长(%) Growth Rate of Electricity Consumption over Preceding Year(%)	国内生产总值比上年增长(%) Growth Rate of Gross Domestic Product(GDP) over Preceding Year(%)	能源消费弹性系数 Elasticity Ratio of Energy Consumption	电力消费弹性系数 Elasticity Ratio of Electricity Consumption
1991	12.70	17.90	14.90	0.85	1.20
1992	20.00	20.20	41.50	0.48	0.49
1993	15.00	24.80	20.60	0.73	1.20
1994	14.20	17.40	11.30	1.26	1.54
1995	9.80	10.40	3.80	2.58	2.74
1996	13.80	4.10	4.70	2.94	0.87
1997	10.80	5.50	6.80	1.59	0.81
1998	4.87	6.00	8.50	0.57	0.71
1999	5.21	5.30	8.50	0.61	0.62
2000	11.46	9.25	9.00	1.27	1.03
2001	8.43	6.20	9.10	0.93	0.68
2004	8.60	14.90	10.70	0.80	1.39
2005	10.74	19.49	10.50	1.02	1.86
2006	11.95	20.06	13.20	0.91	1.52
2007	14.84	15.95	15.80	0.94	1.01
2008	7.41	8.58	10.30	0.72	0.83
2009	8.56	8.78	11.70	0.73	0.75
2010	10.22	16.46	16.00	0.64	1.03
2011	17.85	16.52	12.00	1.49	1.38
2012	5.45	12.83	9.10	0.60	1.41
2013	5.30	10.04	9.90	0.54	1.01
2014	5.79	8.56	8.50	0.68	1.01
2015	6.48	8.13	7.80	0.83	1.04
2016	3.53	5.49	7.50	0.47	0.73
2017	4.84	6.14	7.00	0.69	0.88

注：根据第三次经济普查结果，对2010-2013年数据进行调整。

Note: The data from 2010-2013 have been adjusted according to the 3rd China economic census.

9-7 历年能源加工转换效率
Efficiency of Energy Conversion in Various Years

年 份 Year	总效率(%) Total Efficiency(%)	#发电(%) Electricity Generation(%)	#炼油(%) Petroleum Refining(%)
1991	31.82	31.82	
1992	28.67	28.67	
1993	32.01	32.01	
1994	29.91	29.91	
1995	30.00	30.00	
1996	31.06	30.87	
1997	32.84	32.31	
1998	34.14	33.45	
1999	38.15	36.03	
2000	38.85	33.30	
2001	35.28	32.39	
2003	41.87	35.29	
2004	40.43	35.10	
2005	38.29	34.81	69.30
2006	70.92	38.92	98.73
2007	86.80	39.12	99.61
2008	85.76	39.07	99.62
2009	84.37	39.43	97.45
2010	84.31	40.50	99.19
2011	84.15	40.73	99.37
2012	82.93	40.70	99.20
2013	78.10	40.50	98.80
2014	82.07	41.08	98.83
2015	84.17	41.02	98.74
2016	84.77	41.26	97.43
2017	83.48	41.25	97.31

9-8 历年人均生活能源消费量
Annual per Capita Energy Consumption of Households in Various Years

年 份 Year	平均每人生活消费能源（千克标准煤） Annual per Capita Energy Consumption of Households (kgsce)	#电力（千瓦小时） Electricity (kW•h)	#液化石油气（千克） Liquefied Petroleum Gas (kg)
1990	14.36	12.40	1.13
1991	14.84	13.41	1.95
1992	17.65	15.91	2.04
1993	27.11	23.21	5.91
1994	27.44	22.87	5.42
1995	33.69	30.71	9.83
1996	42.01	49.94	9.88
1997	53.36	72.15	11.90
1998	53.51	73.37	12.59
1999	54.00	75.62	13.28
2000	54.39	76.62	12.29
2001	61.70	89.92	12.98
2003	56.10	98.07	7.91
2004	59.66	126.07	5.30
2005	72.65	141.63	6.43
2006	78.18	152.26	6.54
2007	85.29	166.97	6.98
2008	98.92	192.31	8.35
2009	112.15	219.54	9.52
2010	135.13	271.09	11.37
2011	148.67	310.50	12.37
2012	173.99	386.09	13.34
2013	188.29	408.32	14.53
2014	213.91	486.25	15.12
2015	235.44	545.66	15.91
2016	253.19	592.57	15.68
2017	265.37	626.40	14.86

注：1. 按年平均人口数计算。
2. 根据第三次经济普查结果，对2010-2013年数据进行调整。
Note:1.Data in the table are calculated with the data on the annual average population.
2.The data from 2010-2013 have been adjusted according to the 3rd China economic census.

9-9 主要单位产品能源消耗
Unit Energy Consumption for Main Products

项 目	Item	2011	2012	2013	2014	2015	2016	2017
铁矿采矿工序单位能耗（千克标准煤/吨）	Fully Energy Consumption for Mining of Iron Ore(kgce/tn)	0.51	0.52	0.45	0.48	0.45	0.55	0.80
铁矿选矿工序单位能耗（千克标准煤/吨）	Fully Energy Consumption for Mill Run(kgce/tn)	1.42	1.43	1.46	3.18	2.95	1.09	3.25
原油加工单位电耗（千瓦时/吨）	Electricity Consumption for Processing of Crude Oil(kW•h/tn)	56.77	56.63	64.37	66.09	67.58	66.27	73.73
原油加工单位综合能耗（千克标准油/吨）	Fully Energy Consumption for Processing of Crude Oil(kgsoe/tn)	62.17	59.71	60.65	66.65	80.44	71.83	73.96
单位合成氨生产综合能耗（千克标准煤/吨）	Fully Energy Consumption for Sythetic Ammonia(kgce/tn)	1218.34	1295.82	1290.07	1043.49	1035.66	1063.51	1068.87
单位合成氨耗电（千瓦时/吨）	Electricity Consumption for Sythetic Ammonia (kW•h/tn)	35.80	40.95	32.28	30.38	30.50	35.88	29.89
单位合成氨耗天然气（标立方米/吨）	Natural Gas Consumption for Sythetic Ammonia(normal cubic metre/tn)	1427.59	1516.83	1524.59	1508.40	1489.30	1616.22	1667.38
吨水泥熟料综合能耗（千克标准煤/吨）	Fully Energy Consumption for Clinker(kgce/tn)	115.41	106.41	109.77	111.25	111.26	110.45	111.76
吨水泥熟料综合电耗（千瓦时/吨）	Electricity Consumption for Clinker (kW•h/tn)	64.15	61.46	59.74	59.79	59.03	60.36	60.84
吨水泥熟料烧成标准煤耗（千克标准煤/吨）	Coal Consumption for Clinker (kgce/tn)	107.44	98.85	102.38	104.36	104.01	103.02	104.27
吨水泥综合能耗（千克标准煤/吨）	Fully Energy Consumption for Cement(kgce/tn)	84.84	86.44	85.75	80.38	23.23	27.27	26.84
吨水泥综合电耗（千瓦时/吨）	Electricity Consumption for Cement(kW•h/tn)	88.36	82.36	77.82	77.61	43.99	46.27	44.85
吨水泥标准煤耗（千克标准煤/吨）	Coal Consumption for Cement (kgce/tn)	74.11	76.44	76.14	71.47	75.06	80.06	69.17
电厂火力发电标准煤耗（克标准煤/千瓦时）	Gross Coal Consumption Rate for Fossil-fired Power Plant (gce/kW•h)	300.76	300.09	299.42	297.37	297.41	296.39	297.08
电厂火力供电标准煤耗（克标准煤/千瓦时）	Net Coal Consumption Rate for Fossil-fired Power Plant(gce/kW•h)	321.67	319.78	319.10	315.87	315.79	315.18	315.86
发电厂用电率(%)	Power Consumption Rate For Power Plant Use(%)	6.50	6.16	6.17	5.86	5.82	5.96	5.73

9-10 规模以上工业分行业综合能源消费量(2017)
Overall Energy Consumption in Industrial Enterprises above Designated Size by Sector (2017)

单位：吨标准煤 (tce)

项目	Item	综合能源消费量 Overall Energy Consumption	比上年增长 Growth over Previous Year (%)
规模以上工业	**Industrial Enterprises above Designated Size**	**10789875**	**0.20**
(一)轻工业	**Light Industry**	**1167354**	**4.15**
(二)重工业	**Heavy Industry**	**9622521**	**-0.26**
(三)采矿业	**Mining**	**56106**	**-5.48**
06. 煤炭开采和洗选业	Mining and Washing of Coal		
07. 石油和天然气开采业	Extraction of Petroleum and Natural Gas	19779	-49.53
08. 黑色金属矿采选业	Mining and Processing of Ferrous Metal Ores	27959	69.70
09. 有色金属矿采选业	Mining and Processing of Non-Ferrous Metal Ores	2963	1.45
10. 非金属矿采选业	Mining and Processing of Nonmetal Ores	5406	599.48
11. 开采辅助活动	Support Activities for Mining		
12. 其他采矿业	Mining of Other Ores		
(四)制造业	**Manufacturing**	**7323267**	**0.68**
13. 农副食品加工业	Processing of Food from Agricultural Products	45226	2.15
14. 食品制造业	Manufacture of Foods	31228	14.28
15. 酒、饮料和精制茶制造业	Manufacture of Wine,Beverages and Delicate Tea	13887	0.73
16. 烟草制品业	Manufacture of Tobacco	3951	-7.08
17. 纺织业	Manufacture of Textile	12205	3.76
18. 纺织服装、服饰业	Manufacture of Textile, Wearing Apparel and Accessories		
19. 皮革、毛皮、羽毛及其制品和制鞋业	Manufacture of Leather, Fur, Feather and Related Products and Footwear	74	-14.29
20. 木材加工和木、竹、藤、棕、草制品业	Processing of Timber, Manufacture of Wood,Bamboo, Rattan, Palm and Straw Products	4727	-6.64
21. 家具制造业	Manufacture of Furniture	29	-6.77
22. 造纸及纸制品业	Manufacture of Paper and Paper Products	992877	4.34
23. 印刷业和记录媒介的复制业	Printing, Reproduction of Recording Media	1497	29.24
24. 文教、工美、体育和娱乐用品制造业	Manufacture of Articles for Culture, Education Arts and Crafts, Sport and Entertaiment Activities	9	-27.39
25. 石油加工炼焦及核燃料加工业	Processing of Petroleum, Coking and Nuclear Fuel	1375812	-11.89

说明：电力折算标准煤的系数用当量系数1.229。

Note:The coefficient for conversion of electric power into SCE is 1.229.

9-10 续(continued)

单位：吨标准煤 (tce)

项 目	Item	综合能源消费量 Overall Energy Consumption	比上年增长(%) Growth over Previous Year(%)
26. 化学原料及化学制品制造业	Manufacture of Raw Chemical Materials and Chemical Products	2945458	6.64
27. 医药制造业	Manufacture of Medicines	51296	2.89
28. 化学纤维制造业	Manufacture of Chemical Fibers		
29. 橡胶和塑料制品业	Manufacture of Rubber and Plastics Products	12418	12.03
30. 非金属矿物制品业	Manufacture of Non-metallic Mineral Products	1773988	2.66
31. 黑色金属冶炼及压延加工业	Smelting and Pressing of Ferrous Metals	1372	-94.95
32. 有色金属冶炼及压延加工业	Smelting and Pressing of Non-ferrous Metals	3788	24.53
33. 金属制品业	Manufacture of Metal Products	4836	-46.59
34. 通用设备制造业	Manufacture of General Purpose Machinery	397	-34.38
35. 专用设备制造业	Manufacture of Special Purposes Machinery	317	26.22
36. 汽车制造业	Manufacture of Automobiles	8157	-29.08
37. 铁路、船舶、航空航天和其他运输设备制造业	Manufacture of Railway, Ship, Aerospace and Other Transport Equipments	161	3.49
38. 电气机械及器材制造业	Manufacture of Electrical Machinery and Apparatus	28332	-27.83
39. 计算机、通信和其他电子设备制造业	Manufacture of Computer, Communication and Other Electronic Equipments	491	-6.57
40. 仪器仪表制造业	Manufacture of Measuring Instruments and Machinery	33	6.19
41. 其他制造业	Other Manufacture		
42. 废弃资源综合利用业	Utilization of Waste Resources	10244	5.90
43. 金属制品、机械和设备修理业	Repair Service of Metal Products, Machinery and Equipment	456	-19.67
(五)电力、热力、燃气及水生产和供应业	**Production and Supply of Electric Power,Gas and Water**	**3410502**	**-0.73**
44. 电力、热力的生产和供应业	Production and Supply of Electric Power and Heat Power	3391459	-0.68
45. 燃气生产和供应业	Production and Supply of Gas	6026	-4.32
46. 水的生产和供应业	Production and Supply of Water	13016	-11.01

说明：电力折算标准煤的系数用当量系数1.229。

Note:The coefficient for conversion of electric power into SCE is 1.229.

9-11 各市县单位GDP能耗
Energy Consumption per Unit of GDP by Region

单位：吨标准煤/万元 (tce/10^4 yuan)

地 区	Region	2005	2010	2012	2013	2014	2015	2016	2017
全省总计	**Total**	**0.916**	**0.808**	**0.648**	**0.621**	**0.605**	**0.591**	**0.504**	**0.493**
海口市	Haikou	0.832	0.724	0.580	0.562	0.550	0.540	0.372	0.365
三亚市	Sanya	0.916	0.773	0.459	0.442	0.430	0.417	0.342	0.341
五指山市	Wuzhishan	0.651	0.592	0.446	0.439	0.439	0.431	0.325	0.314
文昌市	Wenchang	0.587	0.476	0.393	0.383	0.378	0.364	0.311	0.303
琼海市	Qionghai	0.420	0.378	0.360	0.340	0.333	0.327	0.284	0.282
万宁市	Wanning	0.879	0.757	0.582	0.566	0.549	0.530	0.341	0.296
定安县	Ding'an	0.820	0.733	0.599	0.583	0.577	0.558	0.364	0.363
屯昌县	Tunchang	0.675	0.593	0.501	0.496	0.482	0.470	0.295	0.294
澄迈县	Chengmai	1.016	0.755	0.530	0.518	0.511	0.502	0.395	0.387
临高县	Lingao	0.747	0.668	0.572	0.556	0.546	0.539	0.317	0.308
儋州市	Danzhou	0.655	0.543	0.408	0.412	0.392	0.369	0.309	0.303
东方市	Dongfang	4.181	3.481	2.884	2.796	2.660	2.504	2.094	2.206
乐东县	Ledong	0.510	0.458	0.362	0.351	0.344	0.374	0.318	0.314
琼中县	Qiongzhong	0.528	0.485	0.460	0.435	0.419	0.410	0.311	0.278
保亭县	Baoting	0.456	0.412	0.313	0.309	0.303	0.299	0.270	0.268
陵水县	Lingshui	0.428	0.390	0.295	0.287	0.287	0.272	0.278	0.275
白沙县	Baisha	0.533	0.487	0.317	0.309	0.306	0.301	0.277	0.277
昌江县	Changjiang	1.576	1.851	2.385	2.252	2.123	1.971	1.889	1.949
洋 浦	Yangpu	2.009	1.591	1.187	1.121	1.142	1.182	1.401	1.349

注：1. 本表儋州市不含洋浦；2. 从2016年开始，单位GDP能耗采用2015年不变价；
3. 根据第三次经济普查结果，对2011-2013年全省数进行调整。
Note：a).Tht data of Danzhou City did not include Yangpu Economic Development Zone in this table.
b).Energy Consumption per Unit of GDP calculated at 2015 constant prices since 2016.
c).The data from 2011-2013 have been adjusted according to the 3rd China economic census.

9-12 能源平衡表(实物量)(2017)
Energy Balance (Physical Quantity) (2017)

单位：万吨 (10 000 ton)

项　　目	Item	煤合计 Coal Total	原煤 Raw Coal	煤制品 Bri-quettes	焦炭 Coke	石油合计 Petroleum Products Total	原油 Crude Oil	汽油 Gasoline
一、可供本地区消费的能源量	**Total Energy Available for Consumption**	**1099.34**	**1099.34**		**0.02**	**460.42**	**979.99**	**-114.25**
年初库存量	The Storage at the Beginning of the Year	61.48	61.48			79.48	50.30	10.95
一次能源生产量	Primary Energy Output					29.96	29.96	
外省调入量	Transferred from Other Provinces	438.58	438.58		0.02	147.44	46.85	
进口量	Import	647.09	647.09			967.68	886.48	
境内轮船和飞机在境外加油量	Gas Volume of Chinese Airplanes & Ships Fueled Abroad							
本省调出量(—)	Sending out to Other Province					-310.25		-36.49
出口量(—)	Export(-)					-386.53		-80.56
境外轮船和飞机在境内加油量(-)	Gas Volume of Foreign Airplanes & Ships Fueled in China (-)							
年末库存量	The Storage at Year-end	-47.81	-47.81			-67.36	-33.60	-8.15
二、加工转换投入(-)产出(+)量	**Input (-) & Output (+) of Processing and Conversion**	**-866.75**	**-866.75**			**-46.55**	**-979.33**	**224.10**
火力发电	Thermal Power Generation	-825.27	-825.27			-0.02		
供　　热	Heating Supply	-41.48	-41.48			-9.14		
煤 炭 洗 选	Coal Washing							
炼　　焦	Coking							
炼　　油	Petroleum Refineries					359.44	-979.33	224.41
#油品再投入量(-)	Petroleum Reinput(-)					-396.83		-0.31
制　　气	Gas Production							
#焦炭再投入量(-)	Coke Reinput(-)							
天然气液化	Natural Gas Liquefaction							
煤制品加工	Coal Products Processing							
回收能	Recovered of Energy							
三、损 失 量	**Losses**					**0.10**		**0.10**
#运输和输配损失	Losess in Transportation					0.10		0.10
四、终端消费量	**End-use Consumption**	**232.59**	**232.59**		**0.02**	**413.74**	**0.66**	**109.75**
第一产业	Primary Industry					51.88		2.07
农林牧渔业	Agriculture,Forestry,Animal Husbandry,Fishery					51.88		2.07
第二产业	Secondary Industry	232.59	232.59		0.02	66.53	0.66	6.47
工　　业	Industry	232.59	232.59		0.02	50.82	0.66	0.42
#用作原料. 材料	Use for Raw Material					2.85		
建筑业	Construction					15.71		6.05
第三产业	Tertiary Industry					250.92		70.56
交通运输仓储邮政业	Transport, Storage and Post					190.83		18.95
批发零售住宿餐饮业	Wholesale and Retail Trade and Catering Services					9.62		4.42
其他	Others					50.47		47.19
生活消费	Household Consumption					44.41		30.65
城　镇	Urban					36.11		24.28
乡　村	Rural					8.30		6.37
五、平衡差(+、-)	**Balance**					**0.03**	**0.00**	
六、消费量合计	**Total Energy Consumption**	**1099.34**	**1099.34**		**0.02**	**460.39**	**979.99**	**110.16**

9-12续1(continued 1)

单位：万吨 (10 000 ton)

项　　目	Item	煤油 Kerosene	柴油 Diesel Oil	燃料油 Fuel Oil	石脑油 Naphtha	液化石油气 Liquefied Petro-	炼厂干气 Refinery Gas
一、可供本地区消费的能源量	**Total Energy Available for Consumption**	**-18.41**	**-119.05**	**-28.08**	**-65.86**	**-51.13**	
年初库存量	The Storage at the Beginning of the Year	5.93	7.4	2.53	0.44	0.38	
一次能源生产量	Primary Energy Output						
外省调入量	Transferred from Other Provinces	94.56					
进口量	Import	8.2	50.9	22.10			
境内轮船和飞机在境外加油量	Gas Volume of Chinese Airplanes & Ships Fueled Abroad						
本省调出量(—)	Sending out to Other Province		-10.68	-21.02	-65.29	-50.17	
出口量(—)	Export(-)	-119.33	-157.12	-29.52			
境外轮船和飞机在境内加油量(-)	Gas Volume of Foreign Airplanes & Ships Fueled in China (-)						
年末库存量	The Storage at Year-end	-7.77	-9.55	-2.17	-1.01	-1.34	
二、加工转换投入(-)产出(+)量	**Input (-) & Output (+) of Processing and Conversion**	133.09	229.25	47.16	65.86	74.26	36.26
火力发电	Thermal Power Generation		-0.02				
供　热	Heating Supply					-1.78	-7.36
煤炭洗选	Coal Washing						
炼　焦	Coking						
炼　油	Petroleum Refineries	133.09	229.27	50.51	65.86	91.86	43.62
#油品再投入量(-)	Petroleum Reinput(-)			-3.35		-15.82	
制　气	Gas Production						
#焦炭再投入量(-)	Coke Reinput(-)						
天然气液化	Natural Gas Liquefaction						
煤制品加工	Coal Products Processing						
回收能	Recovered of Energy						
三、损失量	**Losses**						
#运输和输配损失	Losess in Transportation						
四、终端消费量	**End-use Consumption**	**114.68**	**110.2**	**19.08**		**23.13**	**36.23**
第一产业	Primary Industry		49.81				
农林牧渔业	Agriculture,Forestry,Animal Husbandry,Fishery		49.81				
第二产业	Secondary Industry		13.44	4.25		5.47	36.23
工　业	Industry		3.78	4.25		5.47	36.23
#用作原料.材料	Use for Raw Material						2.85
建筑业	Construction		9.66				
第三产业	Tertiary Industry	114.68	46.95	14.83		3.90	
交通运输仓储邮政业	Transport, Storage and Post	114.68	42.37	14.83			
批发零售住宿餐饮业	Wholesale and Retail Trade and Catering Services		1.82			3.38	
其他	Others		2.76			0.52	
生活消费	Household Consumption					13.76	
城　镇	Urban					11.83	
乡　村	Rural					1.93	
五、平衡差(+、-)	**Balance**				**0.00**		**0.03**
六、消费量合计	**Total Energy Consumption**	**114.68**	**110.22**	**22.43**		**40.73**	**43.59**

9-12续2（continued 2）

单位：万吨 (10 000 ton)

项 目	Item	其他石油制品 Other Petroleum Products	天然气（亿立方米） Natural Gas (10^8 cu.m)	液化天然气 LNG	热力（万百万千焦） Heat (10^{10} kJ)	电力（亿千瓦时） Electricity (10^8 kW•h)	其它能源（万吨标煤） Other Energy (10^4 tce)
一、可供本地区消费的能源量	**Total Energy Available for Consumption**	**-114.17**	**41.04**	**17.49**		**109.53**	**29.40**
年初库存量	The Storage at the Beginning of the Year	1.03					
一次能源生产量	Primary Energy Output		1.10			110.06	
外省调入量	Transferred from Other Provinces	6.03	39.94	17.81		0.23	29.40
进口量	Import						
境内轮船和飞机在境外加油量	Gas Volume of Chinese Airplanes & Ships Fueled Abroad						
本省调出量(一)	Sending out to Other Province	-117.76				-0.76	
出口量(一)	Export(-)						
境外轮船和飞机在境内加油量(-)	Gas Volume of Foreign Airplanes & Ships Fueled in China (-)						
年末库存量	The Storage at Year-end	-3.47		-0.32			
二、加工转换投入(-)产出(+)量	**Input (-) & Output (+) of Processing and Conversion**	114.18	-2.91		810.46	195.42	-22.73
火力发电	Thermal Power Generation		-2.62		-561.60	195.42	-22.73
供 热	Heating Supply		-0.29		1020.39		
煤炭洗选	Coal Washing						
炼 焦	Coking						
炼 油	Petroleum Refineries	491.53					
#油品再投入量(-)	Petroleum Reinput(-)	-377.35					
制 气	Gas Production						
#焦炭再投入量(-)	Coke Reinput(-)						
天然气液化	Natural Gas Liquefaction						
煤制品加工	Coal Products Processing						
回收能	Recovered of Energy				351.67		
三、损 失 量	**Losses**					**18.65**	
#运输和输配损失	Losess in Transportation					18.65	
四、终端消费量	**End-use Consumption**	**0.01**	**38.13**	**17.49**	**810.46**	**286.30**	**6.67**
第一产业	Primary Industry					14.72	
农林牧渔业	Agriculture,Forestry,Animal Husbandry,Fishery					14.72	
第二产业	Secondary Industry	0.01	35.99	16.05	810.46	123.39	6.67
工 业	Industry	0.01	35.99	16.05	810.46	113.38	6.67
#用作原料. 材料	Use for Raw Material		23.10				
建筑业	Construction					10.01	
第三产业	Tertiary Industry		1.59	1.44		90.20	
交通运输仓储邮政业	Transport, Storage and Post		0.83	1.44		6.50	
批发零售住宿餐饮业	Wholesale and Retail Trade and Catering Services		0.76			26.31	
其他	Others					57.39	
生活消费	Household Consumption		0.55			57.99	
城 镇	Urban		0.55			27.12	
乡 村	Rural					30.87	
五、平衡差(+、-)	**Balance**	**0.00**					
六、消费量合计	**Total Energy Consumption**	**377.36**	**41.04**	**17.49**	**1372.06**	**304.95**	**29.40**

9-13 能源平衡表(标准量)(2017)
Energy Balance (Standard Quantity) (2017)

单位：万吨标准煤 (10 000 tce)

项目	Item	煤合计 Coal Total	原煤 Raw Coal	煤制品 Bri-quettes	焦炭 Coke	石油合计 Petroleum Products Total	原油 Crude Oil	汽油 Gasoline	煤油 Kerosene
一、可供本地区消费的能源量	**Total Energy Available for Consumption**	**712.64**	**712.64**		**0.02**	**679.15**	**1400.01**	**-168.11**	**-27.09**
年初库存量	The Storage at the Beginning of the Year	42.39	42.39			114.13	71.86	16.11	8.73
一次能源生产量	Primary Energy Output					42.80	42.80		
外省调入量	Transferred from Other Provinces	302.05	302.05		0.02	212.10	66.93		139.14
进口量	Import	401.29	401.29			1384.23	1266.43		12.07
境内轮船和飞机在境外加油量	Gas Volume of Chinese Airplanes & Ships Fueled Abroad								
本省调出量(一)	Sending out to Other Province					-412.75		-53.69	
出口量(一)	Export(-)					-565.23		-118.54	-175.58
境外轮船和飞机在境内加油量(−)	Gas Volume of Foreign Airplanes & Ships Fueled in China (-)								
年末库存量	The Storage at Year-end	-33.08	-33.08			-96.12	-48.00	-11.99	-11.43
二、加工转换投入(−)产出(+)量	**Input (-) & Output (+) of Processing and Conversion**	-539.87	-539.87			-63.37	-1399.07	329.74	195.83
火力发电	Thermal Power Generation	-511.67	-511.67			-0.03			
供　热	Heating Supply	-28.21	-28.21			-14.62			
煤炭洗选	Coal Washing								
炼　焦	Coking								
炼　油	Petroleum Refineries					360.99	-1399.07	330.20	195.83
#油品再投入量(−)	Petroleum Reinput(-)					-409.71		-0.46	
制　气	Gas Production								
#焦炭再投入量(−)	Coke Reinput(-)								
天然气液化	Natural Gas Liquefaction								
煤制品加工	Coal Products Processing								
回收能	Recovered of Energy								
三、损失量	**Losses**					**0.15**		**0.15**	
#运输和输配损失	Losess in Transportation					0.15		0.15	
四、终端消费量	**End-use Consumption**	**172.77**	**172.77**		**0.02**	**615.59**	**0.94**	**161.49**	**168.74**
第一产业	Primary Industry					75.62		3.05	
农林牧渔业	Agriculture,Forestry,Animal Husbandry,Fishery					75.62		3.05	
第二产业	Secondary Industry	172.77	172.77		0.02	102.44	0.94	9.52	
工　业	Industry	172.77	172.77		0.02	79.46	0.94	0.62	
#用作原料.材料	Use for Raw Material					4.48			
建筑业	Construction					22.98		8.90	
第三产业	Tertiary Industry					368.84		103.82	168.74
交通运输仓储邮政业	Transport, Storage and Post					279.55		27.88	168.74
批发零售住宿餐饮业	Wholesale and Retail Trade and Catering Services					14.95		6.50	
其他	Others					74.35		69.44	
生活消费	Household Consumption					68.69		45.10	
城　镇	Urban					56.01		35.73	
乡　村	Rural					12.68		9.37	
五、平衡差(+、−)	**Balance**					**0.05**	**0.00**		
六、消费量合计	**Total Energy Consumption**								

9-13续1(continued 1)

单位：万吨标准煤 (10 000 tce)

项　目	Item	柴油 Diesel Oil	燃料油 Fuel Oil	石脑油 Naphtha	液化石油气 Liquefied Petroleum Gas	炼厂干气 Refinery Gas	其它石油制品 Other Petroleum Products	天然气 Natural Gas	液化天然气 LNG
一、可供本地区消费的能源量	**Total Energy Available for Consumption**	**-173.47**	**-40.12**	**-98.79**	**-87.65**		**-114.17**	**324.92**	**30.73**
年初库存量	The Storage at the Beginning of the Year	10.78	3.61	0.66	0.65		1.03		
一次能源生产量	Primary Energy Output							13.39	
外省调入量	Transferred from Other Provinces						6.03	311.53	31.30
进口量	Import	74.17	31.57						
境内轮船和飞机在境外加油量	Gas Volume of Chinese Airplanes & Ships Fueled Abroad								
本省调出量(—)	Sending out to Other Province	-15.56	-30.03	-97.94	-86.01		-117.76		
出口量(—)	Export(-)	-228.94	-42.17						
境外轮船和飞机在境内加油量(—)	Gas Volume of Foreign Airplanes & Ships Fueled in China (-)								
年末库存量	The Storage at Year-end	-13.92	-3.10	-1.52	-2.30		-3.47		-0.56
二、加工转换投入(—)产出(+)量	**Input (-) & Output (+) of Processing and Conversion**	334.04	67.37	98.79	127.30	56.98	114.18	-32.47	
火力发电	Thermal Power Generation	-0.03						-28.61	
供　热	Heating Supply				-3.05	-11.57		-3.86	
煤炭洗选	Coal Washing								
炼　焦	Coking								
炼　油	Petroleum Refineries	334.07	72.16	98.79	157.48	68.54	491.53		
#油品再投入量(—)	Petroleum Reinput(-)		-4.79		-27.12		-377.35		
制　气	Gas Production								
#焦炭再投入量(—)	Coke Reinput(-)								
天然气液化	Natural Gas Liquefaction								
煤制品加工	Coal Products Processing								
回收能	Recovered of Energy								
三、损失量	**Losses**								
#运输和输配损失	Losess in Transportation								
四、终端消费量	**End-use Consumption**	**160.57**	**27.26**		**39.65**	**56.93**	**0.01**	**292.45**	**30.73**
第一产业	Primary Industry	72.58							
农林牧渔业	Agriculture,Forestry,Animal Husbandry,Fishery	72.58							
第二产业	Secondary Industry	19.58	6.07		9.38	56.93	0.01	276.04	28.20
工　业	Industry	5.51	6.07		9.38	56.93	0.01	276.04	28.20
#用作原料、材料	Use for Raw Material					4.48		177.17	
建筑业	Construction	14.08							
第三产业	Tertiary Industry	68.41	21.19		6.69			12.20	2.53
交通运输仓储邮政业	Transport, Storage and Post	61.74	21.19					6.37	2.53
批发零售住宿餐饮业	Wholesale and Retail Trade and Catering Services	2.65			5.79			5.83	
其他	Others	4.02			0.89				
生活消费	Household Consumption				23.59			4.22	
城　镇	Urban				20.28			4.22	
乡　村	Rural				3.31				
五、平衡差(+、—)	**Balance**			**0.00**		**0.05**	**0.00**		
六、消费量合计	**Total Energy Consumption**								

9-13续2(continued 2)

单位：万吨标准煤

项目	Item	热力 Heat	电力 Electricity 当量值 Calorific Value Calculation	电力 Electricity 等价值 Coal Equivalent Calculation	其它能源 Other Energy	合计 Total 当量值 Calorific Value Calculation	合计 Total 等价值 Coal Equivalent Calculation
一、可供本地区消费的能源量	**Total Energy Available for Consumption**		**134.61**	**326.31**	**29.40**	**1911.48**	**2103.18**
年初库存量	The Storage at the Beginning of the Year					156.51	156.51
一次能源生产量	Primary Energy Output		135.26	327.89		191.45	384.07
外省调入量	Transferred from Other Provinces		0.28	0.69	29.40	886.67	887.07
进口量	Import					1785.52	1785.52
境内轮船和飞机在境外加油量	Gas Volume of Chinese Airplanes & Ships Fueled Abroad						
本省调出量(一)	Sending out to Other Province		-0.93	-2.26		-413.68	-415.01
出口量(一)	Export(-)					-565.23	-565.23
境外轮船和飞机在境内加油量(-)	Gas Volume of Foreign Airplanes & Ships Fueled in China (-)						
年末库存量	The Storage at Year-end					-129.76	-129.76
二、加工转换投入(-)产出(+)量	**Input (-) & Output (+) of Processing and Conversion**	27.64	240.17	582.19	-22.73	-390.63	-48.61
火力发电	Thermal Power Generation	-19.15	240.17	582.19	-22.73	-342.02	
供　热	Heating Supply	34.80				-11.89	-11.89
煤炭洗选	Coal Washing						
炼　焦	Coking						
炼　油	Petroleum Refineries					360.99	360.99
#油品再投入量(-)	Petroleum Reinput(-)					-409.71	-409.71
制　气	Gas Production						
#焦炭再投入量(-)	Coke Reinput(-)						
天然气液化	Natural Gas Liquefaction						
煤制品加工	Coal Products Processing						
回收能	Recovered of Energy	11.99				11.99	11.99
三、损失量	**Losses**		**22.92**	**55.56**		**23.07**	**55.71**
#运输和输配损失	Losess in Transportation		22.92	55.56		23.07	55.71
四、终端消费量	**End-use Consumption**	**27.64**	**351.86**	**852.93**	**6.67**	**1497.74**	**1998.81**
第一产业	Primary Industry		18.09	43.85		93.71	119.48
农林牧渔业	Agriculture,Forestry,Animal Husbandry,Fishery		18.09	43.85		93.71	119.48
第二产业	Secondary Industry	27.64	151.65	367.60	6.67	765.42	981.37
工　业	Industry	27.64	139.34	337.78	6.67	730.14	928.57
#用作原料.材料	Use for Raw Material					181.65	181.65
建筑业	Construction		12.30	29.82		35.28	52.80
第三产业	Tertiary Industry		110.86	268.72		494.43	652.29
交通运输仓储邮政业	Transport, Storage and Post		7.99	19.36		296.43	307.81
批发零售住宿餐饮业	Wholesale and Retail Trade and Catering Services		32.33	78.38		53.11	99.16
其他	Others		70.53	170.97		144.88	245.32
生活消费	Household Consumption		71.27	172.76		144.18	245.67
城　镇	Urban		33.33	80.79		93.55	141.02
乡　村	Rural		37.94	91.97		50.62	104.65
五、平衡差(+、-)	**Balance**					**0.05**	**0.05**
六、消费量合计	**Total Energy Consumption**					**1911.43**	**2103.13**

9-14 电力收支情况表(2017)
Electricity Generation and Consumption (2017)

项目	Item	用户个数(个) Number of User (unit)	用户用电装接容量(千瓦) Consumption and Installed Capacity(kW)	用电量(万千瓦时) Electricity Consumption (10^4 kW•h) 本年累计 Accumulation of This Year	去年累计 Accumulation of Last Year
收入电量总计	**Total Electricity Generation**			**3057115**	**2882522**
本地区发电量(6000千瓦及以上)	Local Electricity Generation (6000 kW and above)			2966964	2802802
6000以下电厂上网电量	Electricity Transmitted by Power Plants below 6000 kW			87804	74898
由外省及国外(外电力系统)输入电量	Electricity Transmitted from Other Provinces and Foreign Countries			2346	4822
支出电量总计	**Total Electricity Expenditure**			**3057115**	**2882522**
全社会用电量总计	**Total Electricity Consumption of Whole Society**	**2574727**	**31410233**	**3049505**	**2873118**
农、林、牧、渔业	Agriculture, Forestry, Animal Husbandry and Fishing Industry	1450	76793	147214	136272
工业	Industry	23968	4396591	1320229	1302218
建筑业	Construction	6532	311854	100133	88331
交通运输、仓储、邮政业	Transport, Storage and Post	591	701780	65045	54514
信息传输、计算机服务和软件	Information Transmission, Computer Service and Software	6309	132812	50085	45889
商业、住宿和餐饮业	Commerce, Hotels and Catering Services	49906	731155	263114	237737
金融、房地产、商务及居民服	Finance, Real Estate, Business and Household Service	13273	3985460	317159	273489
公共事业及管理组织	Public Undertaking and Administrative Organization	207319	10412621	206554	191204
城乡居民生活用电	**Electricity Consumption of Urban and Rural Household**	**2265378**	**10661166**	**579972**	**543465**
城镇	Urban	511604	4125950	271237	262294
乡村	Rural	1753775	6535216	308735	281172
向本区域外输出电量合计	**Sending out to Other Province**			**7609**	**9404**

注：此表数据来源于海南电网公司，下表同。
Note: The data in this table were derived from China Southern Power Grid Hainan Co., the following as the same.

9-15 全社会用电分类表(2017)
Classification Table of Electricity Consumption in the Whole Province (2017)

项 目	Item	用电量(万千瓦时) Electricity Consumption(10^4 kW•h)		年增长(%) Annual Growth (%)
		本年累计 Accumulation of This Year	去年累计 Accumulation of Last Year	
全社会用电量总计	**Total Electricity Consumption of Whole Society**	**3049505.38**	**2873117.91**	**6.14**
全行业用电	**Electricity Consumption of Three Strata of Industry**	**2469532.92**	**2329652.46**	**6.00**
第一产业	Primary Industry	147213.62	136271.76	8.03
第二产业	Secondary Industry	1420362.07	1390548.85	2.14
第三产业	Tertiary Industry	901957.23	802831.84	12.35
城乡居民生活用电	**Electricity Consumption of Urban and Rural Residents**	**579972.46**	**543465.45**	**6.72**
城镇居民	Urban Residents	271236.99	262293.73	3.41
乡村居民	Rural Residents	308735.47	281171.72	9.80
各行业用电分类	**Electricity Consumption of All Sectors**	**2469532.92**	**2329652.46**	**6.00**
农、林、牧、渔业	**Agriculture, Forestry,Animal Husbandry and Fishery**	**147213.62**	**136271.76**	**8.03**
农业	Farming	40620.03	50117.44	-18.95
林业	Forestry	2376.89	1570.71	51.33
畜牧业	Animal Husbandry	7471.34	5555.20	34.49
渔业	Fishery	78606.23	55067.18	42.75
农、林、牧、渔服务业	Service in Support of Agriculture	18139.13	23961.21	-24.30
工业	**Industry**	**1320228.58**	**1302217.79**	**1.38**
轻工业	Light Industry	368037.57	348028.76	5.75
重工业	Heavy Industry	952191.01	954189.03	-0.21

9-15续1(continued 1)

项　目	Item	用电量(万千瓦时) Electricity Consumption(10^4 kW•h) 本年累计 Accumulation of This Year	去年累计 Accumulation of Last Year	年增长(%) Annual Growth (%)
采矿业	**Mining**	**61248.59**	**48544.54**	**26.17**
煤炭开采和洗选业	Mining and Washing of Coal	1463.78	2584.72	-43.37
石油和天然气开采业	Extraction of Petrolium and Natural Gas	4082.54	3025.28	34.95
黑色金属矿采选业	Mining and Processing of Ferrous Metal Ores	20853.82	7545.25	176.38
有色金属矿采选业	Mining and Processing of Non-Ferrous Metal Ores	6476.54	7182.83	-9.83
非金属矿采选业	Mining and Processing of Nonmetal Ores	15688.66	15775.10	-0.55
其他采矿业	Mining of Other Ores	12683.25	12431.35	2.03
制造业	**Manufacturing**	**789336.24**	**791567.60**	**-0.28**
食品、饮料和烟草制造业	Manufacture of Foods,Beverage and Tobacco	57998.56	52815.53	9.81
纺织业	Manufacture of Textile	5024.63	4633.12	8.45
服装鞋帽、皮革羽绒及其制品业	Manufacture of Textile, Wearing Apparel and Accessories	522.89	516.36	1.26
木材加工及制品和家具制造业	Manufacture of Wood,Bamboo, Rattan,Palm ,Furniture &Its Products	12540.66	13255.84	-5.40
造纸及纸制品业	Manufacture of Paper and Paper Products	224616.89	219190.79	2.48
印刷业和记录媒介的复制	Printing,Reproduction of Recording Media	786.80	767.01	2.58
文教体育用品制造业	Manufacture of Articles for Culture, Education Arts and Crafts, Sport and Entertaiment Activities	42.73	56.88	-24.88
石油加工、炼焦及核燃料加工业	Processing of Petroleum, Coking and Nuclear Fuel	110666.04	113164.86	-2.21
化学原料及化学制品制造业	Manufacture of Raw Chemical Materials and Chemical Products	59219.62	47948.88	23.51
医药制造业	Manufacture of Medicines	25044.77	22795.77	9.87
化学纤维制造业	Manufacturing of Chemical Fiber	447.75	629.37	-28.86
橡胶和塑料制品业	Manufacturing of Rubber and Plastic Products	20623.87	18508.63	11.43
非金属矿物制品业	Manufacturing of Non-metal Mineral Products	211791.64	203316.91	4.17
黑色金属冶炼及压延加工业	Smelting and Pressing of Ferrous Metals	707.06	5992.97	-88.20
有色金属冶炼及压延加工业	Smelting and Pressing of Non-ferrous Metals	4163.17	4864.96	-14.43
金属制品业	Manufacture of Metal Products	6365.65	14923.67	-57.35
通用及专用设备制造业	Manufacture of General Purpose and Special Purpose Machinery	17253.04	25729.97	-32.95
交通运输、电气、电子设备制造业	Manufacturing of Transport Equipments, Electrical Machinery and Apparatus,Electronic Equipments	16221.73	18883.99	-14.10
工艺品及其他制造业	Manufacture of Artwork, Other Manufacturing	5115.82	5389.76	-5.08
废弃资源和废旧材料回收加工业	Utilization of Waste Resources	10182.90	18182.31	-44.00

9-15续2(continued 2)

项　目	Item	用电量(万千瓦时) Electricity Consumption (10^4 kW•h) 本年累计 Accumulation of This Year	去年累计 Accumulation of Last Year	年增长(%) Annual Growth (%)
电力、燃气及水的生产和供应业	**Production and Supply of Electric Power, Gas and Water**	**469643.75**	**462105.66**	**1.63**
电力、热力的生产和供应业	Production and Supply of Electric Power and Heat Power	429956.55	424866.74	1.20
燃气生产和供应业	Production and Supply of Gas	6562.57	7411.83	-11.46
水的生产和供应业	Production and Supply of Water	33124.63	29827.10	11.06
建筑业	**Construction**	**100133.49**	**88331.08**	**13.36**
交通运输、仓储、邮政业	**Transport, Storage and Post**	**65044.77**	**54514.20**	**19.32**
交通运输业	Transport	54760.03	45895.30	19.32
仓储业	Storage	8708.22	6987.33	24.63
邮政业	Post	1576.52	1631.57	-3.37
信息传输、计算机服务和软件业	**Information Transmission, Computer Services and Software**	**50085.43**	**45888.55**	**9.15**
电信和其他信息传输服务业	Telecom & Other Information Transmission Services	47948.21	44245.35	8.37
计算机服务和软件业	Computer Services and Software	2137.22	1643.21	30.06
商业、住宿和餐饮业	**Wholesale & Retail Trades, Hotels and Catering Trade**	**263114.32**	**237736.56**	**10.67**
批发和零售业	Wholesale and Retail Trades	101984.28	94667.72	7.73
住宿和餐饮业	Hotels and Catering Services	161130.04	143068.84	12.62
金融、房地产、商务及居民服务业	**Financial, Real Estate, Business Affair and Household Services**	**317159.03**	**273488.87**	**15.97**
金融业	Financial Intermediation	11024.62	11000.19	0.22
房地产业	Real Estate	214172.43	194005.04	10.40
租赁和商务服务、居民服务和其它服务业	Leasing and Business Services,Residents Services and Other Social Services	91961.99	68483.64	34.28
公共事业及管理组织	**Public Management and Social Organization**	**206553.66**	**191203.65**	**8.03**
科学研究、技术服务和地质勘查业	Scientific Research, Technical Services and Geological Prospecting	7210.98	7103.63	1.51
水利、环境和公共设施管理业	Management of Water Conservancy, Environment and Public Facilities	24945.72	21045.70	18.53
教育、文化、体育和娱乐业	Education,Culture,Sports and Entertainment	57648.32	49190.61	17.19
卫生、社会保障和社会福利业	Health Care, Social Security and Social Welfare	32752.35	30019.22	9.10
公共管理和社会组织、国际组织	Public Management, Social Organization and International Organization	83996.29	83844.49	0.18

主要统计指标解释

能源生产总量 指一定时期内全省一次能源生产量的总和，是观察全省能源生产水平、规模、构成和发展速度的总量指标。一次能源生产量包括原煤，原油，天然气，水电、核能及其他动力能（如风能、地热能等）发电量，不包括低热值燃料生产量、生物质能、太阳能等的利用和由一次能源加工转换而成的二次能源产量。

能源消费总量 指一定时期内，全省各行业和居民生活消费的各种能源的总和，是观察能源消费水平、构成和增长速度的总量指标。能源消费总量包括原煤和原油及其制品、天然气、电力，不包括低热值燃料、生物质能和太阳能等的利用。能源消费总量分为终端能源消费量、能源加工转换损失量和损失量三部分。

（1）终端能源消费量：指一定时期内全省生产和生活消费的各种能源在扣除了用于加工转换二次能源消费量和损失量以后的数量。

（2）能源加工转换损失量：指一定时期内全省投入加工转换的各种能源数量之和与产出各种能源产品之和的差额，是观察能源在加工转换过程中损失量变化的指标。

（3）能源损失量：指一定时期内能源在输送、分配、储存过程中发生的损失和由客观原因造成的各种损失量，不包括各种气体能源放空、放散量。

能源生产弹性系数 是研究能源生产增长速度与国民经济增长速度之间关系的指标。

国民经济年平均增长速度，可根据不同的目的或需要，用国民生产总值、国内生产总值等指标来计算，本年鉴是采用国内生产总值指标计算的。

电力生产弹性系数 是研究电力生产增长速度与国民经济增长速度之间关系的指标。一般来说，电力的发展应当快于国民经济的发展，也就是说电力应超前发展。

能源消费弹性系数 是反映能源消费增长速度与国民经济增长速度之间比例关系的指标。

电力消费弹性系数 反映电力消费增长速度与国民经济增长速度之间比例关系的指标。

能源加工转换效率 指一定时期内能源经过加工、转换后，产出的各种能源产品的数量与同期内投入加工转换的各种能源数量的比率。它是观察能源加工转换装置和生产工艺先进与落后、管理水平高低等的重要指标。

单位国内生产总值能耗 指一定时期内，一个国家或地区每生产一个单位的国内生产总值所消耗的能源。

Explanatory Notes on Main Statistical Indicators

Total Energy Production refers to the total production of primary energy by all energy producing enterprises in the country in a given period of time. It is a comprehensive indicator to show the level, scale, composition and pace of development of energy production of the country. The production of primary energy includes that of coal, crude oil, natural gas, hydro-power and electricity generated by nuclear energy and other means such as wind power and geothermal power. However, it does not include the production of fuels of low calorific value, bio-energy, solar energy and secondary energy converted from primary energy.

Total Energy Consumption refers to the total consumption of energy of various kinds by the production sectors and the households in the country in a given period of time. It is a comprehensive indicator to show the scale, composition and pace of increase of energy consumption. Total energy consumption includes that of coal, crude oil and their products, natural gas and electricity. However, it does not include the consumption of fuel of low calorific value, bio-energy and solar energy. Total energy consumption can be divided into three parts: end-use energy consumption; loss during the process of energy conversion; and energy loss.

(1)End-use Energy Consumption: It refers to the total energy consumption by the production sectors and the households in the country (region) in a given period of time. It does not include the consumption during the conversion of primary energy into secondary energy and the loss in the process of energy conversion.

(2)Loss During the Process of Energy Conversion: It refers to the total input of various kinds of energy for conversion, minus the total output of various kinds of energy in the country in a given period of time. It is an indicator to show the loss that occurs during the process of energy conversion.

(3)Energy Loss: It refers to the total of the loss of energy during the course of energy transport, distribution and storage and the loss caused by any objective reason in a given period of time. The loss of various kinds of gas due to gas discharges and stocktaking is not included.

Elasticity Ratio of Energy Production is an indicator to show the relationship between the growth rate of energy production and the growth rate of the national economy.

The average annual growth rate of the national economy can be measured by indicators such as the Gross National Product and the Gross Domestic Product, depending on the purposes or needs. The Gross Domestic Product has been used in the calculation of the ratio in this Yearbook.

Elasticity Ratio of Electricity Production is an indicator to show the relationship between the growth rate of electricity production and the growth rate of the national economy. Generally speaking, the growth rate of electricity production should be higher than that of the national economy.

Elasticity Ratio of Energy Consumption is an indicator to show the relationship between the growth rate of energy consumption and the growth rate of the national economy.

Elasticity Ratio of Electricity Consumption is an indicator to show the relationship between the growth rate of electricity consumption and the growth rate of the national economy.

Efficiency of Energy Processing and Conversion refers to the ratio of the total output of energy products of various kinds after processing and conversion to the total input of energy of various kinds for processing and conversion in the same reference period. It is an important indicator to show the current conditions of energy processing and conversion equipment, production technique and management.

Energy Consumption per Unit of GDP refers to the energy consumption per unit of Gross Domestic Product in a country or the Gross Regional Product in a region in the same reference period.

10

固定资产投资

Investment in Fixed Assets

编辑人员：吴璟

Compiled by Wu Jing

英文翻译：吴璟

Translated by Wu Jing

简 要 说 明

一、本篇资料的主要内容

本篇资料通过对一定时期全社会建造和购置固定资产活动的数量方面的描述，反映报告期内固定资产投资的规模和速度、固定资产投资的结构和比例关系、固定资产投资的资金来源及固定资产投资的效果等。

二、本篇资料的统计范围

统计范围包括：城乡建设项目投资，房地产开发投资。

三、本篇的资料来源

农户固定资产投资资料来自国家统计局海南调查总队；除此以外的固定资产投资统计资料均来自海南省统计局的固定资产投资统计调查。

四、本篇的统计调查方法

除农户固定资产投资统计采用抽样调查方法外，其他均为全面统计报表。

五、统计口径的变化

自 1997 年起，固定资产投资项目的统计起点由计划总投资 2 万元及以上提高至 5 万元及以上。

自 2006 年起，统计起点由计划总投资 5 万元以上提高到 50 万元以上。

自 2011 年起，统计起点由计划总投资 50 万元以上提高到 500 万元以上。

Brief Introduction

I. Main Contents

Statistics in this chapter describe activities on the construction and purchase of fixed assets of the whole country during a given period of time, and reflect the size, growth, structure, ratio, financing and results of the investment in fixed assets during the reference period.

II. Scope of Statistics

Statistics on the investment in fixed assets cover investments in capital construction projects in urban and rural areas, investments in real estate development.

III. Sources of Data

Data on investments in fixed assets by individuals in rural areas are from Survey Office of the National Bureau of Statistics in Hainan, Other data on investments in fixed assets are from *investment in fixed assets surveys* conducted by Hainan Statistical Bureau.

IV. Methodology of Data Collection

All data on investments in fixed assets are collected by the system of reporting form with complete enumeration, except data on individual investments in fixed assets in rural areas, which are collected through sample surveys.

V. Changes in Statistical Scope

Since 1997, the cut-off point of projects covered by statistics of investment in fixed assets is raised from an investment of 20,000 yuan to 50,000 yuan.

Since 2006, The cut-off point has been raised an investment of 50,000 yuan to 500,000 yuan .

Since 2011, The cut-off point has been raised an investment of 500,000 yuan to 5,000,000 yuan.

10-1 固定资产投资主要指标
Major Indicators on Investment in Fixed Assets

项　　目	Item	2017
投资完成额(亿元)	**Investment (100 million yuan)**	**4125.40**
按投资种类分	Grouped by Type of Project	
房地产开发	Real Estate Development	**2053.11**
其他	Others	**2072.29**
按登记注册类型分	Grouped by Status of Registration	
内资	Domestic Funded	**3839.38**
国有	State-owned	**624.41**
集体	Collective-owned	**7.59**
股份合作	Cooperative	**20.02**
联营	Joint Ownership	**7.64**
有限责任公司	Limited Liability Corporations	**2282.91**
国有独资	State Sole Funded	**290.13**
其他有限责任公司	Other Limited Liability	**1992.78**
股份有限公司	Share-holding Corporation Ltd.	**333.58**
私营	Private	**521.65**
其他	Others	**41.58**
港澳台投资	with Funds from Hong Kong, Macao and Taiwan	**174.11**
外商投资	Foreign Investment	**110.55**
个体	Self-employed Individual	**1.36**
按构成分	Grouped by Composition of Funds	
建筑安装工程	Construction and Installation	**3035.86**
设备工具器具购置	Purchase of Equipments and Instruments	**317.44**
其他费用	Others	**772.10**
按三次产业分	Grouped by Three Strata of Industry	
第一产业	Primary Industry	**53.25**
第二产业	Secondary Industry	**283.21**
第三产业	Tertiary Industry	**3788.94**
按财务拨贷款合计	**Funds for Investment**	**4796.11**
国家预算资金	State Budget	**359.84**
国内贷款	Domestic Loans	**745.04**
债券	Bond	**19.31**
利用外资	Foreign Investment	**3.49**
自筹资金	Self-raising Funds	**1710.57**
其他资金	Others	**1957.86**

注：2011年起固定资产投资项目统计起点由50万元提高至500万元，且不包含农村农户投资；2010年以前为全社会固定资产投资，下表同。

Note: Since 2011,the cut-off point of investment statistics is changed from a minimum of 500,000 yuan to a minimum of 5,000,000 yuan, and the data do not include the investment made by rural households. Data before 2010 refer to total investment in fixed assets. The same applies to all tables following.

10-2 历年全社会固定资产投资
Total Investment in Fixed Assets in Various Years

单位：万元 (10 000 yuan)

年份 Year	固定资产投资总额 Total Investment in Fixed Assets	#房地产 Real Estate Development
1952	1674	
1980	34725	
1981	47716	
1982	58257	
1983	63150	
1984	98274	
1985	153082	
1986	160028	
1987	160187	
1988	201399	
1989	288080	
1990	355508	41380
1991	456303	108645
1992	870451	302192
1993	1882492	573317
1994	2202491	572504
1995	1980665	389024
1996	1859322	169837
1997	1678308	79926
1998	1833360	102398
1999	1901322	61994
2000	1934508	103372
2001	2064328	171111
2002	2257707	201112
2003	2763400	366131
2004	3252811	559917
2005	3794284	708494
2006	4260137	892554
2007	5092568	1275741
2008	7090144	1994474
2009	10023333	2879573
2010	13314557	4678659
2011	16114087	6630486
2012	21453762	8866440
2013	27253954	11967581
2014	30394554	14316515
2015	33554048	17039963
2016	37470251	17875968
2017	41253963	20531061
“一五时期” The “First Five-year Plan” Period	30357	
“二五时期” The “Second Five-year Plan” Period	63797	
“三年调整时期” Three Year Adjustment Period	32311	
“三五时期” The “Third Five-year Plan” Period	54328	
“四五时期” The “Fourth Five-year Plan” Period	100998	
“五五时期” The “Fifth Five-year Plan” Period	152668	
“六五时期” The “Sixth Five-year Plan” Period	420479	
“七五时期” The “Seventh Five-year Plan” Period	1165202	41380
“八五时期” The “Eighth Five-year Plan” Period	7392402	1945682
“九五时期” The “Ninth Five-year Plan” Period	9206820	517527
“十五时期” The “Tenth Five-year Plan” Period	14132530	2006765
“十一五时期” The “Eleventh Five-year Plan” Period	39780739	11721001
“十二五时期” The “Twelfth Five-year Plan” Period	128770405	58820985

注：自2011年起，固定资产投资总额不再含农村的农户投资。
Note: Since 2011, the total investment in fixed assets no longer contain rural households investment.

10-3 历年全社会新增固定资产
Total Newly Increased Fixed Assets in Various Year

年 份 Year	新增固定资产(万元) Newly Increased Fixed Assets (10 000 yuan)	房地产 Real Estate Development	固定资产交付 使用率 (%) Rate of Projects of Fixed Assets Completed and Put into Use(%)
1980	27949		80.5
1981	38060		79.8
1982	48498		83.2
1983	44947		71.2
1984	73165		74.5
1985	114797		75.0
1986	130697		81.7
1987	146045		91.5
1988	143292		71.1
1989	203489		70.6
1990	296653	22953	83.4
1991	355971	52632	78.0
1992	558056	132255	64.1
1993	699207	77023	37.1
1994	1490207	192254	67.7
1995	1347016	119457	68.0
1996	1572488	149719	84.6
1997	1272129	83190	92.2
1998	1222709	30471	66.7
1999	1471814	45470	77.4
2000	1417062	72792	73.3
2001	1465555	111757	71.0
2002	1633425	108510	73.3
2003	1826577	213079	66.1
2004	2137048	215998	65.7
2005	1738236	368676	45.8
2006	2194602	224680	51.5
2007	2774810	651864	54.5
2008	2906001	782680	41.0
2009	3927116	1150023	39.2
2010	5315872	1919456	39.9
2011	6632430	1943903	39.6
2012	12398011	4639559	57.8
2013	9466471	4230296	34.7
2014	13512145	7680151	44.5
2015	13147809	6626423	39.2
2016	13341510	7781255	35.6
2017	10689103	6264455	25.9

10-4 按各种分组分固定资产投资额(不含农户投资)(2017)
Investment in Fixed Assets by Different Categories (Excluding Rural Households) (2017)

单位:万元 (10 000 yuan)

指　标	Item	合　计 Total	房地产 Real Estate Development
固定资产投资额	**Total Investment in Fixed Assets**	**41253963**	**20531061**
按构成分	**Grouped by Composition of Funds**		
建筑工程	Construction	27262051	13616091
安装工程	Installation	3096520	2158005
设备工器具购置	Purchase of Equipment and Instruments	3174434	173684
其　他	Others	7720958	4583281
按隶属关系分	**Grouped by Jurisdiction of Management**		
中央项目	Central Investment	2322105	502156
省属项目	Provincial Investment	6391314	1342734
地(市)属项目	Municipal Investment	8773040	4532128
县(市)属项目	Counties' Investment	6887820	2683674
其他项目	Others	16879684	11470369
按建设性质分	**Grouped by Type of Construction**		
新　建	New Construction	38217911	20531061
扩　建	Expansion	1756289	
改　建	Reconstruction	894188	
其　他	Others	385575	
按注册类型分	**Grouped by Status of Registration**		
内资	**Domestic Funded**	**38393774**	**18904024**
国有	State-owned	6244060	152999
集体	Collective-owned	75915	64109
股份合作	Cooperative Enterprises	200194	127905
联营企业	Joint Ownership Enterprises	76374	
国有联营	State-Owned Joint Ownership Enterprises	69738	
集体联营	Collective Joint Ownership Enterprises	697	
国有与集体联营企业	Joint State-collective		
其他联营	Joint Ownership Enterprises of Others	5939	
国有独资	State-owned Exclusive	2901322	1242938
其他有限责任公司	Joint Limited Liability Company	19927752	12600579
股份有限公司	Share Holding Enterprises Company	3335848	1142492
私营	Private Enterprises	5216477	3537290
其他	Other Enterprises	415832	35712
港澳台商投资	**with Funds from HongKong,Macao and Taiwan**	**1741074**	**1391435**
合资经营	Jointly Owned	409831	238362
合作经营	Cooperative Management		
独资	Exclusive Investment	1045948	887306
股份有限	Share Holding Enterprises	280608	261080
其他	Others	4687	4687
外商投资	**Foreign Investment**	**1105548**	**235602**
合资经营	Joint-venture Enterprises	508368	9335
合作经营	Cooperative Enterprises	77027	71285
独资	Exclusive Investment	514403	149982
股份有限	Share Holding Enterprises	750	
其他	Others	5000	5000
个体经营	**Self-employed Individual Investment**	**13567**	

10-5 各市县固定资产投资额(2017)
Investment in Fixed Assets by Region (2017)

单位:万元　(10 000 yuan)

地　区	Region	合　计 Total	#房地产 Real Estate Development
全省总计	**Total**	**41253963**	**20531061**
海 口 市	Haikou	14155026	6032485
三 亚 市	Sanya	8680863	5497636
三 沙 市	Sansha	104489	
五指山市	Wuzhishan	300166	131980
文 昌 市	Wenchang	2000918	1092813
琼 海 市	Qionghai	1737017	454757
万 宁 市	Wanning	1528068	859755
定 安 县	Ding'an	417399	166785
屯 昌 县	Dunchang	443110	156249
澄 迈 县	Chengmai	3338211	1939161
临 高 县	Lingao	516625	397488
儋州地区	Danzhou Area	2883953	1079722
儋州市	Danzhou	2183335	1030650
洋 浦	Yangpu	700618	49072
东 方 市	Dongfang	621578	237315
乐 东 县	Ledong	651842	233629
琼 中 县	Qiongzhong	464452	26017
保 亭 县	Baoting	342618	231620
陵 水 县	Lingshui	2347115	1731178
白 沙 县	Baisha	163737	31814
昌 江 县	Changjiang	556776	230657

10-6 各市县固定资产投资资金来源(2017)
Funds for Investment in Fixed Assets by Region (2017)

单位:万元 (10 000 yuan)

地区	Region	本年资金来源合计 Total Funds This Year	上年末节余资金 Surplus Funds at the end of Last Year	本年资金来源小计 Subtotal Funds This Year	国家预算内资金 State Budget	国内贷款 Domestic Loans	债券 Bond	利用外资 Foreign Investment	自筹资金 Self-raising Funds	其他资金来源 Others
全省总计	**Total**	**56813880**	**8852800**	**47961080**	**3598413**	**7450361**	**193082**	**34945**	**17105694**	**19578585**
海口市	Haikou	17902551	3665255	14237296	533082	2888962	6259	2117	5270277	5536599
三亚市	Sanya	12508043	2239599	10268444	451710	1428687	92689	10383	4046704	4238271
三沙市	Sansha	100222		100222	100222					
五指山市	Wuzhishan	393695	84464	309231	20854	7827			119899	160651
文昌市	Wenchang	2264998	365923	1899075	142096	209520			581464	965995
琼海市	Qionghai	2643734	190855	2452879	398485	409200			539003	1106191
万宁市	Wanning	2978227	387986	2590241	738354	123640	30472		691474	1006301
定安县	Ding'an	665050	162564	502486	108419	27150	26807		177411	162699
屯昌县	Dunchang	421968	17476	404492	109860	5733	11660		166681	110558
澄迈县	Chengmai	4992135	286999	4705136	108840	476628	9681	45	2458742	1651200
临高县	Lingao	800180	166868	633312	97526	29750	15256		145736	345044
儋州地区	Danzhou Area	2799216	187951	2611265	70802	1242730			949245	348488
儋州市	Danzhou	2266478	166357	2100121	57927	1036091			674227	331876
洋浦	Yangpu	532738	21594	511144	12875	206639			275018	16612
东方市	Dongfang	1035474	120868	914606	135058	44113			239448	495987
乐东县	Ledong	964556	53232	911324	161622	104454	258		217290	427700
琼中县	Qiongzhong	244941	29341	215600	17173	58185			58471	81771
保亭县	Baoting	593261	120063	473198	47889	9221			205399	210689
陵水县	Lingshui	4667308	723086	3944222	259204	352006		22400	809106	2501506
白沙县	Baisha	217677	8601	209076	90926	3048			49659	65443
昌江县	Changjiang	620644	41669	578975	6291	29507			379685	163492

10-7 各市县新增固定资产(2017)
Newly Increased Fixed Assets by Region (2017)

单位:万元 (10 000 yuan)

地 区	Region	新增固定资产 Newly Increased Fixed Assets	房地产开发 Real Estate Development
全省总计	**Total**	**10689103**	**6264455**
海 口 市	Haikou	3970791	2848315
三 亚 市	Sanya	1710893	1006050
三 沙 市	Sansha		
五指山市	Wuzhishan	99740	68238
文 昌 市	Wenchang	423935	379517
琼 海 市	Qionghai	265728	131080
万 宁 市	Wanning	882968	319868
定 安 县	Ding'an	140970	35458
屯 昌 县	Dunchang	127550	17320
澄 迈 县	Chengmai	877731	762723
临 高 县	Lingao	172376	144582
儋州地区	Danzhou Area	485004	62373
儋州市	Danzhou	350515	62356
洋 浦	Yangpu	134489	17
东 方 市	Dongfang	116941	37078
乐 东 县	Ledong	255526	135904
琼 中 县	Qiongzhong	99353	1835
保 亭 县	Baoting	129638	74685
陵 水 县	Lingshui	614617	165569
白 沙 县	Baisha	128420	47660
昌 江 县	Changjiang	186922	26200

10-8 按行业分固定资产投资额
Investment in Fixed Assets by Sector

单位:万元 (10 000 yuan)

行业	Sector	2017
合计	**Total**	**41253963**
农、林、牧、渔业	**Agriculture,Forestry,Animal Husbandry and Fishery**	**532516**
农业	Farming	182850
林业	Forestry	53093
畜牧业	Animal Husbandry	74950
渔业	Fishery	8580
农、林、牧、渔服务业	Service in Support of Agriculture	213043
采矿业	**Mining**	**68775**
煤炭开采和洗选业	Mining and Washing of Coal	
石油和天然气开采业	Extration of Petroleum and Natural Gas	57672
黑色金属矿采选业	Mining and Processing of Ferrous Metals Ores	10957
有色金属矿采选业	Mining and Processing of Non-ferrous Metals Ores	146
非金属矿采选业	Mining and Processing of Nonmetal Ores	
开采辅助活动	Support Activities for Mining	
其他采矿业	Mining of Other Ores	
制造业	**Manufacturing**	**1347180**
农副食品加工业	Processing of Food from Agriculture Products	142163
食品制造业	Manufacture of Foods	46391
酒、饮料和精制茶制造业	Manufacture of Wine,Beverages and Tea	51554
烟草制品业	Manufacture of Tobacco	
纺织业	Manufacture of Texitile	
纺织服装和服饰业	Manufacture of Textile, Wearing Apparel and Accessories	
皮革、毛皮、羽毛及其制品制鞋业	Manufacture of Leather, Fur, Feather and Related Products and Footwear	
木材加工及木、竹、藤、 棕、草制品业	Processing of Timber, Manufacture of Wood, Bamboo, Rattan, Palm and Straw Products	40082
家具制造业	Manufacture of Furniture	2800
造纸及纸制品业	Manufacture of Paper and Paper Products	200
印刷业和记录媒介的复制	Printing,Reproduction of Recording Media	4702
文教、工美、体育和娱乐用品制造业	Manufacture of Articles for Cultuer,Education,Arts and Crafts,Sport and Entertainment Activites	2025
石油加工、炼焦及核燃料加工业	Processing of Petroleum,Coking and Processing of Nucleear Fuel	120792
化学原料及化学制品制造业	Manufacture of Raw Chemical Materials and Chemical Products	231979
医药制造业	Manufacture of Medicines	117660
化学纤维制造业	Manufacture of Chemical Fiber	
橡胶和塑料制品业	Manufacture of Rubber and Plastic Products	12970
非金属矿物制品业	Manufacture of Non-netallic Mineral Products	47704
黑色金属冶炼及压延加工业	Smelting and Pressing of Ferrous Metals	
有色金属冶炼及压延加工业	Smelting and Pressing of Non-ferrous Metals	6067
金属制品业	Manufacture of Metal Products	34427
通用设备制造业	Manufacture of General Purpose Machinery	1067
专用设备制造业	Manufacture of Special Purposes Machinery	247854

10-8 续1(Continued1)

单位:万元 (10 000 yuan)

行业	Sector	2017
汽车制造业	Manufacture of Transport Equipment	1975
铁路、船舶、航空航天和其他运输设备制造业	Manufacture of Railway, Ship, Aerospace and Other Transport Equipments	18617
电气机械及器材制造业	Manufacture of Electrical Machinery and Apparatus	96058
计算机、通信和其他电子设备制造业	Manufacture of Computer, Communication and Other Electronic Equipments	107402
仪器仪表制造业	Manufacture of Measuring Instruments and Machinery	
其他制造业	Other Manufacture	1500
废弃资源综合利用业	Utilization of Waste Resources	1757
金属制品、机械和设备修理业	Repair Service of Metal products,Machine and Equipment	9434
电力、煤气及水的生产和供应业	**Production and Supply of Electric Power,Gas and Water**	**1072354**
电力、热力的生产 和供应业	Production and Supply of Electric Power and Heat Power	860803
燃气生产和供应业	Production and Supply of Gas	23024
水的生产和供应业	Production and Supply of Water	188527
建筑业	**Construction**	**343765**
房屋建筑业	Construction of Building and Civil Engineering	16014
土木工程建筑业	Civil Engineering	307116
建筑安装业	Construction Installation	
建筑装饰和其他建筑业	Building Decoration and Other Construction	20635
批发和零售业	**Wholesale & Retail Trades**	**456850**
批发业	Wholesale Trade	211584
零售业	Retail Trade	245266
交通运输、仓储和邮政业	**Transport, Storage and Post**	**4860338**
铁路运输业	Railway Transport	
道路运输业	Road Transport	2584584
水上运输业	Water Transport	316007
航空运输业	Air Transport	1805016
管道运输业	Pipeline Transport	9481
装卸搬运和运输代理业	Loading,Unloading and Other Transport Services	
仓储业	Storage	127463
邮政业	Posts	17787
住宿和餐饮业	**Hotels and Catering Services**	**840916**
住宿业	Hotels	787218
餐饮业	Catering Services	53698
信息传输、软件和信息技术服务业	**Information Transmission, Software and Information Technology**	**1081647**
电信、广播电视和卫星传输服务业	Telecommunications, Broadcasting and TV Transmission and Satellite Services	340673
互联网和相关服务业	The Internet and Related Services	131559
软件和信息技术服务业	Software and Information Technology Services	609415
金融业	**Financial Intermediation**	**7325**
货币金融业	Monetary and Financial Services	7325
资本市场业	Capital Market Services	
保险业	Insurance	
其他金融业	Other Financial Sector	

10-8 续2(Continued2)

单位:万元 (10 000 yuan)

行　业	Sector	2017
房地产业	**Real Estate**	**21753381**
房地产业	Real Estate	21753381
租赁和商务服务业	**Leasing and Business Services**	**279203**
租赁业	Leasing	12750
商务服务业	Business Services	266453
科学研究和技术服务业	**Scientific Research and Technical Services**	**323120**
研究与试验发展	R&D	235001
专业技术服务业	Profesional Technical Services	67783
科技交流和推广服务业	Services of Science and Technology Exchanges and Application	20336
水利、环境和公共设施管理业	**Management of Water Conservancy, Environmental and Public Facilities**	**4725673**
水利管理业	Water Conservancy Management	379522
生态保护和环境治理业	Ecological Orotection and Environmental Governance	307798
公共设施管理业	Management of Public Facilities	4038353
居民服务、修理和其他服务业	**Services to Households, Repair and Other Services**	**86963**
居民服务业	Services to Households	85544
机动车、电子产品和日用产品修理业	Repair of Motor Vehicle, Electronic Products and Daily Products	999
其他服务业	Other Services	420
教育	**Education**	**818980**
教　育	Education	818980
卫生和社会工作	**Health Care and Social Welfare**	**848110**
卫　生	Health Care	793872
社会工作	Social Welfare	54238
文化、体育和娱乐业	**Culture,Sports and Entertainment**	**1503921**
新闻出版业	Journalism and Publishing Activities	335
广播、电视、电影和影视录音制作业	Radio, Television, Film and Television Recording Studios	553764
文化艺术业	Culture and Arts	265515
体　育	Sports	254829
娱乐业	Entertainment	429478
公共管理、社会保障和社会组织	**Public Management, Social Security and Social Organization**	**302946**
中国共产党机关	The Communist Party of China	512
国家机构	Government Agencies	298984
人民政协和民主党派	People's Political Consultative Conference and Democratic Parties	
社会保障	Social Security	
群众团体、社会团体和其他成员组织	Non-Governmental Organizations,Social Organization and other Organizations	1200
基层群众自治组织	Grass Roots Sekf-governing Organizations	2250

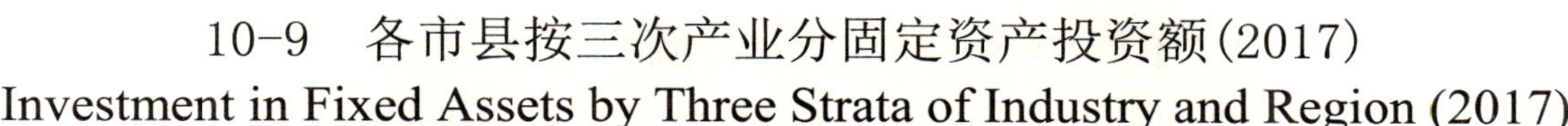

10-9 各市县按三次产业分固定资产投资额(2017)
Investment in Fixed Assets by Three Strata of Industry and Region (2017)

单位：万元 (10 000yuan)

地 区	Region	合 计 Total	第一产业 Primary Industry	第二产业 Secondary Industry	第三产业 Tertiary Industry
全省总计	**Total**	**41253963**	**532516**	**2832074**	**37889373**
海 口 市	Haikou	14155026	170304	614856	13369866
三 亚 市	Sanya	8680863	77085	222786	8380992
三 沙 市	Sansha	104489		4289	100200
五指山市	Wuzhishan	300166	1150	15988	283028
文 昌 市	Wenchang	2000918	7203	107955	1885760
琼 海 市	Qionghai	1737017	26810	83279	1626928
万 宁 市	Wanning	1528068	20666	61010	1446392
定 安 县	Ding'an	417399	23871	48091	345437
屯 昌 县	Dunchang	443110	32244	39939	370927
澄 迈 县	Chengmai	3338211	1902	513811	2822498
临 高 县	Lingao	516625	20664	15654	480307
儋州地区	Danzhou Area	2883953	39724	772012	2072217
儋州市	Danzhou	2183335	39724	145582	1998029
洋 浦	Yangpu	700618		626430	74188
东 方 市	Dongfang	621578	52280	89567	479731
乐 东 县	Ledong	651842	5116	29461	617265
琼 中 县	Qiongzhong	464452	3385	101895	359172
保 亭 县	Baoting	342618	674	4303	337641
陵 水 县	Lingshui	2347115	1483	11553	2334079
白 沙 县	Baisha	163737	13960	33727	116050
昌 江 县	Changjiang	556776	33995	61898	460883

10-10 各市县按行业分固定资产投资额
Investment in Fixed Assets by Sector and Region

单位:万元 (10 000 yuan)

地 区	Region	合 计 Total	农、林、牧、渔业 Agriculture, Forestry, Animal Husbandry and Fishery	采矿业 Mining	制造业 Manufac-turing	电力、煤气及水的生产和供应业 Production and Supply of Electric Power Gas and Water	建筑业 Construction	批发和零售业 Wholesale and Retail Trades
全省总计	**Total**	**41253963**	**532516**	**68775**	**1347180**	**1072354**	**343765**	**456850**
海口市	Haikou	14155026	170304		316682	251316	46858	278539
三亚市	Sanya	8680863	77085		1200	165041	56545	102897
三沙市	Sansha	104489				4289		
五指山市	Wuzhishan	300166	1150			7807	8181	
文昌市	Wenchang	2000918	7203		45140	62815		58886
琼海市	Qionghai	1737017	26810			57979	25300	
万宁市	Wanning	1528068	20666		18597	42413		1425
定安县	Ding'an	417399	23871		24496	23595		1327
屯昌县	Dunchang	443110	32244		6786	29478	3675	
澄迈县	Chengmai	3338211	1902	57672	296693	150966	8480	6037
临高县	Lingao	516625	20664		223	11789	3642	
儋州地区	Danzhou Area	2883953	39724		578806	67094	126112	
儋州市	Danzhou	2183335	39724		46606	43863	55113	
洋 浦	Yangpu	700618			532200	23231	70999	
东方市	Dongfang	621578	52280		14829	27035	47703	1530
乐东县	Ledong	651842	5116			29461		
琼中县	Qiongzhong	464452	3385		1210	92528	8157	51
保亭县	Baoting	342618	674			3015	1288	
陵水县	Lingshui	2347115	1483			9753	1800	
白沙县	Baisha	163737	13960		500	27203	6024	1140
昌江县	Changjiang	556776	33995	11103	42018	8777		5018

10-10 续1(continued 1)

单位:万元 (10 000 yuan)

地区	Region	交通运输、仓储和邮政业 Transport, Storage, and Post	住宿和餐饮业 Hotels and Catering Services	信息传输、软件和信息技术服务业 Information Transmission, Software and Information Technology	金融业 Financial Intermediation	房地产业 Real Estate	租赁和商务服务业 Leasing and Business Services	科学研究和技术服务业 Scientific Research and Technical Services
全省总计	**Total**	**4860338**	**840916**	**1081647**	**7325**	**21753381**	**279203**	**323120**
海口市	Haikou	2025814	188901	571134	7325	6607882	72373	28867
三亚市	Sanya	669734	213956	58146		5687950	70639	67198
三沙市	Sansha							
五指山市	Wuzhishan	69928	12711			146198	19233	
文昌市	Wenchang	321948	5832			1130716	5800	
琼海市	Qionghai	352108	38014	4000		473316	30000	171144
万宁市	Wanning	182270	13839	1100		1075476	16950	550
定安县	Ding'an	62869	20134			176145	2253	550
屯昌县	Dunchang	39755	11945			156249		
澄迈县	Chengmai	175099	8031	444104		1946617		
临高县	Lingao	33855				397958		
儋州地区	Danzhou Area	281806	297468	960		1098252	47029	
儋州市	Danzhou	275017	297468	960		1049180	39366	
洋浦	Yangpu	6789				49072	7663	
东方市	Dongfang	31310	1889			277742	870	
乐东县	Ledong	209835				257673		34266
琼中县	Qiongzhong	274916		503		28049	240	2170
保亭县	Baoting	1297	9436			275960	260	3850
陵水县	Lingshui	13094		300		1735229	56	14525
白沙县	Baisha	22673	560	1400		48159		
昌江县	Changjiang	92027	18200			233810	13500	

10-10 续2(continued 2)

单位:万元 (10 000 yuan)

地 区	Region	水利、环境和公共设施管理业 Management of Water Conservancy, Environment and Public Facilities	居民服务、修理和其他服务业 Services to Households, Repair and Other Services	教育 Education	卫生和社会工作 Health Care and Social Welfare	文化、体育和娱乐业 Culture, Sports and Entertainment	公共管理、社会保障和社会组织 Public Management, Social Security and Social Organization	国际组织 International Organization
全省总计	**Total**	**4725673**	**86963**	**818980**	**848110**	**1503921**	**302946**	
海 口 市	Haikou	1967714	420	458140	211910	892500	58347	
三 亚 市	Sanya	1198939	15478	138910	50874	94480	11791	
三 沙 市	Sansha	100200						
五指山市	Wuzhishan	20370		3310	5763	3835	1680	
文 昌 市	Wenchang	297586	999	33496	25520	4332	645	
琼 海 市	Qionghai	129646		16600	355032	51000	6068	
万 宁 市	Wanning	74522	1686	40906	17705	19013	950	
定 安 县	Ding'an	57040	556	11156	8389	3164	1854	
屯 昌 县	Dunchang	52829	600	2208	1198	300	105843	
澄 迈 县	Chengmai	138354		10369	80687	10813	2387	
临 高 县	Lingao	22354		16485	2518	1895	5242	
儋州地区	Danzhou Area	58422	9482	44347	39595	189956	4900	
儋州市	Danzhou	54652	8768	41967	39595	189956	1100	
洋 浦	Yangpu	3770	714	2380			3800	
东 方 市	Dongfang	139679	14200	6241	6270			
乐 东 县	Ledong	75442		3558	31000	1169	4322	
琼 中 县	Qiongzhong	47447		349	3497	1950		
保 亭 县	Baoting	40774		5297			767	
陵 水 县	Lingshui	242102	42701	10090	1579	213737	60666	
白 沙 县	Baisha	19484	841	3005	2499	15777	512	
昌 江 县	Changjiang	42769		14513	4074		36972	

10-11 各市县按构成分固定资产投资额(2017)
Investment in Fixed Assets by Composition of Funds and Region (2017)

单位:万元 (10 000 yuan)

地 区	Region	固定资产投资额 Investment in Fixed Assets	建筑工程 Construction	安装工程 Installation	设备工器具购置 Purchase of Equipment and Instruments	其他费用 Others
全省总计	**Total**	**41253963**	**27262051**	**3096520**	**3174434**	**7720958**
海 口 市	Haikou	14155026	8218111	909833	2008847	3018235
三 亚 市	Sanya	8680863	5330378	592487	176734	2581264
三 沙 市	Sansha	104489	101487		3002	
五指山市	Wuzhishan	300166	226152	21504	7403	45107
文 昌 市	Wenchang	2000918	1373058	330735	65866	231259
琼 海 市	Qionghai	1737017	1497897	84723	60580	93817
万 宁 市	Wanning	1528068	1229219	44379	15203	239267
定 安 县	Ding'an	417399	329506	16885	28196	42812
屯 昌 县	Tunchang	443110	326073	27242	21556	68239
澄 迈 县	Chengmai	3338211	2555006	357873	120854	304478
临 高 县	Lingao	516625	473244	19484	14031	9866
儋州地区	Danzhou Area	2883953	1931682	273995	515589	162687
儋州市	Danzhou	2183335	1759791	232441	42410	148693
洋 浦	Yangpu	700618	171891	41554	473179	13994
东 方 市	Dongfang	621578	435677	31698	16507	137696
乐 东 县	Ledong	651842	509685	76050	18735	47372
琼 中 县	Qiongzhong	464452	275029	28606	4141	156676
保 亭 县	Baoting	342618	262241	51532	8181	20664
陵 水 县	Lingshui	2347115	1694737	152155	21229	478994
白 沙 县	Baisha	163737	120342	4498	20234	18663
昌 江 县	Changjiang	556776	372527	72841	47546	63862

10-12 各市县固定资产投资施工及投产项目个数(不含房地产项目)(2017)
Number of Construction Projects under Construction and Projects Completed and Projects Put into Use by Region (Excluding Real Estate Development) (2017)

地　区	Region	施工项目(个) Number of Projects Under Construction (Unit)	新开工项目(个) Number of Projects Started This Year (Unit)	全部建成投产项目(个) Number of Projects Completed and Put into Use (Unit)	项目建成投产率(%) Rate of Projects Completed and Put into Use(%)
全省总计	**Total**	**2676**	**1138**	**941**	**35.2**
海口市	Haikou	577	229	140	24.3
三亚市	Sanya	522	252	113	21.6
三沙市	Sansha	2			
五指山市	Wuzhishan	61	33	19	31.1
文昌市	Wenchang	101	51	34	33.7
琼海市	Qionghai	89	29	10	11.2
万宁市	Wanning	158	99	75	47.5
定安县	Ding'an	122	63	53	43.4
屯昌县	Tunchang	113	81	56	49.6
澄迈县	Chengmai	123	39	33	26.8
临高县	Lingao	93	17	52	55.9
儋州地区	Danzhou Area	172	40	107	62.2
儋州市	Danzhou	132	16	93	70.5
洋　浦	Yangpu	40	24	14	35.0
东方市	Dongfang	80	26	14	17.5
乐东县	Ledong	45	20	23	51.1
琼中县	Qiongzhong	44	15	24	54.5
保亭县	Baoting	43	17	17	39.5
陵水县	Lingshui	168	50	96	57.1
白沙县	Baisha	109	42	41	37.6
昌江县	Changjiang	54	35	34	63.0

主要统计指标解释

固定资产投资额 是以货币表现的建造和购置固定资产活动的工作量，它是反映固定资产投资规模、速度、比例关系和使用方向的综合性指标。

房地产开发投资 指房地产开发公司、商品房建设公司及其他房地产开发法人单位和附属于其他法人单位实际从事房地产开发或经营的活动单位统一开发的包括统代建、拆迁还建的住宅、厂房、仓库、饭店、宾馆、度假村、写字楼、办公楼等房屋建筑物和配套的服务设施，土地开发工程（如道路、给水、排水、供电、供热、通讯、平整场地等基础设施工程）的投资；不包括单纯的土地交易活动。

固定资产投资的资金来源 根据固定资产投资的资金来源不同，分为国家预算内资金、国内贷款、利用外资、自筹资金和其他资金来源。

（1）国内贷款：指报告期内企、事业单位向银行及非银行金融机构借入的用于固定资产投资的各种国内借款。包括银行利用自有资金及吸收的存款发放的贷款、上级主管部门拨入的国内贷款、国家专项贷款（包括煤代油贷款、劳改煤矿专项贷款等）、地方财政专项资金安排的贷款、国内储备贷款、周转贷款等。

（2）利用外资：指报告期内收到的用于固定资产投资的国外资金，包括统借统还、自借自还的国外贷款，中外合资项目中的外资，以及对外发行债券和股票等。国家统借统还的外资指由我国政府出面同外国政府、团体或金融组织签订贷款协议、并负责偿还本息的国外贷款。

（3）自筹资金：指建设单位报告期内收到的，用于进行固定资产投资的上级主管部门、地方和企、事业单位自筹资金。

（4）其他资金来源：指报告期内收到的除以上各种拨款、借款、自筹资金以外其他用于固定资产投资的资金。

固定资产投资按国民经济行业分 建设项目归哪个行业，按其建成投产后的主要产品或主要用途及社会经济活动性质来确定。基本建设按建设项目划分国民经济行业，更新改造、国有单位其他固定资产投资及城镇集体投资根据整个企业、事业单位所属的行业来划分。一般情况下，一个建设项目或一个企业、事业单位只能属于一种国民经济行业。为了更准确地反映国民经济各行业之间的比例关系，联合企业（总厂）所属分厂属于不同行业的，原则上按分厂划分行业。

固定资产投资按建设性质分 建设项目的性质一般分为新建、扩建、改建、迁建、恢复。

⑴新建：一般是指从无到有、“平地起家”新开始建设的单位。

⑵扩建：一般是指为扩大原有产品的生产能力，在厂内或其他地点增建主要生产车间(或主要工程)、独立的生产线或分厂的企业；事业单位和行政单位在原单位增建业务用房(如学校增建教学用房、医院增建门诊部或病床用房、行政机关增建办公楼等)也作为扩建。

⑶改建：一般是指现有企业、事业单位为了技术进步，提高产品质量，增加花色品种，促进产品升级换代，降低消耗和成本，加强资源综合利用和三废治理、劳保安全等，采用新技术、新工艺、新设备、新材料等对现有设施、工艺条件进行技术改造或更新(包括相应配套的辅助性生产、生活福利设施)。

固定资产投资按构成分 固定资产投资活动按其工作内容和实现方式分为建筑安装工程、设备、工具、器具购置、其他费用三个部分。

（1）建安工程(建安工作量)：指各种房屋、建筑物的建造工程和各种设备、装置的安装工程。包括各种房屋建造工程；各种用途设备基础和各种工业窑炉的砌筑工程及金属结构工程；为施工而进行的各种准备工作和临时工程以及完工后的清理工作等；房地产开发单位进行的商品房屋开发建设工程、土地开发工程。

在安装工程中，不包括被安装设备本身的价值。

（2）设备、工具、器具购置：指建设单位或企业、事业单位购置或自制的，达到固定资产标准的设备、工具、器具的价值。新建单位及扩建单位的新建车间，按照设计或计划要求购置或自制的全部设备、工具、器具，不论是否达到固定资产标准均计入“设备工具器具购置”中。

（3）其他费用：指在固定资产建造和购置过程中发生的，上述几项内容以外的各种应分摊计入固定资产的费用。

施工项目 指报告期内曾进行建筑或安装工程施工活动的建设项目，包括报告期内新开工项目、报告期以前开工跨入报告期继续施工的项目以及报告期施过工并在报告期内全部建成投产或停缓建的项目。

新增固定资产 指通过投资活动所形成的新的固定资产价值，包括已经建成投入生产或交付使用的工程价值和达到固定资产标准的设备、工具、器具的价值及有关应摊入的费用。它是以价值形式表示的固定资产投资成果的综合性指标，可以综合反映不同时期、不同部门、不同地区的固定资产投资成果。

固定资产交付使用率 指一定时期新增固定资产与同期完成投资额的比率。

施工面积 指报告期内施工的全部房屋建筑面积。包括本期新开工的面积、上期跨入本期继续施工的房屋面积、上期停缓建在本期恢复施工的房屋面积、本期竣工的房屋面积及本期施工后又停缓建的房屋面积。

竣工面积 指在报告期内房屋建筑按照设计要求已全部完工，达到住人和使用条件，经验收鉴定合格，正式移交使用单位的建筑面积。

Explanatory Notes on Main Statistical Indicators

Investment in Fixed Assets refers to the volume of activities in construction and purchases of fixed assets of the whole country and related fees, expressed in monetary terms during the reference period. It is a comprehensive indicator which shows the size, structure and growth of the investment in fixed assets. It's an important indicator monitoring the process of project and evaluating results of investment.

Rural Non-households Investment in Fixed Assets refers to investment in fix assets by non-farmers households in rural areas. Investment in construction projects under the direct leadership and management of government agencies at and above county levels and investment by enterprises and institutions at and above county levels are not covered in it.

Investment in Real Estate Development refers to investment by real estate development companies, commercial buildings construction companies and other real estate development units of various types of ownership in the construction of house buildings, such as residential buildings, factory buildings, warehouses, hotels, guesthouses, holiday villages, office buildings, and the complementary service facilities and land development projects, such as roads, water supply, water drainage, power supply, heating, telecommunications, land leveling and other projects of infrastructure. It excludes the activities in simple land transactions.

Sources of Funds for Investment in Fixed Assets state budgetary appropriation, domestic loans, foreign investment, self-raised funds, and others.

(1)Domestic loans refer to various funds borrowed by enterprises and institutions from banks and non-bank financial institutions during the reference period for the purpose of investment in fixed assets, including loans issued by banks from their self-owned funds and deposit, loans appropriated by higher responsible authorities, special loans by government (including loan for replacing petroleum with coal, special loan for reform-through-labour coal mines), loans arranged by local government from special funds, domestic reserve loan, and working loan, etc..

(2) Foreign Investment refers to foreign funds received during the reference period for the purpose of investment in fixed assets, including foreign funds borrowed and managed by the government, by individual units, foreign fund in joint venture program, and issue of bonds and stocks at the international financial markets. The foreign funds borrowed and managed by the government refer to foreign loans borrowed by the government from foreign governments, organizations, or financial institutions under official agreements signed by both parties, under which government is responsible for the repayment of both the principal and interests of the foreign loans.

(3)Self-raised funds refer to funds received by construction enterprises from their higher responsible authorities, local governments, or raised by enterprises or institutions themselves for the purpose of investment in fixed assets during the reference period.

(4) Others refer to funds received during the reference period which are not included in the above-mentioned sources.

Investment in Fixed Assets by Sector The classification of construction projects by sector is determined by the major products or the purpose of the projects when they are put into production or use, and by the nature of their social economic activities. The investment in capital construction is classified by construction projects, while investment in innovation, other investment by state-owned units and urban collective units are classified according to the sector which the whole enterprise or institution belongs to. In general, one project or one enterprise or institution can only belong to one sector. In order to reflect more accurately the proportions among various sectors, the branch factories of integrated complex are classified into different sectors according to their economic activities.

Investment in Fixed Assets by Type of Construction The construction projects in general can be classified by the type of construction into new construction, expansion, reconstruction and moving away.

(1)New construction in general refers to newly constructed units.

(2)Expansion refers to construction of new major production workshop or independent production line within a factory or in other locations, or construction of a branch factory so as to increase the production capacity of the original products. Newly constructed business houses in institutions and administrative organizations (such as the newly constructed teaching buildings in schools, clinics or bed building in hospitals, and office buildings in administrative agencies, etc.) are also classified as expansion.

(3) Reconstruction refers to technical innovation and transformation of the existing equipment and technical conditions undertaken by enterprises and institutions for the purposes of technological advancement, improvement in product quality, enlarging variety of products, promoting new generation of products, reducing production consumption and cost, promoting comprehensive utilization of resources, strengthening treatment of waste gas, waste water and solid wastes, and safety in production, etc.

Investment in Fixed Assets by Composition of Funds By their contents and the mode of implementation, investment activities are classified into 3 categories, i.e. construction and installation, purchase of equipment and instrument, and other expenses.

(1) Construction and installation (work volume of construction and installation) refers to the construction of houses and buildings and the installation of various kinds of equipment and instruments. They include construction of houses; equipment foundations, industrial kilns and stoves, and metal structure work; preparation works and temporary works for project construction, and clearing up works post project construction, and land and other development work conducted by real estate developers for commercialized housing, The value of equipment installed is itself not included in the value of installation projects.

(2)Purchase of equipment and instruments refers to the total value of equipment, tools, and instruments purchased or self-produced which come up to the cut-off point for fixed assets by the construction units or investing enterprises or institutions. Equipment, tools and vessels purchased or self-produced for new workshops by newly established or expanded units are categorized as "purchase of equipment and instruments" no matter whether they come up to the standards for fixed assets.

(3)Other expenses refer to expenses occurring during the construction or purchase of fixed assets other than those mentioned above.

Projects under Construction refer to projects having construction and installation activities undertaken in the reference period, including projects started in the reference period, or continued from the previous period, or completed and put into production or suspended in the reference period.

Newly Increased Fixed Assets refers to the newly increased value of fixed assets, constructed or purchased, that have been transferred to the investors. This is an indicator that demonstrates the results of investment in fixed assets in monetary terms, and an important indicator to reflect the speed of construction and to calculate the efficiency of investment.

Rate of Construction Projects Completed and Put into Use refers to the ratio of the number of construction projects completed and put into use in a certain period of time to the number of projects under construction in the same period.

Floor Space under Construction refers to total floor space of all buildings under construction during the reference period, including floor space of newly started buildings during the reference period, floor space of construction extended from the previous period to the current period, floor space of construction suspended during the previous period and resumed in the current period, floor space of construction completed in the current period, and floor space of construction started and then suspended in the current period.

Floor Space of Buildings Completed refers to the floor space of buildings completed in the reference period, which have come up to the designed standards and have been put into use.

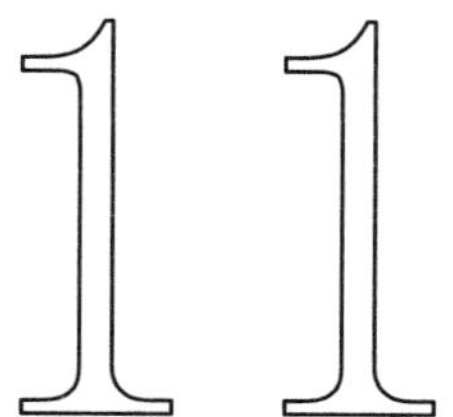

对外经济贸易

Foreign Trade and Economic Cooperation

编辑人员：周祖奇

Compiled by Zhou Zuqi

英文翻译： 周祖奇

Translated by Zhou Zuqi

简 要 说 明

本篇资料综合反映海南的对外贸易、利用外资的概况，重点反映对外经济贸易的近期发展状况。

一、对外贸易部分

对外贸易统计的主要内容包括：进出口货物的品种、数(重)量、金额、国别(地区)、贸易方式等项目。

对外贸易统计的资料来源于海口海关，调查方法是全面调查。

二、利用外资统计部分

利用外资统计的主要内容包括：对外借款、外商直接投资和外商其他投资。

利用外资统计资料的来源：对外借款资料来源于省发改委。其余资料来源于省商务厅，调查方法是全面调查。

Brief Introduction

Data in this chapter provide summary data of Hainan's foreign trade, utilization of foreign capita over the years, focusing on the recent situation of foreign trade and economic cooperation.

I. Statistics on Foreign Trade

Data on foreign trade include: varieties of imports and exports, amount (weight), value, countries (regions), customs regime and so on.

Sources of data on foreign trade are from Haikou Customs District People's Republic of China through a comprehensive reporting system.

II. Statistics on Utilization of Foreign Capitals

Utilization of foreign capitals includes: foreign borrowing, foreign direct investments and other foreign investments of foreign funded enterprises.

Resources of data on utilization of foreign capitals are: foreign borrowing from Hainan Development and Reform Commission; others from the Commerce Department of Hainan through a comprehensive reporting system.

11-1 对外经济主要指标
Major Indicators on Foreign Trade and Economic Cooperation

指　　标	Item	2012	2013	2014	2015	2016	2017
进出口总额(万美元)	**Total Value of Imports and Exports (10 000 USD)**	**1432595**	**1498054**	**1585965**	**8691005**	**7513213**	**7027040**
出口总额	Total Exports	314229	370640	441674	2324339	1405123	2956490
#农产品	Farm Products	60156	59824	63416	334352	344078	357222
机电产品	Machanical and Electrical Products	69203	77937	44162	244718	213724	225125
高新技术产品	High and New-tech Products	51355	57055	33253	182065	131089	53128
进口总额	Total Imports	1118366	1127414	1144291	6366665	6108090	4070550
#农产品	Farm Products	16682	17847	20706	109120	114579	153815
机电产品	Machanical and Electrical Products	190610	255988	167977	1927099	1932175	1319726
高新技术产品	High and New-tech Products	157648	208692	145475	1744084	1666825	1100449
签订利用外资协议(合同)项目(个)	**Number of Projects for Contracted Foreign Investment (unit)**	**74**	**62**	**60**	**71**	**88**	**90**
#对外借款	Foreign Loans	3	3			2	
外商直接投资	Foreign Direct Investment	71	59	60	71	86	90
签订利用外资协议(合同)金额(万美元)	**Amount of Contracted Foreign Investment (10 000 USD)**	**123399**	**84276**	**69831**	**128245**	**1017890**	**1282021**
#对外借款	Foreign Loans	11275	21271			8427	
外商直接投资	Foreign Direct Investment	112124	63005	69831	128245	1009463	1282021
实际利用外资额(万美元)	**Amount of Foreign Investment Actually Utilized (10 000 USD)**	**164119**	**181060**	**191558**	**246567**	**221561**	**230598**
#对外借款	Foreign Loans			2700	46000	8427	
外商直接投资	Foreign Direct Investment	164119	181060	188858	200567	213134	230598

注：从2015年起，进出口数据均以万元为单位，下同。
Note: The data on import and export are for 10000 yuan as the unit instead of 10000 USD since 2015,the same as following.

11-2 对外贸易进出口总额
Total Value of Imports and Exports

单位：万美元 (USD 10 000)

年 份 Year	进出口总额 Total Value of Imports and Exports	出口总额 Total Value of Exports	进 口总额 Total Value of Imports	差 额 Balance
1987	29241	11545	17696	-6151
1988	66462	29496	36966	-7470
1989	109620	36082	73538	-37456
1990	93697	47138	46559	579
1991	134876	66964	67912	-948
1992	169450	88120	81330	6790
1993	256866	90157	166709	-76552
1994	269719	98698	171021	-72323
1995	226744	83000	143744	-60744
1996	228667	84132	144535	-60403
1997	194901	88966	105935	-16969
1998	190913	88463	102450	-13987
1999	121867	74860	47007	27853
2000	128784	80289	48495	31794
2001	176238	80094	96144	-16050
2002	186686	81930	104756	-22826
2003	227855	86916	140939	-54023
2004	340168	109252	230916	-121664
2005	259175	102254	156921	-54667
2006	397358	145456	251902	-106446
2007	735749	183697	552052	-368355
2008	1052418	186329	866089	-679760
2009	890996	190036	700960	-510924
2010	1081650	239114	842535	-603422
2011	1275604	254162	1021442	-767280
2012	1432965	314314	1118651	-804337
2013	1498054	370640	1127414	-756774
2014	1585965	441674	1144291	-702616
2015	8691005	2324339	6366665	-4042326
2016	7513213	1405123	6108090	-4702966
2017	7027040	2956490	4070550	-1114061

注：从2015年起，进出口数据均以万元为单位，下同。
Note: The data on import and export are for ten thousand yuan as the unit instead of dollars since 2015,the same following.

11-3 按贸易方式、企业类型、货物性质分进出口金额(2017)
Value of Imports and Exports by Customs Regime,Status of Registration and Category of Goods (2017)

单位：万元 (10 000 yuan)

项　目	Item	出口 Exports	进口 Imports
按贸易方式分	**By Customs Regime**		
一般贸易	Ordinary Trade	724214	1786361
来料加工装配贸易	Processing and Assembling with Materials Provided Abroad	231225	200177
进料加工贸易	Processing and Assembling with Import Materials	307590	271052
租赁贸易	Goods on Lease	500	533847
边境小额贸易	Border Trade		166344
其　他	Others	1692961	1112770
按企业类型分	**By Status of Registration**		
国有企业	State-ownde Enterprises		
外商投资企业	Enterprises with Foreign Investment		
集体企业	Collective-owned Enterprises		
私营企业	Private Enterprises		
其他	Others		
总值中：	**Total**		
初级产品	Primary Goods	2118173	1526429
食品及活动物	Food and Live Animals Used Mainly	344687	138612
饮料及烟类	Beverages and Tobacco	96	1869
非食用原料(燃料除外)	Non-edible Raw Materials (except Fuels)	18741	602068
矿物燃料、润滑油及有关原料	Mineral Fuels,Lubricants and Related Materials	1754591	783826
动、植物油、脂及蜡	Animal and Vegetable Oils, Fats and Waxes	58	55
工业制品	Manufactured Goods	838317	2544121
化学品及有关产品	Chemicals and Related Products		
按原料分类的制成品	Manufactured Goods Classified by Raw Material	271987	105487
机械及运输设备	Machiery and Transport Equipment	193466	1127462
杂项制品	Miscellaneous Manufactured Articles	57726	376810

11-4 对外贸易出口主要商品金额(2017)
Main Exported Goods in Value (2017)

单位：万元 (10 000 yuan)

品 名	Item	金 额 Value
水海产品	Aquatic and Seawater Products	327140
活鱼	Live Fish	16914
冻鱼、冻鱼片	Frozen Fishes and Frozen Fish Fillets	262726
鲜、冻对虾	Fresch and Frozen Prawns	686
冻虾仁	Frozen Peeled Prawns	2628
粮食	Grain	
豆类	Beans	
蔬菜	Vegetables	6695
鲜或冷藏蔬菜	Fresh and Refrigerated Vegetables	2905
果蔬汁	Fruit and Vegetable Juice	698
中药材及中式成药	Chinese Medicinal Materials and Chinese Medicine	1666
肥料	Chemical Fertilizers	80866
矿物肥料及化肥	Compound Fertilizers	80731
尿素	Urea	80603
原油	Petroleum	420476
成品油	Petroleum Products Refined	1268551
汽油	Petrol	288709
煤油	Coal Oil	409982
柴油	Diesel Oil	499884
其他燃料油	Other Fuel Oils	59622
机电产品(包括本目录已具体列名的机电产品)	Mechanical and Electrical Products (including Listed in Catalogue)	225125
金属制品	Metal Products	9324
机械设备	Mechanical Appliances	13445
电器及电子产品	Electrical Equipment and Electronic Products	38477
运输工具	Transport Appliances	141545
仪器仪表	Instruments	16107
其他机电产品	Other Mechanical and Electrical Products	6226
高新技术产品	Hi-tech Products	53128
生物技术	Biotechnology	1778
生命科学技术	Life Science Technology	17244
电子技术	Electronic Technology	12236
计算机集成制造技术	Computer Integrated Manufacturing Technology	2174
材料技术	Material Technology	14747
航空航天技术	Aeronautical and Space Technologies	3150
医药品	Medicine	15254
抗菌素(制剂除外)	Antibiotics (except Preparation)	4328
中式成药	Chinese Medicine	1666

11-4 续(continued)

单位：万元 (10 000 yuan)

品名	Item	金额 Value
家用或装饰用木制品	Wood Products for Household Use or Decoration	1730
纸及纸板(未切成形的)	Paper and Unformed Paperboard	210680
纺织纱线、织物及制品	Spinning Yarn, Fabric and Articles thereof	31782
平板玻璃	Plain Glass	12
玻璃制品	Glass Products	912
玻璃器皿	Glassware	881
陶瓷产品	Ceramic Products	818
家用陶瓷	Ceramic Products for Household Use	766
钢材	Steel Products	7635
钢铁板材	Steel Plate	2192
变压器	Transformers	19499
太阳能电池	Solar Cells	11889
印刷电路	Printed Circuits	
通断保护电路装置及零件	Electric Apparatus for Switching or Protecting Electrical Circuits	1664
二极管及类似半导体器件	Diodes and Similar Semiconductor Apparatus	11893
电线和电缆	Insulated Wire or Cable	133
汽车(包括整套散件)	Automobiles(including a Complete Set of Spare Parts)	137324
小轿车(包括整套散件)	Cars(including a Complete Set of Spare Parts)	136807
汽车零件	Parts of Automobiles	3641
船舶	Vessel	813
家具及其零件	Furniture, Parts and Accessories thereof	11987
灯具、照明装置及类似品	Lamps and Lanterns,Illuminating Equipment and Analogs	3766
箱包及类似容器	Chests,Bags and Analogs	3921
体育用具及设备	Sports Products and Equipments	1377
服装及衣着附件	Clothing and Accessories	6337
织物制服装	Clothing with Textile	5212
非针织钩编织物服装	Non-knitted or Crocheted Fabrics Clothing	3447
针织或钩编的服装	Knitted or Crocheted Fabrics Clothing	1765
鞋类	Footwear	1712
外底及鞋面均以橡胶或塑料制的鞋	Outer Soles and Uppers of Footwear with Rubber or Plastic	855
橡胶或塑料底纺织材料为面的鞋	Cloth Shoes with Outer of Rubber or Artificial Plastic Materials	759
塑料制品	Plastic Products	4305

11-5 对外贸易进口主要商品金额(2017)
Main Import Goods in Value (2017)

单位：万元 (10 000 yuan)

品　名	Item	金　额 Value
冻鱼	Frozen Fishes	18382
鲜、干水果及坚果	Fresh and Dried Fruits and Nuts	71307
粮食	Grain	9732
谷物及谷物粉	Ceraals and Cereals Flour	9732
稻谷和大米	Paddy and Rice	9488
酒类	Liquor	1789
葡萄酒	Wine	1782
饲料用鱼粉	Flours and Meals of Fish	6273
天然橡胶(包括胶乳)	Natural Rubber (including Latex)	8706
纸浆	Paper Pulp	173545
人造纤维短纤	Man-made Short Fibres	6589
铁矿砂及其精矿	Iron Ores and Concentrates	16270
煤及褐煤	Coal and Lignite	64081
无烟煤	Anthracite	5588
其他烟煤	Other Bituminous Coal	11825
褐煤	Lignite	5205
原油	Petroleum	374685
成品油	Petroleum Products Refined	250378
汽油	Gasoline	20
煤油	Kerosene	27464
柴油	Diesel Oil	165666
其它燃料油	Other Fuel Oils	47573
液化石油气及其他烃类气	Liquefide Petroleum Gas and Others	
液化天然气	Liquefide Natural Gas	48792
机电产品	Mechanical and Electrical Products	1319726
金属制品	Metal Products	33414
机械设备	Mechanical Appliances	156455
电器及电子产品	Electrical Equipment and Electronic Products	37812
运输工具	Transport Appliances	931917
仪器仪表	Instruments	61100
其他机电产品	Other Mechanical and Electrical Products	99028
高新技术产品	Hi-tech Products	1100449
生命科学技术	Life Science Technology	75593
光电技术	Photoelectric Technology	5424
计算机与通信技术	Computer and Communication Technology	7777
电子技术	Electronic Technology	2127
计算机集成制造技术	Computer Integrated Manufacturing Technology	25504
航空航天技术	Aeronautical and Space Technologies	983494
二甲苯	Xylene	328233
乙二醇	Glycol	122791
医药品	Medicine	130417
美容化妆品及护肤品	Cosmetics and Skin Care Products	259935
初级形状的塑料	Primary-form Plastics	3850
初级形状的聚乙烯	Primary-form Polytene	769
初级形状的聚丙烯	Primary-form Polypropylene	1284
非泡沫塑料的板、片、膜、箔	Board, Slice, Film and Foil of Non-cellular Plastics	2834

11-5 续(continued)

单位：万元 (10 000 yuan)

品 名	Item	金 额 Value
纺织纱线、织物及制品	Spinning Yarn, Fabric and Articles thereof	5228
服装及衣着附件	Clothing and Accessories	56151
钢材	Rolled Steel	11971
钢铁板材	Steel and Iron Plate	10792
未锻造的铝及铝材	Unwrought Aluminum and Aluminum Materials	1968
铝材	Aluminum Materials	1968
涡轮喷气发动机	Turbo Jet	59229
机械提升搬运装卸设备及零件	Equipment and Parts for Mechanical Handling and Transport	6132
制造纸及纸制品用机械及零件	Machinery and Parts for Manufacture of Paper and Paper Products	736
阀门	Valve	7717
变压、整流、电感器及零件	Transformer, Rectifier, Inductor and Parts	1085
电视、收音机及无线电讯设备的零附件	Parts of Television, Radio and Wireless Telecommunication Equipments	3791
通断保护电路装置及零件	Electric Apparatus for Switching or Protecting Electrical Circuits	8408
二极管及类似半导体器件	Diodes and Similar Semiconductor Apparatus	382
电线和电缆	Insulated Wire or Cable	1923
汽车零件	Parts of Automobile	22880
空载重量超过2吨的飞机	Aeroplane	810318
航空器零件	Parts of Aircraft	32449
船舶	Vessel	1499
医疗仪器及器械	Medical Instruments and Apparatus	3066
计量检测分析自控仪器及器具	Automatic Measuring, Inspecting and Analyzing Instruments and Apparatus	44975
手表	Watch	75379
机械手表	Mechanical Watches	53452
电动手表	Electric Watches	21927
塑料制品	Plastics Products	4463
文化产品	Cultural Artifact	63346

11-6 我省同各国(地区)对外贸易出口总额(2017)
Total Value of Exports by Country(Region) (2017)

单位：万元 (10 000 yuan)

项　　目	Item	金　额 Value
出口总额	**Total Value of Exports**	**2956490**
亚洲	**Asia**	**2171889**
阿联酋	United Arab Emirates	18229
中国香港	Hong Kong,China	296558
中国台湾	Taiwan,China	28777
日　本	Japan	141571
韩　国	Korea Rep.	114205
越　南	Vietnam	75403
泰　国	Thailand	123858
印　度	India	105354
新加坡	Singapore	307867
马来西亚	Malaysia	277428
菲律宾	Philippines	383126
印度尼西亚	Indonesia	29049
孟加拉国	Bangladesh	7037
以色列	Israel	23897
土耳其	Turkey	16239
斯里兰卡	Sri Lanka	3533
非洲	**Africa**	**70850**
阿尔及利亚	Algeria	2353
欧洲	**Europe**	**279068**
英　国	United Kingdom	9309
法　国	France	4917
意大利	Italy	7683
德　国	Germany	15365
荷　兰	Netherlands	149002
西班牙	Spain	7063
俄罗斯	Russia	38883
拉丁美洲	**Latin America**	**99165**
巴　西	Brazil	9080
墨西哥	Mexico	61190
智　利	Chile	3433
北美洲	**North America**	**191393**
美　国	United States	173623
加拿大	Canada	17770
大洋洲	**Oceania**	**144123**
澳大利亚	Australia	139254
其他	**Others**	

11-7 我省同各国(地区)对外贸易进口总额(2017)
Total Value of Imports by Country(Region) (2017)

单位：万元 (10 000 yuan)

项 目	Item	金 额 Value
进口总额	**Total Value of Imports**	**4070550**
亚洲	**Asia**	**1789371**
阿联酋	United Arab Emirates	205722
中国香港	Hong Kong,China	79875
中国台湾	Taiwan,China	18705
日 本	Japan	80360
韩 国	Korea Rep.	212518
越 南	Vietnam	227745
泰 国	Thailand	97298
新加坡	Singapore	290975
马来西亚	Malaysia	120924
菲律宾	Philippines	6066
印度尼西亚	Indonesia	154079
沙特阿拉伯	Saudi Arabia	79736
阿 曼	Oman	31875
也门	Rep. of Yemen	
非洲	**Africa**	**55225**
安哥拉	Angola	
利比亚	Libya	
埃及	Egypt	70
尼日利亚	Nigeria	
欧洲	**Europe**	**799104**
德 国	Germany	65019
法 国	France	141743
英 国	United Kingdom	185575
意大利	Italy	159797
荷 兰	Netherlands	5300
芬 兰	Finland	1888
奥地利	Austria	14289
瑞 士	Switzerland	82802
阿塞拜疆	Azerbaijan	81171
俄罗斯	Russia	771
拉丁美洲	**Latin America**	**74602**
巴 西	Brazil	28468
北美洲	**North America**	**1248051**
加拿大	Canada	126705
美 国	United States	1121345
大洋洲	**Oceania**	**104196**
澳大利亚	Australia	92786
新西兰	New Zealand	11346
其他	**Others**	

11-8 各市县外贸进出口总额(2017)
Value of Imports and Exports by Region (2017)

单位：万元 (10 000 yuan)

市 县	Region	进出口 Total	出口 Exports	进口 Imports
全 省	**Total**	**7027040**	**2956490**	**4070550**
海口市	Haikou	2102329	554602	1547727
三亚市	Sanya	500016	47232	452784
五指山市	Wuzhishan	233	233	.
文昌市	Wenchang	63823	49116	14707
琼海市	Qionghai	6521	4270	2250
万宁市	Wanning	8853	3364	5489
定安县	Ding'an	34591	34536	56
屯昌县	Tunchang	13	13	.
澄迈县	Chengmai	164230	97531	66699
临高县	Lingao	665	665	.
儋州地区	Danzhou Area	3909939	2077596	1832343
洋 浦	Yangpu	3892648	2074327	1818321
东方市	Dongfang	96928	83478	13451
乐东县	Ledong	428	129	299
琼中县	Qiongzhong			
保亭县	Baoting			
陵水县	Linshui	137586	2841	134745
白沙县	Baisha	113	113	.
昌江县	Changjiang	772	772	.

11-9 利用外资情况
Utilization of Foreign Investment

年份 Year	签订项目（个） Number of Projects for Contracted Foreign Investment (unit)	#外商直接投资 Foreign Direct Investment	合同外资额（万美元） Amount of Contracted Foreign Investment (USD 10000)	#外商直接投资 Foreign Direct Investment	实际利用外资（万美元） Amount of Foreign Investment Actually Utilized (USD 10000)	#外商直接投资 Foreign Direct Investment
2002	238	233	25063	23073	99878	51178
2003	171	164	34575	23863	61782	58062
2004	171	169	74335	70285	66998	64343
2005	174	174	34211	34211	70711	68401
2006	193	191	108602	105112	79259	74878
2007	172	170	185724	184795	112499	112001
2008	122	120	151821	148176	128468	128337
2009	88	85	41786	36477	94304	93806
2010	72	70	40228	39165	152276	151213
2011	92	60	73450	63803	158087	152299
2012	74	71	123399	112124	164119	164119
2013	62	59	84276	63005	181060	181060
2014	60	60	69831	69831	191558	188858
2015	71	71	128245	128245	246567	200567
2016	88	86	1017890	1009463	221561	213134
2017	90	90	1282021	1282021	230598	230598

11-10 分方式利用外资（2017）
Foreign Investment by Form (2017)

指 标	Item	签订项目（个）Number of Projects for Contracted Foreign Investment (unit)	合同外资额（万美元）Amount of Contracted Foreign Investment (USD 10000)	实际利用外资（万美元）Amount of Foreign Investment Actually Utilized (USD 10000)
总　计	**Total**	**90**	**1282021**	**230598**
对外借款	**Foreign Loans**			
外商直接投资	**Foreign Direct Investment**	**90**	**1282021**	**230598**
合资经营企业	Equity Joint Ventures	15	9047	2031
合作经营企业	Contractural Joint Ventures	1	3070	
外资(独资)企业	Wholly Foreign-owned Enterprises	73	1268772	227768
外商投资股份制	FDI Shareholding Inc	1	1132	799
合作开发	Joint Exploration			
其他	Others			
外商其它投资	**Other Foreign Investment**			
对外发行股票	Sale Share			
国际租赁	International Lease			
补偿贸易	Compensation Trade			
加工装配	Processing and Assembly			

11-11 分行业外商直接投资（2017）
Foreign Direct Investment by Sector (2017)

指　标	Item	签订项目（个） Number of Projects for Contracted Foreign Investment (unit)	合同外资额（万美元） Amount of Contracted Foreign Investment (USD 10000)	实际利用外资（万美元） Amount of Foreign Investment Actually Utilized (USD 10000)
合　计	**Total**	**90**	**1282021**	**230598**
农、林、牧、渔业	Agriculture, Forestry, Animal Husbandry and Fishery	9	3869	16
采矿业	Mining		-340	
制造业	Manufacture	7	15666	2578
电力、燃气及水的生产和供应业	Production and Supply of Electric Power, Gas and Water	3	9727	500
建筑业	Construction	2	376	1820
交通运输、仓储和邮政业	Transport, Storage and Post		-48	242
信息传输、计算机服务和软件业	Information Transmission, Computer Services and Software	8	1762	39
批发和零售业	Wholesale and Retail Trades	15	30807	24384
住宿和餐饮业	Hotels and Catering Services	3	32	2
金融业	Financial Intermediation		575	
房地产业	Real Estate	20	53209	200328
租赁和商务服务业	Leasing and Business Services	13	1161295	32
科学研究、技术服务和地质勘查业	Scientific Research, Technical Services and Geologic Prospecting	6	4134	294
水利、环境和公共设施管理业	Management of Water Conservancy, Environment and Public Facilities	1	380	
居民服务和其他服务业	Services to Households and Other Services		331	
教育	Education	1	1	
卫生、社会保障和社会福利业	Health Care, Social Security and Social Welfare	1	145	50
文化、体育和娱乐业	Culture, Sports and Recreation	1	100	313
公共管理和社会组织	Public Administration and Social Organizations			

11-12 分国别(地区)外商直接投资(2017)
Foreign Direct Investment by Country (Region)(2017)

指　标	Item	2017
外商直接投资合同项目数(个)	**Number of Projects for Contracted Foreign Direct Investment (unit)**	**90**
亚洲	**Asia**	**42**
柬埔寨	Cambodia	
中国香港	Hong Kong, China	31
以色列	Israel	
科威特	Kuwait	
中国澳门	Macau, China	1
马来西亚	Malaysia	1
新加坡	Singapore	1
韩国	Korea Rep.	2
泰国	Thailand	
中国台湾	Taiwan,China	5
印度尼西亚	Indonesia	
巴基斯坦	Pakistan	1
非洲	**Africa**	**4**
埃及	**Egypt**	
几内亚	**Guinea**	1
马里	**Mali**	2
塞舌尔	Seychelles	1
欧洲	**Europe**	**7**
英国	United Kingdom	1
德国	Germany	1
爱尔兰	Ireland	
荷兰	The Kingdom of the Netherlands	
意大利	Italy	2
俄罗斯	Russia	
奥地利	Austria	
白俄罗斯	The Republic of Belarus	
俄罗斯联邦	Russia	2
乌克兰	Ukraine	1
南美洲	**South America**	**2**
开曼群岛	Cayman Islands	
英属维尔京群岛	British Virgin Islands	2
北美洲	**North America**	**5**
加拿大	Canada	1
美国	United States	4
大洋洲	**Oceania**	**2**
澳大利亚	Australia	2
萨摩亚	Samoa	
其他	**Others**	**28**

11-12 续表1(continued1)

指　标	Item	2017
外商直接投资合同金额(万美元)	**Amount of Contracted Foreign Direct Investment (USD 10000)**	1282021
亚洲	**Asia**	**1267579**
缅甸	the Republic of the Union of Myanmar	
柬埔寨	Cambodia	
中国香港	Hong Kong, China	1264808
科威特	Kuwait	
以色列	Israel	144
印度尼西亚	Indonesia	
菲律宾	Philippines	
日本	Japan	28
中国澳门	Macau, China	73
马来西亚	Malaysia	290
巴基斯坦	Pakistan	7
新加坡	Singapore	1824
韩国	Korea Rep.	45
泰国	Thailand	
中国台湾	Taiwan,China	360
哈萨克斯坦	Kazakhstan	
非洲	**Africa**	**47**
埃及	Egypt	
几内亚	Guinea	6
马里	Mali	26
塞舌尔	Seychelles	15
欧洲	**Europe**	**636**
英国	United Kingdom	
德国	Germany	423
意大利	Italy	5
奥地利	Austria	
荷兰	Netherlands	
挪威	Norway	
瑞典	Sweden	
瑞士	Switzerland	
白俄罗斯	The Republic of Belarus	
俄罗斯	Russia	207
乌克兰	Ukraine	1
南美洲	**South America**	**-4432**
开曼群岛	Cayman Islands	-3028
英属维尔京群岛	British Virgin Islands	-1404
北美洲	**North America**	**4074**
加拿大	Canada	1622
美国	United States	2452
大洋洲	**Oceania**	**-274**
澳大利亚	Australia	-274
萨摩亚	Samoa	
其他	**Others**	**14391**
联合国和其他国际组织	The United Nations and Other International Organizations	
投资性公司投资	Investment Company	12210
创业投资公司	Venture Capital Company	2181

11-12 续表 2 (continued2)

指　标	Item	2005	2010	2012	2013	2014	2015	2016	2017
外商直接投资额(万美元)	**Amount of Foreign Direct Investment Actually Utilized (USD 10000)**	**68401**	**151213**	**164119**	**181060**	**188858**	**200567**	**213134**	**230598**
亚洲	**Asia**	**48127**	**97612.5**	**138175**	**145177**	**175697**	**183929**	**211098**	**230526**
中国香港	Hong Kong, China	21423	88526	79192	122885	174060	177799	208150	229795
中国澳门	Macao, China		1461	65			37		
中国台湾	Taiwan, China	5882	138	337	377	1584	865	26	
印度尼西亚	Indonesia	643	77		40				
日本	Japan	2627		162	17				
马来西亚	Malaysia	3420	4		2		150		
蒙古	Mongolia								
新加坡	Singapore	96	7407	57371	18678	42	5078	1900	711
韩国	Republic of Korea	13543		8	3178	7		238	20
泰国	Thailand	479		1032		2		784	
吉尔吉斯坦	Kyrghyz Republic			8					
以色列	Israel					2			
尼泊尔	Federal Democratic Republic of Nepal	14							
欧洲	**Europe**	**15486**	**34945.4**	**24442**	**35313**	**12411**	**15263**	**1918**	**47**
比利时	Begium				719				
英国	United Kingdom	602		327	136		312		2
法国	France				161				
荷兰	Netherlands	294	61	2995	1594		1607	242	
西班牙	Spain				2				
挪威	Norway								
德国	Germany						7		
瑞典	Sweden	663			168				
瑞士	Switzerland					200			
开曼	Cayman Islands		7112.36			252	13337		
维尔京群岛	Virgin Is.	13899	27765	21115	32533	11938		1676	44
摩纳哥	Monaco	21							
意大利	Italy	7	2			21			
白俄罗斯	Belarus								1
俄罗斯	Russian		5	5					
北美洲	**North America**	**2004**	**606**	**55**	**549**	**16**	**2**	**40**	**16**
加拿大	Canada	7	13						
美国	United States of America	1997	593	55	549	16	2	40	16
大洋洲	**Oceania**	**2784**	**900**	**21**	**21**	**2**	**39**		
澳大利亚	Australia	1662		1		2			
新西兰	New Zealand	55							
萨摩亚	Samoa	1067	900	20	21		39		
非洲	Africa						**259**	**78**	
塞舌尔	Seychelles						259	78	
投资性公司	**Investment Company**					**732**	**1075**		
其 他	**Others**		**17149**	**1426**					**9**

11-13 各市县外商直接投资(2017)
Foreign Direct Investment by Region(2017)

市县	Region	签订项目（个）Number of Projects for Contracted Foreign Investment (unit)	合同外资额（万美元）Amount of Contracted Foreign Investment (USD 10000)	实际利用外资（万美元）Amount of Foreign Investment Actually Utilized (USD 10000)
全省总计	**Total**	**90**	**1282021**	**230598**
海口市	Haikou	39	1231468	2886
三亚市	Sanya	9	2605	2930
五指山市	Wuzhishan			
文昌市	Wenchang	3	519	
琼海市	Qionghai	3	2213	
万宁市	Wanning			5819
定安县	Ding'an			
屯昌县	Tunchang	1	80	
澄迈县	Chengmai	9	2872	39
临高县	Lingao			
儋州地区	Danzhou Area	21	41430	67542
儋州市	Danzhou	17	5348	39747
洋浦	Yangpu	4	36082	27795
东方市	Dongfang	1	1558	
乐东县	Ledong			
琼中县	Qiongzhong			
保亭县	Baoting			
陵水县	Lingshui	4	-873	150183
白沙县	Baisha			
昌江县	Changjiang		149	1200

主要统计指标解释

进出口总额 指实际进出我国国境的货物总金额。包括对外贸易实际进出口货物，来料加工装配进出口货物，国家间、联合国及国际组织无偿援助物资和赠送品，华侨、港澳台同胞和外籍华人捐赠品，租赁期满归承租人所有的租赁货物，进料加工进出口货物，边境地方贸易及边境地区小额贸易进出口货物(边民互市贸易除外)，外商投资企业进出口货物和公用物品，到、离岸价格在规定限额以上的进出口货样和广告品(无商业价值、无使用价值和免费提供出口的除外)，从保税仓库提取在中国境内销售的进口货物，以及其他进出口货物。进出口总额用以观察一个国家在对外贸易方面的总规模。我国规定出口货物按离岸价格统计，进口货物按到岸价格统计。

利用外资 指我国各级政府、部门、企业和其他经济组织通过对外借款、吸收外商直接投资以及用其他方式筹措的境外现汇、设备、技术等。

外商直接投资 指外国企业和经济组织或个人(包括华侨、港澳台胞以及我国在境外注册的企业)按我国有关政策、法规，用现汇、实物、技术等在我国境内开办外商独资企业、与我国境内的企业或经济组织共同举办中外合资经营企业、合作经营企业或合作开发资源的投资(包括外商投资收益的再投资)，以及经政府有关部门批准的项目投资总额内企业从境外借入的资金。

Explanatory Notes on Main Statistical Indicators

Total Value of Imports and Exports refer to the real value of commodities imported and exported across the border of China. They include the actual imports and exports through foreign trade, imported and exported goods under the processing and assembling trades and materials, supplies and gifts as aid given gratis between governments and by the United Nations and other international organizations, and contributions donated by overseas Chinese, compatriots in Hong Kong and Macao and Chinese with foreign citizenship, leasing commodities owned by tenant at the expiration of leasing period, the imported and exported commodities processed with imported materials, commodities trading in border areas (excluding mutual exchange goods), the imported and exported commodities and articles for public use of the Sino-foreign joint ventures, cooperative enterprises and ventures with sole foreign investment. Also included is import or export of samples and advertising goods for which CIF or FOB value are beyond the permitted ceiling (excluding goods without trading or use value and free commodities for export), imported goods sold in China from bonded warehouses and other imported or exported goods. The indicator of the total imports and exports at customs can be used to observe the total size of external trade in a country. In accordance with the stipulation of the Chinese government, imports are calculated at CIF, while exports are calculated at FOB.

Foreign Investments refer to remittance, equipment and technology financed from abroad, by loans, foreign direct investments and other forms undertaken by the Chinese governments at all levels, by various departments, enterprises and other economic units.

Foreign Direct Investments refer to the investments inside China by foreign enterprises and economic organizations or individuals (including overseas Chinese, compatriots from Hong Kong, Macao and Taiwan, and Chinese enterprises registered abroad), following the relevant policies and laws of China, for the establishment of ventures exclusively with foreign own investment, Sino-foreign joint ventures and cooperative enterprises or for co-operative exploration of resources with enterprises or economic organizations in China. It includes the re-investment of the foreign entrepreneurs with the profits gained from the investment and the funds that enterprises borrow from abroad in the total investment of projects which are approved by the relevant department of the government.

12

农 业

Agriculture

编辑人员： 郑海霞 张春梅 陈贞

Compiled by Zheng Haixia Zhang Chunmei Chenzhen

英文翻译：张春梅

Translated by Zhang Chunmei

简 要 说 明

一、本篇资料的主要内容及统计范围

本篇资料反映我省农业生产和农村经济的基本情况，内容主要包括耕地、农业机械拥有量、农林牧渔业产值、主要农产品产量、水利设施、农村居民家庭拥有生产性固定资产等方面的统计资料。除特别注明外，分市县数据含农垦。

农业统计范围包括全社会除军马生产及农业科研机构进行的农业生产以外的所有农业生产活动。即农村各种经济组织和农户经营的农林牧渔业生产活动；各种专业性农、林、牧、渔场的农业生产活动；国家各级机关、团体、学校、部队进行的农业生产活动；集体所有制的乡、镇、村办农场的农业生产活动；以及工矿企业经营的农、林、牧、渔业生产活动。

二、本篇的资料来源及统计调查方法

农业生产情况根据《农林牧渔业统计报表制度》、《农业产值和价格综合统计报表制度》、《乡村社会经济调查方案》和《农产量抽样调查制度》的有关资料整理取得。

Brief Introduction

I. Main Contents and Statistical Scopes

The data in this chapter show the basic conditions of agricultural production and rural economy, including mainly cultivated land, quantity of agricultural machinery, output of agriculture, forestry, animal husbandry and fishery, output of major products., facilities of water conservancy and productive fixed assets owned by rural households. Data by region includes the data of Nongken except special explanation.

Statistics on agriculture cover all agricultural production activities except horse raising for military purpose and agricultural production activities undertaken by agriculture research institutions. In other words, included in agriculture statistics are production activities in agriculture, forestry, animal husbandry and fishery undertaken by rural economic units of various types and by rural households; production activities of farms specializing in agriculture, forestry, animal husbandry and fishery; production activities in agriculture undertaken by government agencies, institutions, schools and military units; production activities in agriculture undertaken by collective farms run by townships and villages; and production activities in agriculture, forestry, animal husbandry and fishery undertaken by manufacturing and mining enterprises.

II. Data Sources and Survey Methods

Data on agricultural production are from the Statistical Survey System on Agriculture, Forestry, Animal Husbandry and Fishery; the Statistical Reporting System on Agricultural Output and Price, the System of Rural Social and Economic Survey and the System of agricultural products Sample Survey.

12-1 农业主要指标
Major Indicators on Agriculture

指 标	Item	2005	2010	2012	2013	2014	2015	2016	2017
乡村户数(万户)	Number of Rural Households (10000 households)	112.58	125.27	131.58	134.64	138.11	141.35	147.47	151.27
乡村人口(万人)	Rural Population (10000 persons)	525.60	564.57	581.02	588.90	600.94	605.08	618.24	624.98
乡村从业人员(万人)	Number of Employed Persons in Rural Area (10000 persons)	256.01	284.58	300.69	301.51	307.85	311.81	317.69	327.07
农田水利有效灌溉面积(公顷)	Effective Irrigated Area (hectare)	168266	179880	178555	195969	197611	197638	192461	193818
农业机械总动力(万千瓦)	Total Agricultural Machinery Power (10 000 KW)	268.21	421.52	442.81	491.99	522.84	504.22	516.57	556.86
农用化肥施用量(实物量)(万吨)	Consumption of Chemical Fertilizers(10 000tons)	93.60	117.50	119.44	124.05	131.30	135.74	130.43	132.87
化学农药使用量(万吨)	Consumption of Pesticide(10 000tons)	1.81	4.55	3.96	4.35	3.99	3.98	3.40	3.34
农村用电量(万千瓦时)	Electricity Consumed in Rural Areas(10 000 kwh)	38452	59480	85876	96271	108944	130231	138860	155189
农业总产值(亿元)	Gross Output Value of Agriculture, Forestry, Animal Husbandry and Fishery (100 million yuan)	475.88	821.31	1082.15	1144.94	1252.18	1323.91	1470.41	1528.18
农业增加值(亿元)	Value-added of Agriculture, Forestry, Animal Husbandry and Fishery (100 million yuan)	300.75	539.83	711.55	756.30	832.64	880.52	977.62	1020.28
主要产品产量(万吨)	Output of Major Products (10000 tons)								
粮食	Grain	153.00	180.38	199.50	190.90	186.60	183.99	177.86	168.73
糖料	Sugar Crops	253.65	363.12	394.24	440.77	424.88	286.34	204.60	164.22
蔬菜	Vegetables	312.16	442.41	499.00	524.78	551.46	572.19	579.75	579.37
水果	Fruits	203.76	375.07	428.71	439.48	413.00	408.05	395.39	410.97
水产品	Aquatic Products	108.41	149.48	172.73	183.14	197.44	207.29	214.64	201.19
肉类产量	Output of Meat	47.57	68.49	79.54	82.86	79.47	78.03	76.35	78.92
荒山荒(沙)地造林面积(万亩)	Afforested Area in Barren Mountains (10000 mu)		21.25	26.60	19.24	12.44	15.36	12.49	6.94

12-2 农村基层组织情况
Basic Statistics on Rural Grassroots Organizations

项 目	Item	2005	2010	2012	2013	2014	2015	2016	2017
农村基层组织情况	**Basic Conditions of Rural Grassroots Organizations**								
乡镇政府个数(个)	Number of Governments at Township and Town Level(unit)	200	204	204	203	203	196	196	195
乡政府	Township Governments	20	21	21	21	21	21	21	21
#民族乡	#Ethnic Minority Township	20	21	21	21	21	21	21	18
镇政府	Town Governments	180	183	183	182	182	175	175	174
#民族镇	#Ethnic Minority Town	49	49	47	49	49	46	46	30
村民委员会(个)	Number of Villagers Committees(unit)	2615	2656	2657	2673	2658	2651	2660	2665
#民族村委会	#Ethnic Minority Villagers Committees	705	714	706	707	701	708	708	708
村民小组(个)	Number of Villagers Groups(unit)	25907	25997	26000	26114	25792	25935	26146	26083
自然村(个)	Villages(unit)	18605	18719	18700	18787	18685	18684	18625	18685
#民族自然村	#Ethnic Minority Villages	3621	3633	3595	3654	3599	3602	3615	3605
乡村户数(万户)	**Number of Rural Households(10 000 Households)**	**112.58**	**125.27**	**131.58**	**134.64**	**138.11**	**141.35**	**147.47**	**151.27**
#农业户	#Agricultural Households	102.01	114.44	119.94	122.80	126.55	128.63	129.88	131.41
#民族户	#Ethnic Minority Households	21.09	24.17	25.04	25.81	26.31	27.60	28.05	28.47
#黎族户	#Households of Li	19.77	22.77	23.40	24.11	24.42	25.73	26.11	26.74
苗族户	Households of Miao	0.89	1.04	1.10	1.15	1.14	1.19	1.30	1.28
乡村人口(万人)	**Population(10 000 persons)**	**525.60**	**564.71**	**581.02**	**588.90**	**600.94**	**605.08**	**618.24**	**624.98**
#农业人口	#Agricultural Population	484.19	514.57	525.18	530.92	535.23	541.66	541.94	536.10
#民族人口	#Ethnic Minority Population	107.80	113.90	115.83	116.99	117.52	120.88	122.18	125.20
#黎族人口	#Population of Li	102.09	107.84	109.39	110.32	110.20	112.70	114.10	115.08
苗族人口	Population of Miao	4.89	5.19	5.44	5.55	5.55	5.79	5.76	5.75

12-3 各市县农村基层组织情况(2017)
Basic Statistics on Rural Grassroots Organizations by Region

地 区	Region	乡镇政府(个) Number of Township and Town Governments (unit)	#镇政府 Town Govern-ments	村民委员会(个) Villagers Committees (unit)	村民小组(个) Villagers Groups (unit)	乡(村)总户数(户) Number of Rural Households (Household)	农业户 Agricultural Households	乡(村)总人口(人) Total Population (person)	农业人口 Agricultural Population	乡村从业人员(人) Number of Employed Persons in Rural Area (person)	女 Female
全省总计	**Total**	**195**	**174**	**2665**	**26083**	**1512673**	**1314090**	**6249825**	**5361027**	**3270689**	**1516350**
海口市	Haikou	22	22	249	2740	194728	157151	793458	587864	380229	182916
三亚市	Sanya			92	889	65543	61302	307067	281134	169908	79293
五指山市	Wuzhishan	7	4	59	331	17400	16835	59293	53962	34154	15226
文昌市	Wenchang	17	17	255	3990	127369	114973	493437	446303	254844	123188
琼海市	Qionghai	12	12	189	2677	100438	92417	381083	351514	207189	102234
万宁市	Wanning	12	12	207	2209	115437	109163	454877	424563	240690	114066
定安县	Ding'an	10	10	108	1676	75587	64244	278415	243509	136032	64174
屯昌县	Tunchang	8	8	119	1176	47112	44188	201398	183872	100927	44439
澄迈县	Chengmai	11	11	184	962	110567	88992	471049	373200	266915	119594
临高县	Lingao	10	10	156	830	111619	80359	467649	324281	221797	99675
儋州地区	Danzhou Area	16	16	241	2097	144476	129162	685722	596437	356754	163558
儋州市	Danzhou	16	16	232	1969	138177	123386	653334	567541	340197	155521
洋浦	Yangpu			9	128	6299	5776	32388	28896	16557	8037
东方市	Dongfang	10	8	185	1580	102962	92299	373093	345863	195161	89797
乐东县	Ledong	11	11	188	1625	126967	101959	501538	402075	267077	122533
琼中县	Qiongzhong	10	7	100	633	24871	24580	107518	105989	61831	27944
保亭县	Baoting	9	6	60	469	22031	21865	90171	88901	56314	25096
陵水县	Lingshui	11	9	116	1172	63109	54178	295061	274744	156974	64800
白沙县	Baisha	11	4	83	493	26285	25899	115898	112686	74727	34174
昌江县	Changjiang	8	7	74	534	36172	34524	173098	164130	89166	43643

注：各市县数据含农垦数据(下同)。
Note:Data of the cities and counties includes the data of Nongken，The same applies to the following tables.

12-3 续(continued)

地 区	Region	民族乡镇(个) Number of Ethnic Minority Township and Town Governments(unit)	民族村委会(个) Number of Ethnic Minority Villagers Committees (unit)	民族自然村(个) Number of Ethnic Minority Villages (unit)	乡村民族户数(户) Number of Ethnic Minority Households (household)	黎族 Li	苗族 Miao	乡村民族人口(人) Ethnic Minority Population (person)	黎族 Li	苗族 Miao
全省总计	**Total**	**48**	**708**	**3605**	**284674**	**267359**	**12847**	**1251955**	**1150780**	**57474**
海口市	Haikou				36	28	8	554	503	38
三亚市	Sanya		60	421	41658	39353	795	188303	181368	2466
五指山市	Wuzhishan	7	59	287	16710	15332	1327	56692	50042	5369
文昌市	Wenchang				32	32		845	697	63
琼海市	Qionghai	1	6	31	2308	83	1869	12273	2478	9658
万宁市	Wanning	3	39	280	15907	14205	1699	67876	59870	7573
定安县	Ding'an							696	572	58
屯昌县	Tunchang	1	4	23	2263	1051	645	14668	11722	2719
澄迈县	Chengmai			1	296	193	103	1604	1144	446
临高县	Lingao							1078	70	2
儋州地区	Danzhou Area	3	18	85	15336	14265	646	95513	57376	2924
儋州市	Danzhou	3	18	85	15336	14265	646	95513	57376	2924
洋浦	Yangpu									
东方市	Dongfang	5	80	121	21578	21347	231	90932	89591	1333
乐东县	Ledong	1	102	466	44390	43147	655	186371	183394	2969
琼中县	Qiongzhong		100	515	23336	20593	2698	101109	87897	13063
保亭县	Baoting	9	60	406	21433	19794	1639	88006	81443	6483
陵水县	Lingshui	6	64	470	35965	34887	179	155825	155093	732
白沙县	Baisha	7	74	385	24075	23717	334	102143	100657	1482
昌江县	Changjiang	5	42	114	19351	19332	19	87467	86863	96

12-4 各市县乡镇劳动力(2017)
Rural Labor Force by Region (2017)

单位：人 (person)

地 区	Region	乡村劳动力总数 Total Number of Rural Labor Force	劳动年龄内的人口数 Population in Working Age	劳动年龄内上学的学生数 Students in School in Working Age	不足劳动年龄而参加劳动的人口数 Pupulation of Taking Part in Working but Younger than Working Age	超过劳动年龄而参加劳动的人口数 Pupulation of Taking Part in Working beyond the Working Age	劳动年龄内丧失劳动能力的人口数 Population in Working Age Losing Working Ability
全省总计	**Total**	**3656734**	**3403120**	**192241**	**91657**	**231907**	**69950**
海 口 市	Haikou	422899	394321	21192	8362	27147	6931
三 亚 市	Sanya	194455	186360	8177	2670	7256	1831
五指山市	Wuzhishan	46419	42388	2189	2075	3170	1214
文 昌 市	Wenchang	281331	256959	8678	4705	23678	4011
琼 海 市	Qionghai	223755	203055	6486	5889	18768	3957
万 宁 市	Wanning	266352	257214	15653	4591	10896	6349
定 安 县	Ding'an	149678	135100	7224	4490	12912	2824
屯 昌 县	Tunchang	121911	113236	5067	2807	8661	2793
澄 迈 县	Chengmai	288234	265740	19693	6142	21751	5399
临 高 县	Lingao	252409	229443	13898	10296	18089	5419
儋州地区	Danzhou Area	405083	387214	32976	6382	20346	8859
儋州市	Danzhou	386114	368918	30564	6382	19332	8518
洋 浦	Yangpu	18969	18296	2412		1014	341
东 方 市	Dongfang	221652	202359	13356	7996	15723	4426
乐 东 县	Ledong	303099	277420	15158	12085	18086	4492
琼 中 县	Qiongzhong	65832	61776	1750	1927	3596	1467
保 亭 县	Baoting	66224	62436	2496	1301	3733	1246
陵 水 县	Lingshui	169673	160844	7078	4154	7883	3208
白 沙 县	Baisha	78927	72763	3350	3411	4877	2124
昌 江 县	Changjiang	98801	94492	7820	2374	5335	3400

12-5 乡村从业人员
Number of Employed Persons in Rural Area

单位：万人 (10 000 persons)

指　　标	Item	2005	2010	2013	2014	2015	2016	2017
乡村从业人员	**Number of Employed Persons in Rural Area**	**256.01**	**284.58**	**301.51**	**307.85**	**311.81**	**317.69**	**327.07**
按性别分	By Sex							
男	Male	132.56	148.93	160.46	163.58	166.85	169.80	175.43
女	Female	123.45	135.66	141.05	144.27	144.95	147.89	151.64
按产业分	By Industry							
第一产业	Primary Industry	193.39	205.29	211.92	214.11	217.05	219.77	223.69
第二产业	Secondary Industry	17.89	24.51	28.68	30.29	31.28	32.88	33.70
第三产业	Tertiary Industry	44.73	54.78	60.91	63.45	63.48	65.04	69.68
按行业分	By Sector							
农业	Agriculture	193.39	205.29	211.92	214.11	217.05	219.77	223.69
工业	Industry	9.24	12.48	13.91	14.49	14.86	15.38	15.44
建筑业	Construction	8.65	12.03	14.77	15.80	16.41	17.50	18.27
交通运输业和邮电业	Transport and Post	6.75	7.72	8.63	8.82	8.42	8.45	8.77
信息传输、计算机服务和软件业	Information Transmission, Computer Service and Software	0.59	1.15	1.84	1.99	2.22	2.43	2.60
商业、饮食、物资供销仓储业	Business, Catering, Retails and Storage	17.99	24.76	28.54	30.37	30.39	31.58	32.72
其它	Others	19.40	21.15	21.90	22.27	22.45	22.58	25.59

12-6 各市县乡村从业人员（2017）
Number of Employed Persons in Rural Area by Region (2017)

单位：人 (person)

地 区	Region	乡村从业人员 Number of Employed Persons in Rural Area	农 业 Agriculture	工 业 Industry	建 筑 业 Construction	交通运输邮电业 Transport and Post	信息传输计算机服务和软件业 Information Transmission, Computer Service and Software	商业、饮食、物资供销仓储业 Business Catering Retails and Storage	其他 Others
全省总计	**Total**	**3270689**	**2236861**	**154388**	**182650**	**87680**	**25986**	**327182**	**255942**
海 口 市	Haikou	380229	220937	34046	33392	14370	3807	39432	34245
三 亚 市	Sanya	169908	123399	1852	4195	2561	1068	21947	14886
五指山市	Wuzhishan	34154	29829	192	498	49	46	1082	2458
文 昌 市	Wenchang	254844	174918	9301	17186	6881	3023	25668	17867
琼 海 市	Qionghai	207189	140853	7550	13049	5403	1472	20163	18699
万 宁 市	Wanning	240690	137116	20837	22374	6893	5043	26513	21914
定 安 县	Ding'an	136032	87958	7858	7751	4053	1325	15810	11277
屯 昌 县	Tunchang	100927	70341	5358	5939	1983	620	9345	7341
澄 迈 县	Chengmai	266915	164044	20624	16214	8492	1960	39145	16436
临 高 县	Lingao	221797	148355	10072	13674	4618	2165	18495	24418
儋州地区	Danzhou Area	356754	232319	17440	22798	10036	2588	30502	41071
儋州市	Danzhou	340197	230399	15320	18758	9268	2132	26969	37351
洋 浦	Yangpu	16557	1920	2120	4040	768	456	3533	3720
东 方 市	Dongfang	195161	157099	4194	5183	5982	426	13935	8342
乐 东 县	Ledong	267077	181227	9145	7490	9214	1623	32871	25507
琼 中 县	Qiongzhong	61831	53368	1139	1523	343	46	2444	2968
保 亭 县	Baoting	56314	50106	290	1394	321	78	2770	1355
陵 水 县	Lingshui	156974	124789	2410	5205	3771	414	18915	1470
白 沙 县	Baisha	74727	63296	933	2530	436	82	3479	3971
昌 江 县	Changjiang	89166	76907	1147	2255	2274	200	4666	1717

12-7 各市县耕地面积
Cultivated Land by Region

单位：公顷 (hectare)

年份 地区	Year Region	耕地面积 Cultivated Land	水旱田 Paddy Fields and Dry land	水田 Paddy Fields	旱田 Dry land	旱地 Dry Fields
2000		433181	240653	108473	157974	78267
2005		416178	221556	166725	54830	194623
2009		435538	229353	181732	47621	206185
2010		419123	222904	176897	46007	196219
2011		425350	225184	175674	49509	200166
2012		419498	224530	174932	49598	194968
2013		418196	225033	175163	49871	193163
2014		424886	225967	175966	50000	198919
2015		422835	226625	173519	53106	196211
2016		427335	231851	176326	55524	195484
2017		439200	238768	180069	58699	200432
海口市	Haikou	48071	25830	18535	7295	22241
三亚市	Sanya	14696	9798	7911	1887	4898
五指山市	Wuzhishan	3285	2868	2720	148	417
文昌市	Wenchang	39921	33037	23868	9169	6884
琼海市	Qionghai	23038	16807	13943	2864	6231
万宁市	Wanning	19215	11537	9558	1979	7678
定安县	Ding'an	22272	10980	10090	890	11292
屯昌县	Tunchang	13592	8801	7171	1630	4791
澄迈县	Chengmai	29410	17048	14610	2438	12362
临高县	Lingao	31988	17398	12037	5361	14590
儋州地区	Danzhou Area	53954	22638	15140	7498	31316
儋州市	Danzhou	52817	22206	14870	7336	30611
洋浦	Yangpu	1137	432	270	162	705
东方市	Dongfang	46416	14896	10673	4223	31520
乐东县	Ledong	30284	17265	11359	5906	13019
琼中县	Qiongzhong	10191	5358	4268	1090	4833
保亭县	Baoting	6008	4718	3572	1146	1290
陵水县	Lingshui	11720	9227	6942	2285	2493
白沙县	Baisha	11514	4379	3344	1035	7135
昌江县	Changjiang	23625	6183	4328	1855	17442

12-8 主要农业机械拥有量
Major Agricultural Machinery

指 标	Item	2005	2010	2013	2014	2015	2016	2017
农业机械总动力(万千瓦)	**Total Power of Agricultural Machinery (10 000 kw)**	**268.21**	**421.52**	**491.99**	**522.84**	**504.22**	**516.57**	**556.86**
耕作机械(台)	**Machinery for Plough(unit)**							
#大中型拖拉机	Large and Medium-sized Tractors	3931	13203	21133	24118	23537	25181	24880
小型拖拉机	Small Tractors	34419	52163	63930	67661	60978	65422	64456
农用排灌机械(台)	**Machinery for Agricultural Drainage and Irrigation(unit)**							
#柴 油 机	Diesel Engines	93649	147085	195755	197037	188438	200862	203097
电 动 机	Electric Motors	4472	29302	38275	39275	41628	47380	53474
农用水泵	Pumps	62661	131697	145007	154488	140321	159113	154197
农用排灌机械动力(万千瓦)	**Power of Machinery for Agricultural Drainage and Irrigation(10 000 kw)**	**52.57**	**90.52**	**96.58**	**94.45**	**91.5**	**103.06**	**107.57**
#柴 油 机	Diesel Engines	44.02	67.36	77.44	76.19	71.63	81.54	83.3
电 动 机	Electric Motors	8.55	23.16	19.14	18.26	19.88	21.52	24.28
收获机械	**Machinery for Harvest**							
#机动脱粒机(台)	Motorized Thresher(unit)	38543	47131	52858	52343	51325	50724	53266
渔业机械	**Machinery for Fishery**							
#渔用机动船(艘)	Motorized Fishing Boats(unit)	25581	24799	23515	23648	24973	24650	24357
渔用机动船(万千瓦)	Motorized Fishing Boats(10 000 kw)	65.4	84.56	85.35	75.47	77.41	81.96	94.55
农用运输车(辆)	**Trucks for Agricultural Use(unit)**	**25581**	**27642**	**31076**	**33529**	**33596**	**32047**	**36814**

12-9 农业现代化情况
Basic Statistics on Agricultural Modernization

指　　标	Item	2005	2010	2013	2014	2015	2016	2017
农村电气化	**Electrification of Rural Areas**							
乡村办水电站(个)	Number of Hydropower Stations in Rural Areas(unit)	38	52	62	47	49	52	51
发电能力(千瓦)	Generating Capacity (kw)	83993	301183	472478	472555	363483	364694	366524
农村用电量(万千瓦时)	Electricity Consumed in Rural Areas (10 000 kwh)	38452	59480	96271	108944	130231	138860	155189
农用化肥施用量(实物量)(万吨)	**Consumption of Chemical Fertilizers (10 000tons)**	**93.60**	**117.50**	**124.05**	**131.30**	**135.74**	**130.43**	**132.87**
氮　肥	Nitrogenous Fertilizer	20.35	32.70	35.89	37.01	38.32	39.20	39.82
磷　肥	Phosphate Fertilizer	10.18	25.62	28.62	32.63	33.78	27.59	28.25
钾　肥	Potash Fertilizer	35.19	14.36	16.32	17.13	18.21	17.63	18.00
复合肥	Compound Fertilizer	0.96	44.82	43.22	44.53	45.42	46.01	46.80
化学农药使用量(万吨)	**Consumption of Pesticide(10 000tons)**	**1.81**	**4.55**	**4.35**	**3.99**	**3.98**	**3.40**	**3.34**
农田水利有效灌溉面积(公顷)	**Effective Irrigated Area (hectare)**	**168266**	**179880**	**195969**	**197611**	**197638**	**192461**	**193818**
旱涝保收面积(公顷)	**Area With Stable Yieds Despite of Drought or Waterlogging (hectare)**	**92271**	**98350**	**100266**	**101860**	**102925**	**96820**	**98633**

12-10 各市县农业机械总动力(2017)
Total Power of Agricultural Machinery by Region (2017)

单位：千瓦 (kw)

地 区	Region	农业机械总动力 Total Power of Agricultural Machinery	柴油发动机动力 Power of Diesel Engines	汽油发动机动力 Power of Gasoline Engines	电动机动力 Power of Electric Motors	其他机械动力 Power of other Machinery
全省总计	**Total**	**5568608**	**4476313**	**370858**	**630348**	**91089**
海口市	Haikou	575052	404460	31248	136046	3298
三亚市	Sanya	292167	250360	23655	18152	
五指山市	Wuzhishan	79222	54031	18370	6821	
文昌市	Wenchang	511989	406955	34508	70526	
琼海市	Qionghai	318223	252351	28295	34717	2860
万宁市	Wanning	464913	366653	30898	52593	14769
定安县	Ding'an	155821	131052	11132	9348	4289
屯昌县	Tunchang	88131	73383	10701	3381	666
澄迈县	Chengmai	365928	330750	18566	15152	1460
临高县	Lingao	539201	484043	32313	19892	2953
儋州地区	Danzhou Area	419117	390886	17320	10911	
儋州市	Danzhou	413507	385276	17320	10911	
洋浦	Yangpu	5610	5610			
东方市	Dongfang	223479	196824	7222	19394	39
乐东县	Ledong	733383	614252	49446	59476	10209
琼中县	Qiongzhong	295115	116266	20943	157906	
保亭县	Baoting	67714	47636	13437	4462	2179
陵水县	Lingshui	129019	106741	15536	5330	1412
白沙县	Baisha	130645	82928	2326	4156	41235
昌江县	Changjiang	179489	166742	4942	2085	5720

12-11 各市县农业机械拥有量(2017)
Agricultural Machinery by Region (2017)

地区	Region	排灌机械 Machinery for Agricultural Drainage and Irrigation			收获机械 Machinery for Harvest
		柴油机(台) Diesel Engines (unit)	电动机(台) Electric Motors (unit)	农用水泵(台) Pumps (unit)	联合收割机(台) Combine Harvester (unit)
全省总计	**Total**	**203097**	**53474**	**154197**	**4547**
海口市	Haikou	8639	2198	8936	332
三亚市	Sanya	12087	1672	10351	392
五指山市	Wuzhishan	341	425	496	144
文昌市	Wenchang	19200	3960	22810	187
琼海市	Qionghai	7469	1903	6104	65
万宁市	Wanning	9319	3555	11179	255
定安县	Ding'an	3319	511	1186	450
屯昌县	Tunchang	2507	716	1945	75
澄迈县	Chengmai	14013	2330	13629	700
临高县	Lingao	6814	15240	2665	204
儋州地区	Danzhou Area	12725	81	12738	302
儋州市	Danzhou	12725	81	12738	302
洋浦	Yangpu				
东方市	Dongfang	15996	1392	13125	111
乐东县	Ledong	73040	15920	38746	633
琼中县	Qiongzhong	3040	351	1761	103
保亭县	Baoting	2371	1311	3656	91
陵水县	Lingshui	4513	1680	3085	129
白沙县	Baisha	1133	225	648	236
昌江县	Changjiang	6571	4	1137	138

12-11 续(continued)

地 区	Region	渔用机动船 Machinery for Fishery		运输机械 Machinery for Transport	
		艘 unit	千瓦 kw	农用载重汽车(辆) Trucks for Agricultural Use(unit)	农 用 运 输 车(辆) Transport Trucks for Agricultural Use(unit)
全省总计	**Total**	**24357**	**945487**	**8518**	**36814**
海 口 市	Haikou	1646	9186	1244	3952
三 亚 市	Sanya	920	69342	132	433
五指山市	Wuzhishan				85
文 昌 市	Wenchang	2517	36935	717	1500
琼 海 市	Qionghai	1568	54905	505	2848
万 宁 市	Wanning	2273	44062	1273	3663
定 安 县	Ding'an	4	135	1079	1945
屯 昌 县	Tunchang	4		276	1920
澄 迈 县	Chengmai	1377	40033	1142	2699
临 高 县	Lingao	4478	367351	316	4094
儋州地区	Danzhou Area	4541	208334	72	1210
儋州市	Danzhou	4354	202724	72	1210
洋 浦	Yangpu	187	5610		
东 方 市	Dongfang	542	25580	703	3669
乐 东 县	Ledong	1157	21835	501	5473
琼 中 县	Qiongzhong				
保 亭 县	Baoting			252	779
陵 水 县	Lingshui	2718	37789	95	1122
白 沙 县	Baisha	4	20	56	546
昌 江 县	Changjiang	608	29980	155	876

12-12 各市县农业现代化情况(2017)
Agricultural Modernization by Region (2017)

地区	Region	化肥施用实物量(吨) Consumption of Chemical Fertillzer(ton) 合计 Total	氮肥 Nitrogenous Fertilizer	磷肥 Phosphate Fertilizer	钾肥 Potash Fertilizer	复合肥 Compound Fertilizer
全省总计	**Total**	**1328741**	**398154**	**282541**	**180047**	**467998**
海口市	Haikou	96788	27741	22815	14355	31877
三亚市	Sanya	58190	13088	7416	6124	31562
五指山市	Wuzhishan	5646	1125	1178	1402	1941
文昌市	Wenchang	107936	27376	23843	12687	44029
琼海市	Qionghai	169616	43721	39866	30773	55256
万宁市	Wanning	73879	21861	10469	14152	27397
定安县	Ding'an	56102	12912	15824	6646	20720
屯昌县	Tunchang	32948	10456	9520	3904	9068
澄迈县	Chengmai	145866	39127	39799	21149	45791
临高县	Lingao	96124	25766	27191	15273	27894
儋州地区	Danzhou Area	84546	33246	20263	7058	23979
儋州市	Danzhou	79826	31436	18973	6378	23039
洋浦	Yangpu	4720	1810	1290	680	940
东方市	Dongfang	91074	26081	13826	13036	38131
乐东县	Ledong	125061	41334	23991	18720	41016
琼中县	Qiongzhong	20452	4969	7013	917	7553
保亭县	Baoting	25613	5005	2418	2197	15993
陵水县	Lingshui	56512	35209	9009	4076	8218
白沙县	Baisha	30561	8170	4129	2004	16258
昌江县	Changjiang	51827	20967	3971	5574	21315

12-12 续(continued)

地 区	Region	农药使用量(吨) Consumption of Pesticide (ton)	农田有效灌溉面积(公顷) Effective Irrigated Area (hectare)	#机电灌溉面积 Mechanical and Electrical Irrigation	旱涝保收面积(公顷) Area With Stable Yieds Despite of Drought or Waterlogging (hectare)	农村用电量(万千瓦时) Electricity Consumed in Rural Area(10 000 kwh)
全省总计	**Total**	**33408**	**193818**	**32010**	**98633**	**155189**
海口市	Haikou	1331	16941	4218	8131	42228
三亚市	Sanya	2938	8459	490	5581	12380
五指山市	Wuzhishan	624	1704	10	108	840
文昌市	Wenchang	1333	31607	8866	4722	27071
琼海市	Qionghai	5191	12434	2093	8191	13757
万宁市	Wanning	1257	11271	1863	6361	10870
定安县	Ding'an	190	10199	1121	6967	4647
屯昌县	Tunchang	299	4439	281	2785	1474
澄迈县	Chengmai	2381	16421	3814	8199	5375
临高县	Lingao	583	11237	1002	7919	4840
儋州地区	Danzhou Area	846	14917	1536	8764	7899
儋州市	Danzhou	846	14710	1536	8764	7059
洋浦	Yangpu	0	207	0	0	840
东方市	Dongfang	539	12029	2863	8606	1250
乐东县	Ledong	2720	14100	1309	9671	13552
琼中县	Qiongzhong	10119	3592	15	1387	977
保亭县	Baoting	786	4453	483	2920	802
陵水县	Lingshui	811	8333	529	821	1370
白沙县	Baisha	1312	3655	625	1901	1289
昌江县	Changjiang	148	8027	892	5599	4568

12-13 农林牧渔业总产值
Gross Output Value of Agriculture, Forestry, Animal Husbandry and Fishery

单位：亿元 (100 million yuan)

指标	Item	2005	2010	2013	2014	2015	2016	2017
农林牧渔业总产值	**Total**	**475.88**	**821.31**	**1144.94**	**1252.18**	**1323.91**	**1470.41**	**1528.18**
农业产值	**Farming**	**179.63**	**341.67**	**485.40**	**568.22**	**613.87**	**695.64**	**727.01**
谷物及其他作物	Cereal and Other Plants	47.19	75.52	111.56	114.70	112.62	113.70	110.75
#谷物	Cereal	19.47	32.07	47.60	45.41	47.42	49.63	47.29
豆类	Beans	0.74	0.76	1.39	1.82	1.35	1.38	1.34
油料	Oil-bearing Crops	2.98	3.90	7.31	7.66	7.92	8.09	8.03
糖料	Sugar Crops	6.72	13.20	38.07	34.46	24.71	19.56	19.67
蔬菜园艺作物	Vegetables and Horticultue Plant	67.34	117.35	206.51	239.31	252.00	305.38	302.19
#蔬菜类	Vegetables	62.62	109.20	187.52	212.17	222.03	263.21	257.73
水果、坚果、饮料和香料作物	Fruits,Nut,Beverage and Perfume Plants	64.30	148.15	165.35	207.87	236.10	261.22	296.42
#水果	Fruits		120.19	123.88	150.02	157.84	182.63	202.32
坚果	Nut		27.54	18.11	29.10	47.97	48.54	68.98
中药材	Chinese Medicinal Materials	0.80	0.66	1.99	6.34	13.14	15.34	17.65
林业产值	**Forestry**	**58.93**	**123.80**	**121.22**	**103.18**	**99.23**	**100.02**	**110.27**
林木的培育和种植	Lumbering and Transportation of Timber and Bamboo	7.11	21.22	32.02	32.51	41.49	37.99	36.70
竹木采运	Cultivating and Planting of Forest Tree	10.18	7.74	9.92	9.58	8.45	11.09	12.82
林产品	Forestry Products	41.64	94.84	79.27	61.09	49.30	50.95	60.75
牧业产值	**Animal Husbandry**	**95.21**	**158.56**	**225.46**	**228.00**	**238.46**	**267.10**	**244.75**
牲畜饲养	Rearing of Livestock	8.75	12.48	22.51	27.24	31.11	37.38	31.06
猪的饲养	Rearing of Pigs	47.73	83.12	119.48	114.15	117.10	132.97	118.08
#肉猪	Fattened Hogs	45.83	80.40	113.13	105.96	107.19	119.71	107.83
家禽饲养	Rearing of Poultry	36.13	59.03	72.29	79.61	84.73	91.11	90.24
#肉禽	Poultry for Meat	33.91	52.36	69.13	73.94	78.36	84.04	84.41
渔业产值	**Fishery**	**132.18**	**173.53**	**275.53**	**310.24**	**324.87**	**353.77**	**385.22**
海水产品	Seawater Aquatic Products	116.76	143.63	232.18	263.76	286.05	313.82	342.95
#养殖	Cultured	12.22	27.74	64.99		47.40	52.86	70.73
淡水产品	Freshwater Aquatic Products	15.42	29.90	43.34	46.48	38.82	39.95	42.27
#养殖	Cultured	6.00	7.01	40.09		37.61	38.60	39.97
农林牧渔专业及辅助性活动	**Agriculture，Forestry, Animal husbandry and Fishery Speciality and auxiliary activities**	**9.93**	**23.75**	**37.32**	**42.53**	**47.48**	**53.88**	**60.94**

注：产值按当年价格计算。
Note:Data in value terms in this table are calculated at current prices.

12-14 农林牧渔业总产值指数
Gross Output Value Indices of Agriculture, Forestry, Animal Husbandry and Fishery

单位：%　　　　(%)

指　　标	Item	2005	2010	2013	2014	2015	2016	2017
农林牧渔业总产值	**Total**	**106.7**	**106.1**	**106.2**	**104.9**	**105.5**	**104.3**	**103.8**
农业产值	**Farming**	**105.8**	**105.3**	**106.4**	**106.7**	**106.4**	**104.8**	**105.7**
谷物及其他作物	Cereal and Other Plants	86.7	97.4	118.2	101.0	97.0	103.0	96.6
#谷物	Cereal		99.0	107.6	92.0	104.2	106.8	94.5
豆类	Beans		123.1	136.9	117.5	68.2	100.0	96.7
油料	Oil-bearing Crops		105.1	140.1	103.4	99.5	100.9	96.5
糖料	Sugar Crops		87.2	204.5	96.2	72.8	74.0	81.1
蔬菜园艺作物	Vegetables and Horticultue Plant	108.6	107.8	99.5	107.8	107.6	105.6	106.6
#蔬菜类	Vegetables		107.6	101.8	104.9	107.0	103.3	105.5
水果、坚果、饮料和香料作物	Fruits,Nut,Beverage and Perfume Plants	120.9	107.3	108.4	107.2	107.1	104.7	108.0
#水果	Fruits		111.9	116.8	103.7	99.5	109.5	109.9
坚果	Nut		99.5	46.4	127.6	141.0	108.5	109.7
中药材	Chinese Medicinal Materials	141.2	139.9	154.9	283.3	211.6	107.6	115.3
林业产值	**Forestry**	**91.6**	**113.6**	**107.3**	**102.3**	**107.3**	**104.0**	**102.5**
林木的培育和种植	Lumbering and Transportation of Timber and Bamboo	102.9	129.3	342.7	110.3	131.1	102.0	99.9
竹木采运	Cultivating and Planting of Forest Tree	108.9	104.2	156.8	104.9	88.4	126.3	110.5
林产品	Forestry Products	78.4	111.6	81.9	98.7	97.6	101.8	102.6
牧业产值	**Animal Husbandry**	**115.0**	**104.5**	**103.5**	**97.8**	**102.5**	**103.2**	**102.9**
牲畜饲养	Rearing of Livestock	129.6	101.7	116.6	118.1	110.0	105.8	96.0
猪的饲养	Rearing of Pigs	106.8	103.8	103.7	93.9	99.7	98.5	105.2
#肉猪	Fattened Hogs		106.0	102.8	92.0	98.3	96.9	106.7
家禽饲养	Rearing of Poultry	122.8	104.5	98.5	103.7	105.9	109.3	102.2
#肉禽	Poultry for Meat		110.4	99.0	100.7	105.5	109.1	103.7
渔业产值	**Fishery**	**108.6**	**104.8**	**107.2**	**107.6**	**104.8**	**103.5**	**100.4**
海水产品	Seawater Aquatic Products	108.3	106.5	104.2	108.1	106.1	103.4	99.9
#养殖	Cultured			103.7			107.7	115.2
淡水产品	Freshwater Aquatic Products	110.3	96.7	127.2	105.4	97.4	104.4	104.1
#养殖	Cultured			118.9			104.2	101.9
农林牧渔专业及辅助性活动	**Agriculture，Forestry, Animal husbandry and Fishery Speciality and auxiliary activities**	**128.2**	**109.4**	**109.5**	**111.2**	**110.5**	**110.4**	**110.0**

注：指数按可比价格计算。
Note: The indices are calculated at comparable Prices.

12-15 农林牧渔业总产值及构成
Gross Output Value of Agriculture, Forestry, Animal Husbandry and Fishery and Related Composition

单位：亿元 (100 millionyuan)

指　　标	Item	2005	2010	2013	2014	2015	2016	2017
农林牧渔业总产值	**Total**	**475.88**	**821.31**	**1144.94**	**1252.18**	**1323.91**	**1470.41**	**1528.18**
农 业	Farming	179.63	341.67	485.40	568.22	613.87	695.64	727.01
林 业	Forestry	58.93	123.80	121.22	103.18	99.23	100.02	110.27
牧 业	Animal Husbandry	95.21	158.56	225.46	228.00	238.46	267.10	244.75
渔 业	Fishery	132.18	173.53	275.53	310.24	324.87	353.77	385.22
海水产品	Seawater Aquatic Products	116.76	143.63	232.18	263.76	286.05	313.82	342.95
淡水产品	Freshwater Aquatic Products	15.42	29.90	43.34	46.48	38.82	39.95	42.27
农林牧渔专业及辅助性活动	**Agriculture，Forestry, Animal husbandry and Fishery Speciality and auxiliary activities**	9.93	23.75	37.32	42.53	47.48	53.88	60.94
比　重(%)	**Proportion (%)**							
农 业	Farming	37.75	41.60	42.40	45.38	46.37	47.31	47.57
林 业	Forestry	12.38	15.07	10.59	8.24	7.50	6.80	7.22
牧 业	Animal Husbandry	20.01	19.31	19.69	18.21	18.01	18.17	16.02
渔 业	Fishery	27.78	21.13	24.06	24.78	24.54	24.06	25.21
海水产品	Seawater Aquatic Products	24.53	17.49	20.28	21.06	21.61	21.34	22.44
淡水产品	Freshwater Aquatic Products	3.24	3.64	3.79	3.71	2.93	2.72	2.77
农林牧渔专业及辅助性活动	**Agriculture，Forestry, Animal husbandry and Fishery Speciality and auxiliary activities**	2.09	2.89	3.26	3.40	3.59	3.66	3.99

注：本表按当年价格计算。
Note:Data in this table are calculated at current prices.

12-16 各市县农林牧渔业总产值（2017）

Gross Output Value of Agriculture, Forestry, Animal Husbandry and Fishery by Region (2017)

单位：万元 (10 000 yuan)

地 区	Region	农林牧渔业总产值 Total	农 业 Farming	林 业 Forestry	牧 业 Animal Husbandry	渔 业 Fishery	农林牧渔专业及辅助性活动 Agriculture, Forestry, Animal husbandry and Fishery Speciality and auxiliary activities
海口市	Haikou	1037054	494976	57914	291317	122556	70291
三亚市	Sanya	1041154	651822	27765	95620	216338	49608
五指山市	Wuzhishan	100455	49913	21955	25741	2430	417
文昌市	Wenchang	1206072	528245	29317	265613	333719	49178
琼海市	Qionghai	1345823	744474	86549	245558	168648	100595
万宁市	Wanning	988346	527905	87188	158385	189943	24925
定安县	Ding'an	573875	309852	27097	180993	11058	44876
屯昌县	Tunchang	494555	247437	74740	108816	17929	45633
澄迈县	Chengmai	1194535	578903	117729	229739	222799	45365
临高县	Lingao	1624752	240924	35958	93138	1226232	28500
儋州地区	Danzhou Area	1815882	513208	164887	286173	817399	34214
儋州市	Danzhou	1768777	509906	164887	283609	776159	34214
洋浦	Yangpu	47105	3302		2563	41240	
东方市	Dongfang	697751	498169	26620	92533	65700	14729
乐东县	Ledong	1065841	854247	53667	89398	60215	8316
琼中县	Qiongzhong	329974	171452	83426	55340	12323	7434
保亭县	Baoting	256579	160062	35180	43958	3738	13640
陵水县	Lingshui	713192	329734	23610	73232	237841	48774
白沙县	Baisha	330642	119717	120686	64997	17229	8013
昌江县	Changjiang	465363	249017	28417	46929	126128	14872

注：本表按当年价格计算。
Note:Data in this table are calculated at current prices.

12-17 农林牧渔业增加值及指数
Value-added of Agriculture, Forestry, Animal Husbandry and Fishery and Related Indices

单位：亿元 (100 million yuan)

指标	Item	2005	2010	2013	2014	2015	2016	2017
增 加 值	**Total**							
农林牧渔业增加值	**Value-added of Agriculture, Forestry,Animal Husbandry and Fishery**	**300.75**	**539.83**	**756.30**	**832.64**	**880.52**	**977.62**	**1020.28**
农业增加值	Farming	115.67	219.78	315.34	375.15	407.29	462.64	482.98
林业增加值	Forestry	40.75	85.57	82.09	68.10	64.11	65.34	72.74
牧业增加值	Animal Husbandry	54.95	91.42	133.16	135.02	142.04	158.46	147.27
渔业增加值	Fishery	84.49	130.12	205.44	231.26	241.29	261.91	284.19
农林牧渔专业及辅助性活动	Agriculture，Forestry, Animal husbandry and Fishery Speciality and auxiliary activities	4.89	12.94	20.28	23.12	25.80	29.28	33.11
指数（以上年为100）（%）	**Indices (preceeding year=100)(%)**							
农林牧渔业增加值	**Value-added of Agricalture, Forestry,Animal Husbandry and Fishery**	**106.1**	**106.3**	**106.3**	**105.0**	**105.5**	**104.2**	**103.8**
农业增加值	Farming	105.6	105.5	106.4	106.7	106.4	104.7	105.7
林业增加值	Forestry	91.4	113.9	107.5	102.3	107.3	103.9	102.5
牧业增加值	Animal Husbandry	114.8	104.3	103.5	97.7	102.6	103.2	102.9
渔业增加值	Fishery	108.5	105.0	107.2	107.6	104.8	103.5	100.4
农林牧渔专业及辅助性活动	Agriculture，Forestry, Animal husbandry and Fishery Speciality and auxiliary activities	124.9	112.1	109.6	111.2	110.5	110.4	110.0

注：增加值按当年价格计算，指数按可比价格计算.

Note:The added value are calculated at current prices,and the indices are calculated at comparable Prices.

12-18 各市县农林牧渔业增加值(2017)
Value-added of Agriculture, Forestry, Animal Husbandry and Fishery by Region (2017)

单位：万元 (10 000 yuan)

地 区	Region	农林牧渔业增加值 Total	农 业 Farming	林 业 Forestry	牧 业 Animal Husbandry	渔 业 Fishery	农林牧渔专业及辅助性活动 Agriculture, Forestry, Animal husbandry and Fishery Speciality and auxiliary activities
海口市	Haikou	678403	345786	39494	171207	82846	39070
三亚市	Sanya	705307	438894	18213	53289	163113	31797
五指山市	Wuzhishan	64360	32613	15290	14676	1599	182
文昌市	Wenchang	798276	348467	21064	164059	239707	24979
琼海市	Qionghai	867258	486044	58344	147009	123460	52400
万宁市	Wanning	647209	342388	57100	88084	146546	13092
定安县	Ding'an	357871	198590	17960	107790	7553	25978
屯昌县	Tunchang	301026	155808	47503	63015	10365	24334
澄迈县	Chengmai	791357	382541	74175	147756	163788	23097
临高县	Lingao	1168210	161792	24154	54510	916013	11742
儋州地区	Danzhou Area	1268462	348384	112410	173318	614157	20193
儋州市	Danzhou	1241828	346794	112410	172053	590377	20193
洋浦	Yangpu	26634	1590		1265	23780	
东方市	Dongfang	443876	315338	16957	54451	49656	7474
乐东县	Ledong	715405	581712	34407	54816	40581	3890
琼中县	Qiongzhong	200452	107081	50857	30760	7956	3798
保亭县	Baoting	180869	118981	24153	27608	2261	7867
陵水县	Lingshui	490263	227734	13884	52560	166541	29544
白沙县	Baisha	215269	80692	82670	37516	10915	3477
昌江县	Changjiang	308925	156930	18729	30267	94850	8149

注：本表按当年价格计算。
Note:Data in this table are calculated at current prices.

12-19 各市县人均主要农产品产量
Per Capita Output of Major Farm Products by Region

单位：公斤/人 (kg/person)

年份 地区	Year Region	粮食 Grain	稻谷 Rice	油料 Oil-bearing Grops	糖蔗 Sugarcane	猪牛羊肉 Pork,Beef and Mutton	猪肉 Pork	水产品 Aquatic Products
2000		279	215	13	445	35	31	109
2005		185	134	10	306	37	34	181
2010		208	160	11	419	51	48	172
2012		225	176	12	445	58	54	195
2013		213	167	12	467	60	56	205
2014		207	172	13	445	58	54	219
2015		202	168	12	291	54	50	228
2016		194	163	12	202	51	47	234
2017		182	152	11	157			217
海口市	Haikou	65	54	4	11			32
三亚市	Sanya	59	56	0	0			99
五指山市	Wuzhishan	182	147	12	0			21
文昌市	Wenchang	243	178	24	0			481
琼海市	Qionghai	224	197	6				228
万宁市	Wanning	165	136	8				135
定安县	Ding'an	410	334	51	1			44
屯昌县	Tunchang	353	290	21	1			57
澄迈县	Chengmai	420	356	13	339			276
临高县	Lingao	284	248	5	447			1124
儋州市	Danzhou Area	159	116	16	421			425
东方市	Dongfang	194	170	23	237			87
乐东县	Ledong	247	227	16				86
琼中县	Qiongzhong	227	192	20	72			73
保亭县	Baoting	170	158	7				30
陵水县	Lingshui	262	225	16				303
白沙县	Baisha	170	126	2	1044			101
昌江县	Changjiang	169	144	7	1510			392

注：本表儋州市数据包含洋浦数据。
Note:The data of Danzhou Area include the data of Yangpu in this table.

12-20 各市县农作物播种面积（2017）
Sown Area of Farm Crops by Region (2017)

地 区	Region	农作物总播种面积(公顷) Sown Area ofFarm Crops(hectare)					占总播种面积(%) Percentage to Total Sown Area(%)			
			粮 食 Grain	豆 类 Soybeans	甘 蔗 Sugarcane	蔬 菜 Vegetables	粮 食 Grain	豆 类 Beans	甘 蔗 Sugarcane	蔬 菜 Vegetables
全省总计	**Total**	**797653**	**348331**	**5907**	**26193**	**263092**	**43.7**	**0.7**	**3.3**	**33.0**
海 口 市	Haikou	73376	33581	422	1087	25919	45.8	0.6	1.5	35.3
三 亚 市	Sanya	23996	9120		7	12508	38.0			52.1
五指山市	Wuzhishan	9646	3680	19	47	2486	38.1	0.2	0.5	25.8
文 昌 市	Wenchang	64187	32557	270	135	21257	50.7	0.4	0.2	33.1
琼 海 市	Qionghai	40233	22126	123	344	14858	55.0	0.3	0.9	36.9
万 宁 市	Wanning	39016	21383	385	369	10674	54.8	1.0	0.9	27.4
定 安 县	Ding'an	45176	25116	1153	138	11530	55.6	2.6	0.3	25.5
屯 昌 县	Tunchang	41282	18913	359	399	10876	45.8	0.9	1.0	26.3
澄 迈 县	Chengmai	75790	36844	523	2849	27460	48.6	0.7	3.8	36.2
临 高 县	Lingao	41044	24452	60	3220	11504	59.6	0.1	7.8	28.0
儋州地区	Danzhou Area	68575	30946	722	8139	16803	45.1	1.1	11.9	24.5
儋州市	Danzhou	68331	30876	721	8139	16669	45.2	1.1	11.9	24.4
洋 浦	Yangpu	244	69	1		134	28.5	0.5		55.0
东 方 市	Dongfang	65946	16708	9	1433	21983	25.3		2.2	33.3
乐 东 县	Ledong	76300	26717	902	19	29508	35.0	1.2		38.7
琼 中 县	Qiongzhong	23536	8509	382	405	3999	36.2	1.6	1.7	17.0
保 亭 县	Baoting	13098	5729	31	58	4600	43.7	0.2	0.4	35.1
陵 水 县	Lingshui	41034	17812	60		13075	43.4	0.1		31.9
白 沙 县	Baisha	19304	5782	98	2616	4826	30.0	0.5	13.5	25.0
昌 江 县	Changjiang	36115	8356	389	4929	19227	23.1	1.1	13.6	53.2

12-21 历年农作物播种面积、比重及复种指数
Sown Area of Farm Crops,Proportion and Multiple Cropping Indices in Various Years

年份 Year	总播种面积（公顷）Total Sown Area(hectare)	粮食作物 Grain Crops		复种指数(%) Multiple Gropping Indices(%)
		播种面积（公顷）Sown Area(hectare)	占总播种面积(%) Percentage to Total Sown Area(%)	
1952	553640	522547	94.4	190.6
1957	752647	684560	94.1	189.6
1962	704993	641727	91.0	176.5
1965	690527	569780	82.5	175.4
1970	728187	616893	87.4	175.0
1975	909007	690033	75.9	205.4
1978	796433	642093	80.6	175.0
1980	696313	575440	82.6	156.0
1981	678647	551393	81.0	155.0
1982	706760	549293	77.7	160.0
1983	710560	542146	76.0	164.0
1984	715880	532320	74.4	163.0
1985	739887	507900	68.6	170.0
1986	754607	516726	68.5	174.0
1987	760193	509520	67.0	175.8
1988	740380	496940	67.1	171.6
1989	789587	529887	68.4	182.1
1990	721253	560573	68.3	188.8
1991	829467	561747	67.7	189.7
1992	868307	577700	66.5	198.9
1993	846160	550173	65.0	195.2
1994	844108	549420	65.1	196.3
1995	870064	559376	64.3	202.7
1996	890779	559314	62.8	207.5
1997	914513	577197	63.1	214.6
1998	937573	576954	61.5	219.1
1999	931756	567702	60.9	216.9
2000	909539	545634	60.0	210.0
2001	893928	526872	58.9	209.9
2002	900987	522287	58.0	212.8
2003	876170	495229	56.5	209.1
2004	862309	482303	55.9	206.4
2005	782095	423751	67.0	187.9
2006	821150	444547	54.1	192.7
2007	824497	424442	51.5	201.1
2008	810606	421275	52.0	184.9
2009	829409	430434	51.9	190.4
2010	833733	437213	52.4	198.9
2011	838356	430597	51.4	197.1
2012	854402	438606	51.3	203.7
2013	848201	421800	49.7	202.8
2014	859584	394006	45.8	202.3
2015	845801	375630	44.4	200.0
2016	823260	360376	43.8	192.6
2017	797653	348331	43.7	181.6

12-22 各市县主要农作物面积和产量（2017）
Sown Area and Output of Major Farm Crops by Region (2017)

地 区	Region	粮食作物 Grain crops		谷物 Cereal		水稻 Rice	
		播种面积（公顷）Sown Area (hectare)	总产量（吨）Total Output (ton)	播种面积（公顷）Sown Area (hectare)	总产量（吨）Total Output (ton)	播种面积（公顷）Sown Area (hectare)	总产量（吨）Total Output (ton)
全省总计	**Total**	**348331**	**1687261**	**281542**	**1406699**	**281507**	**1406463**
海口市	Haikou	33581	148004	27132	123265	27115	123103
三亚市	Sanya	9120	44918	8534	43017	8534	43017
五指山市	Wuzhishan	3680	19434	2956	15648	2956	15648
文昌市	Wenchang	32557	136801	24466	100056	24466	100056
琼海市	Qionghai	22126	114365	19045	100448	19045	100448
万宁市	Wanning	21383	94784	17539	78142	17539	78142
定安县	Ding'an	25116	120775	19986	98449	19986	98449
屯昌县	Tunchang	18913	94278	13922	77235	13922	77235
澄迈县	Chengmai	36844	206349	30268	174730	30268	174727
临高县	Lingao	24452	127214	20876	111123	20876	111123
儋州地区	Danzhou Area	30946	157784	22018	115453	22018	115453
儋州市	Danzhou	30876	157034	22018	115453	22018	115453
洋浦	Yangpu	69	749				
东方市	Dongfang	16708	82579	14871	72647	14871	72647
乐东县	Ledong	26717	118218	23105	108701	23105	108701
琼中县	Qiongzhong	8509	40600	6738	34275	6738	34275
保亭县	Baoting	5729	25875	5205	24006	5187	23934
陵水县	Lingshui	17812	86839	14098	74513	14098	74513
白沙县	Baisha	5782	29307	3893	21677	3893	21677
昌江县	Changjiang	8356	39137	6891	33315	6891	33315

12-22 续1(continued 1)

地 区	Region	早造水稻 Early Season Rice		晚造水稻 Late Season Rice		蕃 薯 Tubers	
		播种面积（公顷）Sown Area (hectare)	总 产 量（吨）Total Output (ton)	播种面积（公顷）Sown Area (hectare)	总 产 量（吨）Total Output (ton)	播种面积（公顷）Sown Area (hectare)	总 产 量（吨）Total Output (ton)
全省总计	**Total**	**130127**	**745663**	**151380**	**660800**	**60793**	**260183**
海 口 市	Haikou	12967	65020	14147	58083	6027	23266
三 亚 市	Sanya	4803	25972	3731	17045	585	1901
五指山市	Wuzhishan	1477	8685	1479	6963	703	3734
文 昌 市	Wenchang	10727	52493	13739	47563	7821	35220
琼 海 市	Qionghai	8757	49964	10289	50484	2957	13625
万 宁 市	Wanning	7802	41880	9737	36262	3458	15702
定 安 县	Ding'an	8808	53375	11178	45074	3977	15447
屯 昌 县	Tunchang	7100	46264	6821	30971	4632	16324
澄 迈 县	Chengmai	14201	92885	16067	81842	6043	29893
临 高 县	Lingao	11627	75330	9249	35793	3517	15916
儋州地区	Danzhou Area	9632	58381	12385	57072	8206	40784
儋州市	Danzhou	9632	58381	12385	57072	8138	40037
洋 浦	Yangpu					68	747
东 方 市	Dongfang	6738	35109	8133	37538	1828	9907
乐 东 县	Ledong	8349	44416	14755	64285	2710	7558
琼 中 县	Qiongzhong	3469	21044	3270	13231	1389	5458
保 亭 县	Baoting	1868	10398	3319	13536	493	1783
陵 水 县	Lingshui	6565	34464	7533	40049	3578	11849
白 沙 县	Baisha	1988	11975	1905	9702	1790	7429
昌 江 县	Changjiang	3249	18008	3641	15307	1077	4388

12-22 续2(continued 2)

地 区	Region	大 豆 Beans		油 料 Oil-bearing Crops		花 生 Peanuts		芝 麻 Sesames	
		播种面积（公顷）Sown Area (hectare)	总 产 量（吨）Total Output (ton)	播种面积（公顷）Sown Area (hectare)	总 产 量（吨）Total Output (ton)	播种面积（公顷）Sown Area (hectare)	总 产 量（吨）Total Output (ton)	播种面积（公顷）Sown Area (hectare)	总 产 量（吨）Total Output (ton)
全省总计	**Total**	**2232**	**7172**	**38430**	**105177**	**37325**	**103785**	**1104**	**1391**
海 口 市	Haikou	390	1370	3573	8111	2833	7332	741	779
三 亚 市	Sanya			140	329	140	329		
五指山市	Wuzhishan	1	1	502	1288	502	1288		
文 昌 市	Wenchang	18	15	6549	13372	6549	13372		
琼 海 市	Qionghai	101	237	1303	2861	1303	2861		
万 宁 市	Wanning	160	347	1103	4302	1103	4302		
定 安 县	Ding'an	338	2283	4297	14890	4240	14828	56	62
屯 昌 县	Tunchang	236	449	3065	5715	3065	5715		
澄 迈 县	Chengmai	308	969	2518	6469	2219	5927	299	542
临 高 县	Lingao	19	84	792	2307	783	2299	9	8
儋州地区	Danzhou Area	249	562	5669	15985	5669	15985		
儋州市	Danzhou	249	562	5669	15984	5669	15984		
洋 浦	Yangpu			0	1	0	1		
东 方 市	Dongfang	9	25	2116	9644	2116	9644		
乐 东 县	Ledong	130	228	3097	7864	3097	7864		
琼 中 县	Qiongzhong	248	552	1601	3578	1601	3578		
保 亭 县	Baoting	7	17	344	1027	344	1027		
陵 水 县	Lingshui	2	4	1249	5449	1249	5449		
白 沙 县	Baisha	18	29	169	427	169	427		
昌 江 县	Changjiang			343	1560	343	1560		

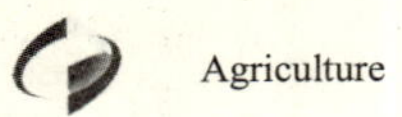

12-22 续3(continued 3)

地 区	Region	甘蔗 Sugarcane 播种面积（公顷）Sown Area (hectare)	甘蔗 Sugarcane 总产量（吨）Total Output (ton)	糖蔗 Sugarcrops for Sugar Refining 播种面积（公顷）Sown Area (hectare)	糖蔗 Sugarcrops for Sugar Refining 总产量（吨）Total Output (ton)	蔬菜 Vegetables 播种面积（公顷）Sown Area (hectare)	蔬菜 Vegetables 总产量（吨）Total Output (ton)	瓜类 Melons 播种面积（公顷）Sown Area (hectare)	瓜类 Melons 总产量（吨）Total Output (ton)
全省总计	**Total**	**26193**	**1642231**	**23433**	**1455696**	**263092**	**5793739**	**33580**	**1071626**
海口市	Haikou	1087	36307	882	25820	25919	514658	485	14552
三亚市	Sanya	7	201	0	5	12508	436940	904	33439
五指山市	Wuzhishan	47	1408	9	47	2486	36003	5	204
文昌市	Wenchang	135	8117	10	251	21257	467902	2899	125292
琼海市	Qionghai	344	23159			14858	523728	123	4192
万宁市	Wanning	369	28992			10674	301151	3503	104749
定安县	Ding'an	138	9216	1	342	11530	256699	64	2227
屯昌县	Tunchang	399	26977	3	190	10876	194094	247	5844
澄迈县	Chengmai	2849	217685	2239	166200	27460	756634	1027	30728
临高县	Lingao	3220	208122	3101	200668	11504	247730	169	4171
儋州地区	Danzhou Area	8139	421379	8071	417922	16803	414799	965	42042
儋州市	Danzhou	8139	421379	8071	417922	16669	409789	925	40542
洋浦	Yangpu					134	5010	40	1500
东方市	Dongfang	1433	101188	1433	101188	21983	367767	5873	164353
乐东县	Ledong	19	914			29508	531546	8653	276548
琼中县	Qiongzhong	405	26754	143	12798	3999	38957		
保亭县	Baoting	58	1322			4600	90814	11	51
陵水县	Lingshui					13075	210217	6528	202579
白沙县	Baisha	2616	180268	2612	180044	4826	53536	85	2219
昌江县	Changjiang	4929	350221	4929	350221	19227	350565	2037	58435

12-23 瓜菜生产情况（2017）
Production of Melons and Vegetables (2017)

项　目	Item	播种面积(公顷) Sown Area (hectare)	单产(公斤/公顷) Yield (kg/hectare)	总产量(万吨) Total Output (10 000 ton)
一、蔬菜、瓜菜	**Vegetables,Melons**	**296672**	**23141**	**686.54**
蔬　菜	Vegetables	263092	22022	579.37
瓜　类	Melons	33580	31913	107.16
二、分品种瓜菜	**Sorts**			
椒　类	Chili	45489	24246	110.29
豇　豆	Cowpea	21190	24635	52.20
四季豆	Kidney Beans	8968	18068	16.20
茄　子	Eggplant	11902	20676	24.61
冬　瓜	White Gourd	8395	59736	50.15
黄　瓜	Cucumber	8144	25127	20.46
其它蔬菜	Other Vegetables	159004	19211	305.46
西　瓜	Watermelon	16370	31314	51.26
香瓜(甜瓜)	Muskmelon	2353	20627	4.85
哈蜜瓜	Cantaloup	9478	35934	34.06
其它果用瓜	Other Melons	5379	31588	16.99

12-24 各市县园林水果、茶叶面积和产量
Area and Output of Garden Fruits and Tea by Region

年份 地区	Year Region	茶叶 Tea 年末面积（公顷）Area at Year-end (hectare)	收获面积（公顷）Harvest Area (hectare)	总产量（吨）Total Output (ton)	园林水果 Garden Fruits 年末面积（公顷）Area at Year-end (hectare)	当年新种 Newly Sown Area in the Current Year	收获面积（公顷）Harvest Area (hectare)	总产量（吨）Total Output (ton)
2000		3298	2541	2239	139231	38288	64106	1063269
2005		1489	1349	950	163401	23397	103660	1525256
2010		1175	1131	1227	174536	27264	138922	2853557
2012		1008	786	1196	179786	26642	151397	3346307
2013		1228	969	1028	171099	21111	151891	3425421
2014		1257	1086	1025	165368	22315	140107	3113481
2015		1307	1075	864	162197	15425	136149	2966800
2016		1518	1144	975	160201	12595	137019	2915347
2017		1900	1290	1024	167536	15850	140397	3038069
海口市	Haikou				18808	799	13356	233529
三亚市	Sanya				25263	232	21172	338665
五指山市	Wuzhishan	570	302	219	1493	34	1310	28017
文昌市	Wenchang				7979	578	6540	125143
琼海市	Qionghai				9345	1512	8227	248778
万宁市	Wanning				8805	441	7266	192082
定安县	Ding'an	199	167	32	5004	312	3927	84675
屯昌县	Tunchang				3854	124	2274	40049
澄迈县	Chengmai	287	287	265	11443	2965	11965	350924
临高县	Lingao				5174	719	4753	153312
儋州地区	Danzhou Area	17	9	14	6109	199	4784	120902
儋州市	Danzhou	17	9	14	6109	199	4784	120902
洋浦	Yangpu							
东方市	Dongfang				17045	3625	11725	205915
乐东县	Ledong				19416	2252	18450	387132
琼中县	Qiongzhong	248	185	76	3602	404	2468	42604
保亭县	Baoting	81	81	59	4746	537	4330	53961
陵水县	Lingshui				8329		7703	140927
白沙县	Baisha	498	260	360	2450	787	1937	40880
昌江县	Changjiang				8671	331	8208	250573

12-24 续1(continued 1)

年份 地区	Year Region	菠萝 Pineapples 年末面积（公顷）Area at Year-end (hectare)	当年新种 Newly Sown Area in the Current Year	收获面积（公顷）Harvest Area (hectare)	总产量（吨）Total Output (ton)	荔枝 Litchis 年末面积（公顷）Area at Year-end (hectare)	当年新种 Newly Sown Area in the Current Year	收获面积（公顷）Harvest Area (hectare)	总产量（吨）Total Output (ton)
2000		19153	5040	9919	238853	20475	3139	3249	10376
2005		11815	4361	7240	202648	31523	542	16664	70338
2010		14157	2803	9869	297352	24549	221	18328	134969
2012		15725	3607	11293	342721	22947	308	18598	146941
2013		15254	2324	11956	383258	22386	207	18865	170569
2014		15372	2137	11647	373075	21924	207	18261	182340
2015		15194	2198	11657	374680	22011	389	17500	156513
2016		15903	1736	12426	398031	20975	156	17923	153533
2017		16372	2371	12819	409891	20758	163	17276	157980
海口市	Haikou	2287	163	1799	50637	6371	6	4206	29622
三亚市	Sanya					100		48	266
五指山市	Wuzhishan	2		0	9	198		157	1593
文昌市	Wenchang	1751	325	1238	38146	2555	48	2414	26828
琼海市	Qionghai	3091	1085	2480	93468	1498	6	1448	13567
万宁市	Wanning	5269	373	4216	147871	1473		1356	12022
定安县	Ding'an	686	35	552	21488	2054	54	1654	21610
屯昌县	Tunchang	334	34	284	9580	945	7	622	2962
澄迈县	Chengmai	487	92	355	4576	1057	23	1017	6382
临高县	Lingao	486	160	170	6239	346	11	432	4878
儋州地区	Danzhou Area	330	10	301	10757	646	1	634	8055
儋州市	Danzhou	330	10	301	10757	646	1	634	8055
洋浦	Yangpu								
东方市	Dongfang	193	15	127	2327				
乐东县	Ledong	318	20	246	4991	219		377	3788
琼中县	Qiongzhong	59	1	47	799	223		178	1556
保亭县	Baoting	30		30	780	683	2	650	5557
陵水县	Lingshui	272		262	2111	2145		1842	16918
白沙县	Baisha	58	39	24	637	223	5	222	2292
昌江县	Changjiang	721	19	687	15475	21		19	85

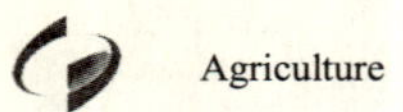

12-24 续2(continued 2)

年份 地区	Year Region	柑橘橙柚 Citrus , Oranges and Grapefruits				香蕉 Bananas			
		年末面积（公顷）Area at Year-end (hectare)	当年新种 Newly Sown Area in the Current Year	收获面积（公顷）Harvest Area (hectare)	总产量（吨）Total Output (ton)	年末面积（公顷）Area at Year-end (hectare)	当年新种 Newly Sown Area in the Current Year	收获面积（公顷）Harvest Area (hectare)	总产量（吨）Total Output (ton)
2000		2226	331	1208	13742	32980	22672	20439	600274
2005		3673	581	1607	19748	37331	15733	28056	913257
2010		5124	1093	2703	48477	58336	21500	47824	1722931
2012		5333	223	3179	54759	60933	20102	56835	2091019
2013		5470	100	3325	62485	53183	17236	54076	2027519
2014		5380	176	3095	59340	44572	15763	42792	1600406
2015		6206	545	2822	61542	39038	9433	38652	1400951
2016		6243	535	2697	58739	35339	6945	34979	1256274
2017		6968	796	2867	66267	34389	7629	34948	1271723
海口市	Haikou	638	76	238	2575	3469	443	3030	92047
三亚市	Sanya					781	143	940	37928
五指山市	Wuzhishan	21		21	610	634	1	497	17335
文昌市	Wenchang	322	37	203	2855	472	94	406	8050
琼海市	Qionghai	209	3	117	2483	1061	349	913	33371
万宁市	Wanning	52		46	980	479		416	7934
定安县	Ding'an	217	127	36	1153	458	22	381	18862
屯昌县	Tunchang	736	35	209	4951	582	14	352	7918
澄迈县	Chengmai	1498	26	816	18276	7110	2671	8744	300712
临高县	Lingao	1107	24	194	6069	2714	499	3511	126953
儋州地区	Danzhou Area	383	33	139	5672	2360	99	1859	59237
儋州市	Danzhou	383	33	139	5672	2360	99	1859	59237
洋浦	Yangpu								
东方市	Dongfang	69	22			2146	1001	1951	68037
乐东县	Ledong					4595	1601	4569	201452
琼中县	Qiongzhong	1373	210	778	19243	608	144	432	11158
保亭县	Baoting					456	116	432	11652
陵水县	Lingshui	0		0	3	874		1104	33892
白沙县	Baisha	341	202	68	1396	970	318	932	29166
昌江县	Changjiang					4620	114	4479	206019

12-24 续3(continued 3)

年份 地区	Year Region	龙眼 Longans 年末面积(公顷) Area at Year-end (hectare)	当年新种 Newly Sown Area in the Current Year	收获面积(公顷) Harvest Area (hectare)	总产量(吨) Total Output (ton)	芒果 Mangoes 年末面积(公顷) Area at Year-end (hectare)	当年新种 Newly Sown Area in the Current Year	收获面积(公顷) Harvest Area (hectare)	总产量(吨) Total Output (ton)
2000		9829	1064	1621	3644	36076	2406	19455	101220
2005		12314	420	4521	15654	47105	785	32682	222685
2010		10347	128	6611	35155	44278	565	39442	370172
2012		9569	90	7016	42370	46017	964	39230	411243
2013		9520	159	6946	44330	45203	351	40399	446596
2014		9641	242	7213	48060	46862	1619	40129	452518
2015		9526	243	7509	53970	47570	1033	40715	508943
2016		8953	136	7515	54222	48256	1737	41833	537810
2017		8567	199	7517	55985	54459	3228	44292	567304
海口市	Haikou	647	1	273	1525	53		37	371
三亚市	Sanya	214		176	1115	23869	70	19741	295306
五指山市	Wuzhishan	205		233	1631	207		188	1580
文昌市	Wenchang	297	7	230	2130	5		4	22
琼海市	Qionghai	77	1	72	498	14		14	107
万宁市	Wanning	400		322	2444	110		94	1120
定安县	Ding'an	179	2	172	1492	29	0	26	271
屯昌县	Tunchang	151	3	100	415	80	4	63	652
澄迈县	Chengmai	312		313	2019	45		41	503
临高县	Lingao	77		69	415				
儋州地区	Danzhou Area	343		303	2256	134		109	1021
儋州市	Danzhou	343		303	2256	134		109	1021
洋浦	Yangpu								
东方市	Dongfang	526		520	4281	12212	2420	7760	76951
乐东县	Ledong	2162	120	1987	16742	10430	485	10077	122434
琼中县	Qiongzhong	647		539	3158	48	3	16	108
保亭县	Baoting	1346	24	1325	9269	764	68	734	10678
陵水县	Lingshui	300		258	2476	3863		2988	35970
白沙县	Baisha	511	35	478	3210	148	81	67	961
昌江县	Changjiang	175	6	147	908	2448	98	2333	19247

12-25 各市县热带作物年末面积
Area of Tropical Crops at Year-end by Region

单位：公顷 (hectare)

地　区	Region	2000	2005	2010	2012	2013	2014	2015	2016	2017
全省总计	**Total**	**472281**	**511470**	**623327**	**672796**	**692694**	**696407**	**699733**	**699888**	**705137**
海 口 市	Haikou	12231	13408	16635	24588	25817	19952	19435	18188	19341
三 亚 市	Sanya	8807	8761	9069	21852	22741	22674	22792	21816	20018
五指山市	Wuzhishan	5921	7822	13585	16421	18115	18451	18298	18876	19798
文 昌 市	Wenchang	26758	25835	26164	30543	30685	29954	27720	26729	28205
琼 海 市	Qionghai	33937	31910	43127	64984	65296	66043	66028	66177	65880
万 宁 市	Wanning	15807	14157	18020	48869	49037	49028	49254	49713	49617
定 安 县	Ding'an	6747	12146	16954	30253	30779	28411	28940	29448	29546
屯 昌 县	Tunchang	10346	12238	15840	44436	48064	49624	49368	50032	50173
澄 迈 县	Chengmai	6331	10007	24618	56511	58997	58076	59188	58873	55682
临 高 县	Lingao	3540	6146	11968	22419	22518	22312	22266	22135	22120
儋州地区	Danzhou Area	19897	21722	46646	86345	90159	90911	90876	90629	92214
儋州市	Danzhou	19897	21722	46646	86345	90159	90911	90876	90629	92214
洋　浦	Yangpu									
东 方 市	Dongfang	3197	3244	5364	13480	14684	15006	14664	14315	12434
乐 东 县	Ledong	13876	12961	16896	37974	37944	39286	38506	38875	38541
琼 中 县	Qiongzhong	12757	18616	28526	67844	68273	68899	71002	71506	71337
保 亭 县	Baoting	9305	9818	11434	29928	29446	29334	29084	29287	29922
陵 水 县	Lingshui	9682	10565	10876	13368	13576	13625	13769	13769	13076
白 沙 县	Baisha	12663	15137	22857	49003	51262	59407	63270	63377	71090
昌 江 县	Changjiang	3676	5292	7012	13977	15301	15413	15274	16143	16143

注：因2010年以前的历年分市县数据不包含农垦数据，所以分市县数据合计不等于全省数。
Note: Data of county before 2010 not included the data ralated with Reclamation farms.

12-26 各市县主要热带作物面积和产量
Area and Output of Major Tropical Crops by Region

年份 地区	Year Region	橡 胶 Rubber				椰 子 Coconut			
		年末面积 (公顷) Area at Year-end (hectare)	当年新种 Newly Sown Area in the Current Year	收获面积 (公顷) Harvest Area (hectare)	总 产 量 (吨) Total Output (ton)	年末面积 (公顷) Area at Year-end (hectare)	当年新种 Newly Sown Area in the Current Year	收获面积 (公顷) Harvest Area (hectare)	总 产 量 (万个) Total Output (10 000 units)
2000		369841	9575	271716	280880	44426	7250	19598	19166
2005		393011	16992	292541	247775	42875	275	24896	24007
2010		490392	29571	343133	346366	39160	160	27443	23125
2012		525724	27558	372932	395052	37509	281	29031	24155
2013		540212	16253	392678	420816	37600	181	29800	25359
2014		542307	18380	389293	391212	36576	129	29598	25292
2015		542056	13103	383329	361105	35402	180	28899	22314
2016		540934	3214	379368	351437	34445	148	28925	22186
2017		542877	4591	400393	362144	33606	1227	29122	23282
海口市	Haikou	12241	146	4139	2764	1689	12	1218	1101
三亚市	Sanya	12836		10466	5681	1475		1391	1788
五指山市	Wuzhishan	16735	1	4792	7774	221	0	200	102
文昌市	Wenchang	5005	6	2430	1760	13611	1118	11205	5861
琼海市	Qionghai	35650	201	30085	29694	6304	34	6001	6704
万宁市	Wanning	26562		22291	15110	2320		2105	1937
定安县	Ding'an	17788	48	13055	10959	1172	4	954	1120
屯昌县	Tunchang	37859	379	27336	27366	433	7	256	313
澄迈县	Chengmai	49438	273	38391	39819	252	2	218	185
临高县	Lingao	22094	156	13731	14836	5		5	4
儋州地区	Danzhou Area	91384	1544	83459	73044	207	10	97	64
儋州市	Danzhou	91384	1544	83459	73044	207	10	97	64
洋浦	Yangpu								
东方市	Dongfang	11916	156	7383	4600	153		142	143
乐东县	Ledong	32905	129	24520	14072	611	17	559	440
琼中县	Qiongzhong	57837	714	37725	30336	519	13	272	227
保亭县	Baoting	22502	366	18604	18745	724	8	696	1070
陵水县	Lingshui	4927		3875	3200	3831		3741	2177
白沙县	Baisha	69847	372	47715	50498	50	2	46	34
昌江县	Changjiang	15350	101	10395	11886	30		16	11

12-26 续1(continued 1)

年份 地区	Year Region	咖啡 Coffee				槟榔 Betel nut			
		年末面积（公顷）Area at Year-end (hectare)	当年新种 Newly Sown Area in the Current Year	收获面积（公顷）Harvest Area (hectare)	总产量（吨）Total Output (ton)	年末面积（公顷）Area at Year-end (hectare)	当年新种 Newly Sown Area in the Current Year	收获面积（公顷）Harvest Area (hectare)	总产量（吨）Total Output (ton)
2000		773	53	570	419	26944	1958	12597	35598
2005		237	14	198	283	47714	3649	20785	64338
2010		220	32	99	157	69227	3372	39401	152105
2012		529	160	149	280	85922	6562	54700	198122
2013		627	141	137	242	90884	5421	60163	223330
2014		571	69	139	230	94070	3533	64836	231015
2015		564	58	148	259	98051	2644	67568	229221
2016		751	68	162	342	99661	2142	70218	234225
2017		778	38	183	406	102530	2835	73872	255114
海口市	Haikou	1		1	1	2261	96	1226	2978
三亚市	Sanya					5707	40	4869	19946
五指山市	Wuzhishan					2219	63	1536	5447
文昌市	Wenchang	1		1	3	2681	266	1669	6601
琼海市	Qionghai					16311	271	13298	42079
万宁市	Wanning	77		52	59	18138		14326	41063
定安县	Ding'an	1	1			8917	143	5893	24440
屯昌县	Tunchang					11092	71	6575	21626
澄迈县	Chengmai	527		86	249	4810	136	2788	16140
临高县	Lingao					19	1	12	87
儋州地区	Danzhou Area					477	9	306	1265
儋州市	Danzhou					477	9	306	1265
洋浦	Yangpu								
东方市	Dongfang					354	87	136	325
乐东县	Ledong					4993	143	4169	14870
琼中县	Qiongzhong	115	21	16	24	12447	639	8107	25785
保亭县	Baoting					6685	496	4700	19389
陵水县	Lingshui					4314		3786	10711
白沙县	Baisha	56	16	27	70	1059	375	470	2358
昌江县	Changjiang					45		7	4

12-26 续2(continued 2)

年份 地区	Year Region	腰果 Cashew nut 年末面积(公顷) Area at Year-end (hectare)	当年新种 Newly Sown Area in the Current Year	收获面积(公顷) Harvest Area (hectare)	总产量(吨) Total Output (ton)	剑麻 Sisal Hemp 年末面积(公顷) Area at Year-end (hectare)	当年新种 Newly Sown Area in the Current Year	收获面积(公顷) Harvest Area (hectare)	总产量(吨) Total Output (ton)
2000		5272	31	3178	1177	2215	41	1817	5104
2005		1780		1538	388	2849	80	1675	5640
2010		360	13	238	269	2369		1820	6625
2012		175		161	234	1373	3	1235	5395
2013		167		161	290	1092	36	1021	3971
2014		134		130	105	944	4	937	3407
2015		41		40	114	843		834	2940
2016		41		41	7	790	2	770	3260
2017						711		708	3017
海口市	Haikou								
三亚市	Sanya								
五指山市	Wuzhishan								
文昌市	Wenchang								
琼海市	Qionghai								
万宁市	Wanning								
定安县	Ding'an								
屯昌县	Tunchang								
澄迈县	Chengmai								
临高县	Lingao								
儋州地区	Danzhou Area								
儋州市	Danzhou								
洋浦	Yangpu								
东方市	Dongfang								
乐东县	Ledong								
琼中县	Qiongzhong								
保亭县	Baoting								
陵水县	Lingshui								
白沙县	Baisha								
昌江县	Changjiang					711		708	3017

12-26 续3(continued 3)

年份 地区	Year Region	胡椒 Pepper 年末面积(公顷) Area at Year-end (hectare)	当年新种 Newly Sown Area in the Current Year	收获面积(公顷) Harvest Area (hectare)	总产量(吨) Total Output (ton)
2000		22792	5366	10498	18093
2005		22971	400	17735	31119
2010		21589	225	18265	35992
2012		21489	303	18403	36592
2013		21977	886	18509	39765
2014		21482	733	17385	39951
2015		21982	377	19004	35649
2016		21302	411	18341	36618
2017		22114	340	19923	41550
海口市	Haikou	3148	137	2847	3905
三亚市	Sanya				
五指山市	Wuzhishan	73		69	198
文昌市	Wenchang	6865	154	6000	12192
琼海市	Qionghai	6906	36	6363	12975
万宁市	Wanning	2515		2184	6866
定安县	Ding'an	1538	1	1494	3328
屯昌县	Tunchang	323		290	648
澄迈县	Chengmai	301	2	288	727
临高县	Lingao	1		16	24
儋州地区	Danzhou Area	146	2	138	149
儋州市	Danzhou	146	2	138	149
洋浦	Yangpu				
东方市	Dongfang				
乐东县	Ledong	32		31	85
琼中县	Qiongzhong	164	2	123	262
保亭县	Baoting	12		12	26.37
陵水县	Lingshui	5		5	15
白沙县	Baisha	77	5	64	148.97
昌江县	Changjiang	7			

12-27 各市县主要南药面积和产量
Area and Output of Major South-drugs by Region

年份 地区	Year Region	槟榔 Betel Nut		益智 Yizhi		砂仁 Sharen	
		年末面积（公顷）Area at Year-end (hectare)	总产量（吨）Total Output (ton)	年末面积（公顷）Area at Year-end (hectare)	总产量（吨）Total Output (ton)	年末面积（公顷）Area at Year-end (hectare)	总产量（吨）Total Output (ton)
2000		26944	35598	2855	3805	285	219
2005		47714	64338	3668	5223	311	246
2010		69227	152105	3505	3724	122	215
2012		85922	198122	4648	5681	61	140
2013		90884	223330	5008	7204	49	118
2014		94070	231015	6139	9753	297	1208
2015		98051	229221	7973	10441	284	1620
2016		99661	234225	8606	11505	299	1011
2017		102530	255114	11391	15516	268	1107
海口市	Haikou	2261	2978				
三亚市	Sanya	5707	19946	161	210	3	140
五指山市	Wuzhishan	2219	5447	2036	5253		
文昌市	Wenchang	2681	6601				
琼海市	Qionghai	16311	42079	36	113		
万宁市	Wanning	18138	41063	364	758		
定安县	Ding'an	8917	24440	7	26		
屯昌县	Tunchang	11092	21626	527	1257		
澄迈县	Chengmai	4810	16140				
临高县	Lingao	19	87				
儋州地区	Danzhou Area	477	1265	459	596		
儋州市	Danzhou	477	1265	459	596		
洋浦	Yangpu						
东方市	Dongfang	354	325				
乐东县	Ledong	4993	14870	107	202	257	964
琼中县	Qiongzhong	12447	25785	3835	2186	8	2.7
保亭县	Baoting	6685	19389	1370	2664		
陵水县	Lingshui	4314	10711	612	420		
白沙县	Baisha	1059	2358	1877	1831		
昌江县	Changjiang	45	4				

12-28 各市县牲畜、家禽饲养头数
Number of Livestock and Poultry by Region

单位：万头 (10 000 heads)

年份 地区	Year Region	牛年末存栏量 Number of Cattle in Stock (Year-end)	黄牛 Oxes	水牛 Buffaloes	奶牛 Dairy Cattle	牛年内出栏量 Number of Slaughtered Cattle in the Current Year	山羊年底存栏量 Number of Goat in Stock (Year-end)	山羊年内出栏量 Number of Slaughtered Goat in the Current Year
2000		144.93	57.67	87.21	0.05	22.79	92.48	72.14
2005		84.86	36.33	48.43	0.10	20.50	56.04	65.41
2010		92.58	40.57	51.91	0.11	25.31	69.92	83.28
2012		87.39	39.15	48.15	0.09	26.92	66.03	77.06
2013		84.33	41.46	42.77	0.09	27.30	68.34	79.11
2014		79.13	40.12	38.91	0.09	27.22	66.88	81.06
2015		84.24	42.18	41.97	0.09	26.67	66.81	77.45
2016		76.58	39.30	37.17	0.11	26.85	67.08	81.11
2017		52.77	25.85	26.82	0.09	19.22	68.40	84.27
海口市	Haikou	2.25	0.99	1.25	0.01	1.16	6.03	9.88
三亚市	Sanya	1.31	0.75	0.52	0.04	1.07	4.34	5.29
五指山市	Wuzhishan	0.90	0.79	0.11		0.29	0.23	0.30
文昌市	Wenchang	4.27	2.26	2.01		1.22	5.42	4.06
琼海市	Qionghai	0.99	0.63	0.36		0.59	3.12	4.92
万宁市	Wanning	4.39	1.97	2.42		1.70	3.69	5.17
定安县	Ding'an	6.12	2.39	3.73		2.16	4.59	6.20
屯昌县	Tunchang	3.00	0.96	2.05		1.04	2.73	2.67
澄迈县	Chengmai	5.49	1.97	3.48	0.04	2.34	3.54	5.41
临高县	Lingao	1.94	0.83	1.11		0.78	1.79	3.35
儋州地区	Danzhou Area	3.18	1.48	1.69		1.76	6.66	10.92
儋州市	Danzhou	3.14	1.48	1.66		1.70	6.47	10.77
洋浦	Yangpu	0.04		0.04		0.06	0.19	0.15
东方市	Dongfang	2.44	1.76	0.69		0.85	2.93	2.67
乐东县	Ledong	7.56	4.11	3.45		1.36	9.36	11.17
琼中县	Qiongzhong	0.82	0.66	0.16		0.43	2.05	2.01
保亭县	Baoting	0.77	0.66	0.11		0.09	2.40	2.03
陵水县	Lingshui	3.10	1.03	2.07		1.08	2.72	2.60
白沙县	Baisha	0.77	0.70	0.07		0.32	1.50	1.43
昌江县	Changjiang	3.46	1.92	1.55		0.96	5.31	4.21

注：全省数包含洋浦的数据，2007年数据为经过调整的与2006年农业普查衔接数。
Note: The total data includes Yangpu.Data in 2007 has been adjusted and Linked with the data of Agricultural Census in 2006.

12-28 续(continued)

单位：万头 (10,000 heads)

年份 地区	Year Region	猪年末存栏量 Number of Pigs in Stock (Year-end)	能繁殖母猪 Breeding Sow	猪全年饲养量 Number of Pigs Raised in the Whole Year	年内出栏肥猪 Number of Slaughtered Fattened Pigs in the Current Year	家禽年内出栏量 Number of Slaughtered Poultry in the Current Year	鸡 Chicken	鸭 Duck	鹅 Goose
2000		306.67	31.63	585.6	278.93	8496.68	5592.17	2601.96	302.55
2005		296.52	37.98	638.87	342.35	9134.50	6082.94	2690.43	361.13
2010		413.21	60.52	918.87	505.66	12602.65	8160.51	3942.99	499.16
2012		438.56	65.64	1019.45	580.89	14663.66	9944.30	4096.05	623.31
2013		433.78	62.65	1044.28	610.50	15035.00	10558.34	3787.70	688.96
2014		412.86	60.88	1001.39	588.53	13966.91	9272.65	3878.44	815.82
2015		401.13	56.18	956.84	555.71	14686.03	10147.36	3765.98	772.69
2016		385.53	52.78	915.13	529.60	15314.89	10722.46	3794.68	797.75
2017		399.60	53.33	947.42	547.82	15564.87	10939.31	3827.10	798.46
海 口 市	Haikou	34.31	4.34	106.33	72.02	1277.13	1041.67	214.40	21.06
三 亚 市	Sanya	12.47	1.65	39.53	27.06	333.33	254.14	73.27	5.92
五指山市	Wuzhishan	3.79	0.73	9.76	5.97	81.05	61.48	7.07	12.49
文 昌 市	Wenchang	17.53	1.81	42.60	25.07	3379.38	2946.82	404.70	27.86
琼 海 市	Qionghai	23.64	3.34	68.36	44.72	2252.26	1910.68	296.27	45.30
万 宁 市	Wanning	19.83	1.96	60.85	41.01	758.18	416.34	322.33	19.51
定 安 县	Ding'an	33.34	4.34	72.07	38.74	1202.22	646.08	410.71	145.43
屯 昌 县	Tunchang	19.29	2.66	45.77	26.48	519.26	338.62	140.40	40.24
澄 迈 县	Chengmai	41.70	4.42	85.55	43.85	2154.13	511.49	1299.51	343.14
临 高 县	Lingao	30.03	5.86	50.20	20.17	286.54	163.55	117.41	5.59
儋州地区	Danzhou Area	54.46	6.22	131.84	77.39	1812.19	1586.04	194.22	31.93
儋州市	Danzhou	54.08	6.18	130.87	76.79	1808.69	1583.54	193.22	31.93
洋 浦	Yangpu	0.38	0.05	0.98	0.60	3.50	2.50	1.00	
东 方 市	Dongfang	27.35	4.34	48.24	20.89	282.57	170.02	95.21	17.34
乐 东 县	Ledong	23.14	3.90	47.40	24.26	308.10	198.01	82.92	27.18
琼 中 县	Qiongzhong	10.47	1.17	25.10	14.64	155.02	115.65	22.32	17.06
保 亭 县	Baoting	13.18	2.15	28.10	14.92	133.96	91.73	34.49	7.74
陵 水 县	Lingshui	13.62	1.49	30.28	16.66	129.14	96.20	26.86	6.08
白 沙 县	Baisha	8.92	0.85	25.86	16.94	250.74	206.25	32.86	11.63
昌 江 县	Changjiang	12.54	2.10	29.59	17.04	249.67	184.55	52.16	12.97

12-29 各市县畜产品产量
Output of Livestock Products by Region

单位：吨 (ton)

年份 地区	Year Region	肉类总产量 Total output of Meat	猪牛羊肉 Pork,Beef and Mutton Output	猪肉 Pork	牛肉 Beef	羊肉 Mutton	禽肉 Meat of Poultry	牛奶产量 Output of Cow Milk	禽蛋产量 Output of Poultry Eggs	蜂蜜产量 Output of Honey
2000		397345	264670	234240	20515	9915	128367	320	28704	398
2005		475678	304202	276379	18975	8697	156755	1140	21796	718
2010		684948	445841	412342	22498	11001	216844	1949	35034	717
2012		795439	516730	481240	25145	10345	253012	2263	35835	667
2013		828606	541626	504811	26179	10636	259626	2262	38134	728
2014		794668	522236	485771	25608	10857	244360	2313	37909	865
2015		780301	493657	457934	25312	10411	254311	2346	43817	1029
2016		763511	465646	428609	25973	11065	267078	2251	48300	979
2017		789216	473964	444000	18479	11485	271600	2600	47500	1302
海口市	Haikou	87751	63218	60689	1162	1367	21397	1466	9393	204
三亚市	Sanya	28185	22619	20873	1002	744	5200	786	2677	13
五指山市	Wuzhishan	6951	4953	4641	275	37	1433		166	2
文昌市	Wenchang	78427	22143	20335	1228	580	54200		5838	90
琼海市	Qionghai	78196	38904	37637	588	679	36888		4188	31
万宁市	Wanning	48711	34552	32269	1623	660	13847		1825	
定安县	Ding'an	62285	36225	33303	2068	854	22884		5725	3
屯昌县	Tunchang	35636	23872	22530	947	396	9645		1821	38
澄迈县	Chengmai	90014	39447	36386	2289	771	44539	348	4008	198
临高县	Lingao	31265	18054	16794	779	481	5303		147	
儋州地区	Danzhou Area	90770	63681	60475	1732	1474	29217		5542	121
儋州市	Danzhou	90014	63004	59880	1674	1450	29145		5532	121
洋浦	Yangpu	755	677	595	58	24	72		10	
东方市	Dongfang	25463	16813	15679	807	328	5554		1295	
乐东县	Ledong	28307	21706	18957	1247	1502	5628		1932	
琼中县	Qiongzhong	16837	12838	12176	396	266	2808		252	466
保亭县	Baoting	16503	11954	11585	89	280	2384		871	14
陵水县	Lingshui	18598	14497	13080	1025	392	2262		513	
白沙县	Baisha	18721	14114	13597	307	211	4368		332	54
昌江县	Changjiang	20100	14374	12995	915	465	4041		977	68

12-30 水产养殖面积
Aquaculture Area

单位：公顷 (hectare)

年份 地区	Year Region	海水养殖面积 Area of Seawater Aquatic	鱼 类 Fish	虾蟹类 Shrimps, Prawns and Crabs	贝 类 Shellfish	藻 类 Algae	其它类 Others	淡水养殖面积 Area of Freshwater Aquatic
2011		15146	3088	9098	1551	1286	124	40347
2012		15845	2914	9784	1983	1113	50	40495
2013		16791	3472	10192	2238	839	50	41107
2014		16691	3886	9392	2569	794	50	37210
2015		17138	4642	9093	2541	812	50	37590
2016		17823	4984	9064	2929	796	50	37657
2017		19715	5459	10692	2789	721	54	34386
海口市	Haikou	1781	555	852	169	205		3523
三亚市	Sanya	615	183	83	350			438
五指山市	Wuzhishan							338
文昌市	Wenchang	5065	1330	3134	527	74		7080
琼海市	Qionghai	612	343	265	4			2520
万宁市	Wanning	1333	220	1113				1607
定安县	Ding'an							1710
屯昌县	Tunchang							1648
澄迈县	Chengmai	1286	597	531	40	117		4343
临高县	Lingao	2086	1307	452	323		4	1866
儋州地区	Danzhou Area	3810	463	2028	1183	86	50	2130
儋州市	Danzhou	3810	463	2028	1183	86	50	2127
洋浦	Yangpu							3
东方市	Dongfang	662	67	595				786
乐东县	Ledong	699	55	644				2090
琼中县	Qiongzhong							1113
保亭县	Baoting							745
陵水县	Lingshui	69	64	3	1	1		450
白沙县	Baisha							1354
昌江县	Changjiang	1698	276	992	192	238		645

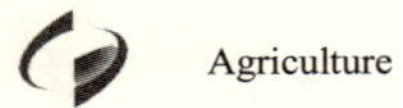

12-31 水产品总产量
Output of Aquatic Products

单位：吨 (Ton)

年份 地区	Year Region	水产品总产量 Total Aquatic Products	海水产品 Seawater Aquatic Products	海水捕捞 Seawater Aquatic Products Caught	海水养殖 Seawater Aquatic Products Cultured	淡水产品 Freshwater Aquatic Products	淡水捕捞 Freshwater Aquatic Products Caught	淡水养殖 Freshwater Aquatic Products Cultured
			按海、淡水分By Seawater and Freshwater					
2011		1602445	1240420	1050300	190120	362025	21015	341010
2012		1727340	1325427	1109325	216102	401913	21377	380536
2013		1831423	1369335	1121263	248072	462088	21538	440550
2014		1974357	1490173	1220091	270082	484184	22073	462111
2015		2072912	1631757	1372725	259032	441155	23286	417869
2016		2146379	1687184	1407482	279702	459195	22990	436205
2017		2011899	1558853	1237331	321522	453046	23295	429751
海口市	Haikou	73149	40524	19163	21361	32625	1719	30906
三亚市	Sanya	75975	73714	65918	7796	2261	443	1818
五指山市	Wuzhishan	2266				2266	148	2118
文昌市	Wenchang	270958	104449	31320	73129	166509	1430	165079
琼海市	Qionghai	116319	72100	63700	8400	44219	2344	41875
万宁市	Wanning	77317	60121	33597	26524	17196	824	16372
定安县	Ding'an	13009				13009	237	12772
屯昌县	Tunchang	15259				15259	493	14766
澄迈县	Chengmai	135622	85852	57737	28115	49770	3731	46039
临高县	Lingao	504556	495761	445887	49874	8795	710	8085
儋州地区	Danzhou Area	422630	389350	331670	57680	33280	4141	29139
儋州市	Danzhou	400291	367101	309421	57680	33190	4141	29049
洋浦	Yangpu	22339	22249	22249		90		90
东方市	Dongfang	37040	31651	24416	7235	5389	72	5317
乐东县	Ledong	41138	27251	21798	5453	13887	2268	11619
琼中县	Qiongzhong	13100				13100	1371	11729
保亭县	Baoting	4615				4615	147	4468
陵水县	Lingshui	100402	96102	86177	9925	4300		4300
白沙县	Baisha	17491				17491		17491
昌江县	Changjiang	91053	81978	55948	26030	9075	3217	5858

12-31 续(continued)

年份 地区	Year Region	按品类分类 By Category 鱼类 Fish	虾蟹类 Shrimps, Prawns and Crabs	海养对虾 Prawn by Seawater Cultured	贝类 Shellfish	藻类 Algae	江蓠 Gracilaria Confervoides	其它 Others
2011		1293860	194505	98737	54305	33102	9874	26673
2012		1313104	208988	106930	73073	23005	9310	109170
2013		1464793	186976	122431	58469	36356	12830	84829
2014		1562786	201305	97258	76882	23848	10593	109536
2015		1643749	212106	106131	78825	23884	10868	114348
2016		1706690	220943	97248	76796	24535	11814	25915
2017		1572195	222863	125281	73574	23755	11357	119512
海口市	Haikou	42384	16173	11322	1771	8279	7990	4542
三亚市	Sanya	55262	4307	941	3256			13150
五指山市	Wuzhishan	2258	3		5			
文昌市	Wenchang	220572	35897	33490	11737	992		1760
琼海市	Qionghai	92758	9945	3505	5177	2640		5799
万宁市	Wanning	54348	20282	19037	221	53		2413
定安县	Ding'an	12974	26		9			
屯昌县	Tunchang	15185	56		18			
澄迈县	Chengmai	96014	17752	8358	6925	3687	2988	11244
临高县	Lingao	425098	33280	6938	5536	266		40376
儋州地区	Danzhou Area	296102	60129	23757	25860	4036	379	36503
儋州市	Danzhou	278107	59269	23757	25292	4036	379	33587
洋浦	Yangpu	17995	860		568			2916
东方市	Dongfang	27538	8382	6143	273			847
乐东县	Ledong	33870	6915	5227	125			228
琼中县	Qiongzhong	12861	161		78			
保亭县	Baoting	4599			16			
陵水县	Lingshui	98154	1400	150	10	138		700
白沙县	Baisha	17491						
昌江县	Changjiang	64727	8155	6413	12557	3664		1950

主要统计指标解释

农业 指对各种农作物的种植活动。包括谷物、豆类、薯类、棉花、油料、糖料、麻类、烟叶、蔬菜、园艺作物、水果、坚果、饮料和香料作物、中草药及其他作物的种植。

林业 包括林木的栽培(不包括茶园、桑园和果园的栽培、管理和收获等活动),木材和竹材的采运,林产品的采集。

畜牧业 包括牲畜饲养和放牧,家禽饲养以及野生动物的捕猎和饲养。

渔业 包括水生动物和海藻类植物的养殖和捕捞。

农、林、牧、渔服务业 指对农、林、牧、渔业生产活动进行的各种支持性服务。但不包括各种科学技术和专业性技术服务活动。

农林牧渔业总产值 指以货币表现的农、林、牧、渔业全部产品和对农林牧渔业生产活动进行的各种支持性服务活动的价值总量,它反映一定时期内农林牧渔业生产总规模和总成果。农业总产值的计算方法通常是按农林牧渔业产品及其副产品的产量分别乘以各自单位产品价格求得;少数生产周期较长,当年没有产品或产品产量不易统计的,则采用间接方法匡算其产值;然后将四业产品产值及农林牧渔服务业产值相加即为农林牧渔业总产值。1957年以前的农业总产值中包括了厩肥和农民自给性手工业(如农民自制衣服、鞋、袜,自己从事粮食初步加工等)。1958年及以后,林业中增加了村及村以下竹木采伐产值;牧业中取消了厩肥产值;副业中取消了农民自给性手工业产值,增加了村及村以下办的工业产值;渔业中增加了海洋捕捞水产品产值。1980年及以后,在副业中增加了农民家庭兼营工业商品部分的产值。从1984年起村及村以下工业产值划归工业。从1993年起取消副业,将野生动物的捕猎划入牧业、野生植物采集和农民家庭兼营商品性工业划归农业。从2003年起,执行新的国民经济行业分类标准,农林牧渔业总产值中包括了农林牧渔业服务业产值,林业中增加了森林采运业产值,农业中取消了家庭兼营商品性工业产值,将野生林产品的采集划归林业。第一次农业普查以后,由于畜牧业产品年报数据与普查数据之间存在一定的差距,国家统计局农调总队对畜牧业年报数据与普查数据进行衔接,对畜牧业产值进行相应调整。**粮食产量** 指全社会的产量。包括国有经济经营的、集体统一经营的和农民家庭经营的粮食产量,还包括工矿企业办的农场和其他生产单位的产量。粮食除包括稻谷、小麦、玉米、高粱、谷子及其他杂粮外,还包括薯类和豆类。其产量计算方法,豆类按去豆荚后的干豆计算;薯类(包括甘薯和马铃薯,不包括芋头和木薯)1963年以前按每4公斤鲜薯折1公斤粮食计算,从1964年开始改为按5公斤鲜薯折1公斤粮食计算。城市郊区作为蔬菜的薯类(如马铃薯等)按鲜品计算,并且不作粮食统计。其他粮食一律按脱粒后的原粮计算。

油料产量 指全部油料作物的生产量。包括花生、油菜籽、芝麻、向日葵籽、胡麻籽(亚麻籽)和其他油料。不包括大豆、木本油料和野生油料。花生以带壳干花生计算。

水产品产量 指人工养殖的水产品和天然生长的水产品的捕捞量。包括海水的鱼类、虾蟹类、贝类和藻类以及内陆水域的鱼类、虾蟹类和贝类,不包括淡水生植物。

猪、牛、羊肉产量 指当年出栏并已屠宰、除去头蹄下水后带骨肉(即胴体重)的重量。包括全社会范围内的产量。

期初(末)畜禽存栏头(只)数 指报告期初(末)农村各种合作经济组织和国营农场、农民个人、机关、团体、学校、工矿企业、部队等单位以及城镇居民饲养的大牲畜、猪、羊、家禽等畜禽的存栏数。

耕地面积 指可以用来种植农作物、经常进行耕锄的田地,包括熟地、当年新开荒地、连续撂荒未满三年的耕地和当年的休闲地(轮歇地),还包括以种植农作物为主并附带种植桑树、茶树、果树和其他林木的土地,以及沿海、沿湖地区已围垦利用的"海涂"、"湖田"等面积。不包括属于专业性的桑园、茶园、果园、果木苗圃、林地、芦苇地、天然或人工草地面积。

农作物播种面积 指实际播种或移植有农作物的面积。凡是实际种植有农作物的面积,不论种植在耕地上还是种植在非耕地上,均包括在农作物播种面积中。在播种季节基本结束后,因遭灾而重新改种和补种的农作物面积,也包括在内。

有效灌溉面积 指具有一定的水源,地块比较平整,灌溉工程或设备已经配套,在一般年景下当年能够进行正常灌溉的耕地面积。

农用化肥施用量 指本年内实际用于农业生产的化肥数量,包括氮肥、磷肥、钾肥和复合肥。化肥施用量要求按折纯量计算数量。折纯量是指把氮肥、磷肥、钾肥分别按含氮、含五氧化二磷、含氧化钾的百分之百成份进行折算后的数量。复合肥按其所含主要成分折算。

农业机械总动力 指主要用于农、林、牧、渔业的各种动力机械的动力总和。包括耕作机械、排灌机械、收获机械、农用运输机械、植物保护机械、牧业机械、林业机械、渔业机械和其他农业机械〔内燃机按引擎马力折成瓦(特)计算、电动机按功率折成瓦(特)计算〕。不包括专门用于乡、镇、村、组办工业、基本建设、非农业运输、科学试验和教学等非农业生产方面用的动力机械与作业机械。

农村家庭从业人员 指乡村人口中16岁以上实际参加生产经营活动并取得实物或货币收入的人员，既包括劳动年龄内实际参加劳动人员，也包括超过劳动年龄但实际参加劳动的人员，但不包括户口在家的在外学生、现役军人和丧失劳动能力的人，也不包括待业人员和家务劳动者。劳动者年龄为16岁以上。

Explanatory Notes on Main Statistical Indicators

Agriculture refers to cultivation of farm crops, including cereals, beans, tuber crops, cotton, oil-bearing crops, sugar crops, hemp, tobacco leaves, vegetables, gardening plants, fruits, nuts, crops for beverages and spices, medicinal herbs and other farm crops.

Forestry includes the planting of trees (excluding the operations of planting, management and harvesting on tea plantations, mulberry fields and orchards), cutting and transport of timber and bamboo and collection of forest products.

Animal husbandry includes the raising and grazing of domestic animals and poultry, and the hunting and raising of wild animals.

Fishery includes cultivation and catching of aquatic animals and seaweed.

Services of agriculture, forestry, animal husbandry and fishery includes supporting services to production activities in agriculture, forestry, animal husbandry and fishery but do not include activities of science and technology and professional services.

Gross Output Value of Agricalture, Forestry, Animal Husbandry and Fishery refers to the total value of products of farming, forestry, animal husbandry and fishery, and total value of services in support of farming, forestry, animal husbandry and fishery activities. It reflects the total scale and result of agricultural production during a given period. Gross output value of agriculture is obtained by multiplying the output of each product or by-product by its price, resulting in the output value of each single item. For a small number of products, annual output of which is not available or difficult to get due to the long production (growing) process involved, the output value is estimated through an indirect approach. The sum of output value of all products of farming, forestry, animal husbandry, and fishery and services in support to those industries is then equal to the gross output value of agriculture. Prior to 1957, China's gross agricultural output value included barnyard manure and handicraft products for self -consumption (clothes, shoes, stockings, and initial grain processing undertaken by peasants). Since 1958, cutting and felling of bamboo and trees by villages and other cooperative organizations under villages has been included in forestry; value of barnyard manure has been excluded from animal husbandry; self consumed handicrafts has been excluded from sideline occupations, while the output value of industries run by villages and cooperative organizations under village had been included in sideline occupations and the output value of fish catches by motor fishing boats has been added to fishery. Since 1980, the value of handicraft products made for sale by individuals in households has been added to sideline occupations. Since 1984, industries run by villages and under villages have been included in the sector of industry. Since 1993, the subdivision of sideline occupations has been canceled, and the hunting of wild animals has been classified into animal husbandry, and the gathering of wild plants and commodity industry run by rural household have been included in farming. A new industrial classification of economic activities was introduced in 2003, Under the new classification, value of services to farming, forestry, animal husbandry and fishery is included in the gross output value of agriculture, value of wood felling and transport is included in forestry, value of industrial output by rural households is not included in farming, and the collection of wild forest products is taken from farming and included in forestry. The First Agriculture Census of China revealed some discrepancy between the production of animal products from the annual reports and that from the census. Efforts were made by the Rural Survey of NBS to adjust the output value of animal husbandry to make the figures from the annual reports consistent with the census data.

Grain Output refers to the total output in the whole

country including grains produced by State farms, collective units, rural households, as well as by farms affiliated to industrial and mining enterprises and other production units. Grain includes rice, wheat, corn, sorghum, millet and other miscellaneous grains as well as tubers and beans. Output of beans refers to dry beans without pods. The output of tubers (sweet potatoes and potatoes, not including taros and cassava) are converted into that of grain at the ratio 4:1, i.e. 4 kilograms of fresh tubers were equivalent to 1 kilogram of grain up to 1963. Since 1964 the ratio for conversion has been 5:1. Tubers supplied as vegetables (such as potatoes) in cities and suburbs are calculated as fresh vegetables and their output is not included in the output of grain. Output of all other grains refers to husked grain.

Output of Oil-bearing Crops refers to the total production of oil-bearing crops of various kinds, including peanuts, (dry, in shell) rapeseeds, sesame, sunflower seeds, flax seeds, and other oil-bearing crops. Soybeans, oil-bearing woody plants, and wild oil-bearing crops are not included.

Output of Aquatic Products refers to catches of both artificially cultured and naturally grown aquatic products, including fish, shrimps, crabs and shellfish in sea and inland water as well as seaweed. Freshwater plants are not included.

Output of Pork, Beef, and Mutton refers to the meat of slaughtered hogs, cattle, sheep and goats with head, feet, and offal taken away. Data refers to the production of the whole country.

Number of Livestock or Poultry in Stock at Beginning (or End) of Period refers to the total number of large animals, pigs, sheep, fowls, etc. raised by rural cooperative organizations, State farms, rural individuals, government agencies, schools, industrial and mining enterprises, army, and urban residents at the beginning (or end) of the reference period.

Cultivated Area refers to farmland which is plowed constantly for growing crops, including cultivated land, newly cultivated land in the current year, farmland left without cultivation for less than three years and fallow land in the current year, rotation land of grass and crops, farmland with some fruit trees, mulberry trees and other trees and cultivated seashore land, lake land and etc. The land of mulberry fields, tea plantations, orchards, nurseries of young plants, forestland, reed land, natural and man-made grassland and other land are not included in cultivated land.

Sown Area of Crops refers to area of land sown or transplanted with crops regardless of being in cultivated area or non-cultivated area. Area of land re-sown due to natural disasters is also included.

Irrigated Area refers to area of land that are effectively irrigated, i.e. relatively level land, where there are water sources and complete sets of irrigation facilities to lift and move adequate water for irrigation purpose under normal conditions. Under normal situations, irrigated area is the sum of watered fields and irrigated fields where irrigation systems or equipment have been installed for regular irrigation purpose.

Consumption of Chemical Fertilizers in Agriculture refers to the quantity of chemical fertilizers applied in agriculture in the year, including nitrogenous fertilizer, phosphate fertilizer, potash fertilizer, and compound fertilizer. The consumption of chemical fertilizers is calculated in terms of volume of effective component by means of converting the gross weight of the respective fertilizers into weight containing effective component (e.g. nitrogen content in nitrogenous fertilizer, phosphorous pentoxide contents in phosphate fertilizer, and potassium oxide contents in potash fertilizer). Compound fertilizer is converted in regard to its major component.

Total Power of Agricaltural Machinery refers to total mechanical power of machinery used in farming, forestry, animal husbandry, and fishery, including machinery for ploughing, irrigation and drainage, harvesting, transport, plant protection, animal husbandry, forestry and fishery and other agricultural machineries (For the power of internal combustion engines, it is converted from its horsepower into watts and for electric motors the output power is converted into watts). Machinery employed for non-agricultural purposes, such as the machines used in township-run and village-run industry, construction, non-agricultural transport, scientific experiments and teaching, are not included.

Employed Persons in Rural Households refers to people in rural areas who are older than 16 years and engaged in production and business activities that generate incomes in cash or in practicality. It includes all working laborers, no matter whether they are within the working age or not, whereas students studying outside but with their registered residence at home, active serviceman, people who lost their ability to work, unemployed people, and those engaged in housework are not included. The working age is defined as older than 16 year

13

工　业

Industry

编辑人员：杜珊珊

Compiled by Du Shanshan

英文翻译：杜珊珊

Translated by Du Shanshan

简 要 说 明

一、本篇资料的主要内容

本篇资料反映我省工业经济方面的基本情况，包括18个市县的主要工业经济统计数据。

二、本篇资料的统计范围

从2011年开始，规模以上工业统计范围调整为年主营业务收入2000万元以上（包括2000万元）工业企业，规模以下工业统计范围包括年主营业务收入2000万元以下的工业企业和个体工业。个体工业是指独立经营，自负盈亏的个体工业经营户。

本篇资料中工业行业分类按2011年《国民经济行业分类》标准划分；企业大中小微型划分按2011年《统计上大中小微型企业划分办法》标准执行。

三、本篇的资料来源和统计调查方法

本篇工业企业统计数据主要是根据工业统计年度报表中有关资料整理汇总。

Brief Introduction

I. Main Contents

Data in this chapter reflect the basic conditions of the industrial sector, presenting main industrial economic indicators of 18 regions in Hainan.

II. Scopes of Statistics

Since 2011,above designated size industry has been those with annual income of main business more than 20 million yuan(inc.20 million yuan) while those with annual income of main business less than 20 million yuan and self-employed industry have been below designated size industry. The self-employed industry refers to those individuals who are engaged in industrial business, operating independently and responsible for their own profits and losses.

Data by branch of industry in this chapter are based on the 2011's *National Industrial Classification of all Economic Activities*, and data by size of enterprise are based on the 2011's *Preliminary Standards of Enterprises by Size*.

III. Sources of Data and Methods of Survey

The data on enterprises statistics in this Chapter are collected mainly based on the relevant data in the annual industrial statistics reporting forms.

13-1 工业主要指标
Major Indicators on Industry

指　标	Item	2005	2010	2013	2014	2015	2016	2017
全部工业	**All Industrial Enterprises**							
工业总产值（亿元）	Gross Industrial Output Value (100 million yuan)	548.52	1470.35	1918.14	2122.21	2000.93	1995.11	2075.83
工业增加值（亿元）	Value-added of Industry (100 million yuan)	176.92	385.21	551.11	514.40	485.85	479.22	528.28
规模以上工业	**Industrial Enterprises above Designated Size**							
企业单位数（个）	Number of Enterprises (unit)	646	497	388	382	379	337	335
亏损企业数（个）	Number of Loss-suffering Enterprises (unit)	265	87	115	101	104	67	83
工业总产值（亿元）	Gross Industrial Output (100 million yuan)	473.06	1381.25	1779.22	1977.83	1877.63	1871.01	1955.75
工业增加值（亿元）	Value-added of Industry (100 million yuan)	148.47	354.80	509.57	471.23	448.95	441.82	487.08
工业销售产值（亿元）	Industrial Sales Value (100 million yuan)	468.18	1354.09	1747.45	1901.15	1833.26	1765.10	1858.02
出口交货值（亿元）	Export Delivery Value (100 million yuan)	25.12	96.99	162.30	203.45	177.11	193.55	207.17
主营业务收入（亿元）	Revenue from Principal Business (100 million yuan)	449.76	1322.83	1564.45	1756.99	1661.72	1668.92	1799.52
资产总计（亿元）	Total Assets (100 million yuan)	791.28	1621.38	2288.03	2444.80	2788.06	2764.18	2858.40
流动资产合计（亿元）	Total Current Assets (100 million yuan)	285.11	622.32	922.84	984.00	968.46	999.55	1112.05
固定资产合计（亿元）	Total Fixed Assets (100 million yuan)		649.53	924.33	995.46	1222.10	1315.46	1090.45
负债总计（亿元）	Total Liabilities (100 million yuan)	437.44	861.92	1218.72	1318.16	1544.97	1538.21	1567.59
所有者权益合计（亿元）	Owner's Equity (100 million yuan)		757.79	1067.42	1128.08	1242.62	1225.97	1286.55
利润总额（亿元）	Total Profits (100 million yuan)		140.04	123.16	113.36	103.61	101.87	130.52
亏损企业亏损额（亿元）	Total Loss of Loss-suffering Enterprises (100 million yuan)	6.62		13.89	30.81	23.45	25.59	31.73
利税总额（亿元）	Total Profits and Taxes (100 million yuan)	70.22	279.10	268.62	254.29	285.42	284.12	308.49
应交增值税（亿元）	Value-added Tax Payable (100 million yuan)	25.34	60.46	65.26	64.89	72.84	75.76	77.84
应交所得税（亿元）	Incomne Tax Payable (100 million yuan)		19.12	23.38	15.13	23.83	23.63	30.30
本年应付职工薪酬(亿元)	Total Wages Payable of Current Year (100 million yuan)		45.28	76.03	75.47	85.96	85.69	90.92
从业人员年平均人数(万人)	Average Employed Employees (10000 persons)		12.44	12.69	11.79	11.51	9.78	9.70

13-2 历年规模以上工业企业单位数
Number of Industrial Enterprises above Designated Size in Various Years

单位：个 (unit)

年份 Year	合 计 Total	#大中型企业 #Large & Medium-sized Industrial Enterprises	#国有控股企业 #State-holding Enterprises	按轻重工业分 Grouped by Light & Heavy Industry 轻工业 Light Industry	重工业 Heavy Industry	按注册类型分 Grouped by Status of Registration 国有企业 State-owned Enterprises	集体企业 Collective-owned Industry	股份合作企业 Cooperative Enterprises	股份制企业 Shareholding Enterpreses	外商及港澳台投资 Enterprises With Funds from Foreign, Hong Kong Macao and Taiwan	其他经济 Other Enterprises
1998	640	124	486	341	299	409	29	8	53	101	40
1999	579	120	428	316	263	343	25	10	64	92	45
2000	597	118	402	319	278	320	24	11	80	98	64
2001	589	129	372	325	264	295	23	8	110	94	59
2002	601	129	354	347	254	275	25	9	135	94	63
2003	620	56	346	323	297	270	22	7	160	97	64
2004	596	71	255	310	286	196	9	1	257	90	43
2005	646	73	299	333	313	230	16	7	224	102	67
2006	630	67	272	322	308	209	11	2	237	107	64
2007	502	66	175	260	242	92	10	3	250	97	50
2008	548	78	187	284	264	92	11	3	296	99	47
2009	494	104	102	252	242	58	5	1	310	93	27
2010	497	117	101	258	239	55	4	3	321	87	27
2011	361	102	83	176	185	41	3	2	227	74	14
2012	377	121	81	184	193	38	2	2	246	73	16
2013	388	127	80	189	199	25	1		289	70	3
2014	382	123	76	190	192	24	1		282	72	3
2015	379	111	75	186	193	23	1		279	73	3
2016	337	92	53	171	166	6			262	68	1
2017	335	85	52	175	160	4			264	67	

13-3 各市县规模以上工业企业单位数(2017)
Number of Industrial Enterprises above Designated Size by Region (2017)

单位：个 (unit)

地区	Region	合计 Total	#大中型企业 #Large & Medium-sized Industrial Enterprises	#国有控股企业 #State-holding Enterprises	按轻重工业分 Grouped by Light & Heavy Industry: 轻工业 Light Industry	重工业 Heavy Industry	按注册类型分 Grouped by Status of Registration: 国有企业 State-owned Enterprises	集体企业 Collective-owned Industry	股份合作企业 Cooperative Enterprises	股份制企业 Shareholding Enterpreses	外商及港澳台投资 Enterprises With Funds from Foreign, Hong Kong Macao and Taiwan	其他经济 Other Enterprises
全省总计	**Total**	**335**	**85**	**52**	**175**	**160**	**4**			**264**	**67**	
海口市	Haikou	150	44	16	104	46	2			111	37	
三亚市	Sanya	20	4	4	8	12	1			14	5	
五指山市	Wuzhishan	3			1	2				2	1	
文昌市	Wenchang	16	2	1	7	9				14	2	
琼海市	Qionghai	10		2	5	5	1			7	2	
万宁市	Wanning	10	2	1	5	5				9	1	
定安县	Ding'an	9	3		6	3				6	3	
屯昌县	Tunchang	3				3				3		
澄迈县	Chengmai	41	8	5	19	22				37	4	
临高县	Lingao	3	1		1	2				3		
儋州地区	Danzhou Area	33	9	8	10	23				24	9	
儋州市	Danzhou	17	5	3	5	12				14	3	
洋浦	Yangpu	16	4	5	5	11				10	6	
东方市	Dongfang	12	4	9	2	10				11	1	
乐东县	Ledong	3		2		3				2	1	
琼中县	Qiongzhong	7			2	5				7		
保亭县	Baoting	1				1				1		
陵水县	Linshui	1		1	1					1		
白沙县	Baisha	3		1	3					3		
昌江县	Changjiang	9	7	1	1	8				8	1	

13-4 历年全部工业总产值
Gross Industrial Output Value in Various Years

单位：万元 (10 000 yuan)

年 份 Year	工业总产值 Gross Industrial Output Value	按注册类型分 Grouped by Status of Registration 国有经济 State-owned Economy	集体经济 Collective-owned Economy	其他类型经济 Other Economy
1985	165067	136119	15150	13798
1986	177186	144820	16484	15882
1987	215463	163565	15891	36007
1988	312461	233559	19691	59211
1989	389642	288862	22553	78227
1990	443189	335585	21988	85616
1991	566876	402864	29714	134298
1992	762529	541931	38982	181616
1993	1282709	742095	64200	476414
1994	1647525	824301	102043	721181
1995	1978805	787572	85438	1105795
（按新规定计算）In Accordance with Updated National Statistics Regulations				
1995	1768092	705211	78046	984835
1996	2159908	712517	103498	1343893
1997	2310449	814768	115079	1380602
1998	2485801	612844	131102	1741855
1999	2547041	541609	45742	1959690
2000	2656097	622347	38539	1995211
2001	2831193	715401	47319	2068473
2002	3320361	959553	53430	2307378
2003	3997050	1340071	47916	2609063
2004	4778935	566076	22440	4190419
2005	5485227	836570	25178	4623479
2006	7437765	858700	18348	6560717
2007	10843033	885097	22433	9935503
2008	11895472	962402	19640	10913430
2009	11404026	981030	6164	10416832
2010	14703530	1068782	11089	13623659
2011	17241614	1372674	18286	15850654
2012	18744718	1655371	12630	17076717
2013	19181379	1150297	8720	18022362
2014	21222122	1234534	6900	19980688
2015	20009268	1278502	2760	18728006
2016	19951139	1617538		18333601
2017	20758276	1757603	2803	18997870

注：1. 本表工业总产值按现价计算；2. 2004年、2008年和2013年数据采用经济普查数据进行修订。

Notes:a) Figures in this table are calculated at current prices.

b) Data of 2004、2008 and 2013 have been adjusted according to that of national economic census.

13-5 历年全部工业总产值构成
Composition of Gross Industrial Output Value in Various Years

单位：% (%)

年 份 Year	工业总产值 Gross Industrial Output Value	按注册类型分 Grouped by Status of Registration		
		国有经济 State-owned Economy	集体经济 Collective-owned Economy	其他类型经济 Other Economy
1952	100	19.0		81.0
1957	100	76.5	23.1	0.4
1962	100	77.0	22.6	0.4
1965	100	83.8	16.2	
1970	100	84.0	16.0	
1975	100	84.1	15.9	
1978	100	82.6	17.4	
1980	100	82.3	17.7	
1981	100	83.0	16.9	0.1
1985	100	82.5	9.1	8.4
1986	100	81.7	9.3	9.0
1987	100	75.9	7.4	16.7
1988	100	74.7	6.4	18.9
1989	100	74.1	5.8	20.1
1990	100	75.7	5.0	19.3
1991	100	71.1	5.2	23.7
1992	100	71.1	5.1	23.8
1993	100	57.9	5.0	37.1
1994	100	50.0	6.2	43.8
1995	100	39.9	4.4	55.7
1996	100	33.0	4.8	62.2
1997	100	35.3	4.9	59.8
1998	100	24.7	5.2	70.1
1999	100	21.3	1.8	76.9
2000	100	23.4	1.5	75.1
2001	100	25.3	1.7	73.0
2002	100	28.9	1.6	69.5
2003	100	33.5	1.2	65.3
2004	100	11.8	0.5	87.7
2005	100	15.3	0.5	84.2
2006	100	11.5	0.3	88.2
2007	100	8.2	0.2	91.6
2008	100	8.1	0.2	91.7
2009	100	8.6	0.1	91.3
2010	100	7.3	0.1	92.6
2011	100	8.0	0.1	91.9
2012	100	8.8	0.1	91.1
2013	100	6.0	0.1	94.0
2014	100	5.8	0.1	94.1
2015	100	6.4	0.0	93.6
2016	100	8.1	0.0	91.9
2017	100	8.5	0.0	91.5

注：从1985年开始，工业总产值构成按当年价计算；而1985年以前的工业总产值构成按不变价格计算。
Note:The percentage of gross industrial output value,which was at constant prices before 1985,has been calculated at current prices since 1985.

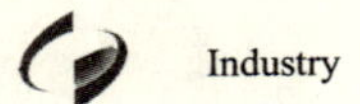

13-6 历年全部工业总产值指数
Indices of Gross Industrial Output Value in Various Years

单位：%　　(以上年为100 Preceding Year=100)　　(%)

年 份 Year	工业总产值 Gross Industrial Output Value	按注册类型分 Grouped by Status of Registration		
		国有经济 State-owned Economy	集体经济 Collective-owned Economy	其他类型经济 Other Economy
1952	124.4			
1957	110.4	109.5	119.1	
1962	79.2	77.6	85.2	
1965	109.9	107.7	129.6	
1970	116.7	116.5	117.6	
1975	118.1	117.3	122.8	
1980	93.0	91.8	99.1	
1981	97.6	98.2	94.5	
1985	131.2	119.6	116.7	3383.3
1987	124.2	111.7	88.9	258.2
1988	125.1	125.7	115.2	126.7
1989	104.9	98.8	107.0	124.2
1990	114.5	116.4	97.6	114.2
1991	122.5	114.7	127.6	150.8
1992	134.2	138.3	130.9	138.5
1993	143.2	112.4	149.3	227.7
1994	113.7	95.8	146.9	133.9
1995	114.9	87.0	80.5	147.6
1996	116.8	99.6	116.7	126.8
1997	110.6	124.8	102.1	104.7
1998	108.8	76.5	131.1	124.8
1999	107.7	98.9	81.3	112.7
2000	106.1	101.8	75.2	109.1
2001	110.9	119.3	104.3	108.9
2002	119.7	138.8	114.7	114.1
2003	118.1	149.4	94.5	107.5
2004	114.8	42.9	26.3	154.2
2005	120.1	151.8	187.1	115.3
2006	134.5	101.8	72.3	140.8
2007	141.9	100.3	119.0	147.4
2008	104.9	104.0	83.7	105.1
2009	105.8	112.5	34.6	105.3
2010	119.7	101.2	167.0	121.4
2011	107.8	118.1	151.6	106.9
2012	107.9	119.6	68.5	106.9
2013	102.9	69.8	69.4	106.1
2014	113.4	110.0	81.1	113.6
2015	105.0	115.3	44.6	104.4
2016	103.9	131.8		102.0
2017	95.6	99.9		95.2

注：工业总产值指数按可比价格计算。
Note:The indices are calculated at comparable prices.

13-7 各市县规模以上工业增加值
Value-added of Industrial Enterprises above Designated Size by Region

单位：万元 (10 000 yuan)

地 区	Region	2005	2010	2012	2013	2014	2015	2016	2017	2017年比2016年增长(%) Growth Rate in 2017 over 2016(%)
全省总计	**Total**	**1484686**	**3548002**	**4820537**	**5095729**	**4712322**	**4489519**	**4418200**	**4870803**	**0.5**
海口市	Haikou	570429	919547	1264675	1338134	1230909	1245166	1241650	1302921	4.5
三亚市	Sanya	181426	119546	162124	171058	146246	143738	152629	180795	8.8
五指山市	Wuzhishan	3682	7604	6746	7847	9060	7529	9288	10462	3.5
文昌市	Wenchang	25456	57389	73755	87092	74781	80261	83112	104101	15.1
琼海市	Qionghai	25268	39401	64148	71854	38686	42140	45325	54513	10.5
万宁市	Wanning	18084	29595	44640	45397	26103	29811	34030	44849	21.1
定安县	Ding'an	10927	21091	27895	33044	24467	25479	26306	30328	5.9
屯昌县	Tunchang	3324	7989	7245	10815	17015	13380	11698	11534	-9.4
澄迈县	Chengmai	136975	367859	545661	729745	804372	790423	737968	783858	-2.4
临高县	Lingao	12341	23241	37646	47162	14350	13073	16208	14746	-16.4
儋州地区	Danzhou Area	180276	1326255	1642431	1552150	1408335	1224347	1221047	1369702.7	-6.0
儋州市	Danzhou	42474	65889	105439	116261	98449	98427	99065	117516	9.0
洋浦	Yangpu	137802	1260366	1536992	1435889	1309886	1125920	1121982	1252186.8	-7.4
东方市	Dongfang	147477	249059	480072	483937	502294	530527	441654	475847	-1.0
乐东县	Ledong	3874	14821	22498	21525	19816	41271	58158	68331	8.0
琼中县	Qiongzhong	1780	4388	9594	10620	11289	12498	12510	11957	-12.2
保亭县	Baoting	1224	4344	5108	5648	4434	4133	4100	5616	25.9
陵水县	Lingshui	3418	7449	12660	14196	9740	10294	11085	14380	19.2
白沙县	Baisha	2601	9135	19714	24546	12203	9988	9246	10305	2.4
昌江县	Changjiang	119756	310044	393925	441445	358222	265461	302187	376557	14.5

注：1. 本表绝对数按现价计算，增长速度按可比价格计算，2008年、2013年为经济普查数据。
2. 从2008年开始，三亚市工业增加值不再包含13-1油气田部分。
3. 从2012年开始，市县工业增加值包含农垦数据。

Notes: a) In this table, absolute figures are calculated at current prices while growth rates are calculated at comparable prices. The data of 2008 and 2013 have been adjusted according to national economic census.
b) The industrial value-added of Sanya hasn't covered data of No.13-1 oil field since 2008.
c)The industrial value-added of counties or prefecture-level cities have covered data of Hainan State Farms since 2008.

13-8 规模以上工业企业主要财务指标(2017)
Major Financial Indicators on Industrial Enterprises above Designated Size(2017)

单位：万元 (10 000 yuan)

项 目	Item	企业单位数(个) Number of Enterprises (unit)	亏损企业 Loss-suffering Enterprises	工业总产值 Gross Industrial Output Value	工业销售产值 Industrial Sales Value	出口交货值 Export Delivery Value
合 计	**Total**	**335**	**83**	**19557515**	**18580192**	**2071742**
一、按登记注册类型分组	**By Status of Registration**					
内资企业	**Domestic Funded**	**268**	**66**	**12686665**	**11940469**	**756079**
国有企业	State-owned Enterprises	4		80621	98139	
中央企业	Central Enterprises	2		49030	66549	
地方企业	Local Enterprises	2		31590	31590	
集体企业	Collective-owned Enterprises					
股份合作企业	Cooperative Enterprises					
联营企业	Joint Ownership Enterprises					
国有联营企业	State Joint Ownership					
集体联营企业	Collective Joint Ownership					
国有与集体联营企业	Joint State-collective					
其他联营企业	Other Joint Ownership					
有限责任公司	Limited Liability Corporations	182	50	10002471	9607985	593724
国有独资公司	State Sole Funded	6	1	1906482	1907761	
其他有限责任公司	Other Limited Liability	176	49	8095989	7700224	593724
股份有限公司	Share-holding Corporations Limited	32	6	1931689	1584934	112753
私营企业	Private Enterprises	50	10	671884	649412	49601
私营独资企业	Private-funded					
私营合伙企业	Private Partnership					
私营有限责任公司	Private Limited Liability	46	9	613832	592021	49601
私营股份有限公司	Private Share-holding Corporations Ltd.	4	1	58052	57391	
其他企业	Other Enterprises					
港、澳、台商投资企业	**Enterprises with Funds from Hongkong,Macao and Taiwan**	**33**	**5**	**4912458**	**4896406**	**1166914**
合资经营企业(港或澳、台资)	Joint-venture Enterprises	14	1	4674983	4656331	1141087
合作经营企业(港或澳、台资)	Cooperative Enterprises	1		1785	2118	
港澳台商独资经营企业	Enterprises with Sole Investment	14	4	186784	189811	20444
港澳台商投资股份有限公司	Share-holding Corporations Ltd.	3		44184	43366	610
外商投资企业	**Enterprises with Foreign Investment**	**34**	**12**	**1958393**	**1743317**	**148750**
中外合资经营企业	Joint-venture Enterprises	15	4	1762113	1543483	119310
中外合作经营企业	Cooperation Enterprises	1		23062	23062	
外资企业	Enterprises with Sole Funds	17	8	172754	176308	29440
外商投资股份有限公司	Share-holding Corporations Ltd.	1		464	464	
其他外商投资企业	Others					
二、在总计中：国有控股企业	**Of the Total:State-holding Enterprises**	**52**	**8**	**4547731**	**4598077**	**70235**
按轻重工业分：轻工业	By Light & Heavy:Light Industry	175	39	6053349	5494492	395479
重工业	Heavy Industry	160	44	13504166	13085700	1676264
按企业规模分：大型企业	By Size of Enterprises:Large	12	3	3728177	3698461	275387
中型企业	Medium	73	15	11389379	10583780	1640633
小型企业	Small	239	59	4234925	4092545	151580
微型企业	Micro	11	6	205034	205405	4142

13-8 续1 (continued 1)

项 目	Item	资产总计 Total Assets	流动资产合计 Total Current Assets	应收帐款 Accounts Receivable	存货 Inventory	产成品 Finished Products	固定资产合计 Total Fixed Assets
合 计	**Total**	**28584040**	**11120522**	**2046604**	**1863241**	**746659**	**10904498**
一、按登记注册类型分组	**By Status of Registration**						
内资企业	**Domestic Funded**	**21022955**	**7911700**	**1428108**	**1330174**	**589516**	**7341216**
国有企业	State-owned Enterprises	291247	221144	20496	71438	15115	44137
中央企业	Central Enterprises	184167	150844	7739	65530	15115	31950
地方企业	Local Enterprises	107080	70299	12757	5908		12187
集体企业	Collective-owned Enterprises						
股份合作企业	Cooperative Enterprises						
联营企业	Joint Ownership Enterprises						
国有联营企业	State Joint Ownership						
集体联营企业	Collective Joint Ownership						
国有与集体联营企业	Joint State-collective						
其他联营企业	Other Joint Ownership						
有限责任公司	Limited Liability Corporations	14871404	5177766	1085316	936706	429818	5735463
国有独资公司	State Sole Funded	5612948	604822	55874	120958	5904	2522196
其他有限责任公司	Other Limited Liability	9258456	4572945	1029442	815748	423915	3213268
股份有限公司	Share-holding Corporations Limited	4989499	1966754	221600	188075	98804	1365619
私营企业	Private Enterprises	870806	546036	100696	133956	45779	195997
私营独资企业	Private-funded						
私营合伙企业	Private Partnership						
私营有限责任公司	Private Limited Liability	722052	436432	89761	118522	34560	182944
私营股份有限公司	Private Share-holding Corporations Ltd.	148754	109604	10935	15435	11219	13053
其他企业	Other Enterprises						
港、澳、台商投资企业	**Enterprises with Funds from Hongkong,Macao and Taiwan**	**2608410**	**1209355**	**201361**	**302089**	**86614**	**1087471**
合资经营企业(港或澳、台资)	Joint-venture Enterprises	2207378	995528	99451	275747	75514	1007511
合作经营企业(港或澳、台资)	Cooperative Enterprises	4250	3602	378	892	503	518
港澳台商独资经营企业	Enterprises with Sole Investment	294794	159801	83390	21258	9213	64518
港澳台商投资股份有限公司	Share-holding Corporations Ltd.	98732	47957	17655	3239	1261	14178
外商投资企业	**Enterprises with Foreign Investment**	**4952675**	**1999467**	**417135**	**230977**	**70529**	**2475811**
中外合资经营企业	Joint-venture Enterprises	4359348	1708885	358410	179541	57034	2265068
中外合作经营企业	Cooperation Enterprises	58619	11597	2016	5674		47022
外资企业	Enterprises with Sole Funds	529363	275918	53810	45594	13494	162967
外商投资股份有限公司	Share-holding Corporations Ltd.	5345	3068	2900	168		754
其他外商投资企业	Others						
二、在总计中：国有控股企业	**Of the Total:State-holding Enterprises**	**11231463**	**2246815**	**149368**	**379546**	**123773**	**5009978**
按轻重工业分：轻工业	By Light & Heavy:Light Industry	9461790	4856945	811855	688536	306724	3573674
重工业	Heavy Industry	19122250	6263577	1234749	1174704	439935	7330824
按企业规模分：大型企业	By Size of Enterprises:Large	8280639	2706552	564139	340778	129771	2540844
中型企业	Medium	12484377	5051726	721222	999776	338025	5789115
小型企业	Small	7560324	3272344	723944	496682	270333	2487112
微型企业	Micro	258700	89899	37298	26005	8530	87426

13-8 续2 (continued 2)

项　目	Item	固定资产原价 Original Value of Fixed Assets	累计折旧 Accumu-lated Depre-ciation	负债合计 Total Lia-bilities	流动负债合计 Total Current Lia-bilities	应付账款 Accounts Payable
合 计	**Total**	**19449422**	**6780947**	**15675937**	**10131718**	**2287435**
一、按登记注册类型分组	**By Status of Registration**					
内资企业	**Domestic Funded**	**13876873**	**4566069**	**12022355**	**7480600**	**1729103**
国有企业	State-owned Enterprises	92652	42099	117581	106690	51401
中央企业	Central Enterprises	46524	20547	55600	55575	21878
地方企业	Local Enterprises	46128	21551	61981	51115	29523
集体企业	Collective-owned Enterprises					
股份合作企业	Cooperative Enterprises					
联营企业	Joint Ownership Enterprises					
国有联营企业	State Joint Ownership					
集体联营企业	Collective Joint Ownership					
国有与集体联营企业	Joint State-collective					
其他联营企业	Other Joint Ownership					
有限责任公司	Limited Liability Corporations	11074845	3405478	9561536	5614825	1362514
国有独资公司	State Sole Funded	5824676	1334855	4512131	1498201	445199
其他有限责任公司	Other Limited Liability	5250169	2070623	5049406	4116624	917315
股份有限公司	Share-holding Corporations Limited	2430304	989020	1764051	1230171	211537
私营企业	Private Enterprises	279073	129472	579188	528914	103651
私营独资企业	Private-funded					
私营合伙企业	Private Partnership					
私营有限责任公司	Private Limited Liability	243904	107364	499344	455613	75316
私营股份有限公司	Private Share-holding Corporations Ltd.	35169.2	22108.4	79844.2	73301.2	28335.1
其他企业	Other Enterprises					
港、澳、台商投资企业	**Enterprises with Funds from Hongkong,Macao and Taiwan**	**2062716**	**1172815**	**867900**	**629766**	**184044**
合资经营企业(港或澳、台资)	Joint-venture Enterprises	1907419	1092627	680447	474593	124768
合作经营企业(港或澳、台资)	Cooperative Enterprises	3285	2766	2994	2994	117
港澳台商独资经营企业	Enterprises with Sole Investment	122269	62603	164546	133301	52605
港澳台商投资股份有限公司	Share-holding Corporations Ltd.	26313	12135	18514	17479	5789
外商投资企业	**Enterprises with Foreign Investment**	**3509833**	**1042063**	**2785682**	**2021352**	**374288**
中外合资经营企业	Joint-venture Enterprises	3143029	880318	2503467	1864626	331413
中外合作经营企业	Cooperation Enterprises	47123	17268	29940	11569	2331
外资企业	Enterprises with Sole Funds	318274	143823	247784	140666	40244
外商投资股份有限公司	Share-holding Corporations Ltd.	1407	654	4491	4491	301
其他外商投资企业	Others					
二、在总计中：国有控股企业	**Of the Total:State-holding Enterprises**	**10130578**	**3151143**	**6824010**	**3069653**	**808961**
按轻重工业分：轻工业	By Light & Heavy:Light Industry	5044807	1645092	4751092	3922373	735158
重工业	Heavy Industry	14404615	5135855	10924845	6209345	1552277
按企业规模分：大型企业	By Size of Enterprises:Large	6889576	2318431	5229068	3463757	685488
中型企业	Medium	8190466	2679417	6591586	4280246	916987
小型企业	Small	4230682	1728204	3651379	2310706	681014
微型企业	Micro	138698	54895	203904	77009	3947

13-8 续3(continued 3)

项 目	Item	所有者权益合计 Total Owner's Equity	实收资本 Paid-up Capital	国家资本 State-owned Capital	集体资本 Collective-owned Capital	法人资本 Legal Person's Capital
合 计	**Total**	**12865531**	**6704809**	**2112350**	**158471**	**2332850**
一、按登记注册类型分组	**By Status of Registration**					
内资企业	**Domestic Funded**	**8985495**	**4397147**	**1746148**	**154506**	**1950001**
国有企业	State-owned Enterprises	173666	46790	46790		
中央企业	Central Enterprises	128567	40435	40435		
地方企业	Local Enterprises	45099	6355	6355		
集体企业	Collective-owned Enterprises					
股份合作企业	Cooperative Enterprises					
联营企业	Joint Ownership Enterprises					
国有联营企业	State Joint Ownership					
集体联营企业	Collective Joint Ownership					
国有与集体联营企业	Joint State-collective					
其他联营企业	Other Joint Ownership					
有限责任公司	Limited Liability Corporations	5294765	3086058	1341562	85561	1428119
国有独资公司	State Sole Funded	1100817	805184	803384		1800
其他有限责任公司	Other Limited Liability	4193948	2280874	538179	85561	1426319
股份有限公司	Share-holding Corporations Limited	3225448	1135979	357796	66370	461044
私营企业	Private Enterprises	291617	128320		2575	60838
私营独资企业	Private-funded					
私营合伙企业	Private Partnership					
私营有限责任公司	Private Limited Liability	222708	108987		2575	41504
私营股份有限公司	Private Share-holding Corporations Ltd.	68909.6	19333.3			19333.3
其他企业	Other Enterprises					
港、澳、台商投资企业	**Enterprises with Funds from Hongkong,Macao and Taiwan**	**1740510**	**683640**	**331869**	**3965**	**67695**
合资经营企业(港或澳、台资)	Joint-venture Enterprises	1526930	598774	328950	3965	51539
合作经营企业(港或澳、台资)	Cooperative Enterprises	1257	1073			
港澳台商独资经营企业	Enterprises with Sole Investment	130247	65389	2919		1280
港澳台商投资股份有限公司	Share-holding Corporations Ltd.	80218	15712			12212
外商投资企业	**Enterprises with Foreign Investment**	**2139526**	**1624023**	**34333**		**315154**
中外合资经营企业	Joint-venture Enterprises	1828415	1402987	22432		290053
中外合作经营企业	Cooperation Enterprises	28679	12878			12878
外资企业	Enterprises with Sole Funds	281579	207374	11901		12224
外商投资股份有限公司	Share-holding Corporations Ltd.	854	784			
其他外商投资企业	Others					
二、在总计中：国有控股企业	**Of the Total:State-holding Enterprises**	**4402403**	**2356161**	**1760074**	**23250**	**345760**
按轻重工业分：轻工业	By Light & Heavy:Light Industry	4708620	2377468	129655	101858	786597
重工业	Heavy Industry	8156911	4327340	1982695	56613	1546254
按企业规模分：大型企业	By Size of Enterprises:Large	3051570	1892941	239898	42156	589905
中型企业	Medium	5892790	3006762	1451830	41942	1080467
小型企业	Small	3873499	1779915	407535	74373	655573
微型企业	Micro	47672	25192	13087		6905

13-8　续4(continued 4)

项　目	Item	个人资本 Individual Capital	港澳台资本 Funds from Hongkong Macau & Taiwan	外商资本 Foreign Investment	主营业务收入 Revenue from Pincipal Business	主营业务成本 Cost of Pincipal Business	主营业务税金及附加 Taxes & Surcharges of Pincipal Business
合　计	**Total**	**490339**	**245115**	**1365683**	**17995197**	**14030209**	**995406**
一、按登记注册类型分组	**By Status of Registration**						
内资企业	**Domestic Funded**	**433792**		**112700**	**11654751**	**9376266**	**344924**
国有企业	State-owned Enterprises				109179	74482	620
中央企业	Central Enterprises				72857	45164	604
地方企业	Local Enterprises				36323	29318	17
集体企业	Collective-owned Enterprises						
股份合作企业	Cooperative Enterprises						
联营企业	Joint Ownership Enterprises						
国有联营企业	State Joint Ownership						
集体联营企业	Collective Joint Ownership						
国有与集体联营企业	Joint State-collective						
其他联营企业	Other Joint Ownership						
有限责任公司	Limited Liability Corporations	120615		110200	9232804	7628643	320166
国有独资公司	State Sole Funded				1896848	1747775	12050
其他有限责任公司	Other Limited Liability	120615		110200	7335956	5880868	308116
股份有限公司	Share-holding Corporations Limited	248269		2500	1586135	1056438	21051
私营企业	Private Enterprises	64908			726633	616704	3087
私营独资企业	Private-funded						
私营合伙企业	Private Partnership						
私营有限责任公司	Private Limited Liability	64908			658014	559168	2799
私营股份有限公司	Private Share-holding Corporations Ltd.				68618.7	57535.6	287.2
其他企业	Other Enterprises						
港、澳、台商投资企业	**Enterprises with Funds from Hongkong,Macao and Taiwan**	**12693**	**245115**	**22302**	**4325581**	**3091231**	**630336**
合资经营企业(港或澳、台资)	Joint-venture Enterprises	12666	179352	22302	4067268	2909137	628637
合作经营企业(港或澳、台资)	Cooperative Enterprises		1073		2139	1685	43
港澳台商独资经营企业	Enterprises with Sole Investment		61190		208029	155241	1277
港澳台商投资股份有限公司	Share-holding Corporations Ltd.		3500		43366	21061	373
外商投资企业	**Enterprises with Foreign Investment**	**43855**		**1230681**	**2014865**	**1562712**	**20146**
中外合资经营企业	Joint-venture Enterprises	25683		1064820	1790499	1391535	17416
中外合作经营企业	Cooperation Enterprises				25719	15745	342
外资企业	Enterprises with Sole Funds	18172		165077	194069	151933	2350
外商投资股份有限公司	Share-holding Corporations Ltd.			784	4577	3500	38
其他外商投资企业	Others						
二、在总计中：国有控股企业	**Of the Total:State-holding Enterprises**	**197100**		**29977**	**4630373**	**3699794**	**294965**
按轻重工业分：轻工业	By Light & Heavy:Light Industry	161333	27645	1170381	5620589	3797949	177898
重工业	Heavy Industry	329007	217469	195302	12374608	10232260	817508
按企业规模分：大型企业	By Size of Enterprises:Large	9802		1011179	3759706	3178117	37157
中型企业	Medium	301837	113538	17148	10119772	7457017	924086
小型企业	Small	174084	131577	336773	4046636	3333557	33476
微型企业	Micro	4617		583	69083	61519	687

13-8 续5(continued 5)

项目	Item	其他业务利润 Other Operating Profits	销售费用 Selling Expenses	管理费用 Administrative Expenses	财务费用 Financial Expenses	利息支出 Interest Expenditure
合 计	**Total**	**63030**	**921189**	**747766**	**398674**	**416019**
一、按登记注册类型分组	**By Status of Registration**					
内资企业	**Domestic Funded**	**45828**	**682362**	**524221**	**320405**	**317553**
国有企业	State-owned Enterprises	4247	1636	15171	-1126	518
中央企业	Central Enterprises	4215	1636	10053	-477	456
地方企业	Local Enterprises	33		5118	-650	62
集体企业	Collective-owned Enterprises					
股份合作企业	Cooperative Enterprises					
联营企业	Joint Ownership Enterprises					
国有联营企业	State Joint Ownership					
集体联营企业	Collective Joint Ownership					
国有与集体联营企业	Joint State-collective					
其他联营企业	Other Joint Ownership					
有限责任公司	Limited Liability Corporations	35887	478280	357427	260430	257055
国有独资公司	State Sole Funded	2613	186	19547	148728	141407
其他有限责任公司	Other Limited Liability	33274	478094	337880	111702	115648
股份有限公司	Share-holding Corporations Limited	4252	170706	105467	52603	53360
私营企业	Private Enterprises	1442	31741	46156	8498	6621
私营独资企业	Private-funded					
私营合伙企业	Private Partnership					
私营有限责任公司	Private Limited Liability	1235	29962	38239	7371	5453
私营股份有限公司	Private Share-holding Corporations Ltd.	207	1779	7917	1127	1168
其他企业	Other Enterprises					
港、澳、台商投资企业	**Enterprises with Funds from Hongkong,Macao and Taiwan**	**5461**	**113796**	**144274**	**1310**	**13624**
合资经营企业(港或澳、台资)	Joint-venture Enterprises	737	79311	125475	-1571	11149
合作经营企业(港或澳、台资)	Cooperative Enterprises		129	467	143	142
港澳台商独资经营企业	Enterprises with Sole Investment	78	28162	9871	2592	2331
港澳台商投资股份有限公司	Share-holding Corporations Ltd.	4646	6088	7895	144	1
外商投资企业	**Enterprises with Foreign Investment**	**11742**	**125031**	**79271**	**76959**	**84841**
中外合资经营企业	Joint-venture Enterprises	-814	84957	48317	76843	82748
中外合作经营企业	Cooperation Enterprises		3900	2839	158	162
外资企业	Enterprises with Sole Funds	12556	35639	27645	-43	1932
外商投资股份有限公司	Share-holding Corporations Ltd.		535	471	1	-1
其他外商投资企业	Others					
二、在总计中：国有控股企业	**Of the Total:State-holding Enterprises**	**13670**	**101092**	**137359**	**199834**	**198703**
按轻重工业分：轻工业	By Light & Heavy:Light Industry	33864	729694	326638	111624	121146
重工业	Heavy Industry	29166	191495	421128	287050	294873
按企业规模分：大型企业	By Size of Enterprises:Large	12275	184008	133610	137060	146269
中型企业	Medium	38110	557921	374610	189239	190106
小型企业	Small	12646	177395	234834	68473	76737
微型企业	Micro	-1	1865	4711	3902	2907

13-8 续6(continued 6)

项 目	Item	营业利润 Operating Profits	投资收益 Investment Income	营业外收入 Non-operating Income	营业外支出 Non-operating Expenses
合 计	**Total**	**1059177**	**122327**	**281969**	**35960**
一、按登记注册类型分组	**By Status of Registration**				
内资企业	**Domestic Funded**	**521550**	**113134**	**56964**	**28685**
国有企业	State-owned Enterprises	23172		1496	305
中央企业	Central Enterprises	20700		1418	270
地方企业	Local Enterprises	2472		79	35
集体企业	Collective-owned Enterprises				
股份合作企业	Cooperative Enterprises				
联营企业	Joint Ownership Enterprises				
国有联营企业	State Joint Ownership				
集体联营企业	Collective Joint Ownership				
国有与集体联营企业	Joint State-collective				
其他联营企业	Other Joint Ownership				
有限责任公司	Limited Liability Corporations	229015	62746	40179	18431
国有独资公司	State Sole Funded	-30945	1564	3213	3458
其他有限责任公司	Other Limited Liability	259960	61182	36967	14973
股份有限公司	Share-holding Corporations Limited	241188	48829	12652	9361
私营企业	Private Enterprises	28175	1559	2636	589
私营独资企业	Private-funded				
私营合伙企业	Private Partnership				
私营有限责任公司	Private Limited Liability	27873	1270	2265	460
私营股份有限公司	Private Share-holding Corporations Ltd.	303	289	372	129
其他企业	Other Enterprises				
港、澳、台商投资企业	**Enterprises with Funds from Hongkong,Macao and Taiwan**	**369589**	**2510**	**214204**	**2692**
合资经营企业(港或澳、台资)	Joint-venture Enterprises	342733	2435	211543	1669
合作经营企业(港或澳、台资)	Cooperative Enterprises	-327		570	1
港澳台商独资经营企业	Enterprises with Sole Investment	13195	-69	1820	960
港澳台商投资股份有限公司	Share-holding Corporations Ltd.	13972	144	236	29
外商投资企业	**Enterprises with Foreign Investment**	**168038**	**6683**	**10801**	**4583**
中外合资经营企业	Joint-venture Enterprises	176916	6593	9783	3857
中外合作经营企业	Cooperation Enterprises	2735		79	24
外资企业	Enterprises with Sole Funds	-11646	91	939	701
外商投资股份有限公司	Share-holding Corporations Ltd.	34			0
其他外商投资企业	Others				
二、在总计中：国有控股企业	**Of the Total:State-holding Enterprises**	**230461**	**37411**	**16151**	**16530**
按轻重工业分：轻工业	By Light & Heavy:Light Industry	581544	66483	39497	10787
重工业	Heavy Industry	477633	55844	242473	25173
按企业规模分：大型企业	By Size of Enterprises:Large	66898	9433	15528	10359
中型企业	Medium	724547	44182	241668	13455
小型企业	Small	270911	68712	24654	12098
微型企业	Micro	-3179		119	49

13-8 续7(continued 7)

项 目	Item	利润总额 Total Profits	所得税费用 Income Tax Payable	利税总额 Total Profits and Taxes	本年应付职工薪酬 Total Wages Payable of Current Year
合 计	**Total**	**1305186**	**302972**	**3084912**	**909158**
一、按登记注册类型分组	**By Status of Registration**				
内资企业	**Domestic Funded**	**549829**	**168803**	**1346112**	**717801**
国有企业	State-owned Enterprises	24364	4628	27996	19298
中央企业	Central Enterprises	21848	4472	25252	9894
地方企业	Local Enterprises	2516	156	2745	9404
集体企业	Collective-owned Enterprises				
股份合作企业	Cooperative Enterprises				
联营企业	Joint Ownership Enterprises				
国有联营企业	State Joint Ownership				
集体联营企业	Collective Joint Ownership				
国有与集体联营企业	Joint State-collective				
其他联营企业	Other Joint Ownership				
有限责任公司	Limited Liability Corporations	250763	102433	884000	515346
国有独资公司	State Sole Funded	-31190	11452	51710	193962
其他有限责任公司	Other Limited Liability	281953	90982	832290	321384
股份有限公司	Share-holding Corporations Limited	244479	54421	382277	132536
私营企业	Private Enterprises	30223	7321	51838	50622
私营独资企业	Private-funded				
私营合伙企业	Private Partnership				
私营有限责任公司	Private Limited Liability	29678	6965	49410	46344
私营股份有限公司	Private Share-holding Corporations Ltd.	545	356	2429	4278
其他企业	Other Enterprises				
港、澳、台商投资企业	**Enterprises with Funds from Hongkong,Macao and Taiwan**	**581100**	**87714**	**1435881**	**96165**
合资经营企业(港或澳、台资)	Joint-venture Enterprises	552606	82775	1396123	74406
合作经营企业(港或澳、台资)	Cooperative Enterprises	242		368	366
港澳台商独资经营企业	Enterprises with Sole Investment	14055	2625	22076	15224
港澳台商投资股份有限公司	Share-holding Corporations Ltd.	14179	2315	17291	3572
外商投资企业	**Enterprises with Foreign Investment**	**174257**	**46455**	**302918**	**95192**
中外合资经营企业	Joint-venture Enterprises	182842	43812	307517	66604
中外合作经营企业	Cooperation Enterprises	2790	698	3829	4027
外资企业	Enterprises with Sole Funds	-11408	1922	-8569	24083
外商投资股份有限公司	Share-holding Corporations Ltd.	33	23	141	478
其他外商投资企业	Others				
二、在总计中：国有控股企业	**Of the Total:State-holding Enterprises**	**230082**	**82308**	**755258**	**356169**
按轻重工业分：轻工业	By Light & Heavy:Light Industry	610255	122219	1120741	309761
重工业	Heavy Industry	694931	180753	1964170	599398
按企业规模分：大型企业	By Size of Enterprises:Large	72068	51267	279104	271369
中型企业	Medium	952760	183687	2370528	430994
小型企业	Small	283467	68018	436796	205011
微型企业	Micro	-3109	0	-1517	1785

13-8 续8(continued 8)

项　目	Item	本年应交增值税 Value Added Tax Payable of Current	应交税金及附加 Taxes & Surcharges Payable	亏损企业亏损总额 Total loss of Loss-suffering Enterprises	全部从业人员年平均人数（人） Annual Average Employees
合 计	**Total**	**778426**	**2082698**	**317283**	**97044**
一、按登记注册类型分组	**By Status of Registration**				
内资企业	**Domestic Funded**	**445808**	**965086**	**289957**	**77615**
国有企业	State-owned Enterprises	3007	8260		1976
中央企业	Central Enterprises	2800	7875		864
地方企业	Local Enterprises	207	385		1112
集体企业	Collective-owned Enterprises				
股份合作企业	Cooperative Enterprises				
联营企业	Joint Ownership Enterprises				
国有联营企业	State Joint Ownership				
集体联营企业	Collective Joint Ownership				
国有与集体联营企业	Joint State-collective				
其他联营企业	Other Joint Ownership				
有限责任公司	Limited Liability Corporations	308651	735671	261619	50058
国有独资公司	State Sole Funded	69217	94352	53690	7327
其他有限责任公司	Other Limited Liability	239434	641319	207929	42731
股份有限公司	Share-holding Corporations Limited	116710	192219	20706	13506
私营企业	Private Enterprises	17439	28936	7631	12075
私营独资企业	Private-funded				
私营合伙企业	Private Partnership				
私营有限责任公司	Private Limited Liability	15843	26697	5803	11330
私营股份有限公司	Private Share-holding Corporations Ltd.	1596	2240	1829	745
其他企业	Other Enterprises				
港、澳、台商投资企业	**Enterprises with Funds from Hongkong,Macao and Taiwan**	**224432**	**942496**	**2118**	**8142**
合资经营企业(港或澳、台资)	Joint-venture Enterprises	214867	926291	665	4399
合作经营企业(港或澳、台资)	Cooperative Enterprises	84	127		94
港澳台商独资经营企业	Enterprises with Sole Investment	6743	10645	1453	2723
港澳台商投资股份有限公司	Share-holding Corporations Ltd.	2739	5427		385
外商投资企业	**Enterprises with Foreign Investment**	**108186**	**175116**	**25208**	**11287**
中外合资经营企业	Joint-venture Enterprises	106930	168487	8040	7353
中外合作经营企业	Cooperation Enterprises	698	1738		582
外资企业	Enterprises with Sole Funds	488	4761	17168	3306
外商投资股份有限公司	Share-holding Corporations Ltd.	70	130		46
其他外商投资企业	Others				
二、在总计中：国有控股企业	**Of the Total:State-holding Enterprises**	**227641**	**607485**	**109328**	**19601**
按轻重工业分：轻工业	By Light & Heavy:Light Industry	330790	632705	31155	52819
重工业	Heavy Industry	447636	1449993	286128	44225
按企业规模分：大型企业	By Size of Enterprises:Large	166645	258303	130530	26789
中型企业	Medium	492366	1601455	75408	39225
小型企业	Small	118510	221347	105892	30834
微型企业	Micro	905	1593	5452	196

13-9 分行业规模以上工业企业主要财务指标(2017)
Major Financial Indicators on Industrial Enterprises above Designated Size by Sector (2017)

单位：万元 (10 000 yuan)

项　目	Item	企业单位数(个) Number of Enterprises (unit)	亏损企业 Loss-suffering Enterprises	工业总产值 Gross Industrial Output Value	工业销售产值 Industrial Sales Value	出口交货值 Export Delivery Value
合　计	**Total**	**335**	**83**	**19557515**	**18580192**	**2071742**
石油和天然气开采业	Extraction of Petroleum and Natural Gas	1		95992	96142	
黑色金属矿采选业	Mining and Processing of Ferrous Metal Ores	1		129245	119371	
有色金属矿采选业	Mining and Processing of Non-Ferrous Metal Ores	5	1	97403	90269	
非金属矿采选业	Mining and Processing of Nonmetal Ores	3		23787	23492	
农副食品加工业	Processing of Food from Agricultural Products	51	22	1415146	1268246	256853
食品制造业	Manufacture of Foods	16	2	474527	442133	11464
酒、饮料和精制茶制造业	Manufacture of Wine,Beverages and Tea	21	9	163777	165296	57
烟草制品业	Manufacture of Tobacco	1		279618	276009	
纺织业	Manufacture of Textile	2		64847	55133	18453
皮革、毛皮、羽毛及其制品和制鞋业	Manufacture of Leather, Fur, Feather, Related Products and Footwear	1		3363	3424	
木材加工及木、竹、藤、棕、草制品业	Processing of Timber, Manufacture of Wood,Bamboo,Rattan,Palm and Straw Products	10	3	56187	59046	
家具制造业	Manufacture of Furniture	2		10331	10331	
造纸及纸制品业	Manufacture of Paper and Paper Products	7		1314694	1079119	101952
印刷和记录媒介的复制业	Printing, Reproduction of Recording Media	5	1	50174	44448	
文教、工美、体育和娱乐用品制造业	Manufacture of Articles for Culture, Education Arts and Crafts, Sport and Entertaiment Activities	1		6937	6937	
石油加工、炼焦及核燃料加工业	Processing of Petroleum, Coking and Nuclear Fuel	5	1	5075484	5112523	1108548
化学原料及化学制品制造业	Manufacture of Raw Chemical Materials and Chemical Products	18	2	2884690	2262672	375300
医药制造业	Manufacture of Medicines	51	4	1947679	1823870	6700
橡胶和塑料制品业	Manufacture of Rubber or Plastics Products	10	2	205214	207404	7682
非金属矿物制品业	Manufacture of Non-metallic Mineral Products	47	5	1431373	1419261	19
黑色金属冶炼及压延加工业	Smelting and Pressing of Ferrous Metals	1	1	1722	2224	
有色金属冶炼及压延加工业	Smelting and Pressing of Non-ferrous Metals	2	1	37799	36507	
金属制品业	Manufacture of Metal Products	5	2	85899	85864	
通用设备制造业	Manufacture of General Purpose Machinery	2	2	3354	4748	
专用设备制造业	Manufacture of Special Purposes Machinery	3		34140	29599	545
汽车制造业	Manufacture of Automobiles	19	12	504440	512257	135787
铁路、船舶、航空航天和其他设备制造业	Manufacture of Railway, Ship, Aerospace and Other Transport Equipments	2	1	8672	2932	
电气机械及器材制造业	Manufacture of Electrical Machinery and Apparatus	7	3	521470	564868	48382
计算机、通信及其他电子设备制造业	Manufacture of Computer, Communication and Other Electronic Equipments	1		14532	38358	
仪器仪表制造业	Manufacture of Measuring Instruments and Machinery					
废弃资源综合利用业	Utilization of Waste Resources	1	1	27355	26025	
金属制品、机械和设备修理业	Repair Services of Metal Products,Machineryand Equipment	1		25059	25059	
电力、热力的生产和供应业	Production and Supply of Electric Power and Heat Power	16	4	2288029	2280147	
燃气生产和供应业	Production and Supply of Gas	8	3	177568	309091	
水的生产和供应业	Production and Supply of Water	9	1	97010	97387	

13-9 续1 (continued 1)

项　目	Item	资产总计 Total Assets	流动资产合计 Total Current Assets	应收账款 Accounts Receivable	存货 Inventory	产成品 Finished Products	固定资产合计 Total Fixed Assets
合 计	**Total**	**28584040**	**11120522**	**2046604**	**1863241**	**746659**	**10904498**
石油和天然气开采业	Extraction of Petroleum and Natural Gas	427906	33933	7	2766	1317	298179
黑色金属矿采选业	Mining and Processing of Ferrous Metal Ores	744489	391874	29151	34495	20938	160745
有色金属矿采选业	Mining and Processing of Non-Ferrous Metal Ores	112068	70974	5181	41518	45	22270
非金属矿采选业	Mining and Processing of Nonmetal Ores	11603	5710	2688	1433	222	4956
农副食品加工业	Processing of Food from Agricultural Products	1034603	692961	175495	181085	92962	260278
食品制造业	Manufacture of Foods	609815	413057	53497	51413	28387	151128
酒、饮料和精制茶制造业	Manufacture of Wine,Beverages and Tea	318899	201584	45538	43864	11801	89373
烟草制品业	Manufacture of Tobacco	272886	179260	14638	21016	1366	83100
纺织业	Manufacture of Textile	149047	83960	12269	8252	3775	25869
皮革、毛皮、羽毛及其制品和制鞋业	Manufacture of Leather, Fur, Feather, Related Products and Footwear	1221	626	191	166	166	366
木材加工及木、竹、藤、棕、草制品业	Processing of Timber, Manufacture of Wood,Bamboo,Rattan,Palm and Straw Products	54982	38314	7183	10946	4881	12310
家具制造业	Manufacture of Furniture	3514	3394	2639	632		109
造纸及纸制品业	Manufacture of Paper and Paper Products	3622759	1285636	207419	117414	29075	2107181
印刷和记录媒介的复制业	Printing, Reproduction of Recording Media	126583	87405	10210	4776	1885	34263
文教、工美、体育和娱乐用品制造业	Manufacture of Articles for Culture, Education Arts and Crafts, Sport and Entertaiment Activities	15069	12522	176	6175	6175	38
石油加工、炼焦及核燃料加工业	Processing of Petroleum, Coking and Nuclear Fuel	2044917	623248	49353	309050	87657	1244389
化学原料及化学制品制造业	Manufacture of Raw Chemical Materials and Chemical Products	3316560	1483007	128123	230050	119668	672979
医药制造业	Manufacture of Medicines	2773624	1730146	255094	225783	116609	544389
橡胶和塑料制品业	Manufacture of Rubber or Plastics Products	208032	93233	23746	27536	13585	72789
非金属矿物制品业	Manufacture of Non-metallic Mineral Products	2113298	1111991	269282	69776	28122	562787
黑色金属冶炼及压延加工业	Smelting and Pressing of Ferrous Metals	76002	10192	772	5904		
有色金属冶炼及压延加工业	Smelting and Pressing of Non-ferrous Metals	69450	9132	67	1755	1386	34522
金属制品业	Manufacture of Metal Products	234863	174139	25635	32370	4289	23261
通用设备制造业	Manufacture of General Purpose Machinery	29349	5260	1054	2380	1188	17464
专用设备制造业	Manufacture of Special Purposes Machinery	101351	45676	21170	8744	1541	18739
汽车制造业	Manufacture of Automobiles	817437	448832	162383	103104	60164	132329
铁路、船舶、航空航天和其他设备制造业	Manufacture of Railway, Ship, Aerospace and Other Transport Equipments	89539	72802	612	16972		6977
电气机械及器材制造业	Manufacture of Electrical Machinery and Apparatus	1013631	701402	414854	79948	21476	220837
计算机、通信及其他电子设备制造业	Manufacture of Computer, Communication and Other Electronic Equipments	106208	99848	7718	63319	14781	4988
仪器仪表制造业	Manufacture of Measuring Instruments and Machinery						
废弃资源综合利用业	Utilization of Waste Resources	53508	18708	4755	3257	938	8701
金属制品、机械和设备修理业	Repair Services of Metal Products,Machineryand Equipment	78079	67785	12729	5650		9538
电力、热力的生产和供应业	Production and Supply of Electric Power and Heat Power	6557270	704257	72938	132547	4909	3292171
燃气生产和供应业	Production and Supply of Gas	986169	126653	15847	10497	65634	526756
水的生产和供应业	Production and Supply of Water	409310	93002	14191	8648	1720	260720

13-9 续2 (continued 2)

项 目	Item	固定资产原价 Original Value of Fixed Assets	累计折旧 Accumulated Depreciation	负债合计 Total Liabilities	流动负债合计 Total Current Liabilities	应付账款 Accounts Payable
合 计	**Total**	**19449422**	**6780947**	**15675937**	**10131718**	**2287435**
石油和天然气开采业	Extraction of Petroleum and Natural Gas	529854	231676	84960	56570	34009
黑色金属矿采选业	Mining and Processing of Ferrous Metal Ores	246283	85538	251698	213123	23391
有色金属矿采选业	Mining and Processing of Non-Ferrous Metal Ores	28805	6535	72623	64711	45141
非金属矿采选业	Mining and Processing of Nonmetal Ores	4633	3057	7887	7134	26
农副食品加工业	Processing of Food from Agricultural Products	374625	162943	755458	699633	135064
食品制造业	Manufacture of Foods	214798	105524	283289	262968	58470
酒、饮料和精制茶制造业	Manufacture of Wine,Beverages and Tea	158351	87998	176199	146014	49292
烟草制品业	Manufacture of Tobacco	133623	52131	91235	91235	44962
纺织业	Manufacture of Textile	55405	29536	49725	14075	1437
皮革、毛皮、羽毛及其制品和制鞋业	Manufacture of Leather, Fur, Feather, Related Products and Footwear	675	310	164	164	87
木材加工及木、竹、藤、棕、草制品业	Processing of Timber, Manufacture of Wood,Bamboo,Rattan,Palm and Straw Products	24171	11862	25773	22323	4845
家具制造业	Manufacture of Furniture	134	27	2760	215	154
造纸及纸制品业	Manufacture of Paper and Paper Products	2866116	758939	2150012	1683964	271363
印刷和记录媒介的复制业	Printing, Reproduction of Recording Media	45499	18234	46425	34541	15614
文教、工美、体育和娱乐用品制造业	Manufacture of Articles for Culture, Education Arts and Crafts, Sport and Entertaiment Activities	154	117	8714	8714	
石油加工、炼焦及核燃料加工业	Processing of Petroleum, Coking and Nuclear Fuel	2039449	970037	876618	599060	133351
化学原料及化学制品制造业	Manufacture of Raw Chemical Materials and Chemical Products	1606526	774376	1188856	953463	143068
医药制造业	Manufacture of Medicines	785220	282732	984010	872226	141428
橡胶和塑料制品业	Manufacture of Rubber or Plastics Products	109157	35953	69544	66405	23918
非金属矿物制品业	Manufacture of Non-metallic Mineral Products	927015	452298	986194	825165	203537
黑色金属冶炼及压延加工业	Smelting and Pressing of Ferrous Metals			70953		
有色金属冶炼及压延加工业	Smelting and Pressing of Non-ferrous Metals	44462	11730	17769	17469	2460
金属制品业	Manufacture of Metal Products	38823	16843	118501	38363	17437
通用设备制造业	Manufacture of General Purpose Machinery	6005	5068	20710	14810	2749
专用设备制造业	Manufacture of Special Purposes Machinery	21816	6651	56083	39749	7865
汽车制造业	Manufacture of Automobiles	460798	312589	370496	363465	176095
铁路、船舶、航空航天和其他设备制造业	Manufacture of Railway, Ship, Aerospace and Other Transport Equipments	14428	2276	83458	83458	226
电气机械及器材制造业	Manufacture of Electrical Machinery and Apparatus	526844	187622	654882	444685	134928
计算机、通信及其他电子设备制造业	Manufacture of Computer, Communication and Other Electronic Equipments	11700	6712	44905	44880	19765
仪器仪表制造业	Manufacture of Measuring Instruments and Machinery					
废弃资源综合利用业	Utilization of Waste Resources	21420	12712	19517	19517	4585
金属制品、机械和设备修理业	Repair Services of Metal Products,Machineryand Equipment	26880	17342	46156	45933	29498
电力、热力的生产和供应业	Production and Supply of Electric Power and Heat Power	7056973	1845851	5292895	2097479	500312
燃气生产和供应业	Production and Supply of Gas	689741	153028	634648	229306	56288
水的生产和供应业	Production and Supply of Water	379040	132705	132821	70901	6073

13-9 续3(continued 3)

项 目	Item	所有者权益合计 Total Owner's Equity	实收资本 Paid-up Capital	国家资本 State-owned Capital	集体资本 Collective-owned Capital	法人资本 Legal Person's Capital
合 计	**Total**	**12865531**	**6704809**	**2112350**	**158471**	**2332850**
石油和天然气开采业	Extraction of Petroleum and Natural Gas	342946	5000	5000		
黑色金属矿采选业	Mining and Processing of Ferrous Metal Ores	492791	195472			195472
有色金属矿采选业	Mining and Processing of Non-Ferrous Metal Ores	39445	29568			29468
非金属矿采选业	Mining and Processing of Nonmetal Ores	3716	4550			500
农副食品加工业	Processing of Food from Agricultural Products	279144	170137	11901	9321	71470
食品制造业	Manufacture of Foods	326526	69843		9251	26643
酒、饮料和精制茶制造业	Manufacture of Wine,Beverages and Tea	142700	154655		8780	35748
烟草制品业	Manufacture of Tobacco	181652	47116			47116
纺织业	Manufacture of Textile	99322	54640	800		53840
皮革、毛皮、羽毛及其制品和制鞋业	Manufacture of Leather, Fur, Feather, Related Products and Footwear	1057	850			
木材加工及木、竹、藤、棕、草制品业	Processing of Timber, Manufacture of Wood,Bamboo,Rattan,Palm and Straw Products	29209	11900		7470	4080
家具制造业	Manufacture of Furniture	754	200			
造纸及纸制品业	Manufacture of Paper and Paper Products	1472747	1168371			130465
印刷和记录媒介的复制业	Printing, Reproduction of Recording Media	80158	40502	30000		2500
文教、工美、体育和娱乐用品制造业	Manufacture of Articles for Culture, Education Arts and Crafts, Sport and Entertaiment Activities	6355	302			
石油加工、炼焦及核燃料加工业	Processing of Petroleum, Coking and Nuclear Fuel	1140833	637924	439797		12317
化学原料及化学制品制造业	Manufacture of Raw Chemical Materials and Chemical Products	2125630	973100	358175	7500	394105
医药制造业	Manufacture of Medicines	1789613	504538	15000	74506	328874
橡胶和塑料制品业	Manufacture of Rubber or Plastics Products	138488	77563		807	76357
非金属矿物制品业	Manufacture of Non-metallic Mineral Products	1119127	335441	181940		87382
黑色金属冶炼及压延加工业	Smelting and Pressing of Ferrous Metals					
有色金属冶炼及压延加工业	Smelting and Pressing of Non-ferrous Metals	51682	7044			6044
金属制品业	Manufacture of Metal Products	116362	39127		3536	35591
通用设备制造业	Manufacture of General Purpose Machinery	8639	7923			7923
专用设备制造业	Manufacture of Special Purposes Machinery	45267	15640		7000	
汽车制造业	Manufacture of Automobiles	446942	247644			205426
铁路、船舶、航空航天和其他设备制造业	Manufacture of Railway, Ship, Aerospace and Other Transport Equipments	6080	555			
电气机械及器材制造业	Manufacture of Electrical Machinery and Apparatus	358749	360453	500	30000	272362
计算机、通信及其他电子设备制造业	Manufacture of Computer, Communication and Other Electronic Equipments	61304	10435	10435		
仪器仪表制造业	Manufacture of Measuring Instruments and Machinery					
废弃资源综合利用业	Utilization of Waste Resources	33991	22008			
金属制品、机械和设备修理业	Repair Services of Metal Products,Machineryand Equipment	31923	5480	5480		
电力、热力的生产和供应业	Production and Supply of and Heat Power	1264374	1033833	946645	300	59802
燃气生产和供应业	Production and Supply of Gas	351520.4	319725.5	35222.9		170342.2
水的生产和供应业	Production and Supply of Water	276488	153270	71454		79026

13-9 续4(continued 4)

项 目	Item	个人资本 Individual Capital	港澳台资本 Funds from Hongkong Macau & Taiwan	外商资本 Foreign Investment	主营业务收入 Revenue from Pincipal Business	主营业务成本 Cost of Pincipal Business	主营业务税金及附加 Taxes & Surcharges of Pincipal Business
合 计	**Total**	**490339**	**245115**	**1365683**	**17995197**	**14030209**	**995406**
石油和天然气开采业	Extraction of Petroleum and Natural Gas				96142	47365	5852
黑色金属矿采选业	Mining and Processing of Ferrous Metal Ores				97957	68442	4968
有色金属矿采选业	Mining and Processing of Non-Ferrous Metal Ores	100			97944	90209	804
非金属矿采选业	Mining and Processing of Nonmetal Ores	3050		1000	17286	12952	594
农副食品加工业	Processing of Food from Agricultural Products	70731	6714		1214009	1138852	1630
食品制造业	Manufacture of Foods	14158	4585	15205	463376	301192	3415
酒、饮料和精制茶制造业	Manufacture of Wine,Beverages and Tea	1100	4724	104303	187108	138242	5722
烟草制品业	Manufacture of Tobacco				276009	113353	130814
纺织业	Manufacture of Textile				52997	44153	365
皮革、毛皮、羽毛及其制品和制鞋业	Manufacture of Leather, Fur, Feather, Related Products and Footwear	850			3324	3210	4
木材加工及木、竹、藤、棕、草制品业	Processing of Timber, Manufacture of Wood,Bamboo,Rattan,Palm and Straw Products	350			60877	57086	601
家具制造业	Manufacture of Furniture	200			10331	10195	26
造纸及纸制品业	Manufacture of Paper and Paper Products	1127		1036779	1350194	1047198	12581
印刷和记录媒介的复制业	Printing, Reproduction of Recording Media	2000		6002	50630	32994	739
文教、工美、体育和娱乐用品制造业	Manufacture of Articles for Culture, Education Arts and Crafts, Sport and Entertaiment Activities			302	6937	6374	12
石油加工、炼焦及核燃料加工业	Processing of Petroleum, Coking and Nuclear Fuel	13280	172530		4389839	3279624	754229
化学原料及化学制品制造业	Manufacture of Raw Chemical Materials and Chemical Products	189748	1073	22500	2155222	1895468	8688
医药制造业	Manufacture of Medicines	71167	7203	7788	1805888	823567	20396
橡胶和塑料制品业	Manufacture of Rubber or Plastics Products	281		118	207571	179768	940
非金属矿物制品业	Manufacture of Non-metallic Mineral Products	60148	5972		1477035	1214653	10057
黑色金属冶炼及压延加工业	Smelting and Pressing of Ferrous Metals				4501	4800	2
有色金属冶炼及压延加工业	Smelting and Pressing of Non-ferrous Metals	1000			36507	19472	1179
金属制品业	Manufacture of Metal Products				108022	86570	1229
通用设备制造业	Manufacture of General Purpose Machinery				7959	6353	108
专用设备制造业	Manufacture of Special Purposes Machinery	8640			30353	18017	196
汽车制造业	Manufacture of Automobiles	6450	19359	16408	476977	447272	7724
铁路、船舶、航空航天和其他设备制造业	Manufacture of Railway, Ship, Aerospace and Other Transport Equipments		555		5417	4279	16
电气机械及器材制造业	Manufacture of Electrical Machinery and Apparatus	23952		33639	579121	531603	2962
计算机、通信及其他电子设备制造业	Manufacture of Computer, Communication and Other Electronic Equipments				38358	24238	
仪器仪表制造业	Manufacture of Measuring Instruments and Machinery						
废弃资源综合利用业	Utilization of Waste Resources	22008			26371	25292	117
金属制品、机械和设备修理业	Repair Services of Metal Products,Machineryand Equipment				29808	24591	
电力、热力的生产和供应业	Production and Supply of and Heat Power		19608	7477	2267979	2045818	16838
燃气生产和供应业	Production and Supply of Gas			114160	249912	216967	1406
水的生产和供应业	Production and Supply of Water		2791		113235	70041	1197

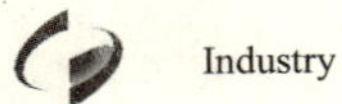

13-9 续5(continued 5)

项 目	Item	其他业务利润 Other Operating Profits	销售费用 Selling Expenses	管理费用 Administrative Expenses	财务费用 Financial Expenses	利息支出 Interest Expenditure
合 计	**Total**	**63030**	**921189**	**747766**	**398674**	**416019**
石油和天然气开采业	Extraction of Petroleum and Natural Gas		5	16693	-109	282
黑色金属矿采选业	Mining and Processing of Ferrous Metal Ores		548	17409	4471	4105
有色金属矿采选业	Mining and Processing of Non-Ferrous Metal Ores		1684	1497	1308	384
非金属矿采选业	Mining and Processing of Nonmetal Ores		1748	1246	101	118
农副食品加工业	Processing of Food from Agricultural Products	1364	18560	34177	21615	13243
食品制造业	Manufacture of Foods	15107	108625	24182	-1632	873
酒、饮料和精制茶制造业	Manufacture of Wine,Beverages and Tea	-195	29166	20493	-149	1135
烟草制品业	Manufacture of Tobacco	-11	3347	16591	-1985	
纺织业	Manufacture of Textile	29	1698	4831	2918	2850
皮革、毛皮、羽毛及其制品和制鞋业	Manufacture of Leather, Fur, Feather, Related Products and Footwear		35	68	5.0	5.0
木材加工及木、竹、藤、棕、草制品业	Processing of Timber, Manufacture of Wood,Bamboo,Rattan,Palm and Straw Products		863	2370	-109	20
家具制造业	Manufacture of Furniture		44	38	4	
造纸及纸制品业	Manufacture of Paper and Paper Products	-2631	47208	18030	72850	77666
印刷和记录媒介的复制业	Printing, Reproduction of Recording Media		1356	5098	-322	224
文教、工美、体育和娱乐用品制造业	Manufacture of Articles for Culture, Education Arts and Crafts, Sport and Entertaiment Activities		486		34	35
石油加工、炼焦及核燃料加工业	Processing of Petroleum, Coking and Nuclear Fuel	1741	21628	107296	9528	21082
化学原料及化学制品制造业	Manufacture of Raw Chemical Materials and Chemical Products	17002	50971	43210	45435	35927
医药制造业	Manufacture of Medicines	19859	501324	187379	16667	22963
橡胶和塑料制品业	Manufacture of Rubber or Plastics Products	149	4211	10013	1119	925
非金属矿物制品业	Manufacture of Non-metallic Mineral Products	510	47700	48889	25020	25281
黑色金属冶炼及压延加工业	Smelting and Pressing of Ferrous Metals		81	440	1094	
有色金属冶炼及压延加工业	Smelting and Pressing of Non-ferrous Metals		11	4194	-23	
金属制品业	Manufacture of Metal Products	59	1712	8016	1440	3024
通用设备制造业	Manufacture of General Purpose Machinery	125	267	1796	696	173
专用设备制造业	Manufacture of Special Purposes Machinery	105	4438	3839	198	188
汽车制造业	Manufacture of Automobiles	-88	16144	75429	1162	3396
铁路、船舶、航空航天和其他设备制造业	Manufacture of Railway, Ship, Aerospace and Other Transport Equipments	11	81	1232	1557	1551
电气机械及器材制造业	Manufacture of Electrical Machinery and Apparatus	2308	25478	29810	10965	12109
计算机、通信及其他电子设备制造业	Manufacture of Computer, Communication and Other Electronic Equipments	4215	1178	6845	97	456
仪器仪表制造业	Manufacture of Measuring Instruments and Machinery					
废弃资源综合利用业	Utilization of Waste Resources		426	1822	232	-41
金属制品、机械和设备修理业	Repair Services of Metal Products,Machineryand Equipment	33		4081	-722	
电力、热力的生产和供应业	Production and Supply of Electric Power and Heat Power	2680	23	23729	174871	168059
燃气生产和供应业	Production and Supply of Gas	347	15588	16201	10509	19673
水的生产和供应业	Production and Supply of Water	313	14557	10823	-169	316

13-9 续6(continued 6)

项　目	Item	营业利润 Operating Profits	投资收益 Investment Income	营业外收入 Non-operating Income	营业外支出 Non-operating Expenses
合 计	**Total**	**1059177**	**122327**	**281969**	**35960**
石油和天然气开采业	Extraction of Petroleum and Natural Gas	25776	208	107	4223
黑色金属矿采选业	Mining and Processing of Ferrous Metal Ores	6813	4472	183	79
有色金属矿采选业	Mining and Processing of Non-Ferrous Metal Ores	2710		100	258
非金属矿采选业	Mining and Processing of Nonmetal Ores	695		1	31
农副食品加工业	Processing of Food from Agricultural Products	4294	-839	5090	1152
食品制造业	Manufacture of Foods	42757	89	502	1873
酒、饮料和精制茶制造业	Manufacture of Wine,Beverages and Tea	-1651		1467	482
烟草制品业	Manufacture of Tobacco	12280		28	10
纺织业	Manufacture of Textile	10062	12200	574	54
皮革、毛皮、羽毛及其制品和制鞋业	Manufacture of Leather, Fur, Feather, Related Products and Footwear	2			
木材加工及木、竹、藤、棕、草制品业	Processing of Timber, Manufacture of Wood,Bamboo,Rattan,Palm and Straw Products	3547	65	585	94
家具制造业	Manufacture of Furniture	25			
造纸及纸制品业	Manufacture of Paper and Paper Products	147737	783	5430	2787
印刷和记录媒介的复制业	Printing, Reproduction of Recording Media	11367		1004	26
文教、工美、体育和娱乐用品制造业	Manufacture of Articles for Culture, Education Arts and Crafts, Sport and Entertaiment Activities	30		3	2
石油加工、炼焦及核燃料加工业	Processing of Petroleum, Coking and Nuclear Fuel	231393	511	224	967
化学原料及化学制品制造业	Manufacture of Raw Chemical Materials and Chemical Products	165501	31045	4895	885
医药制造业	Manufacture of Medicines	330019	54316	21820	4144
橡胶和塑料制品业	Manufacture of Rubber or Plastics Products	11887	60	1085	98
非金属矿物制品业	Manufacture of Non-metallic Mineral Products	139122	4793	214586	2029
黑色金属冶炼及压延加工业	Smelting and Pressing of Ferrous Metals	-1916			4
有色金属冶炼及压延加工业	Smelting and Pressing of Non-ferrous Metals	11674		5285	32
金属制品业	Manufacture of Metal Products	9165		680	499
通用设备制造业	Manufacture of General Purpose Machinery	-1216		103	0.3
专用设备制造业	Manufacture of Special Purposes Machinery	3711	60	459	153
汽车制造业	Manufacture of Automobiles	-101887	556	2933	2965
铁路、船舶、航空航天和其他设备制造业	Manufacture of Railway, Ship, Aerospace and Other Transport Equipments	-1736		30	
电气机械及器材制造业	Manufacture of Electrical Machinery and Apparatus	-21772	2909	5071	2123
计算机、通信及其他电子设备制造业	Manufacture of Computer, Communication and Other Electronic Equipments	10215		624	246
仪器仪表制造业	Manufacture of Measuring Instruments and Machinery				
废弃资源综合利用业	Utilization of Waste Resources	-528	868	346	195
金属制品、机械和设备修理业	Repair Services of Metal Products,Machinery and Equipment	1888		4	1
电力、热力的生产和供应业	Production and Supply of Electric Power and Heat Power	15240	1572	5787	9702
燃气生产和供应业	Production and Supply of Gas	-25051	8730	532	642
水的生产和供应业	Production and Supply of Water	17027	-69	2433	206

13-9 续7(continued 7)

项 目	Item	利润总额 Total Profits	所得税费用 Income Tax Payable	利税总额 Total Profits and Taxes	本年应付工资总额 Total Wages Payable of Current Year
合 计	**Total**	**1305186**	**302972**	**3084912**	**909158**
石油和天然气开采业	Extraction of Petroleum and Natural Gas	21660	6964	35320	886
黑色金属矿采选业	Mining and Processing of Ferrous Metal Ores	6916	1846	23119	30892
有色金属矿采选业	Mining and Processing of Non-Ferrous Metal Ores	2552	1661	4599	2509
非金属矿采选业	Mining and Processing of Nonmetal Ores	665	51	1917	1118
农副食品加工业	Processing of Food from Agricultural Products	8232	4602	11644	67375
食品制造业	Manufacture of Foods	41385	9398	74472	32160
酒、饮料和精制茶制造业	Manufacture of Wine,Beverages and Tea	-666	1191	14374	17594
烟草制品业	Manufacture of Tobacco	12298	3829	174647	18459
纺织业	Manufacture of Textile	10582	1692	11504	5078
皮革、毛皮、羽毛及其制品和制鞋业	Manufacture of Leather, Fur, Feather, Related Products and Footwear	2		52	113
木材加工及木、竹、藤、棕、草制品业	Processing of Timber, Manufacture of Wood,Bamboo,Rattan,Palm and Straw Products	4038	228	7738	7273
家具制造业	Manufacture of Furniture	25		307	351
造纸及纸制品业	Manufacture of Paper and Paper Products	150380	37596	257996	21115
印刷和记录媒介的复制业	Printing, Reproduction of Recording Media	12345	3237	17020	4046
文教、工美、体育和娱乐用品制造业	Manufacture of Articles for Culture, Education Arts and Crafts, Sport and Entertaiment Activities	31	8	109	475
石油加工、炼焦及核燃料加工业	Processing of Petroleum, Coking and Nuclear Fuel	230649	60543	1184546	58242
化学原料及化学制品制造业	Manufacture of Raw Chemical Materials and Chemical Products	169511	43333	225869	58846
医药制造业	Manufacture of Medicines	347695	54059	520947	118410
橡胶和塑料制品业	Manufacture of Rubber or Plastics Products	12874	3341	15258	28344
非金属矿物制品业	Manufacture of Non-metallic Mineral Products	351678	39172	418149	89635
黑色金属冶炼及压延加工业	Smelting and Pressing of Ferrous Metals	-1920		-1918	
有色金属冶炼及压延加工业	Smelting and Pressing of Non-ferrous Metals	16928	4263	18106	5515
金属制品业	Manufacture of Metal Products	9347	4106	15317	4910
通用设备制造业	Manufacture of General Purpose Machinery	-1113	-253	-572	793
专用设备制造业	Manufacture of Special Purposes Machinery	4017	393	5614	3698
汽车制造业	Manufacture of Automobiles	-101918	-4778	-87700	25218
铁路、船舶、航空航天和其他设备制造业	Manufacture of Railway, Ship, Aerospace and Other Transport Equipments	-1706	14	-1664	853
电气机械及器材制造业	Manufacture of Electrical Machinery and Apparatus	-18825	3563	-15134	36339
计算机、通信及其他电子设备制造业	Manufacture of Computer, Communication and Other Electronic Equipments	10592.9	1588.9	10592.9	8168.7
仪器仪表制造业	Manufacture of Measuring Instruments and Machinery				
废弃资源综合利用业	Utilization of Waste Resources	-376	-94	8449	1370
金属制品、机械和设备修理业	Repair Services of Metal Products,Machinery and Equipment	1891		1891	6977
电力、热力的生产和供应业	Production and Supply of Electric Power and Heat Power	11325	13297	126154	220343
燃气生产和供应业	Production and Supply of Gas	-25161	3203	-18097	13012
水的生产和供应业	Production and Supply of Water	19254	4918	24287	19041

13-9 续8(continued 8)

项 目	Item	本年应交增值税 Value Added Tax Payable of Current	应交税金及附加 Taxes & Surcharges Payable	亏损企业亏损总额 Total loss of Loss-suffering Enterprises	全部从业人员年平均人数(人) Annual Average Employees (person)
合 计	**Total**	**778426**	**2082698**	**317283**	**97044**
石油和天然气开采业	Extraction of Petroleum and Natural Gas	7011	20624		55
黑色金属矿采选业	Mining and Processing of Ferrous Metal Ores	11235	18049		4185
有色金属矿采选业	Mining and Processing of Non-Ferrous Metal Ores	1243	3708	684	369
非金属矿采选业	Mining and Processing of Nonmetal Ores	659	1303		159
农副食品加工业	Processing of Food from Agricultural Products	1207	8014	20558	16106
食品制造业	Manufacture of Foods	29653	42485	289	7139
酒、饮料和精制茶制造业	Manufacture of Wine,Beverages and Tea	8752	16232	6910	4348
烟草制品业	Manufacture of Tobacco	31535	166178		592
纺织业	Manufacture of Textile	557	2614		740
皮革、毛皮、羽毛及其制品和制鞋业	Manufacture of Leather, Fur, Feather, Related Products and Footwear	46	50		37
木材加工及木、竹、藤、棕、草制品业	Processing of Timber, Manufacture of Wood,Bamboo,Rattan,Palm and Straw Products	3100	3928	1444	1793
家具制造业	Manufacture of Furniture	257	282		90
造纸及纸制品业	Manufacture of Paper and Paper Products	95035	145212		4222
印刷和记录媒介的复制业	Printing, Reproduction of Recording Media	3930	7911	213	749
文教、工美、体育和娱乐用品制造业	Manufacture of Articles for Culture, Education Arts and Crafts, Sport and Entertaiment Activities	66	86		156
石油加工、炼焦及核燃料加工业	Processing of Petroleum, Coking and Nuclear Fuel	199668	1014440	7450	2032
化学原料及化学制品制造业	Manufacture of Raw Chemical Materials and Chemical Products	47665	99691	6549	3676
医药制造业	Manufacture of Medicines	152248	227311	3062	14993
橡胶和塑料制品业	Manufacture of Rubber or Plastics Products	1445	5726	631	1908
非金属矿物制品业	Manufacture of Non-metallic Mineral Products	56303	105643	12471	7444
黑色金属冶炼及压延加工业	Smelting and Pressing of Ferrous Metals		2	1920	
有色金属冶炼及压延加工业	Smelting and Pressing of Non-ferrous Metals		5442	441	448
金属制品业	Manufacture of Metal Products	4742	10077	7530	1401
通用设备制造业	Manufacture of General Purpose Machinery	390	289	1113	297
专用设备制造业	Manufacture of Special Purposes Machinery	1259	1990		664
汽车制造业	Manufacture of Automobiles	5223	9440	105318	4685
铁路、船舶、航空航天和其他设备制造业	Manufacture of Railway, Ship, Aerospace and Other Transport Equipments	26	56	1762	223
电气机械及器材制造业	Manufacture of Electrical Machinery and Apparatus	729	7253	40087	4362
计算机、通信及其他电子设备制造业	Manufacture of Computer, Communication and Other Electronic Equipments		1589		574
仪器仪表制造业	Manufacture of Measuring Instruments and Machinery				
废弃资源综合利用业	Utilization of Waste Resources	8673	8731	376	206
金属制品、机械和设备修理业	Repair Services of Metal Products,Machinery and Equipment				842
电力、热力的生产和供应业	Production and Supply of Electric Power and Heat Power	96358	128125	56589	8434
燃气生产和供应业	Production and Supply of Gas	5602	10267	41765	1479
水的生产和供应业	Production and Supply of Water	3811	9951	123	2636

13-10 分市县规模以上工业企业主要财务指标(2017)

Major Financial Indicators on Industrial Enterprises above Designated Size by Region (2017)

单位：万元 (10 000 yuan)

地 区	Region	企业单位数(个) Number of Enterprises (unit)	亏损企业 Loss-suffering Enter-prises	工业总产值 Gross Industrial Output Value	工业销售产值 Industrial Sales Value	出口交货值 Export Delivery Value
全省总计	**Total**	**335**	**83**	**19557515**	**18580192**	**2071742**
海口市	Haikou	150	35	5017200	5018445	293625
三亚市	Sanya	20	1	668234	669694	27375
五指山市	Wuzhishan	3		37652	35411	
文昌市	Wenchang	16	5	388383	359273	28176
琼海市	Qionghai	10	2	149547	152099	2834
万宁市	Wanning	10	2	119169	117494	2933
定安县	Ding'an	9	3	165476	178102	37205
屯昌县	Tunchang	3	2	44403	43376	
澄迈县	Chengmai	41	11	1807880	1714650	93856
临高县	Lingao	3	3	71621	67045	
儋州地区	Danzhou Area	33	8	8094714	7253649	1514749
儋州市	Danzhou	17	5	520516	508020	
洋浦	Yangpu	16	3	7574198	6745629	1514749
东方市	Dongfang	12	4	1733005	1725745	66279
乐东县	Ledong	3		202498	202498	
琼中县	Qiongzhong	7	2	45143	46863	
保亭县	Baoting	1		17837	17837	
陵水县	Linshui	1		50254	50147	3937
白沙县	Baisha	3	2	20280	19620	
昌江县	Changjiang	9	3	919195	903219	773

13-10 续1 (continued 1)

地　区	Region	资产总计 Total Assets	流动资产合计 Total Current Assets	应收账款 Accounts Receivable	存货 Inventory	产成品 Finished Products	固定资产合计 Total Fixed Assets
全省总计	**Total**	**28584040**	**11120522**	**2046604**	**1863241**	**746659**	**10904498**
海 口 市	Haikou	7715305	4394904	1044028	690507	283974	1507999
三 亚 市	Sanya	1369123	461300	146657	31743	10953	223482
五指山市	Wuzhishan	50191	16674	2726	5811	3194	6467
文 昌 市	Wenchang	451909	191820	40575	63339	9658	95587
琼 海 市	Qionghai	244427	65537	22781	12690	6340	31549
万 宁 市	Wanning	296933	130716	7621	41156	6216	36798
定 安 县	Ding'an	182681	91382	31110	18377	6260	41500
屯 昌 县	Tunchang	55126	13563	2401	2996	985	9594
澄 迈 县	Chengmai	2441236	931632	235203	150138	157325	825940
临 高 县	Lingao	216946	116552	3337	29278	7684	9908
儋州地区	Danzhou Area	7710009	2648938	374210	529047	188461	4136307
儋州市	Danzhou	817203	257630	41382	34578	19158	145047
洋 浦	Yangpu	6892805	2391308	332829	494470	169303	3991260
东 方 市	Dongfang	3090539	906852	13791	115625	29231	1029926
乐 东 县	Ledong	469802	28847	2351	2800	331	321877
琼 中 县	Qiongzhong	39876	15759	9127	2649	613	3860
保 亭 县	Baoting	26022	4396	1403	239	39	2013
陵 水 县	Linshui	91715	15431	112	1143	392	400
白 沙 县	Baisha	57787	19572	394	3465	2618	8259
昌 江 县	Changjiang	4065058	1065542	108771	162177	32369	2613031

13-10 续2 (continued 2)

地 区	Region	固定资产原价 Original Value of Fixed Assets	累计折旧 Accumulated Depreciation	负债合计 Total Liabilities	流动负债合计 Total Current Liabilities	应付账款 Accounts Payable
全省总计	**Total**	**19449422**	**6780947**	**15675937**	**10131718**	**2287435**
海 口 市	Haikou	3701466	1570885	3723738	2884505	772313
三 亚 市	Sanya	815881	287337	808763	485395	149826
五指山市	Wuzhishan	32827	14212	24115	17360	4763
文 昌 市	Wenchang	314716	121793	319019	227272	85715
琼 海 市	Qionghai	217169	83215	169079	105112	25539
万 宁 市	Wanning	154419	55400	226950	171064	18713
定 安 县	Ding'an	106920	38105	92162	75301	35614
屯 昌 县	Tunchang	49728	17647	45037	28013	6248
澄 迈 县	Chengmai	1344877	511396	1293053	781734	227366
临 高 县	Lingao	121748	37694	192018	162201	8609
儋州地区	Danzhou Area	6504593	2283089	4515408	3258079	535401
儋州市	Danzhou	695343	267663	559182	368785	78876
洋 浦	Yangpu	5809250	2015426	3956227	2889295	456525
东 方 市	Dongfang	2247496	1053784	1122980	882999	163434
乐 东 县	Ledong	444496	69775	313978	91633	22569
琼 中 县	Qiongzhong	33073	13209	32279	17593	4597
保 亭 县	Baoting	27207	9627	19167	10113	2677
陵 水 县	Linshui	98062	35894	71928	37577	9946
白 沙 县	Baisha	43586	19088	64692	51784	2847
昌 江 县	Changjiang	3180600	554956	2634123	840273	210316

13-10 续3(continued 3)

地 区	Region	所有者权益合计 Total Owner's Equity	实收资本 Paid-up Capital	国家资本 State-owned Capital	集体资本 Collective--owned Capital	法人资本 Legal Person's Capital
全省总计	**Total**	**12865531**	**6704809**	**2112350**	**158471**	**2332850**
海口市	Haikou	3991565	1765891	208024	139314	1065991
三亚市	Sanya	560359	121475	44794		40602
五指山市	Wuzhishan	26075	5361	1481		1380
文昌市	Wenchang	132889	81360	13583	230	47353
琼海市	Qionghai	75348	24481	11836		5330
万宁市	Wanning	69983	36874	9037	780	12000
定安县	Ding'an	90519	28761	3611		19050
屯昌县	Tunchang	10090	4118	2768		200
澄迈县	Chengmai	1105616	523235	223529	7170	125802
临高县	Lingao	24928	20257	4257		8000
儋州地区	Danzhou Area	3194600	2412347	402519	1470	727061
儋州市	Danzhou	258021	167708	57183	1470	43348
洋浦	Yangpu	2936579	2244639	345336		683713
东方市	Dongfang	1967559	834786	601915	7500	25772
乐东县	Ledong	155824	86895	80850		6044
琼中县	Qiongzhong	7597	4502	1952		2000
保亭县	Baoting	6855	3898	1898		
陵水县	Linshui	19788	8331	8331		
白沙县	Baisha	-6905	6412	1578		4833
昌江县	Changjiang	1430934	735008	489568	2007	241432

13-10 续4(continued 4)

地　区	Region	个人资本 Individual Capital	港澳台资本 Funds from Hongkong Macau & Taiwan	外商资本 Foreign Investment	主营业务收入 Revenue from Pincipal Business	主营业务成本 Cost of Pincipal Business	主营业务税金及附加 Taxes & Surcharges of Pincipal Business
全省总计	**Total**	**490339**	**245115**	**1365683**	**17995197**	**14030209**	**995406**
海口市	Haikou	139612	42746	170204	5001587	3459017	177022
三亚市	Sanya	12208	19608	4263	683018	574694	4638
五指山市	Wuzhishan		2500		32492	24753	191
文昌市	Wenchang	18120	1073	1000	375136	334649	2359
琼海市	Qionghai	2011		5305	152124	125033	1374
万宁市	Wanning	7102		7955	185548	167007	794
定安县	Ding'an	4386	1714		173765	146826	563
屯昌县	Tunchang	1150			42890	38969	199
澄迈县	Chengmai	54381	2153	110200	1428339	1210316	13520
临高县	Lingao	8000			71897	69837	360
儋州地区	Danzhou Area	61719	175321	1044257	6856068	5476574	641263
儋州市	Danzhou	55439	2791	7477	517342	474440	3050
洋浦	Yangpu	6280	172530	1036779	6338726	5002134	638213
东方市	Dongfang	177100		22500	1752528	1385054	138461
乐东县	Ledong				200680	160900	2063
琼中县	Qiongzhong	550			47123	47092	199
保亭县	Baoting	2000			18100	17140	98
陵水县	Linshui				51190	47939	278
白沙县	Baisha				19818	19028	197
昌江县	Changjiang	2000			897755	720507	11800

13-10 续5(continued 5)

地 区	Region	其他业务利润 Other Operating Profits	销售费用 Selling Expenses	管理费用 Administrative Expenses	财务费用 Financial Expenses	利息支出 Interest Expenditure
全省总计	**Total**	**63030**	**921189**	**747766**	**398674**	**416019**
海口市	Haikou	40779	692620	388257	49448	66569
三亚市	Sanya	206	25930	27228	18784	20195
五指山市	Wuzhishan	8	922	2450	471	460
文昌市	Wenchang	1286	12535	11741	7061	6121
琼海市	Qionghai	313	2905	9135	3061	2938
万宁市	Wanning		2328	7925	4388	2611
定安县	Ding'an	11	4919	7261	1319	901
屯昌县	Tunchang		530	854	841	847
澄迈县	Chengmai	1111	53114	58398	28985	28486
临高县	Lingao	1421	1185	6113	5581	5616
儋州地区	Danzhou Area	9787	90773	145958	130481	145669
儋州市	Danzhou		6558	11325	11797	12027
洋浦	Yangpu	9787	84215	134633	118684	133642
东方市	Dongfang	4870	25784	29457	36044	31306
乐东县	Ledong	1787	1494	3613	11204	11448
琼中县	Qiongzhong		371	446	450	452
保亭县	Baoting		33	105	459	463
陵水县	Linshui		137	596	1830	1724
白沙县	Baisha	-497	276	1552	1485	1509
昌江县	Changjiang	1949	5334	46668	96596	88516

13-10 续6(continued 6)

地 区	Region	营业利润 Operating Profits	投资收益 Investment Income	营业外收入 Non-operating Income	营业外支出 Non-operating Expenses
全省总计	**Total**	**1059177**	**122327**	**281969**	**35960**
海 口 市	Haikou	304297	58266	38956	13712
三 亚 市	Sanya	35650	269	4685	1277
五指山市	Wuzhishan	3746	10	124	99
文 昌 市	Wenchang	8753	415	1435	613
琼 海 市	Qionghai	10451	88	380	251
万 宁 市	Wanning	2761	266	405	430
定 安 县	Ding'an	15550	39	493	187
屯 昌 县	Tunchang	1471	18	351	33
澄 迈 县	Chengmai	81425	23529	10992	5777
临 高 县	Lingao	-9798	28	101	280
儋州地区	Danzhou Area	385738	5538	10251	4265
儋州市	Danzhou	12633	1029	1266	719
洋 浦	Yangpu	373104	4508	8984	3546
东 方 市	Dongfang	175534	28993	1681	6992
乐 东 县	Ledong	23320	43	5376	1098
琼 中 县	Qiongzhong	-1452	13	149	19
保 亭 县	Baoting	248	12	50	19
陵 水 县	Linshui	406	49	145	77
白 沙 县	Baisha	-2722	10	240	49
昌 江 县	Changjiang	23768	4736	206147	775

13-10 续7(continued 7)

地　区	Region	利润总额 Total Profits	所得税费用 Income Tax Payable	利税总额 Total Profits and Taxes	本年应付职工薪酬 Total Wages Payable of Current Year
全省总计	**Total**	**1305186**	**302972**	**3084912**	**909158**
海 口 市	Haikou	329541	82569	772646	350673
三 亚 市	Sanya	39057	8189	68059	54345
五指山市	Wuzhishan	3771	519	5776	3587
文 昌 市	Wenchang	9575	3191	20820	22915
琼 海 市	Qionghai	10580	1636	20385	14929
万 宁 市	Wanning	2736	1362	6144	20360
定 安 县	Ding'an	15856	3786	19088	11950
屯 昌 县	Tunchang	1789	338	3933	2452
澄 迈 县	Chengmai	86639	26248	121723	93174
临 高 县	Lingao	-9977	148	-8684	5073
儋州地区	Danzhou Area	391724	108276	1335848	135088
儋州市	Danzhou	13181	5469	43334	57931
洋　浦	Yangpu	378543	102808	1292514	77157
东 方 市	Dongfang	170223	39197	398679	76906
乐 东 县	Ledong	27598	6824	32507	12263
琼 中 县	Qiongzhong	-1323	68	86	2895
保 亭 县	Baoting	279	131	1102	1553
陵 水 县	Linshui	474	303	2891	5921
白 沙 县	Baisha	-2531	385	-1121	3976
昌 江 县	Changjiang	229140	19772	284734	90559

13-10 续8(continued 8)

地 区	Region	本年应交增值税 Value Added Tax Payable of Current Year	应交税金及附加 Taxes & Surcharges Payable	亏损企业亏损总额 Total loss of Loss-suffering Enterprises	全部从业人员年平均人数(人) Annual Average Employees (person)
全省总计	**Total**	**778426**	**2082698**	**317283**	**97044**
海口市	Haikou	262944	525675	166780	46620
三亚市	Sanya	24134	37191	901	4764
五指山市	Wuzhishan	1805	2524		403
文昌市	Wenchang	8804	14436	1590	3377
琼海市	Qionghai	8347	11441	319	1826
万宁市	Wanning	2087	4770	2028	4033
定安县	Ding'an	2517	7019	426	2039
屯昌县	Tunchang	1928	2482	208	257
澄迈县	Chengmai	20640	61332	37898	8467
临高县	Lingao	908	1441	10152	713
儋州地区	Danzhou Area	302550	1052400	29899	10638
儋州市	Danzhou	26855	35622	3744	4585
洋浦	Yangpu	275695	1016778	26155	6053
东方市	Dongfang	89938	267654	7002	3186
乐东县	Ledong	2805	11733		643
琼中县	Qiongzhong	1198	1476	1439	453
保亭县	Baoting	713	954		130
陵水县	Linshui	2093	2720		428
白沙县	Baisha	1203	1795	3934	659
昌江县	Changjiang	43583	75366	54708	8387

13-11 主要工业产品产量
Output of Major Industrial Products

产品名称	Item	2005	2010	2013	2014	2015	2016	2017
铁矿石原矿(吨)	Crude Iron Ores(ton)	4212035	4896217	6035494	5727129	4976439	4080810	4347142
大米(吨)	Rice(ton)		40448	7140	10942	11889	9872	5480
饲料(吨)	Feeds(ton)	737591	1313070	1833472	1778849	1928818	2268261	2535437
#配合饲料(吨)	#Formula Feeds(ton)		925482	1467398	1426669	1459268	1620665	1864710
混合饲料(吨)	Mixed Feeds(ton)		387588	332109	249097	267203	349812	335397
成品糖(吨)	Refined Sugar(ton)	275123	301033	437254	333043	257357	131343	111365
冷冻水产品(吨)	Frozen Aquatic Products(ton)		122990	144569	154338	140897	162740	184557
糖果(吨)	Candy(ton)	1360	5772	6463	6599	5443	6458	9985
乳制品(吨)	Dairy Products(ton)	4382	4558	4505	4759	4907	4173	2811
#液体乳(吨)	#Liquid Milk(ton)	3179	4558	4505	4759	4206	3350	2811
罐头(吨)	Canned Food(ton)	138362	203409	265189	246113	242641	192787	225966
饮料酒(千升)	Alcoholic Beverages(kiloliter)	151922	188973	95877	86070	85084	69171	56867
啤酒(千升)	Beer(kiloliter)	119870	161109	76807	71371	61873	53589	38218
软饮料(吨)	Soft Beverages(ton)	276183	421301	499470	547811	650879	677515	605999
#碳酸饮料类(汽水)(吨)	#Carbonated Beverages(sodas)(ton)	57698	77175	64199	79868	83076	96185	87045
包装饮用水类(吨)	Packaged Drinking Water	169166	248991	238196	253986	345657	367736	267295
果汁和蔬菜汁饮料类(吨)	Fruit & Vegetable Juice(ton)		73780	170811	180884	183126	183136	216513
精制茶(吨)	Refined Tea(ton)	751	1316	622	444	254	330	385

注：本表统计范围为规模以上工业.
Note：Data in this table include all industrial enterprises above designated size

13-11 续1(continued 1)

产品名称	Item	2005	2010	2013	2014	2015	2016	2017
卷烟(万支)	Cigarettes(10000 pieces)	590000	875000	1150000	1225000	1225000	1195000	1200000
无纺布(无纺织物)(吨)	Nonwoven Fabrics(nonwovens)(ton)		6705	8492	12840	13530	14958	17708
人造板(立方米)	Man-made Board(cu.m.)	185490	239840	325480	307868	161203	111072	92045
#胶合板(立方米)	#Plywood(cu.m.)	93635	25565	14134	7139			
纤维板(立方米)	Fibre Board(cu.m.)	65337	180723	276673	299041	123472	54333	19103
刨花板(立方米)	Particle Board(cu.m.)	26518	33552	34673	1688	37731	56739	72942
家具(件)	Furniture(pieces)	1104342	576530	74701	63553	15773	5965	1190
纸浆(原生浆及废纸浆)(吨)	Paper Pulp(virgin pulp & recycled pulp)(to	780831	1216670	1362133	1429786	1502867	1598886	1630186
机制纸及纸板(外购	Machine-made Paper & Paperboard	12722	514316	1455229	1549463	1674255	1670605	1751646
原纸加工除外)(吨)	(ex.processing of base paper purchased)(ton)							
#涂布类印刷用纸(吨)	#Coated Paper for Printing(ton)		265202	1081971	1069500	1076928	1088539	1101973
卫生用纸原纸(吨)	Base Paper for hygienic tissue paper(ton)		224269	349327	429140	540894	526692	573542
纸制品(吨)	Paper Products(ton)	19034	24498	14245	8626	1845	5937	1534
#瓦楞纸箱(吨)	#Corrugated Cases(ton)	17349	21587	748	1591	1457	1451	1534
单色印刷品(令)	Single-color Printed Matter(ream)		30400					15612
多色印刷品(对开色令)	Multi-color Printed Matter(color ream)		7183900	3705987	87709	65611	59719	101102
纯苯(吨)	Benzene(ton)		52571	44147	171478	155312	146309	146508

13-11 续2(continued 2)

产品名称	Item	2005	2010	2013	2014	2015	2016	2017
精甲醇(吨)	Refined Methanol(ton)		633578	1372710	1372612	1421674	1359247	1342985
合成氨(无水氨)(吨)	Synthetic Ammonia(anhydrous ammon	784239	830122	825913	827997	791569	641245	755605
农用氮、磷、钾化学肥料总计(折纯)(吨)	Chemical Fertilizers(ton)	626458	665600	658849	662518	641509	516483	605156
#氮肥(折含N100%)(吨)	#Nitrogen Fertilizers (converted into 100% nitrogen content)(ton)	622060	665600	658849	662518	641509	516483	605156
#尿素(折含N100%)(吨)	#Carbamide(converted into 100% nitrogen content)(ton)	622060	665600	658849	662518	641509	516483	605156
涂料(吨)	Coatings(ton)	3818	3734	2583	2435	29801	39580	38664
初级形态的塑料(吨)	Primary-form Plastic(ton)		207773	177007	218446	220886	209022	196690
#聚丙烯树脂(吨)	#Polypropylene Resin(ton)		207773	177007	218446	220886	209022	196690
合成纤维单体(吨)	Synthetic Fiber Monomer (ton)				1484361	1953442	2063337	2252290
合成纤维聚合物(吨)	Synthetic Fibre Polymers(ton)	42697	277231	132818	519541	717986	972590	1164261
#聚脂(吨)	#Polyester(ton)	42697	277231	132818	519541	717986	972590	1164261
化学试剂(吨)	chemical reagent(ton)			1287	1646	1549	552	476
中成药(吨)	Traditional Chinese Medicine(ton)	388	444	677	939	1143	1201	1459
塑料制品(吨)	Plastic Products(ton)	24943	32787	32721	25993	24941	20877	20356
#塑料薄膜(吨)	#Plastic Film(ton)	7623	19851	16285	18735	17484	9440	10855
硅酸盐水泥熟料(吨)	Portland Cement Clinker(ton)	3419549	7780821	13656453	13320593	12206149	14159850	14302823
#窑外分解窑水泥熟料(吨)	#NSP Clinker(ton)	1393710	6962369	13656453	13320593	12206149	14159850	14302823
水泥(吨)	Cement(ton)	4425454	12640513	19883553	21516477	22252325	22279065	22133142
#强度等级42.5水泥(含R型	#Strength Grade of 42.5N/R(ton)		5087606	7365823	8600906	8484883	8231054	8861851
商品混凝土(立方米)	Ready-mixed Concrete(cu.m.)	215500	3687378	5225465	7112711	6723252	8498527	11892209
水泥混凝土压力管(千米)	Concrete Pressure Pipes(km)		21			20	25	39
砖(万块)	Bricks(10000 pieces)	10368	10350			477	642	965

13-11 续3(continued 3)

产品名称	Item	2005	2010	2013	2014	2015	2016	2017
粗钢(吨)	Crude Steel(ton)	2183		230946	224337	238888	276098	5291
钢材(吨)	Rolled Steel(ton)	148569	145455	269556	297376	347285	362935	10862
#钢筋(吨)	#Corrugated Steel Bar(ton)	51363	86338	209047	198480	214851	247339	4783
冷轧薄板(吨)	Cold-rolled Thin Steel Plate(ton)	88901	59117	48160	98896	132434	115596	6078
黄金(千克)	Gold(kg)	135.7	787.16	1049	1251	1562	1470	1556
发动机(千瓦)	Engine(kw)		7367775	9237961	7253695	5147935	5558080	4217148
#汽车用发动机(千瓦)	#Automotive Engine(kw)		7367775	9237961	7253695	5147935	5558080	4217148
小型拖拉机(台)	Mini-tractors(set)	7341	5055	1850	1252	1201	2221	952
汽车(辆)	Automobiles	73086	136022	108478	90039	69766	67160	39585
#基本型乘用车(轿车)(辆)	#Basic Passenger Cars(sedans)	58815	92869	54373	61405	50665	43753	9857
#1升<排量≤1.6升(辆)	#1 L< displacement ≤1.6 L	54236	92855	53989	60409	50403	43572	9054
1.6升<排量≤2.0升(辆)	1.6 L <displacement ≤2.0 L		14	384	996	262	181	803
多功能乘用车(MPV)(辆)	Multi-purpose Vehicle		27465	11867	1891	490	15855	6977
运动型多用途乘用车(SUV)	Sports Utility Vehicle			42238	26743	18611	7552	22751
变压器(千伏安)	Transformers(kva)	4175632	5455787	8952038	9442753	11095610	11628598	11668431
高压开关板(面)	High Tension Switchboard(pieces)	605	860	2471	10392	7439	10337	4042
低压开关板(面)	Low Tension Switchboard(pieces)	1942	1343	4363	5645	7169	8507	6159
电力电缆(千米)	Electric Cable(km)	33380	13749	95086	137586	167622	162330	68433
光缆(芯千米)	Optical Cable(fiber-km)	4379	2845428	2427345	3760253	2523586	1107478	110015
太阳能电池(千瓦)	Solar Cells(kw)		60841	841407	685202	817054	386669	238791
自来水生产量(万立方米)	Tap-water Production(cu.m.)		14375	29428	33899	36503	37742	39891

13-12 各市县主要工业产品产量(2017)
Output of Major Industrial Products by Region

地 区	Region	铁矿石原矿(吨) Crude Iron Ores(ton)	食用盐(吨) Salt(ton)	成品糖(吨) Refined Sugar(ton)	罐头(吨) Canned Food(ton)	水泥(吨) Cement (ton)	汽车(辆) Automobiles	发动机(千瓦) Engine (kw)
全省总计	**Total**	**4347142**	**21868**	**111365**	**225966**	**22133142**	**39585**	**4217148**
海口市	Haikou		21868		225966		39585	4217148
三亚市	Sanya					3809195		
五指山市	Wuzhishan					360165		
文昌市	Wenchang							
琼海市	Qionghai							
万宁市	Wanning							
定安县	Ding'an							
屯昌县	Tunchang					742005		
澄迈县	Chengmai					10505936		
临高县	Lingao			14789				
儋州地区	Danzhou Area			35015		1924250		
儋州市	Danzhou			35015		1924250		
洋浦	Yangpu							
东方市	Dongfang			21040				
乐东县	Ledong							
琼中县	Qiongzhong							
保亭县	Baoting							
陵水县	Linshui							
白沙县	Baisha			10592				
昌江县	Changjiang	4347142		29928		4791591		

注：本表统计范围为规模以上工业.
Note: Data in this table include all industrial enterprises above designated size

13-12 续1(continued 1)

地 区	Region	饮料酒（千升）Alcoholic Beverages (kiloliter)	#啤酒（千升）#Beer (kiloliter)	软饮料（吨）Soft Beverages (ton)	卷烟（万支）Cigarettes (10000 pieces)	人造板（立方米）Man-made Board (cu.m.)	纸浆（原生浆及废纸浆）（吨）Paper Pulp (virgin pulp & recycled pulp) (ton)	机制纸及纸板（外购原纸加工除外）（吨）Machine-made Paper & Paperboard (ex. Processing of base paper purchased)(ton)
全省总计	**Total**	**56867**	**38218**	**605999**	**1200000**	**92045**	**1630186**	**1670605**
海口市	Haikou	56867	38218	545660	1200000			30852
三亚市	Sanya							
五指山市	Wuzhishan							
文昌市	Wenchang							
琼海市	Qionghai			318				
万宁市	Wanning							
定安县	Ding'an							
屯昌县	Tunchang							
澄迈县	Chengmai			60021				
临高县	Lingao							
儋州地区	Danzhou Area					72942	1630186	1639753
儋州市	Danzhou					72942		
洋浦	Yangpu						1630186	1639753
东方市	Dongfang							
乐东县	Ledong							
琼中县	Qiongzhong					19103		
保亭县	Baoting							
陵水县	Linshui							
白沙县	Baisha							
昌江县	Changjiang							

13-12 续2(continued 2)

地　区	Region	精甲醇（吨） Refined Methanol (ton)	农用氮、磷、钾化学肥料总计（折纯）（吨） Chemical Fertilizers (ton)	#氮肥（折合N100%）（吨） #Nitrogen Fertilizers (converted into 100% nitrogen content)	合成纤维聚合物（吨） Synthetic Fibre Polymers (ton)	塑料制品（吨） Plastic Products (ton)	太阳能电池（千瓦） Solar Cells (kw)
全省总计	**Total**	**1342985**	**605156**	**605156**	**1164261**	**20356**	**238791**
海 口 市	Haikou					10855	238791
三 亚 市	Sanya						
五指山市	Wuzhishan						
文 昌 市	Wenchang						
琼 海 市	Qionghai						
万 宁 市	Wanning						
定 安 县	Ding'an						
屯 昌 县	Tunchang						
澄 迈 县	Chengmai						
临 高 县	Lingao						
儋州地区	Danzhou Area				1164261	5286	
儋州市	Danzhou					5286	
洋 浦	Yangpu				1164261		
东 方 市	Dongfang	1342985	605156	605156		4215	
乐 东 县	Ledong						
琼 中 县	Qiongzhong						
保 亭 县	Baoting						
陵 水 县	Linshui						
白 沙 县	Baisha						
昌 江 县	Changjiang						

主要统计指标解释

工业 指从事自然资源的开采，对采掘品和农产品进行加工和再加工的物质生产部门。具体包括：（1）对自然资源的开采，如采矿、晒盐等(但不包括禽兽捕猎和水产捕捞)；（2）对农副产品的加工、再加工，如粮油加工、食品加工、缫丝、纺织、制革等；（3）对采掘品的加工、再加工，如炼铁、炼钢、化工生产、石油加工、机器制造、木材加工等，以及电力、自来水、煤气的生产和供应等；（4）对工业品的修理、翻新，如机器设备的修理、交通运输工具（如汽车）的修理等。

工业统计调查单位为独立核算法人工业企业。

独立核算法人工业企业指从事工业生产经营活动的单位。独立核算法人工业企业应同时具备以下条件：①依法成立，有自己的名称、组织机构和场所，能够承担民事责任；②独立拥有和使用资产，承担负债，有权与其他单位签订合同；③独立核算盈亏，并能够编制资产负债表。

轻工业 指主要提供生活消费品和制作手工工具的工业。按其所使用的原料不同，可分为两大类：(1)以农产品为原料的轻工业，是指直接或间接以农产品为基本原料的轻工业。主要包括食品制造、饮料制造、烟草加工、纺织、缝纫、皮革和毛皮制作、造纸以及印刷等工业；(2)以非农产品为原料的轻工业，是指以工业品为原料的轻工业。主要包括文教体育用品、化学药品制造、合成纤维制造、日用化学制品、日用玻璃制品、日用金属制品、手工工具制造、医疗器械制造、文化和办公用机械制造等工业。

重工业 指为国民经济各部门提供物质技术基础的主要生产资料的工业。按其生产性质和产品用途，可以分为下列三类：(1)采掘(伐)工业，是指对自然资源的开采，包括石油开采、煤炭开采、金属矿开采、非金属矿开采等工业；(2)原材料工业，指向国民经济各部门提供基本材料、动力和燃料的工业。包括金属冶炼及加工、炼焦及焦炭、化学、化工原料、水泥、人造板以及电力、石油和煤炭加工等工业；(3)加工工业，是指对工业原材料进行再加工制造的工业。包括装备国民经济各部门的机械设备制造工业、金属结构、水泥制品等工业，以及为农业提供的生产资料如化肥、农药等工业。

根据上述划分原则，修理业中以重工业产品为修理作业对象的划为重工业，反之划为轻工业。

工业总产值 是以货币形式表现的，工业企业在一定时期内生产的工业最终产品或提供工业性劳务活动的总价值量。它反映一定时间内工业生产的总规模和总水平。

工业增加值 指工业企业在报告期内以货币表现的工业生产活动的最终成果。工业增加值有两种计算方法：一是生产法，即工业总产出减去工业中间投入加上应交增值税；二是收入法，即从收入的角度出发，根据生产要素在生产过程中应得到的收入份额计算，具体构成项目有固定资产折旧、劳动者报酬、生产税净额、营业盈余，这种方法也称要素分配法。

资产总计 指企业拥有或控制的能以货币计量的经济资源，包括各种财产、债权和其他权利。资产按流动性分为流动资产、长期投资、固定资产、无形资产、递延资产和其他资产。该指标根据企业会计“资产负债表”中“资产总计”项目的期末数增列。

固定资产原价 指企业在建造、购置、安装、改建、扩建、技术改造某项固定资产时所支出的全部货币总额。它一般包括买价、包装费、运杂费和安装费等。

固定资产净值 指固定资产原价减去历年已提折旧额后的净额。

负债合计 指企业所承担的能以货币计量，将以资产或劳务偿付的债务，偿还形式包括货币、资产或提供劳务。负债一般按偿还期长短分为流动负债和长期负债。根据会计“资产负债表”中“负债合计”的年末数填列。

所有者权益 指企业投资人对企业净资产的所有权。企业净资产等于企业全部资产减去全部负债后的余额，包括企业投资人对企业的最初投入的实际到位的资产及资本公积金、盈余公积金和未分配利润。所有者权益合计数小于零，表示企业资不抵债。

主营业务收入 指会计“利润表”中对应指标的本年累计数。未执行 2001 年《企业会计制度》的企业，用“产品销售收入”的本期累计数代替。

主营业务成本 指会计“利润表”中对应指标的本年累计数。未执行 2001 年《企业会计制度》的企业，用“产品销售成本”的本期累计数代替。

本年应交增值税 指企业在报告期内应交纳的增值税额。它等于本年销项税额加上出口退税加上进项税额转出数减去本年进项税额。小规模纳税企业直接按全年计税销售额乘以征收率计算取得。

工业（经济效益）综合指数 指现行综合评价工业经济效益总体水平及工业经济运行质量的指数。它是以若干项代

表性经济效益指标，分别除以各项指标的标准值，再乘以各自的权数，加总后除以总权数求得。

总资产贡献率 反映企业全部资产的获利能力，是企业经营业绩和管理水平的集中体现，是评价和考核企业盈利能力的核心指标。

资产负债率 该指标既反映企业经营风险的大小，也反映企业利用债权人提供的资金从事经营活动的能力。

流动资产周转次数 指一定时期内流动资产完成的周转次数，反映投入工业企业流动资金的周转速度。

成本费用利润率 反映企业投入的生产成本及费用的经济效益，同时也反映企业降低成本所取得的经济效益。

Explanatory Notes on Main Statistical Indicators

Industry refers to the material production sector which is engaged in the extraction of natural resources and processing and reprocessing of minerals and agricultural products, including (1) extraction of natural resources, such as mining, salt production (but not including hunting and fishing); (2) processing and reprocessing of farm and sideline produces, such as rice husking, flour milling, wine making, oil pressing, silk reeling, spinning and weaving, and leather making; (3) manufacture of industrial products, such as steel making, iron smelting, chemicals manufacturing, petroleum processing, machine building, timber processing; water and gas production and electricity generation and supply; (4)repairing of industrial products such as the repairing of machinery and means of transport (including cars).

In industrial statistics surveys, the units of enquiry are corporate industrial enterprises with independent accounting systems.

Corporate industrial enterprises with independent accounting systems refer to enterprises engaging in industrial production activities, which meet the following requirements: (1) They are established legally, having their own names, organizations, location and able to take civil liability; (2) They possess and use their assets independently, assume liabilities and are entitled to sign contracts with other units; (3) They are financially independent and compile their own balance sheets.

Light Industry refers to the industry that produces consumer goods and hand tools. It consists of two categories, depending on the materials used:

(1) Industries using farm products as raw materials. These are the branches of light industry which directly or indirectly use farm products as basic raw materials, including the manufacture of food and beverages, tobacco processing, textile, clothing, fur and leather manufacturing, paper making, printing, etc.

(2) Industries using non-farm products as raw materials. These are the branches of light industry which use manufactured goods as raw materials, including the manufacture of cultural, educational articles and sports goods, chemicals, synthetic fibre, chemical products for daily use, glass products for daily use, metal products for daily use, hand tools, medical apparatus and instruments, and the manufacture of cultural and office machinery.

Heavy Industry refers to the industry which produces capital goods, and provides various sectors of the national economy with necessary material and technical basis for production. It consists of the following three branches according to the purpose of production or the use of products:

(1) Mining, quarrying and logging industry, which refers to the industry that extracts natural resources, including extraction of petroleum, coal, metal and non-metal ores.

(2) Raw materials industry refers to the industry that provides various sectors of the national economy with raw materials, fuels and power. It includes smelting and processing of metals, coking and coke chemistry, chemical materials and building materials such as cement, plywood, and power, petroleum refining and coal dressing.

(3) Manufacturing industry which refers to the industry that processes raw materials. It includes machine-building industries which equip sectors of the national economy; industries producing metal structure and cement products; and industries producing means of agricultural production, such as chemical fertilizers and pesticides.

In accordance with the above principles of classification, the repairing trades, which are engaged primarily in repairing products of heavy industry, are classified as heavy industry while those which are engaged in repairing products of light industry are classified as light industry.

Gross Industrial Output Value is the total volume of final industrial products produced and industrial services provided during a given period. It reflects the total achievements and overall scale of industrial production during a given period. Prior to 1984, the value of rural industry run by villages was classified into agriculture instead of industry.

Value-added of Industry refers to the final results of industrial production of industrial enterprises in money terms during the reference period. Industrial value-added can be calculated by two approaches: the production approach, i.e. gross industrial output value minus intermediate input plus value-added tax, and the income approach, i.e. income for various factors used in the course of production, including depreciation of fixed assets, remuneration of labourers, net of production tax, and operating surplus.

Total Assets refer to all economic resources, in monetary term, these are owned or controlled by enterprises, including properties, creditor's equity and other economic rights of all forms. Classified by the degree of liquidity, total assets include working capitals, long-term investment, fixed assets, intangible assets, deferred assets and other assets. Data on this indicator can be obtained by the year-end figures of total assets in the Assets and Liability Table of accounting records of enterprises.

Original Value of Fixed Assets refers to the total value, in monetary terms, that an enterprise spent on fixed assets, through construction, purchase, installation, transformation, expansion or technical upgrading. Generally, it covers cost of purchase, packing, transportation and installation, etc.

Net Value of Fixed Assets refers to the original value of fixed assets minus depreciation over the years.

Total Liabilities refer to payable liabilities of enterprises that have to be repaid in terms of money, assets or labour services. In terms of payment, it can be divided into liquid liabilities and long-term liabilities. Data on this item are obtained from the ending figures on total liabilities from the Assets and Liability Table from the enterprises.

Owner's Equity refers to the ownership of net assets of enterprise by its investors. Net assets equal total assets minus total liabilities of the enterprise, including the actual assets invested into the enterprise by investors, accumulation of capital and operating surplus and non-distributed profits. The enterprise's assets are less than its liabilities if the sum of owner's equity is smaller than zero.

Revenue from Principal Business refers to the annual accumulation of the corresponding item in the "profit table" of the accountant. For enterprises that do not follow the 2001 Enterprise Accounting Standards, the year-end accumulation of revenue from the sales of products is used as a substitute.

Main Business Costs refers to the annual accumulation of the corresponding item in the "profit table" of the accountant.For enterprises that do not follow the 2001 Enterprise Accounting Standards, the year-end accumulation of cost for the sales of products is used as a substitute.

Value-added Tax Payable of Current Year refers to the amount of the value-added tax which should be paid by the enterprises during the reference period. It is the sum of tax on sales, export rebate, and transferred tax on purchases of the current year, minus the tax on purchases of the current year. Value-added tax payable of small-size enterprises is determined by the taxable sales of the year multiplied by the tax rate.

Weighted Aggregate Index of Industrial Economic Benefits refers to the current comprehensive index to evaluate the general level of economic results of industry and the performance quality of industrial economy.

Ratio of Profits, Taxes and Interests to Average Assets reflects the profit-making capability of all assets of the enterprise and is a key indicator manifesting the performance and management and evaluating the profit-making potential of the enterprise.

Ratio of Debts to Assets reflects both the operation risk and the capability of the enterprise in making use of the capital from the creditors.

Turnover of Current Assets refers to the number of times of turnover of working capital in a given period of time, which reflects the speed of the turnover of working capital of industrial enterprises.

Ratio of Profits to Total Industrial Costs refers to the ratio of profits realized in a given period to the total costs in the same period, which reflects the economic efficiency of input cost .Total costs in the above formula are the sum of cost of products sold, marketing cost, management cost and financial cost.

建筑业

Construction

编辑人员：邱育任

Compiled by Qiu Yuren

英文翻译：吴璟

Translated by Wu jing

简 要 说 明

一、本篇资料的主要内容

本篇资料反映我省建筑业概况和发展情况。包括建筑业企业基本情况和生产经营情况。主要指标有企业个数、从业人员数、建筑业总产值、建筑业增加值、房屋建筑面积、利润税金、劳动生产率等。

二、本篇资料的统计范围

根据建筑业发展的实际情况，建筑业统计范围从 2002 年年报起由原具有建筑业资质等级四级及四级以上的独立核算的建筑业企业调整为具有建筑业资质的独立核算建筑业企业。

三、本篇的资料来源及统计调查方法

本篇建筑业企业统计数据是根据国家统计局制定的《建筑业统计报表制度》整理汇总的。建筑业统计报表是各级统计部门根据当地实际情况采取全面调查的方法布置、收集。

Brief Introduction

I. Main Contents

Data in this chapter show the general situation and the development of the construction industry in Hainan Province. They cover the situation of production and management of the construction enterprises, including the number of enterprises; number of employed persons; gross output value and value added of the construction industry; floor space of buildings under construction; profits and taxes; and labour productivity etc.

II. Scope of Statistics

In view of the development of the construction industry, starting from 2002 the scope of construction statistics has been adjusted to include all the construction enterprises of various types of ownership with qualification certificates and independent accounting systems, replacing the previous criteria that required construction enterprises of various types of ownership to have qualification certificates at or above Class 4 with independent accounting systems.

III. Sources of Data and Methods of Survey

Data on construction enterprises are collected in accordance with the *Reporting Form System of Construction Statistics* stipulated by the National Bureau of Statistics. The annual reporting forms on construction statistics are designed in accordance with local situations for comprehensive collection by statistical bureaus of each province, autonomous region and municipality and conveyance level by level upwards.

14-4 各市县建筑业企业增加值(2017)
Value-added of Construction Enterprises by Region (2017)

单位：万元 (10 000 yuan)

地 区	Region	建筑业增加值 Value-added of Construction	营业利润 Operating Profits	主营业务税金及附加 Taxes and Extra Charges on Project Settlement Accounts	应交增值税 Value added tax payable	应付职工薪酬 Wages Payable	本年提取固定资产折旧 Depreciation of Fixed Assets This Year	其他 Others
全省总计	**Total**	**551514**	**123081**	**37562**	**94708**	**274461**	**17687**	**4015**
海口市	Haikou	372457	91509	19483	72894	181118	4667	2785
三亚市	Sanya	64797	15980	2038	15343	23776	7001	659
五指山市	Wuzhishan							
文昌市	Wenchang	11430	2165	1575	1563	6097	5	25
琼海市	Qionghai	31571	2754	4873		23539	361	44
万宁市	Wanning	14923	1259	3769	385	4762	4722	27
定安县	Ding'an	26301	3619	2245	1352	18959	17	109
屯昌县	Tunchang	6677	1108	311	447	4664	122	25
澄迈县	Chengmai	684	463		133	78		9
临高县	Lingao	5425	755	1969	736	1866	50	49
儋州地区	Danzhou Area	8736	1824	820	823	4488	709	71
儋州市	Danzhou	6327	1474	803	736	3209	79	27
洋浦	Yangpu	2409	351	17	88	1280	630	44
东方市	Dongfang	3967	973	402	267	2255	31	39
乐东县	Ledong	4546	672	77	765	2861		172
琼中县	Qiongzhong							
保亭县	Baoting							
陵水县	Linshui							
白沙县	Baisha							
昌江县	Changjiang							

14-5 建筑业企业财务状况(2017)
Financial Statistics on Construction Enterprises (2017)

单位：万元 (10 000yuan)

项　目	Item	总　计 Total	#国有及国有控股 State-owned and State-holding	内资企业 Domestic Funded	外商投资企业 with Foreign Investment
年初存货	Inventory(Year-beginning)	223422	26268	223422	
流动资产合计	Total Current Funds	2488718	961759	2486821	1897
应收工程款	Project Funds Received	756092	285934	755695	397
存货	Inventory	206079	9249	206079	
固定资产合计	Total Fixed Assets	96424	26409	96118	306
固定资产原价合计	Total Original Value of Fixed Assets	140605	23480	140080	526
累计折旧	Accumulated Depreciation	74718	11907	74499	220
本年折旧	Depreciation This Year	17687	7275	17643	44
在建工程	Under Construction	16386	14426	16386	
资产总计	Total Assets	2943305	1098897	2941102	2203
流动负债合计	Current Liabilities	1788385	780586	1788097	288
应收账款	Account Receivable	640476	417857	640412	64
非流动负债合计	Long-term Liabilities	45220	8199	45220	
负债合计	Total Assets	1890011	827155	1889723	288
所有者权益合计	Total Owner's Equities	1053294	271742	1051380	1915
营业收入	Business Revenue	3219942	1659331	3216038	3904
营业成本	Business Costs	2971216	1570545	2968129	3087
营业税金及附加	Taxes and Extra Charges on Project Settlement Accounts	37562	12571	37548	15
其他业务利润	Profits of Other Business	1092	160	1092	
管理费用	Management Expenses	70194	25522	69613	581
财务费用	Financial Expenses	6508	977	6507	…
利息收入	Interest Income	666	437	665	1
利息支出	Expense of Interest	4826	885	4826	
营业利润	Operating Profits	123081	48833	122860	221
营业外收入	Nonbusiness Income	3088	1928	3088	
营业外支出	Nonoperating Expense	1169	106	1163	6
利润总额	Total Profits	125008	50656	124793	215
所得税费用	Income Taxes Expense	70461	36811	70408	54
应付职工薪酬	Wages Payable This Year	274461	143395	274128	333
应交增值税	Value Added Tax Payable	94708	48812	94522	186

14-6 各市县建筑业企业主要财务指标(2017)
Major Finance Indicators on Construction Enterprises by Region (2017)

单位：万元 (10 000yuan)

地区	Region	资产总计 Total Assets	流动资产 Current Assets	固定资产 Fixed Assets	其他 Others	负债合计 Total Liabilities	所有者权益 Total Creditors' Equity
全省总计	**Total**	**2943305**	**2488718**	**96424**	**358163**	**1890011**	**1053294**
海口市	Haikou	2236647	1890517	51535	294594	1426184	810462
三亚市	Sanya	408482	364656	13674	30151	269458	139024
五指山市	Wuzhishan						
文昌市	Wenchang	5547	5143	405		3316	2231
琼海市	Qionghai	37572	22238	13698	1636	33303	4269
万宁市	Wanning	22353	14287	7029	1037	5536	16816
定安县	Ding'an	103628	96707	670	6251	79667	23961
屯昌县	Tunchang	17367	16614	752	1	10336	7031
澄迈县	Chengmai	720	720			176	544
临高县	Lingao	15917	2297	1244	12376	5597	10320
儋州地区	Danzhou Area	73413	57887	6384	9142	37984	35429
儋州市	Danzhou	29139	26733	406	2000	6741	22398
洋浦	Yangpu	44274	31154	5979	7141	31242	13031
东方市	Dongfang	21084	17242	866	2976	17901	3183
乐东县	Ledong	577	410	167		553	24
琼中县	Qiongzhong						
保亭县	Baoting						
陵水县	Linshui						
白沙县	Baisha						
昌江县	Changjiang						

14-6续1(continued 1)

地　区	Region	营业收入 Business Revenue	营业成本 Business Costs	营业税金及附加 Taxes and Extra Charges on Project Settlement Accounts	其他业务利润 Profits of Other Business	管理费用 Management Expenses	财务费用 Financing Expenses
全省总计	**Total**	**3219942**	**2971216**	**37562**	**1092**	**70194**	**6508**
海口市	Haikou	2369524	2202447	19483	1066	52123	4140
三亚市	Sanya	347938	315639	2038	…	10421	1897
五指山市	Wuzhishan						
文昌市	Wenchang	40420	36152	1575		473	56
琼海市	Qionghai	97364	88819	4873		721	12
万宁市	Wanning	42665	37077	3769		553	7
定安县	Ding'an	180212	170535	2245		2265	1
屯昌县	Tunchang	39801	37859	311		498	21
澄迈县	Chengmai	4636	3979			193	1
临高县	Lingao	43392	39639	1969		928	37
儋州地区	Danzhou Area	25381	21255	820	26	1059	248
儋州市	Danzhou	20031	17183	803		448	8
洋浦	Yangpu	5350	4072	17	26	610	239
东方市	Dongfang	13341	6882	402		731	89
乐东县	Ledong	15269	10932	77		229	
琼中县	Qiongzhong						
保亭县	Baoting						
陵水县	Linshui						
白沙县	Baisha						
昌江县	Changjiang						

14-6续2(continued 2)

地　区	Region	营业利润 Profits of Business	利润总额 Total Profits	所得税费用 Income Taxes Expense	应交增值税 Value Added Tax Payable	利税总额 Total Profits and Taxes	产值利润率(%) Ratio of Profit to Gross Output Value(%)
全省总计	**Total**	**123081**	**125008**	**70461**	**94708**	**328832**	**3.9**
海 口 市	Haikou	91509	93486	56069	72894	242998	3.9
三 亚 市	Sanya	15980	15904	5689	15343	38974	4.4
五指山市	Wuzhishan						
文 昌 市	Wenchang	2165	2165	1026	1563	6329	4.9
琼 海 市	Qionghai	2754	2754	2252		9880	3.3
万 宁 市	Wanning	1259	1259	163	385	5575	3.6
定 安 县	Ding'an	3619	3619	2562	1352	9778	2.1
屯 昌 县	Tunchang	1108	1105	938	447	2800	3.5
澄 迈 县	Chengmai	463	463	24	133	620	11.5
临 高 县	Lingao	755	755	138	736	3598	1.6
儋州地区	Danzhou Area	1824	1847	413	823	3929	7.7
儋州市	Danzhou	1474	1473	287	736	3299	8.1
洋　浦	Yangpu	351	374	127	88	630	6.4
东 方 市	Dongfang	973	981	807	267	2457	18.0
乐 东 县	Ledong	672	672	382	765	1895	4.4
琼 中 县	Qiongzhong						
保 亭 县	Baoting						
陵 水 县	Linshui						
白 沙 县	Baisha						
昌 江 县	Changjiang						

14-7 各市县建筑业企业房屋建筑面积(2017)
Floor Space of Buildings by Region (2017)

单位：平方米 (Sq.m)

地区	Region	房屋建筑面积(平方米) Floor Space of Building (sq.m) 施工面积 Floor Space of Buildings Under Contruction	本年新开工 Floor Space of Started This Year	竣工面积 Floor Space of Buildings Completed	房屋建筑面积竣工率(%) Rate of Floor Space of Buildings Completed	房屋竣工价值(万元) Value of Building Completed (10 000 yuan)
全省总计	**Total**	**20604657**	**6043091**	**5625140**	**27.3**	**1162064**
海口市	Haikou	16575584	4454186	3611350	21.8	821895
三亚市	Sanya	485621	104822	184470	38.0	50130
五指山市	Wuzhishan					
文昌市	Wenchang	139688	137639	124356	89.0	21362
琼海市	Qionghai	579874	335295	546722	94.3	65300
万宁市	Wanning	157167	112171	32191	20.5	5292
定安县	Ding'an	1747830	495076	596361	34.1	132177
屯昌县	Tunchang	181961	131184	174425	95.9	16046
澄迈县	Chengmai	79423		58287	73.4	3074
临高县	Lingao	267549	147993	156994	58.7	26413
儋州地区	Danzhou Area	90250	33355	50257	55.7	7168
儋州市	Danzhou	84153	33355	44160	52.5	6253
洋浦	Yangpu	6097		6097	100.0	915
东方市	Dongfang	133890	11990	13197	9.9	1728
乐东县	Ledong	165820	79380	76530	46.2	11480
琼中县	Qiongzhong					
保亭县	Baoting					
陵水县	Linshui					
白沙县	Baisha					
昌江县	Changjiang					

14-7续1(continued 1)

地　区	Region	竣工面积按用途分 By Use 住宅房屋 Residential Buildings	商业及服务用房屋 Commercial and Service Buildings	商厦房屋 Commercial Buildings	宾馆用房屋 Hotel Buildings	餐饮用房屋 Catering Buildings	商务会展用房屋 Business Exhibition Buildings
全省总计	**Total**	**3478666**	**617085**	**268334**	**71038**	**14900**	**47060**
海口市	Haikou	2324032	377053	109546	65278		47060
三亚市	Sanya	8621	116460	96471			
五指山市	Wuzhishan						
文昌市	Wenchang	49228	19742	19742			
琼海市	Qionghai	490460	37083		4000		
万宁市	Wanning	28791					
定安县	Ding'an	479330	14250			14250	
屯昌县	Tunchang	52180					
澄迈县	Chengmai						
临高县	Lingao	8285	39857	33125			
儋州地区	Danzhou Area	13399					
儋州市	Danzhou	13399					
洋浦	Yangpu						
东方市	Dongfang	5260					
乐东县	Ledong	19080	12640	9450	1760	650	
琼中县	Qiongzhong						
保亭县	Baoting						
陵水县	Linshui						
白沙县	Baisha						
昌江县	Changjiang						

14-7续2(continued 2)

地　区	Region	竣工面积按用途分 By Use					
		其他商业及服务用房屋 Other Commercial and Service Buildings	办公用房 Official Buildings	科研、教育、医疗用房屋 Scientific Research, Education, Medical Buildings	科学研究用房屋 Scientific Research Buildings	教育用房屋 Education Buildings	医疗用房屋 Medical Buildings
全省总计	**Total**	**215753**	**282426**	**748552**	**85222**	**629145**	**34185**
海口市	Haikou	155169	157046	488816	65592	407063	16161
三亚市	Sanya	19989	15256	27785	19630	8155	
五指山市	Wuzhishan						
文昌市	Wenchang			43542		43542	
琼海市	Qionghai	33083	14026	5063		5063	
万宁市	Wanning			2600		2600	
定安县	Ding'an		13329	28396		28396	
屯昌县	Tunchang		26680	85565		82885	2680
澄迈县	Chengmai						
临高县	Lingao	6732	36078	25564		22730	2834
儋州地区	Danzhou Area		12093	10251		8541	1710
儋州市	Danzhou		12093	10251		8541	1710
洋浦	Yangpu						
东方市	Dongfang		1538				
乐东县	Ledong	780	6380	30970		20170	10800
琼中县	Qiongzhong						
保亭县	Baoting						
陵水县	Linshui						
白沙县	Baisha						
昌江县	Changjiang						

14-7续3(continued3)

地区	Region	竣工面积按用途分 By Use				
		文化、体育娱乐用房 Cultural Sports and Entertainment Buildings	厂房及建筑物 Factories and Related Buildings	#厂房 Factory Buildings	仓库 Depository	其他未列明的房屋建筑物 Other Unlisted Buildings
全省总计	**Total**	**63973**	**117417**	**55207**	**16464**	**300557**
海口市	Haikou	35371	28441	15467	16464	184127
三亚市	Sanya		2200	1300		14148
五指山市	Wuzhishan					
文昌市	Wenchang	450				11394
琼海市	Qionghai	90				
万宁市	Wanning					800
定安县	Ding'an		42808			18248
屯昌县	Tunchang	10000				
澄迈县	Chengmai					58287
临高县	Lingao	7202	40008	38440		
儋州地区	Danzhou Area	3400	3960			7154
儋州市	Danzhou	3400	3960			1057
洋浦	Yangpu					6097
东方市	Dongfang					6399
乐东县	Ledong	7460				
琼中县	Qiongzhong					
保亭县	Baoting					
陵水县	Linshui					
白沙县	Baisha					
昌江县	Changjiang					

14-8 各市县建筑业企业技术装备情况(2017)
Number and Power of Machinery and Equipment of Construction Enterprises by Region (2017)

地 区	Region	年末自有施工机械设备(总台数)(台) Number of Machinery and Equipmen Owned for Construction at Year-end (set)	年末自有施工机械设备(净值)(万元) Net Value of Machinery and Equipmen Owned for Construction at Year-end (set)	年末自有施工机械设备(总功率)(千瓦) Power of Machinery and Equipmen Owned for Construction at Year-end (set)	技术装备率(元/人) Value of Machines per Laborer (yuan/person)	动力装备率(千瓦/人) Power of Machines per Laborer (kw/person)
全省总计	**Total**	**9503**	**46409**	**292186**	**6248**	**3.9**
海口市	Haikou	4075	22722	135955	4309	2.6
三亚市	Sanya	710	8664	34788	13613	5.5
五指山市	Wuzhishan					
文昌市	Wenchang	1206	4882	27198	35528	19.8
琼海市	Qionghai	462	70	2686	199	0.8
万宁市	Wanning	1263	2578	49630	25082	48.3
定安县	Ding'an	387	1529	4925	3116	1.0
屯昌县	Tunchang	319	794	5803	5663	4.1
澄迈县	Chengmai	130	406	2312	18455	10.5
临高县	Lingao	389	919	16278	13188	23.4
儋州地区	Danzhou Area	428	3210	8961	35668	10.0
儋州市	Danzhou	249	270	6969	5457	14.1
洋浦	Yangpu	179	2940	1992	72593	4.9
东方市	Dongfang	15	100	1200	2331	2.8
乐东县	Ledong	119	535	2450	7709	3.5
琼中县	Qiongzhong					
保亭县	Baoting					
陵水县	Linshui					
白沙县	Baisha					
昌江县	Changjiang					

主要统计指标解释

建筑业总产值(即自行完成施工产值) 是以货币表现的建筑安装企业在一定时期内生产的建筑业产品的总和。建筑业总产值包括:

(1)建筑工程产值:指列入建筑工程预算内的各种工程价值。

(2)设备安装工程产值:指设备安装工程价值,不包括被安装设备本身价值。

(3)房屋、构筑物修理产值:指房屋、构筑物修理所完成的价值,但不包括被修理房屋、构筑物本身的价值和生产设备的修理价值。

(4)非标准设备制造产值:指加工制造没有定型的、非标准的生产设备的加工费和原材料价值,以及附属加工厂为本企业承建工程制作的非标准设备的价值。

房屋建筑施工面积 指在报告期内施工的全部房屋建筑面积,包括本期新开工的房屋面积、上期施工跨入本期继续施工的房屋面积、上期停缓建在本期恢复施工的房屋面积、本期竣工的房屋面积及本期施工后又停缓建的房屋面积。

房屋建筑竣工面积 指在报告期内房屋建筑按照设计要求全部完工,达到了住人和使用条件,经验收鉴定合格,正式移交使用单位的房屋建筑面积。

Explanatory Notes on Main Statistical Indicators

Gross Output Value of Construction (Output Value of Projects under Construction) refers to total of construction products, expressed in money terms, completed by construction and installation enterprises during a given period of time. It includes:

(1)Output value of construction projects, that is the value of projects covered by the project budgets;

(2)Output value of installation projects, that is the value of the installation of equipment, excluding the value of the equipment to be installed;

(3)Output value of repair of buildings and structures, that is the value created through the repairs of buildings or structures, but does not include the value of buildings or structures being repaired and the value of the repair of production equipment;

(4)Output value of manufactured non-standard equipment that is the value of non-standard production equipment, including raw materials and manufacturing cost, made for the construction project, and the equipment manufactured by subsidiary workshops.

Floor Space of Buildings under Construction refers to floor space of buildings under construction during the reference period, including newly started buildings, buildings started earlier and continued during the reference period, and buildings suspended earlier but restarted during the reference period, buildings completed during the reference period, and buildings under construction and then suspended during the reference period.

Floor Space of Buildings Completed refers to the floor space of buildings that are completed in the reference period in accordance with the requirements of the design, up to the standard for putting them into use, and have been checked and accepted by concerned departments as qualified ones.

15

房地产
Real Estate

编辑人员：明方清

Compiled by Ming Fangqing

英文翻译：吴璟

Translated by Wu Jing

简 要 说 明

一、本篇资料的主要内容及统计范围

本篇资料通过对一定时期内房地产开发企业开发经营活动的数量方面的描述，反映报告期内房地产开发企业土地开发和购置情况、投资总规模及完成情况、实际到位资金情况、房屋建筑面积和造价情况、房屋新开工面积情况、商品房销售情况以及资产负债和经营情况。

本篇资料的统计范围包括全部房地产开发经营企业法人单位。

二、本篇的资料来源及统计调查方法

本篇统计资料是根据《房地产开发统计报表制度》进行搜集和加工整理而得，全部数据采用全面调查的统计方法。

Brief Introduction

I. Main Contents and Scope

Statistics in this chapter describe activities made by real estate development companies during a given period of time, and reflect the development and purchase of land, size of investment and its progressing, funds actually available, floor space and cost of housing constructed, floor space of new housing starts, sales of commercial housing, assets and liabilities, and operation status of real estate developers during the reference period.

Data in this chapter covers all legal entities engaged in real estate development.

II. Sources of Data

Data in this chapter are collected and compiled with the Statistical Reports Program on Real Estate Development, which has a full coverage of all companies.

15-1 房地产开发企业(单位)主要指标
Major Indicators on Enterprises for Real Estate Development

指 标	Indicators	2005	2010	2013	2014	2015	2016	2017
企业个数（个）	**Number of Enterprises**		**545**	**1030**	**1180**	**1103**	**1190**	**1237**
内资	Domestic Funded		504	951	1110	1047	1138	1175
#国有	State-owed Enterprises		23	30	115	107	53	17
港、澳、台投资	Enterprises with Funds from Hongkong,Macao and Taiwan		27	56	53	43	40	12
外商投资	with Foreign Investment		14	23	17	13	12	50
平均从业人数(人)	**Average Number of Employed Persons**		**17745**	**37044**	**44637**	**44270**	**47842**	**49741**
内资	Domestic Funded		15228	32242	40518	40888	44477	44305
#国有	State-owed Enterprises		1407	1704	4590	4773	3113	1078
港、澳、台投资	Enterprises with Funds from Hongkong,Macao and Taiwan		2002	3744	3080	2702	2697	3016
外商投资	with Foreign Investment		515	1058	1039	680	668	2420
计划总投资(亿元)	**Total Planned Investment (100 million yuan)**	**284.86**	**1968.15**	**6752.14**	**8169.67**	**9834.05**	**11128.21**	**13315.20**
累计完成投资(亿元)	**Accumulative Investment Completed (100 million yuan)**	**167.50**	**1132.38**	**3563.34**	**4888.21**	**6363.63**	**7818.03**	**9542.66**
本年完成投资额(亿元)	**Investment Completed This Year (100 million yuan)**	**70.85**	**467.87**	**1196.76**	**1431.65**	**1704.00**	**1787.60**	**2053.11**
按用途分(亿元)	**By Use(100 million yuan)**							
住宅	Residential Buildings	56.62	417.11	995.09	1121.88	1246.78	1317.73	1477.53
办公楼	Office Buildings	0.43	7.03	12.18	10.51	20.54	52.70	37.85
商业营业用房	Houses for Business Use	8.33	20.54	74.39	137.83	140.99	181.18	255.05
其他	Others	5.47	23.18	115.10	161.43	295.69	235.99	282.67
按构成分(亿元)	**By Composition of Funds(100 million yuan)**							
建筑工程	Construction	50.59	315.03	789.91	932.15	1043.68	1172.14	1361.61
安装工程	Installation	4.55	58.50	106.02	155.55	139.64	191.48	215.80
设备工器具购置	Purchase of Equipment and Instruments	1.64	19.53	14.68	21.42	13.61	13.69	17.37
其他费用	Other Expenses	14.07	74.79	286.14	322.53	507.07	410.29	458.33

15-1 续(continued)

指 标	Item	2005	2010	2013	2014	2015	2016	2017
本年新增固定资产(亿元)	**Newly Increased Fixed Assets This Year (100 million yuan)**	**36.87**	**191.95**	**423.03**	**768.02**	**662.64**	**778.13**	**626.45**
本年实际到位资金(亿元)	**Total actual Funds in Place this year (100 million yuan)**	**390.37**	**807.28**	**1876.56**	**1930.87**	**2139.51**	**2379.45**	**3244.23**
国内贷款	Domestic Loans	120.86	136.35	327.30	385.91	339.83	403.36	439.26
利用外资	Foreign Investment	24.62	0.71	0.10	0.62	1.35		2.24
自筹资金	Self-raising Fund	121.47	163.58	738.42	886.66	1007.98	1034.56	1017.68
其他资金	Others	123.41	506.65	810.73	657.69	790.36	941.53	1785.06
待开发土地面积(万平方米)	**Land Space Pending Development (10 000 sqm)**	**101.40**	**116.29**	**1014.28**	**1422.14**	**1058.17**	**893.07**	**767.08**
本年购置土地面积(万平方米)	**Land Space Purchased This Year (10 000 sqm)**	**205.20**	**280.21**	**306.85**	**288.47**	**252.70**	**178.72**	**126.53**
房屋施工面积(万平方米)	**Floor Space under Construction (10 000 sqm)**	**921.10**	**2699.46**	**6173.00**	**7557.15**	**8316.98**	**8936.78**	**9567.39**
#本年新开工面积	Floor Space Started This Year	253.40	1136.12	1735.42	1583.64	1644.72	1976.16	2109.74
房屋竣工面积(万平方米)	**Floor Space of Buildings Completed(10 000 sqm)**	**187.10**	**609.13**	**609.40**	**1203.89**	**1068.59**	**1674.61**	**1267.16**
#住宅	Residential Buildings	172.10	515.07	517.62	1051.90	918.87	1444.53	953.86
商品房屋销售面积(万平方米)	**Floor space of Commercialized Buildings Sold (10 000 sqm)**	**249.40**	**854.73**	**1191.23**	**1003.97**	**1052.28**	**1508.53**	**2292.61**
#住宅	Residential Buildings	233.10	834.19	1154.86	942.84	984.78	1417.09	2173.12
商品房屋销售额(亿元)	**Total Sale of Commercialized Buildings Sold (100 million yuan)**	**72.95**	**746.61**	**1032.65**	**935.21**	**982..75**	**1490.20**	**2713.72**
#住宅	Residential Buildings		734.10	997.00	873.22	908.60	1385.26	2473.18
实收资本(亿元)	**Total Capital Held (100 million yuan)**	**81.51**	**286.84**	**772.74**	**900.66**	**1341.79**	**1314.79**	**1753.51**
资产负债率(%)	**Ratio of Liabilities to Assets(%)**	**90.00**	**80.64**	**79.02**	**79.57**	**81.12**	**81.22**	**82.64**
营业收入(亿元)	**Total Business Revenue (100 million yuan)**	**44.03**	**403.70**	**634.22**	**641.12**	**615.31**	**1010.73**	**1689.05**
#土地转让收入	Land Transferred	2.38	4.01	6.97	26.41	5.08	3.48	17.00

15-2 各市县房地产开发房屋建筑面积及造价
Floor Space and Cost of Buildings for Real Estate Development by Region

年份 地区	Year Region	施工房屋面积（万平方米） Floor Space of Buildings under Construction (10 000 sq.m)	竣工房屋面积（万平方米） Floor Space of Buildings Completed (10 000 sq.m)	房屋建筑面积竣工率(%) Rate of Floor Space of Buildings Completed (%)	竣工房屋价值（万元） Value of Building Completed (10 000 yuan)	竣工房屋造价（元/平方米） Cost of Building Completed (yuan sq.m)
1990		86.68	29.00	33.46		
1995		696.20	68.65	9.86	92334	1349
2000		138.70	36.00	25.96	54601	1517
2005		921.10	187.10	20.31	345378	1846
2007		1185.93	233.10	19.66	420849	1805
2008		1500.10	308.90	20.59	728264	2358
2009		1989.90	431.60	21.69	1121956	2600
2010		2699.46	609.13	22.56	1802580	2959
2011		3659.88	451.80	12.34	1458005	3227
2012		5109.49	856.41	16.76	3620204	4227
2013		6173.00	609.40	9.87	2379101	3904
2014		7557.15	1203.89	15.93	6826916	5671
2015		8316.98	1068.59	12.85	5141576	4812
2016		8936.78	1674.61	18.74	6695237	3998
2017		9567.39	1267.16	13.24	5156135	4069
海口市	Haikou	3336.61	548.10	16.43	2447110	4465
三亚市	Sanya	1907.73	117.71	6.17	853792	7253
五指山市	Wuzhishan	111.59	24.43	21.89	69592	2849
文昌市	Wenchang	583.99	103.60	17.74	359352	3469
琼海市	Qionghai	241.33	49.17	20.37	123404	2510
万宁市	Wanning	379.68	57.19	15.06	283560	4958
定安县	Ding'an	130.69	17.92	13.71	31247	1744
屯昌县	Dunchang	95.11	4.78	5.03	15668	3278
澄迈县	Chengmai	692.90	188.96	27.27	503447	2664
临高县	Lingao	285.34	36.16	12.67	99067	2740
儋州地区	Danzhou Area	542.21	6.64	1.22	29200	4398
儋州市	Danzhou	525.90	6.64	1.26	29200	4398
洋浦	Yangpu	16.31				
东方市	Dongfang	141.46	6.86	4.85	15215	2218
乐东县	Ledong	150.01	26.84	17.89	96551	3597
琼中县	Qiongzhong	40.55	0.96	2.37	1835	1911
保亭县	Baoting	117.92	17.54	14.87	70091	3996
陵水县	Lingshui	634.56	40.13	6.32	107846	2687
白沙县	Baisha	53.96	15.27	28.30	36078	2363
昌江县	Changjiang	121.74	4.89	4.02	13080	2675

15-3 各市县按构成分房地产开发投资额(2017)
Investment in Real Estate Development by Composition of Funds and Region (2017)

单位：万元 (10 000 yuan)

地 区	Region	投资额 Total Investment	建筑工程 Construction	安装工程 Installation	设备工器具购置 Purchase of Equipment and Instruments	其他费用 Others
全省总计	**Total**	**20531061**	**13616091**	**2158005**	**173684**	**4583281**
海口市	Haikou	6032485	3780561	460782	53253	1737889
三亚市	Sanya	5497636	3120493	502454	58187	1816502
五指山市	Wuzhishan	131980	78364	15362	864	37390
文昌市	Wenchang	1092813	789937	221793	8150	72933
琼海市	Qionghai	454757	389322	41595	182	23658
万宁市	Wanning	859755	742172	41260	750	75573
定安县	Ding'an	166785	140022	9389	1557	15817
屯昌县	Dunchang	156249	96364	20917	3397	35571
澄迈县	Chengmai	1939161	1419084	280436	6193	233448
临高县	Lingao	397488	367868	17841	3519	8260
儋州地区	Danzhou Area	1079722	807448	217026	18272	36976
儋州市	Danzhou	1030650	762676	217026	18272	32676
洋浦	Yangpu	49072	44772			4300
东方市	Dongfang	237315	202603	19535	2	15175
乐东县	Ledong	233629	123728	73093	211	36597
琼中县	Qiongzhong	26017	21534	4483		
保亭县	Baoting	231620	179685	31753	1617	18565
陵水县	Lingshui	1731178	1187586	140087	12618	390887
白沙县	Baisha	31814	26917	742	640	3515
昌江县	Changjiang	230657	142403	59457	4272	24525

15-4 各市县房地产开发投资实际到位资金(2017)
Funds for Investment in Real Estate Development by Region (2017)

单位：万元 (10 000 yuan)

地区	Region	本年实际到位资金合计 Total actual Funds in Place	上年末节余资金 Surplus Funds at Last Year-end	本年实际到位资金小计 Total actual Funds in Place this year	国内贷款 Domestic Loans	利用外资 Foreign Investment	自筹资金 Self-raising Funds	其他资金来源 Others
全省总计	**Total**	**39076517**	**6634168**	**32442349**	**4392596**	**22400**	**10176760**	**17850593**
海口市	Haikou	10130607	1838408	8292199	1438554		2218066	4635579
三亚市	Sanya	10883382	2072589	8810793	1156564		3573462	4080767
五指山市	Wuzhishan	309724	77710	232014			74019	157995
文昌市	Wenchang	1725500	347772	1377728	123401		306358	947969
琼海市	Qionghai	1648008	174013	1473995	352200		218655	903140
万宁市	Wanning	1869299	362346	1506953	66590		443130	997233
定安县	Ding'an	436312	140121	296191	26650		108976	160565
屯昌县	Dunchang	212712	16101	196611	2000		93141	101470
澄迈县	Chengmai	3641194	240809	3400385	285616		1578339	1536430
临高县	Lingao	661753	150024	511729	29750		137894	344085
儋州地区	Danzhou Area	1448508	181791	1266717	567052		376660	323005
儋州市	Danzhou	1387496	161203	1226293	547067		372833	306393
洋浦	Yangpu	61012	20588	40424	19985		3827	16612
东方市	Dongfang	699481	120200	579281	44113		39181	495987
乐东县	Ledong	462460	46482	415978	10000		13800	392178
琼中县	Qiongzhong	36401	2184	34217	4000		29671	546
保亭县	Baoting	474602	113231	361371			163382	197989
陵水县	Lingshui	4018121	713068	3305053	274006	22400	507957	2500690
白沙县	Baisha	99684	8601	91083	3000		29990	58093
昌江县	Changjiang	318769	28718	290051	9100		264079	16872

15-5 各市县按用途分新开工房屋面积(2017)
Floor Space Started by Use and Region (2017)

单位：万平方米 (10 000 sqm)

市县	Region	合计 Total	住宅 Residential Buidings	#别墅、高档公寓 Villas, High-grade Apartments	办公楼 Office Buidings	商业营业用房 Houses for Business Use	其他房屋 Others
全省总计	**Total**	**2109.74**	**1649.76**	**199.15**	**15.60**	**236.29**	**208.10**
海口市	Haikou	569.81	393.08	41.59	12.76	77.47	86.50
三亚市	Sanya	296.47	223.31	40.74	0.65	21.56	50.95
五指山市	Wuzhishan	14.28	11.17			1.72	1.39
文昌市	Wenchang	155.07	138.50	9.72		5.92	10.65
琼海市	Qionghai	41.85	39.62	16.53		0.88	1.34
万宁市	Wanning	78.98	52.87	4.66		25.52	0.59
定安县	Ding'an	33.60	28.82		0.33	3.74	0.70
屯昌县	Dunchang	21.36	14.65			4.91	1.81
澄迈县	Chengmai	239.84	183.98	0.57	1.77	40.53	13.55
临高县	Lingao	103.93	92.30			2.24	9.39
儋州地区	Danzhou Area	190.17	160.11	18.83	0.09	27.26	2.72
儋州市	Danzhou	186.85	157.53	17.06	0.09	27.17	2.06
洋浦	Yangpu	3.33	2.58	1.76		0.09	0.66
东方市	Dongfang	42.75	29.13	6.91		0.83	12.79
乐东县	Ledong	19.11	17.94	1.51		0.94	0.22
琼中县	Qiongzhong	0.76	0.76				
保亭县	Baoting	38.28	34.81			1.27	2.20
陵水县	Lingshui	220.52	202.15	58.08		5.08	13.30
白沙县	Baisha	9.80	8.73			1.08	
昌江县	Changjiang	33.16	17.82			15.34	

15-6 各市县按用途分商品房销售面积和待售面积(2017)
Floor Space Sold and Floor Space for Sale by Use and Region (2017)

单位：万平方米 (10 000 sqm)

地　区	Region	商品房销售面积 Floor space of Commercialized Buildings Sold	住宅 Residential Buidings	#别墅、高档公寓 High-grade Apartments	办公楼 Office Buidings	商业营业用房 Houses for Business Use	其他房屋 Others	待售面积(万平方米) Space of Commercial Houses for Sale
全省总计	**Total**	**2292.61**	**2173.12**	**217.86**	**18.10**	**68.42**	**32.96**	**852.75**
海口市	Haikou	549.47	487.27	39.89	13.27	29.84	19.08	186.74
三亚市	Sanya	213.79	194.73	32.79	3.04	4.61	11.42	111.90
五指山市	Wuzhishan	28.23	28.05	0.97		0.18		18.16
文昌市	Wenchang	136.92	135.95	14.28	0.17	0.80		73.75
琼海市	Qionghai	138.77	138.01	11.09		0.76		96.92
万宁市	Wanning	108.88	95.83	4.62	0.15	12.90		28.18
定安县	Ding'an	44.51	44.37	1.75		0.14		40.92
屯昌县	Dunchang	30.40	29.12			0.71	0.57	9.32
澄迈县	Chengmai	331.44	324.30	9.67	1.47	3.88	1.79	95.88
临高县	Lingao	79.69	78.34	1.20		1.26	0.10	22.98
儋州地区	Danzhou Area	247.77	245.33	25.32		2.44		39.52
儋州市	Danzhou	246.62	244.26	25.16		2.37		37.52
洋浦	Yangpu	1.14	1.07	0.16		0.07		2.00
东方市	Dongfang	52.10	51.28	0.11		0.82		21.84
乐东县	Ledong	42.86	40.20	0.04		2.66		10.85
琼中县	Qiongzhong	6.21	6.20			0.01		3.53
保亭县	Baoting	27.50	27.17	0.67		0.32		22.95
陵水县	Lingshui	214.16	214.04	75.33		0.12		49.38
白沙县	Baisha	17.61	17.43	0.11		0.18		19.70
昌江县	Changjiang	22.30	15.51			6.79		0.23

15-7 各市县按用途分商品房销售额(2017)
Total Sale of Commercialized Building Sold by Use and Region (2017)

单位：万元 (10 000 yuan)

市 县	Region	商品房销售额 Total Sale of Commercialized Buildings Sold	住宅 Residential Buidings	#别墅、高档公寓 High-grade Apartments	办公楼 Office Buidings	商业营业用房 Houses for Business Use	其他房屋 Others
全省总计	**Total**	**27137184**	**24731801**	**3923084**	**313750**	**1294351**	**797282**
海 口 市	Haikou	6587877	5698984	677828	235021	503123	150749
三 亚 市	Sanya	5514558	4558712	878447	65058	268164	622624
五指山市	Wuzhishan	198393	196816	10575		1577	
文 昌 市	Wenchang	1289764	1280260	178942	1191	8313	
琼 海 市	Qionghai	1284671	1277551	223000		7120	
万 宁 市	Wanning	1474759	1147145	76481	3270	324344	
定 安 县	Ding'an	288313	287600	40582		713	
屯 昌 县	Dunchang	147504	135827			9130	2547
澄 迈 县	Chengmai	2415539	2350105	92236	9210	35401	20823
临 高 县	Lingao	526681	515320	12679		10822	539
儋州地区	Danzhou Area	1848864	1831192	253678		17672	
儋州市	Danzhou	1843608	1826518	252457		17090	
洋 浦	Yangpu	5256	4674	1221		582	
东 方 市	Dongfang	367873	362936	782		4937	
乐 东 县	Ledong	449575	410579	1710		38996	
琼 中 县	Qiongzhong	31316	31218			98	
保 亭 县	Baoting	205127	202109	24623		3018	
陵 水 县	Lingshui	4285971	4284765	1451233		1206	
白 沙 县	Baisha	78993	78307	288		686	
昌 江 县	Changjiang	141406	82375			59031	

15-8 主要年份房地产开发经济效益
Economic Benefits of Real Estate Development in Major Year

单位：万元 (10 000 yuan)

指 标	Item	2005	2010	2014	2015	2016	2017
年末资产负债情况	**Assets and Liabilities at Year-end**						
资产总计	Total Assets	3511069	20174758	68089669	76240767	95035404	113076981
固定资产累计折旧	Accumulated Depreciation of Fixed Assets	67317	105995	531820	581827	807458	1142957
#本年折旧	Depreciation This Year	9285	23210	131681	153809	162993	144303
负债总计	Total Liabilities	3240784	16269851	54177958	61847219	77187120	93442830
所有者权益	Owners'Equuity	270285	3904907	13900047	14395696	17848283	19634151
损益情况	**Profit and Loss**						
营业收入	Business Revenue	440257	4037038	6411229	6153054	10239672	16890460
土地转让收入	Land Transferred	23820	40062	264133	50818	34794	169971
商品房屋销售收入	Commercialized Buildings Sold	391083	3957353	5658169	5670048	8684112	15456465
房屋出租收入	Houses Leased	773	5985	57721	35457	80125	76935
营业成本	Business Costs	361376	2467990	4245581	4320661	7117460	11185050
销售费用	Sales Expenses	20321	181322	538771	592400	922936	1665930
营业税金及附加	Operating Taxes and Additional	2520	346886	693048	678747	936877	1149899
管理费用及财务费用	Management Expenses and Financial Expenses	83569	218549	958500	1048619	1285605	1317200
投资收益及营业外收入	Investment Profits and Non-business Revenue	10827	11329	143361	121391	245016	410224
利润总额	Total Profits	-43961	767235	110480	-179708	393314	1933714

15-9 按隶属及登记注册类型分的房地产开发经济效益(2017)

Economic Returns of Real Estate Development by Jurisdiction of Management and Status of Registration (2017)

单位：万元 (10 000 yuan)

指　标	Item	合　计 Total	按隶属关系分 by Jurisdiction of Management 中　央 Central Government	地　方 Local	按登记注册类型分 by Status of Registration 内　资 Domestic	港澳台商投资 Funds from Hong Kong, Macao and Taiwan	外商投资 Foreign Funded
年末资产负债情况	**Assets and Liabilities at Year-end**						
资产总计	Total Assets	113076981	2021357	111055624	98126107	12271022	2679852
固定资产累计折旧	Accumulated Depreciation of Fixed Assets	1142957	8014	1134944	718818	325130	99009
#本年折旧	Depreciation This Year	144303	1730	142573	94725	37837	11741
负债总计	Total Liabilities	93442830	1995172	91447658	81083845	10286562	2072423
所有者权益	Owners'Equuity	19634151	26185	19607967	17042262	1984460	607429
损益情况	**Profit and Loss**						
营业收入	Business Revenue	16890460	589975	16300485	14428560	1922171	539729
土地转让收入	Land Transferred	169971		169971	107317	62654	
商品房屋销售收入	Commercialized Buildings Sold	15456465	583678	14872788	13160755	1799360	496349
房屋出租收入	Houses Leased	76935	1634	75301	75558	1378	
营业成本	Business Costs	11185050	470498	10714552	9702784	1122560	359706
销售费用	Sales Expenses	1665930	30659	1635271	1461361	168235	36335
营业税金及附加	Operating Taxes and Additional	1149899	33671	1116228	884011	227432	38456
管理费用及财务费用	Management Expenses and Financial Expenses	1317200	34585	1282615	1074379	191137	51684
投资收益及营业外收入	Investment Profits and Non-business Revenue	410224	3973	406251	313348	43944	52931
利润总额	Total Profits	1933714	21197	1912517	1634057	193732	105925

主要统计指标解释

待开发土地面积 指房地产开发企业经有关部门批准，通过各种方式获得土地使用权，但尚未开工建设的土地面积。

本年土地购置面积 指房地产开发企业本年通过各种方式获得土地使用权的土地面积。

计划总投资 指房地产开发企业在建的建设工程按照总体设计（或按设计概算或预算）规定的内容全部建成计划需要的总投资。

房地产开发投资 指房地产开发企业本年完成的全部用于房屋建设工程、土地开发工程的投资额以及公益性建筑和土地购置费等的投资。

本年实际到位资金小计 指房地产开发企业本年实际到位，可用于房地产开发的各种货币资金来源渠道。具体细分为国内贷款、利用外资、自筹资金和其他资金。

房屋施工面积 指房地产开发企业本年施工的全部房屋建筑面积。包括本年新开工的房屋建筑面积、上年跨入本年继续施工的房屋建筑面积、上年停缓建在本年恢复施工的房屋建筑面积、本年竣工的房屋建筑面积以及本年施工后又停缓建的房屋建筑面积。多层建筑应填各层建筑面积之和。

房屋新开工面积 指房地产开发企业本年新开工建设的房屋建筑面积，以单位工程为核算对象。不包括在上年开工跨入本年继续施工的房屋建筑面积和上年停缓建而在本年恢复施工的房屋建筑面积。房屋的开工应以房屋正式开始破土刨槽（地基处理或打永久桩）的日期为准。房屋新开工面积指整栋房屋的全部建筑面积，不能分割计算。

房屋竣工面积 指房地产开发企业本年按照设计要求已全部完工，达到住人和使用条件，经验收鉴定合格或达到竣工验收标准，可正式移交使用的各栋房屋建筑面积的总和。

商品房销售面积 指房地产开发企业本年出售商品房屋的合同总面积（即双方签署的正式买卖合同中所确定的建筑面积）。

商品房销售额 指房地产开发企业本年出售商品房屋的合同总价款（即双方签署的正式买卖合同中所确定的合同总价）。该指标与商品房销售面积同口径。

Explanatory Notes on Main Statistical Indicators

Land Space Pending Development refers to the area of land with its use rights already approved by authorities and obtained by real estate development companies but the land development not yet starts.

Land Space Purchased This Year refers to the area of land with its use rights already obtained in the year by real estate development companies.

Total Investment Planned refers to the total amount required for the completion of the activities according to the planned design or budget for the project under construction by real estate development companies.

Investment in Real Estate Development refers to the investment made by real estate development companies in the construction of housing.development of land,nonprofit buildings and value of land purchased.

Total Funds This Year refers to the total amount available for real estate development regardless of kinds of currencies or sources of the funds which are further classified as domestic loans,foreign investment,self-raising funds and others.

Floor Space of Buildings under Construction refers to the total space area of the buildings under construction in the year by real estate development companies.It includes buildings started in the year.continued from the previous year,suspended in earlier years but restarted in the year,completed in the year,and started in the year but suspended in the year as well.The floor space of a multi-storied building should be the sum of floor space of all the stories.

Floor Space of Buildings Started This Year refers to the total floor space area of the buildings started in the year by real estate development companies. It excludes the buildings started in previous years and continued in the year,and the buildings suspended in previous years but restarted in the year.the start of a construction is defined by the date of ground breaking or pile driving.The floor space of the building includes that of the entire building.

Floor Space of Buildings Completed refers to the total floor space area of the buildings completed in the year by real estate development companies,which meet the requirements as designed,reach the criteria set for people to live in or use,have passed the acceptance checks,and are ready for delivery or use.

Floor Space of Commercialized Housing Sold refers to total contracted area of commercialized housing(i.e.area of floor space as designated in the formal contracts signed by both sides)sold by real estate development companies during the reference time.It constitutes floor space of completed housing and floor space of future housing.

Value of Commercialized Housing Sold refers to the total contracted value (i.e.value of sales/purchase for selling/purchase of commercialized housing as designated in the contract signed by both sides) received from the sales of the buildings by real estate development companies during the reference time.This indicator has the same coverage as the area of commercialized housing sold. which constitutes floor space of completed housing and floor space of housing yet to be completed.

16

批发零售和住宿餐饮业

Wholesale and Retail Trades, Hotels and Catering Services

编辑人员：林潮明　林一凡

Compiled by Lin Chaoming　Lin Yifan

英文翻译：林一凡

Translated by Lin Yifan

简 要 说 明

一、批发零售业的主要内容、统计范围、资料来源

1. 主要内容：限额以上批发和零售业的基本情况、商品流转情况、财务状况；零售连锁经营情况；亿元商品交易市场成交情况；社会消费品零售总额等。

2. 统计范围：限额以上批发和零售业统计单位是指：批发业，年主营业务收入 2000 万元及以上；零售业，年主营业务收入 500 万元及以上。

3. 资料来源：根据《批发和零售业统计报表制度》进行搜集和加工整理而得。

二、住宿餐饮业的主要内容、统计范围、资料来源

1. 主要内容：限额以上住宿和餐饮业基本情况、经营情况、财务状况。

2. 统计范围：限额以上住宿和餐饮业统计单位为：年主营业务收入 200 万元及以上。

3. 资料来源：本篇资料中住宿和餐饮业统计数据是根据《住宿和餐饮业统计报表制度》进行搜集和加工整理。

Brief Introduction

I. Main Contents, Scope of Statistics, Sources of Data on Wholesale and Retail Trades

(1) Main Contents: The basic conditions of the wholesale and retail trades above designated size; circulation of commodities; financial status; total retail sales of consumer goods; turnover of large commodity transaction markets with transaction over 100 million Yuan; development of chain stores of retail trades.

(2)Scope of Statistics: The criteria for wholesale and retail trades above designated size are as follows: wholesale trade with annual principal business sales at and over 20 million yuan; retail trade, with annual principal business sales at and over 5 million yuan.

(3)Sources of Data: Data in this chapter are collected and processed in accordance with *The Statistical Reporting Form System on Wholesale and Retail Trades.*

II. Main Contents, Scope of Statistics, Sources of Data on Hotel and Catering Services

(1) Main Contents: The basic conditions, operating and financial status of hotel and catering services above the designated size.

(2)Scope of Statistics: The statistical unit of the enterprises of hotel and catering services above the designated size is the annual income of main business at and over 2 million yuan.

(3)Sources of Data: Data in this chapter are collected and processed in accordance with the *Statistical Reporting Form System on Program on Hotels and Catering Services.*

16-1 国内贸易主要指标
Major Indicators on Domestic Trade

指标	Item	2012	2013	2014	2015	2016	2017
社会消费品零售总额(亿元)	**Total Retail Sales of Consumer Goods (100 million yuan)**	**950.21**	**1090.89**	**1224.50**	**1325.14**	**1453.72**	**1618.76**
按城乡分	**By Urban and Rural Area**						
城镇	Urban Areas	837.34	954.57	1066.03	1102.93	1229.24	1363.14
乡村	Rural Areas	112.88	136.32	158.47	222.21	224.47	255.61
批发零售业商品销售总额 (亿元)	**Total Sales Value in Wholesale and Retail Trades (100 million yuan)**	**2680.96**	**3579.76**	**4354.55**	**5142.68**	**5833.50**	**6489.71**
批发额	Wholesale Value	1959.17	2753.26	3441.61	4046.43	4629.21	5145.72
零售额	Retail Value	721.79	826.50	912.94	1096.25	1204.29	1343.99
按行业分	**By Sector**						
批发业销售额	**Sales Value in Wholesale Trade**	**1791.01**	**2552.02**	**3174.73**	**3681.90**	**4150.62**	**4519.48**
批发额	Wholesale Value	1756.13	2511.25	3079.72	3530.35	4005.98	4459.91
零售额	Retail Value	34.88	40.77	95.01	151.55	144.64	59.57
零售业销售额	**Sales Value in Retail Trade**	**889.95**	**1027.74**	**1179.82**	**1460.77**	**1682.88**	**1970.24**
批发额	Wholesale Value	203.04	242.01	361.89	516.08	623.23	685.82
零售额	Retail Value	686.92	785.73	817.93	944.69	1059.65	1284.42
按规模分	**By Size**						
限额以上销售额	**above Designated Size**	**2100.00**	**2587.91**	**2759.53**	**2720.33**	**2783.00**	**2418.92**
批发额	Wholesale Value	1691.58	2137.29	2272.21	2293.36	2347.51	1924.27
零售额	Retail Value	408.42	450.62	487.32	426.97	435.49	494.65
限额以下销售额	**below Designated Size**	**580.96**	**991.85**	**1595.03**	**2422.35**	**3050.50**	**4070.79**
批发额	Wholesale Value	267.58	615.97	1169.41	1753.07	2281.69	3221.45
零售额	Retail Value	313.38	375.88	425.62	669.27	768.81	849.34
住宿餐饮业营业额 (亿元)	**Business Revenue from Hotels and Catering Services (100 million yuan)**	**265.57**	**311.46**	**360.00**	**416.65**	**480.13**	**557.90**
按行业分	**By Sector**						
住宿业营业额	Hotels	143.05	165.59	186.28	194.34	219.00	250.50
餐饮业营业额	Catering Services	122.52	145.87	173.72	222.32	261.13	307.40
按规模分	**By Size**						
限额以上营业额	above Designated Size	122.14	106.92	121.46	122.95	124.72	136.25
限额以下营业额	below Designated Size	143.42	204.54	238.54	293.70	355.42	421.65
亿元以上商品交易市场成交额 (亿元)	Turnover of Commodity Exchange Markets of Transaction Value over 100 Million Yuan (100 million yuan)	18.50	19.65	50.81	52.57	43.08	42.47
限额以上连锁总店数(个)	Number of Head Stores of Chain Retail Enterprises above Designated Size (unit)	6	6	6	6	6	6
限额以上连锁门店数(个)	Number of Stores of Chain Retail Enterprises above Designated Size (unit)	506	613	715	766	791	835
限额以上连锁店销售总额 (亿元)	Total Sales Value of Chain Retail Enterprises above Designated Size(100 million yuan)	179.74	178.07	186.84	151.19	130.91	191.16
#零售额	Retail Value	159.34	154.65	130.08	85.40	119.93	116.08

16-2 历年社会消费品零售总额
Total Retail Sales of Consumer Goods

单位:万元 (10 000 yuan)

年份 year	社会消费品零售总额 Total Retail Sales of Consumer Goods	#批发零售业 Wholesale and Retail trades	住宿餐饮业 Hotels and Catering Services	按城乡分 By Urban and Rural 城镇 Urban	农村 Rural
1952	14292	13222	1050	6227	8065
1957	24370	22121	2067	10412	13958
1962	36792	32673	3697	15867	20925
1965	40692	37168	2827	17981	22711
1970	47710	44052	2886	21711	25999
1975	69206	63533	4421	32280	36926
1978	88319	81431	6888	40473	47846
1980	99323	91973	5980	44703	54620
1981	110224	101286	6149	49710	60514
1982	133610	119204	9640	68788	64822
1983	146678	130301	10949	82174	64504
1984	181578	161158	13208	101767	79811
1985	215775	192222	16980	129660	86115
1986	231599	203763	18032	136931	94668
1987	257922	224952	23332	151751	106171
1988	343223	291059	38156	224456	118767
1989	376428	312738	39261	261334	115094
1990	371865	319134	39737	253578	118287
1991	419728	357092	46479	294820	124908
1992	550179	449917	62862	394343	155836
1993	727186	638347	85167	567836	159350
1994	947393	756358	96466	708232	239161
1995	1092190	865471	134928	838195	253995
1996	1215705	954639	159872	924903	290802
1997	1334090	1093824	157665	1019049	315041
1998	1447280	1199534	179722	1091508	355772
1999	1576565	1306682	202062	1182889	393676
2000	1724762	1435881	228847	1283423	441339
2001	1874593	1544925	260497	1400482	474111
2002	2043952	1674076	287498	1522784	521168
2003	1916353	1505313	309937	1447428	468925
2004	2367741	1858334	416918	1855126	512615
2005	2707895	2108266	492980	2127143	580752
2006	3133466	2450874	562395	2475672	657794
2007	3709247	2916380	661493	2941812	767435
2008	4632408	3914974	578434	3682764	949644
2009	5452659	4471210	981448	4335687	1116972
2010	6638476	5688691	949784	5909773	728703
2011	8225462	7049375	1176087	7430998	794464
2012	9502138	8098561	1403577	8373371	1128766
2013	10908920	9218038	1690883	9545716	1363204
2014	12245041	10339754	1905287	10660316	1584724
2015	13251449	10962470	2288979	11029348	2222100
2016	14537157	12042944	2494213	12292415	2244742
2017	16187575	13426943	2760631	13631459	2556116

注：依据2013年经济普查结果对2009年以后数据进行了修正。

note:Data has been adjusted since 2009 on the basis of economic census in 2013.

16-3 各市县社会消费品零售总额(2017)
Total Retail Sales of Consumer Goods by Region (2017)

单位：万元 (10 000 yuan)

地 区	Region	社会消费品零售总额 Total Retail Sales of Consumer Goods	按城乡分 By Urban and Rural	
			城 镇 Urban	农 村 Rural
全省总计	**Total**	**16187575**	**13631459**	**2556116**
海 口 市	Haikou	7261240	6701995	559245
三 亚 市	Sanya	2237692	1456461	781231
五指山市	Wuzhishan	102469	91748	10721
文 昌 市	Wenchang	775172	587923	187248
琼 海 市	Qionghai	969723	865861	103862
万 宁 市	Wanning	785414	604806	180608
定 安 县	Dingan	263104	211897	51207
屯 昌 县	Tunchang	253654	211646	42008
澄 迈 县	Chengmai	505957	389741	116216
临 高 县	Lingao	380566	302957	77609
儋州地区	Danzhou Area	951148	856555	94592
儋州市	Danzhou	851510	756917	94592
洋 浦	Yangpu	99638	99638	
东 方 市	Dongfang	400061	303623	96437
乐 东 县	Ledong	328929	296921	32008
琼 中 县	Qiongzhong	159853	121601	38252
保 亭 县	Baoting	153378	89829	63549
陵 水 县	Lingshui	308000	280857	27143
白 沙 县	Baisha	157430	109820	47610
昌 江 县	Changjiang	193788	147218	46569

16-4 各市县限额以上批发和零售业、住宿和餐饮业法人企业数(2017)
Number of Corporation Enterprises above Designated Size of Wholesale and Retail Trades,Hotels and Catering Services by Region (2017)

单位:个 (Unit)

地 区	Region	合 计 Total	批发业 Wholesale Trade	零售业 Retail Trade	住宿业 Hotels	餐饮业 Catering Services
全省总计	**Total**	**678**	**162**	**206**	**258**	**52**
海 口 市	Haikou	322	100	109	78	35
三 亚 市	Sanya	164	6	32	118	8
五指山市	Wuzhishan	2			2	
文 昌 市	Wenchang	17	2	7	5	3
琼 海 市	Qionghai	30	10	6	13	1
万 宁 市	Wanning	15	1	5	9	
定 安 县	Dingan	11	4	6	1	
屯 昌 县	Tunchang	4		3		1
澄 迈 县	Chengmai	20	8	4	6	2
临 高 县	Lingao	2		2		
儋州地区	Danzhou Area	33	22	6	4	1
儋州市	Danzhou	12	2	5	4	1
洋 浦	Yangpu	21	20	1		
东 方 市	Dongfang	9		6	3	
乐 东 县	Ledong	5		2	3	
琼 中 县	Qiongzhong	8	3	3	1	1
保 亭 县	Baoting	11		3	8	
陵 水 县	Lingshui	8	2	2	4	
白 沙 县	Baisha	6	2	3	1	
昌 江 县	Changjiang	11	2	7	2	

16-5 批发和零售业情况
Basic Statistics on Wholesale and Retail Trades

单位：万元、个、人 (10 000 yuan、unit、person)

指 标	Item	2005	2010	2013	2014	2015	2016	2017
批发和零售业	**Wholesale and Retail Trades**							
法人企业	Number of Corporation Enterprises	295	626	469	432	357	363	368
年末从业人数	Employed Persons at Year-end	17262	39117	45277	63875	41901	44395	43760
商品购进额	Total Purchases Value	2390233	12019894	25530181	26768436	24018963	20631356	21038118
#进口额	Imports	179088	583304	1882149	2530092	1035231	585905	629970
商品销售额	Total Sale Value	2717743	14066137	27268375	28441103	26090807	22945235	23533992
#出口额	Exports	194235	392317	1605172	54888	565334	301042	204491
期末商品库存额	Total Stock at Year-end	208179	698658	1117472	1396860	993711	1090146	1206683
批发业	**Wholesale Trades**							
法人企业	Number of Corporation Enterprises	173	335	229	208	163	163	162
年末从业人数	Employed Persons at Year-end	10772	15841	18002	27740	14930	16309	16461
商品购进额	Total Purchases Value	1983162	9032957	21605084	22110835	19855321	16188449	15936613
#进口额	Imports	122582	509594	1586196	2103664	621380	315296	341661
商品销售额	Total Sale Value	2279146	10704542	23007611	23127115	21283883	17718650	17658513
#出口额	Exports	194095	392011	1605172	54876	565334	301042	204491
期末商品库存额	Total Stock at Year-end	151570	423076	585785	761791	508742	571980	560223
零售业	**Retail Trades**							
法人企业	Number of Corporation Enterprises	122	291	240	224	194	200	206
年末从业人数	Employed Persons at Year-end	6490	23276	27275	36135	26971	28086	27299
商品购进额	Total Purchases Value	407072	2986937	3925097	4657601	4163642	4442907	5101505
#进口额	Imports	56506	73710	295953	426429	413852	270609	288310
商品销售额	Total Sale Value	438597	3361595	4260764	5313988	4806925	5226584	5875479
#出口额	Exports	140	306		12			
期末商品库存额	Total Stock at Year-end	56608	275582	531687	635069	484969	518166	646460
年末零售营业面积(平方米)	Business Area of Retail at Year-end (sq.m)	284000	1876620	687300	1153085	1164203	1316837	1365734

注：1、2008年以前的统计范围为限额以上法人企业、产业活动单位，2008年及以后为限额以上法人企业。
2、2008年以前的统计限额划分指标为"年商品销售额"、"年末从业人员"，2008年以后为"年主营业务收入"。

Notes:a).The scope of statistics before 2008 refer to corporate enterprises above designated size and economic active establishments, after 2008 only refer to corporate enterprises above designated size. b).Index for ranking of designated size before 2008 refer to total sales value of commodities and employed persons at year-end,after 2008 refer to revenue from principal business.

16-6 限额以上批发零售贸易业企业基本情况(2017)
Basic Statistics on Enterprises above Designated Size in Wholesale and Retail Trades (2017)

项目	Item	法人企业（个）Number of Corporation Enterprises (unit)	年末从业人数（人）Employed Persons at Year-end (person)	年末零售营业面积（平方米）Business Area of Retail at Year-end (sq.m)
合计	**Total**	**368**	**43760**	**1392893**
批发业	**Wholesale Trade**	**162**	**16461**	**27159**
按登记注册类型分组	**By Status of Registration**			
内资企业	Domestic Funded Enterprises	152	15079	26119
国有企业	State-owned Enterprises	8	1356	490
集体企业	Collective-owned Enterprises			
股份合作企业	Cooperative Enterprises			
有限责任公司	Limited-liability Companies	100	10535	24129
国有独资公司	State Sole Funded Enterprises	1	22	300
其他有限责任公司	Other Limited-liability Companies	99	10513	23829
股份有限公司	Share Holding Ltd. Companies	8	816	100
私营企业	Private Enterprises	36	2372	1400
私营独资企业	Private-funded Enterprises			
私营合伙企业	Private Partnership Enterprises			
私营有限责任公司	Private Limited-liability Companies	34	1491	1400
私营股份有限公司	Private Share Holding Ltd. Companies	2	881	
其他企业	Other Enterprises			
港澳台商投资企业	Enterprises with Funds from HongKong Macao and Taiwan	5	707	1040
合资经营企业(港或澳、台资)	Joint Ventures(Hongkong or Macao, Taiwan)			
港澳台商独资经营企业	Enterprises with Sole Investment	5	707	1040
外商投资企业	Foreign Investment Enterprises	5	675	
中外合资经营企业	Cooperative Enterprises	1	56	
外资企业	Enterprises with Sole Foreign Investment	4	619	
按批发行业小类分组	**By Sector**			
农、林、牧产品批发	Wholesale of Farm, Forestry and Livestock Products	2	43	1170
食品、饮料及烟草制品批发	Wholesale of Food ,Beverages and Tobaccos	21	2535	1501
# 米、面制品及食用油批发	Wholesale of Rice ,Flour and Edible Oil	3	92	100
烟草制品批发	Wholesale of Tobaccos	5	1264	390
纺织、服装及家庭用品批发	Wholesale of Textiles, Wearing Apparel and Household Articles	10	952	838
# 服装批发	Wholesale of Garments	3	56	
家用电器批发	Wholesale of Household Electrical Appliances	3	308	738
文化、体育用品及器材批发	Wholesale of Culture, Sports Appliances and Equipments	3	370	6840
医药及医疗器材批发	Wholesale of Medicines and Medical Appliances	55	9739	1654
矿产品、建材及化工产品批发	Wholesale of Mineral Products, Building Materials and Chemical Products	56	2171	14436
# 煤炭及制品批发	Wholesale of Coal and Related Products	2	28	
石油及制品批发	Wholesale of Petroleum and Related Products	17	712	12680
金属及金属矿批发	Wholesale of Metal and Metal Ores	5	139	
建材批发	Wholesale of Building Materials	8	117	741
化肥批发	Wholesale of Chemical Fertilizer	5	365	
其他化工产品批发	Wholesale of Other Chemical Products	17	800	1015
机械设备、五金交电及电子产品批发	Wholesale of Machinery , Hardware and Electronic Equipment	15	651	720
# 汽车批发	Wholesale of Motor Vehicles	1	178	
汽车零配件批发	Wholesale of Motor Vehicles Parts	2	53	400
摩托车及零配件批发	Wholesale of Motorcycles and Parts	1	29	120
计算机、软件及辅助设备批发	Wholesale of Computers, Software and Assistant Appliances	2	123	50
其他批发	Others Wholesale not Classified Elsewhere			

16-6 续(continued)

项　　目	Item	法人企业(个) Number of Corporation Enterprises (unit)	年末从业人数(人) Employed Persons at Year-end (person)	年末零售营业面积(平方米) Business Area of Retail at Year-end (sq.m)
零售业	**Retail Trade**	**206**	**27299**	**1365734**
按登记注册类型分组	**By Status of Registration**			
内资企业	Domestic Funded Enterprises	197	24673	1216169
国有企业	State-owned Enterprises	3	135	553
集体企业	Collective-owned Enterprises	1	31	528
股份合作企业	Cooperative Enterprises			
有限责任公司	Limited-liability Companies	155	19968	1013961
国有独资公司	State Sole Funded Corporations	1	1811	70000
其他有限责任公司	Other Limited-liability Companies	154	18157	943961
股份有限公司	Share Holding Ltd. Companies	8	2630	84950
私营企业	Private Enterprises	30	1909	116177
私营独资企业	Private-funded Enterprises	1	13	1000
私营合伙企业	Private Partnership Enterprises	1	12	946
私营有限责任公司	Private Limited-liability Companies	24	1667	98003
私营股份有限公司	Private Share Holding Ltd. Companies	4	217	16228
其他企业	Other Enterprises			
港澳台商投资企业	Enterprises with Funds from HongKong, Macao and Taiwan	5	1023	53717
合资经营企业(港或澳、台资)	Joint Ventures(Hongkong or Macao, Taiwan)	1	53	300
港澳台商独资经营企业	Enterprises with Sole Investment	3	583	44417
外商投资企业	Foreign Investment Enterprises	4	1603	95848
中外合资经营企业	**Cooperative Enterprises**	1	126	9
外资企业	Enterprises with Sole Foreign Investment	3	1477	95839
按零售行业小类分组	**By Sector**			
综合零售	Integrated Retail	62	11580	737793
# 百货零售	Retail of General Merchandise	33	7266	504245
超级市场零售	Retail of Supermarkets	27	4158	232148
食品、饮料及烟草制品专门零售	Special Retail of Food ,Beverages and Tobaccos	7	405	1109
纺织、服装及日用品专门零售	Special Retail of Textiles, Wearing Apparel and Household Articles	5	889	15953
#服装零售	Retail of Garment	1	69	6638
化妆品及卫生用品零售	Retail of Cosmetics and Health Products	1	1811	70000
文化、体育用品及器材专门零售	Retail of Culture, Sports Appliances and Equipments	15	683	12582
# 图书、报刊零售	Retail of Books, Newspaper and Magazines	14	611	11462
医药及医疗器材专门零售	Retail of Medicines and Medical Appliances	5	1661	27730
#药品零售	Retail of Medicines	5	1661	27730
汽车、摩托车、燃料及零配件专门零售	Retail of Motor Vehicles,Motorcycles, Fuel and Parts	75	9363	502250
#汽车零售	Retail of Motor Vehicles	55	5676	147950
机动车燃料零售	Retail of Fuel of Motor Vehicles	15	3578	350816
家用电器及电子产品专门零售	Special Retail of Household Electric Appliances and Electronic Products	26	2161	47065
#日用家电设备零售	Retail of Household Electric Appliances	15	1302	42525
计算机、软件及辅助设备零售	Retail of Computers ,Software and Assistant Appliances	3	104	600
通讯设备零售	Retail of Communication Equipments	1	247	200
五金、家具及室内装修材料专门零售	Special Retail of Hardware,Furniture and Interior Decoration Materials	6	270	20177
货摊、无店铺及其他零售业	Stalls,Non-Shop and Other Retails	5	287	1075

16-7 限额以上批发和零售业商品销售类值(2017)

Sale Values of Enterprises above Designated Size in Wholesale and Retail Trades by Category of Commodities (2017)

单位：万元 (10 000 yuan)

项目	Item	商品销售类值(万元) Total Sales Value of Commodities (10000 yuan)			比上年增长(%) Growth compared with last year(%)		
		合计 Total	批发额 Wholesale Value	零售额 Retail Value	合计 Total	批发额 Wholesale Value	零售额 Retail Value
粮油、食品类	Food	433222	221264	211958	4.3	7.9	0.7
饮料类	Beverages	50232	11243	38989	24.3	-1.4	34.4
烟酒类	Tobacco and Liquor	2849067	2749458	99608	6.1	5.5	23.2
服装、鞋帽、针纺织品类	Clothing, Shoes ,Hats and Textiles	376500	11793	364707	12.3	-11.9	13.3
化妆品类	Cosmetics	429441	576	428865	47.4	-70.0	48.2
金银珠宝类	Gold,Silver and Jewellery	114705	2892	111812	20.2	8.1	20.6
日用品类	Articles for Daily Use	443759	60571	383188	14.4	19.3	13.7
五金、电料类	Hardware and Electrical Materials	15898	11096	4802	14.0	9.5	26.0
体育、娱乐用品类	Sports and Recreation Articles	16263	26	16237	0.5		0.3
书报杂志类	Newspapers and Magazines	83472	48030	35442	13.2	4.0	28.4
电子出版物及音像制品类	E-Journals and Video Products	1473	16	1457	-54.9	-84.7	-53.9
家用电器和音像器材类	Household Appliances and Video Equipments	403109	189218	213891	11.5	11.7	11.3
中西药品类	Traditional Chinese and Western Medicines	1679592	1617309	62283	-2.9	-3.6	19.3
文化办公用品类	Cultural Official Goods	60219	31470	28750	-3.8	-9.3	3.0
家具类	Furniture	4427	7	4420	-22.4		-22.5
通讯器材类	Communication Appliances	73075	50162	22913	-16.4	-25.5	14.4
煤炭及制品类	Coal and Related Products	29122	29122		-6.7	-6.7	
木材及制品类	Wood and Wooden Products	2690	2690				
石油及制品类	Petroleum and Related Products	3940137	2784485	1155653	16.1	18.3	11.1
化工材料及制品类	Raw Chemical Materials and Related Products	10707250	10707250		3.9	3.9	
金属材料类	Metal Materials	235717	235717		57.1	57.1	
建筑及装潢材料类	Building and Decoration Materials	43858	42809	1049	147.8	179.5	-56.0
机电产品及设备类	Mechanical and Electrical Products	51980	33356	18625	11.9	-13.0	128.7
汽车类	Automobile	1972438	296004	1676435	-2.0	-45.1	13.7
种子饲料类	Seeds and Feedstuff	18971	18971		2904.7	2904.7	
棉麻类	Cotton and Hemp		18971				
其他类	Others	112082	86205	25878	-12.7	16.6	-52.5

16-8 限额以上批发零售贸易业商品购进、销售、库存总额(2017)
Total Purchases,Sales and Stock of Enterprises above Designated Size of Wholesale and Retail Trades (2017)

单位：万元 (10 000 yuan)

项 目	Item	商品购进额 Total Purchases Value	进口 Imports	销售总额 Total Sales Value	批发 Wholesale Value	出口 Exports	零售 Retail Value	通过公共网络实现的零售额 Online	年末库存总额 Stock (Year--end)
合 计	**Total**	**21038118**	**629970**	**23533992**	**18604006**	**204491**	**4929986**	**82096**	**1206683**
批发业	**Wholesale Trade**	**15936613**	**341661**	**17658513**	**17614594**	**204491**	**43918**	**1102**	**560223**
按登记注册类型分组	**By Status of Registration**								
内资企业	Domestic Funded Enterprises	14795543	204499	16453724	16411839	70854	41885	1102	546991
国有企业	State-owned Enterprises	2318177		2795048	2789570		5478		209763
集体企业	Collective-owned Enterprises								
股份合作企业	Cooperative Enterprises								
有限责任公司	Limited-liability Companies	11003487	148262	11991791	11956661	24854	35131	1102	271805
国有独资公司	State Sole Funded Enterprises	15407		18377	18377				1810
其他有限责任公司	Other Limited-liability Companies	10988081	148262	11973415	11938284	24854	35131	1102	269995
股份有限公司	Share Holding Ltd. Companies	414445	13907	498011	498011	16278			25617
私营企业	Private Enterprises	1059434	42330	1168874	1167598	29723	1277		39807
私营独资企业	Private-funded Enterprises								
私营合伙企业	Private Partnership Enterprises								
私营有限责任公司	Private Limited-liability Companies	1030209	42330	1122241	1120965	29723	1277		39662
私营股份有限公司	Private Share Holding Ltd. Companies	29226		46633	46633				145
其他企业	Other Enterprises								
港澳台商投资企业	Enterprises with Funds from HongKong Macao and Taiwan	1076174	133654	1107155	1105122	133637	2033		2582
与港澳台商合资经营企业	Joint Ventures(Hongkong or Macao, Taiwan)								
港澳台商独资经营企业	Enterprises with Sole Investment	1076174	133654	1107155	1105122	133637	2033		2582
外商投资企业	Foreign Investment Enterprises	64896	3508	97633	97633				10650
中外合资经营企业	Cooperative Enterprises	2596	2596	3550	3550				1568
外资企业	Enterprises with Sole Foreign Investment	62300	912	94083	94083				9082
按批发行业小类分组	**By Sector**								
农、林、牧产品批发	Wholesale of Farm, Forestry and Livestock Products	14917		15131	15131				77
食品、饮料及烟草制品批发	Wholesale of Food ,Beverages and Tobaccos	2478808	388	2986806	2976596	163	10210		216244
#米、面制品及食用油批发	Wholesale of Rice ,Flour and Edible Oil	43939		48769	48749		20		105714
烟草制品批发	Wholesale of Tobaccos	2274238		2746279	2740821		5458		104049
纺织、服装及家庭用品批发	Wholesale of Textiles, Wearing Apparel and Household Articles	244181	5576	256571	255234	11737	1337	809	34891
#服装批发	Wholesale of Garments	12169		13534	13534	6203			927
家用电器批发	Wholesale of Household Electrical Appliances	139533		146658	145321		1337	809	22051
文化、体育用品及器材批发	Wholesale of Culture, Sports Appliances and Equipments	60330		60671	52223	3243	8447	293	7960
医药及医疗器材批发	Wholesale of Medicines and Medical Appliances	1102985	111555	1728031	1719727	2994	8303		147695
矿产品、建材及化工产品批发	Wholesale of Mineral Products, Building Materials and Chemical Products	11746937	219935	12264821	12251219	176483	13603		132612
#煤炭及制品批发	Wholesale of Coal and Related Products	51030	15856	59197	59197				2264
石油及制品批发	Wholesale of Petroleum and Related Products	2578163	153194	2701411	2688231	149915	13180		61318
金属及金属矿批发	Wholesale of Metal and Metal Ores	200096	37931	206532	206532	23485			15699
建材批发	Wholesale of Building Materials	191349		199158	198735		423		3757
化肥批发	Wholesale of Chemical Fertilizer	114847		158115	158115				25354
其他化工产品批发	Wholesale of Other Chemical Products	8603383	12953	8931843	8931843		0		23803
机械设备、五金交电及电子产品批发	Wholesale of Machinery , Hardware and Electronic Equipment	288456	4206	346482	344464	9870	2018		20744
#汽车批发	Wholesale of Motor Vehicles	171108		218710	218710				4003
汽车零配件批发	Wholesale of Motor Vehicles Parts	9764		10851	9574		1277		2541
摩托车及零配件批发	Wholesale of Motorcycles and Parts	17213		17339	17313		26		2487
计算机、软件及辅助设备批发	Wholesale of Computers, Software and Assistant Appliances	15775		17185	16583		602		645
其他批发	Others Wholesale not Classified Elsewhere								

16-8 续(continued)

项目	Item	购进总额 Purchases Value	进口 Imports	销售总额 Total Sales Value	批发 Wholesale Value	出口 Exports	零售 Retail Value	通过公共网络实现的零售额 Online	年末库存总额 Stock (Year-end)
零售业	**Retail Trade**	**5101505**	**288310**	**5875479**	**989411**		**4886068**	**80994**	**646460**
按登记注册类型分组	**By Status of Registration**								
内资企业	Domestic Funded Enterprises	4803431	269316	5479524	988981		4490543	80994	626574
国有企业	State-owned Enterprises	9769		10353			10353		1662
集体企业	Collective-owned Enterprises	3552		3473			3473		107
股份合作企业	Cooperative Enterprises								
联营企业	Joint Ownership Enterprises								
有限责任公司	Limited-liability Companies	3219686	210457	3741693	323699		3417994	80994	553546
国有独资公司	State Sole Funded Corporations	449796		604160			604160	26460	177272
其他有限责任公司	Other Limited-liability Companies	2769890	210457	3137533	323699		2813833	54534	376273
股份有限公司	Share Holding Ltd. Companies	1356048	3110	1476206	649368		826838		44697
私营企业	Private Enterprises	214377	55749	247799	15913		231885		26562
私营独资企业	Private-funded Enterprises	1298		1754			1754		58
私营合伙企业	Private Partnership Enterprises	1527		1648			1648		32
私营有限责任公司	Private Limited-liability Companies	193256	55749	226259	15697		210563		22750
私营股份有限公司	Private Share Holding Ltd. Companies	18297		18138	217		17921		3722
其他企业	Other Enterprises								
港澳台商投资企业	Enterprises with Funds from HongKong,Macao and Taiwan	135643	18994	200973	431		200543		6883
与港澳台商合资经营企业	Joint Ventures(Hongkong or Macao, Taiwan)	7526		8279	431		7848		3
港澳台商独资经营企业	Enterprises with Sole Investment	79461	18994	139503			139503		6880
外商投资企业	Foreign Investment Enterprises	162431		194982			194982		13003
中外合资经营企业	**Cooperative Enterprises**	24339		25861			25861		357
外资企业	Enterprises with Sole Foreign Investment	138092		169121			169121		12646
按零售行业小类分组	**By Sector**								
综合零售	Integrated Retail	1203739	132934	1604609	1682		1602926	49261	306288
#百货零售	Retail of General Merchandise	917798	132934	1270084			1270084	49261	268890
超级市场零售	Retail of Supermarkets	278030		319420	158		319262		34094
食品、饮料及烟草制品专门零售	Special Retail of Food ,Beverages and Tobaccos	29015	277	31992	1078		30914	153	7603
纺织、服装及日用品专门零售	Special Retail of Textiles, Wearing Apparel and Household Articles	27702		37085	1096		35989	37	11192
#服装零售	Retail of Garment	1395		2448			2448		363
鞋帽零售	Retail of shoes and cap	21252		26433	813		25619		5850
文化、体育用品及器材专门零售	Retail of Culture, Sports Appliances and Equipments	27742		32966	4234		28733		4292
#图书、报刊零售	Retail of Books, Newspaper and Magazines	25156		31733	4234		27499		2459
医药及医疗器材专门零售	Retail of Medicines and Medical Appliances	41865		61031			61031		15147
#药品零售	Retail of Medicines	41865		61031			61031		15147
汽车、摩托车、燃料及零配件专门零售	Retail of Motor Vehicles,Motorcycles, Fuel and Parts	3444992	150843	3757429	911834		2845595	2052	213767
#汽车零售	Retail of Motor Vehicles	1686459	147733	1827814	69206		1758608	2052	154663
机动车燃料零售	Retail of Fuel of Motor Vehicles	1752410	3110	1923455	842628		1080828		57612
家用电器及电子产品专门零售	Special Retail of Household Electric Appliances and Electronic Products	293317	4257	309502	64728		244774	29491	81190
#日用家电设备零售	Retail of Household Electric Appliances	181388		173286	29582		143704	1280	72208
计算机、软件及辅助设备零售	Retail of Computers ,Software and Assistant Appliances	12945		15423	11010		4414		1532
通讯设备零售	Retail of Communication Equipments	12183	4257	17475	9230		8245		3972
五金、家具及室内装修材料专门零售	Special Retail of Hardware,Furniture and Interior Decoration Materials	12305		15266	4311		10955		5410
货摊、无店铺及其他零售业	Stalls,Non-Shop and Other Retails	20830		25599	449		25151		1571

16-9 限额以上批发业企业财务状况(2017)
Financial Indicator on Enterprises above Designated Size in Wholesale Trades (2017)

单位：万元 (10 000 yuan)

项　　目	Item	企业数(个) Number of Enterprises (unit)	年初存货 Total Stock at the Beginning of Year	流动资产合计 Total Current Assets	存货 Inventory	固定资产原价 Original Value of Fixed Assets
合　　计	**Total**	**162**	**548498**	**9862919**	**524777**	**521234**
按登记注册类型分组	**By Status of Registration**					
内资企业	Domestic Funded Enterprises	152	526876	8992592	510471	300126
国有企业	State-owned Enterprises	8	209958	700423	193470	89776
集体企业	Collective-owned Enterprises					
股份合作企业	Cooperative Enterprises					
有限责任公司	Limited-liability Companies	100	242909	6882948	247450	145773
国有独资公司	State Sole Funded Enterprises	1	1461	16891	1547	1068
其他有限责任公司	Other Limited-liability Companies	99	241448	6866057	245903	144706
股份有限公司	Share Holding Ltd. Companies	8	30003	527310	27104	46316
私营企业	Private Enterprises	36	44006	881911	42448	18261
私营独资企业	Private-funded Enterprises					
私营合伙企业	Private Partnership Enterprises					
私营有限责任公司	Private Limited-liability Companies	34	43824	864478	42303	17817
私营股份有限公司	Private Share Holding Ltd. Companies	2	182	17433	145	444
其他企业	Other Enterprises					
港澳台商投资企业	Enterprises with Funds from HongKong Macao and Taiwan	5	8346	138460	4032	219619
合资经营企业(港或澳、台资)	Joint Ventures(Hongkong or Macao, Taiwan)					
港澳台商独资经营企业	Enterprises with Sole Investment	5	8346	138460	4032	219619
外商投资企业	Foreign Investment Enterprises	5	13276	731867	10274	1489
中外合资经营企业	Cooperative Enterprises	1	706	8660	1568	57
外资企业	Enterprises with Sole Foreign Investment	4	12570	723207	8706	1432
按批发行业小类分组	**By Sector**					
农、林、牧产品批发	Wholesale of Farm, Forestry and Livestock Products	2	384	1957	77	130
食品、饮料及烟草制品批发	Wholesale of Food ,Beverages and Tobaccos	21	215968	882545	199485	92941
# 米、面制品及食用油批发	Wholesale of Rice ,Flour and Edible Oil	3	107489	118182	105739	8994
烟草制品批发	Wholesale of Tobaccos	5	102469	582241	87731	80782
纺织、服装及家庭用品批发	Wholesale of Textiles, Wearing Apparel and Household Articles	10	31722	154955	17443	2932
# 服装批发	Wholesale of Garments	3	361	3223	908	1847
家用电器批发	Wholesale of Household Electrical Appliances	3	23570	89797	10320	355
文化、体育用品及器材批发	Wholesale of Culture, Sports Appliances and Equipments	3	12883	57482	10935	24118
医药及医疗器材批发	Wholesale of Medicines and Medical Appliances	55	154340	1826473	142903	35150
矿产品、建材及化工产品批发	Wholesale of Mineral Products, Building Materials and Chemical Products	56	114323	6867341	132618	364421
# 煤炭及制品批发	Wholesale of Coal and Related Products	2	3933	13826	1535	1429
石油及制品批发	Wholesale of Petroleum and Related Products	17	42395	1060865	61850	334349
金属及金属矿批发	Wholesale of Metal and Metal Ores	5	12886	88876	14651	652
建材批发	Wholesale of Building Materials	8	6682	53712	7791	8346
化肥批发	Wholesale of Chemical Fertilizer	5	28350	166841	23360	3977
其他化工产品批发	Wholesale of Other Chemical Products	17	19692	5480374	23068	15486
机械设备、五金交电及电子产品批发	Wholesale of Machinery , Hardware and Electronic Equipment	15	18878	72167	21316	1543
# 汽车批发	Wholesale of Motor Vehicles	1	4592	19803	4003	
汽车零配件批发	Wholesale of Motor Vehicles Parts	2	1849	6112	2176	134
摩托车及零配件批发	Wholesale of Motorcycles and Parts	1	4070	5513	4764	48
计算机、软件及辅助设备批发	Wholesale of Computers, Software and Assistant Appliances	2	2	8499	486	409
其他批发	Others Wholesale not Classified Elsewhere					

16-9 续1(continued 1)

单位：万元 (10 000 yuan)

项目	Item	累计折旧 Accumulated Depreciation	本年折旧 Depreciation This Year	资产合计 Total Assets	负债合计 Total Liabilities	所有者权益合计 Total Owners' Equities
合计	**Total**	**188745**	**24157**	**12922120**	**7581569**	**5340551**
按登记注册类型分组	**By Status of Registration**					
内资企业	Domestic Funded Enterprises	144301	12476	11625831	6851387	4774443
国有企业	State-owned Enterprises	51704	3929	788775	189657	599117
集体企业	Collective-owned Enterprises					
股份合作企业	Cooperative Enterprises					
有限责任公司	Limited-liability Companies	74172	6095	8757204	5705586	3051618
国有独资公司	State Sole Funded Enterprises	379	61	17593	8172	9421
其他有限责任公司	Other Limited-liability Companies	73793	6034	8739612	5697414	3042197
股份有限公司	Share Holding Ltd. Companies	12747	1228	1179221	641772	537449
私营企业	Private Enterprises	5678	1224	900631	314372	586259
私营独资企业	Private-funded Enterprises					
私营合伙企业	Private Partnership Enterprises					
私营有限责任公司	Private Limited-liability Companies	5500	1168	882922	300379	582543
私营股份有限公司	Private Share Holding Ltd. Companies	177	56	17709	13993	3716
其他企业	Other Enterprises					
港澳台商投资企业	Enterprises with Funds from HongKong Macao and Taiwan	43323	11714	432894	139000	293895
合资经营企业(港或澳、台资)	Joint Ventures(Hongkong or Macao, Taiwan)					
港澳台商独资经营企业	Enterprises with Sole Investment	43323	11714	432894	139000	293895
外商投资企业	Foreign Investment Enterprises	1122	-33	863395	591182	272213
中外合资经营企业	Cooperative Enterprises	39	4	8678	6255	2423
外资企业	Enterprises with Sole Foreign Investment	1083	-36	854717	584927	269790
按批发行业小类分组	**By Sector**					
农、林、牧产品批发	Wholesale of Farm, Forestry and Livestock Products	65	14	2023	1560	463
食品、饮料及烟草制品批发	Wholesale of Food ,Beverages and Tobaccos	53766	4184	979582	369181	610401
# 米、面制品及食用油批发	Wholesale of Rice ,Flour and Edible Oil	3361	247	123915	118913	5002
烟草制品批发	Wholesale of Tobaccos	48344	3682	664860	70744	594115
纺织、服装及家庭用品批发	Wholesale of Textiles, Wearing Apparel and Household Articles	2175	102	156156	128048	28108
# 服装批发	Wholesale of Garments	1359	69	3880	2350	1530
家用电器批发	Wholesale of Household Electrical Appliances	271	3	89882	78555	11327
文化、体育用品及器材批发	Wholesale of Culture, Sports Appliances and Equipments	6866	1173	107672	37198	70474
医药及医疗器材批发	Wholesale of Medicines and Medical Appliances	11974	3036	2609913	1729389	880524
矿产品、建材及化工产品批发	Wholesale of Mineral Products, Building Materials and Chemical Products	112813	15568	8989403	5254319	3735085
# 煤炭及制品批发	Wholesale of Coal and Related Products	1100	82	15252	7430	7821
石油及制品批发	Wholesale of Petroleum and Related Products	104731	14324	1429719	433337	996382
金属及金属矿批发	Wholesale of Metal and Metal Ores	472	38	89248	71719	17529
建材批发	Wholesale of Building Materials	1086	529	63754	52650	11104
化肥批发	Wholesale of Chemical Fertilizer	1592	206	172931	143585	29346
其他化工产品批发	Wholesale of Other Chemical Products	3700	389	7215601	4543576	2672025
机械设备、五金交电及电子产品批发	Wholesale of Machinery , Hardware and Electronic Equipment	1087	79	77371	61875	15496
# 汽车批发	Wholesale of Motor Vehicles			23036	27467	-4431
汽车零配件批发	Wholesale of Motor Vehicles Parts	120	6	6127	3012	3115
摩托车及零配件批发	Wholesale of Motorcycles and Parts	43	2	5518	5469	49
计算机、软件及辅助设备批发	Wholesale of Computers, Software and Assistant Appliances	302		8606	5611	2996
其他批发	Others Wholesale not Classified Elsewhere					

16-9 续2(continued 2)

单位：万元 (10 000 yuan)

项目	Item	实收资本 Capital Held	国家资本 State-owned Capital	集体资本 Collective owned Capital	法人资本 Institutional Capital	个人资本 Individual Capital	港澳台资本 Hong Kong Macao and Taiwan Capital	外商资本 Foreign Capital
合　计	**Total**	**3423581**	**103839**	**6259**	**3103861**	**69591**	**5649**	**134383**
按登记注册类型分组	**By Status of Registration**							
内资企业	Domestic Funded Enterprises	2990095	103839	6259	2810172	68263	1562	
国有企业	State-owned Enterprises	28508	14086		14422			
集体企业	Collective-owned Enterprises							
股份合作企业	Cooperative Enterprises							
有限责任公司	Limited-liability Companies	2230089	89752	1280	2088277	50780		
国有独资公司	State Sole Funded Enterprises	5000	5000					
其他有限责任公司	Other Limited-liability Companies	2225089	84752	1280	2088277	50780		
股份有限公司	Share Holding Ltd. Companies	204527		4979	192172	5813	1562	
私营企业	Private Enterprises	526971			515301	11670		
私营独资企业	Private-funded Enterprises							
私营合伙企业	Private Partnership Enterprises							
私营有限责任公司	Private Limited-liability Companies	525691			515301	10390		
私营股份有限公司	Private Share Holding Ltd. Companies	1280				1280		
其他企业	Other Enterprises							
港澳台商投资企业	Enterprises with Funds from HongKong Macao and Taiwan	297775			293689		4086	
合资经营企业(港或澳、台资)	Joint Ventures(Hongkong or Macao, Taiwan)							
港澳台商独资经营企业	Enterprises with Sole Investment	297775			293689		4086	
外商投资企业	Foreign Investment Enterprises	135711				1328		134383
中外合资经营企业	Cooperative Enterprises	3320				1328		1992
外资企业	Enterprises with Sole Foreign Investment	132391						132391
按批发行业小类分组	**By Sector**							
农、林、牧产品批发	Wholesale of Farm, Forestry and Livestock Products	550			295	255		
食品、饮料及烟草制品批发	Wholesale of Food ,Beverages and Tobaccos	39238	14086		16175	8900	50	27
# 米、面制品及食用油批发	Wholesale of Rice ,Flour and Edible Oil	2450	2450					
烟草制品批发	Wholesale of Tobaccos	26058	11636		14422			
纺织、服装及家庭用品批发	Wholesale of Textiles, Wearing Apparel and Household Articles	15378	100	500	11376	3403		
# 服装批发	Wholesale of Garments	550	100		48	403		
家用电器批发	Wholesale of Household Electrical Appliances	1700		500		1200		
文化、体育用品及器材批发	Wholesale of Culture, Sports Appliances and Equipments	58058	56958			1100		
医药及医疗器材批发	Wholesale of Medicines and Medical Appliances	341003	5444	5159	163471	29339	5599	131992
矿产品、建材及化工产品批发	Wholesale of Mineral Products, Building Materials and Chemical Products	2957754	27250		2907945	20195		2364
# 煤炭及制品批发	Wholesale of Coal and Related Products	2500				2500		
石油及制品批发	Wholesale of Petroleum and Related Products	869512	17250		839633	12629		
金属及金属矿批发	Wholesale of Metal and Metal Ores	11360			10555	805		
建材批发	Wholesale of Building Materials	10938			10422	516		
化肥批发	Wholesale of Chemical Fertilizer	21680	10000		10880	800		
其他化工产品批发	Wholesale of Other Chemical Products	2041164			2035855	2945		2364
机械设备、五金交电及电子产品批发	Wholesale of Machinery , Hardware and Electronic Equipment	11600		600	4600	6400		
# 汽车批发	Wholesale of Motor Vehicles	2000			2000			
汽车零配件批发	Wholesale of Motor Vehicles Parts	700				700		
摩托车及零配件批发	Wholesale of Motorcycles and Parts	100			100			
计算机、软件及辅助设备批发	Wholesale of Computers, Software and Assistant Appliances	1500			1000	500		
其他批发	Others Wholesale not Classified Elsewhere							

16-9 续3(continued 3)

单位：万元

项目	Item	主营业务收入 Revenue from Principal Business	主营业务成本 Main Business Costs	主营业务税金及附加 Main Business Tax and Extra Charges	应付职工薪酬 Wage Bill Payable
合计	**Total**	**16134506**	**14747872**	**192953**	**170311**
按登记注册类型分组	**By Status of Registration**				
内资企业	Domestic Funded Enterprises	14949742	13606221	191683	156211
国有企业	State-owned Enterprises	2396134	2007722	179995	49025
集体企业	Collective-owned Enterprises				
股份合作企业	Cooperative Enterprises				
有限责任公司	Limited-liability Companies	11095164	10254463	8675	88162
国有独资公司	State Sole Funded Enterprises	15707	13270	20	318
其他有限责任公司	Other Limited-liability Companies	11079457	10241193	8656	87844
股份有限公司	Share Holding Ltd. Companies	439747	399164	1260	6045
私营企业	Private Enterprises	1018698	944872	1753	12979
私营独资企业	Private-funded Enterprises				
私营合伙企业	Private Partnership Enterprises				
私营有限责任公司	Private Limited-liability Companies	978332	920014	1471	7951
私营股份有限公司	Private Share Holding Ltd. Companies	40366	24858	282	5029
其他企业	Other Enterprises				
港澳台商投资企业	Enterprises with Funds from HongKong Macao and Taiwan	1099065	1077025	814	5311
合资经营企业(港或澳、台资)	Joint Ventures(Hongkong or Macao, Taiwan)				
港澳台商独资经营企业	Enterprises with Sole Investment	1099065	1077025	814	5311
外商投资企业	Foreign Investment Enterprises	85700	64626	456	8789
中外合资经营企业	Cooperative Enterprises	3035	1570	12	350
外资企业	Enterprises with Sole Foreign Investment	82665	63056	445	8439
按批发行业小类分组	**By Sector**				
农、林、牧产品批发	Wholesale of Farm, Forestry and Livestock Products	15086	14802	1	99
食品、饮料及烟草制品批发	Wholesale of Food ,Beverages and Tobaccos	2561622	2162012	180229	54868
# 米、面制品及食用油批发	Wholesale of Rice ,Flour and Edible Oil	48769	49107	6	691
烟草制品批发	Wholesale of Tobaccos	2347365	1958615	179989	48334
纺织、服装及家庭用品批发	Wholesale of Textiles, Wearing Apparel and Household Articles	225461	210901	349	5366
# 服装批发	Wholesale of Garments	12470	11438	11	337
家用电器批发	Wholesale of Household Electrical Appliances	125778	119070	259	2439
文化、体育用品及器材批发	Wholesale of Culture, Sports Appliances and Equipments	49051	42660	16	3758
医药及医疗器材批发	Wholesale of Medicines and Medical Appliances	1529888	1021381	8235	77085
矿产品、建材及化工产品批发	Wholesale of Mineral Products, Building Materials and Chemical Products	11484883	11050295	3899	23440
# 煤炭及制品批发	Wholesale of Coal and Related Products	54094	52557	80	27
石油及制品批发	Wholesale of Petroleum and Related Products	2481592	2389855	2531	9833
金属及金属矿批发	Wholesale of Metal and Metal Ores	188048	175613	103	962
建材批发	Wholesale of Building Materials	188904	184286	124	745
化肥批发	Wholesale of Chemical Fertilizer	144260	130844	140	3359
其他化工产品批发	Wholesale of Other Chemical Products	8420176	8109815	913	8451
机械设备、五金交电及电子产品批发	Wholesale of Machinery , Hardware and Electronic Equipment	268516	245821	224	5694
# 汽车批发	Wholesale of Motor Vehicles	157645	145537	60	2222
汽车零配件批发	Wholesale of Motor Vehicles Parts	9274	8129	20	310
摩托车及零配件批发	Wholesale of Motorcycles and Parts	14843	14018	1	128
计算机、软件及辅助设备批发	Wholesale of Computers, Software and Assistant Appliances	14883	13421	21	1232
其他批发	Others Wholesale not Classified Elsewhere				

16-9 续4(continued 4)

单位：万元

项 目	Item	其他业务利润 Profits of Other Business	销售费用 Business Cost	管理费用 Management Cost	财务费用 Financial Cost	利息支出 Expenses of Interest
合 计	**Total**	**23103**	**551885**	**145080**	**161452**	**170396**
按登记注册类型分组	**By Status of Registration**					
内资企业	Domestic Funded Enterprises	18081	513740	130699	168323	160544
国有企业	State-owned Enterprises	762	23124	47369	-17589	302
集体企业	Collective-owned Enterprises					
股份合作企业	Cooperative Enterprises					
有限责任公司	Limited-liability Companies	11977	446280	60548	185955	151187
国有独资公司	State Sole Funded Enterprises	50	835	907	434	
其他有限责任公司	Other Limited-liability Companies	11927	445446	59641	185521	151187
股份有限公司	Share Holding Ltd. Companies	508	12074	10311	-1243	6341
私营企业	Private Enterprises	4834	32263	12470	1201	2714
私营独资企业	Private-funded Enterprises					
私营合伙企业	Private Partnership Enterprises					
私营有限责任公司	Private Limited-liability Companies	4834	14966	11527	1154	2673
私营股份有限公司	Private Share Holding Ltd. Companies		17297	943	47	40
其他企业	Other Enterprises					
港澳台商投资企业	Enterprises with Funds from HongKong Macao and Taiwan	4960	26258	5067	2439	23
合资经营企业(港或澳、台资)	Joint Ventures(Hongkong or Macao, Taiwan)					
港澳台商独资经营企业	Enterprises with Sole Investment	4960	26258	5067	2439	23
外商投资企业	Foreign Investment Enterprises	62	11886	9315	-9310	9829
中外合资经营企业	Cooperative Enterprises		522	618	34	
外资企业	Enterprises with Sole Foreign Investment	62	11364	8697	-9344	9829
按批发行业小类分组	**By Sector**					
农、林、牧产品批发	Wholesale of Farm, Forestry and Livestock Products		22	139		
食品、饮料及烟草制品批发	Wholesale of Food ,Beverages and Tobaccos	1180	29330	51471	-17351	452
# 米、面制品及食用油批发	Wholesale of Rice ,Flour and Edible Oil	74	4185	1277	298	302
烟草制品批发	Wholesale of Tobaccos	688	18938	46092	-17888	
纺织、服装及家庭用品批发	Wholesale of Textiles, Wearing Apparel and Household Articles	2611	11732	1771	2768	1875
# 服装批发	Wholesale of Garments	140	821	248	29	
家用电器批发	Wholesale of Household Electrical Appliances	44	5364	329	-282	111
文化、体育用品及器材批发	Wholesale of Culture, Sports Appliances and Equipments	746	4599	2641	138	130
医药及医疗器材批发	Wholesale of Medicines and Medical Appliances	12713	420194	55710	-7011	20342
矿产品、建材及化工产品批发	Wholesale of Mineral Products, Building Materials and Chemical Products	5506	63520	26393	182935	147520
# 煤炭及制品批发	Wholesale of Coal and Related Products		276	356	559	509
石油及制品批发	Wholesale of Petroleum and Related Products	5512	36539	11972	3350	2455
金属及金属矿批发	Wholesale of Metal and Metal Ores		6111	1819	384	190
建材批发	Wholesale of Building Materials		2270	1113	9	31
化肥批发	Wholesale of Chemical Fertilizer		6420	3303	112	137
其他化工产品批发	Wholesale of Other Chemical Products	-6	11519	7719	178522	144198
机械设备、五金交电及电子产品批发	Wholesale of Machinery , Hardware and Electronic Equipment	347	22488	6955	-26	77
# 汽车批发	Wholesale of Motor Vehicles	325	17633	3579	-131	
汽车零配件批发	Wholesale of Motor Vehicles Parts		471	416	-25	9
摩托车及零配件批发	Wholesale of Motorcycles and Parts		658	171	1	
计算机、软件及辅助设备批发	Wholesale of Computers, Software and Assistant Appliances		196	1223	-51	-57
其他批发	Others Wholesale not Classified Elsewhere					

16-9 续5(continued 5)

单位：万元 (10 000 yuan)

项目	Item	营业利润 Business Profits	利润总额 Total Profits	所得税费用 Income Tax Payable	应交增值税 Value-added Tax Payable This Year
合计	**Total**	**394988**	**413896**	**97466**	**137126**
按登记注册类型分组	**By Status of Registration**				
内资企业	Domestic Funded Enterprises	393744	412400	98910	130217
国有企业	State-owned Enterprises	179097	183862	40587	62577
集体企业	Collective-owned Enterprises				
股份合作企业	Cooperative Enterprises				
有限责任公司	Limited-liability Companies	165497	182449	51223	53787
国有独资公司	State Sole Funded Enterprises	450	748	191	83
其他有限责任公司	Other Limited-liability Companies	165046	181700	51032	53704
股份有限公司	Share Holding Ltd. Companies	17856	18325	4408	5035
私营企业	Private Enterprises	31294	27765	2692	8818
私营独资企业	Private-funded Enterprises				
私营合伙企业	Private Partnership Enterprises				
私营有限责任公司	Private Limited-liability Companies	28913	25582	2516	6245
私营股份有限公司	Private Share Holding Ltd. Companies	2381	2183	176	2574
其他企业	Other Enterprises				
港澳台商投资企业	Enterprises with Funds from HongKong Macao and Taiwan	-10534	-10226	-2203	2638
合资经营企业(港或澳、台资)	Joint Ventures(Hongkong or Macao, Taiwan)				
港澳台商独资经营企业	Enterprises with Sole Investment	-10534	-10226	-2203	2638
外商投资企业	Foreign Investment Enterprises	11778	11722	759	4271
中外合资经营企业	Cooperative Enterprises	280	68	3	516
外资企业	Enterprises with Sole Foreign Investment	11498	11654	755	3755
按批发行业小类分组	**By Sector**				
农、林、牧产品批发	Wholesale of Farm, Forestry and Livestock Products	122	131		7
食品、饮料及烟草制品批发	Wholesale of Food ,Beverages and Tobaccos	179943	184740	40805	63810
# 米、面制品及食用油批发	Wholesale of Rice ,Flour and Edible Oil	-5612	41	14	18
烟草制品批发	Wholesale of Tobaccos	184708	183821	40572	62559
纺织、服装及家庭用品批发	Wholesale of Textiles, Wearing Apparel and Household Articles	2556	2891	756	2226
# 服装批发	Wholesale of Garments	71	80	42	14
家用电器批发	Wholesale of Household Electrical Appliances	1193	1509	349	1706
文化、体育用品及器材批发	Wholesale of Culture, Sports Appliances and Equipments	136	414		10
医药及医疗器材批发	Wholesale of Medicines and Medical Appliances	44041	44876	12613	52819
矿产品、建材及化工产品批发	Wholesale of Mineral Products, Building Materials and Chemical Products	174750	187339	42707	17145
# 煤炭及制品批发	Wholesale of Coal and Related Products	267	315		109
石油及制品批发	Wholesale of Petroleum and Related Products	40544	38462	6280	8024
金属及金属矿批发	Wholesale of Metal and Metal Ores	4019	4119	141	667
建材批发	Wholesale of Building Materials	1102	328	95	615
化肥批发	Wholesale of Chemical Fertilizer	3501	3639	202	273
其他化工产品批发	Wholesale of Other Chemical Products	125334	140472	35983	7474
机械设备、五金交电及电子产品批发	Wholesale of Machinery , Hardware and Electronic Equipment	-6560	-6494	584	1109
# 汽车批发	Wholesale of Motor Vehicles	-9469	-9429	-182	
汽车零配件批发	Wholesale of Motor Vehicles Parts	263	261	80	171
摩托车及零配件批发	Wholesale of Motorcycles and Parts	-5	-6	11	5
计算机、软件及辅助设备批发	Wholesale of Computers, Software and Assistant Appliances	72	90	13	144
其他批发	Others Wholesale not Classified Elsewhere				

16-10 限额以上零售业企业财务状况(2017)
Financial Indicator on Enterprises above Designated Size in Retail Trades(2017)

单位：万元 (10 000 yuan)

项目	Item	企业数(个) Number of Enterprises (unit)	年初存货 Total Stock at the Beginning of Year	流动资产合计 Total Current Assets	存货 Inventory	固定资产原价 Original Value of Fixed Assets
合计	**Total**	**206**	**465996**	**1987181**	**548630**	**730436**
按登记注册类型分组	**By Status of Registration**					
内资企业	Domestic Funded Enterprises	197	455524	1856638	535938	676356
国有企业	State-owned Enterprises	3	1770	6034	1946	1481
集体企业	Collective-owned Enterprises	1	269	637	89	199
股份合作企业	Cooperative Enterprises					
联营企业	Joint Ownership Enterprises					
有限责任公司	Limited-liability Companies	155	407485	1620440	459467	428730
国有独资公司	State Sole Funded Corporations	1	132877	376376	173938	15442
其他有限责任公司	Other Limited-liability Companies	154	274608	1244064	285529	413288
股份有限公司	Share Holding Ltd. Companies	8	22926	138800	47949	228008
私营企业	Private Enterprises	30	23075	90728	26488	17939
私营独资企业	Private-funded Enterprises	1	80	442	58	113
私营合伙企业	Private Partnership Enterprises	1	22	357	29	21
私营有限责任公司	Private Limited-liability Companies	24	19776	83842	22998	17590
私营股份有限公司	Private Share Holding Ltd. Companies	4	3196	6088	3402	216
其他企业	Other Enterprises					
港澳台商投资企业	Enterprises with Funds from HongKong,Macao and Taiwan	5		50018	4763	15264
与港澳台商合资经营企业	Joint Ventures(Hongkong or Macao, Taiwan)	1		6209	3	1009
港澳台商独资经营企业	Enterprises with Sole Investment	3		29042	4760	11388
外商投资企业	Foreign Investment Enterprises	4	10473	80525	7929	38816
外资企业	Enterprises with Sole Foreign Investment	3	9592	77297	7599	36052
按零售行业小类分组	**By Sector**					
综合零售	Integrated Retail	62	223206	1030084	272577	320321
# 百货零售	Retail of General Merchandise	33	191043	892498	240664	284810
超级市场零售	Retail of Supermarkets	27	28573	130077	30424	35275
食品、饮料及烟草制品专门零售	Special Retail of Food ,Beverages and Tobaccos	7	7443	15989	7741	4290
纺织、服装及日用品专门零售	Special Retail of Textiles, Wearing Apparel and Household Articles	5	9422	21557	9983	5748
#服装零售	Retail of Garment	1	348	6456		3089
文化、体育用品及器材专门零售	Retail of Culture, Sports Appliances and Equipments	15	2909	47869	2591	23303
# 图书、报刊零售	Retail of Books, Newspaper and Magazines	14	1518	40003	1385	23006
医药及医疗器材专门零售	Retail of Medicines and Medical Appliances	5	5860	29589	12932	2702
#药品零售	Retail of Medicines	5	5860	29589	12932	2702
汽车、摩托车、燃料及零配件专门零售	Retail of Motor Vehicles,Motorcycles,Fuel and Parts	75	164836	661623	189650	347179
#汽车零售	Retail of Motor Vehicles	55	130705	487152	125386	74083
机动车燃料零售	Retail of Fuel of Motor Vehicles	15	33384	171820	63355	272874
家用电器及电子产品专门零售	Special Retail of Household Electric Appliances and Electronic Products	26	44195	147407	46293	22592
# 日用家电设备零售	Retail of Household Electric Appliances	15	36851	116542	37466	19361
计算机、软件及辅助设备零售	Retail of Computers ,Software and Assistant Appliances	3	1354	3389	1448	155
通讯设备零售	Retail of Communication Equipments	1	2977	5212	3962	534
五金、家具及室内装修材料专门零售	Special Retail of Hardware,Furniture and Interior Decoration Materials	6	6441	11706	5460	2550
货摊、无店铺及其他零售业	Stalls,Non-Shop and Other Retails	5	1685	21358	1402	1751

16-10 续1(continued 1)

单位：万元 (10 000 yuan)

项 目	Item	累计折旧 Accumulated Depreciation	本年折旧 Depreciation This Year	资产合计 Total Assets	负债合计 Total Liabilities	所有者权益合计 Total Owners' Equities
合 计	**Total**	**289057**	**41850**	**2955541**	**1893519**	**1062022**
按登记注册类型分组	**By Status of Registration**					
内资企业	Domestic Funded Enterprises	258387	37278	2596946	1629427	967519
国有企业	State-owned Enterprises	559	41	7960	6504	1456
集体企业	Collective-owned Enterprises	124	28	762	336	427
股份合作企业	Cooperative Enterprises					
联营企业	Joint Ownership Enterprises					
有限责任公司	Limited-liability Companies	149677	24821	2133903	1344103	789800
国有独资公司	State Sole Funded Corporations	3528	852	402388	116079	286309
其他有限责任公司	Other Limited-liability Companies	146150	23969	1731516	1228024	503492
股份有限公司	Share Holding Ltd. Companies	100807	9505	332469	173939	158530
私营企业	Private Enterprises	7220	2884	121851	104545	17306
私营独资企业	Private-funded Enterprises	34	9	521	158	363
私营合伙企业	Private Partnership Enterprises	12	2	365	304	61
私营有限责任公司	Private Limited-liability Companies	7132	2865	114462	100397	14065
私营股份有限公司	Private Share Holding Ltd. Companies	43	8	6503	3687	2817
其他企业	Other Enterprises					
港澳台商投资企业	Enterprises with Funds from HongKong,Macao and Taiwan	8145	4054	183984	153300	30684
与港澳台商合资经营企业	Joint Ventures(Hongkong or Macao, Taiwan)	861	26	10103	4548	5555
港澳台商独资经营企业	Enterprises with Sole Investment	5438	3564	158057	137729	20327
外商投资企业	Foreign Investment Enterprises	22525	518	174612	110792	63820
外资企业	Enterprises with Sole Foreign Investment	21499	352	169646	106393	63253
按零售行业小类分组	**By Sector**					
综合零售	Integrated Retail	105725	16405	1600370	968864	631507
# 百货零售	Retail of General Merchandise	83185	14428	1445933	843814	602118
超级市场零售	Retail of Supermarkets	22395	1957	146791	120403	26388
食品、饮料及烟草制品专门零售	Special Retail of Food ,Beverages and Tobaccos	997	210	20350	16710	3640
纺织、服装及日用品专门零售	Special Retail of Textiles, Wearing Apparel and Household Articles	3175	615	25045	23827	1218
#服装零售	Retail of Garment	1493	159	8744	9583	-839
文化、体育用品及器材专门零售	Retail of Culture, Sports Appliances and Equipments	8657	436	69258	80268	-11011
# 图书、报刊零售	Retail of Books, Newspaper and Magazines	8503	420	57841	69821	-11980
医药及医疗器材专门零售	Retail of Medicines and Medical Appliances	1677	208	32069	16254	15815
#药品零售	Retail of Medicines	1677	208	32069	16254	15815
汽车、摩托车、燃料及零配件专门零售	Retail of Motor Vehicles,Motorcycles,Fuel and Parts	156449	21456	997352	600053	397298
#汽车零售	Retail of Motor Vehicles	35097	10277	551224	400663	150560
机动车燃料零售	Retail of Fuel of Motor Vehicles	121310	11158	442876	197221	245655
家用电器及电子产品专门零售	Special Retail of Household Electric Appliances and Electronic Products	9602	2307	167872	147350	20522
# 日用家电设备零售	Retail of Household Electric Appliances	7474	627	129915	117300	12614
计算机、软件及辅助设备零售	Retail of Computers ,Software and Assistant Appliances	82	17	3475	2070	1405
通讯设备零售	Retail of Communication Equipments	285	12	5864	2700	3164
五金、家具及室内装修材料专门零售	Special Retail of Hardware,Furniture and Interior Decoration Materials	1449	109	15478	20349	-4871
货摊、无店铺及其他零售业	Stalls,Non-Shop and Other Retails	1327	105	27748	19844	7904

16-10 续2(continued 2)

单位：万元 (10 000 yuan)

项目	Item	实收资本 Capital Held	国家资本 State-owned Capital	集体资本 Collective-owned Capital	法人资本 Institutional Capital	个人资本 Individual Capital	港澳台资本 Hong Kong Macao and Taiwan Capital	外商资本 Foreign Capital
合　计	**Total**	**607212**	**372666**	**4909**	**106792**	**78522**	**8653**	**35670**
按登记注册类型分组	**By Status of Registration**							
内资企业	Domestic Funded Enterprises	558440	372666	4909	102343	78522		
国有企业	State-owned Enterprises	496	496					
集体企业	Collective-owned Enterprises	38		38				
股份合作企业	Cooperative Enterprises							
联营企业	Joint Ownership Enterprises							
有限责任公司	Limited-liability Companies	407730	251267	1596	90472	64394		
国有独资公司	State Sole Funded Corporations	170055	170055					
其他有限责任公司	Other Limited-liability Companies	237675	81212	1596	90472	64394		
股份有限公司	Share Holding Ltd. Companies	127903	120903	3275	2700	1025		
私营企业	Private Enterprises	22273			9171	13103		
私营独资企业	Private-funded Enterprises	363				363		
私营合伙企业	Private Partnership Enterprises	23				23		
私营有限责任公司	Private Limited-liability Companies	18703			7307	11397		
私营股份有限公司	Private Share Holding Ltd. Companies	3184			1864	1320		
其他企业	Other Enterprises							
港澳台商投资企业	Enterprises with Funds from HongKong,Macao and Taiwan	12976			4323		8653	
与港澳台商合资经营企业	Joint Ventures(Hongkong or Macao, Taiwan)	3000			3000			
港澳台商独资经营企业	Enterprises with Sole Investment	8653					8653	
外商投资企业	Foreign Investment Enterprises	35796			127			35670
外资企业	Enterprises with Sole Foreign Investment	35566						35566
按零售行业小类分组	**By Sector**							
综合零售	Integrated Retail	294762	178455	446	33911	39419	6965	35566
# 百货零售	Retail of General Merchandise	274482	177705		28610	35519	5671	26976
超级市场零售	Retail of Supermarkets	18781		446	4551	3899	1294	8590
食品、饮料及烟草制品专门零售	Special Retail of Food ,Beverages and Tobaccos	1617	767		600	250		
纺织、服装及日用品专门零售	Special Retail of Textiles, Wearing Apparel and Household Articles	7581			6981	600		
#服装零售	Retail of Garment	1800			1800			
文化、体育用品及器材专门零售	Retail of Culture, Sports Appliances and Equipments	11968	4080	3275	4388	225		
# 图书、报刊零售	Retail of Books, Newspaper and Magazines	8468	4080		4388			
医药及医疗器材专门零售	Retail of Medicines and Medical Appliances	2398	18			2380		
#药品零售	Retail of Medicines	2398	18			2380		
汽车、摩托车、燃料及零配件专门零售	Retail of Motor Vehicles,Motorcycles,Fuel and Parts	257409	189347	1188	39557	25526	1688	104
#汽车零售	Retail of Motor Vehicles	67692	2550	1150	37961	24240	1688	104
机动车燃料零售	Retail of Fuel of Motor Vehicles	188621	186797	38	500	1286		
家用电器及电子产品专门零售	Special Retail of Household Electric Appliances and Electronic Products	19800			11389	8411		
# 日用家电设备零售	Retail of Household Electric Appliances	10122			5352	4770		
计算机、软件及辅助设备零售	Retail of Computers ,Software and Assistant Appliances	1410			730	681		
通讯设备零售	Retail of Communication Equipments	2200			770	1430		
五金、家具及室内装修材料专门零售	Special Retail of Hardware,Furniture and Interior Decoration Materials	6447			5270	1177		
货摊、无店铺及其他零售业	Stalls,Non-Shop and Other Retails	5230			4696	534		

16-10 续3(continued 3)

单位：万元

项　　目	Item	主营业务收入 Revenue from Principal Business	主营业务成本 Main Business Costs	主营业务税金及附加 Main Business Tax and Extra Charges	应付职工薪酬 Wage Bill Payable
合　计	**Total**	**5033272**	**4278971**	**34137**	**183902**
按登记注册类型分组	**By Status of Registration**				
内资企业	Domestic Funded Enterprises	4697043	3996893	32242	166319
国有企业	State-owned Enterprises	9335	9918	51	1100
集体企业	Collective-owned Enterprises	3027	2318	17	255
股份合作企业	Cooperative Enterprises				
联营企业	Joint Ownership Enterprises				
有限责任公司	Limited-liability Companies	3245451	2688483	30229	141203
国有独资公司	State Sole Funded Corporations	601389	413996	21472	19925
其他有限责任公司	Other Limited-liability Companies	2644062	2274488	8758	121278
股份有限公司	Share Holding Ltd. Companies	1224394	1104070	1411	15957
私营企业	Private Enterprises	214835	192104	534	7804
私营独资企业	Private-funded Enterprises	1754	1298	6	70
私营合伙企业	Private Partnership Enterprises	1197	1086	5	51
私营有限责任公司	Private Limited-liability Companies	195155	174907	517	7144
私营股份有限公司	Private Share Holding Ltd. Companies	16729	14813	6	540
其他企业	Other Enterprises				
港澳台商投资企业	Enterprises with Funds from HongKong,Macao and Taiwan	169218	143117	1315	8036
与港澳台商合资经营企业	Joint Ventures(Hongkong or Macao, Taiwan)	7437	6764	8	365
港澳台商独资经营企业	Enterprises with Sole Investment	115629	97424	1233	5040
外商投资企业	Foreign Investment Enterprises	167011	138961	581	9547
外资企业	Enterprises with Sole Foreign Investment	144907	117898	541	8745
按零售行业小类分组	**By Sector**				
综合零售	Integrated Retail	1452854	1069086	26842	80868
# 百货零售	Retail of General Merchandise	1159850	826534	26170	60284
超级市场零售	Retail of Supermarkets	277900	232801	560	19339
食品、饮料及烟草制品专门零售	Special Retail of Food ,Beverages and Tobaccos	28094	26212	56	1808
纺织、服装及日用品专门零售	Special Retail of Textiles, Wearing Apparel and Household Articles	31030	22784	120	4548
#服装零售	Retail of Garment	1413	1192	11	353
文化、体育用品及器材专门零售	Retail of Culture, Sports Appliances and Equipments	31540	24317	502	3909
# 图书、报刊零售	Retail of Books, Newspaper and Magazines	30306	23930	465	3641
医药及医疗器材专门零售	Retail of Medicines and Medical Appliances	52713	35123	367	10112
#药品零售	Retail of Medicines	52713	35123	367	10112
汽车、摩托车、燃料及零配件专门零售	Retail of Motor Vehicles,Motorcycles,Fuel and Parts	3139483	2843303	5708	68183
#汽车零售	Retail of Motor Vehicles	1531685	1403564	3422	42239
机动车燃料零售	Retail of Fuel of Motor Vehicles	1601684	1434464	2271	25529
家用电器及电子产品专门零售	Special Retail of Household Electric Appliances and Electronic Products	262340	229032	444	11363
# 日用家电设备零售	Retail of Household Electric Appliances	147687	128462	231	5571
计算机、软件及辅助设备零售	Retail of Computers ,Software and Assistant Appliances	13118	12290	20	584
通讯设备零售	Retail of Communication Equipments	14706	13519	19	1058
五金、家具及室内装修材料专门零售	Special Retail of Hardware,Furniture and Interior Decoration Materials	13637	11548	39	1264
货摊、无店铺及其他零售业	Stalls,Non-Shop and Other Retails	21581	17565	58	1848

16-10 续4(continued 4)

单位：万元

项目	Item	其他业务利润 Profits of Other Business	销售费用 Business Cost	管理费用 Management Cost	财务费用 Financial Cost	利息支出 Interest Expense
合计	**Total**	**50856**	**357792**	**164044**	**36239**	**24906**
按登记注册类型分组	**By Status of Registration**					
内资企业	Domestic Funded Enterprises	43216	322816	156176	26822	13962
国有企业	State-owned Enterprises		629	444	-5	0
集体企业	Collective-owned Enterprises		337	195	3	
股份合作企业	Cooperative Enterprises					
联营企业	Joint Ownership Enterprises					
有限责任公司	Limited-liability Companies	36047	261335	129954	23923	12652
国有独资公司	State Sole Funded Corporations	6965	39950	15680	408	
其他有限责任公司	Other Limited-liability Companies	29082	221385	114273	23515	12652
股份有限公司	Share Holding Ltd. Companies	4249	48375	17638	983	121
私营企业	Private Enterprises	2920	12140	7947	1919	1188
私营独资企业	Private-funded Enterprises		136	80	-1	
私营合伙企业	Private Partnership Enterprises		46	30	12	
私营有限责任公司	Private Limited-liability Companies	2661	10427	7331	1838	1154
私营股份有限公司	Private Share Holding Ltd. Companies	260	1532	506	69	34
其他企业	Other Enterprises					
港澳台商投资企业	Enterprises with Funds from HongKong,Macao and Taiwan	2297	16395	4062	6921	6761
与港澳台商合资经营企业	Joint Ventures(Hongkong or Macao, Taiwan)	108	443	249	65	65
港澳台商独资经营企业	Enterprises with Sole Investment	2189	10034	3813	6776	6696
外商投资企业	Foreign Investment Enterprises	5342	18580	3805	2496	4184
外资企业	Enterprises with Sole Foreign Investment	4410	18196	3101	2225	3908
按零售行业小类分组	**By Sector**					
综合零售	Integrated Retail	20751	178578	81162	22747	17294
#百货零售	Retail of General Merchandise	15024	135177	72685	22708	16971
超级市场零售	Retail of Supermarkets	5671	39857	7909	21	304
食品、饮料及烟草制品专门零售	Special Retail of Food ,Beverages and Tobaccos		1145	1761	337	335
纺织、服装及日用品专门零售	Special Retail of Textiles, Wearing Apparel and Household Articles	1545	6547	2892	315	281
#服装零售	Retail of Garment	1272		960	252	249
文化、体育用品及器材专门零售	Retail of Culture, Sports Appliances and Equipments	4496	4750	3653	3118	3114
#图书、报刊零售	Retail of Books, Newspaper and Magazines	4496	4117	3175	2991	2993
医药及医疗器材专门零售	Retail of Medicines and Medical Appliances	55	13084	3825	95	50
#药品零售	Retail of Medicines	55	13084	3825	95	50
汽车、摩托车、燃料及零配件专门零售	Retail of Motor Vehicles,Motorcycles,Fuel and Parts	21837	127071	58675	7788	2847
#汽车零售	Retail of Motor Vehicles	18020	57332	33349	7439	2910
机动车燃料零售	Retail of Fuel of Motor Vehicles	3816	69156	25106	344	-68
家用电器及电子产品专门零售	Special Retail of Household Electric Appliances and Electronic Products	1718	22604	9802	467	92
#日用家电设备零售	Retail of Household Electric Appliances	1218	13011	5995	325	83
计算机、软件及辅助设备零售	Retail of Computers ,Software and Assistant Appliances		365	472	20	9
通讯设备零售	Retail of Communication Equipments	500	1102	564	26	
五金、家具及室内装修材料专门零售	Special Retail of Hardware,Furniture and Interior Decoration Materials	149	1640	1024	1024	830
货摊、无店铺及其他零售业	Stalls,Non-Shop and Other Retails	305	2375	1250	348	65

16-10 续5(continued 5)

单位：万元 (10 000 yuan) (10 000 yuan)

项 目	Item	营业利润 Business Profits	利润总额 Total After-tax Profits	应交所得税 Income Tax Payable	本年应交增值税 Value Added Tax Payable This Year
合 计	**Total**	**245367**	**244257**	**69224**	**63931**
按登记注册类型分组	**By Status of Registration**				
内资企业	Domestic Funded Enterprises	231906	230844	66264	59029
国有企业	State-owned Enterprises	-1644	-350		69
集体企业	Collective-owned Enterprises	157	157	36	100
股份合作企业	Cooperative Enterprises				
联营企业	Joint Ownership Enterprises				
有限责任公司	Limited-liability Companies	178357	177514	51333	39594
国有独资公司	State Sole Funded Corporations	122296	122398	31264	450
其他有限责任公司	Other Limited-liability Companies	56062	55117	20069	39144
股份有限公司	Share Holding Ltd. Companies	52802	51034	14174	14499
私营企业	Private Enterprises	2234	2489	721	4767
私营独资企业	Private-funded Enterprises	235	234	59	64
私营合伙企业	Private Partnership Enterprises	18	18		24
私营有限责任公司	Private Limited-liability Companies	2170	2338	663	4639
私营股份有限公司	Private Share Holding Ltd. Companies	-189	-101		40
其他企业	Other Enterprises				
港澳台商投资企业	Enterprises with Funds from HongKong,Macao and Taiwan	3332	3071	773	3191
与港澳台商合资经营企业	Joint Ventures(Hongkong or Macao, Taiwan)	157	157	5	61
港澳台商独资经营企业	Enterprises with Sole Investment	-568	-842	-171	2519
外商投资企业	Foreign Investment Enterprises	10129	10342	2187	1711
外资企业	Enterprises with Sole Foreign Investment	9556	9788	2187	1308
按零售行业小类分组	**By Sector**				
综合零售	Integrated Retail	124741	125248	38164	11642
# 百货零售	Retail of General Merchandise	114587	114735	35279	8867
超级市场零售	Retail of Supermarkets	9004	9380	2851	2593
食品、饮料及烟草制品专门零售	Special Retail of Food ,Beverages and Tobaccos	-1407	-31	31	783
纺织、服装及日用品专门零售	Special Retail of Textiles, Wearing Apparel and Household Articles	-177	-1765	22	936
#服装零售	Retail of Garment	121	-1465		34
文化、体育用品及器材专门零售	Retail of Culture, Sports Appliances and Equipments	-10	406		383
# 图书、报刊零售	Retail of Books, Newspaper and Magazines	418	814		271
医药及医疗器材专门零售	Retail of Medicines and Medical Appliances	3358	3343	903	2329
#药品零售	Retail of Medicines	3358	3343	903	2329
汽车、摩托车、燃料及零配件专门零售	Retail of Motor Vehicles,Motorcycles,Fuel and Parts	124810	122648	29692	42671
#汽车零售	Retail of Motor Vehicles	52963	52910	10937	21227
机动车燃料零售	Retail of Fuel of Motor Vehicles	71831	69704	18751	21374
家用电器及电子产品专门零售	Special Retail of Household Electric Appliances and Electronic Products	-5265	-4914	325	4703
# 日用家电设备零售	Retail of Household Electric Appliances	349	517	78	2999
计算机、软件及辅助设备零售	Retail of Computers ,Software and Assistant Appliances	41	45	6	159
通讯设备零售	Retail of Communication Equipments	-24	-24	2	159
五金、家具及室内装修材料专门零售	Special Retail of Hardware,Furniture and Interior Decoration Materials	-1486	-1506	52	320
货摊、无店铺及其他零售业	Stalls,Non-Shop and Other Retails	803	829	37	166

16-11　按登记注册类型分连锁零售企业基本情况(2017)
Basic Statistics on Chain Retail Enterprises by Status of Registration (2017)

指　标	Item	总店数 (个) Number of Head Stores (unit)	门店总数 (个) Number of Stores (unit)	年末从业人数 (人) Employed Persons at Year-end (persons)	年末零售营业面积 (平方米) Operating Area of Retail Enterprises at Year-end (sq.m)
合　计	**Total**	**6**	**835**	**5481**	**395043**
内资企业	**Domestic Funded Enterprises**	**6**	**835**	**5481**	**395043**
国有企业	State-owned Enterprises				
集体企业	Collective-owned Enterprises				
股份合作企业	Cooperative Enterprises				
联营企业	Joint Ownership Enterprises				
国有联营企业	State Joint Ownership Enterprises				
集体联营企业	Collective Joint Ownership Enterprises				
国有与集体联营企业	Joint State-Collective Enterprises				
其他联营企业	Other Joint Ownership Enterprises				
有限责任公司	Limited-liability Companies	4	347	2085	300923
国有独资公司	State Sole Funded Corporations				
其他有限责任公司	Other Limited-liability Companies	4	347	2085	300923
股份有限公司	Share Holding Ltd. Companies	1	301	2441	65000
私营企业	Private Enterprises				
私营独资企业	Private-funded Enterprises				
私营合伙企业	Private Partnership Enterprises				
私营有限责任公司	Private Limited-liability Companies				
私营股份有限公司	Private Share Holding Ltd. Companies				
其他企业	Other Enterprises	1	187	955	29120
港、澳、台商投资企业	**Enterprises with Funds from HongKong, Macao and Taiwan**				
与港澳台商合资经营	Joint-venture Enterprises				
与港澳台商合作经营	Cooperative Enterprises				
港、澳、台商独资经营	Enterprises with Sole Fund				
港、澳、台商投资股份有限公司	Share -holding Corporations Ltd				
其他港澳台商投资	Other Funds from HongKong, Macao and Taiwan				
外商投资企业	**Foreign Investment Enterprises**				
中外合资经营企业	Joint-venture Enterprises				
中外合作经营企业	Cooperative Enterprises				
外资企业	Enterprises with Sole Foreign Investment				
外商投资股份有限公司	Share -holding Corporations Ltd				
其他外商投资	Other Foreign Investment				

16-11 续(continued)

指　标	Item	商品销售额 (万元) Total Sales of Commodities (100 00yuan)	零售额 (万元) Retail Value (100 00yuan)	商品购进总额 (万元) Total Purchases Value (100 00yuan)	统一配送商品购进额 (万元) Centralized Purchase and Delivery (100 00yuan)
合　计	**Total**	**1911558**	**1160835**	**1741579**	**1704968**
内资企业	**Domestic Funded Enterprises**	**1911558**	**1160835**	**1741579**	**1704968**
国有企业	State-owned Enterprises				
集体企业	Collective-owned Enterprises				
股份合作企业	Cooperative Enterprises				
联营企业	Joint Ownership Enterprises				
国有联营企业	State Joint Ownership Enterprises				
集体联营企业	Collective Joint Ownership Enterprises				
国有与集体联营企业	Joint State-Collective Enterprises				
其他联营企业	Other Joint Ownership Enterprises				
有限责任公司	Limited-liability Companies	431839	330485	389211	352600
国有独资公司	State Sole Funded Corporations				
其他有限责任公司	Other Limited-liability Companies	431839	330485	389211	352600
股份有限公司	Share Holding Ltd. Companies				
私营企业	Private Enterprises	1444074	794706	1327338	1327338
私营独资企业	Private-funded Enterprises				
私营合伙企业	Private Partnership Enterprises				
私营有限责任公司	Private Limited-liability Companies				
私营股份有限公司	Private Share Holding Ltd. Companies				
其他企业	Other Enterprises	35645	35645	25031	25031
港、澳、台商投资企业	**Enterprises with Funds from HongKong, Macao and Taiwan**				
与港澳台商合资经营	Joint-venture Enterprises				
与港澳台商合作经营	Cooperative Enterprises				
港、澳、台商独资经营	Enterprises with Sole Fund				
港、澳、台商投资股份有限公司	Share -holding Corporations Ltd				
其他港澳台商投资	Other Funds from HongKong, Macao and Taiwan				
外商投资企业	**Foreign Investment Enterprises**				
中外合资经营企业	Joint-venture Enterprises				
中外合作经营企业	Cooperative Enterprises				
外资企业	Enterprises with Sole Foreign Investment				
外商投资股份有限公司	Share -holding Corporations Ltd				
其他外商投资	Other Foreign Investment				

16-12 按行业和业态分连锁零售企业基本情况(2017)
Basic Statistics on Chain Retail Enterprises by Sector and Business Categories (2017)

指　　标	Item	总店数 (个) Number of Head Stores (unit)	门店总数 (个) Number of Stores (unit)	年末从业人数 (人) Employed Persons at Year-end (persons)	年末零售营业面积 (平方米) Operating Area of Retail Enterprises at Year-end (sq.m)
合　计	**Total**	**6**	**835**	**5481**	**395043**
按行业分组	**By Sector**				
综合零售	Integrated Retail	2	214	1557	54623
食品、饮料及烟草制品专门零售	Special Retail of Food ,Beverages and Tobaccos				
纺织、服装及日用品专门零售	Special Retail of Textiles, Wearing Apparel and Household Articles				
文化、体育用品及器材专门零售	Retail of Culture, Sports Appliances and Equipments				
医药及医疗器材专门零售	Retail of Medicines and Medical Appliances	2	217	637	36010
汽车、摩托车、燃料及零配件专门零售	Retail of Motor Vehicles,Motorcycles,Fuel and Parts	2	404	3287	304410
家用电器及电子产品专门零售	Special Retail of Household Electric Appliances and Electronic Products				
五金、家具及室内装修材料专门零售	Special Retail of Hardware,Furniture and Interior Decoration Materials				
无店铺及其他零售	Stalls,Non-Shop and Other Retails				
按业态分	**By Business Categories**				
便利店	Convenience Store				
折扣店	Discount Store				
超市	Supermarket	2	214	1557	54623
大型超市	Hypermarket				
仓储会员店	Warehouse Club				
百货商店	Department Store				
专业店	Specialty Store	4	621	3924	340420
其中：加油站	Gas Station	2	404	3287	304410
专卖店	Franchised Store				
家居建材店	Building Material Store				
厂家直销中心	Factory Outlets Center				
其他	Other Store				

16-12 续(continued)

指 标	Item	商品销售额（万元） Total Sales of Commodities (100 00yuan)	零售额（万元） Retail Value (100 00yuan)	商品购进总额（万元） Total Purchases Value (100 00yuan)	统一配送商品购进额（万元） Centralized Purchase and Delivery (100 00yuan)
合 计	**Total**	**1911558**	**1160835**	**1741579**	**1704968**
按行业分组	**By Sector**				
综合零售	Integrated Retail	69372	69372	61642	25031
食品、饮料及烟草制品专门零售	Special Retail of Food ,Beverages and Tobaccos				
纺织、服装及日用品专门零售	Special Retail of Textiles, Wearing Apparel and Household Articles				
文化、体育用品及器材专门零售	Retail of Culture, Sports Appliances and Equipments				
医药及医疗器材专门零售	Retail of Medicines and Medical Appliances	10315	10315	6898	6898
汽车、摩托车、燃料及零配件专门零售	Retail of Motor Vehicles,Motorcycles,Fuel and Parts	1831871	1081148	1673040	1673040
家用电器及电子产品专门零售	Special Retail of Household Electric Appliances and Electronic Products				
五金、家具及室内装修材料专门零售	Special Retail of Hardware,Furniture and Interior Decoration Materials				
无店铺及其他零售	Stalls,Non-Shop and Other Retails				
按业态分	**By Business Categories**				
便利店	Convenience Store				
折扣店	Discount Store				
超市	Supermarket	69372	69372	61642	25031
大型超市	Hypermarket				
仓储会员店	Warehouse Club				
百货商店	Department Store				
专业店	Specialty Store	1842186	1091463	1679938	1679938
其中：加油站	Gas Station	1831871	1081148	1673040	1673040
专卖店	Franchised Store				
家居建材店	Building Material Store				
厂家直销中心	Factory Outlets Center				
其他	Other Store				

16-13 亿元以上商品交易市场基本情况(2017)
Basic Statistics on Commodity Exchange Markets of Transaction Value over 100 Million Yuan (2017)

市　场	Market	市场数量(个) Number of Markets (unit)	摊位数(个) Number of Booths (unit)	营业面积(平方米) Operating Area (sq.m)	成交额(亿元) Turnover (100 million yuan)
总　计	**Total**	**5**	**2920**	**703300**	**42.47**
综合市场	**Integrated Markets**	**2**	**1218**	**8800**	**6.27**
综合贸易市场	**Comprehensive Market**	2	1218	8800	6.27
生产资料综合市场	Production Comprehensive Market				
工业消费品综合市场	Industrial Consumable Comprehensive Markets				
农产品综合市场	Farm Product Comprehensive Markets	1	540	1200	1.42
其他综合市场	Other Comprehensive Markets	1	678	7600	4.85
专业市场	**Special Markets**	**3**	**1702**	**694500**	**36.21**
生产资料市场	Production Markets	1	730	680000	31.52
农业生产用具市场	Agricultural Production Equiment Markets				
农用生产资料市场	Agricultural Production Markets				
煤炭市场	Coal and Charcoal Markets				
木材市场	Wood Markets				
建材市场	Building Material Markets	1	730	680000	31.52
化工材料及制品市场	Chemical Materials and Products Markets				
金属材料市场	Metal Materials Markets				
机械设备市场	Mechanical Equipments Markets				
其他生产资料市场	Others				
农产品市场	Farm Product Markets	1	677	4000	2.03
粮油市场	Grain and Oil Markets				
肉禽蛋市场	Meat, Poultry and Eggs Markets				
水产品市场	Aquatic Products Markets				
蔬菜市场	Vegetables Markets				
干鲜果品市场	Dried and Fresh Melons and Fruits Markets				
棉麻土畜、烟叶市场	Cotton, Local & Livestock Products, and Tobacco Markets				
其他农产品市场	Others	1	677	4000	2.03
食品、饮料及烟酒市场	Food, Beverages, Tobacco and Liquor Markets				
纺织、服装、鞋帽市场	Textiles, Clothing, Shoes and Hats Markets				
日用品及文化用品市场	Daily Use Articles and Cultural Goods Markets				
黄金、珠宝、玉器等首饰市场	Gold, Jeweller, Jade Markets				
电器、通讯器材、电子设备市场	Electrical Appliances, Communication Appliances and Electronical Appliances Markets	1	295	10500	2.66
家电市场	Household Appliances Markets				
通讯器材市场	Communication Appliances Markets				
照相、摄像器材市场	Cameras and Video Equipmetns Markets				
计算机及辅助设备市场	Computer and Auxillary Equipments Markets				
其他电器、通讯器材、电子设备市场	Others	1	295	10500	2.66
医药、医疗用品及器材市场	Medicine, Medical Materials and				
家具、五金及装饰材料市场	Furniture, Hardware and Decoration				
汽车、摩托车及零配件市场	Cars, Motorcycles and Spare Parts Markets				
花、鸟、鱼、虫市场	Flower, Bird, Fish and Insects Markets				
旧货市场	Second Hand Markets				
其他专业市场	Others				

16-13 续(continued)

市　　场	Market	市场数量(个) Number of Markets (unit)	摊位数(个) Number of Booths (unit)	营业面积(平方米) Operating Area (sq.m)	成交额(亿元) Turnover (100 million yuan)
二、按营业状态分组	**by status**				
1. 常年营业	annual	5	2920	703300	42.47
2. 季节性营业	seasonal				
3. 其他	others				
三、按经营方式分组	**by modes**				
1. 以批发为主	Wholesale	1	730	680000	31.52
2. 以零售为主	Retail	4	2190	23300	10.95
四、按经营环境分组	**by environment**				
1. 露天式	outdoor	1	730	680000	31.52
2. 封闭式	indoor	4	2190	23300	10.95

16-14 亿元以上商品交易市场摊位分类情况(2017)
Classification of Commodity Exchange Markets of Transaction Value over 100 Million Yuan (2017)

类　别	Classification	摊位数（个）Number of Booths (unit)	成交额（亿元）Turnover (100 million yuan)
总　计	**Total**	**2680**	**42.47**
粮油、食品类	Food	1148	6.14
#粮油类	Grain and Oil	103	0.27
肉禽蛋类	Meat, Poultry and Eggs	311	2.51
水产品类	Aquatic Products	204	1.54
蔬菜类	Vegetables	315	1.11
干鲜果品类	Dried and Fresh Melons and Fruits	195	0.71
饮料类	Beverages	25	0.10
烟酒类	Tobacco and Liquor	23	0.07
服装鞋帽、针、纺织品类	Clothing, Shoes, Hats and Textiles	408	1.92
服装类	Clothing	368	1.84
鞋帽类	Footwear and Hats	31	0.07
针、纺织品类	Knitwear and Textiles	9	0.01
化妆品类	Cosmetics	5	0.00
金银珠宝类	Gold, Silver and Jewellery		
日用品类	Articles for Daily Use	36	0.04
儿童玩具类	Children Toys	5	0.00
五金、电料类	Hardware & Electrical Materials	156	3.02
体育、娱乐用品类	Sports & Recreational Articles	1	0.00
书报杂志类	Newspapers and Magazines		
电子出版物及音像制品类	E-journal and Video Products		
家用电器和音像器材类	Household Appliances and Video Equipments	3	0.01
中西药品类	Traditional Chinese and Western Medicine		
#西药类	Western Medicine		
中草药及中成药类	Traditional Chinese		
文化办公用品类	Cultural and Official Goods	295	2.66
#计算机及其配套产品	Computer and Corollary Equipment		
家具类	Furniture		
通讯器材类	Communication Appliances		
煤炭及制品类	Coal and Related Products		
木材及制品类	Wood and Wooden Products		
石油及制品类	Petroleum and Related Products		
化工材料及制品类	Raw Chemical Materials and Related Products		
#化肥类	Fertilizer		
金属材料类	Metal Materials		
建筑及装潢材料类	Building and Decoration Materials	480	26.29
机电产品及设备类	Mechanical & Electrical Products	100	2.22
#农机类	Agricultural Machinery		
汽车类	Automobile		
种子饲料类	Seed and Feedstuff		
棉麻类	Cotton and Hemp		
其他类	Others		

16-15 住宿和餐饮业情况
Basic Statistics on Hotels and Catering Services

单位：万元、个、人、平方米 (10 000 yuan、unit、person、sq.m)

指标	Item	2005	2010	2013	2014	2015	2016	2017
住宿和餐饮业	**Hotels and Catering Services**							
法人企业	Number of Corporation Enterprises	291	412	348	321	305	306	310
年末从业人数	Employed Persons at Year-end	36936	65532	65196	70500	58596	57739	56410
营业额	Business Revenue	261046	886351	1044371	1046522	1076118	1098097	1215044
#餐费收入	From Meals	101526	338764	364250	352739	356246	376834	411287
年末餐饮营业面积	Business Area of Catering Services at Year-end	237000	508316	805234	679726	649280	646748	687827
住宿业	**Hotels**							
法人企业	Number of Corporation Enterprises	254	311	264	259	252	255	258
年末从业人数	Employed Persons at Year-end	33233	56088	56643	61872	54146	52344	51047
营业额	Business Revenue	224165	766626	940032	973348	1014627	1019831	1121536
#客房收入	Form Hotel Rooms	138584	476529	588857	603762	628959	632670	711833
餐费收入	From Meals	67086	229240	273958	290217	303001	307404	328210
客房数	Number of Hotel Rooms		64516	63674	63492	64091	68002	76236
床位数	Number of Beds	112000	118640	104329	103078	104200	110299	121736
年末餐饮营业面积	Business Area of Catering Services at Year-end	166000	324590	605830	535362	529383	523985	546332
餐饮业	**Catering Services**							
法人企业	Number of Corporation Enterprises	37	101	84	62	53	51	52
年末从业人数	Employed Persons at Year-end	3703	9444	8553	8628	4450	5395	5363
营业额	Business Revenue	36881	119725	104339	73174	61491	78266	93508
#餐费收入	From Meals	34440	109524	90292	62522	53244	69430	83078
年末餐饮营业面积	Business Area of Catering Services at Year-end	71000	183726	199404	144364	119897	122763	141495

注：1、2008年以前的统计范围为限额以上法人企业、产业活动单位，2008年及以后为限额以上法人企业。
2、2008年以前的统计限额划分指标为“年商品销售额”、“年末从业人员”，2008年以后为“年主营业务收入”。

Notes: a)The scope of statistics before 2008 refer to corporate enterprises above designated size and industrial units,after 2008 only refer to corporate enterprises above designated size.
b)Index for ranking of designated size before 2008 refer to total sales of commodities and employed persons at year-end,after 2008 refer to revenue from principal business.

16-16 限额以上住宿业和限额以上餐饮业企业基本情况(2017)
Basic Statistics on Enterprises above Designated Size of Hotels and Catering Services (2017)

项目	Item	法人企业(个) Number of Corporation Enterprises (unit)	年末从业人数(人) Employed Persons at Year-end (person)	年末餐饮营业面积(平方米) Business Area of Catering at Year-end (sq.m)	年末住宿和餐饮企业拥有床位数(个) Number of Beds in Catering Services and Hotel Services Enterprises at Year-end (unit)	年末住宿和餐饮企业拥有餐位数(位) Number of Seats in Catering Services Enterprises at Year-end (unit)
合计	**Total**	**310**	**56410**	**687827**	**122898**	**145557**
住宿业	**Hotel Services**	**258**	**51047**	**546332**	**121736**	**115230**
按登记注册类型分组	**By Status of Registration**					
内资企业	Domestic Funded Enterprises	227	39406	442030	103310	91674
国有企业	State-owned Enterprises	8	995	17148	2990	2064
集体企业	Collective-owned Enterprises	1	46		156	
股份合作企业	Cooperative Enterprises	1	113	10279	396	800
联营企业	Joint Ownership Enterprises					
国有联营企业	State Joint Ownership Enterprises					
其他联营企业	Other Joint Ownership Enterprises					
有限责任公司	Limited-liability Companies	181	32490	361208	74782	69683
国有独资公司	State Sole Funded Corporations	8	1228	22765	2966	3907
其他有限责任公司	Other Limited-liability Companies	173	31262	338443	71816	65776
股份有限公司	Share Holding Ltd. Companies	9	1262	13532	3758	3206
私营企业	Private Enterprises	26	4453	36905	21029	15921
私营独资企业	Private-funded Enterprises					
私营合伙企业	Private Partnership Enterprises					
私营有限责任公司	Private Limited-liability Companies	25	4413	35894	20623	15921
私营股份有限公司	Private Share Holding Ltd. Companies	1	40	1011	406	
其他企业	Other Enterprises	1	47	2958	199	
港澳台商投资企业	Enterprises with Funds from HongKong, Macao and Taiwan	21	8361	77973	12789	14919
合资经营企业(港或澳、台资)	Joint Ventures(Hongkong or Macao, Taiwan)	8	3878	38589	6439	6758
合作经营企业(港或澳、台资)	Cooperative Enterprises (Hongkong or Macao, Taiwan)					
港澳台商独资经营企业	Enterprises with Sole Investment	9	3376	27358	4391	6190
港、澳、台商投资股份有限公司	Share Holding Companies Ltd.	4	1107	11692	1959	1971
外商投资企业	Foreign Investment Enterprises	10	3280	26329	5637	8637
中外合资经营企业	Joint-venture Enterprises	6	1807	10973	3857	4100
中外合作经营企业	Cooperative Enterprises	2	813	4356	1033	1681
外资企业	Enterprises with Sole Foreign Investment	1	373	8000	363	2480
外商投资股份有限公司	Foreign Businessman Investing Shareholding companies					
按住宿行业小类分组	**By Sector**					
旅游饭店	Tourist Hotel	243	49725	514497	117858	112081
一般旅馆	Fonda	13	946	21155	3052	2238
其他住宿业	Others	2	376	10680	826	911

16-16 续(continued)

项　　目	Item	法人企业(个) Number of Corporation Enterprises (unit)	年末从业人数(人) Employed Persons at Year-end (person)	年末餐饮营业面积(平方米) Business Area of Catering at Year-end (sq.m)	年末住宿和餐饮企业拥有床位数(个) Number of Beds in Catering Services and Hotel Services Enterprises at Year-end (unit)	年末住宿和餐饮企业拥有餐位数(位) Number of Seats in Catering Services Enterprises at Year-end (unit)
餐饮业	**Catering Services**	**52**	**5363**	**141495**	**1162**	**30327**
按登记注册类型分组	**By Status of Registration**					
内资企业	Domestic Funded Enterprises	45	4540	130464	1162	25709
国有企业	State-owned Enterprises	1	36	3800		150
集体企业	Collective-owned Enterprises					
有限责任公司	Limited-liability Companies	31	3498	83677	634	15675
其他有限责任公司	Other Limited-liability Companies	31	3498	83677	634	15675
股份有限公司	Share Holding Ltd. Companies	4	389	6600	295	2770
私营企业	Private Enterprises	9	617	34706	233	7114
私营独资企业	Private-funded Enterprises	2	60	7596		750
私营合伙企业	Private Partnership Enterprises					
私营有限责任公司	Private Limited-liability Companies	4	323	20860	190	3564
私营股份有限公司	Private Share Holding Ltd. Companies	3	234	6250	43	2800
其他企业	Other Enterprises					
港澳台商投资企业	Enterprises with Funds from HongKong Macao and Taiwan	7	823	10611		4618
合资经营企业(港或澳、台资)	Joint Ventures(Hongkong or Macao, Taiwan)	2	209	4620		2373
合作经营企业(港或澳、台资)	Cooperative Enterprises (Hongkong or Macao, Taiwan)	1	204	200		140
港澳台商独资经营企业	Enterprises with Sole Investment	4	410	5791		2105
外商投资企业	Foreign Investment Enterprises					
外资企业	Enterprises with Sole Foreign Investment					
按餐饮行业小类分组	**By Sector**					
正餐服务	Restaurant	50	5165	134383	1162	29370
快餐服务	Fast Food	2	198	4592		957
饮料及冷饮服务	Beverages and Cold Drinks					
其他餐饮服务	Others					

16-17 限额以上住宿和餐饮业经营情况(2017)

Operating Conditions of Enterprises above Designated Size of Hotels and Catering Services (2017)

单位：万元 (10000 yuan)

项目	Item	营业额 Business Revenue	客房收入 From Hotel Rooms	餐费收入 From Meals	商品销售收入 Sales Value of Commodities	其他收入 Other Revenue
合计	**Total**	**1215044**	**715384**	**411287**	**6181**	**82191**
住宿业	**Hotel Services**	**1121536**	**711833**	**328210**	**5285**	**76209**
按登记注册类型分组	**By Status of Registration**					
内资企业	Domestic Funded Enterprises	807749	505128	237902	4343	60377
国有企业	State-owned Enterprises	11233	5955	3186	124	1968
集体企业	Collective-owned Enterprises	565	386			179
股份合作企业	Cooperative Enterprises	1156	581	420		154
联营企业	Joint Ownership Enterprises					
国有联营企业	State Joint Ownership Enterprises					
其他联营企业	Other Joint Ownership Enterprises					
有限责任公司	Limited-liability Companies	663633	415667	198312	3548	46106
国有独资公司	State Sole Funded Corporations	21654	11956	5240		4457
其他有限责任公司	Other Limited-liability Companies	641979	403711	193072	3548	41649
股份有限公司	Share Holding Ltd. Companies	23524	17842	4695	32	954
私营企业	Private Enterprises	106996	64138	31288	640	10931
私营独资企业	Private-funded Enterprises					
私营合伙企业	Private Partnership Enterprises					
私营有限责任公司	Private Limited-liability Companies	106214	63375	31288	640	10912
私营股份有限公司	Private Share Holding Ltd. Companies	782	762			20
其他企业	Other Enterprises	642	558			85
港澳台商投资企业	Enterprises with Funds from HongKong, Macao and Taiwan	239030	160252	67028	452	11298
合资经营企业(港或澳、台资)	Joint Ventures(Hongkong or Macao, Taiwan)	108359	73653	30031	22	4654
合作经营企业(港或澳、台资)	Cooperative Enterprises(Hongkong or Macao, Taiwan)					
港澳台商独资经营企业	Enterprises with Sole Investment	102118	66957	28870	430	5861
港、澳、台商投资股份有限公司	Share Holding Companies Ltd.	28553	19642	8127		783
外商投资企业	Foreign Investment Enterprises	74757	46454	23280	490	4533
中外合资经营企业	Joint-venture Enterprises	42806	31693	9501	3	1610
中外合作经营企业	Cooperative Enterprises	16967	9963	6041	9	954
外资企业	Enterprises with Sole Foreign Investment	9043	2632	5879	478	53
外商投资股份有限公司	Foreign Businessman Investing Shareholding companies					
按住宿行业小类分组	**By Sector**					
旅游饭店	Tourist Hotel	1100559	700213	321640	5274	73432
一般旅馆	Fonda	15469	9857	4762	11	840
其他住宿业	Others	5509	1763	1808		1937

16-17 续(continued)

项　　目	Item	营业额 Business Revenue	客房收入 From Hotel Rooms	餐费收入 From Meals	商品销售收入 Sales Value of Commodities	其他收入 Other Revenue
餐饮业	**Catering Services**	**93508**	**3551**	**83078**	**897**	**5983**
按登记注册类型分组	**By Status of Registration**					
内资企业	Domestic Funded Enterprises	72465	3551	63480	822	4612
国有企业	State-owned Enterprises	494		494		
集体企业	Collective-owned Enterprises					
有限责任公司	Limited-liability Companies	56452	1584	51072	782	3013
其他有限责任公司	Other Limited-liability Companies	56452	1584	51072	782	3013
股份有限公司	Share Holding Ltd. Companies	4933	1148	3743	22	20
私营企业	Private Enterprises	10587	818	8171	18	1579
私营独资企业	Private-funded Enterprises	640		640		
私营合伙企业	Private Partnership Enterprises					
私营有限责任公司	Private Limited-liability Companies	6889	764	4547		1578
私营股份有限公司	Private Share Holding Ltd. Companies	3058	54	2985	18	1
其他企业	Other Enterprises					
港澳台商投资企业	Enterprises with Funds from HongKong Macao and Taiwan	21043		19598	74	1370
合资经营企业(港或澳、台资)	Joint Ventures(Hongkong or Macao, Taiwan)	2036		2036		
合作经营企业(港或澳、台资)	Cooperative Enterprises (Hongkong or Macao, Taiwan)	1530		85	74	1370
港澳台商独资经营企业	Enterprises with Sole Investment	17477		17477		
外商投资企业	Foreign Investment Enterprises					
外资企业	Enterprises with Sole Foreign Investment					
按餐饮行业小类分组	**By Sector**					
正餐服务	Restaurant	83647	3551	73217	897	5983
快餐服务	Fast Food	9861		9861		
饮料及冷饮服务	Beverages and Cold Drinks					
其他餐饮服务	Others					

16-18 限额以上餐饮企业财务状况(2017)

Financial Indicator on Enterprises above Designated Size of Catering Services (2017)

单位：万元 (10 000 yuan)

项　目	Item	企业数(个) Number of Enterprises (unit)	流动资产合计 Total Current Assets	存货 Inventory	固定资产原价 Original Value of Fixed Assets
合　计	**Total**	**52**	**57886**	**7665**	**51615**
按登记注册类型分组	**By Status of Registration**				
内资企业	Domestic Funded Enterprises	45	44551	7007	25469
国有企业	State-owned Enterprises	1	293	40	1803
集体企业	Collective-owned Enterprises				
有限责任公司	Limited-liability Companies	31	25350	2067	9719
其他有限责任公司	Other Limited-liability Companies	31	25350	2067	9719
股份有限公司	Share Holding Ltd. Companies	4	9850	4535	3674
私营企业	Private Enterprises	9	9058	365	10273
私营独资企业	Private-funded Enterprises	2	311	67	50
私营合伙企业	Private Partnership Enterprises				
私营有限责任公司	Private Limited-liability Companies	4	6237	88	8762
私营股份有限公司	Private Share Holding Ltd. Companies	3	2510	210	1461
其他企业	Other Enterprises				
港澳台商投资企业	Enterprises with Funds from HongKong Macao and Taiwan	7	13335	658	26147
合资经营企业(港或澳、台资)	Joint Ventures(Hongkong or Macao, Taiwan)	2	1800	43	5872
合作经营企业(港或澳、台资)	Cooperative Enterprises(Hongkong or Macao, Taiwan)	1	1492	356	14807
港澳台商独资经营企业	Enterprises with Sole Investment	4	10043	260	5468
外商投资企业	Foreign Investment Enterprises				
外资企业	Enterprises with Sole Foreign Investment				
按餐饮行业小类分组	**By Sector**				
正餐服务	Restaurant	50	51637	7575	48570
快餐服务	Fast Food	2	6249	91	3046
饮料及冷饮服务	Beverages and Cold Drinks				
其他餐饮服务	Others				

16-18 续1(continued 1)

单位：万元 (10 000 yuan)

项　　目	Item	累计折旧 Accumulated Depreciation	本年折旧 Depreciation This Year	资产合计 Total Assets	负债合计 Total Liabilities	所有者权益合计 Total Owners' Equities
合　计	**Total**	**26661**	**5624**	**105053**	**112595**	**-7542**
按登记注册类型分组	**By Status of Registration**					
内资企业	Domestic Funded Enterprises	14525	1809	72188	77055	-4867
国有企业	State-owned Enterprises	672	53	1424	1774	-350
集体企业	Collective-owned Enterprises					
有限责任公司	Limited-liability Companies	5696	1219	37609	42933	-5324
其他有限责任公司	Other Limited-liability Companies	5696	1219	37609	42933	-5324
股份有限公司	Share Holding Ltd. Companies	1908	108	13087	10843	2243
私营企业	Private Enterprises	6249	429	20069	21505	-1435
私营独资企业	Private-funded Enterprises	29	29	3450	2361	1088
私营合伙企业	Private Partnership Enterprises					
私营有限责任公司	Private Limited-liability Companies	5913	390	10907	13631	-2725
私营股份有限公司	Private Share Holding Ltd. Companies	307	10	5713	5512	201
其他企业	Other Enterprises					
港澳台商投资企业	Enterprises with Funds from HongKong Macao and Taiwan	12136	3815	32865	35541	-2675
合资经营企业(港或澳、台资)	Joint Ventures(Hongkong or Macao, Taiwan)	1108	355	7872	3110	4762
合作经营企业(港或澳、台资)	Cooperative Enterprises (Hongkong or Macao, Taiwan)	6744	231	13673	25047	-11374
港澳台商独资经营企业	Enterprises with Sole Investment	4284	3230	11320	7384	3937
外商投资企业	Foreign Investment Enterprises					
外资企业	Enterprises with Sole Foreign Investment					
按餐饮行业小类分组	**By Sector**					
正餐服务	Restaurant	23899	2862	98451	109042	-10591
快餐服务	Fast Food	2762	2762	6602	3554	3049
饮料及冷饮服务	Beverages and Cold Drinks					
其他餐饮服务	Others					

16-18 续2(continued 2)

单位：万元 (10 000 yuan)

项目	Item	实收资本 Capital Held	国家资本 State-owned Capital	集体资本 Collective-owned Capital	法人资本 Institutional Capital	个人资本 Individual Capital	港澳台资本 Hong Kong Macao and Taiwan Capital	外商资本 Foreign Capital
合计	**Total**	**27536**	**1742**	**3950**	**4290**	**11347**	**6207**	
按登记注册类型分组	**By Status of Registration**							
内资企业	Domestic Funded Enterprises	16937	1742		3990	11205		
国有企业	State-owned Enterprises	1742	1742					
集体企业	Collective-owned Enterprises							
有限责任公司	Limited-liability Companies	5708			2190	3518		
其他有限责任公司	Other Limited-liability Companies	5708			2190	3518		
股份有限公司	Share Holding Ltd. Companies	4477			1100	3377		
私营企业	Private Enterprises	5010			700	4310		
私营独资企业	Private-funded Enterprises	130				130		
私营合伙企业	Private Partnership Enterprises							
私营有限责任公司	Private Limited-liability Companies	2730			600	2130		
私营股份有限公司	Private Share Holding Ltd. Companies	2150			100	2050		
其他企业	Other Enterprises							
港澳台商投资企业	Enterprises with Funds from HongKong Macao and Taiwan	10599		3950	300	141	6207	
合资经营企业(港或澳、台资)	Joint Ventures(Hongkong or Macao, Taiwan)	5141		3250		141	1750	
合作经营企业(港或澳、台资)	Cooperative Enterprises (Hongkong or Macao, Taiwan)	3500		700			2800	
港澳台商独资经营企业	Enterprises with Sole Investment	1957			300		1657	
外商投资企业	Foreign Investment Enterprises							
外资企业	Enterprises with Sole Foreign Investment							
按餐饮行业小类分组	**By Sector**							
正餐服务	Restaurant	27188	1742	3950	4290	11347	5859	
快餐服务	Fast Food	348					348	
饮料及冷饮服务	Beverages and Cold Drinks							
其他餐饮服务	Others							

16-18 续3(continued 3)

单位：万元 (10 000 yuan)

项　目	Item	主营业务收入 Revenue from Principal Business	主营业务成本 Main Business Costs	主营业务税金及附加 Main Business Tax and Extra Charges	其他业务利润 Profits of Other Business
合　计	**Total**	**90581**	**38880**	**1183**	**6552**
按登记注册类型分组	**By Status of Registration**				
内资企业	Domestic Funded Enterprises	70109	33279	553	1529
国有企业	State-owned Enterprises	480	325	13	
集体企业	Collective-owned Enterprises				
有限责任公司	Limited-liability Companies	54608	26338	348	222
其他有限责任公司	Other Limited-liability Companies	54608	26338	348	222
股份有限公司	Share Holding Ltd. Companies	4737	1894	49	
私营企业	Private Enterprises	10285	4721	143	1307
私营独资企业	Private-funded Enterprises	640	356	25	
私营合伙企业	Private Partnership Enterprises				
私营有限责任公司	Private Limited-liability Companies	6669	2971	96	612
私营股份有限公司	Private Share Holding Ltd. Companies	2976	1395	22	695
其他企业	Other Enterprises				
港澳台商投资企业	Enterprises with Funds from HongKong Macao and Taiwan	20471	5601	630	5023
合资经营企业(港或澳、台资)	Joint Ventures(Hongkong or Macao, Taiwan)	1944	622	78	
合作经营企业(港或澳、台资)	Cooperative Enterprises (Hongkong or Macao, Taiwan)	1459	142	531	
港澳台商独资经营企业	Enterprises with Sole Investment	17068	4837	21	5023
外商投资企业	Foreign Investment Enterprises				
外资企业	Enterprises with Sole Foreign Investment				
按餐饮行业小类分组	**By Sector**				
正餐服务	Restaurant	80870	36053	1180	6552
快餐服务	Fast Food	9711	2827	2	
饮料及冷饮服务	Beverages and Cold Drinks				
其他餐饮服务	Others				

16-18 续4(continued 4)

单位：万元 (10 000 yuan)

项 目	Item	销售费用 Business Cost	管理费用 Management Cost	财务费用 Financial Cost	利息支出 Expenses of Interest
合 计	**Total**	**34703**	**15424**	**964**	**744**
按登记注册类型分组	**By Status of Registration**				
内资企业	Domestic Funded Enterprises	25824	8654	999	744
国有企业	State-owned Enterprises	164	82	-1	0
集体企业	Collective-owned Enterprises				
有限责任公司	Limited-liability Companies	21322	5741	286	115
其他有限责任公司	Other Limited-liability Companies	21322	5741	286	115
股份有限公司	Share Holding Ltd. Companies	1366	941	67	
私营企业	Private Enterprises	2973	1891	646	629
私营独资企业	Private-funded Enterprises	214	27	8	
私营合伙企业	Private Partnership Enterprises				
私营有限责任公司	Private Limited-liability Companies	1847	1102	540	531
私营股份有限公司	Private Share Holding Ltd. Companies	912	762	98	99
其他企业	Other Enterprises				
港澳台商投资企业	Enterprises with Funds from HongKong Macao and Taiwan	8879	6770	-35	
合资经营企业(港或澳、台资)	Joint Ventures(Hongkong or Macao, Taiwan)	932	354	6	
合作经营企业(港或澳、台资)	Cooperative Enterprises (Hongkong or Macao, Taiwan)	1094	1812	3	
港澳台商独资经营企业	Enterprises with Sole Investment	6854	4604	-44	
外商投资企业	Foreign Investment Enterprises				
外资企业	Enterprises with Sole Foreign Investment				
按餐饮行业小类分组	**By Sector**				
正餐服务	Restaurant	32254	11634	937	744
快餐服务	Fast Food	2449	3790	28	
饮料及冷饮服务	Beverages and Cold Drinks				
其他餐饮服务	Others				

16-18 续5(continued 5)

单位：万元 (10 000 yuan)

项　　目	Item	营业利润 Business Profits	利润总额 Total Profits	应交税费用 Income Tax payable	应付职工薪酬 Wage Bill Payable	应交增值税 Value-added Tax Payable
合　计	**Total**	**-537**	**-471**	**774**	**28314**	**1982**
按登记注册类型分组	**By Status of Registration**					
内资企业	Domestic Funded Enterprises	837	878	491	24372	1870
国有企业	State-owned Enterprises	-103	-102		147	2
集体企业	Collective-owned Enterprises					
有限责任公司	Limited-liability Companies	573	587	441	20936	1430
其他有限责任公司	Other Limited-liability Companies	573	587	441	20936	1430
股份有限公司	Share Holding Ltd. Companies	475	501	37	1095	142
私营企业	Private Enterprises	-107	-108	12	2194	296
私营独资企业	Private-funded Enterprises	10	10	10	86	10
私营合伙企业	Private Partnership Enterprises					
私营有限责任公司	Private Limited-liability Companies	94	99		1326	273
私营股份有限公司	Private Share Holding Ltd. Companies	-212	-217	2	782	13
其他企业	Other Enterprises					
港澳台商投资企业	Enterprises with Funds from HongKong Macao and Taiwan	-1374	-1349	283	3943	113
合资经营企业(港或澳、台资)	Joint Ventures(Hongkong or Macao, Taiwan)	-48	-48		920	32
合作经营企业(港或澳、台资)	Cooperative Enterprises (Hongkong or Macao, Taiwan)	-2123	-2133		747	36
港澳台商独资经营企业	Enterprises with Sole Investment	797	832	283	2276	44
外商投资企业	Foreign Investment Enterprises					
外资企业	Enterprises with Sole Foreign Investment					
按餐饮行业小类分组	**By Sector**					
正餐服务	Restaurant	-1152	-1095	574	27358	1972
快餐服务	Fast Food	615	624	200	956	10
饮料及冷饮服务	Beverages and Cold Drinks					
其他餐饮服务	Others					

16-19 限额以上住宿企业财务状况(2017)
Financial Indicator on Enterprises above Designated Size of Hotels (2017)

单位：万元 (10 000 yuan)

项　　目	Item	企业数(个) Number of Enterprises (unit)	流动资产合计 Total Current Assets	存货 Inventory	固定资产原价 Original Value of Fixed Assets
合　计	**Total**	**258**	**2426354**	**317884**	**2406740**
按登记注册类型分组	**By Status of Registration**				
内资企业	Domestic Funded Enterprises	227	1669610	39613	1546133
国有企业	State-owned Enterprises	8	7998	380	15737
集体企业	Collective-owned Enterprises	1	267	15	152
股份合作企业	Cooperative Enterprises	1	246	48	1719
联营企业	Joint Ownership Enterprises				
国有联营企业	State Joint Ownership Enterprises				
其他联营企业	Other Joint Ownership Enterprises				
有限责任公司	Limited-liability Companies	181	1483922	35551	1403268
国有独资公司	State Sole Funded Corporations	8	17649	1095	173678
其他有限责任公司	Other Limited-liability Companies	173	1466273	34457	1229590
股份有限公司	Share Holding Ltd. Companies	9	26827	227	50930
私营企业	Private Enterprises	26	150192	3369	73068
私营独资企业	Private-funded Enterprises				
私营合伙企业	Private Partnership Enterprises				
私营有限责任公司	Private Limited-liability Companies	25	149784	3369	72761
私营股份有限公司	Private Share Holding Ltd. Companies	1	407		306
其他企业	Other Enterprises	1	159	23	1260
港澳台商投资企业	Enterprises with Funds from HongKong, Macao and Taiwan	21	707617	276969	721002
合资经营企业(港或澳、台资)	Joint Ventures(Hongkong or Macao, Taiwan)	8	283226	1119	264640
合作经营企业(港或澳、台资)	Cooperative Enterprises(Hongkong or Macao, Taiwan)				
港澳台商独资经营企业	Enterprises with Sole Investment	9	408121	275489	391624
港、澳、台商投资股份有限公司	Share Holding Companies Ltd.	4	16270	362	64737
外商投资企业	Foreign Investment Enterprises	10	49127	1301	139605
中外合资经营企业	Joint-venture Enterprises	6	32850	864	62412
中外合作经营企业	Cooperative Enterprises	2	3474	158	
外资企业	Enterprises with Sole Foreign Investment	1	10185	192	26352
外商投资股份有限公司	Foreign Businessman Investing Shareholding companies				
按住宿行业小类分组	**By Sector**				
旅游饭店	Tourist Hotel	243	2409466	316960	2239148
一般旅馆	Fonda	13	13489	288	60683
其他住宿业	Others	2	3400	635	106909

16-19 续1(continued 1)

单位：万元 (10 000 yuan)

项　目	Item	累计折旧 Accumulated Depreciation	本年折旧 Depreciation This Year	资产合计 Total Assets	负债合计 Total Liabilities	所有者权益合计 Total Owners' Equities
合　计	**Total**	**823497**	**101453**	**5085081**	**3469933**	**1615148**
按登记注册类型分组	**By Status of Registration**					
内资企业	Domestic Funded Enterprises	567422	58502	3474552	2494797	979755
国有企业	State-owned Enterprises	6214	762	19510	23556	-4045
集体企业	Collective-owned Enterprises	126	-7	325	125	200
股份合作企业	Cooperative Enterprises	1220	48	760	15950	-15190
联营企业	Joint Ownership Enterprises					
国有联营企业	State Joint Ownership Enterprises					
其他联营企业	Other Joint Ownership Enterprises					
有限责任公司	Limited-liability Companies	496347	52449	3173472	2139994	1033478
国有独资公司	State Sole Funded Corporations	40980	4368	160104	77190	82914
其他有限责任公司	Other Limited-liability Companies	455366	48082	3013368	2062804	950563
股份有限公司	Share Holding Ltd. Companies	36904	1193	62321	24128	38193
私营企业	Private Enterprises	26208	4057	217111	289314	-72204
私营独资企业	Private-funded Enterprises					
私营合伙企业	Private Partnership Enterprises					
私营有限责任公司	Private Limited-liability Companies	25902	4055	216703	289083	-72380
私营股份有限公司	Private Share Holding Ltd. Companies	306	2	407	231	176
其他企业	Other Enterprises	403		1053	1729	-676
港澳台商投资企业	Enterprises with Funds from HongKong, Macao and Taiwan	173997	18255	1498480	870040	628440
合资经营企业(港或澳、台资)	Joint Ventures(Hongkong or Macao, Taiwan)	91261	3028	621793	471963	149830
合作经营企业(港或澳、台资)	Cooperative Enterprises(Hongkong or Macao, Taiwan)					
港澳台商独资经营企业	Enterprises with Sole Investment	66519	12651	793123	377863	415260
港、澳、台商投资股份有限公司	Share Holding Companies Ltd.	16218	2576	83564	20214	63351
外商投资企业	Foreign Investment Enterprises	82078	24697	112049	105097	6952
中外合资经营企业	Joint-venture Enterprises	41367	21712	57053	23125	33928
中外合作经营企业	Cooperative Enterprises			3474	7509	-4035
外资企业	Enterprises with Sole Foreign Investment	12041	1291	24962	25760	-798
外商投资股份有限公司	Foreign Businessman Investing Shareholding companies					
按住宿行业小类分组	**By Sector**					
旅游饭店	Tourist Hotel	790651	95803	4931360	3382678	1548683
一般旅馆	Fonda	13370	2235	62729	59100	3628
其他住宿业	Others	19477	3415	90992	28155	62837

16-19 续2(continued 2)

单位：万元 (10 000 yuan)

项 目	Item	实收资本 Capital Held	国家资本 State-owned Capital	集体资本 Collective-owned Capital	法人资本 Institutional Capital	个人资本 Individual Capital	港澳台资本 Hong Kong Macao and Taiwan capital	外商资本 Foreign Capital
合 计	**Total**	**1242569**	**276337**	**16421**	**310451**	**38739**	**579551**	**21069**
按登记注册类型分组	**By Status of Registration**							
内资企业	Domestic Funded Enterprises	603217	273277	4906	286275	38739	20	
国有企业	State-owned Enterprises	8017	7972			45		
集体企业	Collective-owned Enterprises	100		100				
股份合作企业	Cooperative Enterprises	1000			1000			
联营企业	Joint Ownership Enterprises							
国有联营企业	State Joint Ownership Enterprises							
其他联营企业	Other Joint Ownership Enterprises							
有限责任公司	Limited-liability Companies	538978	265305	1324	245602	26727	20	
国有独资公司	State Sole Funded Corporations	132765	105200		27565			
其他有限责任公司	Other Limited-liability Companies	406213	160105	1324	218037	26727	20	
股份有限公司	Share Holding Ltd. Companies	26771		3422	22159	1190		
私营企业	Private Enterprises	28351		60	17515	10776		
私营独资企业	Private-funded Enterprises							
私营合伙企业	Private Partnership Enterprises							
私营有限责任公司	Private Limited-liability Companies	28249		60	17515	10674		
私营股份有限公司	Private Share Holding Ltd. Companies	102				102		
其他企业	Other Enterprises							
港澳台商投资企业	Enterprises with Funds from HongKong, Macao and Taiwan	606085	3060	11515	12300		579210	
合资经营企业(港或澳、台资)	Joint Ventures(Hongkong or Macao, Taiwan)	34387	3060	11515	12300		7512	
合作经营企业(港或澳、台资)	Cooperative Enterprises(Hongkong or Macao, Taiwan)							
港澳台商独资经营企业	Enterprises with Sole Investment	490658					490658	
港、澳、台商投资股份有限公司	Share Holding Companies Ltd.	81040					81040	
外商投资企业	Foreign Investment Enterprises	33267			11876		321	21069
中外合资经营企业	Joint-venture Enterprises	11876			11876			
中外合作经营企业	Cooperative Enterprises	321					321	
外资企业	Enterprises with Sole Foreign Investment							
外商投资股份有限公司	Foreign Businessman Investing Shareholding companies							
按住宿行业小类分组	**By Sector**							
旅游饭店	Tourist Hotel	1111979	149472	16409	309343	36154	579531	21069
一般旅馆	Fonda	42390	38666	12	1108	2584	20	
其他住宿业	Others	88200	88200					

16-19 续3(continued 3)

单位：万元 (10 000 yuan)

项　　目	Item	主营业务收入 Revenue from Principal Business	主营业务成本 Main Business Costs	主营业务税金及附加 Main Business Tax and Extra Charges	其他业务利润 Profits of Other Business
合　计	**Total**	**1097854**	**303482**	**23815**	**17076**
按登记注册类型分组	**By Status of Registration**				
内资企业	Domestic Funded Enterprises	776179	212371	13441	11540
国有企业	State-owned Enterprises	10871	2545	108	
集体企业	Collective-owned Enterprises	564	367	5	
股份合作企业	Cooperative Enterprises	1083	248	4	
联营企业	Joint Ownership Enterprises				
国有联营企业	State Joint Ownership Enterprises				
其他联营企业	Other Joint Ownership Enterprises				
有限责任公司	Limited-liability Companies	638979	175230	12476	10455
国有独资公司	State Sole Funded Corporations	20853	15183	1543	31
其他有限责任公司	Other Limited-liability Companies	618126	160048	10933	10424
股份有限公司	Share Holding Ltd. Companies	23166	13519	386	2
私营企业	Private Enterprises	100913	20462	462	1084
私营独资企业	Private-funded Enterprises				
私营合伙企业	Private Partnership Enterprises				
私营有限责任公司	Private Limited-liability Companies	100133	19834	415	1084
私营股份有限公司	Private Share Holding Ltd. Companies	780	628	46	
其他企业	Other Enterprises	602		2	
港澳台商投资企业	Enterprises with Funds from HongKong, Macao and Taiwan	243323	67418	9203	816
合资经营企业(港或澳、台资)	Joint Ventures(Hongkong or Macao, Taiwan)	106623	21206	3462	
合作经营企业(港或澳、台资)	Cooperative Enterprises(Hongkong or Macao, Taiwan)				
港澳台商独资经营企业	Enterprises with Sole Investment	109151	38279	4997	145
港、澳、台商投资股份有限公司	Share Holding Companies Ltd.	27549	7932	744	671
外商投资企业	Foreign Investment Enterprises	78353	23694	1171	4720
中外合资经营企业	Joint-venture Enterprises	47744	10725	556	4720
中外合作经营企业	Cooperative Enterprises	16007	9283	20	
外资企业	Enterprises with Sole Foreign Investment	8703	3068	213	
外商投资股份有限公司	Foreign Businessman Investing Shareholding companies				
按住宿行业小类分组	**By Sector**				
旅游饭店	Tourist Hotel	1077837	299132	22834	17503
一般旅馆	Fonda	14822	3341	345	-426
其他住宿业	Others	5195	1009	636	

16-19 续4(continued 4)

单位：万元 (10 000 yuan)

项　　目	Item	销售费用 Business Cost	管理费用 Management Cost	财务费用 Financial Cost	利息支出 Expenses of Interest
合　计	**Total**	**336843**	**434450**	**45692**	**33766**
按登记注册类型分组	**By Status of Registration**				
内资企业	Domestic Funded Enterprises	265264	312379	24944	14127
国有企业	State-owned Enterprises	4696	4237	135	6
集体企业	Collective-owned Enterprises		98	1	
股份合作企业	Cooperative Enterprises	1064	226	848	848
联营企业	Joint Ownership Enterprises				
国有联营企业	State Joint Ownership Enterprises				
其他联营企业	Other Joint Ownership Enterprises				
有限责任公司	Limited-liability Companies	190766	270744	16583	7611
国有独资公司	State Sole Funded Corporations	3480	9729	-63	29
其他有限责任公司	Other Limited-liability Companies	187286	261015	16646	7582
股份有限公司	Share Holding Ltd. Companies	6311	3226	50	1
私营企业	Private Enterprises	62182	33421	7325	5661
私营独资企业	Private-funded Enterprises				
私营合伙企业	Private Partnership Enterprises				
私营有限责任公司	Private Limited-liability Companies	62182	33421	7324	5661
私营股份有限公司	Private Share Holding Ltd. Companies			0	
其他企业	Other Enterprises	245	428	2	
港澳台商投资企业	Enterprises with Funds from HongKong, Macao and Taiwan	52802	99516	20073	19636
合资经营企业(港或澳、台资)	Joint Ventures(Hongkong or Macao, Taiwan)	25791	36701	12355	12265
合作经营企业(港或澳、台资)	Cooperative Enterprises(Hongkong or Macao, Taiwan)				
港澳台商独资经营企业	Enterprises with Sole Investment	19748	54136	7314	7370
港、澳、台商投资股份有限公司	Share Holding Companies Ltd.	7263	8678	403	
外商投资企业	Foreign Investment Enterprises	18777	22555	676	4
中外合资经营企业	Joint-venture Enterprises	9627	14404	43	4
中外合作经营企业	Cooperative Enterprises	1167	5275	28	
外资企业	Enterprises with Sole Foreign Investment	2848	2044	28	
外商投资股份有限公司	Foreign Businessman Investing Shareholding companies				
按住宿行业小类分组	**By Sector**				
旅游饭店	Tourist Hotel	328283	422623	45641	33756
一般旅馆	Fonda	6809	6413	40	11
其他住宿业	Others	1752	5414	11	

16-19 续5(continued 5)

单位：万元 (10 000 yuan)

项　目	Item	营业利润 Business Profits	利润总额 Total Profits	应交所得税 Income Tax payable	应付职工薪酬 Wage Bill Payable	应交增值税 Value-added Tax Payable
合　计	**Total**	**-10273**	**-36117**	**9479**	**294670**	**36907**
按登记注册类型分组	**By Status of Registration**					
内资企业	Domestic Funded Enterprises	-16638	-40859	5521	220107	27917
国有企业	State-owned Enterprises	-852	-450	77	4690	527
集体企业	Collective-owned Enterprises	93	93	12	238	51
股份合作企业	Cooperative Enterprises	-1306	-1303		497	65
联营企业	Joint Ownership Enterprises					
国有联营企业	State Joint Ownership Enterprises					
其他联营企业	Other Joint Ownership Enterprises					
有限责任公司	Limited-liability Companies	7895	-16606	5343	183996	18964
国有独资公司	State Sole Funded Corporations	-8999	-9002	13	7220	511
其他有限责任公司	Other Limited-liability Companies	16894	-7604	5331	176776	18453
股份有限公司	Share Holding Ltd. Companies	-311	-209	50	6490	304
私营企业	Private Enterprises	-22082	-22309	39	23990	7966
私营独资企业	Private-funded Enterprises					
私营合伙企业	Private Partnership Enterprises					
私营有限责任公司	Private Limited-liability Companies	-22187	-22411	14	23795	7922
私营股份有限公司	Private Share Holding Ltd. Companies	105	102	25	195	44
其他企业	Other Enterprises	-75	-75		208	40
港澳台商投资企业	Enterprises with Funds from HongKong, Macao and Taiwan	-5115	-5413	3958	52955	6589
合资经营企业(港或澳、台资)	Joint Ventures(Hongkong or Macao, Taiwan)	7682	7732	3950	25515	2358
合作经营企业(港或澳、台资)	Cooperative Enterprises(Hongkong or Macao, Taiwan)					
港澳台商独资经营企业	Enterprises with Sole Investment	-15325	-16029	8	20068	3609
港、澳、台商投资股份有限公司	Share Holding Companies Ltd.	2529	2884		7373	622
外商投资企业	Foreign Investment Enterprises	11480	10155		21608	2401
中外合资经营企业	Joint-venture Enterprises	12389	12297		11897	1856
中外合作经营企业	Cooperative Enterprises	234	234		6289	100
外资企业	Enterprises with Sole Foreign Investment	502	506		1326	361
外商投资股份有限公司	Foreign Businessman Investing Shareholding companies					
按住宿行业小类分组	**By Sector**					
旅游饭店	Tourist Hotel	-4521	-30652	9471	288155	36310
一般旅馆	Fonda	-2125	-1844	1	4692	455
其他住宿业	Others	-3626	-3620	7	1823	143

主要统计指标解释

社会消费品零售总额 指批发和零售业、住宿和餐饮业以及其他行业直接售给城乡居民和社会集团的消费品零售额。其中，对居民的消费品零售额，是指售予城乡居民用于生活消费的商品金额；对社会集团的消费品零售额，是指售给机关、社会团体、部队、学校、企事业单位、居委会或村委会等，公款购买的用作非生产、非经营使用与公共消费的商品金额。社会消费品零售总额包括：售给城乡居民作为生活消费用的商品和修建房屋用的建筑材料的金额，以及售给来华的外国人、华侨、港澳台同胞的消费品金额；售给社会集团用作非生产、非经营使用与公共消费的商品金额。不包括：城市居民间或居民委托信托商店卖出的商品；售给农业、工业、建筑业等行业用于生产的商品。

商品购进额 指从本企业以外的单位和个人购进（包括从国外直接进口）作为转卖或加工后转卖的商品金额（含增值税）。本指标反映批发和零售业从国内外市场上购进商品的总价。商品购进包括：（1）从工农业生产者、批发和零售业企业、住宿和餐饮业企业、出版社或报社的出版发行部门和其他服务业企业购进的商品；（2）从机关团体、事业单位购进的商品；（3）从海关、市场管理部门购进的缉私和没收的商品；（4）从居民收购的废旧商品等。不包括：（1）企业为本单位自身经营用，不是作为转卖而购进的商品，如材料物资、包装物、低值易耗品、办公用品等；（2）未通过买卖行为而收入的商品，如接受其他部门移交的商品、借入的商品、收入代其他单位保管的商品、其他单位赠送的样品、加工回收的成品等；(3）经本单位介绍，由买卖双方直接结算，本单位只收取手续费的业务；（4）销售退回和买方拒付货款的商品；（5）商品溢余。

商品销售额 指对本单位以外的单位和个人出售的商品金额（包括售给本单位消费用的商品，含增值税），本指标反映批发和零售业在国内市场上销售商品以及出口商品的总量。商品销售包括：（1）售给城乡居民和社会集团消费用的商品；（2）售给农业、工业、建筑业、运输邮电业、服务业、公用事业等国民经济各行业用于生产、经营用的商品，包括售予批发和零售业作为转卖或加工后转卖的商品；（3）对国（境）外直接出口的商品。商品销售不包括：（1）未通过买卖行为付出的商品，如随机构变动移交给其他企业单位的商品、借出的商品、归还受其他单位委托代保管的商品、付出的加工原料和赠送给其他单位的样品等；（2）经本单位介绍，由买卖双方直接结算，本单位只收取手续费的业务；（3）购货退回的商品；（4）商品损耗和损失；（5）出售本单位自用的废旧物资。

批发额 指售给国民经济各行业用于生产、经营用的商品金额。

零售额 指售给城乡居民用于生活消费和社会集团用于公共消费的商品金额。

进口 指直接从国外进口或委托外贸企业代理进口的商品金额，不包括从国内有关单位购进的进口商品。对外贸易企业只统计自主经营进口的商品，不统计受托代理进口的商品。

出口 指直接向国（境）外出口商品和委托外贸企业代理出口的商品金额，商品出口不包括售给外贸企业出口或加工后出口的商品，以及在国内市场以外币销售的商品。外贸企业只统计自主经营出口的商品，不包括受托代理出口的商品。

期末商品库存额 对于批发和零售业法人企业和个体经营户，是指取得所有权的全部商品金额（含增值税）；对于批发和零售业产业活动单位，是指期末实际在库且归属法人具有所有权的全部商品金额（含增值税）。这个指标反映批发和零售业的商品库存情况，以及对市场商品供应的保证程度。

连锁总店（总部）：指负责连锁企业资源（商号、商誉、经营模式、服务标准、管理模式等等）的开发、配置、控制或使用等功能的企业核心管理机构。连锁经营是指经营同类商品或服务，使用同一商号的若干商铺，在同一总店（总部）的管理下，采取统一采购或特许经营等方式，实现规模效益的组织形式，包括直营连锁、特许连锁和自愿连锁三种形式。

亿元以上商品交易市场：指年成交额在亿元及以上的商品交易市场。商品交易市场是指经有关部门和组织批准设立，有固定场所、设施，有经营管理部门和监管人员，若干市场经营者入内，常年或实际开业三个月以上，集中、公开、独立地进行生活消费品、生产资料等现货商品交易以及提供相关服务的交易场所，包括各类消费品市场、生产资料市场等。

营业额 指住宿和餐饮业单位在经营活动中因提供服务或销售商品等取得的全部收入，包括：客房收入、餐费收入、商品销售额（含增值税）和其他收入。不包括法人企业附营的其他行业产业活动单位的餐费收入、商品销售收入等各项收入。

客房收入　指住宿和餐饮业单位在经营活动中因提供住宿服务取得的收入。不包括法人企业附营的其他行业产业活动单位的客房收入。

餐费收入　指住宿和餐饮业单位因为顾客提供就餐服务取得的收入。包括：经烹饪、调制加工后出售的各种食品，如主食、炒菜、凉拌菜等的收入。不包括法人企业附营的其他行业产业活动单位的餐费收入。

商品销售额　指住宿和餐饮业单位出售商品的销售总额（含增值税）。不包括法人企业附营的其他行业产业活动单位的商品销售额。

其他收入　指营业额中除客房收入、餐费收入、商品销售额（含增值税）以外的其他收入。

年末餐饮营业面积　指住宿和餐饮业连锁门店对外提供就餐服务的门店建筑面积和从事食品加工、烹饪、调制的厨房面积，不包括办公用房和仓库等面积。该指标按年末实有面积统计。

客房数　指住宿和餐饮业连锁门店提供住宿服务的房间数，该指标按年内正常情况下的实有数统计。

床位数　指住宿和餐饮业连锁门店供应旅客使用的床位数，不包括临时加床和门店内部工作人员使用的床位。该指标按年内正常情况下的实有数统计。

餐位数　指住宿和餐饮业连锁门店为顾客提供就餐服务时，正常可同时容纳就餐人员的餐位数量，不包括临时加的餐位。该指标按年内正常情况下的实有数统计。

附：批发和零售业、住宿和餐饮业统计限额标准为：批发业年主营业务收入 2000 万元，零售业年主营业务收入 500 万元，住宿业、餐饮业年主营业务收入 200 万元。

Explanatory Notes on Main Statistical Indicators

Total Retail Sales of Consumer Goods refer to the sum of retail sales of consumer goods sold by industries of wholesale, retail trades, hotels, catering and others to urban and rural residents and social groups. Of which, retail sale to residents is the sale of commodities sold to urban and rural residents for living consume. Retail sale to social groups is the sale of commodities sold to government departments, groups, military units, schools, enterprises, institutions, residents' committee, villagers' committees and so on, sold for non-productive, non-operative use and public consume paid by public funds. Total retail sales of consumer goods include: sales of commodities sold to urban and rural residents for their daily use and building materials sold to them for the construction or repair of houses; sales of consumer goods sold to foreigners, overseas Chinese, and Chinese compatriots from Hong Kong, Macao and Taiwan during their stay in the mainland of China; sales of consumer goods sold to social groups for non-productive, non-operative use and public consume. Excluded are: sales of commodities between urban residents, sales of commodities entrusted by residents in trust shop, sales of commodities for production purpose to industries of agriculture, industry, construction and others.

Total Purchases Value of Commodities refer to the total value of purchases of commodities by the enterprises from other establishments or individuals (including direct import from abroad) for the purpose of re-selling, either with or without further processing of the commodities purchased. This indicator is used to show the total value of purchases of commodities by wholesale and retail establishments from domestic and overseas markets. The total purchases include: (1) commodities purchased from agricultural and industrial producers, wholesale and retail enterprises, hotels and catering services enterprises, distribution departments of the publishers and other service enterprises; (2) commodities purchased from government agencies and institutions; (3) confiscated goods purchased from customs authorities or market management agencies; (4) second-hand goods and wastes purchased from residents. Excluded are (1) enterprises for use in their own business operation not to re-sell, such as materials, packing materials, low consumable goods and office supplies, etc; (2) commodities

obtained without buying or selling procedures, such as transferred goods from other departments, borrowing goods, keeping goods for other establishments, donated samples from other establishments, processed recovery products of finished, etc; (3) commission income from brokerage in transactions for which settlement is directly handled by buyers and sellers; (4) rejected commodities in the purchase and the refusal of payment; (5) goods overflow.

Total Sales Value of Commodities refer to value of commodities sold by the establishments to other establishments and individuals (including commodities sold to establishments for their consumption, with value-add tax). This indicator is used to show the total value of sales of commodities at domestic markets and export. The total sales include: (1) commodities sold to urban and rural residents and social groups for their consumption; (2) commodities sold to national economic sectors in industry, agriculture, construction, transportation, post and telecommunications, service sectors and public utilities for their production and operation; (3) commodities sold to wholesale and retail establishments for re selling, with or without further processing; (4) commodities for direct export to other countries. Excluded are (1) commodities transferred without buying or selling procedures, such as goods transfer to other enterprises because of the changes in institutes, lending out goods, commodities have returned which were at request of keeping for other establishments, raw material of expending and samples presented to other establishments, etc; (2) commission income from brokerage in transactions whose settlement is directly handled by buyers and sellers; (3) rejected commodities in the purchase; (4) loss in commodities; (5) selling of waste packaging materials used by the establishments (units) themselves, etc.

Total Wholesale refers to the commodities amount sold in different national economic sectors for their production and operation.

Total Retail sale refers to the commodities amount sold to urban and rural households for household consumption and to social institutions for public consumption.

Imports refer to the commodities amount directly imported from abroad or entrust foreign trade enterprises but not include imported commodities bought from national establishments. Foreign trade enterprises statistic only imported commodities which operated on their own but not include imported commodities which trusted to sale.

Exports refer to the commodities amount directly exported to abroad or entrusted foreign trade enterprises to export. Exported commodities are not include which sold to foreign trade enterprises for exporting or processing exporting, as well as commodities sold in foreign currency in domestic markets. Foreign trade enterprises statistic only exported commodities which operated on their own but not include exported commodities which trusted to sale.

The Inventory of Commodities at the End of Reference Period refer to commodities amount with ownership for corporations and individuals operating in the wholesale and retail trades (including value-added tax), or commodities amount with ownership which are belong to corporative representatives in the warehouse by the end of a period for Industrial Activity Units of wholesale and retail trades (including value-added tax). This indicator is used to show the commodity stock level of wholesale and retail industries and the potential for market supply.

Head Stores of Chain Retail Enterprises (headquarter) refer to the core leading stores responsible for development, allocation, administration and utilization of resources (name of stores, brand of stores, operation model, service standard, management way, etc) of chain stores. Chain stores refers to the stores engaged in providing homogeneous commodities or services, with the central leadership of head store (headquarter) and guided by common policies, conduct centralized purchase and distributed selling of commodities, in order to gain better efficiency through standardized operation. The chain stores include regular chain stores, franchise chain stores and voluntary chain stores.

Commodity Exchange Markets of Transaction Value over 100 Million Yuan refers to the commodity markets with an annual transaction at and above 100 million. The commodity market refers to the markets approved and managed by related departments, where there are fixed sites, facilities, managers and administration offices, where there are a certain number of traders to operate for three month and above or all the year, where the commodities including the articles for daily consumption and capital goods and services are traded in a centralized, independent and open way. Such market includes markets for daily goods and market of capital goods, etc.

Business Bevenue refers to revenue received from providing services or selling commodities by establishments engaged in hotels and catering services, including income from hotels, from catering services, from selling of commodities (including value-added tax) and from other services. It is not include revenue received from corporation enterprises have business activities in other industries, such as income from catering services, from selling of commodities, etc.

Revenue from Hotel Rooms refer to income of establishments engaged in hotels and catering services by providing lodging services. It is not include income from corporation enterprises have business activities for providing lodging services in other industries.

Revenue from Meals refer to income of corporate enterprises and establishments engaged in hotels and catering services by providing catering services, including selling of cooked or prepared foods such as staple food, cooked dishes or cold dishes. It is not include income from corporation enterprises have business activities for providing catering services in other industries.

Sales Value of Commodities refer to income of corporate enterprises and establishments engaged in hotels and catering services by selling commodities (including value-added tax) that accompany the services they provide. It is not include income from corporation enterprises have business activities for selling goods in other industries.

Other Revenue refers to income received other than income from hotels, catering services or selling of commodities (including value-added tax).

Business Area of Catering at Year-end refers to chain enterprises' area engaged in hotels and catering services by providing catering services and their kitchens' area engaged in food processing, cooking and curing. It is not include offices and warehouse. This indicator used to show all area by the end of the year-end.

Number of Hotel Rooms refers to chain enterprises engaged in hotels and catering services have rooms by providing room services. Normally this indicator was counted by the actual statistical data in a year.

Number of Beds refers to chain enterprises engaged in hotels and catering services have beds by providing beds services for travelers, It is not include extra beds and beds for chain enterprises' employees. Normally this indicator was counted by the actual statistical data in a year.

Number of Seats in Catering Services refers to chain enterprises engaged in hotels and catering services have seats by providing catering services, normally can served number of meals. It is not include extra seats. Normally this indicator was counted by the actual statistical data in a year.

Note: Statistics standard of enterprises above designated size in wholesale, retail trades, hotels and catering is: yearly main business revenue of 20 million yuan in wholesale, of 5 million yuan in retail trades and of 2 million yuan in hotels and catering.

旅　游

Tourism

编辑人员：周祖奇

Compiled by Zhou Zuqi

英文翻译：　周祖奇

Translated by Zhou Zuqi

简 要 说 明

一、主要内容

旅行社、景区、旅游饭店基本情况；入境旅游人数、国内居民旅游人数以及国际、国内旅游收入。

二、统计范围、方法和来源

本篇旅游统计资料来源于省旅游发展委员会。旅游人数和旅游收入采用全面调查和抽样调查方法，其余数据均为全面调查统计取得。

Brief Introduction

I. Main Contents

Data in this chapter include the basic conditions of travel agents,tourist scenics and tourist hotels, the number of international tourists and domestic tourists, and income from international and domestic tourism.

II. Scope, Methods and Sources of Statistics

Data in this chapter are from Hainan Tourism Development Commission. Number of tourists and tourism earning use comprehensive survey and sampling survey , while other data use comprehensive survey .

17-1 旅游主要指标
Major Indicators on Tourism

项　　目	Item	2005	2010	2012	2013	2014	2015	2016	2017
接待游客总人数（万人次）	**Total Number of Tourists (10 000person-times)**	**1516.47**	**2587.34**	**3320.37**	**3672.51**	**4789.08**	**5336.52**	**6023.60**	**6745.01**
其中：接待过夜旅游人数	# Number of Overnight Tourists	1516.47	2587.34	3320.37	3672.51	4060.18	4492.95	4977.22	5591.43
其中：入境游客	#Number of Oversea Visitor	43.19	66.31	81.56	75.64	66.14	60.84	74.90	111.94
外国人	Foreigners	26.94	47.38	51.97	50.05	42.15	35.59	46.98	78.69
港澳同胞	Chinese Compatriots from Hong Kong and Macao	10.67	12.12	12.29	11.15	11.98	12.93	14.31	16.57
台湾同胞	Chinese Compatriots from Taiwan Province	5.58	6.81	17.77	14.44	12.01	12.32	13.60	16.68
国内游客	Number of Domestic Tourists	1473.28	2521.03	3238.80	3596.87	4722.99	5275.68	5948.70	6633.07
旅游收入（亿元）	**Tourism Earnings (100 million yuan)**	**125.05**	**257.63**	**379.12**	**428.56**	**506.53**	**572.49**	**672.10**	**811.99**
国内旅游收入（亿元）	Earnings from Domestic Tourism (100 million yuan)	114.56	235.61	356.79	408.05	490.20	528.08	610.27	766.77
国际旅游收入（亿美元）	Earnings from International Tourism (100 million USD)	1.28	3.22	3.48	3.31	2.66	2.48	3.50	6.81
旅游景区	Tourist Scenics(spots)		57	68	80	82	62	52	54
旅游饭店总数（个）	Total Number of Tourist Hotels(unit)	364	464	674	722	868	841	876	946
客房总数（间）	Total Number of Hotel Rooms(unit)	48388	68142	94361	104264	124296	117879	129916	138627
床位总数（张）	Total Number of Beds(unit)	89396	124740	162664	178515	204372	196856	208427	223444
客房开房率(%)	Room Occupancy Rate (%)	53.6	60.37	58.4	56.06	57.72	59.34	60.67	63.76
旅行社总数（个）	Total Number of Travel Agencies(unit)	158	301	369	373	393	389	365	352
#出境社	#Travel Agencies with Outbound Services		14	26	34	37	41	48	51

17-2 按主要国家分旅游饭店接待外国人情况(2017)
Number of Oversea Visitor Arrivals Received by Tourist Hotels by Country (2017)

单位：人次 (person-times)

国　　别	Country	人次 Person-times
俄罗斯	Russia	284021
新加坡	Singapore	36982
韩　国	Republic of Korea	91580
马来西亚	Malaysia	67490
日　本	Japan	10331
美　国	United States	29091
德　国	Germany	9486
法　国	France	6518
加拿大	Canada	10573
澳大利亚	Australia	8681
英　国	United Kingdom	7326
泰　国	Thailand	15371
印度尼西亚	Indonesia	40469
意大利	Italy	3085
瑞　士	Switzerland	1448
菲律宾	Philippines	1765
瑞　典	Sweden	2403
印　度	Indian	3643
西班牙	Spain	2533
越　南	Vietnam	2871

17-3 各市县旅游饭店设施(2017)
Facilities of Tourist Hotels by Region (2017)

市 县	Region	饭店数 (家) Total Number of Hotels(unit)	客房数 (间) Rooms(unit)	床位数 (张) Beds(unit)	客房开房率 (%) Room Occupancy Rate(%)
全省总计	**Total**	**946**	**138627**	**223444**	**63.76**
海口市	Haikou	150	25619	42070	65.42
三亚市	Sanya	266	61088	95164	69.57
五指山市	Wuzhishan	18	2169	3786	47.03
文昌市	Wenchang	30	4018	6482	53.32
琼海市	Qionghai	84	10042	16316	52.65
万宁市	Wanning	76	10678	19081	52.11
定安县	Ding'an	26	2116	3433	74.31
屯昌县	Tunchang	13	613	1032	69.14
澄迈县	Chengmai	31	3450	5959	56.36
临高县	Lingao	5	649	970	45.17
儋州市	Danzhou Area	45	3671	6002	73.61
东方市	Dongfang	13	1508	2555	64.03
乐东县	Ledong	9	1458	2550	31.50
琼中县	Qiongzhong	18	1050	1758	41.04
保亭县	Baoting	54	2660	4281	53.77
陵水县	Lingshui	77	5706	8573	55.95
昌江县	Changjiang	18	1442	2457	79.71
白沙县	Baisha	13	690	975	50.91

17-4 各市县按等级分星级饭店数(2017)
Number of Star-rated Hotels by Region (2017)

市 县	Region	合计 Total			五星级 5-Stars			四星级 4-Stars		
		饭店数 Number of Hotel(unit)	客房间数 Number of Rooms	床位数 Number of Beds	饭店数 Number of Hotel(unit)	客房间数 Number of Rooms	床位数 Number of Beds	饭店数 Number of Hotel(unit)	客房间数 Number of Rooms	床位数 Number of Beds
全省总计	**Total**	**126**	**26445**	**44907**	**26**	**10686**	**17409**	**38**	**8803**	**15328**
海口市	Haikou	39	8012	12650	7	2236	3336	14	3180	5139
三亚市	Sanya	40	11486	19525	14	6658	11100	17	3706	6407
五指山市	Wuzhishan	5	357	639						
文昌市	Wenchang	3	424	753	1	250	405			
琼海市	Qionghai	12	1614	2726	2	769	1296	1	152	268
万宁市	Wanning	21	4089	7814	2	773	1272	6	1765	3514
临高县	Lingao	1	54	80						
儋州市	Danzhou	2	172	288						
东方市	Dongfang	2	166	312						
琼中县	Qiongzhong	1	71	120						
陵水县	Lingshui									

17-4 续(continued)

市 县	Region	三星级 1-Stars			二星级 2-Stars			一星级 1-Stars		
		饭店数 Number of Hotel(unit)	客房间数 Number of Rooms	床位数 Number of Beds	饭店数 Number of Hotel(unit)	客房间数 Number of Rooms	床位数 Number of Beds	饭店数 Number of Hotel(unit)	客房间数 Number of Rooms	床位数 Number of Beds
全省总计	**Total**	**54**	**6412**	**11201**	**6**	**418**	**760**	**2**	**126**	**209**
海口市	Haikou	15	2372	3777	3	224	398			
三亚市	Sanya	7	988	1776	2	134	242			
五指山市	Wuzhishan	3	231	430				2	126	209
文昌市	Wenchang	2	174	348						
琼海市	Qionghai	9	693	1162						
万宁市	Wanning	13	1551	3028						
临高县	Lingao	1	54	80						
儋州市	Danzhou	1	112	168	1	60	120			
东方市	Dongfang	2	166	312						
琼中县	Qiongzhong	1	71	120						
陵水县	Lingshui									

17-5 各市县按规模分星级饭店数(2017)
Number of Star-rated Hotels by Capacity and Region (2017)

市　县	Region	星级饭店数(家) Total Number of Star-rated Hotels(unit)	客房300间以上 With 300 Rooms and More	客房200-299间 With 200-299 Rooms	客房100-199间 With 100-199 Rooms	客房99间以下 Less than 100 Rooms
全省总计	**Total**	**126**	**26**	**32**	**35**	**33**
海口市	Haikou	39	6	14	13	6
三亚市	Sanya	40	14	14	7	5
五指山市	Wuzhishan	5				5
文昌市	Wenchang	3		1		2
琼海市	Qionghai	12	2		5	5
万宁市	Wanning	21	4	3	9	5
临高县	Lingao	1				1
儋州市	Danzhou	2			1	1
东方市	Dongfang	2				2
琼中县	Qiongzhong	1				1
陵水县	Lingshui					

17-6　各市县旅游饭店接待过夜游客人数(2017)
Number of Overnight Tourists Received by Tourist Hotel by Region (2017)

单位：人次　　(person-times)

市　县	Region	接待过夜游客人数 Total Number of Overnight Tourists	入境过夜游客 Total Number of Oversea Tourists	外国人 Foreigners	港澳同胞 Compatriots from Hong Kong and Macao	台湾同胞 Compatriots from Taiwan Province	国内过夜游客 Total Number of Domestic Tourists
全省总计	**Total**	**38564466**	**1109987**	**781772**	**163039**	**165176**	**37454479**
海口市	Haikou	8499263	181887	97703	29402	54782	8317376
三亚市	Sanya	15144815	692798	539383	86672	66743	14452017
五指山市	Wuzhishan	516944	2751	1048	1437	266	514193
文昌市	Wenchang	1251961	24308	14672	7542	2094	1227653
琼海市	Qionghai	2077664	26574	14679	8298	3597	2051090
万宁市	Wanning	3291966	79943	56201	9452	14290	3212023
定安县	Ding'an	664334	693	334	122	237	663641
屯昌县	Tunchang	242519	337	169	84	84	242182
澄迈县	Chengmai	858966	30424	7108	8746	14570	828542
临高县	Lingao	155219	426	214	104	108	154793
儋州市	Danzhou	1352815	7325	3572	1637	2116	1345490
东方市	Dongfang	464676	1858	1453	271	134	462818
乐东县	Ledong	264890	1115	628	366	121	263775
琼中县	Qiongzhong	455205	588	274	208	106	454617
保亭县	Baoting	780658	17075	12432	2876	1767	763583
陵水县	Lingshui	1729712	40944	31359	5538	4047	1688768
昌江县	Changjiang	665054	759	472	211	76	664295
白沙县	Baisha	147805	182	71	73	38	147623

17-7 各市县接待过夜游客人数(2017)
Number of Overnight Tourists Received by Tourist Hotel by Region (2017)

单位：人次 (person-times)

市县	Region	接待过夜游客人数 Total Number of Overnight Tourists	入境过夜游客 Total Number of Oversea Tourists	外国人 Foreigners	港澳同胞 Compatriots from Hong Kong and Macao	台湾同胞 Compatriots from Taiwan Province	国内过夜游客 Total Number of Domestic Tourists
全省总计	**Total**	**55914281**	**1119367**	**786949**	**165644**	**166774**	**54794914**
海口市	Haikou	14880844	181887	97703	29402	54782	14698957
三亚市	Sanya	18308345	692797	539382	86672	66743	17615548
五指山市	Wuzhishan	779067	2751	1048	1437	266	776316
文昌市	Wenchang	2182799	24308	14672	7542	2094	2158491
琼海市	Qionghai	3349388	28116	15364	8830	3922	3321272
万宁市	Wanning	4234015	82624	57862	9869	14893	4151391
定安县	Ding'an	954402	693	334	122	237	953709
屯昌县	Tunchang	473274	337	169	84	84	472937
澄迈县	Chengmai	1275064	32561	8108	9621	14832	1242503
临高县	Lingao	465241	426	214	104	108	464815
儋州市	Danzhou	2137269	7325	3572	1637	2116	2129944
东方市	Dongfang	895060	1858	1453	271	134	893202
乐东县	Ledong	840982	1173	660	392	121	839809
琼中县	Qiongzhong	655162	588	274	208	106	654574
保亭县	Baoting	927170	17075	12432	2876	1767	910095
陵水县	Lingshui	2239962	43841	33121	6273	4447	2196121
昌江县	Changjiang	913963	825	510	231	84	913138
白沙县	Baisha	402273	182	71	73	38	402091

17-8　各市县按等级分旅游景区(2017)
Scenic by Grade and Region (2017)

单位：家　　(unit)

市　县	Region	合计 Total	5A级 5A-Grade	4A级 4A-Grade	3A级 3A-Grade	2A级 2A-Grade	A级 A-Grade	其他 Others
全省总计	**Total**	**54**	**6**	**17**	**24**	**7**		
海口市	Haikou	10		4	5	1		
三亚市	Sanya	16	3	6	6	1		
五指山市	Wuzhishan	1			1			
文昌市	Wenchang	1			1			
琼海市	Qionghai	7		1	3	3		
万宁市	Wanning	4		2	2			
定安县	Ding'an	3		1		2		
临高县	Lin'gao							
儋州市	Danzhou	2			2			
乐东县	Ledong							
保亭县	Baoting	3	2	1				
陵水县	Lingshui	4	1	2	1			
澄迈县	Chengmai	2			2			
昌江县	Changjiang	1			1			

注：1. 统计范围为A级以上和重点旅游区(景点)。
　　2. 其他为旅游部门待评级的旅游区(景点)。
Note: a).The data cover tourist scenics(spots) with above grade A and main tourist scenics(spots).
　　b).Other main scenics(spots) are within the tourism sector statistical scope.

主要统计指标解释

游客 指任何为休闲、娱乐、观光、度假、探亲访友、就医疗养、购物、参加会议或从事经济、文化、体育、宗教活动，离开常住国（常住地）到其他国家（或地方），其连续停留时间不超过12个月，并且在其他国家（或其他地方）的主要目的不是通过所从事的活动获报酬的人。游客不包括因工作或学习在两地有规律往返的人。游客按出游地分入境游客和国内游客；按出游时间分过夜游客和一日游游客。

入境游客 指来中国（大陆）休闲、娱乐、观光、度假、探亲访友、就医疗养、购物、参加会议或从事经济、文化、体育、宗教活动的外国人、港澳台同胞等游客。入境游客包括入境过夜游客和入境一日游游客。

国内游客 指中国（大陆）休闲、娱乐、观光、度假、探亲访友、就医疗养、购物、参加会议或从事经济、文化、体育、宗教活动的中国（大陆）居民。国内游客包括国内过夜游客和国内一日游游客。

旅游收入 指游客（入境游客和国内游客）在旅游过程中（由游客或游客的代表为游客）支付的一切旅游支出就是地区的旅游收入。包括整个游程中食、住、行、游、购、娱乐，以及为亲友、家人购买纪念品、礼品等方面的旅游支出。不包括为商业目的购物、购买房、地、车、船等资本性或交易性的投资、馈赠亲友的现金及给公共机构的捐赠。

Explanatory Notes on Main Statistical Indicators

Visitor refers to any person who travels to a country (or place) other than that of his or her residence for a period not exceeding 12 months for leisure, entertainment, sightseeing, holiday, visiting relatives or friends, medical care, shopping, meeting, or taking part in economic, cultural, sports or religious activities, where the main purpose of the travel is not for remuneration. A visitor dose not refers to any person who commutes between two places regularly for career or education.

Oversea visitor arrivals refer to foreigners or compatriots from Hong Kong, Macao and Taiwan who come to China for leisure, entertainment, sightseeing, holiday, visiting relatives or friends, medical care, shopping, meeting, or taking part in economic, cultural, sports or religious activitie.

Domestic tourists refer to Chinese residents who travel within the country to the other place for leisure, entertainment, sightseeing, holiday, visiting relatives or friends, medical care, shopping, meeting, or taking part in economic, cultural, sports or religious activitie.

Tourism earnings refer to all the expenditures made by visitors (oversea visitors and domestic visitors) or by representatives of the visitors in the course of their travel constitute. Tourism expenditures of visitors should include expenses throughout their travel on food, lodging, transport, tours, shopping, entertainment and souvenirs and gifts for friends and relatives. Tourism expenditures do not include purchase of goods, real estate ,land，motor vehicle, water vessel for commercial purposes, neither include capital nor transactional investments, cash given to friends and relatives, donations to public organizations.

18

运输和邮电

Transport, Postal and Telecommunication Services

编辑人员：莫太东　黄淑娴

Compiled by Mo Taidong　Huang Shuxian

英文翻译：黄淑娴

Translated by Huang Shuxian

简 要 说 明

本篇资料的主要内容

本篇资料反映我省交通运输业和邮政、通信业发展的基本状况。

交通运输业资料主要包括：五种运输方式的线路里程、运输设备拥有量情况，各种运输方式完成的货物运输量和旅客运输量，港口货物和旅客吞吐量等资料。

邮电通信业资料主要包括：电信主要通信能力，主要的邮电业务完成情况，邮电通信发展水平等资料。

Brief Introduction

Main Contents

Data in this chapter present the development of transportation, post and telecommunications in Hainan Province

Data on transport cover mainly the length of the routes of five means of transportation, the possession of transport equipment, freight traffic and passenger traffic accomplished by various means of transportation, the situation of berths, and cargo handled at sea ports.

Data on post and telecommunications cover mainly the situation of post and telecommunication offices and postal routes; main telecommunication capacity; business volume of postal and telecommunication services achieved; and the level of development of postal and telecommunication services.

18-1 交通运输业基本情况
Basic Statistics on Transport

指　标	Item	2005	2010	2012	2013	2014	2015	2016	2017
运输线路长度	**Length of Transport Routes**								
铁路营业里程(公里)	Railways in Operation (km)	361	832	832	832	832	1172	1172	1172
公路里程(公里)	Highways (km)	21162	21236	24265	24852	26002	26860	28217	30684
#高速公路	Expressway	625	660	757	757	757	803	795	795
内河航道里程(公里)	Navigable Inland Waterways (km)	343	343	343	343	343	343	434	343
航班航线里程(万公里)	Civil Aviation Routes (10 000 km)	77.08	106.99	124.67	141.17	147.65	151.73	182.20	212.34
客运量总计（万人）	**Total Passenger Traffic (10 000 persons)**	**32933**	**45718**	**49015**	**51000**	**16675**	**16284**	**17092**	**18155**
铁路	Railways	33	104	1189	1400	1565	1691	2326	2706
公路	Highways	31377	42785	44374	45800	11024	10363	9920	10107
水运	Waterways	632	1340	1581	1600	1738	1714	1657	1879
民航	Civil Aviation	891	1489	1871	2200	2448	2516	3189	3463
旅客周转量总计(亿人公里)	**Total Passenger-Kilometers(100 million passenger-km)**	**215.3**	**417.4**	**503.7**	**570.2**	**566.1**	**602.1**	**744.0**	**837.6**
铁路	Railways	1.2	4.7	25.0	30.6	32.7	34.4	45.6	52.3
公路	Highways	108.8	150.0	147.6	149.5	88.9	79.3	75.4	77.5
水运	Waterways	1.4	2.7	3.2	3.2	3.3	3.5	3.4	3.8
民航	Civil Aviation	103.9	260.0	327.9	387.0	441.2	484.9	619.6	704.0
货运量总计（万吨）	**Total Freight Traffic (10 000 tons)**	**13558**	**22481**	**26906**	**28834**	**23081**	**22330**	**21828**	**21397**
铁路	Railways	629	546	754	964	870	792	800	972
公路	Highways	9652	13947	16600	17367	10983	11279	10879	11223
水运	Waterways	3264	7966	9528	10476	11199	10229	10114	9165
民航	Civil Aviation	13.2	22.5	24.8	27.0	29.0	30.6	35.6	37.2
货物周转量（亿吨公里）	**Total Freight Ton-kilometers (100 million ton-km)**	**461**	**1004**	**1557**	**1399**	**1498**	**1193**	**1074**	**879**
铁路	Railways	7.1	9.6	12.3	15.5	15.1	15.0	14.6	17.8
公路	Highways	60.5	90.8	109.4	120.3	81.5	78.7	76.1	78.6
水运	Waterways	391	898	1429	1257	1394	1091	973	770
民航	Civil Aviation	2.3	5.6	6.3	6.8	7.5	8.6	10.3	12.7
民用汽车拥有量（万辆）	**Possession of Civil Motor Vehicles (10 000 units)**	**17.34**	**40.62**	**56.40**	**65.60**	**75.74**	**83.82**	**96.75**	**113.56**
#私人汽车	Private Vehicles	8.60	29.45	43.61	52.19	62.28	71.21	83.30	98.28
港口货物吞吐量(万吨)	**Volume of Freight Handled in Coastal Ports (10 000 tons)**	**3773**	**9662**	**11792**	**10130**	**14164**	**15356**	**16390**	**18473**

注：2004年起内河航道里程为内河航道通航里程数(下同)。
Note:Since 2004, inland waterways refers to navigable inland waterways. The same applies to the tables followings.

18-2 运输线路长度
Length of Transportation Routes

单位：公里

年　份 Year	铁路营运里程 Length of Railways in Operation	公路通车里程 Length of Highways (Open to Traffic)	#高速公路 Expressway	内河航道里程 Length of Navigable Inland Waterways	民航航线里程 Length of Civil Aviation Routes	国际航线 International Routes
1952		1412				
1957		3667				
1962		5113				
1965	144	5274		612		
1970	144	9409		612		
1975	144	10119		612		
1978	144	12641		556		
1979	144	14064		556		
1980	214	14110		338		
1985	214	12784		338		
1987	214	12794		338	5431	1647
1990	214	12902		338	19652	6536
1991	214	12922		338	24131	6536
1992	214	12937		338	48622	6536
1993	214	12937		338	62319	6536
1994	214	13014		338	82703	6536
1995	214	14808		338	127248	15444
1996	214	15165		403	154508	18702
1997	214	15246		414	152068	13269
1998	214	16920	302	414	201553	26006
1999	214	17317	495	414	316417	23171
2000	214	17401	601	414	399155	42503
2001	214	20667	574	414	240551	12144
2002	214	20876	626	414	477317	43299
2003	214	20877	626	434	306747	9082
2004	705	20873	625	343	540749	40673
2005	361	21162	625	343	770782	33757
2006	364	17577	625	343	1090212	87794
2007	528	17789	625	343	1072735	148081
2008	526	18563	660	343	871631	205503
2009	526	20041	660	343	958840	223644
2010	832	21236	660	343	1069914	282296
2011	832	22916	660	343	1189363	380866
2012	832	24265	757	343	1246743	324091
2013	832	24852	757	343	1411733	321829
2014	832	26002	757	343	1476500	259174
2015	1172	26860	803	343	1559684	450454
2016	1172	28217	795	434	1821989	624881
2017	1172	30684	795	343	2123410	848293

注：1. 铁路营运里程含过海轮渡里程。
2. 从2006年起公路通车里程以交通部最新标准的口径计算。
Note:a)The length of railways in operation includes that of ferrying across the Qiongzhou Strait.
b)The length of highways(open to traffic)has been calculated on the basis of newest coverage updated by the Ministry of Transport since 2006.

18-3 运输线路质量
Quality of Transport Routes

指标	Item	2000	2012	2013	2014	2015	2016	2017
国家铁路营业里程（公里）	**Length of National Railways in Operation (km)**	**219**	**832**	**832**	**832**	**1172**	**1172**	**1172**
#复线里程（公里）	Double-Tracking Length (km)		308	308	308	653	655	655
复线里程比重（%）	Highways (km)		37.0	37.0	37.0	55.7	55.9	55.9
#自动闭塞里程（公里）	Automatic Blocking Length (km)	219	311	311	311	659	659	659
公路里程（公里）	**Length of Highways (km)**	**17401**	**24265**	**24852**	**26002**	**26860**	**28217**	**30684**
#等级公路里程（公里）	Expressway and Class I to IV Highways (km)	13405	23540	24154	25386	26302	27732	30232
等级公路里程比重（%）	Proportion (%)	77.0	97.0	97.2	97.6	97.9	98.3	98.5
内河航道里程（公里）	Length of Navigable Inland Waterways (km)	414	343	343	343	343	434	343
#等级航道里程（公里）	Standard Waterways (km)	122	76	76	76	76	122	76
等级航道里程比重（%）	Proportion (%)	29.5	22.1	22.1	22.1	22.1	28.1	22.1

18-4 运输工具和线路拥有量
Number of Means of Transport and Length of Transport Routes

项目	Item	2010	2012	2013	2014	2015	2016	2017
铁路	**Railways**							
铁路机车（台）	Number of Locomotives (unit)	26	26	26	26	26	26	26
铁路营业里程（公里）	Length of Railways in Operation (km)	832	832	832	832	1172	1172	1172
公路	**Highways**							
公路通车里程（公里）	Length of Highways (km)	21236	24265	24852	26002	26860	28217	30684
民用汽车（万辆）	Civil Vehicles (10000 units)	40.62	56.40	65.57	75.74	83.82	96.75	113.56
载客汽车（万辆）	Passenger Vehicles (10000 units)	30.23	43.75	52.07	61.52	70.07	82.34	98.22
（万客位）	Passenger Vehicle Seats (10000 seats)	326	481	572	676			
载货汽车(万辆)	Freight Vehicles (10000 units)	8.58	11.12	12.14	13.02	12.66	13.35	14.33
（万吨位）	Tonnage of Freight Vehicles (10000 tonnages)	21.44	27.80	30.35	32.55			
其他汽车(万辆)	Other Vehicles (10000 units)		1.53	1.36	1.20	1.09	1.06	1
水运	**Waterways**							
内河通航里程（公里）	Length of Navigable Inland Waterways (km)	343	343	343	343	343	434	343
机动船（艘）	Number of Motor Vessels (unit)	497	536	521	500	462	398	513
（万净载重吨位）	Tonnage of Motor Vessels(dead weight tonnage)	74.74	173.53	179.77	179.8	171.0	114.6	194.8
（客位）	Number of Motor Vessel Seats (seat)	18724	30807	30408	34510	36435	34714	40195
（总功率万千瓦）	Total Power (10000 kws)	61.35	59.46	58.99	55.28	52.79	48.46	73.75
民航	**Civil Aviation**							
民用航空航线条数（条）	Number of Civil Aviation Routes (line)	543	728	905	710	560	579	507
民用航空航线里程(万公里)	Length of Civil Aviation Routes (10000 kms)	106.99	124.67	141.17	147.65	155.96	182.2	212.3
民用运输飞机（架）	Number of Civil Aircrafts (unit)	74	91	115	116	140	160	188

18-5 历年货运量
Freight Traffic in Various Years

单位：万吨 (10 000 tons)

年 份 Year	总 计 Total	铁 路 Railways	公 路 Highways	水 运 Waterways	民 航 Civil Aviation
1975	709	370	232	107	0.1
1978	714	386	222	106	
1979	644	356	201	87	
1980	1992	298	1611	83	
1985	3486	405	3022	59	0.1
1986	3601	415	3128	58	0.1
1987	3722	438	3216	68	0.1
1988	4224	420	3661	143	0.3
1989	4530	422	3941	167	0.2
1990	4765	423	4115	227	0.4
1991	5711	356	4929	425	0.6
1992	6253	387	5393	472	0.8
1993	8613	390	6968	1254	0.9
1994	8735	346	6997	1390	2.0
1995	10505	279	8256	1967	3.0
1996	10975	252	8842	1877	4.0
1997	11415	283	9116	2012	4.2
1998	11630	286	9186	2153	4.7
1999	11533	348	9049	2129	6.9
2000	11304	331	8962	2002	9.0
2001	10502	287	8190	2018	7.3
2002	10498	288	8177	2025	7.9
2003	11249	341	8797	2104	6.9
2004	11823	455	9166	2195	7.5
2005	13558	629	9652	3264	13.2
2006	16377	1338	10314	4709	16.1
2007	17344	692	12018	4617	16.6
2008	16847	573	10950	5302	22.0
2009	18417	625	10839	6933	20.4
2010	22481	546	13947	7966	22.5
2011	25141	696	15095	9326	24.3
2012	26906	754	16600	9528	24.8
2013	28834	964	17367	10476	27.0
2014	23081	870	10983	11199	29.0
2015	22330	792	11279	10229	30.6
2016	21828	800	10879	10114	35.6
2017	21397	972	11223	9165	37.2

18-6 历年货物周转量
Freight Ton-kilometers in Various Years

单位：万吨公里 (10 000 ton-km)

年 份 Year	总 计 Total	铁 路 Railways	公 路 Highways	水 运 Waterways	民 航 Civil Aviation
1975	49809	18330	9380	22062	37
1978	50390	18550	9798	22021	21
1979	46333	17100	8938	20276	19
1980	87953	15436	50049	22449	19
1985	131979	20808	90979	20160	32
1986	128616	22048	88931	17600	37
1987	162541	23651	118752	20071	67
1988	155894	22839	104336	28515	204
1989	165224	23085	108778	33220	141
1990	170802	22297	112175	36094	236
1991	212497	19025	149373	43729	370
1992	1152027	20728	200921	929400	978
1993	1793404	22731	277160	1492385	1128
1994	2331985	20697	342859	1965433	2996
1995	2509302	17509	348344	2140099	3350
1996	2697179	14662	381856	2296117	4544
1997	2892786	15964	391614	2479846	5362
1998	3067272	16222	421853	2623165	6032
1999	3244281	20045	438097	2776990	9149
2000	3189774	19730	461477	2695903	12664
2001	2317396	17816	452542	1836134	10904
2002	2263521	18315	471396	1761616	12194
2003	2359930	21725	506391	1821294	10520
2004	2322216	53973	569888	1684877	13478
2005	4609661	70610	604535	3911304	23212
2006	6001081	109628	660653	5202102	28698
2007	6198900	101588	769411	5298192	29709
2008	6326873	99193	936284	5250407	40989
2009	8000838	103069	793925	7058964	44880
2010	10035600	95933	908213	8975635	55819
2011	13780103	121360	971395	12625067	62281
2012	15570832	123176	1093533	14291225	62899
2013	13993400	154700	1203300	12567700	67700
2014	14982718	150551	815033	13942265	74869
2015	11931507	150048	786600	10909313	85546
2016	10735288	145801	761123	9725253	103111
2017	8797201	177965	786060	7705734	127442

18-7 历年客运量
Passenger Traffic in Various Years

单位：万人 (10 000 persons)

年份 Year	总计 Total	铁路 Railways	公路 Highways	水运 Waterways	民航 Civil Aviation
1975	1145	80	1002	60	3
1978	1504	119	1296	85	4
1979	1717	126	1484	103	4
1980	2570	117	2320	128	5
1985	6057	75	5686	289	7
1986	6091	98	5732	249	12
1987	8952	100	8496	340	16
1988	13183	91	12528	537	27
1989	13680	75	13215	360	30
1990	15914	46	15371	455	42
1991	17133	44	16497	542	50
1992	17708	44	16838	758	68
1993	19010	55	18067	797	91
1994	18829	65	17781	830	153
1995	19667	54	18727	653	233
1996	19688	29	18754	637	268
1997	21296	27	20292	682	295
1998	21549	22	20633	544	350
1999	22085	17	21196	457	415
2000	23013	14	21930	537	532
2001	26711	12	25484	633	582
2002	27992	13	26766	613	600
2003	28083	13	26876	648	546
2004	31276	13	29966	555	742
2005	32933	33	31377	632	891
2006	36326	70	34126	1029	1101
2007	39451	57	36996	1124	1274
2008	44186	80	40786	1484	1836
2009	42232	88	39461	1206	1477
2010	45718	104	42785	1340	1489
2011	47913	1066	43677	1473	1697
2012	49015	1189	44374	1581	1871
2013	51000	1400	45800	1600	2200
2014	16775	1565	11024	1738	2448
2015	16284	1691	10363	1714	2516
2016	17092	2326	9920	1657	3189
2017	18155	2706	10107	1879	3463

18-8 历年旅客周转量
Passenger-kilometers in Various Years

单位：万人公里 (10 000 passenger-km)

年 份 Year	总 计 Total	铁 路 Railways	公 路 Highways	水 运 Waterways	民 航 Civil Aviation
1975	53444	2973	47215	1471	1785
1978	71818	4533	63262	1978	2045
1979	82516	4820	73116	2460	2120
1980	104292	4368	94290	3204	2430
1985	236378	2678	222264	7986	3450
1986	239912	6066	222018	5770	6058
1987	389556	6695	369031	6785	7045
1988	429069	6501	391708	10675	20185
1989	442014	5410	408143	8337	20124
1990	573483	3541	536132	10888	22922
1991	633143	3514	574397	11400	43832
1992	684129	3627	594667	12907	72928
1993	758342	4777	632798	22487	98280
1994	849304	5642	629735	47453	166474
1995	937212	4794	665591	24266	242561
1996	1021380	2959	719396	17507	281518
1997	1111744	2963	783422	18574	306785
1998	1189441	2391	802417	17756	366877
1999	1256557	1801	782395	23112	449249
2000	1468769	1296	811786	25882	629805
2001	1600212	997	834657	23833	740725
2002	1730002	1103	921622	21943	785334
2003	1629661	1080	894204	18378	715999
2004	2064499	1992	1054801	15930	991776
2005	2153365	12230	1087647	14465	1039023
2006	2835220	18379	1175911	22517	1618413
2007	3201834	23468	1301250	24842	1852274
2008	3885675	36419	1088455	24581	2736220
2009	3846819	40002	1351036	23979	2431802
2010	4174331	47133	1500274	27249	2599675
2011	4729674	250453	1463385	31078	2984758
2012	5036745	250308	1476315	31518	3278604
2013	5701600	305500	1494700	31800	3869600
2014	5662612	326726	890849	33322	4411715
2015	6020795	344013	792937	34551	4849294
2016	7440686	456178	753612	34401	6196495
2017	8376427	522918	775052	38431	7040026

18-9 历年旅客运输平均运距 Average Transport Distance of Passengers in Various Years

单位：公里 (km)

年 份 Year	合 计 Total	铁 路 Railways	公 路 Highways	水 运 Waterways	民 航 Civil Aviation
1975	47	37	47	25	595
1980	41	37	47	26	486
1983	38	35	40	23	-
1985	39	38	39	27	493
1987	44	70	39	20	440
1988	33	71	43	23	748
1990	36	77	31	24	546
1991	40	80	35	21	877
1992	39	82	35	17	1072
1993	40	87	35	28	1080
1994	45	87	39	57	685
1995	50	88	37	41	1041
1996	52	102	38	27	1050
1997	54	110	38	27	1040
1998	55	109	39	33	1048
1999	57	106	37	51	1083
2000	63	93	37	48	1184
2001	60	83	33	38	1273
2002	62	85	34	36	1309
2003	58	83	33	28	1311
2004	66	153	35	29	1336
2005	65	370	34	22	1166
2006	78	262	34	22	1470
2007	81	412	35	22	1454
2008	88	455	26	16	1490
2009	92	455	34	20	1646
2010	91	453	35	20	1747
2011	91	235	34	21	1759
2012	103	210	33	20	1752
2013	112	218	33	20	1759
2014	338	209	81	19	1802
2015	370	203	77	20	1927
2016	435	196	76	21	1943
2017	461	193	76	20	2033

18-10 历年货物运输平均运距
Average Transport Distance of Freight in Various Years

单位：公里 (km)

年 份 Year	合 计 Total	铁 路 Railways	公 路 Highways	水 运 Waterways	民 航 Civil Aviation
1975	70	50	40	206	529
1980	44	52	31	270	475
1983	40	51	27	315	-
1985	38	51	30	342	457
1987	44	54	37	295	609
1988	37	55	28	199	703
1990	36	53	27	159	590
1991	37	53	30	103	673
1992	184	54	37	1969	1254
1993	208	58	40	1190	1253
1994	267	59	49	1414	1498
1995	239	63	42	1220	1117
1996	246	58	43	1223	1292
1997	253	56	43	1233	1271
1998	264	57	46	1218	1293
1999	281	58	48	1304	1319
2000	282	60	51	1347	1407
2001	221	62	55	910	1504
2002	216	64	58	870	1536
2003	210	64	57	865	1516
2004	196	119	62	768	1802
2005	340	112	62	1198	1759
2006	373	82	64	1105	1785
2007	358	147	64	1148	1785
2008	376	173	85	990	1859
2009	434	165	73	1018	2203
2010	446	176	65	1127	2486
2011	548	174	64	1354	2563
2012	579	163	66	1500	2536
2013	485	160	69	1200	2507
2014	649	173	74	1245	2582
2015	534	190	70	1067	2796
2016	492	182	70	962	2896
2017	411	183	70	841	3424

18-11 民用汽车拥有量
Possession of Civil Vehicles

单位：辆 (unit)

指标	Item	2015	2016	2017
民用汽车总计	**Total**	**838167**	**967471**	**1135565**
载客汽车	**VehiclesPassenger**	**700652**	**823366**	**982232**
按车型分	By Vehicle Type			
*轿车	Cars	477843	553054	643973
*大型	Large	12794	13278	15103
中型	Medium	6255	5879	6257
小型	Small	675997	799339	955946
微型	Mini	5606	4870	4926
载货汽车	**FreightVehicles**	**126586**	**133530**	**143255**
按车型分	By Vehicle Type			
重型	Heavy	11872	12951	14940
中型	Medium	11829	11935	11674
轻型	Light	102589	108419	116463
微型	Mini	296	225	178
其他汽车	**Others**	**10929**	**10575**	**10078**

18-12 私人汽车拥有量
Possession of Private Vehicles

单位：万辆 (10 000 units)

指 标	Item	2005	2010	2012	2013	2014	2015	2016	2017
汽车总计	**Total**	**8.60**	**29.45**	**43.61**	**52.19**	**62.28**	**71.21**	**83.30**	**98.28**
载客汽车	PassengerVehicles	4.63	21.57	33.90	41.67	51.09	60.33	71.87	86.30
大 型	Large	0.09	0.11	0.14	0.10	0.07	0.06	0.04	0.03
中 型	Medium	0.17	0.30	0.33	0.29	0.24	0.21	0.18	0.16
小 型	Small	4.13	20.77	32.95	40.76	50.25	59.55	71.19	85.69
微 型	Mini	0.24	0.39	0.49	0.52	0.53	0.52	0.46	0.41
载货汽车	Trucks	2.99	6.42	8.62	9.57	10.38	10.16	10.79	11.42
重 型	Heavy	0.64	0.70	0.73	0.68	0.70	0.68	0.75	0.83
中 型	Medium	0.60	1.03	1.13	1.12	1.10	1.04	1.03	0.99
轻 型	Light	1.53	4.62	6.73	7.75	8.55	8.42	8.99	9.58
微 型	Mini	0.23	0.07	0.03	0.03	0.03	0.03	0.02	0.02
其他汽车	Others	0.98	1.46	1.08	0.95	0.82	0.72	0.64	0.57

18-13 民用航空航线及飞机架数
Number of Civil Aviation Routes and Civil Aircrafts

指 标	Item	2005	2010	2012	2013	2014	2015	2016	2017
民用航空航线(条)	**Number of Civil Aviation Routes(line)**	**391**	**543**	**728**	**905**	**710**	**560**	**579**	**507**
国际航线	International Routes	12	54	69	64	31	45	61	73
国内航线	Domestic Routes	379	489	659	841	679	515	518	434
#地区航线	#Regional Routes	4	15	15	15	6	10	7	7
民用航空航线里程(万公里)	**Length of Civil Aviation Routes(10 000km)**	**80.45**	**106.99**	**124.67**	**141.17**	**147.65**	**151.73**	**182.20**	**212.32**
国际航线	International Routes	3.38	28.23	32.41	32.18	25.92	45.05	62.49	84.83
国内航线	Domestic Routes	77.08	78.76	92.27	108.99	121.74	106.68	119.71	127.51
#地区航线	#Regional Routes	0.97	2.34	3.04	2.58	2.52	4.24	2.66	2.62
民用航班飞行机场(个)	**Number of Civil Airports(unit)**	**2**	**2**	**2**	**2**	**2**	**2**	**3**	**3**
#可降波音737以上机型	#Number of Civil Airports Accommodating Boeing 737 and Models of Higher Class	2	2	2	2	2	2	3	3
民用飞机架数(架)	**Number of Civil Aircrafts(unit)**	**47**	**74**	**91**	**115**	**116**	**140**	**160**	**188**
#波音737	Boeing 737	24	49	57	64	82	73	84	101
空客A330	Airbus A330		8	14	13	34	54	55	25
波音787	Boeing 787								26
空客A320	Airbus A320								14
空客A321	Airbus A321								19

18-14 历年港口货物吞吐量
Volume of Freight Handled in Coastal Ports in Various Years

单位：万吨 (10 000 tons)

年 份 Year	总 计 Total	海口港 Haikou	三亚港 Sanya	八所港 Basuo	洋浦港 Yangpu	其他沿海小港 Other Coastal Ports
1971	509	67	44	328		70
1972	408	60	29	252		67
1973	473	67	37	306		63
1974	471	57	37	303		74
1975	514	76	31	302		105
1976	496	57	35	284		120
1977	539	76	42	285		136
1978	544	76	45	307		116
1979	533	83	41	305		104
1980	483	72	38	278		95
1981	483	79	33	284		87
1982	557	88	36	343		90
1983	628	109	39	372		108
1984	686	131	53	411		91
1985	624	171	77	288		88
1986	722	174	64	391		93
1987	770	198	64	405		103
1988	826	241	59	392		134
1989	895	256	63	410		166
1990	929	288	37	431		173
1991	886	321	37	350		178
1992	1040	413	39	376		212
1993	1307	580	65	384		278
1994	1459	699	79	355		326
1995	1252	469	43	275		465
1996	1407	537	31	265		574
1997	1424	486	30	336		572
1998	1474	470	33	358	44	569
1999	1682	674	27	380	42	559
2000	1976	808	48	378	46	696
2001	1982	888	71	342	60	621
2002	2309	1073	49	343	91	753
2003	2757	1329	61	425	114	828
2004	3602	1439	75	548	220	1320
2005	3773	2118	49	489	431	686
2006	4333	2173	76	479	1016	589
2007	7331	4309	85	547	2351	39
2008	7692	4624	117	554	2352	45
2009	8345	4856	150	652	2649	38
2010	9662	5700	200	893	2825	44
2011	10905	6549	204	997	3101	54
2012	11792	7271	215	1068	3225	13
2013	10130	5424	140	1685	2880	
2014	14164	8915	226	1400	3525	98
2015	15356	9204	402	1767	3901	82
2016	16390	9952	595	1516	4058	269
2017	18473	11297	667	1605	4285	619

18-15　主要港口(水港)货物、旅客吞吐量(2017)
Throughput of Freight & Passengers in Major Coastal Ports (2017)

单位：万吨　　(10 000 tons)

港口(货物)	Ports (Freight)	货物吞吐量 Freight Throughput	出港 Out-port	进港 In-port
总　计	**Total**	**18473.24**	**25598.48**	**43132.73**
按主要港口分	**By Major Coastal Ports**	**17854.62**	**7193.44**	**10661.18**
#海口港	Haikou	11297.41	4244.35	7053.06
三亚港	Sanya	666.86	386.59	280.28
八所港	Basuo	1604.95	841.83	763.12
洋浦港	Yangpu	4285.40	1720.67	2564.72
按货物分类	**By Type of Freight**	**18473.24**	**25598.48**	**43132.73**
煤　炭	Coal	1304.11	37.63	1266.48
石油、天然气及	Petroleum, Natural Gas and Their Products	2603.73	1090.49	1513.24
金属矿石	Metal Ores	507.53	434.39	73.14
钢铁	Steel and Iron	531.85	25.52	506.33
矿建材料	Mineral Building Materials	1511.92	793.91	718.00
水　泥	Cement	278.02	25.49	252.53
木　材	Timber	739.76	60.65	679.11
非金属矿石	Nonmetal Ores	386.36	229.81	156.54
化肥及农药	Chemical Fertilizers and Pesticides	220.71	122.53	98.18
盐	Salt	5.99	0.23	5.76
粮食	Grain	439.25	60.59	378.67
机械设备及电器	Mechanical Equipment & Electrical Equipment	1023.05	495.87	527.18
化工原料及制品	Chemical Raw Materials and Products	907.47	496.20	411.27
有色金属	Nonferrous Metals	5.03	18145.00	32118.00
轻工医药产品	Light Industrial and Medical Products	481.59	225.55	256.05
农副产品	Agricultural and Non-staple Products	801.35	318.49	482.86
其他	Others	6725.51	3036.12	3689.39

18-15　续(Continued)

港　口	Ports	旅客吞吐量(万人) Passenger Throughput (10 000 persons)	出港 Out-port	进港 In-port
总　计	**Total**	**1502.95**	**756.27**	**746.68**
海口港	Haikou	1498.95	754.25	744.70
三亚港	Sanya	4.00	2.02	1.98

18-16 邮电业务基本情况
Basic Statistics on Postal and Telecommunication Services

指标	Item	2010	2012	2013	2014	2015	2016	2017
邮电业务总量(亿元)	**Business Volume of Postal and Telecommunication Services (100 million yuan)**	**76.74**	**103.28**	**110.44**	**139.43**	**183.00**	**142.84**	**270.03**
邮政业务总量	Business Volume of Postal Services	6.21	7.78	8.87	10.68	12.61	16.89	19.00
电信业务总量	Business Volume of Telecommunication Services	70.53	95.50	101.58	128.75	170.39	125.95	251.03
邮政业务量	**Business Volume of Postal Services**							
函件(万件)	Number of Letters(100 million pcs)	1225.0	968.6	958.9	739.7	541.9	489.2	418.5
包裹(万件)	Package(10 000 pcs)	40.2	40.9	22.3	38.7	28.3	11.1	18.0
快递(万件)	Pieces of Express Mail Services (10 000 pcs)	681.2	1123.6	2226.9	2248.6	2953.0	4869.4	5915.8
报刊期发数(万份)	Issue of Newspapers and Magazines (10 000 copies)	13766	15435	17306	18471	102	96	98
汇票(万笔)	Postal Order (10 000 times)	256.3	184.3	133.0	83.0	45.3	28.6	18.5
集邮业务(万枚)	Stamps for Collection (10 000 pcs)	367.0	418.0	397.0	788.0	965.0	987.0	905.0
营业网点(处)	Number of Offices (unit)	412	416	451	423	425	426	425
邮路总长度(万公里)	Length of Postal Routes (10 000 km)	9.3	9.1	9.0	9.2	9.7	9.6	9.4
农村投递路线长度(万公里)	Rural Delivery Routes (10 000 km)	2.2	2.4	2.5	2.8	2.9	2.9	3.1
电信业务量	**Business Volume of Telecommunication Services**							
固定本地电话通话时长(亿分钟)	Length of Local Calls of Fixed Telephone (100 million minutes)		27.9	20.3	1.4	13.2	9.4	7.8
固定长途电话通话时长(亿分钟)	Length of Long-distance Calls of Fixed Telephone (100 million minutes)	5.4	5.5	6.9	0.5	2.1	1.6	1.3
移动电话通话时长(亿分钟)	Length of Calls of Mobile Telephone (100 million minutes)	334.3	253.4	488.9	21.8	237.8	467.1	458.0
移动短信业务量(亿条)	Short Message Services (100 million messages)	49.5	62.4	58.3	4.6	46.7	42.1	34.6
移动电话用户(万户)	Number of Mobile Telephone Subscribers at Year-end (10 000 subscribers)	594.3	775.6	858.3	854.0	920.5	942.3	1007.5
#3G移动电话用户	3G Mobile Phone Subscribers (10 000 subscribers)	31.8	198.8	314.7	327.9	258.2	99.6	74.7
固定电话用户(万户)	Number of Fixed Telephone Subscribers at Year-end (10 000 subscribers)	179.8	173.0	173.6	173.8	171.0	169.2	160.5
城市电话用户(万户)	Urban Fixed Telephone Subscribers(10 000 subscribers)	124.9	122.0	122.7	122.6	122.5	116.2	104.5
#住宅电话用户	Household Fixed Telephone Subscribers	66.5	64.4	66.6	66.1	62.6	59.2	54.2
农村电话用户(万户)	Rural Fixed Telephone Subscribers(10 000 subscribers)	54.9	51.0	50.9	51.2	48.5	53.0	56.0
#住宅电话用户	Household Fixed Telephone Subscribers	43.6	38.2	37.6	37.8	38.1	42.0	44.7
公用电话用户(万户)	Public Telephone (10 000 subscribers)	16.5	14.2	14.0	13.5	11.3	8.8	6.0
固定长途电话交换机容量(万路端)	Capacity of Long Distance Telephone Exchanges (10 000 lines)	9.2	9.2	9.0	13.0	4.1	4.1	1.5
局用交换机容量(万门)	Capacity of Office Telephone Exchanges (10 000 lines)	83.8	85.0	74.0	43.9	27.6	62.7	4.7
移动电话交换机容量(万户)	Capacity of Mobile Telephone Exchanges (10 000 subscribers)	1099.4	1512.4	1532.0	1532.4	1572.4	1612.4	1684.0
长途光缆线路长度(公里)	Length of Long-distance Optical Cable Lines(10 000 km)	3270.0	3039.0	6549.0	3302.0	3377.0	3376.0	3376.1
互联网宽带接入端口(万个)	Broadband Subscribers Port of Internet (10 000 ports)	111.3	143.4	220.0	223.9	342.5	507.0	571.6
互联网宽带接入用户(万户)	Broadband Subscribers of Internet (10 000 subscribers)	63.0	95.5	111.0	111.9	133.9	186.5	228.7
城市宽带接入用户	Urban Broadband Subscribers		74.1	85.0	85.1	97.9	126.3	149.1
农村宽带接入用户	Rural Broadband Subscribers		21.4	26.0	26.8	35.9	60.2	79.6

注：邮政和通信业务总量按不变价计算.

Note:The business volume of postal and telecommunication services was calculated at constant prices.

18-17 邮电业务量
Business Volume of Postal and Telecommunication Services

年份 Year	邮电业务总量 (万元) Business Volume of Postal and Telecommunication Services (10 000 yuan)	邮政业务总量 Business Volume of Postal Services	电信业务总量 Business Volume of Telecommunication Services	函件 (万件) Number of Letters (10 000 pcs)	包裹 (万件) Package (10 000 pcs)	汇票 (万笔) Postal Order (10 000 times)
1987	2409	651	1758	2969	38	207
1988	3625	879	2746	3345	39	205
1989	4726	1050	3676	3473	39	196
1990	7887	2814	5073	3438	41	192
1991	19348	3538	15810	3659	41	200
1992	32220	4558	27662	4257	46	235
1993	60568	6549	54019	5384	58	341
1994	95277	8579	86698	5689	58	435
1995	114308	9377	104931	4998	68	353
1996	136767	10895	125872	4353	72	302
1997	173706	12399	161307	3789	61	272
1998	199496	14257	185239	3313	62	238
1999	246951	17470	229481	3178	63	214
2000	329516	18957	310559	2547	60	204
2001	355681	32848	322833	3010	64	184
2002	429384	32347	397037	2441	68	161
2003	465039	34509	430530	2304	76	137
2004	623520	37181	586339	1959	85	103
2005	750741	40929	709812	2012	59	85
2006	977641	47218	930423	1735	46	84
2007	1245150	53605	1191545	1368	46	161
2008	1589151	62851	1526300	1423	42	210
2009	1772259	74898	1697361	1373	39	236
2010	767414	62104	705310	1225	40	256
2011	918778	52168	866610	1490	45	236
2012	1032801	77800	955001	969	41	184
2013	1104441	88669	1015772	959	22	133
2014	1394317	106795	1287522	740	39	83
2015	1830018	126100	1703918	542	28	45
2016	1428471	168932	1259539	489	11	29
2017	2700310	189975	2510335	418	18	18

注：邮政和通信业务总量1987-1990年按1980年不变价计算，1991-1999年按1990年不变价计算，2000-2009年按2000年不变价计算，2010起按2010年不变价计算, 2016年起按2015年不变价计算。

Note:The business volume of postal and telecommunication services from 1981 to 1990 was calculated at 1980 constant prices,and that from 1991 to 1999 was calculated at 1990 constant prices,and that from 2000 to 2009 was calculated at 2000 constant prices,and that since 2010 was calculated at 2010 constant prices， and that since 2016 was calculated at 2015 constant prices.

18-17 续1(Continued)

年 份 Year	集邮业务 (万枚) Stamps for Collection (10 000 pieces)	固 定 本地电话 通话时长 (亿分钟) Length of Local Calls of Fixed Telephone (100 million minutes)	固 定 长途电话 通话时长 (亿分钟) Length of Long-distance Calls of Fixed Telephone (100 million minutes)	移动短信 业 务 量 (亿条) Short Message Services (100 million messages)
1995			4.15	
1996			4.35	
1997			4.64	
1998			4.35	
1999			4.04	
2000			6.36	
2001			3.57	
2002			2.81	2.47
2003			2.51	5.67
2004			4.48	9.60
2005			5.24	13.15
2006			6.92	20.36
2007	322		6.51	36.10
2008	369		6.35	41.45
2009	323		6.05	43.72
2010	367		5.45	49.50
2011	481	32.13	5.50	55.12
2012	418	27.92	5.51	62.40
2013	397	20.32	6.92	58.31
2014	788	15.2	3.1	49.6
2015	965	13.23	2.08	47
2016	987	9.37	1.58	42.1
2017	905	7.82	1.3	34.6

注：固定长途电话通话时长为固定传统长途电话通话时长及固定IP电话通话时长之和。
Note:Length of long-distance calls of fixed telephone includes traditional calls and IP calls.

18-17 续2(Continued)

年 份 Year	移动电话通话时长(亿分钟) Length of Calls of Mobile Telephone (100 million minutes)	#去话通话时长 Length of Outgoing Calls	非漫游 Non-Roaming	国内漫游 Domestic Roaming	国际及港澳台漫游 Hong Kong, Macao, Taiwan and International Roaming	移动电话用户(万户) Number of Mobile Telephone Subscribers at Year-end (10 000 subscribers)	#3G移动电话用户 3G Mobile Phone Subscribers
1992						0.52	
1993						1.04	
1994						1.95	
1995	2.06					3.11	
1996	3.00					5.29	
1997	5.88					13.10	
1998	4.36					19.49	
1999	0.35					5.80	
2000	15.28					57.60	
2001	21.17					81.20	
2002	27.75					110.07	
2003	44.86					136.32	
2004	72.80					164.96	
2005	90.83					203.87	
2006	124.39					239.89	
2007	169.46					324.84	
2008	234.12					397.78	
2009	281.70					496.44	
2010	334.31					594.33	31.83
2011	229.40	229.40	220.11	9.26	0.03	671.64	106.65
2012	253.38	253.38	242.41	10.92	0.05	775.62	198.80
2013	467.13	251.13	239.69	11.38	0.06	858.30	314.73
2014	482.12	244.40	233.30	11.07	0.03	907.42	452.62
2015	237.80	237.80	227.03	10.71	0.05	920.48	258.21
2016	467.13	234.96	224.78	10.13	0.02	942.32	99.55
2017	457.98	232.73	223.08	9.60	0.05	1007.46	74.71

18-17 续3(Continued)

年 份 Year	固定电话用户 (万户) Number of Fixed Telephone Subscribers at Year-end (10 000 subscribers)	城市电话用户 Urban Fixed Telephone Subscribers	#住宅电话用户 Household Fixed Telephone Subscribers	农村电话用户 Rural Fixed Telephone Subscribers	#住宅电话用户 Household Fixed Telephone Subscribers	#公用电话用户 (万户) Public Telephone (10 000 subscribers)
1987	1.67	1.27		0.39		
1988	2.22	1.81		0.42		
1989	3.03	2.59		0.44		
1990	4.06	3.59		0.47		
1991	5.73	5.23		0.50		
1992	8.49	7.88	2.50	0.61	0.1	0.1
1993	13.58	12.78	5.47	0.80	0.3	0.3
1994	23.74	21.66	12.97	2.08	1.0	0.5
1995	28.04	24.88	16.64	3.16	1.9	1.0
1996	34.13	29.26	18.14	4.87	3.3	1.4
1997	38.69	32.60	20.86	6.09	4.2	1.9
1998	43.40	36.12	23.06	7.29	4.4	1.9
1999	52.70	42.20	28.60	10.50	7.8	3.3
2000	69.01	52.36	46.86	16.65	12.1	3.9
2001	105.51	72.63	69.43	32.88	27.9	3.2
2002	137.35	96.85	45.56	40.50	35.5	3.2
2003	162.81	115.37	89.93	47.44	41.6	14.4
2004	197.29	142.10	98.33	55.20	48.3	17.8
2005	230.02	171.08	55.36	58.94	51.8	23.7
2006	249.01	179.72	110.76	69.29	59.6	22.0
2007	239.95	170.75	106.72	69.20	58.7	22.6
2008	224.68	159.54	98.65	65.14	54.7	21.8
2009	182.83	125.47	64.02	57.36	46.1	20.1
2010	179.84	124.91	66.46	54.92	43.6	16.5
2011	174.98	122.74	66.37	52.23	40.3	14.8
2012	173.01	121.99	64.40	51.02	38.2	14.2
2013	173.59	122.72	66.64	50.85	37.6	14.0
2014	173.80	122.60	66.10	51.20	37.8	13.5
2015	171.01	122.54	62.64	48.48	38.09	11.26
2016	169.20	116.20	59.20	52.99	41.99	8.75
2017	160.53	104.54	54.16	55.98	44.68	5.98

18-18　快递业务量
Business Volume of Express Services

年　份 Year	快　递 (万件) Pieces of Express Mail Services (10 000 pcs)	国内同城快递 Local Express Service	国内异地快递 National Express Service	国际及港澳台快递 Hong Kong, Macao, Taiwan and International Express Service	快递业务收入 (万元) Revenue from Express Service (10 000 yuan)
1992	12.10				
1993	23.70				
1994	31.50				
1995	33.00				
1996	39.20				
1997	39.90				
1998	42.30				
1999	50.10				
2000	47.10				
2001	62.90				
2002	70.00				
2003	64.80				
2004	95.72				
2005	108.10				
2006	124.00				
2007	142.00				
2008	384.20	69.70	308.70	5.80	9600.20
2009	429.50	58.20	364.50	6.80	13797.90
2010	681.20	197.90	474.90	8.50	17982.10
2011	953.50	214.80	731.20	7.50	20164.60
2012	1123.60	232.70	883.10	7.80	23230.10
2013	2226.86	329.10	1891.81	5.94	28075.73
2014	2248.55	250.59	1991.72	6.25	43190.57
2015	2953.04	545.47	2401.89	5.69	63444.78
2016	4869.35	1108.16	3755.54	5.65	100300.00
2017	5915.77	1791.78	4118.18	5.82	126970.80

18-19 邮政业网点及邮递线路(年底数)
Postal Offices and Postal Delivery Routes at Year-end

年 份 Year	营业网点 (处) Number of Offices (unit)	信筒信箱 (个) Number of Post Boxes (unit)	农村投递路线 (公里) Rural Delivery Routes (km)	邮路总长度 (公里) Length of Postal Routes (km)	#航空邮路 Air Mail Routes	#汽车邮路 Highway Routes
1992	426		21394	60698	51644	9054
1993	440		20800	88752	82498	6254
1994	474		20312	97955	87798	10157
1995	506		19701	87007	78135	8872
1996	524		19291	55107	46477	8630
1997	575		20474	88656	79497	9159
1998	621		21745	50198	39740	10458
1999	525		19838	51028	40909	10119
2000	503		19732	58029	46079	11950
2001	504		20353	33942	22194	11748
2002	494		20296	35873	23148	12725
2003	487		22858	41939	25311	16628
2004	468		23108	34831	20710	14121
2005	458		23172	36498	22012	14486
2006	463		23645	32414	20383	12031
2007	458	836	23281	39422	27421	12001
2008	445	829	19589	61917	50307	11610
2009	443	853	22084	63250	50650	12600
2010	412	843	22155	93211	80385	12826
2011	418	672	21216	93432	80385	13047
2012	416	666	24373	90619	80385	10234
2013	451	671	25273	90405	80385	10020
2014	423	3270	28330	92173	80385	11788
2015	1516	3259	28895	96833	80385	16448
2016	1740	3240	28860	96486	80385	16101
2017	1714	3223	30595	86508	67189	18851

18-20 电信主要通信能力和服务水平(年底数)
Main Communication Capacity and Services Available of Telecommunications at Year-end

年 份 Year	固定长途电话交换机容量(路端) Capacity of Long-distance Telephone Exchanges (circuit)	局 用交换机容量(万门) Capacity of Office Telephone Exchanges (10 000 lines)	移动电话交换机容量(万户) Capacity of Mobile Telephone Exchanges (10 000 subscribers)	长途光缆线路长度(公里) Length of Long Distance Optical Cable Lines (km)	固定电话普及率(部/百人) Popularization Rate of Fixed Telephone (sets/100 persons)
1992		12.75	0.07		
1993		23.48	1.40	129	
1994	13494	38.92	2.93		4.5
1995	27860	49.50	9.50	534	5.7
1996	38730	58.65	11.50	874	6.2
1997	42420	63.79	18.50	1199	6.3
1998	42420	66.79	42.50	1750	7.1
1999	38572	72.39	13.00	2208	8.2
2000	69930	77.36	112.80	3179	9.9
2001	55000	83.62	125.60	333	14.9
2002	66102	88.48	134.29	1155	18.1
2003	75296	96.98	148.63	1180	21.1
2004	66196	92.89	179.10	618	24.3
2005	66516	91.09	245.00	642	28.2
2006	72634	93.66	275.61	850	30.1
2007	79444	99.59	438.91	1702	28.7
2008	66244	101.28	568.36	1839	26.6
2009	86674	78.67	864.40	811	21.4
2010	91576	83.80	1099.40	3270	20.8
2011	91576	85.29	1347.40	3302	19.9
2012	91576	85.01	1512.40	3039	19.3
2013	90000	74.00	1532.00	6549	19.4
2014	41108	43.96	1532.40	3302	19.0
2015	41108	27.56	1572.40	3377	19.1
2016	41108	62.75	1612.40	3376	18.6
2017	15008	46.72	1684.00	3376	17.5

18-21 邮政通信服务水平（年底数）
Postal Services Available at Year-end

年 份 Year	移动电话普及率（部/百人） Popularization Rate of Mobile Telephone (sets/100 persons)	平均每一营业网点服务人口（人） Average People Served by Every Postal Office (Persons)	平均每人每年发函件数（件） Annual Average Number of Letters Mailed per Capita (Piece)	已通邮的行政村比重（%） Percentage of Administrative Village with Posts (%)
1993		15271	8.0	92.8
1994		14384	8.3	94.4
1995		13664	7.2	93.1
1996	0.75	13486	6.2	93.5
1997	1.78	12418	5.3	99.0
1998	2.7	11809	4.5	99.0
1999	4.04	13968	4.3	93.5
2000	7.7	14579	3.4	94.5
2001	10.32	15098	3.9	95.5
2002	13.83	15577	3.2	85.6
2003	16.98	15994	3.0	99.0
2004	20.34	16886	2.5	99.0
2005	24.92	17670	3.0	98.0
2006	28.97	17775	2.0	99.0
2007	38.9	18187	2.0	99.0
2008	47.1	19016	2.0	100.0
2009	58.12	18665	2.0	99.0
2010	68.8	21391	1.4	96.0
2011	77.3	21512	1.2	98.0
2012	86.56	21789	1.0	100.0
2013	95.84	19657	1.1	99.9
2014	101.36	21165	0.8	100.0
2015	102.81	6008	0.6	100.0
2016	103.5	5271	0.5	100.0
2017	109.8	5401	0	100.0

主要统计指标解释

货（客）运量 指在一定时期内，各种运输工具实际运送的货物（旅客）数量。它是反映运输业为国民经济和人民生活服务的数量指标，也是制定和检查运输生产计划、研究运输发展规模和速度的重要指标。货运按吨计算，客运按人计算。货物不论运输距离长短、货物类别，均按实际重量统计。旅客不论行程远近或票价多少，均按一人一次客运量统计;半价票、小孩票也按一人统计。

货物(旅客)周转量 指在一定时期内，由各种运输工具运送的货物(旅客)数量与其相应运输距离的乘积之和。它是反映运输业生产总成果的重要指标，也是编制和检查运输生产计划，计算运输效率、劳动生产率以及核算运输单位成本的主要基础资料。计算货物周转量通常按发出站与到达站之间的最短距离，也就是计费距离计算。计算公式为：

货物(旅客)周转量＝Σ货物(旅客)运输量×运输距离

港口货物吞吐量 指经由水路进、出港区范围，并经过装卸的货物数量。按货物流向分，为进港吞吐量和出港吞吐量。按货物的贸易性质分，为内贸和外贸吞吐量。按货物的类别分，可根据现行的交通行业标准《运输货物分类和代码》分类。沿海港口是指位于海沿岸，具有一定设施和条件，供船舶停靠、旅客上下、货物装卸、生活物料供应等作业的港口。

民用汽车拥有量 指报告期末，在公安交通管理部门按照《机动车注册登记工作规范》，已注册登记领有民用车辆牌照的全部汽车数量。汽车拥有量统计的主要分类，根据汽车结构分为：载客汽车、载货汽车、其他汽车；根据汽车所有者不同分为：个人(私人)汽车、单位汽车；根据汽车的使用性质分为：营运汽车、非营运汽车；根据汽车大小规格不同，载客汽车分为：大型、中型、小型和微型，载货汽车分为重型、中型、轻型和微型。

邮电业务总量（又称通信业务总量） 指以价值量形式表现的邮电通信企业为社会提供各类邮电通信服务的总数量。分别按邮政业务总量和电信业务总量统计。邮电业务总量是以各类业务的实物量分别乘以相应的不变单价，得出各类业务的货币量再加总求得。该指标综合反映了一定时期邮电业务发展的总成果，是研究邮电业务量构成和发展趋势的重要指标。

Explanatory Notes on Main Statistical Indicators

Freight (Passenger) Traffic refers to the volume of freight (passenger) transported actually by various modes within a specific period of time. This indicator reflects the service of the transport industry towards the national economy and the people's living conditions, as well as an important indicator used in formulating and monitoring transport production plans and researching into the scale and pace of transport development. Freight transport is calculated in tons and passenger traffic is calculated in terms of number of persons. Freight transport is calculated in terms of the actual weight of goods and takes no account of the type of freight and distance of travel. Passenger traffic is calculated by the principle that one person can be counted only once in one trip and takes no account of the travelling distance and ticket price. The passengers who travel with a half-price ticket or a child ticket are also calculated as one person.

Freight Ton-kilometers (Passenger-kilometers) refers to the sum of the volume of transported goods (passengers) multiplied by the transport distance. It is an important indicator to reflect achievements of the transportation industry. This is an important indicator to show the total results of the transport industry; to prepare and examine the transport plan; and to serve as the main basic data for calculating the efficiency, labour productivity and unit cost of transport. Normally, the shortest distance between the departure station and the destination station (i.e., the payable distance) is the basis in calculating the freight ton-kilometers. The formula is as follows:

$$\frac{\text{Freight ton - kilometres}}{\text{(passenger - kilometres)}} = \sum \frac{\text{freight}}{\text{(passenger)traffic}} \times \frac{\text{distance of}}{\text{transportation}}$$

Volume of Freight Handled in Coastal Ports (Freight Throughput) refers to the volume of incoming and outgoing goods handled in the major coastal ports. The volume of freight handled may be classified into two categories by direction of flow: in-port and out-port, and by nature of cargo it can be classified into two kinds: freight for domestic trade and for foreign trade. The classification of cargo can also refer to the current transport standard of The Classification and Code of Cargo Type. Coastal ports refer to the ports which are located at the edge of an ocean or sea, and with some facilities for vessel callings, passenger embarking/debarking, cargo loading/unloading, living material supply, etc.

Possession of Civil Vehicles refers to the total number of vehicles that are registered and received vehicle license tags according to the Motor Vehicle Registration Specifications formulated by the Transport Management Office under the department of public security at the end of report period. According to the structure of motor vehicles, they are divided into passenger vehicles, trucks and others; according to ownership into private vehicles and vehicles for the unit's use; according to kind of usage into operating vehicles and non-operating vehicles; and according to size of vehicles into large passenger vehicles, medium-sized passenger vehicles, small passenger vehicles and mini passenger vehicles, heavy trucks, light-heavy trucks, light trucks and mini-trucks.

Business Volume of Post and Telecommunications (Business Volume of Communications) refers to the total amount of postal and telecommunication services for the whole society in terms of value, provided by the postal and telecommunication enterprises. It's an aggregative indicator that reflects the trend of development and changes of postal and telecommunication services. Its statistical data includes two parts: postal services and telecommunication services. Business volume of post and telecommunications is the sum of physical quantities of all services respectively multiplied by their corresponding unit price (constant price).

19

金　融

Finance Intermediation

编辑人员：　黄淑娴

Compiled by　Huang Shuxian

英文翻译：黄淑娴

Translated by　Huang Shuxian

简 要 说 明

本章节主要内容

反映我省金融、证券和保险业发展情况。由三个部分构成：一是金融机构金融活动情况，二是金融机构、人员情况，三是保险业务情况。

Brief Introduction

Main Contents

This chapter reflects the situation of banking, securities and insurance industry development in Hainan and it consists of three parts: financial activities, financial staff and insurance business.

19-1 历年全社会金融机构存贷款余额
Deposit and Loan Balance of Financial Institutions in Various Years

单位：亿元 (100 million yuan)

年份 Year	人民币 RMB			本外币 RMB and Foreign Currency		
	年末存款余额 Deposit Balance	#储蓄存款 Savings Deposits	年末贷款余额 Loan Balance	年末存款余额 Deposit Balance	#储蓄存款 Savings Deposits	年末贷款余额 Loan Balance
1992	346.80	112.75	269.51			
1993	432.92	184.02	370.77			
1994	496.17	232.91	467.25			
1995	556.41	279.41	554.44			
1996	652.06	327.13	645.03			
1997	742.30	362.61	755.94			
1998	772.24	385.52	799.89			
1999	847.88	398.39	882.20			
2000	888.72	404.74	622.47			
2001	873.18	427.33	636.65			
2002	834.00	484.08	647.44	891.93	522.55	780.40
2003	991.90	546.87	733.10	1050.45	581.96	874.76
2004	1110.83	615.92	801.21	1159.31	645.48	920.55
2005	1262.16	697.57	874.32	1302.29	721.98	996.32
2006	1513.69	790.57	993.78	1560.30	812.18	1123.34
2007	1833.21	863.12	1086.89	1873.00	878.88	1228.04
2008	2305.46	1061.12	1219.68	2350.86	1075.23	1383.39
2009	3107.26	1280.05	1728.81	3175.70	1294.42	1940.86
2010	4166.03	1658.42	2266.55	4217.16	1671.48	2514.08
2011	4449.99	1874.27	2793.79	4510.03	1888.48	3194.96
2012	5042.83	2170.91	3381.60	5109.70	2186.84	3889.63
2013	5878.60	2465.04	3978.15	5952.50	2480.36	4630.78
2014	6363.57	2672.31	4684.32	6427.88	2687.39	5391.51
2015	7508.84	2974.53	5685.14	7626.07	2995.32	6643.54
2016	8959.21	3387.96	6569.47	9080.13	3416.64	7672.98
2017	10016.62	3790.10	7376.55	10096.38	3815.80	8459.27

19-2 金融机构存贷款项目构成
Composition of Deposits and Loans of Financial Institutions

单位：万元 (10 000 yuan)

指　　标	Item	2017
各项存款	**Deposits Balance**	100166188
境内存款	Domestic Deposits	99922898
住户存款	Personal Deposits	37900965
活期存款	Demand Deposits	21741438
定期及其他存款	Time Deposits and Others	16159526
非金融企业存款	Non-financial Enterprises Deposits	36604817
活期存款	Demand Deposits	18077525
定期及其他存款	Time Deposits and Others	18527292
广义政府存款	General Government Deposits	23325889
财政性存款	Fiscal Deposits	4764359
机关团体存款	Government Organization Deposits	18561530
非银行业金融机构存款	Non-banking Financial Institutions Deposits	2091227
境外存款	Oversea Deposits	243290
各项贷款	**Loans Balance**	**73765549**
境内贷款	Domestic Loans	73706158
住户贷款	Personal Loans	19411791
短期贷款	Short-term Loans	1996159
消费贷款	Consumer Loans	1233055
经营贷款	Business Loans	763104
中长期贷款	Medium & Long Term Loans	17415632
消费贷款	Consumer Loans	14184848
经营贷款	Business Loans	3230784
非金融企业及机关团体贷款	Non-financial Enterprises and Government Organization Loans	54294366
短期贷款	Short-term Loans	9820592
中长期贷款	Medium & Long Term Loans	43239119
票据融资	Financing Instruments	1232786
融资租赁	Finance Lease	
各项垫款	The Advances	1870
境外贷款	Oversea Loans	59391

注：本表为金融机构人民币信贷收支数据。
Note:The data comes from the credit for RMB income and expenditure of financial institutions.

19-3 各市县金融机构存款余额
Deposits Balances of Financial Institutions by Region

单位：万元 (10 000 yuan)

市 县	Region	2005	2010	2013	2014	2015	2016	2017
海 口 市	Haikou	7600163	22389488	29551864	32135535	39628231	49492509	54202711
三 亚 市	Sanya	1211105	6164218	9308866	9777625	12062642	14938282	16766621
五指山市	Wuzhishan	107668	290238	564477	596844	635879	663138	698493
文 昌 市	Wenchang	456165	1610404	2292226	2358945	2581151	2969846	3253351
琼 海 市	Qionghai	528980	1781932	2423265	2446641	2626317	3043684	3448425
万 宁 市	Wanning	289985	1126679	1671198	1741885	1912797	2078768	2377154
定 安 县	Ding'an	146817	576606	779470	824409	922414	1036519	1179711
屯 昌 县	Tunchang	118549	391019	563223	616027	685132	748731	877919
澄 迈 县	Chengmai	230460	1029187	1281726	1405483	1621399	1873440	2213532
临 高 县	Lingao	147116	437176	744512	810851	817186	940194	1054387
儋州地区	Danzhou Area	690679	2362904	3369462	3568989	3889653	4676974	5070293
儋州市	Danzhou	437551	1438809	2238537	2289514	2484415	2916055	3108477
洋 浦	Yangpu	253128	924095	1130925	1279475	1405238	1760919	1961816
东 方 市	Dongfang	282867	759412	1174980	1424720	1422058	1505267	1729182
乐 东 县	Ledong	167478	696309	1130991	1185481	1270278	1349854	1616047
琼 中 县	Qiongzhong	126574	327981	495807	537086	602552	731521	801424
保 亭 县	Baoting	61872	368424	620284	685676	711147	761642	899521
陵 水 县	Linshui	150740	989750	2293408	2667350	2293800	2363754	3067374
白 沙 县	Baisha	106613	284667	419506	464819	522906	583151	655183
昌 江 县	Changjiang	197454	567526	833371	1024135	978327	1018840	1043226

注：本表数据为金融机构本外币信贷收支数据。
Note: The data comes from the credit for RMB and foreign currency income and expenditure of financial institutions.

19-4 各市县金融机构贷款余额
Loans Balances of Financial Institutions by Region

单位：万元　　(10 000 yuan)

市　县	Region	2005	2010	2013	2014	2015	2016	2017
海口市	Haikou	6150427	19332584	31882499	36492724	36560306	52538143	56003341
三亚市	Sanya	587047	2286451	6136364	7542115	8710976	10792264	12711734
五指山市	Wuzhishan	94888	86810	177903	188774	215820	222549	288278
文昌市	Wenchang	166745	361983	845139	1058135	939947	1206101	1541009
琼海市	Qionghai	180250	405260	809069	986737	1283321	1188118	1463519
万宁市	Wanning	100062	194453	527220	669265	1912797	949734	1354981
定安县	Ding'an	55346	101049	252897	292016	355165	380444	436978
屯昌县	Tunchang	63520	87150	248615	277788	308656	297916	357470
澄迈县	Chengmai	109474	313279	784350	848002	917135	1346411	1461371
临高县	Lingao	77751	111430	379618	441512	462279	510514	426717
儋州地区	Danzhou Area	806257	1085935	2304368	2637212	2955632	3373073	3618148
儋州市	Danzhou	197978	282101	918451	1212538	1450501	1518770	1577860
洋　浦	Yangpu	608279	803834	1385917	1424675	1505131	1854303	2040288
东方市	Dongfang	63929	97373	359702	508102	574289	680770	742719
乐东县	Ledong	76064	69269	286850	372700	530075	538748	692734
琼中县	Qiongzhong	41839	64438	137868	184711	331710	503106	721965
保亭县	Baoting	9045	46538	137781	173813	224904	262069	352674
陵水县	Linshui	72167	294291	732780	818539	1151194	1354743	1723084
白沙县	Baisha	31308	36648	80601	111610	159422	183694	234793
昌江县	Changjiang	57123	122264	224155	311298	382430	401439	461232

注：本表数据为金融机构本外币信贷收支数据。
Note: The data comes from the credit for RMB and foreign currency income and expenditure of financial institutions.

19-5 全省保险业务总量
Economic and Technical Indicators on Insurance Companies

单位：万元 (10 000 yuan)

指 标	Item	保费收入 Premium			赔款及给付 Claim and Payment		
		2015	2016	2017	2015	2016	2017
合 计	**Total**	**1142453**	**1332070**	**1648286**	**388696**	**492379**	**490815**
财产保险公司	**Property Insurance Companies**	**457719**	**497353**	**597477**	**268067**	**277201**	**282945**
企业财产保险	Enterprise Property Insurance	18954	23797	24355	25475	7757	8728
家庭财产保险	Family Property Insurance	1621	569	7608	112	1273	2060
机动车辆保险	Motor Vehicle Insurance	289351	330827	386081	168961	187728	193288
工程保险	Engineering Insurance	9085	8863	8789	9680	6642	5079
责任保险	Liability Insurance	14112	14891	17512	7192	6889	8424
信用保险	Export Credit Insurance	17085	6178	247	15377	5480	——
保证保险	Guarantee Insurance	29674	32206	52848	1569	4119	5574
船舶保险	Ship Insurance	2688	3395	4278	3022	664	1169
贷运保险	Freight Transport Insurance	4185	3179	3735	2877	3077	1361
特殊风险保险	Special Risks Insurance	19720	14662	19344	7392	3166	17690
农业保险	Agriculture Insurance	36033	37118	46231	20225	38244	27435
健康保险	Health Insurance	6683	10692	12791	4340	7913	8000
人身意外保险	Accident Injury Insurance	8263	10667	13306	1441	3985	3887
其他保险	Other Insurance	266	310	352	406	264	250
人寿保险公司	**Total Life Insurance Companies**	**684734**	**834717**	**1050809**	**120629**	**215177**	**207871**
寿险	Life Insurance	588744	681800	871801	102306	148293	159398
健康保险	Health Insurance	75378	129197	151716	15510	63592	44346
人身意外伤害险	Personal Accident Insurance	20611	23721	27292	2813	3293	4127

19-6 各市县原保险保费收入和赔付支出情况(2017)
Premium of Primary Insurance and Payment by Region (2017)

单位：万元 (10 000 yuan)

地区	Region	原保险保费收入 Premium of Primary Insurance 合计 Total	财产险业务 Property Insurance	人身险业务 Life Insurance	赔付支出 Payment 合计 Total	财产险业务 Property Insurance	人身险业务 Life Insurance
全省合计	**Total**	**1648286**	**571380**	**1076906**	**490815**	**271058**	**219757**
省本级	Provincal	87202	85826	1376	49125	48883	242
海口市	Haikou	996215	293507	702707	291995	137315	154680
三亚市	Sanya	224415	76959	147457	49528	32196	17332
三沙市	Sansha	1742	1463	279	983	770	214
五指山市	Wuzhishan	6221	2367	3854	1521	807	714
文昌市	Wenchang	54116	11554	42562	14693	4763	9930
琼海市	Qionghai	51994	15623	36370	12295	6201	6094
万宁市	Wanning	30224	7808	22416	9249	4478	4771
定安县	Ding'an	9482	3480	6002	3467	2240	1227
屯昌县	Tunchang	9430	2908	6522	2695	1493	1203
澄迈县	Chengmai	17151	8842	8309	7273	5459	1814
临高县	Lingao	11491	5607	5885	3522	2065	1457
儋州地区	Danzhou Area	65098	21641	43456	19398	11122	8277
儋州市	Danzhou	58597	17998	40600	15365	7351	8014
洋浦	Yangpu	6500	3644	2857	4033	3770	263
东方市	Dongfang	16472	8964	7508	4772	3324	1448
乐东县	Ledong	10622	4646	5975	2769	1314	1456
琼中县	Qiongzhong	8974	2972	6002	2638	1048	1589
保亭县	Baoting	11045	2314	8731	2616	1060	1556
陵水县	Linshui	18037	6933	11104	5302	2947	2355
白沙县	Baisha	3484	1534	1950	1265	661	604
昌江县	Changjiang	14872	6431	8441	5708	2913	2795

19-7 证券市场基本情况
The Basic Situation of Securities Market

指 标	Item	2015	2016	2017
上市公司数（家）	Number of Listed Companies (unit)	27	28	30
#A股	A Shares	27	28	30
#B股	B Shares	3	3	4
挂牌公司数(家)	Number of Lited Companies(unit)	16	30	43
辅导企业数	Number of Guidance Enterprises (unit)	11		3
证券公司数（家）	Number of Securities Companies(unit)	2	2	2
证券公司分公司(家)	Number of Securities Companies(unit)	10	14	20
证券营业部数（家）	Number of Securities Business (unit)	45	54	58
证券交易服务部数（家）	Number of Securities Trading Service Departments (unit)			
期货公司（家）	Number of Futures Broker Companies (unit)	2	2	2
期货公司分公司(家)	Number of Furtures Broker Companies(unit)	1	1	2
期货经纪公司营业部（个）	Number of Trading Offices Futures Broker Companies (unit)	15	12	12
证券投资咨询机构数（家）	Number of Securities Investment Consultative Institutions (unit)	1	1	1
证券从业人员数（人）	Number of Stsff and Workers in Securities(person)	996	1002	1119
期货从业人员数（人）	Number of Stsff and Workers in Futures(person)	205	195	199
证券投资者开户数（万户）	Number of Stsff and Workers in Futures Investors(10000 accounts)	86.36	93.01	115.44
期货投资者开户数（户）	Number of Stsff and Workers in Futures Investors(account)	13554.00	14296.00	15591.00
证券市场筹资总额（亿元）	Total Capital Volume Collected by Listed Companies (100 million yuan)	111.00	976.72	114.37
发行	Issuing		3.02	6.22
配股	Share Right Issued			
增发	Adding Shares Issue	28.80	690.08	43.44
公司债	Debenture	36.20	261.16	30.60
资产证券化产品	Asset Securitization	46.00	22.46	34.11
上市公司总资产（亿元）	Total Assets of Listed Companies(100 million yuan)	2438.04	3801.89	4378.60
上市公司净资产（亿元）	Ney Assets of Listed Companies (100 million yuan)	938.35	1604.73	1633.41
上市公司总股本（亿股）	Total Capital Shares of Listed Companies(100 million shares)	352.96	460.47	473.57
市价总值（亿元）	Total Market Value (100 million yuan)	3551.45	3878.36	3574.01
上市公司净利润（亿元）	Net Profit of Listed Companies (100 million yuan)	26.78	47.65	47.98
上市公司每股平均收益（元）	Per Share Income of Listed Companies (yuan)	0.08	0.10	0.10
证券经营机构证券交易量(亿元)	Trading Volume of Securities Business Institutions (100 million yuan)	20545.11	11278.60	12689.73
期货经营机构代理交易量(亿元)	Proxy Trading Volume of Futures Business Institutions (100 million yuan)	114357.35	28050.98	20775.92

主要统计指标解释

信贷资金 指金融机构以信用方式积聚和分配的货币资金。金融机构信贷资金的来源有各项存款、对国际金融机构负债、流通中货币、银行自有资金及当年结益等；信贷资金的运用有各项贷款、黄金占款、外汇占款、财政借款及在国际金融机构中的资产等。

存款 指企业、机关、团体或居民根据资金必须收回的原则，把货币资金存入银行或其他信用机构保管并取得一定利息的一种信用活动形式。根据存款对象的不同可划分为企业存款、财政存款、机关团体存款、基本建设存款、城镇储蓄存款、农村存款等科目。它是银行信贷资金的主要来源。

贷款 指银行或其他信用机构根据资金必须归还的原则，按一定利率，为企业、个人等提供资金的一种信用活动形式。我国银行贷款分为流动资金贷款、固定资产贷款、城乡个体工商户贷款以及农业贷款等科目。

保险公司 在中国境内的、经过保险监督部门批准设立，并依法登记注册的各类商业保险公司。

保险金额 指保险人承担赔偿或者给付保险金责任的最高限额。

保费 指投保人为取得保险人在约定范围内所承担赔偿责任而支付给保险人的费用。

赔款 指保险人根据保险合同的规定，向被保险人支付的赔偿保险责任损失的金额。

给付 包括死伤医疗给付和满期给付。死伤医疗给付是指保险人根据人寿保险及长期健康保险合同的规定，因被保险人在保险期内发生保险责任范围内的保险事故支付给被保险人（或受益人）的金额。满期给付是指被保险人生存期满，保险人按人寿保险合同规定支付给被保险人的满期保险金额。

Explanatory Notes on Main Statistical Indicators

Credit Funds refer to the funds issued as loans by banking institutions. The sources of credit funds of the banking institutions included deposits, liabilities to international financial institutions, currency in circulation, self-owned funds and current retained profits, etc. The credit funds can be used in forms of loans, gold, foreign exchange, government debt and assets in the international financial institutions.

Deposit is a form of credit by which enterprises, institutions, organizations or households can put money into banks and other credit institutions for safekeeping and interest earning under the principle of free withdrawal. According to different depositors, deposits are divided into enterprise deposits, treasury deposits, deposits of government agencies and organizations, capital construction deposits, urban savings deposits, rural deposits and other deposits. Deposits are major sources of the credit funds of banks.

Loan is a form of credit by which banks and other credit institutions provide funds at certain interest rate to enterprises and individuals in the light of the principle of unconditional repayment. Loans from Chinese banks include circulating capital loans, fixed assets loans, loans to urban and rural individuals engaged in industrial and commercial business and agricultural loans.

Insurance Companies refer to commercial insurance companies of various forms registered by law and established in China with the approval of insurance regulatory agencies.

Amount Insured refers to the maximum that the insurant will get for the claim of the case insured.

Premium is the fee paid by the insurant to the insurer to obtain the obligation of compensation from the insurance within the agreed terms.

Settled Claim is the compensation paid by the insurer to the insurant in accordance with the insurance contract.

Payment includes payment for death, injury or medical treatment and mature payment. Payment for death, injury or medical treatment refers to the money paid to the insurant (or the beneficiary) in accordance with the life or health insurance contract when the insurant encounters accidents within the insured period covered in the contract. Mature payment refers to the mature payment to the insurant in accordance with the life insurance contract at the end of the insured period.

科学技术
Science and Technology

编辑人员：孙 伟

Compiled by Sun Wei

英文翻译：孙 伟

Translated by Sun Wei

简 要 说 明

本篇主要反映我省科学技术活动的基本情况。

一、本篇资料的主要内容

包括全社会以及工业企业、政府部门属研究机构、高校的研究与试验发展（R&D）活动情况；国内外专利申请和授权情况；高技术企业生产及研发活动情况。

二、本篇资料的统计范围

科技活动统计资料范围为全社会有研究与试验发展（R&D）活动的企事业单位，具体包括工业企业、政府部门属研究机构、普通高等学校以及研究与试验发展（R&D）活动相对密集行业（包括农、林、牧、渔业，建筑业，交通运输、仓储和邮政业，信息传输、计算机服务和软件业，金融业，租赁和商务服务业，科学研究、技术服务和地质勘查业，水利、环境和公共设施管理业，卫生、社会保障和社会福利业，文化、体育和娱乐业等）中从事研究与试验发展（R&D）活动的企事业单位。

三、本篇资料的统计调查方法

研究与试验发展(R&D)活动情况采用全面调查取得。

四、科技活动统计资料口径变动说明

2000 年以前科技活动统计资料只包括大中型工业企业、政府部门属研究机构、普通高等学校，2000 年及以后年份扩大到了全社会范围。

Brief Introduction

Data in this chapter show the basic conditions on Hainan's scientific and technological development.

I. Main Contents

Data on technology mainly include: data on scientific and technological activities, R&D activities all over the province, including industrial enterprises, scientific and technological institutions under government departments, universities and colleges; data on domestic and foreign patents application accepted and granted, data on production, research and development activities of high-tech enterprises

II. Scope of Statistics

Coverage of data: data on research and development (R&D) activities of enterprises and institutions all over the province, mainly including industrial enterprises, scientific and technological institutions under government departments, universities and colleges and relatively R&D-intensive industries (such as agriculture, forestry, animal husbandry，fisher，construction, transport, storage and post, information transmission, computer services and software, financial intermediation, leasing and business services, scientific research, technical service and geologic prospecting, management of water conservancy, environment and public facilities, health, social security and social welfare, culture, sports and entertainment).

III. Statistical methodology

Data on R&D activities are collected through complete surveys.

IV.Changes of the Statistical Coverage of Data on Scientific and Technological Activities

Before 2000, data only included large and medium-sized industrial enterprises, scientific research institutions under government departments, and universities and colleges. Since 2000 (inclusive), data have covered all industries.

20-1 科技活动基本情况
Basic Statistics on Scientific and Technological Activities

指　标	Item	2010	2012	2013	2014	2015	2016	2017
研究与试验发展(R&D)投入情况	**Statistics on R&D Input**							
R&D人员全时当量(人年)	Full-time Equivalent of R&D Personnel(10 000 man-years)	4893	6787	6962	7514	7713	7840	7715
#基础研究	Basic Research	578	897	781	748	716	1431	1521
应用研究	Applied Research	903	880	721	848	1155	1132	1333
试验发展	Experimental Development	3413	5010	5460	5919	5842	5278	4860
R&D经费支出(亿元)	Expenditure on R&D (100 million yuan)	7.02	13.70	14.84	16.92	16.97	21.71	23.11
#基础研究	Basic Research	1.07	2.41	1.47	1.20	0.97	5.32	7.06
应用研究	Applied Research	2.48	2.12	1.31	2.47	2.60	5.20	5.57
试验发展	Experimental Development	3.47	9.20	12.07	13.25	13.39	11.19	10.48
#政府资金	Government Funds	4.10	4.61	5.20	5.69	5.39	10.47	13.15
企业资金	Self-raised Funds by Enterprises	2.59	7.79	9.30	10.88	11.14	8.26	9.42
R&D经费支出占地区生产总值比例(%)	Ratio of Expenditure on R&D to GDP (%)	0.34	0.48	0.47	0.48	0.46	0.54	0.52
科技产出及成果情况	**Statistics on S&T Outputs and Results**							
发表科技论文(篇)	Scientific Papers Issued (pieces)	5717	6381	7143	7414	8227	7560	8108
出版科技著作(种)	Publication on Science and Technology (kind)	320	347	515	405	378	381	463
科技成果登记数(项)	Number of Major Achievements in Science and Technology(item)	187	186	404	279	215	320	436
国家科学技术进步奖(项)	Number of National Scientific and Technological Progress Prizes Awarded (item)	1	1					
专利申请受理数(件)	Number of Patents Application Accepted (piece)	1019	1824	2358	2415	3127	3669	4417
#发明专利	Inventions	572	865	921	968	1211	1275	1594
专利申请授权数(件)	Number of Patents Application Granted (piece)	714	1084	1331	1597	2060	1938	2084
#发明专利	Inventions	190	389	449	380	417	385	352

20-2 事业单位专业技术人才分行业情况(2017)
Statistics on Professional and Technical Personnel in Institutions by Sector (2017)

单位：人 (person)

行 业	Item	合 计 Total	工程技术人员 Engineering Technicians	农业技术人员 Agricultural Technicians	科学研究人员 R&D Experiment Personel	卫生技术人员 Medical Technicians	教学人员 Teaching Personnel	其他 Others
合 计	**Total**	**131681**	**3889**	**2776**	**612**	**25313**	**94378**	**4713**
农林牧渔业	Agriculture,Forestry, Animal Husbandry and Fishery	3126	321	2477	5	1	175	147
采矿业	Mining							
制造业	Manufacturing							
电力、煤气及水的生产和供应业	Production and Supply of Electric Power,Gas and Water	4	4					
建筑业	Construction	287	287					
交通运输仓储和邮政业	Transport, Storage and Post	566	503	4				59
信息传输、计算机服务和软件业	Information Transmission, Software and Information Technology	136	124	1				11
批发和零售业	Wholesale & Retail Services	4						4
住宿和餐饮业	Hotels and Catering Services							
金融业	Financial Intermediation	2				1		1
房地产业	Real Estate	35	21					14
租赁和商务服务业	Leasing and Business Services	154	6			2		146
科学研究、技术服务和地质勘查业	Scientific Research and Technical Services	1456	929	85	351		6	85
水利、环境和公共设施管理业	Management of Water Conservancy,Environmental and Public Facilities	968	731	67	1	32	2	135
居民服务和其他服务业	Services to Households and Other Services	112	35	4		1	43	29
教育	Education	94959	63	1	216	226	93814	639
卫生、社会保障和社会福利业	Health Care,Social Security and Social Welfare	25617	143	9	27	24775	275	388
文化、体育和娱乐业	Culture,Sports and Entainment	2513	266	4	5	15	55	2168
公共管理和社会组织	Public Management and Social Organizations	1742	456	124	7	260	8	887

20-3 公有经济企业专业技术人才分行业情况(2017)
Statistics on Professional and Technical Personnel in State-owned Economy and Collective-owned Economy by Sector (2017)

单位：人 (person)

行 业	Item	合 计 Total	工程技术人员 Engineering Technicians	农业技术人员 Agriculture Technicians	科学研究人员 R&D Experiment Personel	卫生技术人员 Medical Technicians	教学人员 Teaching Personnel	其他 Others
合 计	**Total**	**14459**	**5121**	**1480**	**16**	**580**	**141**	**7121**
农林牧渔业	Agriculture,Forestry, Animal Husbandry and Fishery	4769	660	1451	5	215	64	2374
采矿业	Mining	148	23	2		1	4	118
制造业	Manufacturing	182	56	4		2		120
电力、煤气及水的生产和供应业	Production and Supply of Electric Power,Gas and Water	625	474	6		2	1	142
建筑业	Construction	1934	1556				1	377
交通运输、仓储和邮政业	Transport, Storage and Post	1354	760	4			24	566
信息传输、计算机服务和软件业	Information Transmission, Software and Information Technology	26	22					4
批发和零售业	Wholesale & Retail Services	437	35	3		2	4	393
住宿和餐饮业	Hotels and Catering Services	360	73			168		119
金融业	Financial Intermediation	1601	35					1566
房地产业	Real Estate	772	427	2		11	7	325
租赁和商务服务业	Leasing and Business Services	155	31	3			4	117
科学研究、技术服务和地质勘查业	Scientific Research and Technical Services	697	645	1	11		4	36
水利、环境和公共设施管理业	Management of Water Conservancy,Environmental and Public Facilities	438	281	1				156
居民服务和其他服务业	Services to Households and Other Services	169	30	3		53	2	81
教育	Education	14	3				10	1
卫生、社会保障和社会福利业	Health Care,Social Security and Social Welfare	137	6			125		6
文化、体育和娱乐业	Culture,Sports and Entainment	608	3			1	15	589
公共管理和社会组织	Public Management and Social Organizations	33	1				1	31

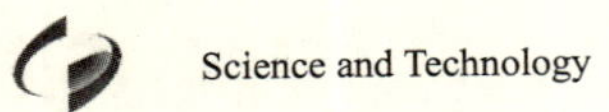

20-4 研究与试验发展(R&D)人员情况(2017)
Statistic on Personnel of R&D

项 目	Item	单位数（个）The Number of Uunits (unit)	有R&D活动单位 Enterprises Having R&D Activities	R&D人员（人）R&D Personnel (person)	其中：Including 研究人员 Researchers	其中：Including 全时人员 Full-time Staff	非全时人员 Part-time Staff
合　计	**Total**	**643**	**161**	**13486**	**7223**	**7981**	**5505**
科研院所	**Scientific Research Institute**	**28**	**21**	**2278**	**1501**	**1826**	**452**
民口院所	Institute for Civil Use	28	21	2278	1501	1826	452
其他院所	Other Institutes						
高等院校	**Institutions of Higher Education**	**31**	**31**	**3684**	**3011**	**671**	**3013**
理工农医类	Science,Engineering, Agriculture and Medicine Class	15	15	838	670	669	169
人文社科类	Humanities and Social Sciences Class	16	16	2846	2341	2	2844
企业	**Enterprise**	**548**	**92**	**6348**	**2041**	**5176**	**1172**
规模以上工业企业	Industrial Enterprises above Designated Size	335	77	3852	1421	2842	1010
重点建筑业和服务业企业	Key Enterprises in the Construction and Service Sector	170	7	738	212	614	124
其他企业	Other Enterprises	43	8	1758	408	1720	38
事业单位	**Institutions**	**36**	**17**	**1176**	**670**	**308**	**868**
73-75行业的事业	Institutions in 73-75 Sectors	21	7	254	139	220	34
其他事业	Other Utilities	15	10	922	531	88	834

20-4 续(continued)

项　目	Item	R&D人员折合全时当量(人年) R&D Personnel Equivalent to Full-time Equivalent (man-years)	其中: Including #研究人员 Researchers	其中: Including 基础研究 Basic Research	应用研究 Applied Research	试验发展 Experimental Development
合　计	**Total**	**7715**	**3651**	**1521**	**1333**	**4860**
科研院所	**Scientific Research Institute**	**1956**	**1296**	**838**	**611**	**507**
民口院所	Institute for Civil Use	1956	1296	838	611	507
其他院所	Other Institutes					
高等院校	**Institutions of Higher Education**	**1068**	**873**	**575**	**474**	**19**
理工农医类	Science,Engineering, Agriculture and Medicine Class	558	445	319	227	11
人文社科类	Humanities and Social Sciences Class	510	428	255	247	8
企业	**Enterprise**	**4213**	**1214**		**9**	**4203**
规模以上工业企业	Industrial Enterprises above Designated Size	1971	710		9	1963
重点建筑业和服务业企业	Key Enterprises in the Construction and Service Sector	517	142			517
其他企业	Other Enterprises	1725	363		1	1724
事业单位	**Institutions**	**478**	**268**	**108**	**239**	**131**
73-75行业的事业	Institutions in 73-75 Sectors	232	127	66	66	100
其他事业	Other Utilities	246	141	42	173	31

20-5　研究与试验发展(R&D)经费情况(2017)
Statistic on Funds of R&D

单位：万元 (10 000yuan)

项　目	Item	R&D经费内部支出 Internal Expenditures on R&D Funds	其中：Including 基础研究 Basic Research	应用研究 Applied Research	试验发展 Experimental Development	其中：Including 政府资金 Government Funds	企业资金 Enterprise Funds	境外资金 Foreign Capital	其他资金 Other Funds
合　计	**Total**	**231099**	**70607**	**55698**	**104794**	**131484**	**94246**	**179**	**5190**
科研院所	**Scientific Research Institute**	**113364**	**60729**	**43636**	**8998**	**108308**	**1321**	**169**	**3566**
民口院所	Institute for Civil Use	113364	60729	43636	8998	108308	1321	169	3566
其他院所	Other Institutes								
高等院校	**Institutions of Higher Education**	**18188**	**9679**	**8211**	**299**	**15240**	**1489**	**11**	**1448**
理工农医类	Science,Engineering, Agriculture and Medicine Class	13278	7484	5520	273	11979	396		903
人文社科类	Humanities and Social Sciences Class	4910	2195	2690	25	3262	1093	11	545
企业	**Enterprise**	**94882**		**71**	**94811**	**3364**	**91350**		**169**
规模以上工业企业	Industrial Enterprises above Designated Size	74815		49	74766	3222	71426		167
重点建筑业和服务业企业	Key Enterprises in the Construction and Service Sector	19650			19650	107	19544		
其他企业	Other Enterprises	417		22	395	35	380		2
事业单位	**Institutions**	**4666**	**199**	**3780**	**686**	**4573**	**86**		**7**
73-75行业的事业	Institutions in 73-75 Sectors	1635	91	955	590	1628			7
其他事业	Other Utilities	3031	108	2826	97	2944	86		

20-5续(continued)

项　目	Item	R&D经费外部支出 External Funding for R&D Expenditures	#对境内研究机构支出 pending on Domestic Research Institutions	对境内高等学校支出 Higher Spending on Domestic	对境内企业支出 Business Spending on Domestic
合　计	**Total**	**23193**	**16251**	**533**	**6087**
科研院所	**Scientific Research Institute**				
民口院所	Institute for Civil Use				
其他院所	Other Institutes				
高等院校	**Institutions of Higher Education**	**140**	**46**	**50**	**3**
理工农医类	Science,Engineering, Agriculture and Medicine Class	127	45	48	3
人文社科类	Humanities and Social Sciences Class	13	1	2	
企业	**Enterprise**	**23029**	**16205**	**483**	**6085**
规模以上工业企业	Industrial Enterprises above Designated Size	22961	16198	481	6026
重点建筑业和服务业企业	Key Enterprises in the Construction and Service Sector	59			59
其他企业	Other Enterprises	9	7	2	
事业单位	**Institutions**	**25**			
73-75行业的事业	Institutions in 73-75 Sectors	25			
其他事业	Other Utilities				

20-6 研究与试验发展(R&D)项目(课题)情况(2017)
Statistic on Projects of R&D

项 目	Item	项目(课题)数(项) Project (Unit)	项目(课题)参加人员折合全时当量(人年) Project Participants or Full-time Equivalent (man-years)	研究人员 Researchers	经费内部支出(万元) Project Intramural Expenditure (10 000yuan)
合 计	**Total**	**4924**	**5131**	**2757**	**150635**
科研院所	**Scientific Research Institute**	**889**	**1357**	**1036**	**42713**
民口院所	Institute for Civil Use	889	1357	1036	42713
其他院所	Other Institutes				
高等院校	**Institutions of Higher Education**	**3212**	**1068**	**873**	**12265**
理工农医类	Science,Engineering, Agriculture and Medicine Class	1330	558	445	10194
人文社科类	Humanities and Social Sciences Class	1882	510	428	2071
企业	**Enterprise**	**633**	**2379**	**710**	**94567**
规模以上工业企业	Industrial Enterprises above Designated Size	572	1810	573	74757
重点建筑业和服务业企业	Key Enterprises in the Construction and Service Sector	45	516	134	19650
其他企业	Other Enterprises	16	53	3	159
事业单位	**Institutions**	**190**	**327**	**138**	**1090**
73-75行业的事业	Institutions in 73-75 Sectors	61	186	116	806
其他事业	Other Utilities	129	141	21	285

20-7　研究机构情况（2017）
Statistic on Research Institutes

项　目	Item	机构数（个） Number of Institutions (unit)	R&D人员（人） R&D Personnel (person)	博士毕业 Dortors	硕士毕业 Masters	R&D经费支出（万元） R & D Expenditure (10000yuan)	科研用仪器设备原价（万元） Original Scientific Instruments and Equipment (10000yuan)	进口 Import
合　计	**Total**	**183**	**4175**	**679**	**1039**	**139997**	**151351**	**41765**
科研院所	**Scientific Research Institute**	**28**	**2278**	**444**	**677**	**113364**	**100246**	**21464**
民口院所	Institute for Civil Use	28	2278	444	677	113364	100246	21464
其他院所	Other Institutes							
高等院校	**Institutions of Higher Education**	**54**	**420**	**148**	**165**	**3477**	**24724**	**13367**
理工农医类	Science,Engineering, Agriculture and Medicine Class	30	160	46	49	2977	24559	13367
人文社科类	Humanities and Social Sciences Class	24	260	102	116	500	165	
企业	**Enterprise**	**48**	**1119**	**14**	**125**	**20401**	**23112**	**6933**
规模以上工业企业	Industrial Enterprises above Designated Size	27	1023	10	100	20253	20498	6933
重点建筑业和服务业企业	Key Enterprises in the Construction and Service Sector	1					1961	
其他企业	Other Enterprises	20	96	4	25	148	653	
事业单位	**Institutions**	**53**	**358**	**73**	**72**	**2755**	**3269**	
73-75行业的事业	Institutions in 73-75 Sectors	3	199	73	72	1402	689	
其他事业	Other Utilities	50	159			1353	2580	

20-8 规模以上工业企业的科技活动基本情况
Basic Statistics on Science and Technology Activities of Industrial Enterprises above Designated Size

指 标	Item	2013	2014	2015	2016	2017
企业基本情况	**Statistics on Industrial Enterprises**					
有R&D活动企业数（个）	Number of Enterprises Having R&D Activities (unit)	63	70	70	73	77
有R&D活动企业所占比重（%）	Percentage of Enterprises Having R&D Activities to Total Number of Enterprises (%)	16.2	18.3	18.4	21.7	23.0
R&D活动情况	**Statistics on R&D Activities**					
R&D人员全时当量（人年）	Full-time Equivalent of R&D Personnel (man-years)	2882	3484	3325	2688	1971
R&D经费支出（万元）	Expenditure on R&D (10 000 yuan)	93567	111010	111841	79819	74815
R&D经费支出与主营业务收入之比(%)	Percentage of Expenditure on R&D to Sales Revenue (%)	0.60	0.63	0.67	0.48	0.42
R&D项目数（项）	R&D Projects (item)	769	934	570	552	572
R&D项目经费支出（万元）	Expenditure on R&D Projects (10 000 yuan)	76394	93097	104418	74488	74757
企业办R&D机构情况	**Statistics on R&D Institutions**					
机构数 （个）	Number of R&D Institutions (unit)	36	34	43	26	27
机构人员数 （人）	R&D Personnel (persons)	2107	1665	2015	1813	1556
机构经费支出 （万元）	Expenditure on R&D (10 000 yuan)	43935	33817	37850	26006	26833
新产品开发及生产情况	**Statistics on New Products Development and Production**					
新产品开发项目数 （个）	Number of New Products (unit)	704	843	500	512	549
新产品开发经费支出（亿元）	Expenditure on New Products Development (100 million yuan)	11.5	11.7	10.6	11.8	10.9
新产品销售收入 （亿元）	Sales Revenue of New Products (100 million yuan)	160.1	148.3	133.1	126.6	130.7
#新产品出口	Export	19.3	16.4	15.4	12.7	18.2
专利情况	**Statistics on Patents**					
专利申请数（件）	Number of Patent Applications (piece)	748	706	441	508	443
#发明专利	Inventions	389	505	312	360	267
期末有效发明专利数（件）	Number of Inventions in Force (piece)	683	1217	1378	1657	1656
技术获取和技术改造情况	**Statistics on Technology Acquisition and Technology Reconstruction**					
引进境外技术经费支出（万元）	Expenditure for Acquisition of Foreign Technology (10 000 yuan)	1362	366	3406		
引进技术消化吸收经费支出(万元)	Expenditure for Assimilation of Technology (10 000 yuan)	1026	2148	250	3640	
购买国内技术经费支出（万元）	Expenditure for Purchase of Domestic Technology (10 000 yuan)	24705	4072	2862	14925	2329
技术改造经费支出 （万元）	Expenditure for Technical Renovation (10 000 yuan)	159339	13750	17946		24883

20-9 按登记注册类型分规模以上工业企业研究与试验发展(R&D)活动及专利情况(2017)
Statistics on R&D Activities and Patents of Industrial Enterprises above Designated Size by Registration Status (2017)

登记注册类型	Status of Registration	R&D人员全时当量(人年) Full-time Equivalent of R&D Personnel (man-year)	R&D经费(万元) Expenditure on R&D (10 000 yuan)	R&D项目数(项) R&D Projects (unit)	专利申请数(件) Number of Patent Applications (piece)	#发明专利 Inventions	期末有效发明专利数(件) Number of Inventions In Force (piece)
合　计	**Total**	**1971**	**74815**	**572**	**443**	**267**	**1656**
#大中型工业企业	Large and Medium-sized Industrial Enterprises	1506	51990	351	282	157	889
内资企业	**Domestic Funded Enterprises**	**1602**	**53440**	**448**	**374**	**213**	**1410**
国有企业	State-owned Enterprises	67	2646	18	1	1	12
集体企业	Collective-owned Enterprises						
股份合作企业	Cooperative Enterprises						
联营企业	Joint Ownership Enterprises						
国有联营企业	State Joint Ownership Enterprises						
有限责任公司	Limited Liability Corporations	1096	34685	296	293	154	984
国有独资公司	State Sole Funded Corporations	24	671	31	131	54	55
股份有限公司	Share-holding Corporations Ltd.	281	10089	77	71	52	383
私营企业	Private Enterprises	158	6020	57	9	6	31
其他企业	Other Enterprises						
港、澳、台商投资企业	**Enterprises with Funds from Hong Kong, Macao and Taiwan**	**92**	**16412**	**102**	**37**	**27**	**89**
合资经营企业	Joint-venture Enterprises	77	14752	77	28	18	37
合作经营企业	Cooperative Enterprises						
独资经营企业	Enterprises with Sole Fund	11	73	15			3
投资股份有限公司	Share-holding Corporations Ltd.	4	1587	10	9	9	49
外商投资企业	**Foreign Funded Enterprises**	**277**	**4962**	**22**	**32**	**27**	**157**
中外合资经营企业	Joint-venture Enterprises	266	4906	14	6	1	5
中外合作经营企业	Cooperation Enterprises						
外资企业	Enterprises with Sole Fund	11	56	8	26	26	152
外商投资股份有限公司	Share-holding Corporations Ltd.						

20-10 按登记注册类型分规模以上工业企业新产品开发及生产情况(2017年) New Products Development and Production of Industrial Enterprises above Designated Size by Registration Status (2017)

登记注册类型	Status of Registration	新产品开发项目数(项) New Products (unit)	新产品开发经费支出(万元) Expenditure on New Products Development (10 000 yuan)	新产品销售收入(万元) Sales Revenue of New Products (10 000 yuan)	#出口 Exports
合　　计	**Total**	**549**	**108956**	**1306518**	**181992**
#大中型工业企业	Large and Medium-sized Industrial Enterprises	330	81163	1004241	180259
内资企业	**Domestic Funded Enterprises**	**426**	**82910**	**877584**	**177692**
国有企业	State-owned Enterprises	39	4458		
集体企业	Collective-owned Enterprises				
股份合作企业	Cooperative Enterprises				
联营企业	Joint Ownership Enterprises				
国有联营企业	State Joint Ownership Enterprises				
有限责任公司	Limited Liability Corporations	241	63042	754349	165892
国有独资公司	State Sole Funded Corporations	5	125		
股份有限公司	Share-holding Corporations Ltd.	97	9426	77113	9100
私营企业	Private Enterprises	49	5984	46121	2700
其他企业	Other Enterprises				
港、澳、台商投资企业	**Enterprises with Funds from Hong Kong, Macao and Taiwan**	**98**	**17400**	**283094**	**1135**
合资经营企业	Joint-venture Enterprises	78	15010	282483	525
合作经营企业	Cooperative Enterprises				
独资经营企业	Enterprises with Sole Fund	8	382		
投资股份有限公司	Share-holding Corporations Ltd.	12	2008	610	610
外商投资企业	**Foreign Funded Enterprises**	**25**	**8645**	**145840**	**3165**
中外合资经营企业	Joint-venture Enterprises	14	8317	142120	3165
中外合作经营企业	Cooperation Enterprises				
外资企业	Enterprises with Sole Fund	11	328	3720	
外商投资股份有限公司	Share-holding Corporations Ltd.				

主要统计指标解释

科技活动 指在自然科学、农业科学、医药科学、工程与技术科学、人文与社会科学领域（简称科学技术领域）中，与科技知识的产生、发展、传播和应用密切相关的有组织的活动。可分为研究与试验发展（R&D）、研究与试验发展成果应用及相关的科技服务三类活动。

科技活动人员 指直接从事科技活动、以及专门从事科技活动管理和为科技活动提供直接服务的人员。累计从事科技活动的实际工作时间占全年制度工作时间 10%及以上的人员。（1）直接从事科技活动的人员包括：在独立核算的科学研究与技术开发机构、高等学校、各类企业及其他事业单位内设的研究室、实验室、技术开发中心及中试车间（基地）等机构中从事科技活动的研究人员、工程技术人员、技术工人及其它人员；虽不在上述机构工作，但编入科技活动项目（课题）组的人员；科技信息与文献机构中的专业技术人员；从事论文设计的研究生等。（2）专门从事科技活动管理和为科技活动提供直接服务的人员包括：独立核算的科学研究与技术开发机构、科技信息与文献机构、高等学校、各类企业及其他事业单位主管科技工作的负责人，专门从事科技活动的计划、行政、人事、财务、物资供应、设备维护、图书资料管理等工作的各类人员，但不包括保卫、医疗保健人员、司机、食堂人员、茶炉工、水暖工、清洁工等为科技活动提供间接服务的人员。

科学家与工程师 指科技活动人员中具有高、中级技术职称（职务）的人员和不具有高、中级技术职称（职务）的大学本科及以上学历人员。

研究与试验发展（R&D） 指在科学技术领域，为增加知识总量、以及运用这些知识去创造新的应用而进行的系统的创造性的活动，包括基础研究、应用研究、试验发展三类活动。

基础研究 指为了获得关于现象和可观察事实的基本原理的新知识（揭示客观事物的本质、运动规律，获得新发现、新学说）而进行的实验性或理论性研究，它不以任何专门或特定的应用或使用为目的。其成果以科学论文和科学著作为主要形式。

应用研究 指为获得新知识而进行的创造性研究，主要针对某一特定的目的或目标。应用研究是为了确定基础研究成果可能的用途，或是为达到预定的目标探索应采取的新方法（原理性）或新途径。其成果形式以科学论文、专著、原理性模型或发明专利为主。

试验发展 指利用从基础研究、应用研究和实际经验所获得的现有知识，为产生新的产品、材料和装置，建立新的工艺、系统和服务，以及对已产生和建立的上述各项作实质性的改进而进行的系统性工作。其成果形式主要是专利、专有技术、具有新产品基本特征的产品原型或具有新装置基本特征的原始样机等。在社会科学领域，试验发展是指把通过基础研究、应用研究获得的知识转变成可以实施的计划（包括为进行检验和评估实施示范项目）的过程。人文科学领域没有对应的试验发展活动。

研究与试验发展人员 指参与研究与试验发展项目研究、管理和辅助工作的人员，包括项目（课题）组人员，企业科技行政管理人员和直接为项目（课题）活动提供服务的辅助人员。

专业技术人员 指从事专业技术工作和专业技术管理工作的人员，即企事业单位中已经聘任专业技术职务从事专业技术工作和专业技术管理工作的人员，以及未聘任专业技术职务，现在专业技术岗位上工作的人员。包括工程技术人员，农业技术人员，科学研究人员，卫生技术人员，教学人员，经济人员，会计人员，统计人员，翻译人员，图书资料、档案、文博人员，新闻出版人员，律师、公证人员，广播电视播音人员，工艺美术人员，体育人员，艺术人员及企业政治思想工作人员，共十七个专业技术职务类别。

科技活动经费筹集 指从各种渠道筹集到的计划用于科技活动的经费，包括政府资金、企业资金、事业单位资金、金融机构贷款、国外资金和其他资金等。

政府拨款 指从各级政府部门获得的计划用于科技活动的经费，包括科学事业费、科技三项费、科研基建费、科学基金、教育等部门事业费中计划用于科技活动的经费以及政府部门预算外资金中计划用于科技活动的经费等。

企业资金 指从自有资金中提取或接受其他企业委托的、科研院所和高校等事业单位接受企业委托获得的，计划用于科研和技术开发的经费。不包括来自政府、金融机构及国外的计划用于科技活动的资金。

劳务费 指以货币或实物形式直接或间接支付给从事科技活动人员的劳动报酬及各种费用。包括各种形式的工资、津贴、奖金、福利、离退休人员费用、人民助学金等。

固定资产购建费 指报告年内使用非基建投资购建的固定资产和用于科研基建投资的实际支出额，即固定资产实际支出和科研基建投资实际完成额之和。固定资产是指长期使用而不改变原有实物形态的主要物资设备、图书资料、实验材料和标本以及其他设备和家具、房屋、建筑物。

专利 是专利权的简称，是对发明人的发明创造经审查合格后，由专利局依据专利法授予发明人和设计人对该项发明创造享有的专有权。包括发明、实用新型和外观设计。

发明 指对产品、方法或者其改进所提出的新的技术方案。

Explanatory Notes on Main Statistical Indicators

Scientific and Technological Activities (S&T Activities) refer to organized activities which are closely related with the creation, development, dissemination and application of the scientific and technical knowledge in the fields of natural sciences, agricultural science, medical science, engineering and technological science, humanities and social sciences (referred to as scientific and technological fields). S&T activities can be classified into 3 categories: research and development (R&D) activities, application of R&D results, and related S&T services.

Personnel Engaged in S&T Activities refer to personnel directly engaged in S&T activities, in the management of S&T activities, and in providing direct service to S&T activities, with over 10% of the total working hours in a year spent on S&T activities. (1) Personnel directly engaged in S&T activities include researchers, engineers, technicians and other related personnel engaged in S&T activities in independent-accounting R&D institutions, institutions of higher learning, and in research institutes, laboratories, technology development centres and central experiment workshops under enterprises and institutions. Also included are people working in S&T research project teams, professional and technical personnel working in S&T information archiving institutes, and graduate students working on the design of their thesis. (2) Personnel engaged in the management of S&T activities and in providing direct service to S&T activities include senior management people responsible for S&T activities in independent-accounting R&D institutions, S&T information archiving institutes, institutions of higher learning and in enterprises and institutions where S&T activities are undertaken. Also included are people responsible for the planning, administration, personnel management, financial management, logistics supply, equipment maintenance, information and library management that are related with S&T activities. People providing indirect services are excluded, such as security, medical service, drivers, plumbers, cleaners and those providing catering and related service.

Scientists and Engineers refer to persons engaged in S&T activities either having obtained titles of senior and middle level professional positions, or those without such positions but have completed university or higher education.

Research and Development (R&D) refers to systematic and creative activities in the field of science and technology aiming at increasing the knowledge and using the knowledge for new application. R&D includes 3 categories of activities: basic research, applied research and experimentation for development.

Basic Research refers to empirical or theoretical research aiming at obtaining new knowledge on the fundamental principles regarding phenomena or observable facts to reveal the intrinsic nature and underlying laws and to acquire new discoveries or new theories. Basic research takes no specific or designated application as the aim of the research. Results of basic research are mainly released or disseminated in the form of scientific papers or monographs.

Applied Research refers to creative research aiming at obtaining new knowledge on a specific objective or target. Purpose of the applied research is to identify the possible uses of results from basic research, or to explore new (fundamental) methods or new approaches. Results of applied research are expressed in the form of scientific papers, monographs, fundamental models or invention patents.

Experiments and Development refer to systematic activities aiming at using the knowledge from basic and applied researches or from practical experience to develop new products, materials and equipment, to establish new production process, systems and services, or to make substantial improvement on the existing products, process or services. Results of experiment and development activities are embodied in patents, exclusive technology, and monotype of new products or equipment. In social sciences, experiment and development activities refer to the process of converting the knowledge from basic or applied researches into feasible programs (including conduct of demonstration projects for assessment and evaluation). There are no experiment and development activities in the science of humanities.

R&D Personnel refer to persons engaged in research, management and supporting activities of R&D, including persons in the project teams, persons engaged in the management of S&T activities of enterprises and supporting staff providing direct service to the research projects.

Professional and Technical Personnel refer to person engaged in professional and technical work or in the management of professional and technical activities, i.e., people with professional or technical positions who are engaged in professional and technical work or in the management of professional and technical activities, and people without professional or technical positions but are working on professional or technical posts. They include professionals and technicians working in 17 categories of technical occupations including engineering, agriculture, scientific researches, medical service, teaching, economic research and application, accounting, statistics, translation, libraries, archives, cultural and museum service, journalism and publication, lawyers, notarization service, radio and television broadcasting, handicraft and fine arts, sports, performing art, and political workers in enterprises.

Funding for S&T Activities refers to funds obtained from various sources for S&T activities, including government funds, self-raised funds by enterprises, self-raised funds by institutions, loans from financial institutions, foreign funds and other funds.

Government Funds refer to funds obtained from government agencies at all levels to be used for S&T activities, including fund for scientific undertakings, 3 kinds of fund for S&T activities, fund for capital construction for scientific researches, science fund, funds from education expenditures by education departments for S&T activities, and extra-budget fund from government agencies for S&T activities.

Funds of Enterprises refers to funds of enterprises from their own budget; funds from other enterprises; or funds received by universities or research institutions from enterprises for scientific research or technical development projects. Excluded from this category are funds from government agencies, financial institutions or from foreign institutions.

Service Fees refer to direct or indirect payment, in cash or in kind, made to personnel engaged in S&T activities as remuneration and other fees. They include, in various forms, salaries, subsidies, bonus, benefits, retirement pension, stipend, etc.

Purchase or Construction of Fixed Assets refers to the fixed assets purchased or constructed using funds other than the investment in capital construction, and the actual expenditure on capital construction for scientific researches. In other words, it is the sum of the actual expenditure on fixed assets and the accomplished investment in capital construction for scientific researches. Fixed assets refer to main materials and equipment, literatures and documents in libraries, materials for experiments, specimen, instruments, furniture, buildings and constructions that can be used for a long time without changing the form and shape of those articles or constructions.

Patent is an abbreviation for the patent right and refers to the exclusive right of ownership by the inventors or designers for the creation or inventions, given from the patent office after due process of assessment and approval in accordance with the Patent Law. Patents are granted for inventions, utility models and designs.

Inventions refer to the new technical proposals to the products or methods or their modifications.

21

教 育

Education

编辑人员：孙伟

Compiled by Sun Wei

英文翻译：孙伟

Translated by Sun Wei

简 要 说 明

本篇主要反映我省教育事业的发展基本情况。

一、本篇资料的主要内容

包括公办教育和民办教育、学历教育和非学历教育。具体有高等教育（研究生教育、普通高等教育和成人高等教育）、中等教育（高中阶段教育和初中阶段教育）、初等教育（小学）、学前教育、特殊教育（盲聋哑和弱智儿童学校等）以及教育经费等资料。主要指标包括学校数、在校学生数、招生数、毕业生数、教职工数和专任教师数等。

二、本篇资料的数据来源

教育事业统计资料、教育经费统计资料由海南省教育厅提供；技工学校资料由人力资源和社会保障厅提供。

Brief Introduction

Data in this chapter show the development of Hainan's education.

I. Main Content of Data on Education

Data on education cover the situations on education funded by government and non-government agencies, and the education with and without academic credentials including higher education (education of postgraduates, general higher education and adult education), secondary education (senior and junior high schools), elementary education (primary schools), preschool education, special education (schools for the blind, deaf-mutes and mentally retarded) and their expenditure. The main indicators include the number of schools, the number of students enrolled, the number of new students enrolled, the number of graduates, the number of staff and workers, the number of full-time teachers, etc.

II. Sources of Data on Education

The Education Department of Hainan Province provides statistical data on education undertakings and education funding. Data on technical training schools are provided by Human Resources and Social Security Department of Hainan Province.

21-1 各级各类学校、教职工和专任教师情况（2017）

Basic Statistics on Schools, Educational Personnel and Full-time Teachers by Type and Level (2017)

项 目	Item	学校数(所) Number of Schools (unit)	教职工数(人) Educational Personnel (person)	专任教师(人) Full-time Teachers (person)
高等教育	**Higher Education**	**20**	**14939**	**9698**
研究生培养机构	Institutions Providing Postgraduate Programs	4	7148	4478
普通高校	Regular Higher Education Institutions	4	7148	4478
科研机构	Research Institutions			
普通高等学校	Regular Higher Education Institutions	19	14753	9602
本科院校	HEIs Offering Degree Programs	7	10300	6787
#独立学院	Indepent Institutions			
高职(专科)院校	Higher Vocational Collages	12	4453	2815
其他机构(教学点)	Other Institutions			
成人高等学校	Adult HEIs	1	186	96
民办的其他高等教育机构	Other Non-government HEIs			
中等教育	**Secondary Education**	**600**	**62297**	**44695**
高中阶段教育	Senior Secondary Education	203	35040	18763
高中	Senior Secondary Schools	116	26886	13328
普通高中	Regular Senior Secondary Schools	116	26886	13328
完全中学	Combined Secondary Schools	79	20364	10674
高级中学	Regular Higher Schools	14	1958	1658
十二年一贯制学校	12-Years Schools	23	4564	996
成人高中	Adult High Schools			
中等职业教育	Secondary Vocational Education	87	8154	5435
普通中专	Regular Specialized Secondary Schools	31	3701	2362
成人中专	Adult Specialized Secondary Schools	1	22	20
职业高中	Vocational Senior Secondary Schools	47	2655	2039
技工学校	Skilled Workers Schools	8	1776	1014
其他机构(教学点)	Other Institutions			
初中阶段教育	Junior Secondary Education	397	27257	25932
普通初中	Regular Junior Secondary Schools	397	27257	25932
初级中学	Junior Secondary Schools	207	13198	12169
九年一贯制学校	9-Years Schools	190	14060	5470
十二年一贯制学校	12-Years Schools			896
完全中学	Combined Secondary Schools			7397
职业初中	Vocational Junior Secondary Schools			
成人初中	Adult Junior Secondary Schools			
初等教育	**Primary Education**	**1388**	**45467**	**49790**
普通小学	Regular Primary Schools	1388	45647	49790
小学	Primary Schools			42618
九年一贯制学校	9-Years Schools			6091
十二年一贯制学校	12-Years Schools			1081
成人小学	Adult Primary Schools			
#扫盲班	Literacy Courses			
工读学校	**Correctional Work-study Schools**			
特殊教育	**Special Education Schools**	**7**	**327**	**246**
学前教育	**Pre-school Education Institutions**	**2307**	**41190**	**19997**

21-2 各级各类学历教育学生情况（2017）
Basic Statistics on Students of Formal Education by Type and Level (2017)

单位：人 (person)

项 目	Item	招生数 Entrants	在校学生数 Enrollment	毕业生数 Graduates	女学生占学生总数的比重(%) Percentage of Females Students
高等教育	**Students Received Higher Education**	**61209**	**207309**	**58422**	
研究生	Postgraduates	2266	5868	1336	57.1
博 士	Doctor's Degree	94	313	50	57.8
硕 士	Master's Degree	2172	5555	1286	45.4
普通本专科	Undergraduates in Regular HEIs	54313	185538	50370	54.4
本 科	Normal Courses	28661	110388	24871	57.9
专 科	Short-cycle Courses	25652	75150	25499	49.2
成人本专科	Undergraduates in Adult HEIs	4630	13953	6478	81.9
本 科	Normal Courses	2024	6999	2800	77.5
专 科	Short-cycle Courses	2606	6954	3678	86.4
其他高等学历教育	Students Enrolled in Other Formal Programs		1950	238	41.8
在职人员攻读博士、硕士学位	Doctor's or Master's Degrees Programs for On-the-job Personnel		1950	238	41.8
网络本专科生	Web-based Undergraduates				
本 科	Normal Courses				
专 科	Short-cycle Courses				
中等教育	**Secondary Education**	**229114**	**637988**	**198203**	**44.8**
高中阶段教育	Senior Secondary Education	107776	304646	93096	44.7
高中	Senior Secondary Schools	56627	171077	56105	48.8
普通高中	Regular Senior Secondary Schools	56627	171077	56105	48.8
完全中学	Combined Secondary Schools	43653	134309	44900	50.4
高级中学	Regular Higher Schools	7708	22254	7116	47.4
十二年一贯制学校	12-Years Schools	5266	14514	4089	36.2
成人高中	Adult High Schools				
中等职业教育	Secondary Vocational Education	51149	133569	37574	39.4
普通中专	Regular Specialized Secondary Schools	26646	70932	21168	48.6
成人中专	Adult Specialized Secondary Schools	2481	7479	2570	38.0
职业高中	Vocational Senior Secondary Schools	16286	40408	10251	38.1
技工学校	Skilled Workers Schools	5736	14750	3585	15.9
初中阶段教育	Regular Junior Secondary Schools	121338	333342	105107	44.9
普通初中	Regular Junior Secondary Schools	121338	333342	105107	44.9
初级中学	Junior Secondary Schools	52023	142315	45150	45.7
九年一贯制学校	9-Years Schools	25176	66741	20281	43.5
十二年一贯制学校	12-Years Schools	4707	13224	4346	37.0
完全中学	Combined Secondary Schools	39432	111062	35330	45.6
职业初中	Vocational Junior Secondary Schools				
成人初中	Adult Junior Secondary Schools				
初等教育	**Primary Education**	**142730**	**809483**	**122661**	**44.8**
普通小学	Regular Primary Schools	142730	809483	122661	44.8
小学	Primary Schools	118070	674167	102579	45.2
九年一贯制学校	9-Years Schools	20929	115318	17320	43.3
十二年一贯制学校	12-Years Schools	3731	19998	2762	40.0
成人小学	Adult Primary Schools				
#扫盲班	Literacy Courses				
工读学校	**Correctional Work-study Schools**				
特殊教育	**Special Education Schools**	**202**	**1065**	**194**	**37.6**
学前教育	**Pre-school Education Institutions**	**160692**	**364338**	**127936**	**44.8**

注：特殊教育学生数中包括普通中小学随班就读的学生。
Note:Students received special education include those learning in the same classes of formal regular junior and primary schools.

21-3 各级各类民办教育基本情况(2017)
Basic Statistics on Non-government Schools by Type and Level (2017)

单位：人 (person)

项 目	Item	学校数(所) Number of Schools (unit)	毕业生数 Graduates	招生数 Entrants	在校生数 Enroll-ment	教职工数 Educational Personnel	专任教师 Full-time Teachers
民办高等教育	**Non-government Higher Education**	**8**	**19958**	**19996**	**67015**	**4435**	**3157**
民办高校	Non-government HEIs	8	19958	19996	67015	4435	3157
本 科	Normal Courses	2	8063	8895	35289	2506	1841
专 科	Short-cycle Courses	6	11895	11101	31726	1929	1316
独立学院	Indepent Institutions						
本 科	Normal Courses						
专 科	Short-cycle Courses						
民办其他高等教育机构	Other Non-government HEIs						
民办中等教育	**Non-government Secondary Education**	**156**	**21592**	**29511**	**75736**	**12211**	**7787**
高中阶段教育	Senior Secondary Education	72	10970	17673	43664	7552	4851
民办普通高中	Non-government Regular Senior Secondary Schools	34	6279	9591	25069	6260	4073
民办中等职业教育	Non-government Secondary Vocational Education	38	4691	8082	18595	1292	778
初中阶段教育	Junior Secondary Education	84	10622	11838	32072	4659	2936
民办普通初中	Non-government Regular Junior Secondary Schools	84	10622	11838	32072	4659	2936
民办职业初中	Non-government Junior Secondary Vocational Education						
民办普通小学	**Non-government Regular Primary Schools**	**89**	**12619**	**16078**	**86895**	**2802**	**1741**
民办幼儿园	**Non-government Pre-school Institutions**	**1930**	**93862**	**118284**	**278531**	**12575**	**6276**
另：民办培训机构	**Other Vocational-technical Training Institutions**						

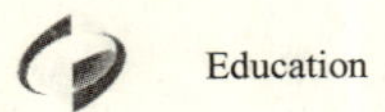

21-4 普通高等学校情况（2017）
Statistics on Regular Higher Education Institutions (2017)

项　　目	Item	学校数（所）Number of Schools (unit)	毕业生数（人）Graduates (person)	招生数（人）Entrants (person)	在校学生数（人）Enrollment (person)	教职工数（人）Educational Personnel (person)	#专任教师 Full-time Teachers
总　计	**Total**	**19**	**50370**	**54313**	**185538**	**14753**	**9602**
#女性	**Female**		**27277**	**29325**	**100889**	7658	5009
按隶属关系分	**Grouped by Jurisdiction of Management**						
中央属	Under Central Government						
地方属	Under Local Government	11	30412	34317	118523	10318	6445
按学校类别分	**Grouped by Type of Institution**						
综合大学	Comprehensive University	4	18757	20912	77865	6379	4013
理工院校	College of Science and Engineering	4	8436	7787	22523	1611	1183
农业院校	Agriculture Colleges						
医药院校	Medicine Colleges	1	2769	2894	10780	1206	761
师范院校	Normal Colleges	2	6532	7855	27260	2051	1472
语文院校	Language and Literature	1	1106	1692	4385	417	282
财经院校	Financial University	5	11250	11401	37865	2449	1662
政法院校	Political Science and Law	1	1520	1602	4690	285	183
体育院校	Sport Colleges	1		170	170	355	46
艺术院校	Art Colleges						
其他	Others						
总计中:职业技术学院	**Vocational Technological College**	**12**	**25970**	**25652**	**75150**	**4453**	**2815**

21-5 各市县中等职业教育情况(2017)
Conditions of Students in Secondary Vocational Schools by Region (2017)

单位：人 (person)

地 区	Item	招生数 Entrants	在校学生数 Enrollment	毕业生数 Graduates	#获得职业资格证书 Recipients of Vocational Qualifications Certificates	教职工数 Educational Personnel	#专任教师 Full-time Teachers
全省总计	**Total**	**45413**	**118819**	**33989**	**16128**	**6378**	**4421**
海 口 市	Haikou	28003	76158	21793	8690	3929	2621
三 亚 市	Sanya	2955	7426	1759	1522	575	341
五指山市	Wuzhishan	5491	14498	5691	3297	321	200
文 昌 市	Wenchang	990	2367	567	223	120	111
琼 海 市	Qionghai	2189	5675	1527	778	241	210
万 宁 市	Wanning	252	812	191	101	78	51
定 安 县	Ding'an	1014	2564	726	665	256	148
屯 昌 县	Tunchang	202	429	93		54	46
澄 迈 县	Chengmai	553	1500	536	236	124	114
临 高 县	Lingao	436	755	120	86	68	52
儋 州 市	Danzhou	1166	2710	467	29	164	150
东 方 市	Dongfang	564	778	44	44	66	49
乐 东 县	Ledong	346	642	109	109	75	67
琼 中 县	Qiongzhong	76	76	4	4	37	37
保 亭 县	Baoting	21	172	18		43	32
陵 水 县	Lingshui	372	872	195	195	92	76
白 沙 县	Baisha	232	403	30	30	24	24
昌 江 县	Changjiang	551	982	119	119	111	92

备注：不含人劳厅管辖的技工学校

Note:Data in this table exclude skilled workers schools.

21-6 各市县普通高中教育基本情况（2017）
Basic Statistics on Regular Senior Secondary Schools by Region (2017)

单位：人 (person)

地　区	Region	学校数（所）Schools (unit)	招生数 Entrants	在校学生数 Enrollment	毕业生数 Graduates	专任教师 Full-time Teachers
全省总计	**Total**	**116**	**56627**	**171077**	**56105**	**13328**
海口市	Haikou	32	14454	42857	13498	3588
三亚市	Sanya	13	5194	15099	4823	1141
五指山市	Wuzhishan	3	1281	3886	1313	328
文昌市	Wenchang	5	3486	10592	3316	842
琼海市	Qionghai	8	3584	10774	3625	773
万宁市	Wanning	7	2927	8644	2996	646
定安县	Ding'an	2	1148	3491	1179	257
屯昌县	Tunchang	2	1288	3697	1095	288
澄迈县	Chengmai	3	2286	6736	1967	517
临高县	Lingao	5	2804	8340	2694	634
儋州市	Danzhou	16	6309	20639	7679	1568
东方市	Dongfang	6	3448	10362	3232	661
乐东县	Ledong	5	3187	10332	3346	858
琼中县	Qiongzhong	1	725	2109	778	180
保亭县	Baoting	1	799	2390	767	179
陵水县	Lingshui	3	1605	4956	1739	387
白沙县	Baisha	1	631	1887	625	150
昌江县	Changjiang	3	1471	4286	1433	331

21-7 各市县初中基本情况（2017）
Basic Statistics on Regular Junior Secondary Schools by Region (2017)

单位：人 (person)

地 区	Region	学校数（所）Schools (unit)	招生数 Entrants	在校学生数 Enrollment	毕业生数 Graduates	专任教师 Full-time Teachers
全省总计	**Total**	**397**	**121338**	**333342**	**105107**	**25932**
海 口 市	Haikou	77	28754	78568	24330	5717
三 亚 市	Sanya	34	9306	27393	9805	2119
五指山市	Wuzhishan	3	1851	4556	1457	395
文 昌 市	Wenchang	24	6950	19569	5991	1324
琼 海 市	Qionghai	21	7279	19367	5906	1381
万 宁 市	Wanning	20	6382	17947	6058	1555
定 安 县	Ding'an	18	3703	9505	2741	726
屯 昌 县	Tunchang	15	3412	9794	3006	833
澄 迈 县	Chengmai	23	5480	15138	5322	1376
临 高 县	Lingao	17	6087	17645	5366	1261
儋 州 市	Danzhou	38	14532	38688	11630	3010
东 方 市	Dongfang	12	6607	18472	6273	1182
乐 东 县	Ledong	25	6246	18295	6095	1537
琼 中 县	Qiongzhong	13	2494	6284	1747	604
保 亭 县	Baoting	9	2082	5442	1622	545
陵 水 县	Lingshui	19	4028	11010	3229	996
白 沙 县	Baisha	11	2870	6867	1834	522
昌 江 县	Changjiang	18	3275	8802	2695	849

21-8 各市县普通小学基本情况（2017）
Basic Statistics on Regular Primary Schools by Region (2017)

单位：人 (person)

地 区	Region	学校数（所）Schools (unit)	招生数 Entrants	在校学生数 Enrollment	毕业生数 Graduates	专任教师 Full-time Teachers
全省总计	**Total**	**1388**	**142730**	**809483**	**122661**	**42618**
海口市	Haikou	157	36395	195935	27645	8271
三亚市	Sanya	116	13336	70660	9397	2924
五指山市	Wuzhishan	11	1448	9452	1607	794
文昌市	Wenchang	144	7443	42801	7114	2498
琼海市	Qionghai	96	7337	44013	6978	2225
万宁市	Wanning	90	7146	45067	5404	2666
定安县	Ding'an	56	4493	26732	3913	1476
屯昌县	Tunchang	70	4132	24626	3599	1401
澄迈县	Chengmai	67	7408	41702	6052	2622
临高县	Lingao	70	6627	39725	6305	2321
儋州市	Danzhou	164	15976	93530	14742	5334
东方市	Dongfang	49	6834	37975	6590	2259
乐东县	Ledong	114	6482	37275	6498	2414
琼中县	Qiongzhong	32	2712	17180	2708	836
保亭县	Baoting	30	2210	13861	2208	819
陵水县	Lingshui	62	5828	32918	4330	1769
白沙县	Baisha	26	2592	16835	3056	862
昌江县	Changjiang	33	3198	19192	3300	1127

21-9 各市县学龄儿童教育基本情况表(2017)
Basic Statistics on Pre-school Institutions (2017)

市 县	Region	园 数 (所) Pre-school Institutions (unit)	班数 (个) Classes (unit)	在园幼儿数 (人) Enrollment (person)	教职工人数 (人) Educational Personnel (person)	教师 Teachers	保育员 Health Workers
全省总计	**Total**	**2307**	**13103**	**364338**	**41190**	**19997**	**9314**
海 口 市	Haikou	763	4398	111682	14894	7535	3179
三 亚 市	Sanya	149	902	25970	3394	1366	943
五指山市	Wuzhishan	18	105	3287	253	151	32
文 昌 市	Wenchang	110	668	20080	1503	797	295
琼 海 市	Qionghai	116	775	21134	2009	1174	307
万 宁 市	Wanning	131	770	21421	2407	1004	692
定 安 县	Ding'an	86	457	11581	1155	577	269
屯 昌 县	Tunchang	65	428	11886	1032	484	260
澄 迈 县	Chengmai	138	715	22092	2413	1008	557
临 高 县	Lingao	108	530	14107	1370	704	261
儋 州 市	Danzhou	189	1017	30238	3257	1562	751
东 方 市	Dongfang	97	487	13403	1622	794	326
乐 东 县	Ledong	87	399	11508	1264	630	274
琼 中 县	Qiongzhong	44	248	7712	768	327	271
保 亭 县	Baoting	35	203	6462	550	269	132
陵 水 县	Lingshui	86	523	16222	1801	793	447
白 沙 县	Baisha	45	226	6865	712	397	173
昌 江 县	Changjiang	40	250	8671	786	425	145

21-10 各市县特殊教育基本情况（2017）
Basic Statistics on Special Education Schools by Region (2017)

单位：人 (person)

地 区	Region	学校数（所） Schools (unit)	招生数 Entrants	在校学生数 Enrollment	毕业生数 Graduates	教职工数 Educational Personnel	#专任教师 Full-time Teachers
全省总计	**Total**	**7**	**202**	**1065**	**194**	**327**	**246**
海口市	Haikou	1	145	607	159	154	132
三亚市	Sanya	1	14	79		35	21
五指山市	Wuzhishan						
文昌市	Wenchang	1	4	48	14	16	14
琼海市	Qionghai						
万宁市	Wanning						
定安县	Ding'an						
屯昌县	Tunchang						
澄迈县	Chengmai	1	13	103		41	27
临高县	Lingao	1	6	40	4	7	5
儋州市	Danzhou	1	11	116	17	54	27
东方市	Dongfang						
乐东县	Ledong	1	9	72		20	20
琼中县	Qiongzhong						
保亭县	Baoting						
陵水县	Lingshui						
白沙县	Baisha						
昌江县	Changjiang						

21-11 历年各级普通学校生师比
Student-Teacher Ratio by Level of Regular Schools in Various Years

（教师人数=1） (Number of Teachers=1)

年份 Year	小学 Primary School	初中 Junior Secondary School	普通高中 Regular Senior Secondary School	中等职业学校 Secondary Vocational School	普通高校 Regular Institution of Higher Education
2006	20.28	21.56	17.89	27.66	19.07
2007	22.74	20.50	17.55	31.05	19.08
2008	17.24	19.24	17.51	29.92	19.33
2009	15.93	18.01	17.10	33.52	18.91
2010	14.99	16.82	16.89	35.80	18.47
2011	14.84	15.63	17.08	34.68	18.80
2012	14.68	14.54	16.12	30.98	19.34
2013	14.67	13.73	15.65	28.92	19.77
2014	14.96	13.33	14.46	26.00	20.11
2015	15.54	12.79	13.67	24.32	20.07
2016	16.17	12.50	13.28	25.87	19.34
2017	16.26	12.85	12.84	24.58	19.74

注：未计算代课教师和兼任教师。

Note:Data in this table exclude substitute teachers and part-time teachers.

21-12 各市县每万人口各级学校平均在校生数
Number of Students Per 10000 Population by Level and Region

单位：人 (person)

年份 地区	Year Region	幼儿园 Pre-school	小学 Primary Education	初中阶段 Junior Secondary	高中 Senior Secondary	高等学校 Higher Education
2005		145	1276	563	143	85
2006		162	1253	569	165	108
2007		154	1164	562	173	128
2008		159	1061	543	181	148
2009		131	965	516	180	167
2010		209	899	485	185	174
2011		115	873	447	192	179
2012		304	848	411	198	190
2013		334	827	387	200	192
2014		347	833	373	195	199
2015		351	849	361	189	200
2016		379	865	353	185	240
2017		394	874	360	185	224
海口市	Haikou	492	862	346	189	
三亚市	Sanya	340	925	358	198	
五指山市	Wuzhishan	309	888	428	365	
文昌市	Wenchang	356	760	347	188	
琼海市	Qionghai	414	862	379	211	
万宁市	Wanning	373	660	313	151	
定安县	Ding'an	393	907	322	118	
屯昌县	Tunchang	446	923	367	139	
澄迈县	Chengmai	450	850	308	137	
临高县	Lingao	314	885	393	186	
儋州市	Danzhou	304	942	389	208	
东方市	Dongfang	314	891	433	243	
乐东县	Ledong	240	778	382	216	
琼中县	Qiongzhong	431	960	351	118	
保亭县	Baoting	425	913	358	157	
陵水县	Lingshui	489	993	332	150	
白沙县	Baisha	398	976	398	109	
昌江县	Changjiang	374	827	379	185	

21-13 学龄儿童净入学率和各级普通学校毕业生升学率
Net Enrollment Ratio of School-age Children and Promotion Rate of Various Schools

单位：%　　(%)

年 份 Year	学龄儿童净入学率 Net Enrollment Ratio of School-age Children in Primary Schools	小学升学率 Promotion Rate from Primary Schools to Junior Secondary Schools	初中升学率 Promotion Rate from Junior Secondary Schools to Senior Secondary Schools	高中升学率 Promotion Rate from Senior Secondary Schools to High Education
2005	99.79	97.87	57.63	
2006	99.81	95.18	59.24	
2007	99.75	95.05	61.83	
2008	99.74	98.91	70.14	
2009	99.76	98.95	73.17	
2010	98.76	96.60	75.80	73.30
2011	99.53	97.60	80.27	79.00
2012	99.69	97.98	85.60	85.18
2013	99.39	97.81	85.79	86.92
2014	99.43	97.84	88.80	87.50
2015	99.16	97.19	90.76	88.30
2016	99.68	97.37	92.75	89.36
2017	99.58	98.96	93.62	90.60

主要统计指标解释

普通高等学校　指通过国家普通高等教育招生考试，招收高中毕业生为主要培养对象，实施高等学历教育的全日制大学、独立设置的学院、独立学院和高等专科学校、高等职业学校及其他机构。

大学、独立设置的学院主要实施本科及本科层次以上的教育。独立学院主要实施本科层次的教育。高等专科学校、高等职业学校实施专科层次的教育。其他机构是指承担国家普通招生计划任务不计校数的机构，包括普通高等学校分校、大专班等。

成人高等学校　指通过国家成人高等教育招生考试，招收具有高中毕业或同等学力的人员为主要培养对象，利用函授、业余、脱产等多种形式，对其实施高等学历教育的学校。包括：职工高等学校、农民高等学校、管理干部学院、教育学院、独立函授学院、广播电视大学、其他机构。其他机构是指承担国家成人招生计划任务不计校数的机构。

小学学龄儿童净入学率　指调查范围内已入小学学习的学龄儿童占校内外学龄儿童总数的比重。计算公式为：

$$\text{小学学龄儿童净入学率}=\frac{\text{已入学的小学学龄儿童数}}{\text{校内外小学学龄儿童总数}}\times 100\%$$

Explanatory Notes on Main Statistical Indicators

Regular Higher Education Institutions refer to educational establishments recruiting graduates from senior secondary schools as the main target through National Matriculation TEST. They include full-time universities, independently established colleges, colleges, and institutions of higher professional education, institutions of higher vocational education and others.

Universities and independently established colleges primarily provide undergraduate and above courses; colleges mainly impart undergraduate courses, institutions of higher professional education and institutions of higher vocational education primarily provide professional trainings; and others refer to educational establishments, which are responsible for enrolling higher education students under the State Plan but not enumerated in the total number of schools, including: branch schools of universities and colleges and junior colleges.

Adults HEIs refer to educational establishments, enrolling personnel with senior secondary school or equivalent education through National Matriculation TEST for Adult, and providing higher education courses in forms of correspondence, spare time, or full time for adults. Institutions of higher learning for adults include schools of higher education for staff and workers, schools of higher education for peasants, colleges for management cadres, pedagogical colleges, independent correspondence colleges, radio and television universities and other educational establishments. Other educational establishments refer undertakings to enrol adult students but not enumerated in the number of schools under the State Plan.

Net Enrollment Ratio of School-age Children in Primary Schools refers to the proportion of school age children enrolled at schools to the total number of school age children both in and outside schools (including retarded children, but excluding blind, deaf and mute children). The formula is:

$$\text{Net Enrollment Ratio of School-age Children in Primary Schools} = \frac{\text{Total Primary School-age Children at Schools}}{\text{Total Primary School-age Children Whether or Not Attending School}} \times 100\%$$

卫生和社会服务

Public Health and Social Services

编辑人员：吴红燕　吴庆婷

Compiled by Wu Hongyan　Wu Qingting

英文翻译：苏绮凌

Translated by Su Qiling

简 要 说 明

一、本篇资料的主要内容

本篇主要反映卫生、社会服务、残疾人事业的发展情况。

卫生统计资料主要包括医疗卫生机构、卫生人员、卫生设施、卫生经费、基层医疗卫生服务、妇幼保健、疾病控制、居民病伤死亡原因、医疗保障制度等情况。

社会服务统计资料主要包括社会服务企事业机构、社会组织、人员、床位情况，优抚和社会经济情况，社会服务机构情况，婚姻服务情况，残疾人服务情况、社会捐赠和福利彩票销售情况等。

二、本篇的资料来源

卫生统计资料由海南省卫生和计划生育委员会提供；社会服务统计资料由海南省民政厅提供。

Brief Introduction

I. Main Contents

Data in this chapter mainly reflect the development of public health, civil affairs, and work for persons with disabilities.

Data on public health include mainly the number of medical and health institutions, health personnel, health facility, health expenses, medical and health services at grass-root level, maternal and child health, disease control, major diseases as the causes of death, and health security system.

Data on civil affairs include: institutions, social organizations, personnel and beds of social services， social welfare relief, community service facilities and marriage registration service, services for the disabled persons, social donations and welfare lottery.

II. Sources of Data

Data on public health are mainly from t the Health Department of Hainan Province. Data on civil affairs and disabled persons are from the Hainan provincial Civil Affairs Department.

22-1　卫生事业基本情况表
Basic Statistics on Public Health

年份 Year	卫生机构数(个) Number of Health Care Institutions (unit)	#医院(含卫生院) Hospitals (including Health Centers)	卫生机构床位数(张) Number of Beds(bed)	#医院(含卫生院) Hospitals (including Health Centers)	卫生人员总数(人) Medical Personnel (person)	#医生 Doctor	每万人口拥有 Per 10 000 Persons 床位数(张) Number of Beds	医生数(人) Number of Doctors
1950	15	14	680	680	1383	880	3	3
1951	28	23	634	634	1491	908	3	3
1952	95	26	1244	1134	1361	786	4	3
1953	185	28	1718	1306	1812	993	6	4
1954	254	28	1834	1347	3751	1220	7	4
1955	357	32	1904	1640	4157	1671	7	6
1956	411	31	2009	1729	4315	1893	7	7
1957	446	29	1938	1704	6854	2028	7	7
1958	2011	301	8778	4868	5096	1793	29	6
1959	2804	303	8168	4275	7814	1900	26	6
1960	2139	353	9927	4356	5640	1760	31	6
1961	1967	350	6737	5689	9497	2401	21	7
1962	2171	228	7540	6227	11737	3249	22	10
1963	1998	159	9236	6067	11645	3557	27	10
1964	2229	185	9792	6647	12288	4122	28	12
1965	2692	177	10026	6862	12533	3768	27	10
1966	2744	174	9814	6865	12899	3768	26	10
1972	3144	426	15720	15642	19286	4824	33	10
1973	3224	430	16511	16288	20367	4955	34	10
1974	3210	444	16624	16419	20362	5059	34	10
1975	3082	447	17108	16935	20916	5724	34	12
1976	3261	456	17657	17523	22243	5781	35	11
1977	3175	462	18420	18266	23651	5948	35	12
1978	3308	464	18687	18562	24730	6333	35	12
1979	3493	468	18855	18649	25834	7240	35	13
1980	3492	459	18885	18648	27666	7914	34	14
1981	3703	458	18688	18404	22230	7690	33	14
1982	3656	461	18589	18310	31181	7786	32	14
1983	3978	459	18587	18309	31705	8108	32	14
1984	3901	457	18582	18336	32750	8309	31	14
1985	3877	417	18997	18672	33727	8017	31	14
1986	3729	422	19313	18941	34121	7956	31	13
1987	3702	427	19860	19542	34840	8052	32	13
1988	3764	426	20643	20265	35208	10101	33	16
1989	2911	428	20833	20479	35269	10547	33	17
1990	3167	429	21620	21083	36290	11026	33	17
1991	3154	427	21402	20857	36796	10991	32	17
1992	2517	428	22397	21772	37681	11053	32	16
1993	1646	446	22830	22053	38327	10891	32	16
1994	1647	469	22658	21885	39167	11331	33	16
1995	1653	473	22383	21684	39374	11796	32	17
1996	2420	482	22283	21435	40047	12238	31	17
1997	2595	485	21704	20777	40824	12652	29	17
1998	2545	485	21480	20659	40394	12776	29	17
1999	2460	488	20518	19889	39063	12769	26	17
2000	2689	492	20550	15352	38539	12706	27	16
2001	2712	488	19288	14784	38125	12340	25	16
2002	2840	504	19120	17411	36310	11896	25	15
2003	2655	503	18312	13018	32725	9979	23	12
2004	2515	505	18394	17253	36835	10026	22	12
2005	2464	502	18873	17475	37189	11811	23	13
2006	2337	502	20227	18630	38199	12195	24	15
2007	2330	501	20767	19607	40941	12587	25	15
2008	2220	498	21889	20672	42682	12850	26	15
2009	4661	493	23536	22066	49898	14117	27	16
2010	4678	495	25981	24336	51985	14456	30	17
2011	4816	494	28575	27038	56893	15527	33	18
2012	5142	493	30076	28160	58721	15422	34	17
2013	5006	490	32100	29854	63573	16766	36	19
2014	5015	489	34466	31914	66586	17617	38	19
2015	5046	500	38653	35702	71237	19001	42	21
2016	5135	509	40501	37276	74843	20148	44	22
2017	5177	505	42002	38654	77652	20882	45	23

注：自2009年起卫生机构数含村卫生室。
Note: The data of Health Care Institutions inludes Village Clinics

22-2 卫生机构、床位、人员数（2017）
Number of Health Care Institutions,Beds and Employed Persons (2017)

项目	Item	机构数（个）Number of Health Care Institutions (unit)	床位数（张）Beds (bed)	卫生技术人员（人）Medical Technical Personnel (person)	#执业（助理）医师 Licensed (Assistant) Doctors	注册护士 Registered Nurses	药师（士）Pharma-cists	技师（士）Laboratory Technicians
合计	**Total**	**5177**	**42002**	**60579**	**20882**	**28491**	**2978**	**3303**
一、医院	Number of Hospitals	208	32524	36887	11832	18824	1876	2103
综合医院	General Hospitals	153	24504	29242	9410	15067	1380	1697
中医医院	Hospital Specialized in Traditional Chinese Medicine	18	3821	4445	1528	2063	364	240
中西医结合医院	Hospital of Intergrated Traditional and Western Medicine	6	502	532	137	253	32	31
专科医院	Specialized Hospital	31	3697	2668	757	1441	100	135
二、基层医疗卫生机构	Health Care Institutions at Grassroot Level	4843	7340	17837	7037	7373	864	579
社区卫生服务中心(站)	Community Health Services Centers	175	1168	3037	1056	1461	176	100
卫生院	Health Centers	299	6130	8852	2917	3362	565	396
街道卫生院	Urban Health Centers							
乡镇卫生院	Township Health Centers	299	6130	8852	2917	3362	565	396
村卫生室	Village Clinics	2637		778	466	312		
门诊部	Outpatient Department	117	42	1158	509	491	69	75
诊所.卫生所.医务室	Clinics and Health Centers and Nurse Stations	1615		4012	2089	1747	54	8
三、专业公共卫生机构	Specialized Public Health Institutions	117	1509	5390	1887	2068	213	576
疾病预防控制中心	Centers for Diseases Prevention and Control	25		1185	588	198	19	244
专科疾病防治院（所、站）	Specialized Disease Prevention &Treatment Institutions	15	125	647	288	205	64	71
健康教育所(站、中心)	Health Education Stations	3		11	4	6		1
妇幼保健院(所、站)	Women and Children Care Agencies	24	1384	2689	811	1313	115	169
急救中心(站)	Center for Emergency	3		88	29	57		
采供血机构	Institutes of Collecting and Supplying Blood	4		272	36	168	1	41
卫生监督所(中心)	Health Inspection Institution(Center)	24		166				
计划生育技术服务机构	Technical Service Centers for Birth Control	19		332	131	121	14	50
四、其他卫生机构	Other Health Institutions	9	629	465	126	226	25	45
#疗养院	Sanatoriums	3	629	423	111	220	23	31
医学科研机构	Researching Institutions of Medical Sciences							

22-3 医疗卫生机构
Number of Health Care Institutions

单位：个 (unit)

年 份 市 县	Year Region	合 计 Total	#医 院 Hospitals	#综合医院 General Hospitals	中医医院 Hospitals Specialized in Traditional Chinese Medicine	专科医院 Specialized Hospitals	#基层医疗卫生机构 Health Care Institutions at Grass-root Level	社区卫生服务中心(站) Community Health Service Centers	街 道 卫生院 Urban Health Centers	乡 镇 卫生院 Township Health Centers
2006		2337	190							312
2007		2330	190							311
2008		2220	187	144	17	23	3856	64	2	309
2009		4661	186	143	17	23	4362	88	2	305
2010		4678	188	145	19	21	4474	105	3	305
2011		4816	190	148	19	20	4513	118	3	300
2012		5142	193	149	19	4	4832	140		300
2013		5006	191	148	17	21	4685	144		299
2014		5015	191	150	16	20	4696	152		298
2015		5046	202	155	17	25	4714	156		298
2016		5135	212	158	17	31	4795	170		297
2017		5177	208	153	18	31	4843	175		299
海 口 市	Haikou	941	44	19	3	20	864	109		26
三 亚 市	Sanya	416	19	11	1	6	390	14		11
五指山市	Wuzhishan	115	5	2	1	2	106	2		9
文 昌 市	Wenchang	289	10	8	1	1	274	6		27
琼 海 市	Qionghai	306	9	8	1		291	12		22
万 宁 市	Wanning	453	15	13	1		431	2		18
定 安 县	Ding'an	212	7	5	2		200	4		14
屯 昌 县	Dunchang	167	9	8	1		154			11
澄 迈 县	Chengmai	341	15	13	1	1	321	1		20
临 高 县	Lingao	211	5	4	1		202			17
儋 州 市	Danzhou	486	22	21	1		456	14		24
东 方 市	Dongfang	315	6	5	1		306			19
乐 东 县	Ledong	256	3	2	1		247			14
琼 中 县	Qiongzhong	113	13	11	1	1	94	4		13
保 亭 县	Baoting	104	6	6			92	2		12
陵 水 县	Lingshui	156	3	2	1		147	2		17
白 沙 县	Baisha	139	12	11			122	1		14
昌 江 县	Changjiang	157	5	4			146	2		11

22-3 续(continued)

单位：个 (unit)

年份 市县	Year Region	村卫生室 Village Clinics	门诊部(所) Outpatient Department	#专业公共卫生机构 Specialized Public Health Institutions	#疾病预防控制中心 Center for Disease Control and Prevention	#专科疾病防治院(所/站) Specialized Disease Prevention & Treatment Institution	#妇幼保健院(所/站) Women and Children Care Agencies	#卫生监督所(中心) Health Inspection Institution (center)
2006			1633		28		26	
2007			1648		28		25	
2008		2297	1544		27	26	25	
2009		2396	1571	94	26	25	24	19
2010		2412	1554	94	26	24	24	20
2011		2527	1565	102	26	24	24	21
2012		2758	1634	106	27	24	24	23
2013		2071	1541	121	28	23	24	23
2014		2706	46	119	28	21	24	23
2015		2681	56	119	27	18	24	24
2016		2668	90	119	26	18	24	24
2017		2637	117	117	25	15	24	24
海口市	Haikou	238	55	30	6	4	6	6
三亚市	Sanya	121	35	6	1	1	1	1
五指山市	Wuzhishan	60		4	1		1	1
文昌市	Wenchang	152		5	1	1	1	1
琼海市	Qionghai	181	7	5	1	1	1	1
万宁市	Wanning	319	5	6	1	1	1	1
定安县	Ding'an	95		4	1		1	1
屯昌县	Dunchang	82	2	4	1		1	1
澄迈县	Chengmai	204	6	5	1	1	1	1
临高县	Lingao	139		4	1		1	1
儋州市	Danzhou	247	3	8	2	1	2	2
东方市	Dongfang	261		3	1		1	1
乐东县	Ledong	181		5	1	1	1	1
琼中县	Qiongzhong	34	3	6	2		1	1
保亭县	Baoting	58		5	1		1	1
陵水县	Lingshui	92	1	6	1	2	1	1
白沙县	Baisha	77		5	1		1	1
昌江县	Changjiang	96		6	1	2	1	1

22-4 卫生人员
Number of Employed Persons in Health Care Institutions

单位：人 (person)

年份 地区	Year Region	卫生人员 Medical Personnel	卫生技术人员 Medical Technical Personnel	#执业（助理）医师 Licensed (Assistant) Doctors	#执业医师 Licensed Doctor	#注册护士 Registered Nurse	#药师（士） Pharmacist	其他技术人员 Other Technical Personnel	管理人员 Administrative Personnel	工勤技能人员 Logistics Technical Workers
2006		38199	30787	12195		11508				
2007		40941	32545	12587		12444				
2008		42682	33875	12850	9991	13212	1828	996	2841	4970
2009		49898	37857	14117	10899	15225	1928	1260	2911	5272
2010		51985	39520	14456	11263	16319	2000	1457	2941	5404
2011		56893	43295	15527	12265	18200	2161	1780	3083	5939
2012		58721	44720	15422	12162	19267	2340	1816	3111	6278
2013		63579	48192	16770	13345	20920	2539	1970	3286	6751
2014		66586	50557	17617	14125	22394	2685	2121	3421	6891
2015		71237	54677	19001	15338	24641	2828	2042	3830	7280
2016		74843	57784	20148	16267	26487	2930	2365	4033	7343
2017		77652	60579	20882	17351	28491	2978	2841	3825	7332
海口市	Haikou	30575	24564	8369	7762	12250	1222	1343	1651	2748
三亚市	Sanya	7793	6266	2219	1950	2887	286	332	355	717
五指山市	Wuzhishan	1304	976	274	225	504	41	20	65	171
文昌市	Wenchang	3117	2450	916	712	1114	184	57	163	232
琼海市	Qionghai	3708	3135	1210	1039	1463	164	31	123	236
万宁市	Wanning	3488	2338	865	648	1047	110	122	175	358
定安县	Ding'an	1796	1433	552	403	595	70	15	113	122
屯昌县	Dunchang	1514	1173	467	320	512	61	39	77	128
澄迈县	Chengmai	2945	2182	817	582	985	106	56	151	337
临高县	Lingao	2170	1572	453	314	753	68	63	78	285
儋州市	Danzhou	6855	5040	1680	1296	2424	270	396	281	732
东方市	Dongfang	2042	1639	544	410	696	76	77	104	206
乐东县	Ledong	2701	1882	643	389	817	83	129	128	288
琼中县	Qiongzhong	1574	1252	400	241	490	45	8	97	184
保亭县	Baoting	989	793	291	186	342	28	29	40	29
陵水县	Lingshui	2044	1605	426	340	615	68	54	67	216
白沙县	Baisha	1231	909	323	204	373	31	34	93	134
昌江县	Changjiang	1806	1370	433	330	624	65	36	64	209

22-5 各类医疗卫生机构医疗服务及床位利用情况(2017)
Number of Visits and Inpatients in Medical Institutions and Utilization of Beds (2017)

机构名称	Institutions	诊疗人次数（万人次） Visits (10 000 person-times)	入院人数（万人） Inpatients (10 000 persons)	实际开放总床日数（日） Days of Total Beds Actually Opened (day)	平均开放病床（张） Average Beds Opened (bed)
总 计	**Total**	**5077.02**	**116.87**	**14246951**	**39033**
医院	Hospitals	1876.37	97.39	11234317	30779
#综合医院	General Hospitals	1502.04	80.82	8512478	23322
中医医院	Hospitals Specialized in Traditional Chinese Medicine	247.67	10.83	1349183	3696
中西医结合医院	Hospital of Integrated Traditional Chinese with Western Medicine	31.25	1.23	181565	497
专科医院	Specialized Hospitals	95.41	4.50	1191091	3263
基层医疗卫生机构	Basic Medical Institutions	2884.36	10.91	2235063	6123
#社区卫生服务中心(站)	Community Health Service Centers	368.53	2.23	315713	865
卫生院	Health Centers	1210.63	8.26	1919350	5258
街道卫生院	Urban Health Centers				
乡镇卫生院	Township Health Centers	1210.63	8.26	1919350	5258
专业公共卫生机构	Specialized Public Health Institutions	306.11	7.30	540976	1482
#专科疾病防治院(所、站)	Specialized Disease Prevention & Treatment Institution	63.93	0.29	42314	116
妇幼保健院(所、站)	Women and Children Care Agencies	240.44	7.01	498662	1366
其他机构	Other Institutions	10.19	1.28	236595	648
#疗养院	Sanatoriums	10.19	1.28	236595	648

22-5 续(continued)

机构名称	Institutions	实际占用总床日数(日) Actually Total Beds Occupied (day)	出院者占用总床日数(日) Total Beds Occupied by Patients Discharged from Hosptials (day)	病床工作日(日) Working Days of Beds (day)	病床使用率(%) Utili-zation Rate of Beds (%)	平均住院日(日) Average Stay Days in Hospital (day)
总 计	**Total**	**10492430**	**9861090**	**268.8**	**73.7**	**8.5**
医院	Hospitals	9107549	8626448	295.9	81.1	8.9
#综合医院	General Hospitals	7134367	6911418	305.9	83.8	8.6
中医医院	Hospitals Specialized in Traditional Chinese Medicine	972165	933799	263.0	72.1	8.6
中西医结合医院	Hospital of Integrated Traditional Chinese with Western Medicine	112826	108268	226.8	62.1	8.8
专科医院	Specialized Hospitals	888191	672963	272.2	74.6	14.8
基层医疗卫生机构	Basic Medical Institutions	836044	705618	136.5	37.4	6.5
#社区卫生服务中心(站)	Community Health Service Centers	157523	124957	182.1	49.9	5.6
卫生院	Health Centers	678521	580661	129.0	35.4	7.0
街道卫生院	Urban Health Centers					
乡镇卫生院	Township Health Centers	678521	580661	129.0	35.4	7.0
专业公共卫生机构	Specialized Public Health Institutions	395651	375125	266.9	73.1	5.2
#专科疾病防治院(所、站)	Specialized Disease Prevention & Treatment Institution	32390	21638	279.4	76.6	7.6
妇幼保健院(所、站)	Women and Children Care Agencies	363261	353487	265.9	72.9	5.1
其他机构	Other Institutions	153186	153899	236.3	64.8	12.0
#疗养院	Sanatoriums	153186	153899	236.3	64.8	12.0

22-6 各市县医疗卫生机构门诊服务情况(2017)
Outpatient Services of Health Institutions by Region (2017)

地　区	Region	诊疗人次数（次）Visits (times)	#门\急诊 Outpatients with Emergency Treatment	观察室留观病例数（人）Cases in Observation Room (persons)	健康检查人数（人）Number of Health Examinations (persons)	急诊病死率(%) Fatality Rate among Emergency Admissions (%)	观察室病死率(%) Fatality Rate in Observation Room (%)
全省总计	**Total**	**50770230**	**49524207**	**185708**	**2285968**	**0.03**	**0.03**
海口市	Haikou	16477232	15839517	99106	941155	0.12	0.03
三亚市	Sanya	4677855	4601918	11827	234274	0.06	1.10
五指山市	Wuzhishan	503694	502194	107	14278	0.14	
文昌市	Wenchang	2650804	2634213	37658	272452	0.06	
琼海市	Qionghai	3234571	3202263	358	107269	0.04	
万宁市	Wanning	2636705	2591314	7381	20324	0.03	
定安县	Ding'an	1697786	1694160	7420	64542	0.06	
屯昌县	Dunchang	1249229	1219583	357	41827	0.19	
澄迈县	Chengmai	2719839	2700424	2334	68013	0.02	0.04
临高县	Lingao	2104997	2092523	409	42305	0.06	
儋州市	Danzhou	4574754	4532827	4978	157197	0.03	0.20
东方市	Dongfang	1025161	1014757	1954	78498	0.02	0.20
乐东县	Ledong	2081179	2051496	9915	56766	0.03	
琼中县	Qiongzhong	674342	670888	13	56017	0.01	
保亭县	Baoting	536258	535232	473	31224	0.03	
陵水县	Lingshui	1724848	1723730	57	16274	0.03	
白沙县	Baisha	687693	685008	58	15124		
昌江县	Changjiang	1513283	1232160	1303	68429	0.03	

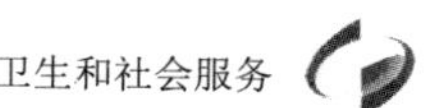

22-7 各市县医疗卫生机构住院服务情况(2017)
Hospitalization Services in Health Institutions by Region (2017)

地区	Region	入院人数(人) Number of Inpatients (persons)	出院人数(人) Patients Discharged (persons)	住院病人手术人次(人次) Surgical Operation of Hospitalized (persons)	每百门急诊入院人数(人) Inpatients per 100 Outpatient and Emergency Visits (person)
全省总计	**Total**	**1168746**	**1165491**	**235223**	**3.19**
海口市	Haikou	445374	444643	125337	13.13
三亚市	Sanya	103191	102640	31846	1.78
五指山市	Wuzhishan	16932	16925	2202	5.40
文昌市	Wenchang	41045	40841	6246	2.16
琼海市	Qionghai	73776	73876	12923	2.96
万宁市	Wanning	65780	66066	8504	5.58
定安县	Ding'an	24177	24015	2447	2.36
屯昌县	Dunchang	34272	34920	3952	4.53
澄迈县	Chengmai	36779	35902	4337	2.41
临高县	Lingao	32664	32538	3990	2.49
儋州市	Danzhou	133508	132862	14833	4.07
东方市	Dongfang	31339	31338	4127	3.23
乐东县	Ledong	35772	35615	2579	2.47
琼中县	Qiongzhong	21429	21187	1363	3.92
保亭县	Baoting	11162	11215	1145	2.41
陵水县	Lingshui	19635	19708	1850	1.22
白沙县	Baisha	15607	15458	1553	3.76
昌江县	Changjiang	26304	25742	5989	2.86

22-8 各市县医院床位利用情况(2017)
Utilization of Beds in Hospitals by Region (2017)

地 区	Region	病床周转次数(次) Turnover of Beds (time)	病床工作日(日) Work Day of Beds (day)	病床使用率(%) Utilization Rate of Beds (%)	平均住院日(日) Average Stay Days in Hospital (day)
全省总计	**Total**	**32**	**296**	**81.1**	**8.9**
海 口 市	Haikou	125	1230	336.9	38.2
三 亚 市	Sanya	82	735	201.4	32.9
五指山市	Wuzhishan	15.1	280.6	76.87	17.2
文 昌 市	Wenchang	39.5	275.7	75.55	7.1
琼 海 市	Qionghai	43.3	298.3	81.72	6.8
万 宁 市	Wanning	33.3	249.0	68.21	7.5
定 安 县	Ding'an	36.6	254.7	69.78	6.9
屯 昌 县	Dunchang	25.3	227.7	62.38	8.4
澄 迈 县	Chengmai	31.8	254.7	69.77	6.5
临 高 县	Lingao	44.0	297.5	81.51	6.7
儋 州 市	Danzhou	32.8	336.3	92.13	9.2
东 方 市	Dongfang	39.8	336.1	92.07	7.8
乐 东 县	Ledong	35.2	243.6	66.75	5.8
琼 中 县	Qiongzhong	23.9	249.3	68.29	10.0
保 亭 县	Baoting	24.9	241.5	66.18	8.7
陵 水 县	Lingshui	38.3	250.8	68.71	6.5
白 沙 县	Baisha	28.6	229.1	62.78	7.6
昌 江 县	Changjiang	34.9	247.8	67.89	7.0

22-9 卫生总费用
Total Health Expenditure

指标名称	Index	2012	2013	2014	2015	2016	2017
卫生总费用(亿元)	Total Health Expenditure(100 million yuan)	179.84	185.12	220.68	262.61	303.28	
人均卫生总费用(元)	Per Capita Health Expenditure(yuan)	2029	2068	2443	2883	3307	
卫生总费用占GDP比重(%)	Health Expenditure as Percentage of GDP (%)	6.30	5.88	6.30	7.09	7.48	
卫生消费弹性系数	Health Consumption Elasticity Coefficient	2.23	1.74	0.79	2.48		
门诊病人次均医药费用(元)	Outpatient all Medical Expenses (yuan)	177.3	194	200.8	215.9	232	246.8

22-10 法定报告传染病发病及死亡情况(2017年)
Incidence and Death of Infectious Diseases Reported (2017)

病名	Item	发病率 (1/10万) Incidence (per100 000 persons)	死亡率 (1/10万) Death Rate (per100 000 persons)	病死率 (%) Mortality Rate (%)
总计	**Total**	**382.20**	**0.88**	**0.23**
*病毒性肝炎	Viral Hepatitis	204.37	0.02	0.01
痢疾	Dysentery	2.22		
伤寒副伤寒	Typhoid and Paratyphoid Fever	0.50		
艾滋病	AIDS	1.84	0.58	31.36
淋病	Gonorrhea	26.82		
梅毒	Syphilis	59.40		
麻疹	Measles	0.01		
百日咳	Pertussis	0.01		
流脑	Epidemic Encephalitis	0.01		
猩红热	Scarlet Fever	0.22		
出血热	Hemorrhage Fever	0.03		
狂犬病	Hydrophobia	0.05	0.05	100.00
布氏杆菌病	Brucellosis	0.32		
乙脑	Encephalitis B			
疟疾	Malaria	0.10		
新生儿破伤风	Newborn Tetanus			
肺结核	Pulmonary Tuberculosis	86.30	0.23	0.27

22-11 防病工作情况

Basic Statistics on Disease Prevention and Cure

指　标	Item	2012	2013	2014	2015	2016	2017
传染病发病总例数（甲、乙）(例)	Number of Incidence from Infectious Disease(A、B) Reported (persons)	24432	27763	29207	30942	29280	35055
发病率(1/10万)	Incidence (1/100 000)	278.5	313.2	326.2	342.5	321.5	382.3
传染病死亡总人数(人)	Number of Death from Infectious Disease (person)	107	101	99	78	84	81
死亡率(1/10万)	Death Rate (1/100 000)	1.2	1.1	1.1	0.9	0.9	0.9
结核病登记病人数(例)	Number of Register of Tuberculosis (persons)	7898	7023	6936	6835	6735	6632
登记患病率(‰)	Register Sicken Rate(‰)	0.9	0.8	0.8	0.8	0.8	72.3
结核病新发病人数(例)	Number of New Incidence from Tuberculosis (person)	7385	6651	6662	6594	6515	6361
登记新发病率(1/万)	Register New Incidence Disease Rate (1/10 000)	8.4	7.5	7.4	7.3	7.2	69.4
结核病死亡人数(人)	Number of Death from Tuberculosis (person)	81.0	70.0	68.0	18.0	73.0	19.0
死亡率(1/10万)	Death Rate (1/100 000)	0.9	0.8	0.8	0.2	0.8	0.2
“八苗”接种率(%)	Five Type of Bacterins Inoculability Rate (%)	99.3	98.3	99.1	99.2	99.5	99.7
乙肝疫苗全程接种率(%)	Hepatitis B Bacterins Quite Inoculability Rate (%)	99.7	99.7	99.7	99.9	99.7	99.7

22-12 妇女儿童卫生保健状况
Basic Statistics on Health Care of Women and Children

指　　标	Item	2014	2015	2016	2017
婚前医学检查率(%)	Rate of Medical Examination before Marriage(%)	47.47	49.22	45.08	38.70
城市	Urban Areas	42.49	44.77	44.60	36.81
农村	Rural Areas	55.56	57.62	46.02	41.59
出生缺陷发生率(1/万)	Birth-defect Rate(1/10000)	131.17	115.64	115.69	109.24
婴儿死亡率(‰)	Infant Mortality Rate (‰)	9.38	6.03	6.22	6.06
城市	Urban Areas	4.18	4.21	4.29	3.00
农村	Rural Areas	10.30	6.43	6.70	6.98
5岁以下儿童死亡率(‰)	Mortality Rate of Child under 5 Years Old (‰)	12.17	8.02	9.14	8.29
城市	Urban Areas	5.07	5.31	5.19	3.81
农村	Rural Areas	13.43	8.62	10.10	9.63
孕产妇死亡率(1/10万)	Mortality Rate of Pregnant and Lying-in Women (1/100 000)	16.39	10.16	18.97	24.46
城市	Urban Areas	17.23	11.38	25.78	6.50
农村	Rural Areas	16.09	9.71	16.44	31.78
全省住院分娩率(%)	Hospitalization Rate of Parturition in Province(%)	99.85	99.90	99.81	99.93
农村孕产妇住院分娩率(%)	Hospital Parturition Rate of Rural Pregnant and Lying-in Women(%)	99.77	99.83	99.85	99.91
农村高危孕产妇住院分娩率(%)	Hospital Parturition Rate of Rural High Risk Pregnant and Lying-in Women (%)	99.98	99.98	99.92	100.00
产前检查率(%)	Medical Prenatal Examination Rate (%)	95.78	96.00	96.35	96.40
孕产妇系统管理率(%)	Systematic Management Rate of Pregnant and Lying-in Women (%)	86.31	86.70	87.22	87.18
城市	Urban Areas	86.43	86.73	87.35	86.97
农村	Rural Areas	86.14	86.65	87.00	87.57
5岁以下儿童中、重度营养不良患病率(%)	moderate and Serious malnutrition Rate of Children under 5 Years old (%)	3.37	2.95	2.84	2.80
城市	Urban Areas	2.35	2.27	2.22	2.26
农村	Rural Areas	5.00	4.04	3.87	3.74
7岁以下儿童保健管理率 (%)	Health Care Rate of Children under 7 Years Old (%)	92.16	92.79	92.73	92.20
城市	Urban Areas	93.75	94.03	94.13	93.03
农村	Rural Areas	89.66	90.80	90.47	90.82
卡介苗疫苗接种率(%)	BCG (%)	100.0	100.0	99.50	100.00
脊髓灰质炎疫苗接种率(%)	Poliomyelitis (%)	99.7	99.8	99.50	99.70
百白破疫苗接种率(%)	DPT(%)	99.5	99.7	99.50	99.40
麻疹疫苗接种率(%)	Measles (%)	99.9	99.7	99.50	99.50
乙肝疫苗接种率 (%)	Inoculation Rate of Hepatitis B Vaccine(%)	99.7	98.9	100.0	99.5

22-13　社会服务机构基本情况(2017年)
Statistics on Social Service Institutions (2017)

指　　标	Item	单位数（个）Institution (unit)	职工人数（人）Staff and Workers (person)
社会服务	**Total**	**12970**	**94455**
社会工作	**Social Work**	**2887**	**12443**
提供住宿的社会服务机构	Social Welfare Institutions with Accommodations	49	1151
老年人年与残疾人服务机构	Institutions for the Aged and the Disabled	36	976
城市养老服务机构	Urban Institutions for the Aged	15	574
农村养老服务机构	Rural Institutions for the Aged	1	36
社会福利院	Social Welfare Hospitals	4	200
光荣院	Homes for Disabled Veterans	8	49
荣誉军人康复医院	Convalescent Hospitals for Honorable Serviceman		
复原军人疗养院	Sanatoriums for Ex-serviceman		
军队离退休干部休养所	Retired Army Cadres Sandringham Retreat	8	117
智障与精神疾病服务机构	Mental Retardation and Mental Diseases		
福利类精神病院和医院	Social Welfare Hospitals for Mental Diseases		
复退军人精神病院	Mental Hospitals for Ex-serviceman		
为儿童提供住宿的社会服务机构	Social Welfare Institutions for Children	2	38
儿童收养机构	Welfare Homes for Children	2	38
流浪儿童救助保护中心	Centers for Rescuing Street Children		
其他提供住宿的社会服务机构	Other Social Welfare Institutions with Accommodations	11	137
救助管理站	Salvation Stations	7	84
军供站	Serviceman Supply Stations	2	38
其他提供住宿的社会服务机构	Other Serviceman Habitation	2	15
不提供住宿的社会服务机构	Social Welfare Institutions Without Accommodations	2838	11292
老龄事业机构	Institutions for the Aged	17	196
为残疾人提供工作岗位的企业	Provide Jobs for the Disabled		
为残疾人提供服务的康复辅具机构	Provide Services for the Disabled Rehabilitation Assistive Devices		
其他为残疾人服务的福利机构	Other Welfare Institutions for the Disabled		
救助、低保服务机构	Rescue and Services Agencies for Minimum Living Allowance	2	15
救灾储备机构	Relief Reserve Units	2	11
福利彩票发行单位	Welfare Lottery Issuing Institutions	3	48
军队离退休人员管理中心	Management Centers for Retired Military Officers	1	14
烈士陵园及烈士纪念馆	Martyr Memorial Building Management Units	1	11
社区服务机构	Community Services Institutions	2812	10997
成员组织和其他社会服务机构	**Membership Organizations and Other Social Service Institutions**	**10052**	**81224**
成员组织	Membership Organizations	10034	80902
社会组织	Social Organizations	6873	61821
社会团体	Social Groups	2792	25378
基金会	Foundations	89	509
民办非企业单位	Non-enterprise Units Run by NGO	3992	35934
自治组织	Autonomy Organizations	3161	19081
社区居委会	Neighborhood Committee	599	3934
村民委员会	Village Committee	2562	15147
其他社会服务机构	Other Social Service Institutions	18	322
婚姻登记服务机构	Marriage Registration Institutions	4	28
殡　葬	Funeral Service Institutions	14	294
殡仪馆	Funeral Home	2	65
公　墓	Cemetery	6	179
殡葬服务管理单位	Funeral and Interment Management Institutions	6	50
其他事业单位	**Others**	**8**	**67**
行政机关	**Administration**	**23**	**721**

22-14 提供住宿的社会服务机构床位数(2017)
Beds of Social Welfare Institutions with Accommodations （2017）

单位：张 (bed)

地　区	Region	床位数 Number of Beds				
			老年及残疾人床位 The Aged and Disabled	智障和精神疾病床位 Mental Retardation and Mental Diseases	儿童床位 Child	救助及其他社会服务床位 Social Relief and Other
全省总计	**Total**	**21185**	**20648**		40	**497**
省本级	Provincial	1086	891			195
海 口 市	Haikou	5057	4937			120
三 亚 市	Sanya	1447	1317			130
五指山市	Wuzhishan	81	81			
文 昌 市	Wenchang	959	959			
琼 海 市	Qionghai	4596	4596			
万 宁 市	Wanning	829	829			
定 安 县	Ding'an	1228	1227			1
屯 昌 县	Tunchang	651	610			41
澄 迈 县	Chengmai	597	597			
临 高 县	Lingao	522	522			
儋 州 市	Danzhou	399	359		40	
东 方 市	Dongfang	372	372			
乐 东 县	Ledong	578	578			
琼 中 县	Qiongzhong	478	478			
保 亭 县	Baoting	78	78			
陵 水 县	Lingshui	939	929			10
白 沙 县	Baisha	1090	1090			
昌 江 县	Changjiang	198	198			

注：1. 2001年起，社会服务机构床位数口径有所调整，除收养性机构床位数外，还包括了救助类机构床位数、社区类机构床位数以及军休所、军供站等机构床位数。老年人口指60岁及以上老年人口。

2. 2011年起，老年及残疾人床位含社区服务床位(含日间照料床位)。

Note:1.Sice 2001, coverage of beds of social services institutions has changed.It include beds of salvation institution,community institutions, and serviceman recreation habitation, serviceman supply stations,etc.The aged refer to those 60 years old and above.

2.Since 2011, beds of the aged and disabled include community service beds(including day care beds).

22-15 孤儿和家庭儿童收养(2017)
Orphans and Children Adopted by Families (2017)

地 区	Region	孤儿数（人）Number of Orphans (person)	家庭儿童收养登记总数（件）Number of Adoption Registration of Children Adopted by Families (case)	中国公民收养登记 Adoption Registration of Chinese Citizens	外国公民收养登记 Adoption Registration of Foreign Citizens
全省总计	**Total**	**1349**	**107**	**102**	**5**
海口市	Haikou	273	40	35	5
三亚市	Sanya	127	17	17	
五指山市	Wuzhishan	28	3	3	
文昌市	Wenchang	58	2	2	
琼海市	Qionghai	21	9	9	
万宁市	Wanning	62	2	2	
定安县	Ding'an	19	3	3	
屯昌县	Tunchang	62	1	1	
澄迈县	Chengmai	152	9	9	
临高县	Lingao	90	3	3	
儋州市	Danzhou	117	1	1	
东方市	Dongfang	36	1	1	
乐东县	Ledong	131	2	2	
琼中县	Qiongzhong	22	2	2	
保亭县	Baoting	31	1	1	
陵水县	Lingshui	31	6	6	
白沙县	Baisha	20	5	5	
昌江县	Changjiang	69			
洋浦	Yangpu	6			

注：2011年以前的“孤儿数”指领取《儿童福利证》的孤儿数，2011年起指失去父母或查找不到生父母的未满18周岁的未成年人数。
家庭儿童收养比例=家庭儿童收养人数/孤儿数×100%。

Note:Before 2011,number of orphans referred to the number of orphans who received Children Welfare Credentials, and from 2011, it refers to juveniles under age of 18 who have lost parents or can't find parents.

Proportion of children Adopted by Families=Number of children Adopted b Families/Number of Orphans *100%

22-16 社会救助情况(2017)
Statistics on Social Relief (2017)

单位：人 (person)

地区	Region	城市居民最低生活保障人数 Number of Urban Residents Receiving Minimum Living Allowance	农村居民最低生活保障人数 Number of Rural Residents Receiving Minimum Living Allowance	农村集中供养五保人数 Rural Households with Centralized Livelihood Guaranteed in Five Aspects	农村分散供养五保人数 Rural Households with Decentralized Livelihood Guaranteed in Five Aspects	传统救济人数 Number of Persons Receiving Traditional Relief
全省总计	**Total**	**63153**	**181390**	**2053**	**24238**	44
海口市	Haikou	4666	17567	344	3030	
三亚市	Sanya	2413	5105	16	569	
五指山市	Wuzhishan	3853	2235	44	179	
文昌市	Wenchang	2223	11014	199	3346	
琼海市	Qionghai	2197	9335	298	1677	
万宁市	Wanning	5115	10161	27	1634	
定安县	Ding'an	1989	7940	301	2234	22
屯昌县	Tunchang	3081	8053	205	1392	
澄迈县	Chengmai	4500	11435	140	2887	
临高县	Lingao	3555	17913	60	1754	
儋州市	Danzhou	6855	21021	86	1868	
东方市	Dongfang	853	9992	44	913	
乐东县	Ledong	6446	18806	61	746	
琼中县	Qiongzhong	2662	4382	119	350	21
保亭县	Baoting	2029	4914	17	113	
陵水县	Lingshui	2256	7036	41	660	
白沙县	Baisha	2546	4427	44	258	
昌江县	Changjiang	5698	9583	7	591	
洋浦	Yangpu	216	471		37	

22-17 医疗救助情况(2017)
Statistics on Medical Aid (2017)

地 区	Region	资助参加医疗保险人数(人) Aid for Medical Insurance (person)	直接医疗救助人数(人次) Direct Medical Aid (person)	资助参加医疗保险支出(万元) Expense of Medical Insurance (10 000 yuan)	直接医疗救助支出(万元) Expense for Direct Medical Aid (10 000 yuan)
全省总计	**Total**	**403390**	**120721**	**6600**	**17377**
海口市	Haikou	30442	5439	681	1463
三亚市	Sanya	12971	19476	183	740
五指山市	Wuzhishan	7613	2495	113	453
文昌市	Wenchang	40520	4915	599	1026
琼海市	Qionghai	32704	2066	438	888
万宁市	Wanning	15505	1364	362	959
定安县	Ding'an	13543	8697	202	1238
屯昌县	Tunchang	4947	17288	67	970
澄迈县	Chengmai	23973	13403	340	1453
临高县	Lingao	16889	2562	253	1243
儋州市	Danzhou	90280	18852	1586	2104
东方市	Dongfang	44913	1964	672	518
乐东县	Ledong	16800	4327	252	1751
琼中县	Qiongzhong	14051	5483	235	899
保亭县	Baoting	23595	2223	407	408
陵水县	Lingshui		1444		364
白沙县	Baisha	7107	5542	99	494
昌江县	Changjiang	7537	3181	111	406

22-18 福利彩票销售情况
Statistics on Welfare Lottery

年 份 地 区	Year Region	福利彩票发行单位 (个) Welfare Lottery Issuing Units (unit)	福利彩票销售额 (万元) Sales of Welfare Lottery (10 000 yuan)	提取公益金 (万元) Pubilc Welfare Fund from Welfare Lottery (10 000 yuan)
2011		20	118814	29417
2012		20	143251	35076
2013		20	160176	38500
2014		20	165705	39164
2015		20	174375	40767
2016		19	167184	40353
2017		19	153624	37323
海 口 市	Haikou	1	113617	26331
三 亚 市	Sanya	1	24022	5862
五指山市	Wuzhishan	1	299	108
文 昌 市	Wenchang	1	3142	881
琼 海 市	Qionghai	1	1157	425
万 宁 市	Wanning	1	1809	550
定 安 县	Ding'an	1	382	141
屯 昌 县	Tunchang	1	276	102
澄 迈 县	Chengmai	1	1155	422
临 高 县	Lingao	1	458	170
儋 州 市	Danzhou	1	1912	607
东 方 市	Dongfang	1	2386	655
洋 浦	yangpu	1	238	88
乐 东 县	Ledong	1	627	222
琼 中 县	Qiongzhong	1	229	84
保 亭 县	Baoting	1	490	160
陵 水 县	Lingshui	1	836	302
白 沙 县	Baisha	1	218	76
昌 江 县	Changjiang	1	371	137

22-19 优抚安置情况(2017)
Statistics on Preferential Treatment and Resettlement (2017)

地区	Region	国家重点优抚对象(人) State Entitled Groups (person)	定期抚恤人数 Number of People Receiving Regular Pension	定期补助人数 Number of People Receiving Regular Subsidy	伤残人员 Injured and Disabled Persons	接收军队离退休人员(人) Number of Retired Veterans Resettled (person)
全省总计	**Total**	**26922**	**2055**	**22701**	**2166**	**48**
海口市	Haikou	3422	441	2326	655	29
三亚市	Sanya	1046	95	867	84	14
五指山市	Wuzhishan	359	12	325	22	
文昌市	Wenchang	2659	378	2159	122	
琼海市	Qionghai	2494	115	2296	83	
万宁市	Wanning	2509	226	2003	280	1
定安县	Ding'an	1390	70	1223	97	
屯昌县	Tunchang	1158	22	1081	55	
澄迈县	Chengmai	1385	60	1223	102	
临高县	Lingao	1980	142	1700	138	
儋州市	Danzhou	2292	131	2016	145	3
东方市	Dongfang	913	148	681	84	
乐东县	Ledong	1730	64	1594	72	
琼中县	Qiongzhong	381	15	329	37	1
保亭县	Baoting	232	1	205	26	
陵水县	Lingshui	1806	62	1656	88	
白沙县	Baisha	535	3	516	16	
昌江县	Changjiang	613	70	492	51	
洋浦	Yangpu	18		9	9	

22-20 社区服务机构基本情况(2017)
Statistics on Community Service Facilities (2017)

单位：个

地区	Region	社区服务机构数 Number of Community Service Facilities	社区服务指导中心数 Community Service Guidance Centers	社区服务中心数 Community Service Centers	社区服务站数 Community Service Stations	其他社区服务机构 Other Community Service Facilities
全省总计	**Total**	**2812**	**2**	**33**	**2447**	**330**
省本级	**Provincial**	**65**				**65**
海口市	Haikou	288		1	228	59
三亚市	Sanya	114	2	8	104	
五指山市	Wuzhishan	46			42	4
文昌市	Wenchang	177			158	19
琼海市	Qionghai	189			176	13
万宁市	Wanning	190			176	14
定安县	Ding'an	108			95	13
屯昌县	Tunchang	135			124	11
澄迈县	Chengmai	185			176	9
临高县	Lingao	138			131	7
儋州市	Danzhou	219		24	189	6
东方市	Dongfang	219			192	27
乐东县	Ledong	201			188	13
琼中县	Qiongzhong	124			111	13
保亭县	Baoting	68			62	6
陵水县	Lingshui	133			113	20
白沙县	Baisha	111			92	19
昌江县	Changjiang	102			90	12

注：1. 其他社区服务机构是指民政业务范围以外的其他以提供服务为主的社区服务设施，如：社区性服务站、社区文化服务站、残疾人康复站等。2. 社区服务指导中心是指县级以上建立的，除有一般社区服务中心(站)的职能外，还对社区服务中心和社区服务站的工作具有指导作用的社区服务机构。

Note:1.Other community service facilities refer to those facilities providing service other than civil affair service, for example,community service stations,community cultural service stations, recovery stations for the disabled.

2.Community Service Guidance Centers refer tocommunity service agencies established above county level which offer guidance to community service centers and stations besides their funcitons as common community service centers and stations.

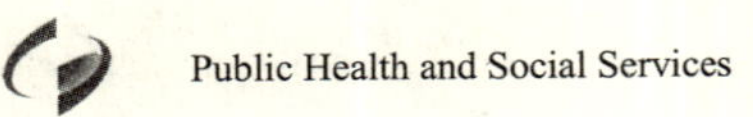

22-21 婚姻服务情况(2017)
Statistics on Marriage and Divorces (2017)

地 区	Region	结婚登记（对）Total Number of Registered Marriages (couples)	内地居民登记结婚（对）Registered Marriages in the Mainland (couples)	初婚（人）First Marriages (persons)	再婚（人）Re-marriages (persons)	涉外及港澳台居民登记结婚 Registered Marriages with Foreigner and the Citizen of Macao, Taiwan	离 婚（对）Divorces (couples)	粗离婚率(‰) Crude Divores Rate (‰)
全省总计	**Total**	**75795**	**75364**	**135729**	**15861**	**431**	**15429**	
海 口 市	Haikou	13402	13068	22560	4244	334	3973	
三 亚 市	Sanya	8565	8465	15249	1881	97	1720	
五指山市	Wuzhishan	676	676	1220	132		139	
文 昌 市	Wenchang	3503	3503	6203	803		772	
琼 海 市	Qionghai	3601	3601	6084	1118		817	
万 宁 市	Wanning	5548	5548	10436	660		1083	
定 安 县	Ding'an	2320	2320	4121	519		491	
屯 昌 县	Tunchang	2160	2160	3894	426		515	
澄 迈 县	Chengmai	4216	4216	7610	822		850	
临 高 县	Lingao	3459	3459	6476	42		512	
儋 州 市	Danzhou	9858	9858	18129	1587		1436	
东 方 市	Dongfang	4436	4436	8030	842		741	
乐 东 县	Ledong	4584	4584	8699	469		491	
琼 中 县	Qiongzhong	1554	1554	2740	368		372	
保 亭 县	Baoting	1058	1058	1839	277		273	
陵 水 县	Lingshui	3182	3182	5769	595		606	
白 沙 县	Baisha	1579	1579	2884	274		230	
昌 江 县	Changjiang	2094	2094	3786	402		408	

22-22 社会组织情况
Statistics on Social Organization

年份 地区	Year Region	单位数（个） Number of Institutions (unit)				年末职工人数（人） Staff and Workers at Year-end (person)				
			社会团体 Social Organization	民办非企业单位 Non-enterprise Units Run by NGO	基金会 Foundation		女性 Female	社会团体 Social Organization	民办非企业单位 Non-enterprise Units Run by NGO	基金会 Foundation
2008		2352	1363	971	18	15389	4664	6512	8787	90
2009		2468	1406	1041	21	17106	4613	7447	9549	110
2010		2797	1613	1156	28	18695	6212	6864	11697	134
2011		3213	1863	1319	31	23608	8692	8060	15408	140
2012		3714	2018	1657	39	25243	9117	8221	16857	165
2013		4170	2162	1958	50	26947	9175	9320	17430	197
2014		4847	2334	2457	56	45476	16864	21475	23721	280
2015		5357	2445	2850	62	52898	17717	25644	26869	385
2016		6293	2693	3520	80	55246	18596	24445	30300	501
2017		6873	2792	3992	89	57159	18405	20716	35934	509
省本级	Provincial	1938	1141	708	89	10371	1340	5758	4104	509
海口市	Haikou	1592	333	1259		16254	8186	1539	14715	
三亚市	Sanya	438	197	241		10928	707	7670	3258	
五指山市	Wuzhishan	85	62	23		462	231	325	137	
文昌市	Wenchang	192	82	110		409	220	136	273	
琼海市	Qionghai	230	88	142		2798		880	1918	
万宁市	Wanning	288	113	175		981	749	200	781	
定安县	Ding'an	132	48	84		213	65	53	160	
屯昌县	Tunchang	106	42	64		966	321	448	518	
澄迈县	Chengmai	203	78	125		1662	945	150	1512	
临高县	Lingao	172	63	109		1021	431	310	711	
儋州市	Danzhou	514	98	416		3766	2233	350	3416	
东方市	Dongfang	306	86	220		2081	609	427	1654	
乐东县	Ledong	134	77	57		555	30	329	226	
琼中县	Qiongzhong	104	69	35		445	233	176	269	
保亭县	Baoting	107	86	21		1190	607	855	335	
陵水县	Lingshui	132	45	87		1094	666	270	824	
白沙县	Baisha	57	16	41		458	280	80	378	
昌江县	Changjiang	97	44	53		998	552	520	478	
洋浦	Yangpu	46	24	22		507		240	267	

注：合计数中包含省本级数(下同).
Note: Data of total region include the data of provincial level。(the same applies to the tables following).

22-23 自治组织情况
Statistics on Autonomy Organizations

年份 地区	Year Region	单位数（个） Number of Institutions	村民委员会 Village Committee	社区居委会 Neighborhood Committee	年末成员数（人） Member at Year-end	#女性 Female	村民委员会 Village Committee	社区居委会 Neighborhood Committee
2008		3006	2554	452	14222	2959	11900	2322
2009		3011	2556	455	14425	2965	12095	2330
2010		3025	2567	458	14537	3567	12047	2490
2011		3031	2567	464	14831	3592	12299	2532
2012		3040	2568	472	14941	3593	12286	2655
2013		3046	2573	473	15219	3456	12550	2669
2014		3063	2561	502	15769	3545	2820	725
2015		3072	2561	511	15036	3579	12227	2809
2016		3061	2552	509	17222	4212	14050	3172
2017		3161	2562	599	19281	4520	15192	4051
海口市	Haikou	435	248	187	3133	985	1791	1342
三亚市	Sanya	152	93	59	884	331	457	427
三沙市	Sansha	9		9		1		9
五指山市	Wuzhishan	68	59	9	341	98	296	45
文昌市	Wenchang	296	255	41	1323	347	1168	155
琼海市	Qionghai	209	189	20	1018	254	898	120
万宁市	Wanning	207	197	10	880	186	830	50
定安县	Ding'an	123	108	15	668	135	568	100
屯昌县	Tunchang	129	104	25	691	162	555	136
澄迈县	Chengmai	186	144	42	1301	330	931	370
临高县	Lingao	176	156	20	1552	313	1383	169
儋州市	Danzhou	292	231	61	2550	334	2045	505
东方市	Dongfang	192	181	11	913	209	842	71
乐东县	Ledong	188	173	15	1277	115	1165	112
琼中县	Qiongzhong	111	100	11	494	135	444	50
保亭县	Baoting	62	60	2	315	72	303	12
陵水县	Lingshui	116	107	9	711	140	617	47
白沙县	Baisha	92	74	18	528	112	415	113
昌江县	Changjiang	91	74	17	540	216	439	101
洋浦	Yangpu	27	9	18	162	45	45	117

主要统计指标解释

医疗卫生机构　指从卫生行政部门取得《医疗机构执业许可证》、《计划生育技术服务许可证》，或从民政、工商行政、机构编制管理部门取得法人单位登记证书，为社会提供医疗保健、疾病控制、卫生监督服务或从事医学科研和医学在职培训等工作的单位。医疗卫生机构包括医院、基层医疗卫生机构、专业公共卫生机构、其他医疗卫生机构。

医院　包括综合医院、中医医院、中西医结合医院、民族医院、各类专科医院和护理院，不包括专科疾病防治院、妇幼保健院和疗养院。

基层医疗卫生机构　包括社区卫生服务中心、社区卫生服务站、街道卫生院、乡镇卫生院、村卫生室、门诊部、诊所(医务室)。

专业公共卫生机构　包括疾病预防控制中心、专科疾病防治机构、妇幼保健机构（含妇幼保健计划生育服务中心）、健康教育机构、急救中心（站）、采供血机构、卫生监督机构、取得《医疗机构执业许可证》或《计划生育技术服务许可证》的计划生育技术服务机构。

其他医疗卫生机构　包括疗养院、临床检验中心、医学科研机构、医学在职教育机构、医学考试中心、农村改水中心、人才交流中心、统计信息中心等卫生事业单位。

卫生人员　指在医院、基层医疗卫生机构、专业公共卫生机构及其他医疗卫生机构工作的职工，包括卫生技术人员、乡村医生和卫生员、其他技术人员、管理人员和工勤人员。一律按支付年底工资的在岗职工统计，包括各类聘任人员(含合同工)及返聘本单位半年以上人员，不包括临时工、离退休人员、退职人员、离开本单位仍保留劳动关系人员、本单位返聘和临聘不足半年人员。

卫生技术人员　包括执业医师、执业助理医师、注册护士、药师（士）、检验技师（士）、影像技师、卫生监督员和见习医（药、护、技）师（士）等卫生专业人员。不包括从事管理工作的卫生技术人员(如院长、副院长、党委书记等)。

执业医师　指《医师执业证》“级别”为“执业医师”且实际从事医疗、预防保健工作的人员，不包括实际从事管理工作的执业医师。执业医师类别分为临床、中医、口腔和公共卫生四类。

执业(助理)医师　指《医师执业证》“级别”为“执业助理医师”且实际从事医疗、预防保健工作的人员，不包括实际从事管理工作的执业助理医师。执业助理医师类别分为临床、中医、口腔和公共卫生四类。

每千人口执业(助理)医师　每千人口执业(助理)医师=(执业医师数+执业助理医师数)/人口数×1000。人口数系年末常住人口。

每千人口卫生技术人员　每千人口卫生技术人员=卫生技术人员数/人口数×1000。人口数系年末常住人口。

每千人口医疗卫生机构床位　每千人口医疗卫生机构床位=医疗卫生机构床位数/人口数×1000。人口数系年末常住人口。

甲乙类法定报告传染病发病率　是指某年某地区每10万人口中甲、乙类法定报告传染病发病数。即甲乙类法定报告传染病发病率=甲、乙类法定报告传染病发病数/人口数×100000。

甲乙类法定报告传染病死亡率　是指某年某地区每10万人口中甲、乙类法定报告传染病死亡数。即甲乙类法定报告传染病死亡率=甲、乙类法定报告传染病死亡数/人口数×100000。

甲乙类法定报告传染病病死率　是指某年某地区甲、乙类法定报告传染病死亡数与发病数之比。即甲乙类法定报告传染病病死率=甲、乙类法定报告传染病死亡数/发病数×100%。

粗死亡率　指年内一定地区的死亡人数与同期平均人数之比，一般以‰表示。

病死率　表示一定时期内(通常为一年)，患某种疾病的死亡人数与患某种疾病发病人数之比，一般以%表示。

孕产妇死亡率　指年内每10万名孕产妇的死亡人数。孕产妇死亡指从妊娠期至产后42天内，由于任何妊娠或妊娠处理有关的原因导致的死亡，但不包括意外原因死亡者。按国际通用计算方法，“孕产妇总数”以“活产数”代替计算。

活产数　指年内妊娠满28周及以上（如孕周不清楚，可参考出生体重达1000克及以上)，娩出后有心跳、呼吸、脐带搏动、随意肌收缩四项生命体征之一的新生儿数。

5岁以下儿童死亡率　指年内未满5岁儿童死亡人数与活产数之比，一般以‰表示。

新生儿死亡率　指年内新生儿死亡数与活产数之比。一般以‰表示。新生儿死亡指出生至28天以内(即0-27天)死亡人数。

参加新农合人数　指根据本地新农合实施方案到年内新农合筹资截止时已缴纳新农合资金的人口数。

新农合当年基金支出　指本年度实际从新农合基金帐户中支出用于新农合补偿的资金。

新农合补偿受益人次　指年内新农合参合人员因病就医获得补偿的人次数，包括住院、家庭帐户形式、门诊、特殊病种大额门诊、住院正常分娩、体检和其他补偿人次之和。

新农合本年度筹资总额　指为本年度筹集的、实际进入新农合专用帐户的基金数额。包括本年度中央及地方财政配套资金、农民个人缴纳资金（含民政部门及其他相关部门代缴的救助资金）、新农合基金本年度产生的全部利息收入及其他渠道实际筹集到的新农合基金额。筹资数额以进入新农合专用帐户的基金数额为准，不含上年结转资金。

卫生总费用　指一个国家或地区在一定时期内，为开展卫生服务活动从全社会筹集的卫生资源的货币总额，按来源法核算。它反映一定经济条件下，政府、社会和居民个人对卫生保健的重视程度和费用负担水平，以及卫生筹资模式的主要特征和卫生筹资的公平性合理性。

政府卫生支出　指各级政府用于医疗卫生服务、医疗保障补助、卫生和医疗保险行政管理、人口与计划生育事务支出等各项事业的经费。

社会卫生支出　指政府支出外的社会各界对卫生事业的资金投入。包括社会医疗保障支出、商业健康保险费、社会办医支出、社会捐赠援助、行政事业性收费收入等。

个人现金卫生支出　指城乡居民在接受各类医疗卫生服务时的现金支付，包括享受各种医疗保险制度的居民就医时自付的费用。可分为城镇居民、农村居民个人现金卫生支出，反映城乡居民医疗卫生费用的负担程度。

卫生总费用占GDP比重　指某年卫生总费用与同期国内生产总值（GDP）之比。是用来反映一定时期国家对卫生事业的资金投入力度，以及政府和全社会对卫生事业、居民健康的重视程度。

军供站　即军队供应管理单位，指地方政府委托民政部门管理的、独立核算的、为战时或平时军队来往服务的军用饮食供应站、军用供水站、军人转运接待站等单位的总称。

社会工作师　指通过全国社会工作师职业水平考试并取得社会工作师职业水平证书的人员。

每千人口社会服务床位数　指老年及残疾人床位数、智障和精神疾病床位数、儿童床位数、救助及其他社会服务床位数的总和除以当年期末人口数乘以1000。计算公式为：

$$每千人口社会服务床位数=\frac{社会服务床位数}{年末人口数}\times1000$$

其中，老年及残疾人床位数包括城市养老服务机构、农村养老服务机构、社会福利院、光荣院、荣誉军人康复医院、复员军人疗养院中的相关床位数；智障和精神疾病床位数包括复退军人精神病院和社会福利医院中的相关床位数；儿童床位数包括儿童福利院和流浪儿童救助保护中心中的相关床位数；救助及其他社会服务床位数包括社区养老服务中心、社区养老服务站、生活无着人员救助管理站、其他收养机构、军休所、军供站的相关床位数。

社会福利企业　指以集中安置有一定劳动能力的残疾人就业为目的（残疾职工占生产人员10%以上）、带有社会福利性质的企业总称。社会福利企业分类为：社会福利工厂、假肢厂、其他福利企业。性质分为：国有、集体和其他性质。

孤儿数　指失去父母或查找不到生父母的未满18周岁的未成年人的人数。由地方县级以上民政部门依据有关规定和条件认定。

家庭儿童收养登记总数　指中国公民收养查找不到生父母的弃婴、儿童和福利机构抚养的孤儿以及外国人收养中国儿童并在中国县级及以上民政部门办理儿童收养登记后取得合法收养关系的总件数。县级及以上民政部门办理儿童收养登记一次为一件。

中国公民收养登记　指收养人是中国公民（包括港澳台居民及华侨）的儿童收养登记。

外国公民收养登记　指收养人是具有外国国籍（包括无国籍人）的人员。夫妻共同收养有一方是外国人的，按外国人办理收养登记。

城市居民最低生活保障人数　指在报告期末家庭平均收入在当地规定的最低生活保障线以下的城镇居民数。包括“三无”对象，失业人员和在职、下岗、退休人员等。

农村居民最低生活保障人数　指报告期末在建立农村最低生活保障制度的地区，得到当地政府或集体给予最低生活保障的农业人口家庭人数。

五保户　指无法定抚养义务人，或者虽有法定抚养义务人，但是抚养人无抚养能力的；无劳动能力的；无生活来源的老年人、残疾人和未成年人。

传统救济人数　指国家规定由民政部门救济的特殊人员和60年代精简退职老职工救济人员。特殊人员包括麻风病人、原国民党起义、投诚人员、归侨、台胞台属、宽大释放人员、摘掉右派帽子人员、因公负伤的下乡知青、因计划生育手术事故造成死亡和丧失劳动能力人员等传统民政救济对象。

社区服务机构数　指报告期末设立的社区服务指导中心、社区服务中心、社区服务站、其他社区服务机构的总和数。具有面向老人及其家庭的商品递送、医疗保健、家庭保洁、日间照料、陪伴服务等为社区居家养老服务的设施和突出综合服务的职能。包括党员活动室、就业保障网络、社区卫生服务站、文化活动室、图书室、“爱心超市”、社区捐助接收站点、警务站（室）、老年活动室、未成年人文化活动场所等具有综合服务功能的机构。

城镇残疾人新增安排就业　指本年度通过集中就业、按比例就业、个体就业、公益性岗位就业、辅助性就业及其他形式新安排就业的城镇（非农业户口）残疾人。

集中就业　指城镇残疾人集中在福利企业、工疗机构、盲人按摩机构等单位就业。

按比例就业　指城镇残疾人分散在机关、团体、企事业单位及各种经济组织等单位就业。

个体及其他形式就业　指除集中就业和按比例就业外，城镇残疾人通过公益性岗位就业、个体就业、辅助性就业及其他形式实现就业。其中，公益性岗位就业指城镇残疾人在城镇公共管理和涉及居民利益的非营利性的服务岗位上就业，辅助性就业指通过对城镇智力、精神和重度肢体等残疾人辅助性服务，帮助其从事简单的劳动实现就业。

Explanatory Notes on Main Statistical Indicators

Medical and Health Care Institutions refer to the units which have been qualified the Certification of Health Care Institution, certification of family planning technical service by the administration of public health, or qualified the Certification of Corporate Unit by the civil affairs, administration for industry and commerce, commission office for public sector reform, and engaging in medical care, disease prevention and control, health supervision and inspection, medicine research and on-job training, etc., including: hospitals, health care institutions at grass-root level, specialized public health institutions, and other medical and health care institutions.

Hospitals include general hospitals, hospitals specialized in traditional Chinese medicine, hospitals of integrated traditional Chinese and western medicine, ethnic hospitals, specialized hospitals and nursing hospitals, excluding specialized disease prevention and treatment institutes, maternal and child health care hospitals and convalescent hospitals.

Health Care Institutions at Grass-root Level include community health service centers, community health service stations, urban health centers, township health centers, village clinics, outpatient departments and clinics (health centers).

Specialized Public Health Institutions include centers for disease control and prevention, specialized disease prevention and treatment institutions, women and children care agencies(including women and children health care family planning service center), health education institutions, first aid centers, blood gathering and supplying institutions, health supervision and inspection agencies, and family planning technical service centers that obtained the Certification of Health Care Institution or certification of family planning technical service centers.

Other Medical and Health Care Institutions include sanatoriums, clinical laboratory centers, medicinal scientific research institutions, on-job training institutions, medical examination centers, rural water improvement centers, talent exchange centers, and statistical information centers, etc.

Health Care Employees refer to all employees engaged in the health care institutions, such as hospitals, health care institutions at grass-root level, specialized public health institutions, and other medical and health care institutions, including medical technical personnel, village doctors and assistants, other technical personnel, managerial and service staff. The data is based on the year end payroll, including personnel hired (including contract labor) and re-employed after retirement by the institution for over half a year and excluding temporary workers, retired personnel, resigned personnel, personnel who have left the institution but kept the contract relation and personnel who are re-employed after retirement or temporarily employed for less than half a year.

Medical Technical Personnel refer to the professional staff engaged in health care, including licensed doctors, licensed assistant doctors, registered nurses, pharmacists, laboratory technicians, imaging staff, health care supervisors and intern doctors, pharmacists, nurses, and technical personnel, excluding the medical technical personnel engaged in managerial job (e.g. president, vice president and secretary of the party committee etc).

Licensed Doctors refer to the medical workers who have obtained the licenses of qualified doctors and are employed in medical treatment, disease prevention or healthcare institutions, excluding the licensed doctors engaged in management job. The licensed doctors are divided into 4 categories: clinician, Chinese medicine physicians, dentist and public health physicians.

Licensed Assistant Doctors refer to the medical workers who have obtained the licenses of qualified assistant doctors and are employed in medical treatment, disease prevention or healthcare institutions, excluding the licensed assistant doctors engaged in management job. The classification of licensed assistant doctors is clinician, Chinese medicine, dentist and public health.

Number of Licensed (Assistant) Doctors per 10000 Population The formula is:

Number of Licensed Doctors per 10000 Population = (Number of Licensed Doctors + Number of Licensed Assistant Doctors) / Population *10000

The population is the figure of usual population at year-end.

Number of Medical Technical Personnel per 10000 Population The formula is:

Number of Medical Technical Personnel per 10000 Population = Number of Medical Technical Personnel / Population *10000

The population is the figure of usual population at year-end.

Number of Beds of Medical and Health Care Institutions per 10000 Population the formula is:

Number of Beds of Medical and Health Care Institutions per 10000 Population = Number of Beds of Medical and Health Care Institutions / Population *10000

The population is the figure of usual population at year-end.

Incidence Rate of A and B Type of Notifiable Infectious Diseases refer to the incidence cases notifiable class A and class B infectious diseases per 100 thousand population in the reference region in the reference year. The formula is:

Incidence Rate of A and B Type of Notifiable Infectious Diseases = Incidence Cases Notifiable Class A and Class B Infectious Diseases / Population *100000

Death Rate of A and B Type of Notifiable Infectious Diseases refer to the death cases notifiable class A and class B infectious diseases per 100 thousand population in the reference region in the reference year. The formula is:

Death Rate of A and B Type of Notifiable Infectious Diseases= Death Cases Notifiable Class A and Class B Infectious Diseases / Population *100000

Mortality Rate of A and B Type Notifiable Infectious Diseases refer to the ratio of death cases notifiable class A and class B infectious diseases to the incidence cases in the reference region in the reference year. The formula is:

Mortality Rate of A and B Type Notifiable Infectious Diseases = Death Cases Notifiable Class A and Class B Infectious Diseases / Incidence Cases *100%

Crude Mortality Rate refers to the ratio of deaths to the average population in a year of the region, and usually is presented by ‰.

Fatality Rate refers to the ratio of deaths caused by a disease to the population infected by it in a give period (generally one year), and usually is presented by %.

Maternal Mortality Rate refers to number of maternal death per 10,000 maternal. Generally refers to maternal mortality from pregnancy to 42 days after parturition due to pregnancy or any treatment of pregnancy, however, accidental deaths are not included. According to internationally accepted calculation method, the live births are used to represent the total number of maternal.

Number of Live Births refers to the number of newborn having one of four indicators like heartbeat, breathing, umbilical cord pulsation and involuntary muscle contraction after childbirth with gestation of at least 28 weeks or above (if the gestation is not clear, then refer to the birth weight of 1000 grams and above).

Mortality Rate of Children under 5 refers to the ratio of deaths of children under 5 in a year to the number of live births, and usually is presented by ‰.

Newborn Mortality Rate refers to the ratio of neonatal deaths in a year to the number of live births, and usually is presented by ‰. Neonatal deaths refer to the deaths of new-birth under the age of 28 days (0-27 days).

Number of Persons Participated in the New Rural Cooperative Medical System refers to the number of persons who have given payment to the new cooperative medical system by the deadline of fundraising during the year according to the implementation plan of the new system.

Expenditure of Funds for the New Rural Cooperative

Medical System This Year refers to expenditures on compensation funds for the new rural cooperative medical system from the fund account of new cooperative medical system this year.

Persons Benefited from the Compensation of New Rural Cooperative Medical System refers to the number of person-times of those who participate in the new system and have been compensated for medical treatment in the year, including hospitalization, family account form, out-patient, large special diseases out-patient, normal childbirth in hospital, medical examination and other compensations

Funds Raised for the New Rural Cooperative Medical System within the Reference Year refers to the amount of funds raised within the reference year and put into the special new rural cooperative medical account, including the matching funds of central and local governments, paid money by farmers (including relief funds paid by the civil affairs department and other relevant departments), all the interest income generated this year of the funds and funds actually raised from other channels this year. The amount of funding equals to the funds entering into the special new rural cooperative medical account, excluding the carry-over funds from the previous year.

Total Expenditure on Public Health refers to the total monetary value of health resources in a country or a region collected by the whole society for public health based on source approach. It reflects the attention and affordability of the government, society and individual for public health and the major characteristics, justice and rationality of the health fund-raising model under certain economic circumstance.

Government Expenditure on Public Health refers to the expenditure of the governments at all levels on medical and health care services, medical subsidies, health administration and health insurance management, and undertakings of family planning etc.

Social Expenditure on Public Health refers to all inputs of society except the government in public health including the expenditures on social medical security, commercial health insurance, private expenditure on operation of medical and health care, social donation and contribution, and income from administrative fees etc.

Individual Cash Expenditure on Health refers to expenditure in cash on various health services by rural and urban residents, including self payments of residents within the system of multi-medical insurance. It can be categorized as cash expenditure on health by urban and rural residents and reflects their affordability of public health.

Ratio of Total Expenditure on Public Health to GDP refers to the ratio of total expenditure on public health in a year to GDP, which indicates the financial support given by a nation to health work and the attention paid on the public health and the health of residents by the government and society.

Military Supply Stations also called units of management of military supply. They are the general name of units such as military food supply stations, military water supply stations, servicemen transfer reception stations, which are managed by departments of civil affairs entrusted by local governments with independent accounting, and provide services to army during the war or peacetime.

Licensed Social Workers refer to those who passed the National Aptitude Test for Social Workers and obtained the certificates.

Social Service Beds per Thousand Population refer to the total number of social service beds for the elderly, disabled, mentally-retarded, mentally-disabled, children, people in need and others divided by year-end population multiplied by 1000.

The formula is:

$$\text{Social service beds per thousand population} = \frac{\text{number of social service beds for the reference year}}{\text{year-end population}} \times 1000$$

The number of beds for the elderly and disabled includes beds in urban institutions for aged persons, rural institutions for aged persons, social welfare homes, homes for disabled veterans, convalescent hospitals for honourable servicemen and sanatoriums for ex-servicemen. The number of beds for the mentally-retarded and mentally disabled includes beds in mental hospitals for ex-servicemen and the related beds in social welfare hospitals. The number of beds for children includes the beds in social welfare institutions for children and centers for rescuing street children. The number of beds for relief and other social service beds includes the beds in community pension service center, community elderly care service center, salvation station, other adoption institutions, convalescent homes for retired military officers and military supply stations.

Social Welfare Enterprises refer to those welfare-oriented enterprises employing a significant number of handicapped people with certain labour ability (handicapped employees shall exceed 10% of the production staff). They can be categorized as welfare factories, artificial limb plants and other welfare enterprises. They can be in the form of state ownership, collective ownership or other kinds of ownership.

Number of Orphans refers to juveniles under age of 18 that have lost parents or can't find parents. Orphans are affirmed by department of civil affairs at county level according to relevant regulations.

Number of Adoption Registration of Family Children refers to abandoned babies that can't find parents, children and orphans raised by welfare institutions adopted by Chinese citizens, or children adopted by foreign nationals, which have registered in department of civil affairs at county level and above, and gained legal adoption right. One registration means one case.

Adoption Registration of Chinese Citizens refers to adoption registration of children by Chinese citizens, which include persons from Hong Kong, Macao and Taiwan, and overseas Chinese.

Adoption Registration of Foreign Nationals refers to adoption registration of children by foreign nationals, which include stateless persons, or by couples, at least one of whom is of foreign national.

Number of Urban Residents Entitled to Minimum Living Allowances refers to the number of those whose average family income is below a minimum local standard by the end of the reporting period, including both the employed and unemployed, laid off and retired, and those jobless people without stable residence or valid IDs.

Number of Rural Residents Entitled to Minimum Living Allowances refers to the number of those receiving the minimum living allowances from the local government or community in the rural areas where this allowances system is in place as of the end of the reference period.

Households Enjoying Five Guarantees refers to those senior citizens, handicapped or under-aged who, without labour ability, can not make a living by themselves and whose statutory providers are unable to support them or who have no statutory providers at all.

Number of Recipients of Traditional Relief refers to special personnel receiving support from civil affair department according to national regulations and personnel who resigned because of the streamlining in the 1960s. Special personnel include traditional recipients of civil affair support, such as lepers, insurrectionists and surrenders of former KMT, returned overseas Chinese, Taiwan compatriots, personnel pardoned and released early from prisons, personnel removed of the label "rightist", educated youth suffered from work injuries in the "Down to the Countryside Movement" and personnel who have lost their work capacity due to family planning surgeries.

Number of Service Institutions in Communities refers to the total number of community service guidance centers, community service centers, community service stations and other community service institutions at the end of the reporting period. These institutions offer home keeping and elderly care services for the elderly and other families, like commodity delivery, health care, cleaning, adult day care, companion and others. They include comprehensive service institutions, such as party member activity rooms, employment security network, community health care stations, entertainment rooms, libraries, "Benevolence Supermarkets", community donation stations, guard stations, senior activity rooms, cultural activity centers for juveniles and others.

New Job Created for the Urban Disabled refers to the new jobs created for the urban disabled (non-agricultural household registration) through centralized employment, self-employment, employment of welfare posts, supported employment and other forms.

Centralized Employment refers to the employment of the urban handicapped residents, in a centralized manner, by welfare enterprises, work and treatment agencies, blind massagists' centers and other organizations.

Proportionate Employment refers to the employment of the urban handicapped residents by governmental bodies, organizations, corporate and public institutions, and various economic organizations in a decentralized manner.

Self-employment and Other Forms refer to the employment of the urban disabled through employment of welfare posts, self-employment, supported employment and other forms other than centralized employment and proportionate employment. Employment of welfare posts refer to the employment of the disabled for urban public management and non-profit service posts. Supported employment refers to the employment of the mentally-retarded, mentally-disabled and heavily hysically-disabled by offering them assistance and helping them to engage in simple work.

文化和体育

Culture and Sports

编辑人员：徐鸿峰

Compiled by Xu Hongfeng

英文翻译：苏绮凌

Translated by Su Qiling

简 要 说 明

一、本篇资料的主要内容

本篇主要反映文化、新闻出版、广播电影电视和体育事业的发展情况。

文化部分主要包括文化艺术和文物机构人员情况，群众艺术馆、文化馆站、公共图书馆业务活动及经费情况，报纸、期刊、图书出版情况，广播、电视事业发展情况，广播、电视节目制作时间；体育部分主要内容包括体育系统职工人数。

二、本篇的资料来源

根据各部门制定的统计报表制度汇总加工整理而成。广播、电视资料、文化艺术业、图书馆业、群众文化服务业和体育的资料主要来自省文体厅。

Brief Introduction

I. Main Contents

Data in this chapter mainly reflect the development of culture, news and publication, radio broadcasting, films and television, sports.

Data on culture cover mainly the situations on institutions, personnel and business activities of cultural undertakings including mass art centers, cultural centers and stations, public libraries, news and publication, broadcasting and television. Data on sports cover mainly the number of staff and workers in sports departments.

II. Sources of Data

Data are collected and tabulated in accordance with the statistical reporting schemes stipulated by the departments concerned. Data on the radio and television, arts, libraries and mass culture, sport are provided by the Culture, Broadcasting, Television and Sport Department of Hainan Province.

23-1 文化和体育主要指标
Major Indicators on Culture and Sport

指　标	Item	2013	2014	2015	2016	2017
电影放映单位(个)	Number of Film Projection Units (unit)	41	50	58	61	74
艺术表演团体(个)	Number of Art Performance Troupes (unit)	67	71	66	74	77
文化馆(站)(个)	Number of Cultural Centers(Station)(unit)	233	233	228	243	243
公共图书馆(个)	Number of Public Libraries(unit)	21	21	20	23	23
公共图书馆藏量(万册、件)	Holdings of Public Libraries (10000 volumes)	988.35	1033.61	423.62	458.41	489.85
博物馆(含美术馆)(个)	Number of Museums (including Arts Museum) (unit)	18	18	18	18	19
博物馆藏品数(含美术馆)(万件)	Holdings of Museums (including Arts Museum)(10000 pieces)	6.92	4.37	4.34	7.39	7.77
档案馆(个)	Number of Archives (unit)	38	38	39	38	38
利用档案(万卷次)	Archives Utilized (10000 volume-times)	20.69	20.31	23.09	4.36	4.79
图书出版量(万册)	Number of Books Published (10000 copies)	6290.05	6143.00	6469.23	5716.5753	6070.81
期刊出版量(万册)	Number of Magazines Published (10000 copies)	793.28	797.48	753.79	717.79	749.79
报纸出版量(亿份)	Number of Newspapers Published (100 million copies)	2.54	2.46	2.35	2.16	2.10
广播电台(座)	Number of Radio Stations (unit)	19	19	19	20	20
电视台(座)	Number of TV Stations (unit)	19	19	19	20	20
广播综合人口覆盖率(%)	Radio Coverage Rate of the Population (%)	96.48	96.49	96.51	96.82	99.05
电视综合人口覆盖率(%)	TV Coverage Rate of the Population (%)	95.45	95.47	95.48	95.78	99.07
举办全民健身活动次数(次)	Number of National Body-building Activities Held (times)					

23-2 各市县文化文物机构情况
Number of Institutions in Cultural Industry by Region

单位：个

年份 地区	Year Region	艺术表演团体 Art Performance Troupes	艺术表演场馆 Art Performance Places	博物馆 Museums	公共图书馆 Public Libraries	文化馆(站) Cultural Centers (Station)	省级、地市级文化馆 Art Centers at Provincial & Prefecture Level	县市级文化馆 Cultural Centers at County & City Level	乡镇(街道)文化站 Township (sub-district) Cultural Stations
2006		21	14	15	20	230	5	16	209
2007		70	14	16	20	232	5	16	211
2008		74	14	16	20	230	5	16	209
2009		60	14	16	20	232	5	16	211
2010		67	14	16	20	232	5	16	211
2011		86	14	18	20	234	3	18	213
2012		61	13	20	20	233	3	18	212
2013		67	7	18	21	233	3	18	212
2014		71	7	18	20	233	3	18	212
2015		77	8	19	22	228	3	18	207
2016		74	16	18	23	243	3	20	220
2017		77	17	19	23	243	4	19	220
省本级	Provincial	3	2	3	1	1	1		
海口市	Haikou	33	4	1	4	48	1	4	43
三亚市	Sanya	8	7	1	1	2	1		1
五指山市	Wuzhishan				1	9		1	8
文昌市	Wenchang	2		1	1	18		1	17
琼海市	Qionghai	4	1	1	1	13		1	12
万宁市	Wanning			1	1	13		1	12
定安县	Ding'an	1		2	1	11		1	10
屯昌县	Tunchang			1	1	9		1	8
澄迈县	Chengmai	2	1	1	1	12		1	11
临高县	Lingao	14		1	1	12		1	11
儋州市	Danzhou	1		1	1	18	1		17
东方市	Dongfang	1		1	1	11		1	10
乐东县	Ledong	1	1		1	12		1	11
琼中县	Qiongzhong	1			1	11		1	10
保亭县	Baoting	2	1	1	1	10		1	9
陵水县	Lingshui	2		1	1	12		1	11
白沙县	Baisha	1		1	1	12		1	11
昌江县	Changjiang	1		1	1	9		1	8

注：2007年起艺术表演团体、艺术表演场馆、博物馆含非文化部门单位。2007年以前为文化系统内数据。
Note:Number of institutions and number of employed persons include those of non-cultural department enterprise since 2008,while were only those of cultural department before 2007.

23-3 各市县公共图书馆基本情况(2017)
Statistic on Public Libraries by Region (2017)

地 区	Region	公共图书馆个数(个) Number of Public Library (unit)	总藏量(万册件) Total Collections (10 000 volumes)	人均拥有公共图书馆藏量(册) Collections of Public Libraries Owned Per Capita (volume)	累计发放有效借书证数(个) Accumulative Number of Library Cards Distributed (units)	总流通人次(万人次) Number of Circulation (10000 person-times)	#书刊文献外借人次 Borrowing from Libraries	书刊文献外借册次(万册次) Number of Books and Magazines Lent to Readers (10000 volume-times)	阅览室座席数(个) Number of Seats in Reading Room (unit)	每万人拥有公共图书馆建筑面积(平方米) Floor Space of Buildings of Public Libraries Owned per 10 000 Population (sq.m)
全省总计	**Total**	**23**	**489.35**	**0.53**	**213610**	**523.54**	**82.12**	**242.55**	**5979**	**90.74**
省本级	Provincial	1	164.89		124051	337.19	31.29	141.07	1670	
海口市	Haikou	4	51.73	0.23	10579	28.23	6.55	12.40	717	38.25
三亚市	Sanya	1	67.02	0.88	34237	60.77	10.05	30.53	198	136.09
五指山市	Wuzhishan	1	11.81	1.11	500	1.65	1.43	2.00	140	140.85
文昌市	Wenchang	1	16.62	0.29	4721	3.56	2.33	2.45	250	47.91
琼海市	Qionghai	1	14.75	0.29	1600	4.20	2.00	4.00	70	58.73
万宁市	Wanning	1	12.02	0.21	153	0.80	0.18	0.30	110	35.04
定安县	Ding'an	1	7.93	0.27	1683	4.01	0.12	1.57	170	53.93
屯昌县	Tunchang	1	7.29	0.27	919	4.14	0.39	0.66	128	74.99
澄迈县	Chengmai	1	30.82	0.63	625	7.88	2.32	7.85	280	98.00
临高县	Lingao	1	7.63	0.17	103	0.37	0.09	0.12	120	47.69
儋州市	Danzhou	1	17.33	0.17	8120	30.00	5.21	6.15	600	26.18
东方市	Dongfang	1	8.33	0.20	790	6.52	3.80	4.65	200	35.19
乐东县	Ledong	1	10.70	0.22	2500	0.76	0.40	0.40	80	31.31
琼中县	Qiongzhong	1	9.37	0.52	992	8.32	3.52	4.37	242	61.49
保亭县	Baoting	1	15.48	1.02	16791	6.35	3.09	9.42	240	320.61
陵水县	Lingshui	1	12.16	0.37	1495	5.98	4.29	5.30	320	54.30
白沙县	Baisha	1	11.24	0.65	1226	5.96	3.62	4.98	164	87.54
昌江县	Changjiang	1	12.24	0.53	2525	6.86	1.45	4.35	280	90.52

23-3 续(continued)

地 区	Region	组织各类讲座次数(次) Number of Lectures (time)	参加讲座人 次(万人次) Attending Lectures (person-times)	举办展览(个) Exhibitions Held (unit)	参观展览人 次(万人次) Visiting Exhibitions (person-times)	举办培训班(个) Training Courses Held (unit)	参加培训人 次(万人次) Attending Training (person-times)	计算机(台) Computers (set)	#电子阅览室终端数 Terminals of Electronic Reading Rooms
全省总计	**Total**	**244**	**5.15**	**115**	**15.49**	**768**	**1.75**	**1607**	**976**
省 本 级	Provincial	81	2.19	7	2.01	689	1.21	300	106
海 口 市	Haikou	7	0.04	7	0.20	10	0.05	159	66
三 亚 市	Sanya	29	0.80	7	1.50	13	0.06	220	85
五指山市	Wuzhishan	3	0.03	8	0.19	1	0.01	60	41
文 昌 市	Wenchang							43	35
琼 海 市	Qionghai			2	0.20			60	55
万 宁 市	Wanning					1	0.00	54	44
定 安 县	Ding'an	2	0.01	7	0.50	4	0.01	45	35
屯 昌 县	Tunchang	4	0.07	4	0.46	4	0.07	51	38
澄 迈 县	Chengmai	2	0.02	8	0.41	2	0.01	98	72
临 高 县	Lingao	6	0.26	4	0.07	6	0.03	30	25
儋 州 市	Danzhou	21	1.00	10	5.01	3	0.05	81	60
东 方 市	Dongfang	2	0.03	6	0.35	3	0.01	47	37
乐 东 县	Ledong	25	0.15	12	0.01	10	0.10	30	25
琼 中 县	Qiongzhong	5	0.03	10	2.50	10	0.08	64	42
保 亭 县	Baoting	42	0.41			2	0.04	60	45
陵 水 县	Lingshui	10	0.08	2	0.05	3	0.02	75	70
白 沙 县	Baisha			1	0.03	6	0.02	70	60
昌 江 县	Changjiang	5	0.03	20	2.00	1	0.01	60	35

23-4 各市县博物馆基本情况
Statistics on Museums by Region

地 区	Region	机构数（个） Number of Institutions (unit)	从业人员（人） Number of Employed Persons (person)	文物藏品（件/套） Number of Collections (piece/set)	本年从有关部门接收文物数（件/套） Accepted Cultural Relics from Department This Year (piece/set)	本年修复文物数（件/套） Cultural Relics Repaired This Year (piece/set)	考古发掘项 目（个） Excavation Projects (unit)	基本陈列（个） Displays (unit)	举办展览（个） Exhibition (unit)	参观人次（万人次） Spectators (10000 person-times)
2006		15	105	35340					7	7.80
2007		16	116	28997	607	3	8	14		839.30
2008		16	153	30287	705	150	2	22		245.80
2009		15	161	46625	7257	85	3	21	58	85.40
2010		16	169	57299	226	52	1	153	60	98.50
2011		18	238	65242	63	30		64	56	195.00
2012		20	255	68586	1214	48		121	86	255.81
2013		18	235	69176	15	300		28	59	286.36
2014		18	270	43715		342		41	73	156.91
2015		18	275	43375		60		37	55	136.89
2016		18	285	73945	162			41	71	
2017		19	311	77738				35	56	146.05
省本级	Provincial	3	197	61719				3	28	54.21
海口市	Haikou	1	26	2751				2	13	49.00
三亚市	Sanya	1	11	1255				9		1.74
五指山市	Wuzhishan									
文昌市	Wenchang	1	3	1907				6	1	2.30
琼海市	Qionghai	1	16	422				4		8.25
万宁市	Wanning	1	6							
定安县	Ding'an	2	16	6669				5	4	20.69
屯昌县	Tunchang	1	2	42				1		0.08
澄迈县	Chengmai	1								
临高县	Lingao	1	7	98					2	0.17
儋州市	Danzhou	1								
东方市	Dongfang	1	3	216				1		0.12
乐东县	Ledong									
琼中县	Qiongzhong									
保亭县	Baoting	1								
陵水县	Lingshui	1	15	900				2	4	8.30
白沙县	Baisha	1	4	987				1	2	0.78
昌江县	Changjiang	1	5	772				1	2	0.40

23-5 各市县艺术表演团体、艺术表演场馆演出情况(2017)
Statistics on Performance of Art Performance Troupes and Art Performance Places by Region (2017)

地区	Region	艺术表演团体 Art Performance Troupes 机构数(个) Number of Institutions (unit)	演出场次(场次) Number of Performances (shows)	#国内演出 Domestic Performances	#农村 Rural Performances	国内演出观众人次(万人次) Number of Domestic Audience (10 000 person-times)	#农村 Rural Audience
全省总计	**Total**	**77**	**10830**	**10750**	**4750**	**940.68**	**292.19**
省本级	Provincial	3	350	310	280	57.65	51.00
海口市	Haikou	33	2410	2400	1810	146.31	106.78
三亚市	Sanya	8	3630	3630	30	541.66	1.65
五指山市	Wuzhishan						
文昌市	Wenchang	2	280	280	230	10.10	8.06
琼海市	Qionghai	4	200	200	190	25.20	24.80
万宁市	Wanning						
定安县	Ding'an	1	130	130	130	15.00	13.00
屯昌县	Tunchang						
澄迈县	Chengmai	2	200	200	150	9.90	6.50
临高县	Lingao	14	1590	1590	1410	43.48	36.83
儋州市	Danzhou	1	100	100	80	13.68	0.80
东方市	Dongfang	1	70	70	40	8.00	6.00
乐东县	Ledong	1	110	110	110	10.80	10.80
琼中县	Qiongzhong	1	100	100	50	28.50	6.00
保亭县	Baoting	2	1410	1410	90	5.11	3.70
陵水县	Lingshui	2	110	80	70	7.24	4.63
白沙县	Baisha	1	60	60	20	12.85	7.65
昌江县	Changjiang	1	80	80	60	5.20	4.00

23-5 续(continued)

地区	Region	艺术表演场馆 Art Performance Places				
		机构数（个） Number of Institutions (unit)	演(映)出场次（场次） Number of Performances (shows)	#艺术演出 Art Performances	观众人次（万人次） Number of Audience (10 000 person-times)	#艺术演出 Art Performances
全省总计	**Total**	**17**	**3690**	**2340**	**624.36**	**12.81**
省本级	Provincial	2	150	80	12.90	3.86
海口市	Haikou	4	830	110	1.50	0.07
三亚市	Sanya	7	2510	2050	580.97	
五指山市	Wuzhishan					
文昌市	Wenchang					
琼海市	Qionghai	1	140	80	23.00	7.00
万宁市	Wanning					
定安县	Ding'an					
屯昌县	Tunchang					
澄迈县	Chengmai	1	20	10	1.53	1.00
临高县	Lingao					
儋州市	Danzhou					
东方市	Dongfang					
乐东县	Ledong	1			0.07	
琼中县	Qiongzhong					
保亭县	Baoting	1	40	10	4.38	0.88
陵水县	Lingshui					
白沙县	Baisha					
昌江县	Changjiang					

23-6 图书、期刊和报纸出版情况
Number of Books, Magazines and Newspapers Published

项　目	Item	2013	2014	2015	2016	2017
图　书	**Books Published**					
种 数(种)	Number of Publication (kind)	2404	3747	3289	3797	4098
#新出版	New Publication	1195	1698	1130	1483	1685
总印数(万册、万张)	Printed Copies (10 000 copies)	6290.05	6143.00	6469.23	5716.58	6070.81
总印张数(千印张)	Printed Sheets (1000 sheets)	430524	471481	469420	424989	430645
期　刊	**Magazines Published**					
种 数(种)	Number of Publication (kind)	44	44	44	44	44
平均期印数(万册)	Average Printed Copies per Issue (10 000 copies)	49.12	47.32	45.42	40.1	39.28
总印数(万册)	Total Printed Copies (10 000 copies)	793.28	797.48	753.79	717.79	749.79
总印张数(千印张)	Printed Sheets (1000 sheets)	59477	57413	55304	50292	53908
报　纸	**Newspapers Published**					
种 数(种)	Number of Publication (kind)	17	17	17	17	17
平均期印数(万册)	Average Printed Copies per Issue (10 000 copies)	92.50	89.50	89.05	75.86	73.00
总印数(万册)	Total Printed Copies (10 000 copies)	25358	24630	23541	21563	20914
总印张数(千印张)	Printed Sheets (1000 sheets)	825419	799822	751519	694413	667259

23-7 图书出版情况（2017）
Statistics on Books Published by Categories (2017)

类　别	Category	种 数（种）Number of Publications (item)	总印数（万册）Printed Copies (10 000 copies)	印 张（千印张）Printed Sheets (1 000 sheets)
图书总计	**Total**	**4098**	**6070.81**	**430645.40**
使用“中国标准书号”部分合计	**Publications with "China International Standard Book Number"**	4098	6045.42	430237.31
马列主义、毛泽东思想	Marxism-Leninism, Mao Zedong Thought			
哲学	Philosophy	72	46.32	7207.22
社会科学总论	General Social Sciences	19	8.79	1527.82
政治、法律	Politics and Law	39	12.34	1923.62
军事	Military Affairs	1	0.40	163.00
经济	Economics	36	11.10	2037.69
文化、科学、教育、体育	Culture, Science, Education and Sports	2946	5309.07	344720.94
语言、文字	Languages	12	2.97	298.68
文学	Literature	630	487.07	52135.40
艺术	Arts	88	48.21	3179.15
历史、地理	History and Geography	95	48.35	6975.92
自然科学总论	General Natural Sciences	3	2.32	353.47
数理科学、化学	Mathematics and Chemistry	10	7.10	1046.65
天文学、地球科学	Astronomy and Geology	7	1.80	219.00
生物科学	Biology	16	11.82	1123.88
医学、卫生	Medicine and Health Care	38	16.58	3051.12
农业科学	Agricultural Science	6	1.32	109.38
工业技术	Industrial Technology	59	26.17	3366.25
交通运输	Transportation	3	0.34	51.78
航空、航天	Aeronautics and Aerospace	1	0.50	44.76
环境科学	Environmental Science	1	0.20	36.00
综合性图书	General Books	16	2.68	665.59
不使用“中国标准书号”部分合计	**Publications without "China International Standard Book Number"**		25.39	408.09
图片	Pictures			
国标(GB)、部标(BB)等标准类文件印品	Standards Publications such as National Standards, Ministry Standards			
活页文选、活页歌篇、小件印品等	Loose-leaf Collectanea, Loose-leaf Song and Prints of Small Volume		25.39	408.09

23-8 广播电视事业发展情况
Basic Statistics on Radio and Television Industry

指 标	Item	2013	2014	2015	2016	2017
广播	**Radio**					
广播节目综合人口覆盖率 (%)	Radio Coverage Rate of the Population (%)	96.48	96.49	96.51	96.82	99.05
#农村	Rural	95.37	95.47	95.39	95.86	98.51
广播节目套数 (套)	Number of Radio Programs (set)	24	24	24	25	25
#公共广播	Public Radio	24	24	24	25	25
付费广播	Pay Radio					
公共广播节目播出时间(万小时)	Length of Public Radio Programs Broadcasted(10 000 hours)	11.8	11.8	12.2	13.2	14.13
广播节目制作时间 (万小时)	Length of Radio Programs Produced (10 000 hours)	5.9	6.0	5.7	5.65	7.55
电视	**Television**					
电视节目综合人口覆盖率 (%)	TV Coverage Rate of the Population (%)	95.45	95.47	95.48	95.78	99.07
#农村	Rural	93.87		93.93	94.55	98.55
有线广播电视用户数 (万户)	Users of Cable Radio and TV(10 000 households)	110.01	117.80	213.56	234.04	131.71
#农村	Rural	31.86	35.90	40.40	60.45	42.08
#数字电视	Users of Digital TV	92.30	91.47	146.81	174.52	124.38
有线广播电视用户数占家庭总户数比重 (%)	Popularization Rate of Cable Radio and TV (%)	42.66		43.45	43.75	50.14
#农村有线广播电视用户数占农村家庭总户数比重	Rural Popularization Rate of Cable Radio and TV	24.50		29.26	22.92	28.17
电视节目套数 (套)	Number of TV Programs (set)	15	15	16	16	16
#公共电视	Public TV	15	15	16	16	16
付费电视	Pay TV					
公共电视节目播出时间(万小时)	Length of Public TV Programs Broadcasted (10 000 hours)	8.83	8.34	8.90	9.47	9.99
电视剧播出数 (部)	Number of TV Plays Broadcasted (sets)	889	875	733	679	916
#进口电视剧播出数	Imported TV Plays			36	25	
电视剧播出数 (集)	Number of TV Plays Broadcasted (parts)	25411	26935	29329	28580	34035
#进口电视剧播出数	Imported TV Plays			1095	650	
动画电视播出数 (小时)	Number of Cartoons Broadcasted (hours)	2881	1377	4350	3514	5290
#进口动画电视播出数	Imported Cartoons					
电视节目制作时间 (万小时)	Length of TV Programs Produced (10 000 hours)	1.81	1.20	3.14	2.67	2.17
电影	**Movies**					
电影院线 (条)	Movie Circuit (line)	7	11	13	14	16
电影院线内影院 (家)	Cinemas in Movie Circuit (unit)	23	27	40	61	74
电影院线内银幕 (块)	Screen in Movie Circuit (unit)	96	118	160	334	451
电影综合收入 (亿元)	Revenue of Movies (100 million yuan)	1.52	2.19	3.55	3.83	4.91
广播电视技术及其他	**TV Technology and Others**					
广播电视总收入 (亿元)	Revenue of Radio and TV (100 million yuan)	13.90	16.20	16.44	16.5	23.9
广播电视从业人员数 (人)	Employed Persons of Radio and TV (persons)	5047	4931	5337	5049	7707
中、短波转播发射台 (座)	Transmission and Relaying Stations of Medium and Short Wave Broadcast (unit)	3	3	5	3	3
调频转播发射台 (座)	Relaying Stations of Frequency Modulation Broadcasting (units)	23	22	22	22	22
电视转播发射台 (座)	TV Transmission and Relaying Stations (units)	23	22	22	22	22
微波实有站 (座)	Microwave Stations (unit)	75	77	12	11	11

23-9 各市县广播电视节目综合人口覆盖情况(2017)
Radio and TV Coverage Rate of the Population by Region (2017)

单位：%

地　区	Region	广播节目综合人口覆盖率 Radio Coverage Rate of the Population	#中央广播节目 Central Radio Station	#农村广播节目 Rural Areas	电视节目综合人口覆盖率 TV Coverage Rate of the Population	#中央电视节目 CCTV	#农村电视节目 Rural Areas
全省总计	**Total**	**99.05**	**99.05**	**98.51**	**99.07**	**99.07**	**98.55**
海口市	Haikou	99.16	99.16	98.27	99.11	99.11	98.26
三亚市	Sanya	99	99	98.19	99.06	99.06	98.29
五指山市	Wuzhishan	98.78	98.78	98.64	98.97	98.97	98.34
文昌市	Wenchang	99.01	99.01	98.55	99.08	99.08	98.64
琼海市	Qionghai	99.05	99.05	98.61	99.1	99.1	98.7
万宁市	Wanning	99.04	99.04	98.64	99	99	98.59
定安县	Ding'an	100	100	100	100	100	100
屯昌县	Tunchang	99.15	99.15	98.82	99.22	99.22	98.91
澄迈县	Chengmai	100	100	100	100	100	100
临高县	Lingao	98.69	98.69	98.03	98.41	98.41	97.6
儋州市	Danzhou	99.02	99.02	98.49	99.02	99.02	98.49
东方市	Dongfang	99.08	99.08	98.42	98.99	98.99	98.27
乐东县	Ledong	98.3	98.3	97.72	98.65	98.65	98.19
琼中县	Qiongzhong	98.89	98.89	98.45	99.08	99.08	98.71
保亭县	Baoting	99.05	99.05	98.97	98.99	98.99	98.9
陵水县	Lingshui	98.66	98.66	98.14	98.9	98.9	98.46
白沙县	Baisha	98.57	98.57	98.13	98.62	98.62	98.2
昌江县	Changjiang	98.75	98.75	97.92	98.78	98.78	97.99

23-10 分地区规模以上文化及相关产业法人单位数(2016年)
Number of Legal persons of culture and Relevant Industry by Region at Year-end(2016)

单位：个

地 区	Region	法人单位数 Legal Persons	文化制造业 Cultural Manufacturing	文化批发和零售业 Wholesale and Retail of culture	文化服务业 Services of Culture
全省总计	**Total**	**120**	**7**	**19**	**94**
海口市	Haikou	49	5	5	39
三亚市	Sanya	29	1	2	26
五指山市	Wuzhishan	1			1
文昌市	Wenchang	3		1	2
琼海市	Qionghai	2		1	1
万宁市	Wanning	5		2	3
定安县	Ding'an	2		1	1
屯昌县	Tunchang	1		1	
澄迈县	Chengmai	9			9
临高县	Lingao	1		1	
儋州市	Danzhou	7	1	1	5
东方市	Dongfang	1			1
乐东县	Ledong	1		1	
琼中县	Qiongzhong	1		1	
保亭县	Baoting	2			2
陵水县	Lingshui	4			4
白沙县	Baisha	1		1	
昌江县	Changjiang	1		1	

23-11 分地区规模以上文化制造业企业基本情况(2016年)
Basic conditions of Cultural Manufacturing Enterprises above Designated Size by Region(2016)

单位：万元 (10 000 yuan)

地 区	Region	企业单位数(个) Number of Enterprises (unit)	年末从业人员(人) Engaged Persons at Year-end (Person)	资产总计 Total Assets	营业收入 Business Revenue	营业税金及附加 Taxes and Extra Charges on Business	营业利润 Operating Profit	应交增值税 Value-added Tax Payable
全省总计	**Total**	**7**	**3376**	**3165490.2**	**940696.2**	**5767.4**	**61278.4**	**48851.2**
海 口 市	Haikou	5	758	100162.5	55850.0	662.0	14504.0	4644.0
三 亚 市	Sanya	1	101	13671.8	6770.1	10.4	11.7	76.8
五指山市	Wuzhishan							
文 昌 市	Wenchang							
琼 海 市	Qionghai							
万 宁 市	Wanning							
定 安 县	Ding'an							
屯 昌 县	Tunchang							
澄 迈 县	Chengmai							
临 高 县	Lingao							
儋 州 市	Danzhou	1	2517	3051655.9	878076.1	5095.0	46764.0	44130.0
东 方 市	Dongfang							
乐 东 县	Ledong							
琼 中 县	Qiongzhong							
保 亭 县	Baoting							
陵 水 县	Lingshui							
白 沙 县	Baisha							
昌 江 县	Changjiang							

23-12 分地区限额以上文化批发和零售业企业基本情况(2016年)
Basic Conditions of Enterprises of Wholesale and Retail of Culture above Designated Size by Region(2016)

单位：万元

地区	Region	企业单位数(个) Number of Enterprises (unit)	年末从业人员(人) Engaged Persons at Year-end (Person)	资产总计 Total Assets	营业收入 Business Revenue	营业税金及附加 Taxes and Extra Charges on Business	营业利润 Operating Profit	应交增值税 Value-added Tax Payable
全省总计	**Total**	**20**	**22209**	**5433686.1**	**1958721.4**	**23527.0**	**224593.0**	**72946.0**
海口市	Haikou	5	657	143187.3	68334.7	119.0	-3997.0	158.0
三亚市	Sanya	2	146	17230.9	5553.0	75.0	-115.0	312.0
五指山市	Wuzhishan							
文昌市	Wenchang	1	44	3363.3	2823.0	24.0	110.0	
琼海市	Qionghai	1	44	1254.2	2350.5	8.0	114.0	2.0
万宁市	Wanning	2	94	3413.4	6752.1	400.0	-350.0	334.0
定安县	Ding'an	1	21	516.0	1030.8	3.0	-5.0	
屯昌县	Tunchang	1	17	1415.0	1187.9		51.0	
澄迈县	Chengmai							
临高县	Lingao	1	31	1446.6	1737.0		10.0	
儋州市	Danzhou	1	64	4172.7	3851.0	5.0	132.0	
东方市	Dongfang							
乐东县	Ledong	1	43	2436.7	2313.1	23.0	147.0	2.0
琼中县	Qiongzhong	1	15	881.1	910.2		48.0	
保亭县	Baoting							
陵水县	Lingshui							
白沙县	Baisha	1	14	559.1	810.6	5.0	36.0	
昌江县	Changjiang	1	19	513.2	1185.7		60.0	

23-13 分地区重点文化服务业企业基本情况(2016年)
Basic Conditions of Major Enterprises of Services of Culture by Region(2016)

单位：万元

地 区	Region	企业单位数（个）Number of Enterprises (unit)	年末从业人员（人）Engaged Persons at Year-end (Person)	资产总计 Total Assets	营业收入 Business Revenue	营业税金及附加 Taxes and Extra Charges on Business	营业利润 Operating Profit	应交增值税 Value-added Tax Payable
全省总计	**Total**	**93**	**17596**	**2086294.3**	**917280.1**	**17100.0**	**166905.0**	**23314.0**
海口市	Haikou	39	5120	584125.0	242171.3	3199.0	8411.0	8749.0
三亚市	Sanya	26	7183	923600.3	266904.6	6616.0	90309.0	8850.0
五指山市	Wuzhishan	1	51	1687.3	262.9	7.0	-87.0	4.0
文昌市	Wenchang	2	708	306284.3	276389.2	5457.0	42635.0	2374.0
琼海市	Qionghai	1	63	1610.4	770.1	22.0	-200.0	17.0
万宁市	Wanning	3	296	10226.2	770.9	21.0	-1536.0	5.0
定安县	Ding'an	1	40	6803.1	777.4	16.0	-300.0	
屯昌县	Tunchang							
澄迈县	Chengmai	9	1034	96866.8	56115.0	418.0	6830.0	1612.0
临高县	Lingao							
儋州市(洋浦)	Danzhou	5	189	21207.0	12457.9	390.0	978.0	479.0
东方市	Dongfang	1	28	1512.1	1905.5	1.0	152.0	1.0
乐东县	Ledong							
琼中县	Qiongzhong							
保亭县	Baoting	2	1957	72130.7	43107.2	890.0	14342.0	1020.0
陵水县	Lingshui	4	955	61753.2	17553.6	513.0	5526.0	205.0
白沙县	Baisha							
昌江县	Changjiang							

23-14 体育事业情况
Statistics on Sports

指 标	Item	2014	2015	2016	2017
体育系统年末职工人数(人)	**Number of Staff and Workers in Sports Departments at Year-end (person)**	**655**	**630**	**887**	**915**
运动员	Athletes	59	54	164	142
专职教练员	Full-time Coaches	151	157	146	157
专职文化教师	Full-time Teachers for Literacy Classes	53	51	66	58
科技人员	Scientific and Technological Personnel	3	3	3	4
宣传出版人员	Publicity and Publishing Personnel				
医务人员	Medical Personnel	8	5	1	13
管理人员	Administrative Personnel	191	159	207	154
其他人员	Others	190	21	161	160
社会体育指导员人数(人)	**Number of Instructors of Social Sports (person)**	**6118**	**9277**	**22045**	**18076**
当年发展人数	Number of New Instructors in Current Year	1778	3159	6959	4100
#高级	Senior	311	174	136	135
中级	Intermediate	1155	928	961	429
初级	Junior	312	2057	5862	3536
体育活动开展情况	**Sports Meets and Activities**				
举办全民健身活动次数(次)	Number of National Body-building Activities Held (times)				

主要统计指标解释

广播/电视节目综合人口覆盖率　指根据原国家广电总局制定的《广播电视人口覆盖率统计技术标准和方法》进行统计调查的，在对象区内能接收到由中央、省、地市或县通过无线、有线或卫星等各种技术方式转播的各级广播/电视节目的人口数占全国总人口数的百分比。

艺术表演团体　指由文化部门主办或实行行业管理（经文化行政部门审批或已申报登记并领取相关许可证），专门从事表演艺术等活动的各类专业艺术表演团体，含民间职业剧团。不包括群众业余文艺表演团体。

艺术表演场馆　指由文化部门主办或实行行业管理（经文化市场行政部门审批或已申报登记并领取相关许可证），有观众席、舞台、灯光设备，公开售票、专供文艺团体演出的文化活动场所。

文化市场经营机构　指经文化市场行政部门审批或已申报登记并领取相关许可证的、从事文化经营和文化服务活动的机构。

国家综合档案馆　指由中央或地方各级档案行政管理部门直接管理的，按行政区划或历史时期设置的，收集和管理所辖范围内多种门类档案的档案馆。

等级运动员　指经考核正式批准授予运动员称号的运动员，分为国际级运动健将、运动健将、一级、二级运动员。

Explanatory Notes on Main Statistical Indicators

The Population Coverage Rate of Radio/Television refers to the percentage of the whole country's population who can receive radio/television programmes transmitted by national, provincial, municipal or county stations through wireless, cable or satellite techniques, according to *Statistical Standard and Method on Television and Radio Coverage of Population* established by the former State Administration of Broadcasting, Film and Television.

Arts Performance Troupes refer to the various professional performing arts groups, which sponsored by the cultural sectors or guided by the cultural society (approved by the cultural administration authority, or registered and permitted with the relative certificate), including non-governmental troupes. The mass amateur arts performance troupes are not included.

Arts Performance Places refer to the various sites for cultural activities, which sponsored by the cultural sectors or guided by the cultural society (approved by the cultural market administration, or registered and permitted with the relative certificate), with the facility of auditorium, stage and lighting, and selling tickets in public.

Cultural Market Operating Units refer to the units dealing in culture and cultural services, which registered and permitted with the relative certificate by cultural market administration.

National Comprehensive Archives refer to all archives institutions, which are directly managed by the central and local levels archives administration, collecting and keeping various documents and materials by administrative regions or historical periods.

Certified Grade Athletes refer to those who are awarded the title of athletes through assessment. The titles include international level athletes, master of sports, first grade athletes and second grade athletes.

Certified Grade Coaches refer to those who are awarded the title of grade coaches through assessment. The titles include national level coaches, senior grade coaches, medium grade coaches and junior grade coaches.

24

公共管理、社会保障和社会组织

Public Management, Social Security and Social Organizations

编辑人员：吴红燕　吴庆婷

Compiled by Wu Hongyan　Wu Qingting

英文翻译：苏绮凌　吴庆婷

Translated by Su Qiling　Wu Qingting

简 要 说 明

本篇资料的主要内容和资料来源

本篇主要包括公检法司、群众组织和劳动保障情况等内容。

一、公检法司的内容主要包括公安机关刑事案件立案情况和治安案件查处情况，交通、火灾事故情况，人民检察院办案情况，人民法院审理案件和收结案情况以及司法部门律师、公证、调解工作情况。资料分别由海南省公安厅、海南省人民检察院、海南省人民法院、海南省司法厅和海南省安全生产监督管理局依据统计报表制度整理提供。

二、群众组织的内容主要是工会组织情况。资料由海南省总工会整理提供。

三、劳动保障资料的主要内容包括社会保险基金收支情况，参加城镇企业职工基本养老保险情况，城镇基本医疗保险情况，各地区失业保险、工伤保险、生育保险情况等。资料由海南省人力资源和社会保障厅提供。

Brief Introduction

Main Contents and Sources of Data

Data in this chapter show statistics on public security, procuratorial, legal and judicial affairs, mass organizations, labor protection and so on.

I. Data on public security, procuratorial, legal and judicial affairs cover information such as criminal cases registered and offense cases handled by the public security agencies, traffic or fire accidents, cases handled by procuratorate's offices, cases accepted and settled by the people's courts, and statistics on lawyers, notarization and mediation. Data are from Hainan provincial public security department, the people's Procuratorate of Hainan Province, Hainan province people's court, the Hainan Provincial Department of Justice and Hainan safety supervision and Administration Bureau based on statistical reporting form scheme.

II. Data on mass organizations cover information on labor unions, which is provided by All-China Federation of Trade Union in Hainan based on statistical reporting forms.

III. Data on labour security mainly include revenue and expenses of social insurance fund, urban employee basic pension insurance, urban basic medical care insurance, unemployment insurance in regions, work injury insurance, maternity insurance, etc. Data are from Hainan Provincial Bureau of human resources and social security.

24-1　公安机关立案的刑事案件情况
Criminal Case Registered by Public Security Organs

案件类别	Category of Cases	立 案（起） Number of Cases Registered (case)		构 成（%） Composition(%)	
		2016	2017	2016	2017
总　计	**Total**	**44930**	**35802**	**100.0**	**100.0**
杀人	Homicide	58	53	0.1	0.1
伤害	Injury	1189	1070	2.6	3.0
抢劫	Robbery	776	500	1.7	1.4
强奸	Rape	188	161	0.4	0.4
拐卖妇女、儿童	Abducting Women or Children	6	6		0.0
盗窃	Larceny	28626	19763	63.7	55.2
诈骗	Fraud	6288	5172	14.0	14.4
走私	Smuggling	1	1		
伪造货币、出售、购买、运输假币	Forging Currency, Selling and Transporting Counterfeit Currency	1	2		
其他	Others	7797	9074	17.5	25.3

24-2　公安机关受理的违反《治安管理处罚法》案件情况(2017年)
Cases of Offence against Public Order Handled by Public Security Organs (2017)

单位：起　　(case)

案件类别	Category of Cases	受理 Number of Cases Accepted to be Treated	查处 Number of Cases Investigated and Treated
总　计	**Total**	**59553**	**58118**
扰乱公共秩序	Disturbing the Order in Public Places	1537	1514
#寻衅滋事	Causing Quarrels and Making Troubles	546	527
阻碍执行职务	Obstructing Government Workers in Performing Their Duties	282	276
非法携带枪支弹药管制刀具	Violation of Firearms Control Regulations	309	305
违反危险物质管理规定	Violation of Explosives Control Regulations	498	497
殴打他人	Battering Other Persons	12001	11552
盗窃	Stealing Property	8877	8402
诈骗、抢夺、敲榨勒索	Swindling and Seizing Property, Robbery and Snatch, Extortion and Blackmail	1491	1407
哄抢	Making Stirs and Robbing Property	3	3
伪造变造倒卖有价票证、凭证	Forge/Alter/Scalp Valuable Coupons	17	17
卖淫、嫖娼	Prostitution or Soliciting Prostitutes	435	435
赌博或为赌博提供条件	Gambling	5334	5322
其他	Others	28223	27861

24-3 公安机关受理的行政案件分类情况(2017年)
Administrative Cases Handled by Public Security Organs (2017)

单位：起 (case)

案件类别	Category of Cases	受理案件数 Number of Cases Accepted to be Treated	查处案件数 Number of Cases Investigated and Treated
总　计	**Total**	**1485140**	**1483709**
违反户口、居民身份证管理规定	Violating Regulations on Management of Residence or Identity Cards	46	46
违反治安管理处罚法	Cases of Offence Against Public Order	59553	58118
其他	Others	1425541	1425545

24-4 人民检察院检察官基本情况
Basic Statistics on Prosecutor

单位：人 (person)

指　标	Item	2017
检察官数	**Total Prosecutor**	**584**
#女性	Female	168
#检察长人数	Number of Chief Prosecutor	28
#女性	Female	4
#副检察长人数	Number of Deputy Chief Prosecutor	72
#女性	Female	11
#检察官助理	Number of assistant Prosecutor	549
#女性	Female	169

24-5　检察机关直接立案侦查案件情况(2017年)
Cases under Direct Investigation by People's Procuratorate (2017)

案件分类	Category of Cases	立案合计 Total Number of Cases Registered			
		件 (case)	人 (person)	#大案(件) Large Cases (case)	#要案(人) Key Cases (Person)
总　计	**Total**	**244**	**302**	**97**	**32**
贪污贿赂案件小计	Sub-total of Cases on Corruption and Bribery	212	259	85	31
渎职案件小计	Sub-total of Cases on Abuse	32	43	12	1

24-6　人民检察院受理举报、控告和申诉案件情况(2017年)
Cases of Reporting, Accusation and Petition Handled by People's Procuratorate (2017)

单位：件　　(case)

案 件 类 别	Category of Cases	2015	2016	2017
受　　理	Cases Accepted	2800	2781	2936
处　　理	Cases Handled	2771	2781	2883
#分送检察机关	Handled by General Office of People's Procuratorate	1845	1840	1801
#转其他机关	Transfering to Other Organs	699	588	581

24-7 人民法院审理一审案件情况
First Trial Cases by People's Courts

单位：件 (case)

年 份 Year	收 案 Cases Accepted	刑 事 Criminal	民 事 Civil	行 政 Administrative
2011	33520	6790	25728	1002
2012	40275	8184	30868	1223
2013	44288	7523	35546	1219
2014	56328	7987	46879	1462
2015	71029	8477	60456	2096
2016	82561	8741	70950	2870
2017	113229	10493	98681	4055

注：1. 一审案件指人民法院按照诉讼级别管辖按第一审程序审理的案件；2. 民事案件包含经济纠纷和海事海商案件。
a) First trial cases refer to cases accepted by people's courts according to the first trial proceedings.
b) Data of civil cases include cases of economic disputes and maritime law and affairs.

24-8 人民法院审理刑事案件罪犯情况
Criminal Offenders Heard by People's Courts

单位：人 (person)

年 份 Year	刑事罪犯总数 Number of Offenders	#青少年罪犯 Young Offenders	不满18岁 Less Than 18 Years	18岁至25岁 Between 18 and 25 Years	青少年罪犯占刑事罪犯比重(%) Proportion of Young Offenders in the Total (%)
2011	8332	2731	788	1943	32.8
2012	9948	3288	807	2481	33.1
2013	8967	2780	732	2048	31.0
2014	8851	2175	591	1584	24.6
2015	9461	2149	487	1662	22.7
2016	9258	1726	343	1383	18.6
2017	12914	2603	408	2195	20.2

24-9 人民法院审理民事一审案件收结案情况(2017年)

Basic Statistics on First Trial Civil and Commercial Case Accpeted and Settled by People is Conts (2017)

单位：件 (case)

项目	Item	收案 Cases Accepted	结案 Cases Settled	调解 Mediation	判决 Judgment	驳回 Reject	撤诉 With-drawal	其他 Other
合计	**Total**	**98681**	**98346**	**49518**	**34163**	**1199**	**11592**	**1874**
人格权纠纷	Disputes of Right of personality	1480	1474	694	462	11	84	223
婚姻家庭	Marriages and Family Affairs	7289	7290	2524	3016	34	1381	335
继承	Inheritance	192	191	42	87	6	22	34
物权纠纷	Disputes of Real Rights	6479	6454	1422	3740	252	670	370
合同、无因管理、不当得利纠纷	Disputes of Contract ,Negotiorum gestio or unjust enrichment	38141	37792	10715	18651	626	7693	107
知识产权与竞争纠纷	Disputes of IP and Unfair Competition	266	269	19	177	4	60	9
劳动争议、人事争议	Disputes of Labor and personnel	4717	4773	1671	2240	65	433	364
海事海商纠纷	Maritime Disputes	204	229	45	145	11	18	10
与公司、证券、保险、票据等有关的民事纠纷	Civil Disputs ragarding Company ,Security , Insurance and Negotiable Instruments	626	600	31	292	135	92	50
侵权责任纠纷	Disputes of Tort	38133	38135	32352	4368	23	1097	295
特别程序	Special Proceedings	1154	1139	3	985	32	42	77

24-10 法官及审理有关案件情况

Statistics on Justice and Trial Case

指标	Item	2014	2015	2016	2017
法官及陪审员情况(人)	**Justice and Juror(person)**				
法院法官人数	Number of Justice in Court	1540	1512	1354	1151
#女法官	Female	489	450	447	417
高级法院法官人数	Number of Justice in High Court	175	176	158	122
#女法官	Female	56	65	68	56
人民陪审员人数	Number of Juror	1016	1016	1016	1239
#女陪审员	Female	318	318	318	382
审理民事案件情况(件)	**Trial Case of Civil Affairs (case)**	**52376**	**67790**	**84914**	**112043**
离婚案件数	Divorce	5664	6108	6422	6539
抚育、抚养赡养案件数	Upbringing and Disputes	484	501	507	407
建立少年法庭数(个)	Number of Juvenile Court (unit)	5	5	5	5
各级人民法院判决生效的未成年人犯罪人数(人)	Number of Juvenile Offenders (person)	591	487	343	408
未成年人犯罪人数占同期犯罪人数的比例(%)	Proportion of Juvenile Offenders in the Total (%)	6.7	5.15	3.7	3.16

24-11 全省法院判处犯罪案件情况(2017年)
Case Trial by People's Courts (2017)

指标	Item	判处犯罪人数(人) Number of Offender (person)	#女性 Female	女性所占比例(%) Proportion of Female(%)
总计	**Total**	**12914**	**411**	**3.2**
侮辱罪	Insult	34	13	38.2
组织卖淫罪	Organise Prostitution			
引诱、容留、介绍卖淫罪	Tempt, Remain and introduce Prostitution	15	10	66.7
遗弃罪	Desertion			
妨害作证罪	Breach of bearring witness			
重婚罪	Bigamy	23	12	52.2
拐卖妇女、儿童罪	Abduct and Sell Female and Chind	3		
窝藏、包庇罪	Shelter and Screen	7	1	14.3
拐骗儿童罪	Kidnap	2	1	50.0
诈骗罪	Fenagle	442	81	18.3
强迫卖淫罪	Coerce Prostitution	2		
贪污罪	Corruption	94	6	6.4
盗窃罪	Larceny	2013	45	2.2
其他	Others	10279	242	2.4

24-12 人民法院刑事一审案件收结案情况(2017年)
Basic Statistics on First Trial Criminal Case Accepted and Settled by People's Courts (2017)

单位：件 (case)

项目	Item	收案 Cases Accepted	结案 Cases Settled	判决 Judg-ement	驳回 Reject	撤诉 Withdrawal	其他 Other
合计	**Total**	**10493**	**10384**	**10331**	**5**	**13**	**35**
危害国家安全罪	Offences Against State Security	1	1	1			
危害公共安全罪	Offences Against Public Security	1379	1364	1361			3
破坏社会主义经济秩序罪	Offences Against Socialist Economic Order	205	188	181		1	6
侵犯公民人身权利、民主权利罪	Offences Against Citizens' Personal and Democratic Rights	1352	1349	1332	4	8	5
侵犯财产罪	Offences Against Properties	2265	2244	2238	1	2	3
妨害社会管理秩序罪	Offences Against Social Management of Order	4698	4657	4647		1	9
危害国防利益罪	Offences Against National Defense	2	2	2			
贪污贿赂罪	Offences on Corruption and Bribery	255	248	246			2
渎职罪	Offences on Dereliction of Duty	41	36	35			1
其他	Others	295	295	288		1	6

注：收案中不含旧存.
Note:Cases don't include cases left.

24-13 人民法院行政一审案件收结案情况(2017年)
Basic Statistics on First Trial Administrative Case Accepted and Settled by People's Courts (2017)

单位：件 (case)

项目	Item	收案 Cases Accepted	结案 Cases Settled	判决 Judgement	驳回 Reject	撤诉 Withdrawal	其他 Others
合计	**Total**	**4055**	**3969**	**2945**	**680**	**76**	**268**
公安	Public Security	185	170	126	35	5	4
工商	Industry and Commerce	87	75	60	9	3	3
土地	Land	1223	1201	907	201	22	71
林业	Forestry	59	57	33	12	1	11
城建	City Construction	2109	2084	1607	357	28	92
交通	Traffic and Transport	51	47	25	8	3	11
税务	Taxes	34	33	24	6	1	2
其他	Other	307	302	163	52	13	74

24-14 法律援助工作基本情况
Basic Statistics on legal aid

项目	Item	2014	2015	2016	2017
机构数(个)	Number of institutions (unit)	25	28	30	28
实有人数(人)	Actual persons (person)	87	93	98	99
法律援助专职律师数(人)	Number of full time legal aid lawyers (person)	10	9	11	15
诉讼案件总数(件)	Total law case (case)	10543	12847	12475	19459
民事案件	Civil	7252	3531	9369	15835
刑事案件	Penal	3241	9226	3062	3537
行政案件	Administrative	50	90	44	87
非诉讼案件(件)	Unlitigant (case)	7851	8201	6938	6723
受援人数(人)	Recieve aid person(person)	18762	21419	19625	19656
咨询(来访、来电)数(人次)	Consultation persons(person-time)	54833	68042	69741	70731
妇女获得法律援助人数(人)	Number of women's access to legal assistance (person)	4660	4893	5272	5227
得到法律机构援助的未成年人数(人)	Number of juvenile legal aid agencies (person)	2268	2381	2003	2263

24-15 律师、公证和调解工作基本情况
Basic Statistics on Lawyers, Notarization and Mediation

项目	Item	2005	2010	2013	2014	2015	2016	2017
律师工作	**Lawyers**							
律师事务所(个)	Number of Law Offices (unit)	69	78	91	98	104	113	131
#专职律师	Full-time Lawyers	665	910	1208	1321	1442	1617	2267
兼职律师	Part-time Lawyers	22	46	62	66	71	76	83
聘请担任常年法律顾问的单位(处)	Number of Units with Permanent Legal Advisors (unit)	695	1308	1794	1547	1733	2472	3053
民事诉讼代理(件)	Agent of Civil Cases (case)	3776	7029	12519	9744	10368	17430	25619
刑事诉讼辩护及代理(件)	Agent and Defender of Criminal Cases (case)	983	1697	2936	2383	2431	2107	3613
行政诉讼代理(件)	Agent of Administrative Action (case)	523	556	795	727	626	1295	3182
非诉讼法律事务(件)	Agent of Non-Litigious Legal Affairs (case)	2253	1146	992	1186	1485	1601	13766
解答法律询问(人次)	Agent of Legal Advisory Services (person-times)	13086	15579	21790	18835	22043	19191	13901
代写法律事务文书(件)	Agent of Legal Documents Written on Behalf of Clients(cases)	3547	2146	2320	2002	3223	4001	4776
公证工作	**Notarization**							
公证处(个)	Number of Notary Offices (unit)	18	21	21	21	21	21	21
公证人员(人)	Notarial Personnel (person)	114	129	136	134	138	138	168
#公证员	Notaries	74	78	83	82	85	85	87
公证员助理	Assistant Notaries	16	22	28	28	28	28	33
办理公证文书(件)	Number of Notarized Documents (cases)	46026	57141	59076	50466	60476	69373	99438
人民调解工作	**Number of People's Mediation**							
专职司法助理员(人)	Number of Full-time Judicial Assistants (person)		388	395	393	260	417	408
人民调解委员会(个)	Number of People's Mediation Committees(units)		3404	3369	3378	3390	3424	3444
调解人员 (人)	Number of Mediators (persons)		24087	25400	25756	26358	26653	20435
调解民间纠纷(件)	Number of Civil Disputes Mediated (cases)		22047	27522	25236	23830	21098	21618

注：2011年起，专职司法助理员统计口径有所调整，地方司法所事业编制专职司法助理员纳入统计。
Note:Since 2011, statistical scope of Full-time Judicial Assistants was adjusted,full-time judicial assistants of local office of justice was included in.

24-16调解民间纠纷分类
Number of Civil Disputes Mediated by Types

项　目	Item	调解纠纷(件) Civil Disputes (case)			各类纠纷所占比重(%) Percentage(%)		
		2015	2016	2017	2015	2016	2017
总　计	**Total**						
婚姻家庭纠纷	Marriage and family Disputes	2450	1854	1606	10.3	8.7	7.4
邻里纠纷	Neighbor Disputes	5757	4582	4311	24.1	21.7	19.9
房屋宅基地纠纷	Housing and Housing Sites	3184	2478	2103	13.4	11.7	9.7
合同纠纷	Contract dispute	755	998	889	4	4.7	4.1
生产经营纠纷	Production business disputes	894	373	421	2	1.7	1.9
损害赔偿纠纷	Damage compensation disputes	1961	1616	1661	8	7.7	7.7
劳动争议纠纷	Labor dispute disputes	1137	1183	1194	4	5.6	5.5
村务管理纠纷	Village management disputes						
山林土地纠纷	Mountain forest land disputes	4333	3744	3224	18.2	17.7	14.9
征地拆迁纠纷	Whose house disputes	793	544	851	3.3	2.5	3.9
计划生育纠纷	Family planning disputes						
环境保护纠纷	Environmental protection disputes	82	89	121	0.3	0.4	0.6
道路交通事故纠纷	Road traffic accident disputes	233	1518	2843	0.9	7.2	13.2
物业纠纷	Property dispute	109	82	241	0.4	0.4	1.1
医疗纠纷	Medical disputes	136	159	635	0.5	0.7	2.9
其他	Others						

24-17 劳动争议处理情况
Disposal of Labor Disputes

项　　目	Item	2010	2012	2013	2014	2015	2016	2017
上期未结案数（件）	**Number of Cases Left Over from Last Period(case)**	**1062**	**930**	**454**	**160**	**292**	**108**	**74**
案件受理情况	**Cases Accepted**							
当期案件受理数（件）	Number of Cases (case)	3636	3251	3865	3711	4863	4885	4367
#集体劳动争议案件数	Number of Collective Labour Disputes	49	39	47	36	42	62	25
劳动者申诉案件数	Number of Cases Appealed by Laborers	3556	3334	3823	3630	4812	4501	4276
按争议原因分（件）	By Cause of the Disputes (case)							
劳动报酬	Labour Remuneration	644	796	831	978	1384	1901	1527
社会保险	Social Insurances	1087	665	262	262	168	217	152
变更劳动合同	Modification of Labour Contract	19	413	1221	1092	1813		
解除、终止劳动合同	Relieve or End the Labour Contract	151	753	1007	865	685	844	968
其　他	Others	1735	624	542	511	811		
劳动者当事人数（人）	Number of Laborers Involved (person)	5708	4454	4953	4869	5064	5542	4601
#集体劳动争议	Collective Labour Disputes	1441	656	805	645	1034	1036	474
案件处理情况	**Cases Settled**							
结案数（件）	Number of Cases Settled (case)	3704	3727	3934	3620	5030	4916	4252
按处理方式分	By Manners of Settlement							
仲裁调解	By Mediation	745	1061	824	833	869	1250	1485
仲裁裁决	By Arbitrition Lawsuit	1979	2161	2311	2249	3112	2801	2397
其他方式	Others	980	505	799	538	1049	865	369
按处理结果分	By Result of Settlement							
用人单位胜诉	Lawsuit Won by Units	228	460	447	458	686	550	602
劳动者胜诉	Lawsuit Won by Laborers	2213	1426	1417	955	1784	1469	1172
双方部分胜诉	Lawsuit Partly Won by Both Parties	1263	1573	1842	1886	1972	1839	1787
案外调解案件数	**Cases Mediated**	**98**	**268**	**228**	**790**	**168**	**93**	**233**

注：2011年起，解除、终止劳动合同的类型进行合并统计。
Note:Since 2011, items of Relieve or End the Labour Contract have been merged during statistics.

24-18 工会组织情况 Basic Statistics on Trade Unions

单位：万人 (10 000 persons)

年 份	工会基层组织数（万个） Number of Grassroot Trade Unions (10 000 units)	工会组织基层单位的职工与会员人数 Membership and Staff and Workers in Grassroot Trade Unions				工会专职工作人员人数 Number of Full-time Personnel of Trade Unions
		职工人数 Staff and Workers	#女职工 Female	会员人数 Membership	#女会员 Female	
2015	1.9197	2526348	1017506	2479401	1001304	2357
2016	1.9885	2551279	1027720	2491373	1007758	2405
2017	1.9058	2436562	968725	2355842	944853	2127

24-19 交通事故情况（2017） Basic Statistics on Traffic Accidents (2017)

类 别	Type	发生数(起) Number of Traffic Accidents (case)	死亡人数（人） Number of Deaths (person)	受伤人数(人) Number of Injuries (person)	直接财产损失（万元） Direct Property Losses (10 000 yuan)
总 计	**Total**	**2025**	**675**	**2484**	**1236**
#重大事故	Serious Accidents				
#特大事故	Extraordinarily Serious Accidents				
机动车	**Vehicles**	**1866**	**649**	**2306**	**1200**
#汽车	Motor Vehicles	1089	361	1211	874
摩托车	Motorcycles	722	257	1014	308
拖拉机	Tractors	55	31	81	18
非机动车	**Non-motor-driven Vehicles**	**132**	**15**	**162**	**33**
#自行车	Bicycles	132	15	162	33
行人乘车人	**Pedestrians and Passengers**				
其 他	**Others**	27	11	16	3

24-20　各市县交通事故情况（2017）
Basic Statistics on Traffic Accidents by Region (2017)

地　区	Region	发生数（起）Number of Traffic Accidents (case)	死亡人数（人）Number of Deaths (person)	受伤人数（人）Number of Injuries (person)	直接财产损失（万元）Direct Property Losses(10 000 yuan)
全省总计	**Total**	**2025**	**675**	**2484**	**1236**
海口市	Haikou	749	134	860	119
三亚市	Sanya	187	84	215	304
五指山市	Wuzhishan	18	11	21	11
文昌市	Wenchang	117	45	156	18
琼海市	Qionghai	105	51	118	55
万宁市	Wanning	42	35	37	15
定安县	Ding'an	22	15	22	14
屯昌县	Tunchang	25	15	32	160
澄迈县	Chengmai	150	52	157	104
临高县	Lingao	83	21	137	38
儋州市	Danzhou	61	42	77	130
洋浦	Yangpu	22	7	23	6
东方市	Dongfang	155	54	213	120
乐东县	Ledong	79	18	156	42
琼中县	Qiongzhong	10	8	8	3
保亭县	Baoting	52	13	72	5
陵水县	Lingshui	38	11	48	14
白沙县	Baisha	52	19	72	39
昌江县	Changjiang	58	40	60	39

24-21 火灾事故情况（2017）
Basic Statistics on Fire Accidents (2017)

项目	Item	合计 Total	特大 Extraordinarily Serious	重大 Serious	较大 Comparatively Serious	一般 Ordinary
发生（起）	Fire Accidents (case)	1018			2	1016
死亡（人）	Deaths (person)	13			3	10
受伤(人)	Injuries (person)	12			2	10
直接经济损失(万元)	Direct Econmic Losses (10 000 yuan)	4278			1893	2384
平均每起事故损失(元)	Average Loss of Fire (yuan)	42020			946665	23468

24-22 各市县火灾事故情况（2017）
Basic Statistics on Fire Accidents by Region (2017)

地区	Region	发生数（起）Number of Traffic Accidents (case)	死亡人数（人）Number of Deaths (person)	受伤人数（人）Number of Injuries (person)	直接经济损失（万元）Direct Property Losses (10 000 yuan)
全省总计	**Total**	**1018**	**13**	**12**	**4277.7**
海口市	Haikou	401	8	12	887.1
三亚市	Sanya	108			2032.5
五指山市	Wuzhishan	27			20.0
文昌市	Wenchang	42			117.4
琼海市	Qionghai	38			217.4
万宁市	Wanning	31	2		106.0
定安县	Ding'an	22	1		26.0
屯昌县	Tunchang	21			87.6
澄迈县	Chengmai	17	1		37.8
临高县	Lingao	40			156.5
儋州市	Danzhou	81			76.6
洋浦	Yangpu	15			15.6
东方市	Dongfang	39	1		232.6
乐东县	Ledong	26			68.2
琼中县	Qiongzhong	15			11.9
保亭县	Baoting	22			37.6
陵水县	Lingshui	24			94.1
白沙县	Baisha	9			7.6
昌江县	Changjiang	40			45.3

24-23 社会保险基本情况
Basic Statistics on Social Insurance

单位：人、万元 (person、10 000 yuan)

年 份 Year	失业保险 Unemployment Insurance			城镇职工基本医疗保险 Urban Employee Basic Medical Care Insurance		工伤保险 Work Injury Insurance		年末参加生育保险人数 Maternity Insurance Contributors at Year-end
	年末参保人数 Contributors at Year-end	全年发放失业保险金人数 Beneficiaries of Unemployment Insurance Fund	全年发放失业保险金 Unemployed Relief	年末参保职工人数 Contributors of Staff and Workers at Year-end	年末参保退休人员 Contributors of Retirees at Year-end	年末参保人数 Contributors at Year-end	年末享受工伤待遇的人数 Beneficiaries at Year-end	
1994				13384		380534		
1995				89380		461214		
1996				103665		487132		
1997				121130		479474		
1998				121421		483678		
1999				134075	34717	516324		
2000	498060		2061	288311	51051	739978		
2001	427340	15377	3142	323253	85265	695253		107764
2002	570540	25256	4848	410459	115223	688606		231543
2003	550170	17160	6130	477042	153682	681660		283814
2004	579317	30108	6268	562648	222870	645161		317123
2005	567479		6356	627864	244553	688905		348870
2006	571000	34451	9266	653196	256409	715367		406421
2007	662308	40232	9967	775490	299231	784045		667129
2008	846522	55641	15945	878329	339740	861211		797542
2009	1025460	47568	19011	1112711	414758	901081		849911
2010	1142870	36042	16642	1236824	432387	958445		825978
2011	1282556	32033	15021	1409930	452559	1039526	3336	1007197
2012	1418051	18837	17711	1576863	475439	1194759	3552	1160309
2013	1526050	38110	23791	1693482	506296	1233941	3412	1202406
2014	1572627	38948	30927	1379856	536803	1261211	3115	1220481
2015	1653813	39797	19912	1406959	556369	1314682	3385	1270747
2016	1689534	39464	32424	1439141	571228	1373755	3375	1364829
2017	1681489	40680	36856	1491357	604213	1258430	3650	1402716

24-24 社会保险基金收支及累计结余

Revenue,Expenses and Balance of Social Insurance Fund

单位：万元 (10 000 yuan)

年 份 Year	合 计 Total	基本养老保险 Basic Pension Insurance	失业保险 Unemployment Insurance	城镇基本医疗保险 Basic Medical Care Insurance	工伤保险 Work Injury Insurance	生育保险 Maternity Insurance
基金收入 Revenue						
1992	27621	27202		2	417	
1995	67974	62793		3792	1389	
2000	134996	108510	4516	19277	2693	
2005	325896	240515	18358	59385	4980	2658
2010	1133119	837699	37413	270561	9783	5999
2011	1578826	1138241	73793	381428	18851	12639
2012	1847568	1310286	87431	411612	21711	16528
2013	2104234	1510101	48144	499022	24543	22424
2014	2360492	1671681	60495	576141	26515	25660
2015	2837481	2079519	65430	635885	28956	27691
2016	2752784	1980124	64915	641029	38323	28393
2017	3688550	2711222	58966	832761	50974	34627
基金支出 Expenses						
1992	21786	21728		2	56	
1995	57467	55626		1525	316	
2000	123559	101961	3030	17743	825	
2005	267545	203333	7817	52291	3125	979
2010	980146	764446	17519	208480	5270	3244
2011	1215502	925971	16108	288719	8594	7414
2012	1606348	1220612	27340	336871	10558	10967
2013	1909084	1437816	23791	418709	12092	16676
2014	2224949	1670718	43955	480361	12472	17443
2015	2629819	2021503	42977	528535	14408	22396
2016	2360008	1778449	44960	495650	14375	26574
2017	3032799	2319659	52500	604989	16125	39526
累计结余 Balance at Year-end						
1992	15563	15095			468	
1995	42660	37234		2477	2949	
2000	71610	42228	12720	7205	9457	
2005	286563	174640	48928	38817	18682	5496
2010	1117866	650082	142714	298461	41080	21676
2011	1432681	862351	200399	391170	2830	26901
2012	1706867	952026	260490	465895	64415	32462
2013	1966161	1024311	280567	546207	76866	38210
2014	2104258	1025274	299514	642134	90909	46427
2015	2314894	1083290	324643	749782	105457	51722
2016	3037498	1731878	344599	778075	129405	53541
2017	3436412	1735014	351065	1137437	164254	48642

注：2007年及以后城镇基本医疗保险基金中包括城镇职工基本医疗保险和城镇居民基本医疗保险。

Note:Data of basic medical care insurance include both urban workers and urban non-employment from 2007.

24-25 参加城镇职工基本养老保险人数
Statistics on Urban Employee Basic Pension Insurance

单位：人 (person)

年 份 Year	合 计 Total	职 工 Number of Staff and Workers	企 业（含其他） Enterprises (Including others)	离退休人 员 Number of Retirees	企 业（含其他） Enterprises (Including others)
1991	789003	647419		141584	
1992	886745	719436		167309	
1993	922135	732171		189964	
1994	990381	780527		209854	
1995	1049624	821249		228375	
1996	1056342	814820		241522	
1997	1056229	801752		254477	
1998	1084841	807763		277078	
1999	1114930	819815	607085	295115	244607
2000	1290600	991416	762139	299184	253791
2001	1081722	776593	585899	305129	262662
2002	1112234	793480	588004	318754	270059
2003	1167350	831338	623485	336012	283404
2004	1200105	848323	656698	351782	302552
2005	1209186	843700	655207	365486	314349
2006	1320468	940012	743177	380456	328187
2007	1417370	1019916	829886	397454	346111
2008	1561943	1142419	944361	419524	364730
2009	1680826	1248647	1018507	432179	370388
2010	1808071	1354197	1112213	453874	384823
2011	1998550	1520876	1261443	477674	421172
2012	2141629	1616332	1319522	525297	446227
2013	2314981	1744307	1437854	570674	484944
2014	2423242	1823859	1512158	599383	509956
2015	2498479	1878649	1562069	619830	527618
2016	2249305	1584622	1197900	664683	539227
2017	2408885	1720064	1355128	688821	556373

24-26 各市县城镇职工基本养老保险情况(2017)
Statistics on Urban Employee Basic Pension Insurance by Region (2017)

地 区	Region	年末参加城镇职工基本养老保险人数(人) Urban Employee Basic Pension Insurance Contributors at Year-end	职 工 Number of Staff and Workers	离退休人 员 Number of Retirees	基金收支情况(万元) Revenue and Expenditure (10 000 yuan) 基金收入 Revenue	基金支出 Expenditure	累计结余 Balance at Year-end
全省总计	**Total**	**2408885**	**1720064**	**688821**	**2711222**	**2319659**	**1735014**
省本级	Provincial	560226	436956	123270	1126161	517505	374625
农垦总局	Hainan State Farms						1678
海 口 市	Haikou	632028	520344	111684	527622	434673	254259
三 亚 市	Sanya	231855	193848	38007	242506	133275	477773
五指山市	Wuzhishan	19186	11911	7275	21180	23765	30722
文 昌 市	Wenchang	82655	49446	33209	80415	102863	49374
琼 海 市	Qionghai	85663	54462	31201	92271	101171	63844
万 宁 市	Wanning	83708	47613	36095	52569	104040	24068
定 安 县	Ding'an	45878	21615	24263	36615	72511	24548
屯 昌 县	Tunchang	47109	20258	26851	31088	71072	17741
澄 迈 县	Chengmai	95992	55904	40088	67821	113293	43491
临 高 县	Lingao	45820	23765	22055	46077	67368	14393
儋 州 市	Danzhou	133546	72368	61178	86754	172787	37037
洋 浦	Yangpu	26147	25358	789	34988	4548	142376
东 方 市	Dongfang	43690	28604	15086	50984	48847	41359
乐 东 县	Ledong	47645	24846	22799	43252	70181	14049
琼 中 县	Qiongzhong	52580	24816	27764	31461	80353	17162
保 亭 县	Baoting	42449	22750	19699	28739	57836	29170
陵 水 县	Lingshui	56050	40352	15698	49250	48636	26891
白 沙 县	Baisha	40073	20514	19559	27676	55823	23696
昌 江 县	Changjiang	36585	24334	12251	33793	39112	26758

注：合计数中包含省本级数(下同).
Note：Data of total region include the data of provincial level。(the same applies to the tables following).

24-27 各市县失业保险情况(2017)
Statistics on Unemployment Insurance by Region (2017)

地 区	Region	年末参加失业保险人数(人) Unemployment Insurance Contributors at Year-end (person)	年末领取失业保险金人数(人) Beneficiarise of Unemployment Insurance Fund (person)	基金收支情况(万元) Revenue and Expenditure (10 000 yuan)		
				基金收入 Revenue	基金支出 Expenditure	累计结余 Balance at Year-end
全省总计	**Total**	**1681489**	**22213**	**58966**	**52500**	**351065**
省本级	Provincial	481445	3678	17918	10016	149059
海 口 市	Haikou	462180	5426	13081	13280	30480
三 亚 市	Sanya	218967	1288	8422	3569	54951
五指山市	Wuzhishan	12170	68	457	163	2357
文 昌 市	Wenchang	43626	560	1571	1213	7159
琼 海 市	Qionghai	46960	1139	1415	3045	4385
万 宁 市	Wanning	53667	770	1519	1850	7485
定 安 县	Ding'an	27484	617	818	1501	2316
屯 昌 县	Tunchang	23991	768	636	963	4931
澄 迈 县	Chengmai	40886	2068	1564	4039	4294
临 高 县	Lingao	23082	59	893	147	7255
儋州地区	Danzhou Area	68012	2715	3946	5447	20457
儋州市	Danzhou	51983	2138	2860	3658	15445
洋 浦	Yangpu	16029	577	1086	1789	5012
东 方 市	Dongfang	32561	402	1159	1215	11123
乐 东 县	Ledong	25627	119	1047	386	11720
琼 中 县	Qiongzhong	25531	1273	841	2972	4397
保 亭 县	Baoting	16624	162	631	412	6751
陵 水 县	Lingshui	36802	181	1373	509	9483
白 沙 县	Baisha	22752	528	804	969	6201
昌 江 县	Changjiang	19122	392	872	803	6262

24-28 各市县城镇基本医疗保险参保人数(2017)
Statistics on Urban Basic Medical Care Insurance by Region （2017）

单位：人 (person)

地区	Region	年末参保人数合计 Contributors at Year-end	在岗职工 Staff and Workers	退休人员 Retirees	城镇居民 Urban Non-employment
全省总计	**Total**	**4194591**	**1491357**	**604213**	**2098991**
省本级	Provincial	447581	357719	89862	
海口市	Haikou	935768	435300	94832	405606
三亚市	Sanya	669925	188462	35835	445628
五指山市	Wuzhishan	36711	11113	6701	18897
文昌市	Wenchang	127772	42059	28552	57161
琼海市	Qionghai	138812	46532	29198	63082
万宁市	Wanning	164194	42709	37821	83664
定安县	Ding'an	83459	21381	19268	42810
屯昌县	Tunchang	91786	17384	21779	52623
澄迈县	Chengmai	177845	47519	36321	94005
临高县	Lingao	138128	20773	20196	97159
儋州市	Danzhou	303245	64311	54817	184117
洋浦	Yangpu	22584	21826	758	
东方市	Dongfang	98302	28692	16179	53431
乐东县	Ledong	93386	24630	22587	46169
琼中县	Qiongzhong	86689	24211	26721	35757
保亭县	Baoting	72262	19621	18945	33696
陵水县	Lingshui	366528	35078	13899	317551
白沙县	Baisha	69090	19165	18865	31060
昌江县	Changjiang	70524	22872	11077	36575

注：城镇居民包括成人、大中小学生

Note：Urban Non-employment including adults and students.

24-29 各市县城镇基本医疗保险基金收支情况（2017）
Revenue and Expenditure of Urban Basic Medical Care Insurance by Region (2017)

单位：万元 (10 000 yuan)

地 区	Region	基金收入 Revenue			基金支出 Expenditure			累计结余 Balance at Year-end		
		合 计 Total	职 工 Staff and Workers	居 民 Non-employment	合 计 Total	职 工 Staff and Workers	居 民 Non-employment	合 计 Total	职 工 Staff and Workers	居 民 Non-employment
全省总计	**Total**	**832761**	**697658**	**135103**	**604989**	**494740**	**110249**	**1137437**	**980993**	**156444**
省本级	Provincial	192341	192248	93	113817	113817		527783	522071	5712
海 口 市	Haikou	185148	158072	27076	117992	96287	21705	156640	114363	42277
三 亚 市	Sanya	116794	89566	27228	70028	44559	25469	202898	182699	20199
五指山市	Wuzhishan	6233	5061	1172	5766	4548	1218	9735	8201	1534
文 昌 市	Wenchang	20792	17495	3297	20983	17764	3219	10507	6019	4488
琼 海 市	Qionghai	23273	19410	3863	22478	19121	3357	19997	14423	5574
万 宁 市	Wanning	25451	20514	4937	28982	23691	5291	6046	4257	1789
定 安 县	Ding'an	13107	10432	2675	14067	11734	2333	9344	5286	4058
屯 昌 县	Tunchang	13013	9907	3106	13030	10604	2426	5239	1810	3429
澄 迈 县	Chengmai	24749	19249	5500	24562	20299	4263	21030	11271	9759
临 高 县	Lingao	20958	15090	5868	19114	14585	4529	11610	2313	9297
儋 州 市	Danzhou	48905	37467	11438	46437	34601	11836	14455	3573	10882
洋 浦	Yangpu	15210	15210		3671	3671		47166	47166	
东 方 市	Dongfang	16388	13486	2902	16973	13091	3882	5025	3252	1773
乐 东 县	Ledong	14008	11556	2452	12481	10264	2217	6406	3354	3052
琼 中 县	Qiongzhong	20709	18463	2246	17046	15656	1390	11650	6766	4884
保 亭 县	Baoting	9735	8117	1618	12147	10935	1212	9662	5417	4245
陵 水 县	Lingshui	42124	16133	25991	23588	10590	12998	37270	21226	16044
白 沙 县	Baisha	12475	10538	1937	11260	10398	862	8355	3636	4719
昌 江 县	Changjiang	11348	9644	1704	10567	8525	2042	16619	13890	2729

注：2017年基金收支不含上级补助收入和下级上解收入。
Note:The Revenue and Expenditure of 2017 does not include the income from superior sudsidies and the income from Subordinates.

24-30 各市县生育保险情况（2017）
Statistics on Maternity Insurance by Region (2017)

地区	Region	年末参加生育保险人数（人）Maternity Insurance Contributors at Year-end (person)	享受待遇人数（人次）Beneficiaries at Year-end (person)	基金收支情况(万元) Revenue and Expenditure (10 000 yuan)		
				基金收入 Revenue	基金支出 Expenditure	累计结余 Balance at Year-end
全省总计	**Total**	**1402706**	**87659**	**34627**	**39526**	**48642**
省本级	Provincial	337090	27156	8982	11740	16721
海口市	Haikou	400167	26701	10910	11270	3112
三亚市	Sanya	185558	11494	4042	5660	3904
五指山市	Wuzhishan	10630	344	238	149	567
文昌市	Wenchang	40319	1965	874	1247	850
琼海市	Qionghai	44057	3326	935	1147	1358
万宁市	Wanning	41004	1249	832	679	2558
定安县	Ding'an	18276	559	456	446	1296
屯昌县	Tunchang	16456	799	340	486	861
澄迈县	Chengmai	44618	2029	915	938	2510
临高县	Lingao	20366	722	457	301	1521
儋州市	Danzhou	58258	4201	1313	1641	2283
洋浦	Yangpu	20853	1404	584	750	153
东方市	Dongfang	28106	1099	660	855	1755
乐东县	Ledong	23207	948	548	521	1645
琼中县	Qiongzhong	21180	462	455	232	2158
保亭县	Baoting	18283	561	364	295	1061
陵水县	Lingshui	34577	1067	757	472	1537
白沙县	Baisha	17350	423	480	166	1728
昌江县	Changjiang	22351	1150	485	531	1064

注：2017年基金收支不含上级补助收入和下级上解收入。

Note:The Revenue and Expenditure of 2017 does not include the income from superior sudsidies and the income from Subordinates.

24-31 各市县工伤保险情况（2017）
Statistics on Work Injury Insurance by Region (2017)

地　区	Region	年末参加工伤保险人数（人）Work Injury Insurance Contributors at Year-end (person)	享受工伤待遇人数（人）Beneficiaries at Year-end (person)	基金收支情况(万元) Revenue and Expenditure (10 000 yuan)		
				基金收入 Revenue	基金支出 Expenditure	累计结余 Balance at Year-end
全省总计	**Total**	**1414055**	**3645**	**50974**	**16125**	**164254**
省本级	Provincial	349569	795	9561	3831	55872
海口市	Haikou	405359	826	14759	2925	36210
三亚市	Sanya	186146	782	8057	2017	18362
五指山市	Wuzhishan	12102	33	362	62	1693
文昌市	Wenchang	39842	103	1572	484	4410
琼海市	Qionghai	42947	117	1421	534	4884
万宁市	Wanning	37871	71	1361	361	4891
定安县	Ding'an	17947	45	636	306	2360
屯昌县	Tunchang	16132	41	473	311	1577
澄迈县	Chengmai	44160	124	2680	827	4876
临高县	Lingao	21812	47	973	444	2586
儋州市	Danzhou	57885	143	2438	709	6842
洋　浦	Yangpu	20762	83	943	600	3013
东方市	Dongfang	27639	69	902	360	3673
乐东县	Ledong	21639	38	768	332	3024
琼中县	Qiongzhong	20745	88	554	511	1620
保亭县	Baoting	18000	38	536	78	1787
陵水县	Lingshui	33772	66	1808	234	3977
白沙县	Baisha	17139	63	453	619	1355
昌江县	Changjiang	22587	73	717	580	1242

注：2017年基金收支不含上级补助收入和下级上解收入。
Note:The Revenue and Expenditure of 2017 does not include the income from superior sudsidies and the income from Subordinates.

主要统计指标解释

特大火灾　指造成 30 人以上死亡，或者 100 人以上重伤，或者 1 亿元以上直接财产损失的火灾。

重大火灾　指造成 10 人以上 30 人以下死亡，或者 50 人以上 100 人以下重伤，或者 5000 万元以上 1 亿元以下直接财产损失的火灾。

较大火灾　指造成 3 人以上 10 人以下死亡，或者 10 人以上 50 人以下重伤，或者 1000 万元以上 5000 万元以下直接财产损失的火灾。

一般火灾　指造成 3 人以下死亡，或者 10 人以下重伤，或者 1000 万元以下直接财产损失的火灾。

人民检察院直接立案侦查案件　指按照管辖的规定，由人民检察院直接立案侦查的贪污贿赂犯罪、渎职犯罪、国家机关工作人员利用职权实施的侵犯公民人身权利和民主权利的犯罪以及经省级人民检察院决定立案侦查的国家机关工作人员利用职权实施的其他重大犯罪案件。

要案　指县、处级以上干部的犯罪案件。该指标主要反映职务犯罪案件中县、处级以上干部被人民检察院依法立案侦查的情况。

批准逮捕　指人民检察院对公安机关、国家安全机关、监狱管理机关提出逮捕的犯罪嫌疑人进行审查，根据事实，依法做出逮捕决定。该指标主要反映人民检察院对提请逮捕犯罪嫌疑人进行审查后依法做出批准逮捕决定的情况。

决定逮捕　指人民检察院对直接立案侦查的案件，认为需要逮捕犯罪嫌疑人时，依据法律做出的逮捕决定。该指标主要反映人民检察院对直接受理的案件行使决定逮捕权的情况。

提起公诉　指人民检察院对公安机关、国家安全机关、监狱管理机关和检察机关侦查部门等移送起诉的案件进行审查，根据事实，做出提起公诉的案件。该指标主要反映人民检察院对各种刑事案件向人民法院提起公诉的情况。

适用简易程序　指人民法院对依法可能判处三年以下有期徒刑、拘役、管制、单处罚金的公诉案件，事实清楚，证据充分，人民检察院建议或者同意适用简易程序的案件；告诉才处理的案件；被害人起诉的有证据证明的轻微刑事案件。

提出抗诉　指人民检察院对人民法院的判决、裁定认为确有错误，向人民法院提出对案件重新进行审理的诉讼活动。包括按照第二审程序提出的抗诉和按照审判监督程序（再审程序）提出的抗诉。

撤回抗诉　指上级人民检察院对下级人民检察院按照第二审程序提出的抗诉，经审查，认为抗诉不当时向同级人民法院撤回抗诉，同时通知提出抗诉的下级人民检察院。

立案监督　指人民检察院对侦查机关刑事立案活动的监督。包括对应当立案而不立案的监督和不应立案而立案的监督。

监督立案　包括侦查机关接到要求说明不立案理由后主动立案和执行通知立案两个内容。

监管活动　指人民检察院对监狱等监管改造场所的管理活动进行的监督。

青少年罪犯　指人民法院在报告期内判决发生法律效力的有罪判决中 14 周岁以上不满 25 周岁的罪犯。其中 14 周岁以上不满 18 周岁的罪犯为未成年罪犯。

行政案件　指公民、法人和其他组织不服行政机关作出的具体行政行为，向人民法院提起行政诉讼，人民法院依法审理的案件。

单独赔偿　指单独提起行政赔偿的案件。当事人对行政行为的合法性没有争议，就行政侵权造成的损害赔偿单独提起赔偿诉讼。

公证人员　指在公证处工作的人员总称，包括公证处主任、副主任、公证员、公证员助理(助理公证员)和其他从事辅助性工作的人员。

公证文书　指公证处根据当事人申请，依照事实和法律，按照法定程序制作的，具有法律效力的司法证明文书。

受理劳动争议案件数　指劳动争议仲裁委员会根据国家有关规定，对劳动争议当事人的申请予以审查，符合受理条件而正式立案、准备处理的劳动争议案件数。

城镇职工基本养老保险

1.（参保）职工人数　指报告期末按照国家法律、法规和有关政策规定参加基本养老保险并在社保经办机构已建立缴费记录档案的职工人数，包括中断缴费但未终止养老保险关系的职工人数，不包括只登记未建立缴费记录档案的人数。

2.（参保）离退休人员人数　指报告期末参加基本养老保险的离休、退休和退职人员的人数。

3. 基金收入　指根据国家有关规定，由纳入基本养老保险范围的缴费单位和个人按国家规定的缴费基数和缴费比例缴纳的养老保险基金，以及通过其他方式取得的形成基金来源的收入。包括单位和职工个人缴纳的基本养老保险费、基本养老保险基金利息收入、上级补助收入、下级上解收入、转移收入、财政补贴和其他收入。

4. 基金支出　指按照国家政策规定的开支范围和开支标准从养老保险基金中支付给参加基本养老保险的个人的养老金、丧葬抚恤补助，以及由于保险关系转移、上下级之间调剂资金等原因而发生的支出。包括离休金、退休金、退职金、各种补贴、医疗费、死亡丧葬补助费、抚恤救济费、社会保险经办机构管理费、补助下级支出、上解上级支出、转移支出、其他支出等。

5. 基金累计结余　指截止报告期末基本养老保险基金收支相抵后的累计余额。

基本医疗保险

1. 参保人数　指报告期末按国家有关规定参加相应基本医疗保险的人数。

2. 基金收入　指由用人单位和个人按照国家规定的缴费基数、缴费比例或缴费标准缴纳的基本医疗保险基金，财政补助资金以及通过其他方式取得的形成基金来源的款项，包括：单位缴纳收入、个人缴纳收入、财政补助收入（含医疗救助补助个人收入）、财政补贴收入、利息收入和其他收入。

3. 基金支出　指按照国家政策规定的开支范围和开支标准，从基本医疗保险基金中支付给参保人员的医疗保险待遇支出，以及其他支出。包括住院医疗费用支出、门急诊医疗费用支出、个人账户基金支出、其他支出。

4. 基金累计结余　指截止报告期末基本医疗保险基金累计结余金额。

失业保险

1. 参保人数　指报告期末按照国家法律、法规和有关政策规定参加了失业保险的城镇企业、事业单位的职工及地方政府规定参加失业保险的其他人员的人数。

2. 基金收入　指报告期内筹集的失业保险基金的总额，包括失业保险费收入、利息收入、财政补贴收入、其他收入、转移收入、上级补助收入、下级上解收入。

3. 基金支出　指报告期内为保障失业人员基本生活、促进其再就业等支出的基金总额，包括失业保险金支出、医疗补助金支出、丧葬补助金和抚恤金支出、职业培训和职业介绍补贴支出、农民合同制工人一次性生活补助支出、其他支出、转移支出、上级补助支出、下级上解支出。

4. 基金累计结余　指截止报告期末失业保险基金收支相抵后的累计余额。

工伤保险

1. 参加保险人数　指报告期末依据国家有关规定参加工伤保险的职工人数和有雇工的个体工商户的雇工数。

2. 享受保险待遇人数　指年初至报告期末因工伤或职业病而享受工伤保险待遇的人数。为享受工伤医疗待遇中未评定等级的人数、享受伤残待遇人数以及享受因工死亡待遇人数之和。

3. 基金收入　指根据国家有关规定，由参加工伤保险的单位按国家规定的缴费基数和缴费比例缴纳的工伤保险基金，以及通过其他形式取得的形成基金来源的款项。包括：单位缴纳的社会统筹基金收入、财政补贴收入、利息收入、其他收入。

4. 基金支出　指按照国家政策规定的开支范围和开支标准从工伤保险基金中支付给参加工伤保险的人员及供养直系亲属工伤保险待遇支出及其他支出。包括工伤医疗费、伤残补助金、工亡补助金、护理费、丧葬补助费、工伤预防费用、职业康复费用和其他支出。

5. 基金累计结余　指截止报告期末工伤保险基金累计结余金额。

生育保险

1. 参保人数　指报告期末依据有关规定参加生育保险的人数。

2. 基金收入　指根据国家有关规定，由参加生育保险的单位按照国家规定的缴费基数和缴费比例缴纳的生育保险基金，以及通过其他方式取得的形成基金来源的款项，包括：单位缴纳的基金收入、利息收入和其他收入。

3. 基金支出　指按照国家政策规定的开支范围和开支标准，从生育保险基金中支付给参加生育保险的职工，因妊娠、分娩和计划生育手术而享受的待遇及其他支出。包括：生育津贴、医疗费用支出及其他支出。

4. 基金累计结余　指截止报告期末生育保险基金累计结余金额。

Explanatory Notes on Main Statistical Indicators

Extraordinarily Serious Fire Case refers to a case which has caused over 30 deaths; or over 100 serious injuries; or a direct property loss over 100 million yuan.

Serious Fire Case refers to a case which has caused over 10 to 30 deaths; or over 50 to 100 serious injuries; or a direct property loss over 50 million to 100 million yuan.

Comparatively Serious Fire Case refers to a case which has caused over three to ten deaths; or over 10 to 50 serious injuries; or a direct property loss over 10 million to 50 million yuan.

Ordinary Fire Case refers to a case which has caused less than three deaths; or less than 10 serious injuries; or a direct property loss less than 10 million yuan.

Cases Registered and Handled Directly by People's Procuratorate Offices refer to those serious criminal cases that, according to the functional jurisdiction, are registered and handled by the People's Procuratorate Offices, including the ones on bribery and corruption, the ones on abuse and dereliction of duty, offences against citizens' personal and democratic rights by government officials abusing their powers; and that are registered and handled by the provincial Procuratorate offices in relation to other major crimes committed by government officials by abusing their powers.

Key Cases refer to crimes committed by county and director-level officials. This indicator reflects the situation of those county and director-level officials involved in criminal cases registered and handled by People's Procuratorate offices.

Approval for Arrest refers to the decision made by people's procuratorate office, in accordance with the law and relevant facts, to approve the arrest of the suspect(s) as proposed by the public security departments, state security departments or prisons authority. This indicator reflects approved arrests made by people's procuratorate offices that are proposed by related departments.

Decision on Arrest refers to decision made by the people's procuratorate office, in accordance with laws, to arrest the suspect(s) in the cases that are accepted and to be investigated by procurators office. This indicator mainly reflects the implementation of the decision on arrest by people's procuratorate office.

Cases by Public Prosecution refer to those ones that are instituted by People's Procuratorate offices after their examination of such cases transferred by public security organs, national security organs, jail management organs and prosecutorial organs on the bases of the facts found. This indicator reflects the situation of public prosecutions instituted to the people's courts by People's Procuratorate Offices.

Application of Summary Procedure refers to those cases of public prosecution where the suspects might be, according to law, sentenced to fixed-term imprisonment of not more than three years, criminal detention, public surveillance or punishment with fines exclusively by People's Court ;, those cases where the facts are clear and the evidence is sufficient, and for which the People's Procuratorate suggests or agrees to the application of summary procedure; those cases to be handled only upon complaints; and those minor criminal cases prosecuted by the victims with evidence.

Protests Presented refers to those protests presented by local People's Procuratorate at any level who considers that there exists some definite error in a judgment or order of first instance made by a People's Court at the same level to the People's Court at the next higher level, including the protests raised in accordance with the second instance and protests raised in accordance with procedure for trial supervision.

Withdrawal of Protests refers to the actions made by the People's Procuratorate at the next higher level when it considers the protests inappropriate by withdrawing the protests from the People's Court at the same level and notifying the People's Procuratorate at the next lower level.

Case Registration Supervision refers to the actions made by the People's Procuratorate to supervise the registration of criminal cases initiated by investigative authorities, including supervision of the cases which have wrongly not been registered and have wrongly been registered.

Supervision of Case Registration includes both the supervision of those registrations initiated by investigatory authorities and the supervision of those registrations according to notifications after hearing declined reasons for registration.

Supervisory Activities refers to the supervision of the People's Procuratorate over the management of prisons as well as other places of criminal reformation under supervision.

Juvenile Criminals refers to the offenders within the age range of 14 to 25 convicted guilty by the court during the reporting period while those between 14 and 18 are defined as minor offenders.

Administrative Cases refers to the cases filed by citizens, corporations and other organizations against the specific administrative conducts of administrative authorities and handled by the court.

Separate Compensation refers to cases that are separately filed for administrative compensation by the party who has no dispute on the legality of administrative conducts but brings proceedings separately to claim for damages caused by administrative tort.

Notary Personnel refers to people working for notary offices including: directors, deputy directors, notaries, assistant notaries and other people providing assistance.

Notary Documents refer to legally binding judicial notary documents developed at the request of the interested party based on facts and the law following certain legal proceedings.

Number of Labour Disputes Cases Accepted refers to the number of cases of labour disputes submitted that, after being reviewed by the labour dispute arbitration committees in line with the relevant national regulations, are accepted and registered for treatment.

Urban Employee Basic Pension Insurance

1. Number of staff and workers covered refer to staff and workers participating in the basic pension insurance programme according to national laws, regulations and related policies at the end of the reference period, who have already had payment records in social security management agencies, including those who have interrupt payment without terminating the insurance programme. Those who have registered in the programme but with no payment records are not included.

2. Number of retirees participating in the basic pension insurance programme refer to the number of retirees participating in basic pension insurance programmes by the end of the reference period.

3. Revenue of the basic pension insurance programme refers to payments made by employers and individuals participating in the pension insurance programme in accordance with the basis and proportion stipulated in State regulations, and income from other sources that become source of pension insurance fund, including the premium paid by employers and staff and workers, interest income, subsidies from higher level agencies, income as transfer from subordinate agencies, transferred income, government financial subsidies and other income.

4. Expenditure of basic pension insurance programme refer to payment made on pensions and funeral subsidies to those retired and resigned people covered in pension insurance programmes according to related national policies on scope and standard of expenditure. Also included are expenditure which arises due to shift of the insurance relationship or adjustment of funds among agencies. More specifically, included are pensions for resigned people, pensions for retired people, pension for people quitting jobs, various subsidies, medical fees, funeral subsidies, compensation payments, management fees for social security agencies, expenses on subsidies to lower subordinates, expenses as transfer to agencies at higher level, transferred expenditure and other expenditure.

5. Balance of basic pension insurance programme refers to the balance of basic pension insurance funds at the end of the reference period after deducting expenses from revenue.

Basic Medical Care Insurance

1. Number of people participating in the insurance programme refers to people participating in the basic medical care insurance programme according to related regulations at the end of the reference period.

2. Revenue of the insurance programme refers to payments made by employers and individuals participating in the medical care insurance programme in accordance with the basis and proportion stipulated in State regulations, and income from other sources that become source of medical insurance fund, including income paid by units, individual paid income, financial assistance's income (including individual income from medicaid), financial subsidies' income, interest income and other income.

3. Expenditure of the insurance programme refers to payment made to people covered in basic medical care insurance programme within the scope and standards of expenditure according to related national policies, and medical care payment and other expenses, including medical expenses of hospital inpatients, medical expenses for outpatients and emergency patients, payment from individual accounts and other expenditure.

4. Balance of the basic medical care insurance programme refers to the balance of medical care insurance funds at the end of the reference period.

Unemployment Insurance

1. Contributors refer to staff and workers in urban

enterprises or institutions who have participated in the unemployment insurance programme according to relevant policies and regulations, and other people who have participated according to local government regulations at the end of the reference period.

2. Revenue of the unemployment insurance programme refers to the total unemployment insurance funds raised in the reference period, including unemployment insurance premium, interest income, financial subsidies, other income, transferred income, subsidies from higher level agencies and income as transfer from subordinate agencies.

3. Expenditure of the unemployment insurance programme refers to total expenses during the reference period to guarantee the basic livelihood of unemployed people, and to encourage their re-employment. Included are unemployment relief, medical fees, funeral subsidies, compensation payments, training expenses, management fees for unemployment insurance agencies, subsidies to lower level agencies, expenses as transfer to higher level agencies, transferred expenditure and other expenditure.

4. Balance of the unemployment insurance programme refers to the balance of revenue of the programme after deducting expenses at the end of the reference period.

Work Injury Insurance

1. Contributors refer to staff and workers who have participated in the work injury insurance programme and number of employees in private business according to relevant national regulations at the end of the reference period.

2. Number of beneficiaries refers to number of people benefited from work injury insurance, as a result of work injury or occupational disease. It is the sum of beneficiaries from the work injury medical treatment without rating, disabilities and deaths at work places.

3. Revenue of the work injury insurance programme refers to payments made by employers participating in the work injury insurance programme in accordance with the basis and proportion stipulated in State regulations, and income from other sources that become source of work injury insurance fund, including income of social comprehensive funds paid by employers, government financial subsidies, interest income and other income.

4. Expenditure of the work injury insurance programme refers to payments made from work injury insurance funds to those who participated in the work injury insurance programme and their direct dependents within the scope and standards of expenditure according to related national policies, and other expenditure, including medical fees for work injury, injury and disability subsidies, death subsidies, nursing fees, funeral subsidies, injury prevention fees, occupational rehabilitation fees and other expenditure.

5. Balance of the work injury insurance programme refers to the balance of the work injury funds at the end of the reference period.

Maternity Insurance

1. Contributors refer to people who have participated in the maternity insurance programme according to relevant regulation at the end of the reference period.

2. Revenue of maternity insurance refers to payments made by employers participating in the maternity insurance programme in accordance with the basis and proportion stipulated in State regulations, and income from other sources that become source of maternity insurance fund, including income of funds paid by employers, interest income and other income.

3. Expenditure of the maternity insurance programme refers to payments made from maternity insurance funds to staff and workers who participate in the maternity insurance programme within the scope and standards of expenditure in accordance with related national policies, expenses paid for pregnancy, child delivery or surgeries related to family planning, and other expenditure, including allowance for child bearing, medical fees and other expenditure.

4. Balance of the maternity programme refers to the balance of the maternity insurance funds at the end of the reference period.

25

城市和农村

Urban and Rural

编辑人员：谭家史

Compiled by Tan Jiashi

英文翻译：　姚洁斯

Translated by Yao Jiesi

简 要 说 明

一、本篇资料的主要内容

本篇资料反映我省农村、城市等基本情况。

二、本篇的资料来源

农村基本情况由海南省统计局根据《农林牧渔业统计调查制度》、《县域社会经济基本情况统计报表制度》的有关资料整理提供。

城市公用事业基本情况的资料由住房和城乡建设厅根据其《城市（县城）建设统计报表制度》整理提供。

三、本篇资料的统计范围

城市（县城）建设统计报表的统计范围是城区和县城。设市城市城区包括：市本级（1）街道办事处所辖地域；（2）城市公共设施、居住设施和市政公用设施等连接到的其他镇（乡）地区；（3）常住人口在 3000 以上独立的工矿区、开发区、科研单位、大专院校等特殊区域。县城包括：（1）县政府驻地的镇、乡（城关镇）或街道办事处地域；（2）县城公共设施、居住设施等连接到的其他镇（乡）地域；（3）县域内常住人口在 3000 人以上独立的工矿区、开发区、科研单位、大专院校等特殊区域。

Brief Introduction

I. Main Contents

Data in this chapter present the social and economic development of rural areas and urban areas.

II. Sources of Data

Data on rural conditions are provided by Hainan Provincial Bureau of Statistics using data from the Statistical Survey System on Agricultrual, Forestry, Animal Husbandry and Fishery and the Statistical Reporting System on the Basic Condition of Social and Economic Activities of Counties.

Data on basic conditions of urban public facilities are collected, prepared and provided by the Department of Housing and Urban-Rural of Hainan Province in line with the Statistical Reporting System on Urban (County Seat) Construction.

III. Scope of Statistics

Scope of statistics is urban areas of cities and county seat.

Urban areas of cities includes: (1) street agencies; (2) the other town (township) areas covered by the city public facilities, residential facilities and municipal public facilities; (3)the industrial and mining areas, development zones, scientific research units, universities and other special regions with resident population of more than 3000 persons.

County seat includes: (1) street agencies or town (township) where the county government is stationed in; (2) the other town (township) areas covered by the city public facilities, residential facilities and municipal public facilities of county seat; (3) the industrial and mining areas, development zones, scientific research units, universities and other special regions with resident population of more than 3000 persons in the county.

25-1 城市(县城)公用事业基本情况
Basic Statistics on City and County Seat Public Utilities

项　　目	Item	2005	2010	2012	2013	2014	2015	2016	2017
城市建设	**City Areas and Floor Space of Buildings**								
城区面积(平方公里)	Urban Area (sq.km)	775.97	1033.74	1363.08	1506.65	1520.34	1673.79	1641.9	1673.5
建成区面积(平方公里)	Area of Built Districts (sq.km)	270.06	308.56	358.66	422.49	433.82	469.39	451.1	467.13
城市规划建设用地面积(平方公里)	Area of Land Used for Urban Planning and Construction(sq.km)	400.26	368.93	353.79	406.93	382.94		560.01	952.85
城市人口密度(人/平方公里)	Population Density of City Districts (persons/sq.km)	2756	2677	2252	2093	2233	2200	2197	2259
城市供水、燃气、供热	**Water Supply, Gas Supply and Heating**								
全年供水总量(万立方米)	Annual Volume of Tap Water Supply(10 000 cu.m)	31425	42442	50945	55379	57683	58416	58152	62634
人均日生活用水(升)	Per Capita Daily Consumption of Tap Water for Residential Use(litre)	304.93	253.54	209.83	208.78	203.44	243.90	237.44	246.41
供水普及率 (%)	Coverage Rate of Urban Population with Access to TapWater (%)	85.7	89.2	95.9	97.5	97.5	98.0	96.61	97.59
液化石油气供气量 (吨)	Liquefied Petroleum Gas (tons)	77948	75432	70568	106519	104603	98171	97172	98852
供气管道长度 (公里)	Length of Gas Pipelines (km)	546	1511	1925	2172	2441	2721	2921	3426.3
燃气普及率 (%)	Coverage Rate of Urban Population with Access to Gas (%)	79.9	83.9	91.2	94.1	95.1	96.3	96.1	97.21
城市市政设施	**Municipal Infra-structure**								
年末实有道路长度(公里)	Length of Paved Roads at Year-end (10 000 km)	1398	1914	2673	2753	2825	3014	3185	3529
年末实有道路面积(万平方米)	Area of Paved Roads at Year-end (10 000 sq.m)	2889	4440	5821	6067	6256	6641	6798	7103
人均拥有道路面积(平方米)	Per Capita Area of Paved Roads (sq.m)	13.57	15.98	18.96	19.24	18.43	18.03	18.85	18.79
城市排水管道长度(公里)	Length of City Sewage Pipes (10 000 km)	2227	2966	3607	3969	4140	4446	4870	5279
城市排水管道密度 (公里/平方公里)	Density of City Sewage Pipes (km/sq.km)	8.30	9.61	10.06	9.39	9.54	9.47	10.80	10.98
污水处理率(%)	Treatment Rate of Sewage (%)	59.9	65.3	70.8	74.3	70.3	71.5	77.7	87.56
城市绿化和园林	**City Greening**								
人均公园绿地面积(平方米)	Per Capita Area of Parks and Green Land (sq.m)	10.1	11.5	11.4	11.8	12.1	12.1	10.5	11.35
公园个数 (个)	Number of Parks (unit)	45	69	74	75	86	91	121	121
公园面积 (公顷)	Area of Parks (hectare)	1285	2362	2231	2216	2480	2410	2473	2948
城市环境卫生	**Environmental Sanitation**								
生活垃圾清运量 (万吨)	Volume of Garbage Disposal (10 000 tons)	115.00	151.82	138.98	155.04	174.91	192.01	221.78	252.31
生活垃圾无害化处理率(%)	Innocent Treatment Rate of Garbage (%)	50.8	55.9	99.2	99.6	99.7	99.8	99.9	99.95
公厕个数(座)	Number of Public Lavatories (unit)	310	464	578	592	619	601	865	882

注：1. 人均公园绿地面积指标2005年及之前为人均公共绿地面积；
　　2. 城市规划建设用地面积指标2016年及之前为城市建设用地面积。

Note：1. Data of Per Capita Area of Parks and Green Land in 2005 and before refers to Per Capita Area of Public Green Land.
　　2. Data of Area of Land Used for Urban Planning and Construction in 2016 and before refers to Area of Land Used for Urban Construction.

25-2 各市县城市(县城)建设情况(2017)

Statistics on Construction in City and County Seat by Region (2017)

地　区	Region	城区面积(平方公里) Urban Area (sq.km)	建成区面积(平方公里) Area of Built Districts (sq.km)	城市规划建设用地面积(平方公里) Area of Land Used for Urban Planning and Construction (sq.km)	本年征用土地面积(平方公里) Land Put in Requisition for State Construction Projects (sq.km)	城市人口密度(人/平方公里) Population Density of Urban Area (persons/sq.km)
全省总计	**Total**	**1673.51**	**467.13**	**952.85**	**25.01**	**2259**
海口市	Haikou	562.40	140.59	209.43	**7.04**	2703
三亚市	Sanya	188.00	51.63	188.00	1.41	2926
三沙市	Sansha	2.45	0.31	0.32		776
五指山市	Wuzhishan	60.00	5.89	10.98		967
文昌市	Wenchang	84.00	21.93	45.60		2008
琼海市	Qionghai	40.20	27.58	102.68	1.92	5204
万宁市	Wanning	260.00	12.00	16.50	0.28	297
定安县	Ding'an	16.00	9.11	11.00		4163
屯昌县	Tunchang	25.00	12.53	24.00	0.47	3644
澄迈县	Chengmai	10.90	6.91	11.44		8330
临高县	Lingao	14.60	9.39	9.69		5603
儋州地区	Danzhou Area	253.95	86.87	150.76	9.47	
儋州市	Danzhou	194.05	35.39	36.25	9.45	1245
洋浦	Yangpu	59.90	51.48	114.51	0.02	1063
东方市	Dongfang	53.57	28.50	76.00	1.03	3048
乐东县	Ledong	24.00	7.11	10.00	0.55	1604
琼中县	Qiongzhong	20.17	5.40	7.45	2.57	3337
保亭县	Baoting	15.73	14.50	46.30		2034
陵水县	Lingshui	17.64	10.30	11.80	0.27	6378
白沙县	Baisha	5.70	4.20	4.90		7456
昌江县	Changjiang	19.20	12.38	16.00		5427

25-3 各市县城市(县城)供水情况(2017)
Statistics on Tap Water Supply in City and County Seat by Region (2017)

地 区	Region	年末供水综合生产能力(万立方米/日) Production Capacity of Tap Water Supply (at Year-end) (10000cu.m /day)	年末供水管道长度(公里) Length of Tap Water Supply Pipelines (at Year-end) (km)	全年供水总量(万立方米) Total Annual Volume of Tap Water Supply (10 000cu.m)	#生活用水 For Residential Use	用水人口(万人) Number of Residents with Access to Tap Water (10 000 persons)	人均日生活用水量(升) Per Capita Daily Consumption of Tap Water for Residential Use (liter)
全省总计	**Total**	**210.8**	**7612**	**62634**	**33108**	**367.7**	**246**
海口市	Haikou	63.4	1146	22199	15624	151.1	283
三亚市	Sanya	48.5	1641	14987	6730	54.0	341
三沙市	Sansha		7	7.3	7	0.1	160
五指山市	Wuzhishan	3.0	153	580	461	5.0	253
文昌市	Wenchang	8.8	280	1761	1189	16.9	193
琼海市	Qionghai	9.0	924	2863	1893	20.1	259
万宁市	Wanning	8.0	287	797	544	7.5	200
定安县	Ding'an	3.0	171	829	550	6.2	243
屯昌县	Tunchang	2.0	36	450	289	8.6	92
澄迈县	Chengmai	2.0	138	679	455	8.6	145
临高县	Lingao	2.4	265	360	306	7.6	110
儋州地区	Danzhou Area	35.0	1503	10844	1723	28.4	166
儋州市	Danzhou	10.0	1425	2344	1189	22.3	146
洋浦	Yangpu	25.0	78	8500	534	6.1	239
东方市	Dongfang	10.0	149	2621	1094	16.0	187
乐东县	Ledong	1.5	97	540	395	3.5	309
琼中县	Qiongzhong	1.0	32	348	261	6.2	115
保亭县	Baoting	1.2	256	266	239	3.0	218
陵水县	Lingshui	5.0	250	886	488	11.0	122
白沙县	Baisha	1.0	52	231	210	4.0	146
昌江县	Changjiang	6.0	225	1386	650	10.0	181

25-4　各市县城市(县城)燃气情况(2017)
Statistics on Supply of Gas in City and County Seat by Region(2017)

地　区	Region	管道长度(公里) Length of Gas Pipelines (km)			全年供气总量 Volume of Gas Supply			用气人口(万人) Population with Access to Gas (10 000 persons)		
		人工煤气 Coal Gas	天然气 Natural Gas	液化石油气 Liquefied Petroleum Gas	人工煤气(万立方米) Coal Gas (10 000 cu.m)	天然气(万立方米) Natural Gas (10 000 cu.m)	液化石油气(吨) Liquefied Petroleum Gas (ton)	人工煤气 Coal Gas	天然气 Natural Gas	液化石油气 Liquefied Petroleum Gas
全省总计	**Total**		**3426.33**			**38946.48**	**98851.93**		**197.06**	**170.5**
海口市	Haikou		1562.51			13526.64	49865.00		108.00	43.27
三亚市	Sanya		1121.28			8117.93	11000.00		48.00	6.50
三沙市	Sansha									
五指山市	Wuzhishan						1506.20			5.00
文昌市	Wenchang		76.00			503.60	2675.00		15.00	1.87
琼海市	Qionghai		120.00			1000.52	6521.00		6.50	14.42
万宁市	Wanning		42.60			359.00	3123.70		1.41	5.80
定安县	Ding'an						1200.00			6.02
屯昌县	Tunchang						1984.63			8.37
澄迈县	Chengmai						2575.00			8.60
临高县	Lingao						1586.00			6.95
儋州地区	Danzhou Area		318.40			14560.00	4958.20		6.18	22.25
儋州市	Danzhou		68.40			690.00	4415.70		3.60	19.00
洋　浦	Yangpu		250.00			13870.00	542.50		2.58	3.25
东方市	Dongfang		55.40			413.32	3001.00		4.60	11.00
乐东县	Ledong						2370.00			3.70
琼中县	Qiongzhong		45.56			0.65	260.10		0.17	5.60
保亭县	Baoting						823.00			3.15
陵水县	Lingshui		59.58			440.12	2002.50		3.00	8.07
白沙县	Baisha						900.00			3.90
昌江县	Changjiang		25.00			24.70	2500.60		4.20	6.00

25-5 各市县城市(县城)市政设施(2017)

Statistics on Municipal Infrastructure in City and County Seat by Region(2017)

地 区	Region	年末实有道路长度(公里) Length of Paved Roads (at Year-end) (km)	年末实有道路面积(万平方米) Area of Paved Roads (at Year-end) (10 000 sq.m)	城市桥梁(座) Number of City Bridges (unit)	城市排水管道长度(公里) Length of City Sewage Pipes (km)	城市污水日处理能力(万立方米) Daily Treatment Capacity of City Sewage (10 000 cu.m)	城市道路照明灯(盏) Number of Street Lights (units)
全省总计	**Total**	**3528.8**	**7102.76**	**263**	**5279.26**	130. 3	**230721**
海 口 市	Haikou	1253.98	2605.07	129	1650.30	56.5	74487
三 亚 市	Sanya	426.5	843.94	26	1545.18	24.0	31277
三 沙 市	Sansha	7.87	4.14		17.00	0.2	180
五指山市	Wuzhishan	80.94	193.11	9	45.00	1.4	10345
文 昌 市	Wenchang	177.85	410.96	11	209.90	3.0	6958
琼 海 市	Qionghai	167.10	367.28	5	381.52	3.0	21589
万 宁 市	Wanning	87.32	179.03	7	71.10	2.5	4006
定 安 县	Ding'an	64.03	137.00	4	162.00	1.5	2400
屯 昌 县	Tunchang	47.30	167.00	7	72.38	1.0	5640
澄 迈 县	Chengmai	59.56	136.99	2	100.00	3.0	5167
临 高 县	Lingao	62.92	130.40	4	39.34	1.5	4865
儋州地区	Danzhou Area	344.70	734.47	11	524.23	22.3	20289
儋州市	Danzhou	231.03	411.26	10	356.83	6.0	13165
洋 浦	Yangpu	113.67	323.21	1	167.40	16.3	7124
东 方 市	Dongfang	373.00	433.00	8	122.20	2.5	12329
乐 东 县	Ledong	39.62	90.33	5	22.00	1.0	6817
琼 中 县	Qiongzhong	23.60	51.60	4	45.32	0.7	2650
保 亭 县	Baoting	49.38	96.65	8	50.20	1.0	4302
陵 水 县	Lingshui	101.49	231.29	3	79.19	1.5	9402
白 沙 县	Baisha	38.90	45.00	3	32.40	0.7	4313
昌 江 县	Changjiang	122.74	245.50	17	110.00	3.0	3705

25-6 各市县城市(县城)绿地和园林(2017)
Statistics on Parks and Green Areas in City and County Seat by Region (2017)

地 区	Region	城市绿地面积 (公顷) Area of Green Land (hectare)	#公园绿地 Park Green Land	公 园 (个) Number of Parks (unit)	公园面积 (公顷) Area of Parks (hectare)	建成区绿化覆盖率(%) Green Covered Area as % of Completed Area (%)
全省总计	**Total**	**19913**	**4290**	**121**	**2948**	**39.2**
海 口 市	Haikou	5103	1885	19	923	40.8
三 亚 市	Sanya	2043	848	28	848	43.0
三 沙 市	Sansha	2	1			9.7
五指山市	Wuzhishan	256	48	4	48	49.2
文 昌 市	Wenchang	973	123	11	123	39.1
琼 海 市	Qionghai	1008	205	5	205	39.0
万 宁 市	Wanning	523	99	5	99	44.2
定 安 县	Ding'an	292	36	4	30	37.4
屯 昌 县	Tunchang	491	79	7	32	40.4
澄 迈 县	Chengmai	246	60	2	16	38.8
临 高 县	Lingao	324	41	2	20	31.5
儋州地区	Danzhou Area	5869	453	12	406	
儋州市	Danzhou	4542	371	11	336	38.8
洋 浦	Yangpu	1327	82	1	70	27.9
东 方 市	Dongfang	891	55	2	11	31.2
乐 东 县	Ledong	236	42	2	22	38.0
琼 中 县	Qiongzhong	192	32	4	32	39.8
保 亭 县	Baoting	515	34	4	5	64.1
陵 水 县	Lingshui	307	130	2	53	33.6
白 沙 县	Baisha	140	45	4	25	38.6
昌 江 县	Changjiang	502	74	4	50	46.1

注：公园绿地面积包括综合公园、社区公园、专类公园、带状公园和街旁绿地。
Note:Area of Park Green Land includes comprehensive park, community park, topic park, belt-shaped park and green areas nearby street.

25-7 各市县市容环境卫生情况(2017)
Statistics on Urban Sanitation in City and County Seat by Region(2017)

地　区	Region	清扫保洁面积（万平方米）Area under Cleaning Program (10 000 sq.m)	生活垃圾清运量(万吨) Volume of Garbage Disposal (10 000 tons)	生活垃圾处理量（万吨） Volume of Garbage Treatment (10 000 tons)	市容环卫专用车辆设备总数(辆) Number of Special Vehicles for Environmental Sanitation (unit)	公共厕所（座） Number of Public Lavatories (unit)	#三类以上 Third Grade and Above
全省总计	**Total**	**12344**	**252.31**	**252.19**	**6403**	**882**	**617**
海口市	Haikou	3925	106.70	106.70	4046	244	164
三亚市	Sanya	4918	62.37	62.37	1049	262	133
三沙市	Sansha	1	0.12	0.12	2	1	1
五指山市	Wuzhishan	108	3.64	3.64	37	13	13
文昌市	Wenchang	258	4.38	4.38	98	25	25
琼海市	Qionghai	378	7.31	7.31	113	47	47
万宁市	Wanning	170	5.70	5.70	66	17	17
定安县	Ding'an	191	6.51	6.51	26	12	2
屯昌县	Tunchang	120	3.23	3.23	129	20	12
澄迈县	Chengmai	149	3.65	3.65	25	32	32
临高县	Lingao	216	3.80	3.72	76	12	
儋州地区	Danzhou Area	926	14	14	365	70	70
儋州市	Danzhou	636	12.00	12.00	333	48	48
洋浦	Yangpu	290	2.15	2.15	32	22	22
东方市	Dongfang	400	10.84	10.80	200	40	40
乐东县	Ledong	148	3.44	3.44	26	11	
琼中县	Qiongzhong	56	1.34	1.34	18	15	15
保亭县	Baoting	88	2.34	2.34	27	13	3
陵水县	Lingshui	122	4.40	4.40	51	17	12
白沙县	Baisha	72	1.85	1.85	29	13	13
昌江县	Changjiang	98	6.54	6.54	20	18	18

25-8 各市县城市(县城)设施水平(2017)
Level of Public Facilities in City and County Seat by Region (2017)

地区	Region	城市供水普及率(%) Coverage Rate of Urban Population with Access to Tap Water (%)	城市燃气普及率(%) Coverage Rate of Urban Population with Access to Gas (%)	人均城市道路面积(平方米) Per Capita Area of Paved Roads (sq.m)	人均公园绿地面积(平方米) Per Capita Areas of Parks and Green Land (sq.m)
全省总计	**Total**	**97.6**	**97.2**	**18.8**	**11.4**
海 口 市	Haikou	99.4	99.5	17.1	12.4
三 亚 市	Sanya	98.2	99.1	15.3	15.4
三 沙 市	Sansha	63.2		21.8	5.3
五指山市	Wuzhishan	86.2	86.2	33.3	8.3
文 昌 市	Wenchang	100.0	100.0	24.4	7.3
琼 海 市	Qionghai	95.9	100.0	17.6	9.8
万 宁 市	Wanning	97.4	93.4	23.2	12.8
定 安 县	Ding'an	93.1	90.4	20.6	5.4
屯 昌 县	Tunchang	94.4	91.9	18.3	8.7
澄 迈 县	Chengmai	94.7	94.7	15.1	6.6
临 高 县	Lingao	92.9	85.0	15.9	5.0
儋州地区	Danzhou Area				
儋州市	Danzhou	97.4	93.5	17.0	15.4
洋 浦	Yangpu	96.1	91.5	50.7	12.9
东 方 市	Dongfang	98.0	95.5	26.5	3.4
乐 东 县	Ledong	90.9	96.1	23.5	10.9
琼 中 县	Qiongzhong	92.1	85.7	7.7	4.8
保 亭 县	Baoting	93.8	98.4	30.2	10.6
陵 水 县	Lingshui	97.8	98.4	20.6	11.6
白 沙 县	Baisha	92.9	91.8	10.6	10.6
昌 江 县	Changjiang	96.0	97.9	23.6	7.1

注：人均和普及率指标按城区人口与暂住人口之和计算，以公安部门的户籍统计和暂住人口统计为准。

a) Data of per capita and coverage rate are calculated on the basis of the sum of districts area population and temporarily residing population, which are provided by the Department of Public Security.

25-9　农村主要指标
Major Indicators on Rural Areas

项　目	Item	2015	2016	2017
农村基本情况	**Basic Statistics on Rural Areas**			
乡镇个数(个)	Number of Towns (unit)	196	196	195
村民委员会(个)	Number of Villagers Committees(unit)	2651	2660	2665
乡村人口(万人)	Rural Population (10 000 persons)	605.08	618.24	624.98
乡村劳动力总数(万人)	Total Number of Rural Labor Force (10 000 persons)	348.74	357.13	365.67
耕地面积(公顷)	Cultivated Land(hectare)	422835	427335	439200
农村经济	**Rural Economy**			
农业总产值(亿元)	Gross Output Value of Agriculture (100 million yuan)	1323.91	1470.41	1528.18
农业增加值(亿元)	Value-added of Agriculture (100 million yuan)	880.52	977.63	1020.28
农村生活	**Rural Life**			
农村居民人均可支配收入(元)	Per Capita Disposable Income of Rural Households (yuan)	10858	11843	12902
农村居民人均消费性支出(元)	Per Capita Consumption Expenditure of Rural Households (yuan)	8210	8921	9599
每百户拥有家用计算机(台)	Computer Owned Per 100 Rural Households(set)	11.6	11.8	12.3
年末乡镇卫生院个数(家)	Number of Township Health Centers at Year-end (unit)	298	297	299
村庄建设	**Village Construction**			
村卫生室(个)	Number of Village Clinics (unit)	2681	2668	2637
累计建成文明生态村个数(个)	Number of Civilized Eco Villages Completed (unit)	16448	17003	17934

主要统计指标解释

供水综合生产能力　指按供水设施取水、净化、送水、出厂输水干管等环节设计能力计算的综合生产能力。包括在原设计能力的基础上，经挖、革、改增加的生产能力。计算时，以四个环节中最薄弱的环节为主确定能力。

年末供水管道长度　指从送水泵至用户水表之间所有管道的长度。不包括新安装尚未使用、水厂内以及用户建筑物内的管道。

全年供水总量　指报告期供水企业(单位)供出的全部水量。包括有效供水量和漏损水量。

生活用水量　包括公共服务用水和居民家庭用水。公共服务用水指为城市社会公共生活服务的用水。包括行政事业单位、部队营区和公共设施服务、社会服务业、批发零售业、住宿餐饮业以及其他公共服务业等单位的用水。居民家庭用水指城市范围内所有居民家庭的日常生活用水。包括城市居民、农民家庭、公共供水站用水。

用水普及率　指城市用水人口数与城市人口总数的比率。计算公式：

$$用水普及率=\frac{城市用水人口数}{城市人口总数}\times 100\%$$

供气管道长度　指报告期末从气源厂压缩机的出口或门站出口至各类用户引入管之间的全部已经通气投入使用的管道长度。不包括煤气生产厂、输配站、液化气储存站、灌瓶站、储配站、气化站、混气站、供应站等厂(站)内的管道。

全年供气总量　指全年燃气企业(单位)向用户供应的燃气数量。包括销售量和损失量。

燃气普及率　指报告期末使用燃气的城市人口数与城市人口总数的比率。计算公式为：

$$燃气普及率=\frac{城市使用燃气人口数}{城市人口总数}\times 100\%$$

年末道路长度　指年末道路长度和与道路相通的桥梁、隧道的长度，按车行道中心线计算。在统计时只统计路面宽度在3.5米(含3.5米)以上的各种铺装道路，包括开放型工业区和住宅区道路在内。

城市桥梁　指为跨越天然或人工障碍物而修建的构筑物。包括跨河桥、立交桥、人行天桥以及人行地下通道等。按使用年限分为永久性桥和半永久性桥。

城市排水管道长度　指所有排水总管、干管、支管、检查井及连接井进出口等长度之和。

城市污水日处理能力　指污水处理厂(或污水处理装置)每昼夜处理污水量的设计能力。

城市园林绿地面积　指报告期末用作园林和绿化的各种绿地面积。包括公园绿地、生产绿地、防护绿地、附属绿地和其他绿地的面积。

公园绿地　城市中向公众开放的以游憩为主要功能，有一定的游憩设施和服务设施，同时兼有健全生态、美化景观、防灾减灾等综合作用的绿化用地。包括综合公园、社区公园、专类公园、带状公园和街旁绿地。其中综合公园、专类公园和带状公园面积之和为公园面积。

Explanatory Notes on Main Statistical Indicators

Production Capacity of Tap Water Supply refers to the designed overall production capacity of water facilities, covering the four segments of water collection, purification, conveyance and outflow through trunk pipelines. Increased capacity through transformation and innovation projects is included as well. The capacity is determined mainly on the weakest of the above-mentioned four segments.

Length of Tap Water Supply Pipelines at Year-end refers to the total length of all the pipelines between the water pumps and the user water meters, excluding pipelines newly installed but not used yet, pipeline in the water factory and pipeline in the user's buildings.

Total Annual Volume of Tap Water Supply refers to the total volume of water supplied by water-works (units) during the reference period, including both the effective water supply and loss during the water supply.

Consumption of Tap Water for Residential Use refers to water consumption of households for daily life and water consumption of public service facilities. The latter refers to water consumption for urban public services, including the consumption of government agencies and public institutions, military barracks, public facilities, wholesale and retail trades, accommodation and catering industry and other units providing public services. Household water consumption refers to consumption of water for daily life of all households within the boundary of cities, including households of urban residents and farmers, and public water supply stations.

Coverage Rate of Urban Population with Access to Tap Water refers to the ratio of the urban population with access to tap water to the total urban population. The formula is:

$$\text{Coverage of urban population with access to tap water} = \frac{\text{Urban population with access to tap water}}{\text{Urban population}} \times 100\%$$

Length of Gas Pipelines refers to the total length of pipelines in use between the outlet of the compressor of gas-work or outlet of gas stations and the leading pipe of users, excluding pipelines within gasworks, delivery stations, LPG storage stations, refilling stations, gas-mixing stations and supply stations.

Volume of Gas Supply refers to the total volume of gas provided to users by gas-producing enterprises (units), including the volume sold and the volume lost.

Coverage Rate of Urban Population with Access to Gas refers to the ratio of the urban population with access to gas to the total urban population at the end of the reference period. Gas here includes artificial coal gas, natural gas and liquefied petroleum gas. The formula is:

$$\text{Coverage rate of urban population with access to gas} = \frac{\text{Urban population with access to gas}}{\text{Urban population}} \times 100\%$$

Length of Paved Roads at Year-end refers to the length of roads with paved surface including bridges and tunnels connected with roads. Length of the roads is measured by the central lines.

City Bridges refer to bridges built to cross over natural or man-made barriers, including bridges over rivers, overpasses for traffic and for pedestrians, underpasses for pedestrians, etc.

Length of City Sewage Pipes refers to the total length of general drainage, trunks, branch and inspection wells, connection wells, inlets and outlets, etc.

Daily Treatment Capacity of City Sewage refers to the designed 24-hour capacity of sewage disposal by the sewage treatment works or facilities.

Area of Green Land refers to the total area occupied for green projects at the end of the reference period, including park green land, production green land, protection green land, green land attached to institutions, and other green land.

Park Green Land refers to green land open to the public for amusement and rest with the facilities of amusement, rest and services. Its function includes perfecting ecology, beautifying landscape, and preventing and reducing disaster. Park green land include comprehensive park, community park, theme park, linear park and roadside green space. Total areas of comprehensive park, topic park and belt-shaped is the area of park.